ESSAI SUR LA STATISTIQUE
DE LA POPULATION FRANÇAISE

MAISON DES SCIENCES DE L'HOMME

RÉÉDITIONS

VI

ÉDITIONS MOUTON . PARIS . LA HAYE
JOHNSON REPRINT CORPORATION . NEW YORK
S. R. PUBLISHERS LTD . WAKEFIELD . ENGLAND

A. D'ANGEVILLE

ESSAI SUR LA STATISTIQUE DE LA POPULATION FRANÇAISE

Considérée sous quelques-uns de ses rapports physiques et moraux

Précédé d'une introduction
par
EMMANUEL LE ROY LADURIE

ÉDITIONS MOUTON . PARIS . LA HAYE
JOHNSON REPRINT CORPORATION . NEW YORK
S. R. PUBLISHERS LTD . WAKEFIELD . ENGELAND

Réimpression 1969
Printed in the Netherlands

UN THÉORICIEN DU DÉVELOPPEMENT

Adolphe d'Angeville est né le 20 mai 1796 à Lompnes, village de l'Ain, d'une famille locale de petite noblesse[1]: les d'Angeville sont seigneurs du vidomnat de Bornes, de Doudans et de Montvéran. Leurs armoiries sont de *sinople à cinq faces ondées d'argent;* leur devise est plate: *In his renascimur omnes.*

Les ancêtres lointains étaient, paraît-il, originaires du Bassigny. Mais dès 1440, la maison d'Angeville était implantée en Franche-Comté [2]. Au 17e siècle, la famille passe pour fournir d'assez valables militaires. Vers 1650, une branche est établie à Lompnes: propriétaires fonciers, ses membres traversent, sans histoire, le 18e siècle. La Révolution les étrille, mais sans les ruiner, ni les massacrer: tout au plus un d'Angeville, père de notre auteur, est-il incarcéré à Semur, en mars 1794, comme contre-révolutionnaire.

Cet emprisonné provisoire est le père d'au moins quatre enfants: Henriette, Henri, Alexandre, Adolphe. Les carrières de ceux-ci, sans être fulgurantes, sont souvent originales et jamais absolument négligeables: Henriette, vieille fille sportive et romantique, est *la* première alpiniste à parvenir au sommet du Mont Blanc, avec deux éventails, et une boîte de pommade pour le teint [3]. Henri, chassé de la garde royale lors des événements de 1830, opère le classique « retour à la terre » des nobles légitimistes. Il se fait agronome, maire d'un village, conseiller général, président de comice agricole; il fonde ou il encourage les fruitières (coopératives à gruyère du Jura) [4]; et il devient l'un des soutiens de ce *lobby* du fromage, dont son frère Adolphe, à la Chambre, sera parfois le démarcheur abusif. Alexandre, né en 1791, fait son droit à Dijon: il est successivement avocat, substitut, procureur, enfin conseiller de cour royale à Lyon, puis à Paris: il y meurt de la typhoïde, en 1848, à 57 ans.

Adolphe est le cadet de ces deux frères. A quinze ans (1811), il devient marin. Il navigue dix années, au cours desquelles il fait deux campagnes lointaines aux

1. C'est mon ami François Furet qui m'a fait connaître, voici quelques années, d'Angeville et son œuvre. Qu'il en soit remercié.

2. Les éléments biographiques et généalogiques qui introduisent cette étude sont tirés des ouvrages suivants: *Biographe* ..., IV, 1836, p. 278; *Biographie politique* ..., 1839, p. 5; Dufay, 1874, p. 28-59; Robert, etc., 1891, I, p. 68-69; Saint-Maurice-Cabany, 1851, III, p. 225-227; Sarrut, etc., s.d. (vers 1843), tome V, première partie; Tricaud, 1872, p. 38 sq.; Tudesq, 1964, notamment p. 364, 370, 773, 997.

3. Engel, 1960.

4. Cf. sa brochure (H. d'Angeville, 1842).

Indes Orientales. La première le mène jusqu'à Pondichéry, dont son unité reprend possession au nom de la France. L'autre voyage le conduit jusqu'en Cochinchine et aux Philippines. Le jeune marin est chargé d'y enrôler des « *Chinois* », ou des indigènes; et il doit les transporter jusqu'en Guyane, afin d'y développer la culture du thé. Il ne semble pas, si l'on en juge par l'évolution ultérieure de l'agriculture guyanaise, que cette mission bizarre du jeune d'Angeville aboutisse à des effets durables. Notre auteur contracte avant tout, au cours de ses périples, un insurmontable mépris pour les colonies françaises de l'époque, vestiges dérisoires d'un grand empire. A Pondichéry, première humiliation, le jeune officier doit solliciter, des autorités britanniques de Madras, le droit d'aller chasser dans un marais voisin, qui n'est distant que de trois lieues du comptoir français. A Chandernagor, Adolphe s'échoue deux fois, dans une embarcation qui n'exige même pas cinq pieds d'eau! A l'île Bourbon, il tente inutilement, à deux reprises, la construction d'un abri pour les chaloupes. De ces expériences ratées surgit un anticolonialisme sans faiblesse: bien des années après ses aventures de jeune officier, le député d'Angeville proposera de rogner les crédits de la Flotte, et d'abandonner les colonies, pour mieux développer, en France, l'instruction primaire, les routes et l'agriculture.

Dès 1821, il quitte la marine, comme enseigne de vaisseau. Quatre années plus tard, il se retire sur ses terres, dans sa propriété de l'Ain. Agriculteur désormais, il développe, comme il se doit, les prairies artificielles, trèfle et luzerne, dont il enseigne l'usage à ses compatriotes encore arriérés. Beaucoup plus originale est sa contribution à l'essor du système coopératif: si l'on en croit un de ses biographes, qui peut-être exagère, c'est à d'Angeville qu'on devrait l'extension notable des anciennes fruitières, depuis longtemps implantées dans le Jura. L'autre d'Angeville, Henri, quand il s'intéressera, un peu plus tard, au développement du « système des fromageries par associations communales » ne fera, somme toute, que s'inspirer de l'exemple antérieurement donné par son frère Adolphe.

C'est en 1827, semble-t-il, que ce dernier se lance pour de bon dans l'exploitation agricole [1]. Cette année-là, son père lui laisse entièrement la gestion du domaine familial de Lompnes: 95 hectares, six vaches laitières, quatre chevaux, deux bœufs et seize moutons. D'entrée de jeu, l'ex-officier de marine entreprend d'irriguer ses terres. Il crée trois réservoirs, artificiels et communicants, qui recueillent les eaux de pluie et de neige. Il transforme ainsi en prairies, à force de canaux d'arrosage, ses mauvais prés et terres à seigle. Pour réussir cette opération, il est contraint d'acheter des terres; « il louvoie dix ans vis-à-vis de toute une commune »; il fait faire 104 actes notariés pour rassembler ainsi des parcelles infimes, et pour composer, à partir de cette mosaïque, une unité irrigable de 40 hectares. L'opération est coûteuse, mais elle en vaut la peine:

1. A. d'Angeville, 1843.

d'Angeville a investi au total 33 480 francs dans ces travaux et ces acquêts. Or, ce capital lui rapportera pendant bien des années, du « douze pour cent », grâce aux améliorations. Le cheptel du domaine de Lompnes passe en 1832 à 52 vaches laitières, un taureau, huit génisses, trois chevaux, soit 64 têtes de gros bétail, contre douze têtes seulement cinq ans plus tôt, en 1827, sous le règne finissant du père d'Angeville. En dépit de ce quintuplement du cheptel, d'Angeville junior, grâce à ses canaux d'arrosage, vend trois fois plus de fourrage que ne faisait son père! Et ses vaches, qui donnaient seulement 800 à 900 litres de lait par tête et par année vers 1827, en donneront 1 500 litres au début de la décennie 1840. L'agronome améliorateur a donc relancé tout le cycle vital de son exploitation: son bétail, devenu plus beau et plus productif, donne davantage de fumier, qui fait pousser les grains plus dru. Du coup, le maître du domaine peut renoncer à l'assolement triennal avec jachère. Il adopte la rotation quadriennale (sans repos annuel) et comportant une plante sarclée. Les cultivateurs du canton s'extasient devant le spectacle, pour eux incroyable: la terre du château de Lompnes est ensemencée treize années de suite! Elle reste néanmoins toujours fertile.

D'Angeville est encouragé par cette contagion d'un progrès, qu'il a initialement déclenché. Il fait donc une nouvelle tentative. En 1840, il lance, dans sa vallée du Bugey, la mode de la machine à battre portative, mode qui, presque jusqu'à nos jours, sera durable dans toute la région de la Saône et des Alpes.

Après avoir utilisé le premier cette machine, le gentleman-farmer la prête à un voisin. Mal lui en prend. Un ouvrier maladroit, chez ce voisin, se fracture le bras en tournant la manivelle. Deux jours plus tard, un second accident est à inscrire au palmarès de la redoutable batteuse. De nouveau c'est un bras cassé, « dont l'os traverse les chairs ». Mais, ces malheurs n'ébranlent pas la volonté de progrès des villageois jurassiens. La révolutionnaire machine à battre continue d'être prêtée de ferme en ferme; et l'année 1842, d'Angeville en fait venir une de meilleure qualité, qui circule elle aussi. Dès 1843, le battage mécanique est adopté un peu partout dans la région.

Ce petit bouleversement technologique s'intègre à toute une série. En ces années de monarchie censitaire, qu'on a quelquefois dépeintes comme frappées par la stagnation, d'Angeville est le témoin dans son Bugey d'une révolution agricole. Il est même l'instigateur principal de celle-ci, si l'on en croit le panégyrique, peut être vaniteux, qu'il a donné de sa propre action: partout (dit-il), et sous son influence, le trèfle et la luzerne gagnent du terrain en Bugey, dans les années 1827-1845; les bestiaux sont mieux nourris et mieux soignés; la qualité des produits s'améliore; les fruitières croissent et embellissent. Des chemins sont percés, qui joignent les villages entre eux. Et tandis que les prix des productions agricoles restent stables, la valeur vénale des terres s'accroît, multipliée par deux en l'espace d'une quinzaine d'années. Simultanément, les revenus paysans montent: grâce aux salaires, augmentés d'un tiers en valeur nominale depuis

1827; grâce aussi aux fromages, dont la vente croissante a « doublé l'aisance » des éleveurs de vaches. Autre symptôme noté par d'Angeville: les ruraux du Bugey, ainsi enrichis, boivent désormais du vin, et mangent de la viande. Et, dans les comptes des employeurs, ces « postes » grandement accrus, vin et viande, pèsent de plus en plus lourd. D'Angeville évoque l'année lointaine où il n'eut à dépenser en douze mois « que treize francs de viande pour plus de six mille journées de table du service rural ». En 1828 encore, l'agronome de Lompnes se bornait à verser quarante-huit centimes par tête et par jour pour nourrir ses gens.

Quinze années plus tard, d'Angeville, homme éclairé, se réjouit de l'amélioration du sort des masses. Mais, il ne peut s'empêcher de pousser un soupir, quand il songe « qu'actuellement » (1843), il verse 75 centimes, au lieu de 48 centimes autrefois, pour l'alimentation quotidienne de chaque ouvrier de la terre.

Parallèlement à la nourriture, l'habitat des gens de Lompnes s'est amélioré: « de larges fenêtres ont remplacé les fenêtres insalubres des anciennes maisons »; le village n'est plus ce qu'il était vingt années auparavant.

D'Angeville est donc le témoin et peut-être l'auteur d'une modernisation agricole. En même temps, il devient homme politique.

Sous la Restauration, il se comporte à la façon de ces nobles gallicans, dont l'un des chefs de file est Montlosier. Il est ennemi des ultras et de Villèle; et bien qu'il soit favorable à l'Église, considérée par lui comme un instrument de progrès moral et social, il déteste les congrégations. Il soutient, en 1830, la campagne des 221, pour lesquels il gardera toujours une certaine tendresse.

La Révolution de 1830 lui ouvre une carrière. Adolphe d'Angeville est un chaud partisan de la dynastie dont Louis-Philippe est le chef. Dès 1832, il se lance dans les controverses politiques; et, se souvenant de son ancienne profession d'officier de marine, il publie une pétition sur les colonies et sur le système naval de la France. C'est aussi dès cette époque, peut-être, qu'il prépare à l'occasion de séjours à Paris les dossiers de l'*Essai sur la statistique*. Les émeutes populaires l'alarment; et ce « révolutionnaire » de 1830, qui n'a jamais cessé d'être un homme d'ordre, se range dans le parti de la *Résistance*. En 1834, il se présente aux élections dans l'arrondissement de Belley (Ain), et il est élu contre le libéral Cormenin. Voilà notre auteur en personnage typique de « grand notable »: maire de sa commune, il restera député de l'Ain jusqu'en 1848, et aussi conseiller général pendant vingt ans. En 1837, paraît l'*Essai sur la statistique*: le livre, obscurément édité, n'a aucun succès. Il vaut cependant à son auteur, si l'on en croit l'un de ses biographes [1], le titre de membre correspondant de l'Institut. En 1837 également, les électeurs (censitaires) de sa circonscription réélisent d'Angeville « en triomphe » à la députation, par 142 voix sur 145.

1. Saint-Maurice-Cabany, 1851, III, p. 225-227. Comme on peut s'en convaincre par l'Appendice placé à la fin de l'*Essai*, l'ouvrage, théoriquement édité en 1836, n'est paru en fait qu'en 1837.

A la Chambre, le représentant de Belley vote toujours avec la majorité gouvernementale, sauf sur les questions de douanes et de marine, où il lui arrive de faire de l'opposition. On l'accuse volontiers de ne pas oublier ses spéculations lors de ses votes; mais il déclare, en guise de réponse, qu'il ne fait que défendre les intérêts de son arrondissement. Conçu dans cet esprit de « synthèse », l'amendement d'Angeville en faveur des fromages mous fait rire toute la Chambre: notre homme tente, en effet, de faire modifier, en faveur de ce produit local, la politique douanière du gouvernement ... Les journalistes s'esclaffent: « *Cette hardiesse révolutionnaire aurait ébloui la France, si l'on n'avait pas su que M. d'Angeville se livrait avec succès à la fabrication de cette intéressante denrée* » [1].

Ce fabricant de fromage ne passera jamais pour une vedette. On le considère à Paris comme un original, dru, sympathique, un peu « disparate ». Les contemporains ont quelque difficulté à le cataloguer. Aristocrate, il a des allures d'ours mal léché. Royaliste, il se conduit comme un démocrate. Raffiné, amateur de danse, il a été surpris, paraît-il, à se rendre grotesquement à la Cour en souliers ferrés, « *tout comme l'honorable et lourd M. Dupin* ». D'Angeville, pour les salons, demeure donc un montagnard du Jura, intelligent mais indécrottable: un paysan du Danube.

A l'Assemblée, sa réputation est assez semblable. On le tient pour un bourru, qui met volontiers les pieds dans le plat; pour un Caton ou un Burrhus. Il susciterait, s'il était plus connu, davantage de scandale que d'admiration. Certes, il est ministériel, et il vote avec le gouvernement, sur les questions de politique générale. Mais ce centriste ou *centrier* n'a rien d'un *compère*, ni d'un *chaland dévoué*. Ses patrons de la majorité le trouvent difficile à manier. Il ne se sent pas nécessairement lié au groupe des Ministériels, et il se sépare parfois de ses collègues, qu'il larde de « *boutades féroces* », empreinte d'une « *antique sincérité* ». L'ancien marin, devenu parlementaire, ne mâche pas ses mots. Le 9 juillet 1839, il accuse un sous-secrétaire d'État *de n'être pas franc et de tromper les Chambres*. Scandale, rappel à l'ordre. D'Angeville accepte alors « *d'adoucir* » ses expressions, et il déclare qu'en fin de compte il a seulement voulu mettre en cause certaines *soustractions frauduleuses* opérées par le ministre dans les dossiers soumis aux Chambres ... Ce soit-disant rectificatif n'apparaît, aux yeux d'une majorité reptilienne, que comme une outrecuidance, un éclat de franc-parler supplémentaire.

D'Angeville manque de souplesse d'échine. Mais c'est un homme fidèle, dans ses amitiés, dans ses dévouements. Cette fidélité têtue est même « *la véritable boussole de cette t*[1]*te un peu orageuse* ». D'Angeville vénère Molé. Et il est toute affection pour Louis-Philippe, au point qu'il se compromet en votant la dotation si discutée du duc de Nemours, « *jeune et auguste progéniture du Roi-citoyen* ».

1. *Le Biographe* ..., IV, 1836, p. 278.

L'activité parlementaire de notre auteur demeure obscure. Pacifiste, il n'aime pas Thiers; et son intervention la plus remarquée se situe à l'époque où l'historien marseillais est président du Conseil (1840): l'amendement d'Angeville hostile au Cabinet propose en mars 1840, une réduction de 100 000 francs sur les fonds secrets. Le texte en est repoussé, par 251 voix contre 158 [1]. Un peu plus tard, en 1841, une brochure signée d'Angeville attaque l'humeur belliqueuse d'Adolphe Thiers, encore lui, à propos de la question d'Orient. Incidemment, cet opuscule réaffirme la primauté des facteurs économiques et sociaux, par rapport aux institutions politiques: « *le mode de gouvernement*, écrit-il, *n'est pas une condition indispensable au progrès des sociétés* ».

En 1842 et 1846, le député de l'Ain est réélu, mais avec des majorités moins confortables. Sa santé décline [2]. Ses préoccupations d'homme politique se restreignent de plus en plus au domaine de la technologie, de la productivité et de la croissance des richesses. Il écrit sur les canaux, et il réfute la thèse selon laquelle la fiscalité française est plus lourde que l'anglaise, quant aux péages de la batellerie. Toute la supériorité britannique, en matière de navigation intérieure, tient, selon lui, simplement, à l'efficacité plus grande des méthodes d'Outre-Manche, dans la traction pour les péniches. Notre auteur s'intéresse aussi aux statistiques, aux chemins de fer; aux capacités du cheval de trait; à la comparaison de la charrette et du chariot. Sardonique, il attaque le corps des Ponts et Chaussées, que soi-disant l'Europe nous envie; les ingénieurs de ce « corps », si l'on en croit d'Angeville, ont fait des ponts suspendus qui tombent: sur six ponts de ce genre qu'ils ont réalisés, trois ont chuté, « *dont*, paraît-il, *celui des Invalides* » [3].

Le 1er mars 1844 cependant, notre homme sort de sa réserve. Contre l'Angleterre et Pritchard, contre Pomaré et Victoria, l'amiral Dupetit-Thouars, dans un accès de zèle, a pris possession de Tahiti. D'Angeville, adversaire depuis toujours des colonies lointaines, soutient le gouvernement de Guizot qui, par déférence pour l'Angleterre, désavoue le bouillant marin du Pacifique. Il monte à la tribune, en s'excusant de son intervention (« *vous savez que je ne suis pas orateur* »); et il peste contre les chauvins, et contre les officiers de marine, qui engagent inutilement le drapeau tricolore, et qui brisent l'Entente Cordiale avec la Grande-Bretagne [4].

Les événements de 1848 replongent le comte d'Angeville dans le néant politique dont l'avaient tiré les Trois Glorieuses. Et cette chute [5] s'accompagne de quelques

---

1. Thureau-Dangin, 1887, IV, p. 130; Tudesq, 1964, I, p. 370.
2. Saint-Maurice-Cabany, 1851, III, p. 225-227.
3. Cf. à la bibliographie, les diverses brochures de d'Angeville (A), postérieures à 1836.
4. *Moniteur universel*, 2 mars 1844, page 467 (voir Tudesq, 1964, volume 2, page 773).
5. Tout ce qui suit d'après L. de Tricaud, 1872, p. 38 sq.; cette référence m'a été suggérée par Tudesq, 1964, II, p. 997, note 35.

cahots: autour de Belley, jusque-là fief électoral du gouvernement, une agitation populaire se développe, conséquence de la révolution parisienne. Les Jurassiens brocardent les curés, les châtelains ... et les machines à battre, dont d'Angeville était si fier, mais qui, à tort ou à raison, étaient probablement accusées, par les ouvriers, de répandre le chômage autour d'elles. La foule prétend que la bourgeoisie locale veut rétablir la dîme et les droits féodaux: « *Ils* (les bourgeois) *avaient demandé ce rétablissement dans leurs pétitions, ils avaient volé les papiers des pauvres à la mairie, ils s'étaient gorgés à Paris, dans les places qu'ils occupaient, de l'argent des contribuables* ».

Le nom de d'Angeville est l'objet d'une particulière exécration. On accuse l'ex-député conservateur d'avoir mis neuf millions dans ses poches ou dans ses coffres, et de les avoir rapportés depuis la capitale jusqu'à Lompnes, après la dispersion de la Chambre. « *On a bien remarqué*, déclarent gravement les démocrates de Belley, *le tintement métallique ou trémoussement qu'avait produit sa chaise de poste passant au grand trot* ». L'anecdote est sans doute inventée par des populations en délire; elle a tout de même un mérite: elle confirme qu'Adolphe d'Angeville était tenu dans son pays pour un grippe-sous. Cette réputation était-elle entièrement imméritée?

Elle devait jouer un mauvais tour à notre auteur. A Belley, dans les premiers jours de la République de 48, on apprend que d'Angeville est de passage dans la ville. Aussitôt des manifestants hostiles, avec charivaris, insultes et menaces, se rassemblent sous les fenêtres de la maison qui héberge l'ex-député. Celui-ci parvient à s'esquiver par une porte de derrière, et il se réfugie dans son château de Lompnes. Mal lui en prend. Les populations de plusieurs villages, soulevées à leur tour, se rassemblent pour incendier cette résidence campagnarde. Les injures pleuvent à nouveau contre d'Angeville et ses séides: « Blancs », « Jésuites », et même « Malthusiens », cette dernière épithète étant considérée, paraît-il, comme la pire insulte dans le Jura de 1848. (En ce qui concerne d'Angeville, ce qualificatif qui se voulait flétrisseur, n'était pas dénué de justification. Précurseur, l'auteur de l'*Essai sur la statistique de la France*[1] s'est, en effet, nettement prononcé, dès les années 1830, pour la « prudence dans le mariage », euphémisme qui, d'après le contexte, ne peut désigner dans sa pensée que la première diffusion des pratiques malthusiennes et contraceptives).

Quoi qu'il en soit, l'émeute de Lompnes tourne court: un maire de village réussit momentanément à fléchir la colère des émeutiers; il les empêche de piller le château des d'Angeville. Désormais, les mouvements populaires et paysans du Jura vont oublier le député déchu; et ils vont reporter leur hargne sur les mairies, et sur les grandes forêts des communes et de l'État; les villageois en rébellion décident d'y scier et d'y fagoter librement, malgré les règlements protecteurs des arbres.

---

1. *Infra*, p. 123.

Ces incidents sont topiques: face au petit peuple paysan et coléreux, ennemi des machines et craignant le chômage, ils situent d'Angeville. C'est l'homme de l'agronomie savante, du machinisme, de la grande entreprise agissante et concentrationnaire, de la forêt jardinée, mise à l'abri des déprédations et des boisilleurs; c'est le pionnier parfois écœurant, mais efficace, d'un capitalisme agricole; logiquement, cette pratique d'entrepreneur se double dans l'*Essai* d'une théorie quantifiée du développement.

Après 1848, cependant, d'Angeville n'a plus que la carrière végétative d'un politicien en retraite. Conseiller général de l'Ain, il rapporte encore, en 1850, sur les chemins vicinaux. Il meurt dans son village natal, le 16 mai 1856, à 60 ans.

L'essentiel bien sûr, n'est pas dans cette vie, dénuée d'éclat, mais dans l'œuvre elle-même, sans commune mesure avec l'horizon borné d'une existence agrarienne. D'entrée de jeu, l'*Essai sur la statistique* met au centre de son analyse une certaine conception du progrès économique et social, probablement importée, par emprunt direct ou indirect, du saint-simonisme. Et, dans le même temps, l'*Essai* jette les bases d'une anthropologie sociale de la France, dans la société d'ancien type, en gésine de révolution industrielle[2].

D'Angeville part du modèle que proposait en 1827 le baron Charles Dupin [3] dans un livre au titre marxiste avant la lettre: *Forces productives et commerciales de la France*. Selon cet ouvrage, il existe, dans les premières décennies du 19e siècle, un espace privilégié de modernisation française. Cet espace est situé pour l'essentiel au Nord d'une ligne qu'on appellera, en simplifiant et par pédagogie, la ligne Saint-Malo-Genève. D'Angeville, séduit par cette conception, s'empare du problème, au point exact où l'avait laissé Charles Dupin. Il reprend à son compte l'hypothèse géographique du baron: « Saint-Malo-Genève »; mais cette hypothèse, il l'étaye et il l'enrichit, par des considérations statistiques, sur la culture et sur la société, sur le « moral » et sur le « physique ». D'emblée vole en éclats le cadre restreint de la géographie industrielle et scolaire, où Dupin avait circonscrit ses recherches. D,Angeville, en effet, intègre au modèle primitif des données innombrables et neuves: parmi celles-ci figurent en bonne place les recensements démographiques; les modèles conjugaux et familiaux, voire les conduites sexuelles, telles qu'on peut les inférer, les uns comme les autres, par une déduction implicite ou indirecte, à partir des chiffres qui intéressent les premières limitations des naissances et les faits d'illégitimité ou d'abandons d'enfants. Plus original encore est l'appel à l'anthropologie physique; l'un des premiers parmi les chercheurs français, d'Angeville fait entrer dans sa carto-

1. Cf. *infra*, notamment p. 99-102, le paragraphe répugnant que d'Angeville consacre aux prisons.

2. Nous nous excusons, à défaut d'une expression plus correcte, d'utiliser ce terme vieilli.

graphie la stature des jeunes recrues; et il considère avec raison ce caractère biologique comme étant *aussi* un indicateur socio-économique: les hautes statures accompagnent bien souvent, comme l'ont prouvé des travaux récents, les hauts niveaux de vie, et les régions développées.

D'autres indices, qui intéressent les anomalies physiques des conscrits, sont également mises à contribution dans l'*Essai*, grâce à la source inépuisable que constituent, pour l'auteur, les archives du recrutement militaire: ainsi, informations qui deviendront classiques, les pourcentages de conscrits atteints de goîtres; et de même les teignes et gales, les pertes de dents, les « faiblesses de constitution », « faiblesses » identifiables, pour une part, avec le rachitisme du vocabulaire d'aujourd'hui; enfin les scrofules (dont nous savons de nos jours toute l'importance pour une géographie des affections tuberculeuses, dans la France ancienne).

Ces données proviennent, répétons-le, des comptes rendus statistiques du recrutement, centralisés à Paris par l'administration, et longuement compulsés par d'Angeville dans les années 1830. Grâce à ses sources, notre auteur peut mettre sur pied, dans les grandes lignes, une vision régionale de la stature et de la santé (tableaux 3 et 4, cartes 5 et 6). Simultanément, il tire de ces archives, et aussi des dossiers fiscaux, les bases d'une étude sur l'intégration nationale: celle-ci étant explorée grâce à ces deux variables essentielles que sont l'insoumission d'une part, et d'autre part la résistance à l'impôt.

Notre auteur, ensuite, propose une géographie culturelle: elle met en cause l'alphabétisation populaire, et sur les données de la ferveur catholique; c'est un demi-siècle d'avance sur l'enquête Maggiolo, relative à l'instruction élémentaire [1]; et cent années d'avance sur le chanoine Boulard qui donnera en 1947 la carte de la pratique religieuse, dans la France contemporaine [2].

Avec les moyens du bord, l'auteur de l'*Essai* propose également, dans une autre partie de son travail, une étude géographique des professions. Sans doute les recensements proprement dits lui font-ils défaut pour une telle entreprise. Mais qu'à cela ne tienne. D'Angeville part des chiffres fournis par le recrutement, source décidément inépuisable: les métiers des jeunes conscrits s'y trouvent dénombrés, département par département.

Bien d'autres variables encore sont quantifiées et cartographiées dans l'*Essai*: et parmi elles, le crime, l'esprit de chicane, et l'alimentation populaire. Au terme de cette énorme enquête, parfois fastidieuse, mais fortifiée de vastes tableaux statistiques, illustrée de cartes, le livre propose une conclusion simple, trop simple sans doute, mais illuminante ... et méritoire (qu'on songe en effet aux difficultés d'exploration qu'impliquait la mise en œuvre des statistiques inédites, et parfois broussailleuses, au dépouillement desquelles d'Angeville avait dû

1. Cf. Fleury, 1957.
2. Carte reproduite, par exemple, dans *Atlas historique*, 1966, p. 147.

s'atteler). Cette conclusion, c'est qu'il y a « deux France »: « *et l'on serait tenté de croire que deux populations sont venues se heurter à l'intérieur du territoire national sur la ligne qui joint le port de Saint-Malo à la ville de Genève* »[1].

On serait tenté de le croire, mais précisément d'Angeville ne cède pas tout d'un bloc à cette tentation dogmatique. Simplement, il inventorie des chiffres, il propose des cartes, car compte tenu des techniques graphiques de l'époque, l'ancien marin devenu sociologue restera toute sa vie un excellent cartographe. Ses cartes n'impliquent pas une bipartition à frontière rigide: elles dessinent simplement une géographie tendancielle. En gros donc, et en gros seulement, deux France. D'une part, celle du nord, plus exactement du nord-est, qui contient, dès avant 1830, les pôles essentiels de la domination, du mouvement industriel et du progrès agricole: les paysans y sont proportionnellement moins nombreux, en pourcentage de la population totale, que dans les régions du sud, du centre et de l'ouest. Et cette relative faiblesse numérique est déjà le signe d'une modernisation: qui dit ruraux moins prépondérants, dit en effet villes plus étoffées, activités plus diversifiées.

Moins importants quant au pourcentage démographique, ces agriculteurs du Nord-Est sont néanmoins plus efficaces et plus productifs que leurs congénères des autres régions. Par voie de conséquence, ils s'alimentent mieux (carte 8) et se nourrissent de froment. Ils n'imitent pas les Bretons, ni les citoyens du Massif Central qui, eux, consomment du seigle et des châtaignes.

Les régions du Nord-Est (Champagne exceptée) ont du bon pain blanc. Elles ont aussi les meilleures écoles. D'Angeville, avec Dupin, et bien avant Maggiolo, découvre qu'au nord de la ligne Saint-Malo-Genève, les conjoints et les conscrits savent lire et écrire, et signer leur nom, pour un grand nombre d'entre eux. Au sud de la ligne, en revanche, les pourcentages d'hommes instruits baissent beaucoup. Et il existe à ce propos un rapprochement assez piquant: l'auteur de l'*Essai* s'est amusé à cartographier l'impôt des portes et fenêtres; il a constaté que dans la zone instruite, ci-dessus définie, les maisons sont ajourées, claires, percées de portes et de fenêtres multiples. On tiendrait donc là, pense d'Angeville, une sorte de zone des « lumières », où les gens savent lire et *peuvent* lire ... au grand jour de leurs larges fenêtres. Disons, en un style moins plaisant et peut-être plus véridique, qu'une coïncidence régionale est perceptible; architecture populaire plus ouverte, instruction de base plus poussée semblent liées entre elles. Quel contraste avec les cahutes aveugles, aux ouvertures minuscules, de la Bretagne et du Massif Central ignorantins!

Dernier critère enfin, et fort logique, d'un « développement » plus marqué: la stature des hommes est plus haute dans la zone du Nord-Est; le pourcentage des tout petits individus (moins d'1,56 m) y est plus faible qu'au sud et qu'à l'ouest. Est-ce la conséquence d'un niveau de vie plus élevé, dont bénéficierait

---

[1]. *Infra*, p. 16.

une assez large part des populations? Cette hypothèse est raisonnable, à la lumière des travaux récents. Mais elle n'implique pas nécessairement que la santé des peuples soit en meilleure posture dans le Nord-Est, notamment chez les classes les plus défavorisées.

Dans le Nord-Est développé s'individualisent en effet, les principaux foyers de l'industrie nationale (*infra*, carte 4). Et simultanément, corrélativement peut-être, les tares et misères physiologiques sont plus fréquentes dans cet espace à vocation manufacturière. La révolution industrielle, surtout à ses débuts, se paye cher, en poids de détresses humaines. Les « vices de constitution », les « anomalies physiques » que traquent les conseils de révision, les hernies, défauts des yeux, « maladies de poitrine » et scrofules paraissent plus répandus chez les hommes grands et fragiles qui forment le fond des populations « développées » du Nord-Est (du Nord-Est normand, parisien, champenois, lorrain, flamand, etc.) que chez les petits gaillards courtauds et robustes qui fournissent le contingent annuel des conscrits méridionaux et armoricains (mais peut-être y a-t-il un correctif à cette affirmation: dans le Midi, où la taille est en moyenne plus petite, beaucoup de porteurs d'anomalies physiques ont dû être éliminés *ipso facto* des statistiques intéressant leur cas, du fait même que leur petite taille, — moins d'1,56 m — les avait fait a priori exempter de service militaire, préalablement à toute autre expertise médicale. Ainsi s'expliquerait que ces hommes disgrâciés, confondus dans la masse des toutes petites statures, passent inaperçus par ailleurs en tant qu'handicapés physiologiques: la « meilleure santé » du Midi ne serait dans ce cas qu'une illusion statistique).

Mais passons sur ce problème qu'une étude plus précise résoudra peut-être. A défaut des fléaux physiologiques, dont les chiffres ne sont pas certains, les fléaux sociaux, qui sont inséparables des premiers systèmes industriels, paraissent effectivement plus répandus dans la France du Nord. C'est en effet cette portion du royaume qui offre autour de 1830 le plus grand nombre de mendiants et d'assistés (avec, il est vrai, une restriction: beaucoup parmi ces pauvres gueux du Nord furent, à leur point de départ, des immigrés originaires du Centre ou du Midi). Quant au suicide, autre plaie sociologique, connexe d'un certain niveau de civilisation, il se localise effectivement, autour de 1830, dans les régions industrielles et développées de la France septentrionale: région parisienne, haute Normandie, extrême nord [1]. Au sud et à l'ouest, et notamment dans les régions arriérées de Bretagne et du Massif Central, on se suicide fort peu pendant la même période.

En ce qui concerne les mœurs, d'Angeville n'a guère peuplé ses tableaux statistiques que de données qui intéressent les bâtards et les enfants trouvés. Les bâtards sont spécialement nombreux au nord d'une ligne Saint-Malo-Rennes-Genève: tout se passe comme si les mœurs étaient devenues plus libres, dans la

1. Cf. la carte de Guerry, 1833.

région développée du Nord-Est. Inversement, le Midi donne, en pourcentage des naissances totales, des enfants naturels moins nombreux que le Nord. Plus archaïques, plus fidèles aux règles religieuses de la moralité traditionnelle, les Méridionaux seraient donc dans l'ensemble plus respecteux de la virginité des jeunes filles. Il est vrai que les hommes du Midi, quand ils commettent « le péché » (ce qui leur arrive tout de même de temps à autre, notamment dans le Sud-Ouest) ont tendance à se désintéresser des conséquences possibles de leur acte. Ils abandonnent volontiers leurs petits bâtards, et c'est au sud qu'on trouve en règle générale le maximum d'enfants trouvés. Les Septentrionaux, eux, une fois la faute (fréquente) sanctionnée par une grossesse illégitime, manifestent davantage d'esprit de responsabilité: les cartes de d'Angeville (carte 12) enregistrent moins d'enfants trouvés, en pourcentage, dans la France du Nord.

Développement de l'économie et de la société, liberté des mœurs, et respect de l'enfant naturel, seraient donc liés tous trois par une sorte de corrélation positive, sans doute bien lâche... Tel est du moins le tableau, trop optimiste quant au troisième point, que présente d'Angeville quand il commente ses cartes de la France du Nord; mais il souligne lui-même qu'il existe une énorme exception et même un démenti à ce schéma: l'agglomération parisienne est le grand carrefour nordique des enfants trouvés; bien des filles-mères venues des provinces proches y viennent abandonner leurs bébés.

Dans le domaine de l'intégration nationale, les résultats proposés par d'Angeville, à partir de statistiques peu connues, sont éclatants. Les chiffres sont nets: les populations du Nord, et spécialement celles du grand Nord-Est, sont dociles à l'État. Elles payent fidèlement l'impôt du fisc et l'impôt du sang. Par contraste, on voit s'étendre largement vers le sud-oucst, vers le Massif Central et les Alpes, une grande zone d'insoumission militaire et de résistance à l'impôt: ces mentalités, « poujadistes » avant la lettre, ne datent pas d'hier (cartes 15 et 16).

La géographie du crime, chère à l'auteur de l'*Essai*, serait également typique d'une partition nationale (carte 13): les crimes de sang, *crimes contre les personnes*, ont tendance à régresser dans le Nord où sévit au contraire la délinquance anti-propriété: celle-ci, également appelée *crime contre les choses* est très fréquente dans la région parisienne et en Normandie [1]. Les délinquants septentrionaux sont des *filous*, déjà modernisés. Les truands du Midi au contraire restent typiquement des *assassins*. Ils demeurent fidèles à une criminalité de type ibérique ou méditerranéen, telle qu'on la pratiquera encore longtemps dans la Corse des bandits d'honneur; cette délinquance sanglante est fortement représentée au sud d'une ligne Nantes-Genève, dans les régions les moins contaminées par le progrès des « lumières » et de l'instruction.

Ainsi se définirait, — par contraste avec les modalités septentrionales — la vaste zone des régions les moins développées: cette zone inclut à la fois le Sud,

1. *Infra*, p. 162 sq. et 125 sq.; Guerry, 1833, planche 2.

le Centre, et l'Armorique. Les populations qu'on y rencontre sont violentes et austères, physiquement rabougries mais robustes, volontiers rebelles à la prestation étatique, celle de l'impôt comme celle de l'armée.

Tout cela, dira-t-on, est beaucoup trop schématique... Bien sûr. Mais d'Angeville lui-même (page 127) n'est pas dupe du schéma dualiste que, pour des raisons pédagogiques, il a présenté. Sans doute la zone développée du Nord-Est offre-t-elle, par elle-même, une sorte d'unité: croissance et modernisation créent dans cet les éléments d'une communauté géographique. Mais en revanche, au Sud de la ligne Saint-Malo-Genève, il existe une pluralité des sous-développements, et les archaïsmes diffèrent les uns des autres. Les niveaux d'arriération ne sont pas les mêmes selon qu'on se trouve dans les régions celtiques, occitanes, ou dans les marges sud de la France d'oil: les « retards sociaux » de la Vendée catholique et royale, ne sont pas ceux du Limousin, qui deviendra bientôt politiquement « rouge », ni ceux de l'Aquitaine ou de la Corse. A elles seules, les différences linguistiques suffisent pour introduire ou préserver divers contrastes; elles différencient des cultures régionales, des « sub-cultures » (*ibid.*).

L'intéressant, chez d'Angeville, c'est le quantitatif: les appréciations, sous sa plume, sont motivées par des chiffres. Et de ce fait, elles ont un contenu substantiel, qu'elles n'offraient guère dans les récits des voyageurs d'autrefois, même les plus succulents, ou dans les comptes rendus des fonctionnaires de l'Ancien Régime. Qui n'a lu, dans ces récits ou dans ces relations, des phrases à la manière de celles-ci: dans telle province les habitants sont généralement *doux et laborieux*, les femmes sont *belles*, une *apparence de richesse* est répandue sur les cultivateurs, et dans le peuple des villes [1]... De telles formules peuvent être pertinentes; mais, fleurs de rhétorique, elles seraient bien en peine de se réclamer d'une base quantitative et statistique. Parfois, ces jugements lapidaires sont en réalité superficiels: ils doivent leur existence à des propos de table d'hôte, pieusement recueillis par le voyageur ou le fonctionnaire, et présentés par lui comme vérités d'évangile. Chez d'Angeville, rien de semblable: chaque affirmation descriptive, même fleurie d'épithètes, est lourde d'un contenu statistique, quantitatif, cartographique, issu des dossiers les plus massifs et, simultanément, les plus personnels qui soient. Car le député de Belley a parcouru d'un bout à l'autre les possibilités de la statistique française de son temps; il la connaît à fond, comme il connaît les chemins de son Jura. La limpidité de son style ne doit donc pas rendre sceptique sur la densité de sa réflexion.

Soit, par exemple, cette phrase de l'*Essai* (*infra*, page 125): « La France du Nord forme la partie industrieuse, riche et éclairée du Royaume et les populations y sont faciles à gouverner ». Sentence banale, dira-t-on, peuplée des mêmes

1. Nombreuses formules de ce genre dans les rapports d'intendants réunis par Boulainvilliers, éd. 1737, et dans les dossiers Orry cités par F. de Dainville, 1952.

truismes que les affirmations gratuites des textes pré-statistiques... En fait, il n'en est rien: chaque épithète (« industrieuses », « éclairées », « faciles à gouverner ») implique une réflexion sur des nombres, et repose solidement sur de multiples colonnes de 90 chiffres départementaux, issus eux-mêmes de millions d'actes à portée statistique posés par l'administration, les préfets, les juges, les fonctionnaires de l'impôt, les scribes du recrutement militaire.

Bien des recherches anciennes ou récentes, et dont les auteurs ignoraient jusqu'à l'existence de d'Angeville, sont venues confirmer les thèses de l'agronome jurassien. Dans le domaine d'abord de l'histoire ethnographique: en 1952, François de Dainville a publié les résultats peu connus de l'enquête d'Orry (1745). Il les a juxtaposés, par des cartes, aux travaux de Quesnay et de Musset sur les animaux de labour, et aux réflexions de Young et de Dion, sur les structures agraires [1]. S'opposent, en effet, dès le 18e siècle, et sans doute bien avant, deux catégories de paysages français: dans les grands *openfields* limoneux et disciplinés du Nord-Est, le labour à cheval prédomine, la grande culture à tendance capitaliste est souvent implantée; elle coexiste avec une petite culture parcellaire et qui, en Flandre notamment, peut être, elle aussi, très productive. Enfin, les peuples de ces *openfields* vivent « à l'aise », si l'on en croit du moins les appréciations simplistes qu'ont formulées les enquêteurs des dossiers Orry.

Au contraire, dans les autres paysages français, bocages de l'Ouest et du Centre, *openfields* irréguliers et indisciplinés du Sud-Ouest, les oasis de richesse sont plus rares et isolées; des bœufs souvent, quelquefois des mules, rarement des chevaux sont attelés à l'araire; les pilotes de ces attelages, gratteurs de sol, ne sont pas fermiers à leur aise; mais métayers, sans le sou, et qui tirent le diable par la queue. Dans ces zones de deuxième catégorie, les peuples sont fréquemment dans la « pauvreté », ou tout au plus, « ils vivent » d'une vie chiche, sans pouvoir beaucoup s'enrichir, comme peuvent au contraire les fermiers-laboureurs de la Brie ou les petits propriétaires de la Flandre et de l'Alsace [2].

A juste titre, on peut reprocher à ces appréciations des dossiers Orry leur caractère impressionniste: les notations qualitatives (telle région est « riche »; telle autre « à l'aise »; telle autre enfin « dans la pauvreté »), ne remplacent pas une bonne série de chiffres sur le revenu par tête, région par région.

Par chance, ces chiffres existent; mais ils concernent une période plus tardive; pour les années 1860, en effet, Nicole Delefortrie et Jeanne Morice [3] ont établi les éléments d'une statistique du revenu agricole. Leurs travaux sont fondés sur l'enquête décennale de 1862. Grâce à celle-ci, ces deux auteurs ont déterminé le

---

1. F. de Dainville, 1952; Quesnay, éd. 1958, vol. II: notamment l'article *Grains*; Dion, 1934.
2. F. de Dainville, 1952.
3. Delefortrie et Morice, 1959.

revenu brut de l'agriculture (tel qu'on peut le connaître par la statistique de la production, en nature et en valeur); à partir de ces données, elles ont chiffré le revenu net de l'agriculture (en retranchant du « brut » les dépenses afférentes à l'exploitation; finalement elles ont calculé le revenu net des exploitants agricoles, en ôtant du revenu net, évoqué ci-dessus, les salaires et les fermages. Les résultats sont substantiels; mais il restait encore à déterminer au moyen d'une simple série de 90 divisions le revenu par tête d'exploitant, dans chaque département. Claude Gérard a réalisé cette ultime manipulation des données [1]. Sa carte du revenu agricole par tête confirme ,avec 30 années de retard, les données de Dupin et d'Angeville. Il existe bien une zone agricole à fort revenu individuel: elle est située dans les départements de grande culture (ou de petite culture intensive): Flandre, nord du Bassin Parisien. Par contre, les revenus par tête d'exploitant décroissent au sud d'une ligne Saint-Lô-Dijon-Strasbourg. Seuls, au sud de cette « ligne » la Basse Loire, la Charente, la Gironde, et surtout l'Hérault, en plein apogée viticole vers 1860, constituent des îlots de richesse, où, par exception, le revenu par tête est plus élevé.

Les statistiques de Delefortrie et Morice confirment donc les premières intuitions des enquêteurs d'Orry. Parallèlement la photographie aérienne corrobore au ras du sol les notations de Young, scrutant les paysages de l'ancienne France: tout récemment, Clos-Arceduc [2] a dépouillé, cliché par cliché, la couverture photogrammétrique du territoire, telle que l'ont réalisée les aviateurs de l'Institut Géographique National. Il a délimité avec exactitude les vieux paysages, bocages et *openfields*, qui sont comme la projection ,sur le terrain, des contrastes ethnographiques dont est composée la nation. Il a ressuscité, grâce à l'avion, par grandes masses de verdure bocagère ou de terroirs nus, le royaume de Louis XVI, à peine transformé, tel que Young l'avait parcouru: au nord-est sont les *openfields* majeurs, coupés eux-mêmes, très au nord, de quelques « bocages à pommiers centrés sur l'habitat ». Et puis, au-delà d'une ligne Rouen-Genève, se développent sur la carte de Clos-Arceduc comme dans le journal de marche de Locke [3] ou de Young, les massifs bocagers de l'Ouest et du Centre, éventrés par le Val de Loire.

Ces contrastes sont donc anciens, ... et toujours actuels, en dépit des planificateurs du « remembrement » qui détruisent le réseau de haies à coup de bulldozer. Ils intéressent aussi l'habitat rural, bien connu grâce au recensement de 1891 et grâce à l'enquête de l'I.N.S.E.E. en 1962 [4]. La zone des *openfields* disciplinés du Nord-Est, celle-là même qui se montre accueillante au développement,

1. *Atlas historique* ... p. 67. Pour l'étude particulière d'une grande région « moins développée », cf. Armengaud, 1961.

2. Carte inédite, réalisée par M. Clos-Arceduc et consultable à l'Institut géographique national.

3. Locke, éd. 1953: cf. notamment les premières journées du voyage de Paris à Lyon en 1675, où le philosophe note soigneusement les limites bocage-openfield.

4. Dion, 1936 (carte); *Espace économique français*, 1965, p. 227, carte 2-1-1 (pour 1962).

à l'innovation, et à l'instruction, c'est en effet, presque rigoureusement, l'aire de l'habitat groupé des villages septentrionaux où les maisons se blotissent autour d'un clocher; et où, de ce fait, les villageois d'une même paroisse « voisinent » étroitement les uns avec les autres; cette aire est dessinée avec rigueur, au nord d'une ligne qui court depuis Rouen et depuis Evreux jusqu'à Genève. Au sud de cette ligne, au contraire (Midi méditerranéen excepté), les fermes et hameaux tendent souvent à s'égailler, loin de l'église centrale, dans le fouillis des haies, des chemins creux ou des murettes: là, faute de gros noyaux d'habitat villageois, la vie rurale se désurbanise totalement. La France sauvage commence avec la dispersion, en vertu d'une antithèse depuis longstemps perçue: « *les pouvres paysans espars à la campagne, rustiques au possible et inciviliséz logéz ... parmi leurs guerets et pasturages à l'escart, et les uns hors de la communauté des autres* » ne sauraient prétendre, en effet au niveau social des habitants des villages qui « *joins ensemble ont estably quelque figure de police pour vivre plus heureusement les uns avec les autres* » [1], écrivait dès 1596 un gentilhomme gascon, bon connaisseur des pays d'habitaa dispersé.

Communauté oblige, parfois: les villages groupés du Nord-Est, quant à eux, se distinguent des « dispersés » du Centre et de l'Ouest par leurs contraintes collectives, et aussi par la présence envahissante d'un gros capital forestier, tel que l'a illustré, en 1910, la *Statistique des forêts de France*. Les paroisses de bocage et d'habitat épars se caractérisent au contraire par l'absence de forêts domaniales et bien souvent par l'irrespect de l'arbre: les boqueteaux loqueteux du Massif Central contrastent avec les futaies séculaires de l'Ile-de-France et de la Lorraine [2].

Par delà les contrastes des systèmes agraires, c'est la technologie qui est en cause. Une antithèse Nord-Sud, fort ancienne, oppose en effet le labourage « moderne » (par charrue) qui reste confiné jusqu'au 19e siècle dans la moitié nord de la France et dans l'étroit liseré du littoral atlantique; et d'autre part le labourage sous-développé, à l'araire, tel qu'il a longtemps sévi dans le centre et dans le sud de la nation [3]. L'araire, instrument symétrique, égratigne le sol sans le retourner; d'un strict point de vue technologique, il met les paysans français d'autrefois, dans le Midi et dans le Massif Central, au niveau misérable des fellahs de l'Atlas ou de l'Anatolie. La charrue, au contraire, instrument puissant, dissymétrique, souvent tracté par des chevaux, retourne depuis bien longtemps les terres lourdes du nord de la France et de la moitié nord de l'Europe; elle en extrait les éléments fertilisants, elle multiplie la productivité des labours septentrionaux.

---

1. Rivault de Flurance, 1596, p. 364-368 (référence signalée par C. Vivanti, 1964, p. 957).
2. Daubrée, 1912, II, p. 336-337 (réf. fournie et carte reproduite par Dion, 1934).
3. Haudricourt, 1955, p. 376.

La charrue stimule la production. Elle implique aussi, du moins au nord-est, l'usage du cheval de labour; les habitants retirent, de ce trait culturel, tout un système d'habitudes. Ils sont accoutumés au cheval, comme bête de trait, peut-être aussi comme animal de guerre. André Corvisier, dans son livre sur l'armée française au 18e siècle, donne à ce propos une cartographie suggestive [1]. Celle-ci intéresse le recrutement des cavaliers dans l'armée royale au temps des « Lumières »: en contraste total avec le recrutement des fantassins (qui, lui, est assez largement dispersé sur toute la France, de l'Alsace au Languedoc), les lieux d'origine de la cavalerie, quant à eux, sont littéralement collés aux provinces frontalières nord et nord-est du royaume de France. Ce recrutement privilégié peut s'expliquer, bien entendu, par la proximité stratégique de la frontière; et par les hautes statures des « vaillantes populations de l'Est », ces hautes statures dont sont friands les officiers de cavalerie, amateurs de beaux hommes dans l'intérêt du service [2]. Mais l'habitude du cheval, que supposent dans ces régions d'*openfield* les techniques agricoles prédominantes, est aussi un facteur à considérer.

L'usage du cheval est un fait social, et même affectif, de première importance. C'est un trait précieux pour la définition d'une aire culturelle. Mais tout aussi valable, de ce point de vue, est la répartition du métayage. Celui-ci accompagne la petite culture et les labours bovins, symptomatiques du Sud-Ouest; et il est sous-jacent aux structures féodales, épanouies en Gâtine et en Vendée [3].

Déjà les physiocrates, en 1760, évoquaient avec condescendance l'agriculture parcellaire du métayage et du bœuf de labour, qui caractérisait selon eux la paysannerie périphérique, sise hors des provinces septentrionales; celles-ci au contraire — « Normandie, Beauce, Ile-de-France, Picardie, Flandre française, Hainaut, et peu d'autres » [4] — étant vouées à la grande culture. D'Angeville, quant à lui, n'a pas cherché à visualiser par une carte le métayage de son temps. Mais, s'il avait eu les moyens statistiques de le faire, il aurait probablement détecté des répartitions concordantes avec celles de ses autres indices. La première cartographie nationale du partage à mi-fruits, institution stable et de longue durée, est en effet postérieure d'un demi-siècle à peine à l'*Essai sur la statistique*; elle date de 1882. D'autres cartes suivront (1955), et leurs conclusions seront convergentes. Où donc, en 1882, le métayage existe-t-il, comme force reconnue, groupant plus de 5 % des exploitants agricoles? Il est absent, comme tel, au nord d'une ligne qui va de Saint-Malo à Vesoul. Il s'épanouit en revanche,

1. Corvisier, 1964, p. 432.
2. *Ibid.*, p. 639-642.
3. Merle, 1958.
4. Quesnay, éd. 1958, tome II, p. 461.

au sud de cette diagonale, et souvent dans les régions arriérées: en Vendée, dans le Sud-Ouest, et aussi, fait moins connu, dans le Midi corse et provençal [1].

D'autres facteurs encore décident de l'archaïsme ou du développement des régions. Parmi eux le réseau routier. Considérons, ce que n'a pas fait d'Angeville, la carte des routes de poste, à la fin de l'Ancien Régime [2]. On y retrouve, parfaitement dessinée, la zone privilégiée du Nord-Est, hospitalière au développement. Autour de Caen, Rouen, Paris, Amiens, Strasbourg, le tissu des routes postières est dense et serré, ramifié, bouclé sans cesse et rebouclé sur lui-même. Le carroyage des routes principales léguées par la monarchie, devient en revanche très lâche, dès qu'on descend au sud d'une ligne brisée Saint-Malo-Chartres-Autun-Les Rousses-Genève. Cette zone sud de la carte routière est pleine de taches blanches. Les culs-de-sac, impasses et chemins perdus y sont nombreux, et ils signalent notamment la zone la plus arriérée du Massif Central: Rouergue, Velay et Cantal, entre Albi, Villefranche-de-Rouergue, Aurillac, et Brioude.

On a le réseau routier qu'on mérite. Au nord-est tout le monde voulait la route, les militaires comme les civils: garnisons et frontières stratégiques, habitude du roulage et du cheval de traction conjuguaient leurs effets pour favoriser la construction de bonnes et multiples chaussées. Les muletiers du Massif Central, eux, n'en demandaient pas tant: ils se contentaient bien souvent, pour leurs caravanes à bât, de quelques pistes grossières.

Cette prééminence du Nord-Est routier ne cessera, postérieurement à l'*Essai*, qu'avec les chemins de fer. La centralisation parisienne, symbolisée par la pieuvre ferroviaire dont les tentacules, de toute part, investiront le Sud, sera bien des fois critiquée. Elle aura cependant ses mérites: elle brisera un isolement séculaire, elle désenclavera le Centre et le Midi français. D'un certain point de vue, elle abolira, pour son propre compte, la ligne Saint-Malo-Genève.

Développement et réseau routier, longtemps polarisés au Nord-Est, contribuent-ils à dessiner la carte des migrations vers Paris, pôle de croissance et d'attrait? C'est assez probable. En 1833 encore, la zone migrante vers la capitale, département par département [3], correspond exactement à l'aire développée du Nord-Est, telle que d'Angeville la décrit pour les mêmes années. Ces structures migratoires sont anciennes, attestées déjà aux 17e et 18e siècles [4]. Elles sont favorisées par l'existence sous-jacente d'un bon réseau d'écoles et de routes, élargissant les

---

1. Musset, 1917; *Atlas historique*, p. 48.
2. Carte reproduite, par exemple, dans Duby et Mandrou, 1958, vol. II, p. 91, et dans *Les Routes de France...*, 1959.
3. Carte de l'immigration départementale à Paris en 1833, dans Pouthas, 1956.
4. Bourgeon, 1962, p. 60.

horizons, stimulant la mobilité géographique, excitant les désirs ou les mirages d'ascension sociale. *A distance égale de Paris*, une région mieux desservie par les routes de postes (département du Nord ou de la Moselle) migre plus vers cette grande ville qu'une région située plus au sud, et moins bien parcourue de bons chemins carrossables (par exemple l'Indre-et-Loire ou l'Allier). Tout se passe comme si le taux d'attraction parisienne au début de la monarchie de Juillet, constituait, pour un département donné, un indice imprévu mais plausible de modernisation régionale.

Naturellement, ces données sont antérieures à la révolution ferroviaire et à la « montée » massive des méridionaux vers Paris: en 1833, les Auvergnats sont presque les seuls Occitans à prendre *massivement* le chemin de la capitale, dont ils constituent l'élément folklorique, souvent misérable [1]. Les voies ferrées dans les décennies suivantes, bouleverseront cet état de choses: on assistera désormais à la mise en perce du Midi, dont les réserves humaines seront partiellement captées par Paris. Les Rastignac ne seront plus l'exception littéraire et glorieuse, mais la règle; devenus prosaïques, ils arriveront désormais par le train, bien plus nombreux qu'au temps de Balzac.

Avant même les chemins de fer, une géographie du développement doit inclure les faits d'industrie. D'Angeville le sait: et il tente de mettre en œuvre une cartographie statistique des manufactures et du commerce. Sa carte est plus à jour que celle de son prédécesseur, le baron Dupin. Celui-ci ne craignait pas d'affirmer la prépondérance des fabriques du Nord: mais, pour étayer cette thèse raisonnable, il s'était fondé, en 1827, sur les statistiques de Chaptal, déjà vieilles d'une quinzaine d'années. D'Angeville, décidément, rajeunit ces chiffres; il tient compte, tout à la fois, du secteur secondaire (industrie) et du « tertiaire » (services et commerce). Il élabore à cet effet plusieurs indices quantifiés: densité des forges et des usines, pourcentages d'ouvriers parmi les recrues du contingent, nombre et quotité des patentables. Enfin, il combine ces indices entre eux, pour obtenir la carte 4: celle-ci place en tête du développement industriel et (ou) commercial la Normandie, la Région Parisienne, le Nord, la Champagne, l'Alsace, et enfin, isolés au sud, les départements du Rhône et des Bouches-du-Rhône. Ces localisations paraissent incontestables: réunies elles constituent pratiquement l'épreuve négative de la carte des « agriculteurs » (*infra*, carte 3). Cependant, elles appellent un supplément d'enquête, puisqu'elles ne discriminent pas, autant qu'il le faudrait, entre l'industrie et le commerce.

Ce « supplément d'enquête », élaboré bien après d'Angeville, est aujourd'hui disponible. Des cartes précises, et qui tiennent compte du seul facteur industriel, à l'exclusion du commerce, sont publiées par les historiens français de notre

1. Pouthas, même carte.

temps, spécialistes du 19e siècle: parmi celles-ci citons la carte des machines à vapeur en 1841 [1]; celle de l'industrie textile en 1861 [2]; et celle de l'industrie lainière et cotonnière en 1875 [3].

Ces documents confirment l'impression d'ensemble qui se dégage des travaux de Dupin et des cartes de l'*Essai.* Machine à vapeur et filature de coton, ingrédients du capitalisme moderne, s'implantent, en 1841, dans un triangle « nordique » dont les sommets sont l'Alsace, l'extrême nord et la Normandie. Dix ans plus tard, les régions décisives de la « grande industrie », celles où le peuplement « grand-industriel » dépasse 10 % de la population active, sont groupées, de même, au nord d'une zone qui court du Haut-Rhin à la Mayenne. Plus au sud, seule la région Lyon-Saint-Etienne, isolée, offre des concentrations manufacturières comparables à celles de la région normande, alsacienne ou nordiste. Le siècle suivant, de 1851 à 1936, et jusqu'en 1962, modifie ces localisations: il ne les abolit pas fondamentalement, malgré l'énorme afflux de la main-d'œuvre vers l'industrie [4].

Tous ces documents, dira-t-on, sont plus ou moins tardifs, par rapport aux années 1820-1830, envisagées par d'Angeville: ils datent, en effet, de 1841, 1851, 1875, etc. Mais un ouvrage récent lève cette objection: Maurice Lévy-Leboyer montre que dès le premier tiers du 19e siècle les foyers de la Révolution industrielle sont implantés, en France, dans les secteurs est et nord, de préférence aux autres régions [5].

Sous le Consulat et l'Empire, en effet, les indiennages et toiles peintes, inséparables du nom d'Oberkampf et de la fabrique de Jouy, sont concentrées à Mulhouse, Rouen, Paris, Gand, accessoirement à Nantes et à Lyon. Cette géographie s'explique aisément: la production de ces « denrées », stimulée par les nouvelles techniques du blanchiment au chlore et du rouleau de cuivre, est en plein essor de 1760 à 1806. Et tout cela s'installe non loin des marchés du luxe, et notamment près de Paris où la demande se fait très intense, avec les modes légères du Directoire.

Le tableau est analogue, dans les grandes lignes, pour la filature de coton. Lévy-Leboyer, pour 1810, compte 520 000 broches dans le groupe Lille-Amiens-Gand-Saint-Quentin, 350 000 à Rouen, 325 000 à Paris et à Troyes, 100 000 en Alsace et à Bar-le-Duc, 170 000 à Lyon, et seulement 25 000 à Cholet. Belgique en plus, ces chiffres disent bien la prédominance du Nord-Est, auquel il faut joindre, isolé, l'îlot lyonnais.

Dans le domaine du coton, toujours, la géographie du tissage n'est pas telle-

1. Carte de Lévy-Leboyer, reproduite dans *Atlas historique*, p. 87.
2. Dans Pouthas, 1956.
3. *Atlas historique*, p. 100.
4. *Atlas historique*, p. 46-47.
5. Lévy-Leboyer, 1964.

ment différente des répartitions de la filature: en 1810, le tissage cotonnier se localise pour l'essentiel entre Rouen et Anvers; on compte 16 000 métiers dans les Flandres, et dans le « Nord » au sens strict du terme; 16 000 à Saint-Quentin; 13 300 entre Rouen et Amiens; et seulement 4 250 métiers en Basse Normandie [1].

Par la suite, entre 1810 et 1850, le tissage du coton essaimera vers le bocage normand: il se développera de façon vive sur le versant alsacien des Vosges, à Sainte-Marie et Ribeauvillé, etc. Cependant, au sud d'une ligne Cholet-Mulhouse, cette activité ne s'enracinera vraiment que dans le Beaujolais: l'isolat de Tarare, s'y vouera aux mousselines, aux gazes et aux *organdis.*

L'industrie lainière est, par excellence, traditionnelle; elle dispose au départ de localisations plus variées que le coton. En Languedoc, par exemple, dans la première moitié du 19e siècle, à Castres, Mazamet, Saint-Pons, Bédarieux, Lodève et Clermont-l'Hérault, la draperie est encore vivace... Mais elle connaît déjà la décadence. Dès cette époque, le secteur lainier n'est vraiment dynamique et progressif que dans les grands centres du Nord et de la Champagne, spécialisés en draperie de luxe. La fabrique de Reims, sous l'impulsion de capitalistes comme Ternaux, se lance après 1800, dans la mode des châles et du cachemire, et dans les nouveautés parisiennes; et à Roubaix, entre 1800 et 1836, l'essor est le plus vif de France: la population locale, qui vit surtout de l'industrie de la laine, augmente entre ces deux dates de 195 %, passant de 8 000 à 23 500 habitants.

C'est précisément dans le Nord, au département qui porte ce nom, qu'a lieu, pendant les années 1830, l'acte central de la révolution industrielle [2], acte comparable à celui qui s'était déchaîné, quelques décennies plus tôt, dans le Lancashire. De façon brusque, entre 1829 et 1839, les machines à vapeur, claisemées jusqu'alors, surgissent en foule dans cette région, et elles marient le charbon d'Anzin et du Borinage aux entreprises textiles le Lille, de Roubaix; le nombre des « machines fixes » autorisées annuellement dans le département du Nord passe de 2 en 1829 à 7 en 1830, à 8, 39, 50, 54 et 104, aux années successives qui courent de 1831 à 1835 [3]. Ces chiffres correspondent à l'irrésistible montée du Nord usinier, qui inclut Lille, Roubaix, Tourcoing, Fourmies, Marcq-en-Barœul, et les petits centres des Ardennes.

Simultanément se développe, autour de cette région, tout un réseau de transports actifs, réseau branché sur la Basse Seine, sur l'Oise, et sur les parcours obligés du charbon belge, à travers les rivières et canaux du Nord. Dans un espace plus large, la Loire peu praticable aux vapeurs et le vieil entrepôt d'Orléans se dévalorisent au profit de la Seine: les méandres rouennais de celle-ci étaient jadis trop compliqués pour que les navires à voile pussent les remonter correc-

---

1. Lévy-Leboyer, 1964, p. 66, note 3.
2. Cf. *supra*, p. XVI, note 2.
3. Lévy-Leboyer, 1964, p. 167-168, note 37.

tement. Mais, les bateaux à roue, eux, n'ont pas besoin de tirer des bordées, pour vaincre les boucles de la Seine: ils desservent cette rivière plus que jamais. Axes fluviaux, pôles de croissance parisiens et septentrionaux conjuguent ainsi leurs effets, avant les chemins de fer, pour enraciner au nord-est les principaux bastions de la révolution industrielle: la thèse d'un historien d'aujourd'hui rend pleinement justice à l'*Essai sur la statistique* et à sa cartographie, vieille d'un bon siècle.

Par delà les régions, plus ou moins actives ou développées, d'Angeville cherche les hommes. Ses préoccupations le conduisent d'abord à l'anthropologie physique: l'*Essai* propose, dès 1836, la division qui deviendra classique entre zones des hautes tailles (Nord-Est), et zones des statures basses et moyennes (Centre, Ouest, Sud). Le critère choisi est celui du pourcentage de conscrits exemptés pour défaut de taille. Critère insuffisant, sans aucun doute: il faudrait tenir compte aussi des statures des conscrits normaux, non exemptés. Telle quelle cependant, la carte obtenue sera maintes fois confirmée jusqu'à la fin du siècle par des études anthropométriques, à critères de stature plus complexes et plus raffinés: la ligne Saint-Malo-Genève (avec au nord des enclaves dans le Loiret et dans l'Yonne) sépare au 19e siècle les grands « nordiques » des petits « sudistes » ou « occidentaux ». D'Angeville, le premier semble-t-il, signale ce clivage qu'affirmeront et préciseront les travaux de ses successeurs.

Cette partition régionale est fort ancienne: elle s'affirmait dès 1715-1750. Soit, en effet, 110 hommes du régiment Vivarais-Infanterie, dont on possède les dossiers, sous la Régence et sous Louis XV [1]. Parmi eux, 54 sont nés dans les généralités méridionales (Perpignan, Aix, Montpellier, Toulouse, Auch, Pau, Bordeaux, Montauban). Ils ont en moyenne 1,697 m. Le reste, soit 56 soldats, provient des généralités du grand nord-est (Lille, Valenciennes, Amiens, Soissons, Châlons, Metz, Alsace): la taille moyenne de ce second échantillon est de 1,716 m. La différence atteint presque 2 cm (19 mm), au profit des Septentrionaux: cet écart est significatif, puisqu'on le retrouve identique à lui-même à l'intérieur des diverses compagnies dont est composé ce régiment.

En 1763, on dispose d'un échantillon beaucoup plus large: 7 000 soldats dont 5 000 français et 2 000 étrangers. Le sondage national n'est pas complet, puisque certaines provinces ne sont pas représentées parmi les lieux d'origine de ces 5 000 hommes: la Normandie, notamment, est absente. Cependant des clivages très nets apparaissent, les mêmes, en fin de compte, qu'en 1715, 1830, ou 1860. Les hommes de haute stature (> 1,718 m) viennent des généralités d'Amiens ou de Valenciennes, des Trois Evêchés, d'Alsace, et aussi d'Allemagne. Les hommes de taille moyenne (dont la stature est comprise entre 1,710 et 1,718 m)

1. Corvisier, 1964, p. 433, 537, 644 sq.

sont provençaux, dauphinois, italiens aussi. Enfin, les « petits hommes » (moins de 1,710 m) se recrutent avec prédominance en Auvergne et Bretagne, et dans les généralités de La Rochelle, Toulouse, Montpellier, Perpignan. Les Bretons et les Auvergnats sont les plus petits, dans ce troisième groupe.

Ces résultats statistiques sont d'autant plus intéressants que les soldats de l'Ancien Régime sont des engagés, des « volontaires » acceptés par l'armée royale à condition qu'ils soient de haute stature. Les chefs de corps et les racoleurs sélectionnent, dans ce « vivier » national qu'est la jeunesse masculine, les individus dont la taille est la plus élevée: beaucoup d'officiers sous Louis XV ou Louis XVI ont la folie des hommes grands. Or, en dépit de cet écrémage préférentiel, les différences régionales des grands aux moins grands, du nord-est au sud-ouest, se retrouvent nettement marquées, jusque dans cet échantillon des « géants », réservés au recrutement militaire du 18e siècle.

Autant dire que la répartition des faits de stature, cartographiée pour la première fois par d'Angeville, était mise en place sur le terrain, bien avant d'avoir été formulée par cet auteur. Et cette géographie de longue durée survit à l'*Essai*. De 1831 à 1860, en effet, les tailles s'allongent, le nombre des exemptés pour cause de petite stature diminue fortement; en Savoie, par exemple, on voit disparaître dans les années 1850-1860 les foyers misérables d'anomalies physiques — nanisme, goitres, crétinisme — qui étaient si nombreux encore à la fin du Premier Empire [1]; on assiste là, grâce aux progrès du bien-être, à la liquidation pacifique d'une sorte de prolétariat des statures. Or, en dépit de cette poussée, plus exactement de cette « pousse » humaine, les vieilles dénivellations régionales restent attestées pour quelque temps: la « diachronie » de l'allongement des statures n'abolit pas du premier coup la « synchronie » des contrastes géographiques. En 1860, par exemple, Broca prend la suite des travaux de d'Angeville, et il cartographie la stature à l'aide des dossiers militaires, relatifs aux hommes exemptés comme trop petits entre 1831 et 1849 [2]. Sa carte divise la France selon des zones diagonales qui prennent le territoire en écharpe: au nord-est sont les départements « grands », limités par une ligne allant de Rouen au Jura, et qui comptent seulement moins de 4 % d'exemptions. Dans une zone intermédiaire, qui va du Cotentin aux Alpes, les exemptés pour cause de stature basse font de 4 à 6 % des effectifs. Enfin, le troisième groupe de départements couvre entièrement le sud, le centre et l'ouest de la nation: 7 à 10 % des jeunes hommes y sont exemptés pour le même motif; et les hommes très petits, les plus diminutifs, s'y concentrent notamment dans les zones classiquement sous-développées de Bretagne, du Massif Central et des Alpes du Sud.

En 1906 encore, Deniker [3] retrouve à peu près la France de d'Angeville: sa

1. Billy, 1962; Boudin, 1863 et 1865; Carret, 1882; Bertillon, 1885, p. 481.
2. Broca, 1860.
3. Deniker, 1908.

carte établie sur 447 172 sujets fait cependant ressortir un glissement géographique et le début d'une rotation d'axe, laquelle s'accentuera au 20e siècle: la zone des petites statures (avec des îlots de nanisme dans les Landes, dans le Tarn et la Bretagne, et dans les régions frontalières de Corrèze-Dordogne) est désormais reléguée au sud-ouest d'une ligne Cherbourg-Marseille (et non plus Saint-Malo-Genève).

C'est tout récemment que ces travaux encore partiels, menés par de courageux tâcherons entre 1830 et 1906, ont pu être replacés dans une synthèse d'ensemble qui les éclaire et qui les fortifie. On savait, depuis d'Angeville et Broca, que l'anthropologie physique était dans l'histoire, qu'elle était objet d'histoire. Marie-Claude Chamla, dans un article capital, en a fait de nouveau la preuve, en 1964 [1]. Au terme de trois années de travail aux archives de la guerre, cette anthropologue a cartographié une fois de plus la stature au 19e siècle. Puis elle a montré comment l'évolution récente a tout bouleversé: entre 1880 et 1960, les diverses régions se sont enrichies grâce à la croissance économique et culturelle; et les hommes ont grandi: du coup, les champs de force du paysage anthropologique ne sont plus les mêmes.

Au départ (1880), les sondages de Marie-Claude Chamla ressuscitent à peu de choses près l'image déjà donnée par d'Angeville et Broca: en 1880, en 1890, et dans une moindre mesure en 1900, les deux France s'opposent comme il se doit. La France des hautes et moyennes statures (> 1,66 m), est confinée, pour l'essentiel, au nord et à l'est. Une frontière approximative qui court de la Normandie à la Savoie, sépare cette « haute nation » des « basses » provinces du Sud, du Centre et de l'Ouest, vouées aux petites tailles (< 1,66 m). L'hexagone n'est du reste, en toute cette affaire, qu'un « microcosme », un raccourci des contrastes européens: les hautes tailles du Nord-Est français, à la fin du 19e siècle, se rattachent, non sans dégradés, au continent des hautes statures (Hollande, Belgique, Allemagne, pays scandinaves et anglo-saxens). Les petites tailles de l'Ouest, du Centre et du Sud de notre pays sont, elles, dans le prolongement de l'Espagne ou de l'Italie.

A partir de 1900-1910 ce donné se déforme; une rotation d'axe, déjà évoquée, intervient, qui abolit l'ancienne géographie anthropologique: aujourd'hui (1960) l'opposition n'est plus entre Nord et Sud, mais entre Est et Ouest. La France des hommes grands (> 1,70 m) couvre désormais presque toute la moitié orientale du territoire, de la Méditerranée à la Mer du Nord, de Narbonne et Nice à Dunkerque et à Strasbourg. Les hommes moyens ou petits (< 1,70 m) prédominent au contraire dans la moitié occidentale — souvent sous-développée — qui va de l'Aquitaine au Cotentin. Quant aux petits hommes (< 1,60 m), ils abondaient encore, en 1880, dans l'Ouest, le Sud-Ouest et les Alpes. En 1960, on n'en trouve plus guère qu'en Bretagne, où ils constituent plus de 10 % de l'effectif des

1. Chamla, 1964, p. 201-278.

conscrits. Le fait capital, en cette évolution différentielle, c'est la promotion méridionale, c'est l'accroissement plus que proportionnel du Midi, où de vastes régions, à partir de 1910, rattrapent à grande vitesse les départements du Nord, peuplés d'ancienneté par les hautes statures.

En dépit de certaines permanences génétiques, la stature est donc un caractère instable, exacerbé ou déprimé par les facteurs économiques, socio-culturels, socio-biologiques, tels que l'alimentation, le genre de vie, l'hygiène, la pratique plus ou moins tardive du travail physique, la rupture ou le maintien des isolats etc. Dans un article récent, M. Bouisset [1] a montré que les différences géographiques quant à la stature recouvraient *en fait* des différences socio-économiques et des contrastes entre zones plus ou moins développées. Ses conclusions ne valent pas seulement pour le 20e siècle: dès l'époque de d'Angeville et de Villermé, les régions et groupes sociaux plus développés étaient généralement peuplés d'hommes plus grands [2].

Dans l'*Essai sur la statistique*, l'anthropologie physique se double, comme on l'a vu, d'une anthropologie culturelle. Le test de celle-ci, c'est l'instruction élémentaire, l'accès à l'écriture (cet accès qui signale, selon *Tristes Tropiques* [3], l'arrachement ultime au néolithique, et le passage à une société hiérarchique et policée, étatique et oppressive). On sait bien que la conversion totale à l'écriture est loin d'être un fait accompli, dans la France du baron Dupin et du comte d'Angeville. 48,6 % des conscrits sont illettrés en 1830-1833, et les masses analphabètes dominent largement au sud de la ligne Saint-Malo-Genève: notamment dans le Massif Central et en Bretagne. Au contraire le décrassage culturel est presque achevé au Nord-Est; il est entrepris largement dans le Nord et en Normandie.

Sur ce point les analyses de d'Angeville ont reçu confirmation pleine et entière. L'enquête Maggiolo-Fleury (1877-1957) démontre que les clivages culturels, matérialisés par l'analphabétisme, sont parmi les plus anciens qu'on puisse imaginer: les historiens de l'ignorance populaire travaillent dans la « longue durée » [4].

Dès Louis XIV, aux années 1686-1690, les « deux France » (que Dupin et d'Angeville diagnostiqueront, un siècle et demi après l'époque du Roi-Soleil), s'opposent déjà. Sans doute les pourcentages ne sont-ils pas les mêmes: le royaume, au temps de Louvois, compte au bas mot 70 % d'analphabètes mâles, beaucoup plus que sous Louis-Philippe. Mais les grands blocs d'ignorance crasse et de relative instruction sont déjà en place. Les analphabètes louis-quatorziens, en foule compacte, se pressent au midi de la ligne durable qui court du sud du

1. Bouisset, 1965.
2. Villermé, 1829.
3. Lévi-Strauss, éd. 1962 « 10-18 », p. 264-266.
4. Fleury, 1957.

Cotentin au sud du Jura; au nord de cette frontière en revanche, les provinces sont passablement alphabétisées.

Cent années plus tard, en 1786-1790, l'alphabétisation a beaucoup progressé. Mais les contrastes écologiques entre le grand Nord-Est instruit, et les régions situées plus au sud restent bien tranchés de part et d'autre de la démarcation Cotentin-Jura [1]. Tout au plus peut-on remarquer une nuance intéressante: en pays occitan et notamment dans le secteur Sud-Est, les petites lumières de l'instruction commencent à briller..., chez les mâles. Mais, les femmes méridionales, elles, restent fidèles à l'ignorance de leurs aïeules; de ce fait s'accroît, dans cette région, la distance intellectuelle entre la population féminine et masculine, entre les époux et les épouses. C'est l'un des indices de cette « masculinisation » des sociétés méridionales, si nette au 18e siècle [2].

Par la suite, l'enquête Maggiolo, en 1816-1820, révèle le retard, sinon le recul de l'alphabétisation populaire; car la Révolution française entre temps a compromis, sans le vouloir, la tâche des enseignants du bas degré; elle a sapé, notamment en Bretagne, l'action du clergé, patron des petites écoles. Mais, en dépit de ces régressions, les géographies fondamentales restent inchangées. Maggiolo pour 1816, Dupin en 1827, d'Angeville en 1836, décrivent toujours les mêmes territoires d'analphabétisme, bornés au nord par la « sécante » Saint-Malo-Genève [3].

Ces aires culturelles survivent à l'*Essai*. Dans les années 1851-1855, en dépit de la loi Guizot, en dépit des progrès de l'éducation de base, la ligne Avranches-Genève est en pleine vigueur, comme on peut le voir par la statistique des signatures, celles des conscrits et celles des conjoints [4].

Sous le second Empire, enfin, les écoles primaires réussissent la percée en masse vers le Sud-Est qu'elles avaient déjà tentée sous Louis XVI. Au terme de ce processus, tout le nord des Alpes (en 1871-1875) est arraché à l'obscurantisme. En 1888, les bastions celtiques et occitans de l'analphabétisme sont largement tournés par le sud: Auvergne et Languedoc se convertissent à l'instruction, et les conjoints hommes y signent à signature complète. En 1913 enfin, le « rouleau compresseur » des lois Ferry achève de passer sur le territoire, de Dunkerque à Brest, et de Nancy à Bayonne. La ligne Saint-Malo-Genève, enfoncée de toutes parts depuis cinquante ans, n'est plus qu'un souvenir. Les derniers foyers d'ignorance massive sont écrasés. Le paysage culturel hérité de l'Ancien Régime, avec ses contrastes entre Nord-Est et Centre-Sud-Ouest, qui paraissaient indéracinables, est aboli. Inversion paradoxale: certains départements du « grand Nord-Est » (Seine Inférieure; et tout le Nord industriel: Pas-de-Calais, Nord, Somme, Aisne) qui jadis étaient relativement alphabétisés passent désormais dans le peloton de queue, bien après les départements autrefois ignares des

1. Carte de Fleury, 1957, pour 1786-90.
2. Agulhon, 1966, I, p. 408.
3. Cartes dans Fleury, 1957, et Dupin, 1827. Cf. aussi *infra*, carte 9.
4. *Atlas historique*, p. 170.

régions occitanes ou bretonnantes [1]: il ne s'agit pas là, semble-t-il, chez ces nouveaux traînards, d'une ignorance de type traditionnel; mais plutôt d'une inculture de seconde origine, qui accompagne, parmi bien d'autres fléaux, la révolution industrielle et l'accroissement d'un prolétariat, autour de Rouen et de Lille. A la veille de la première guerre mondiale, la France de d'Angeville, a donc doublement disparu: l'enseignement primaire a tout balayé devant lui; et l'analphabétisme, ou ce qu'il en reste, a changé de gîte géographique et social.

Deux variables restent à considérer qui pourraient s'articuler avec le système proposé par d'Angeville.

La première, c'est la résistance à l'impôt: l'auteur de l'*Essai*, comme on l'a vu, localise au centre et au sud-ouest de la nation les zones essentielles où se manifeste le sabotage antifiscal. Bien des livres récents pourraient appuyer, nuancer ou compléter sa géographie: qu'ils soient « croquants » ou « nus-pieds », par exemple, les révoltés d'avant la Fronde, décrits par Porchnev, sont hommes du Sud-Ouest, du Centre, du Midi, de l'Ouest bocager. A l'époque même de d'Angeville, les troubles agraires de 1838-1848 sont déclenchés par la pénurie des subsistances; ils affectent l'Ouest, dans un triangle Caen-Châteauroux-Bordeaux. En 1848, enfin, éclate dans le Limousin la révolte contre l'impôt des quarante-cinq centimes [2].

Ces émotions populaires, à fleur de peau, soulignent les difficultés spécifiques et durables de la France sous-développée: violence primitive [3] et pauvreté monétaire y marchent ensemble; l'argent y manque, et le contribuable en devient d'autant plus rétif au percepteur [4]; l'économie de subsistance, bâtie sur l'agriculture, y manifeste en revanche une prépondérance parfois écrasante: les soubresauts cycliques de cette économie — matérialisés par les disettes et par les chertés des céréales — sont d'autant plus cruels au pauvre monde. Enfin, d'une façon générale, le Sud et le Centre occitans sont moins intégrés à la nation que ne l'est le pays d'oïl, et ils ressentent instinctivement les inconvénients et les coûts de l'unité française, plus qu'ils n'en saisissent les profits et les avantages. D'où la double allergie méridionale, qui multiplie les insoumis au recrutement et les mauvais payeurs des contributions.

Les régions « à la traîne » ou moins développées font donc preuve d'une instabilité particulière. Celle-ci se reflète-t-elle, une fois légalisé le suffrage universel, jusque dans la géographie électorale? La réponse, dans certains cas pourrait bien être affirmative. Sans doute, ces zones attardées, du fait même de leur

1. Pour tout ce paragraphe, *Atlas historique*, *ibid.*
2. Porchnev, éd. 1963; Lévy-Leboyer, 1964, carte de la p. 533; Ardant, 1965, vol. 2, p. 779.
3. *Supra*, p. XX.
4. Ardant, 1965, vol. 2, p. 762-834.

traditionalisme intrinsèque, peuvent-elles jouer le rôle de bastions conservateurs et catholiques: ainsi l'Ouest armoricain. Mais, ailleurs, elles sont susceptibles de basculer vers un extrémisme « de l'autre bord », de type opposé. Soit, par exemple, la toute première extrême-gauche, formée par les Montagnards de 1849: celle-ci recrute, sans doute, dans quelques départements industriels et « modernes » (Seine, Nord). Mais les gros bataillons d'électeurs lui viennent essentiellement des aires sous-développées, ou du moins des régions qui, sans être pleinement arriérées (comme c'est le cas de l'Armorique), sont moins avancées dans le processus de modernisation que ne le sont les provinces du Nord-Est: je pense aux zones « rouges » de 1849, zones avant tout rurales, qu'on trouve — « extrême-gauchistes » désormais pour un bon siècle! — dans les départements souffreteux du Centre et du Sud-Est français. Tout se passe, du côté de ces zones, comme si l'avant garde politique de la nation allait chercher son soutien le plus massif chez les protestataires du sous-développement. Fait classique, dont le 20e siècle donnera des exemples, qui ne seront plus seulement français, mais planétaires [1].

Autre variable à envisager, dans un domaine différent: le taux de natalité. La dénatalité (au sens purement objectif du terme) est l'un des faits majeurs de la période post-révolutionnaire en France [2]. Les contemporains ressentent fort bien à l'époque, et par leur propre expérience, le lien qui unit ce phénomène obscur aux valeurs montantes de la société nouvelle: lumières, éducation, sensibilité, *prévoyance* familiale [3]; c'est-à-dire, en fin de compte: développement. Aussi bien la ligne Saint-Malo-Genève, frontière approximative de la France moins développée, constitue-t-elle pendant les premières décennies du 19e siècle, une sorte de barrière qui fait obstacle à la diffusion, vers le sud, des « funestes secrets » de la contraception; ces secrets très parisiens, qui dès le premier Empire sont au contraire si répandus en Normandie, et qui sont déjà quelque peu diffusés dans les pays du grand Nord-Est et notamment en Champagne (mais non en Alsace-Lorraine). La diagonale résistante à la contraception va de la Bretagne au Jura; elle est nettement tracée en 1800-1840 (cartes): elle sépare deux niveaux de fécondité [4].

N'exagérons pas pourtant le rôle de cette zone de démarcation, qui demeure

1. Bouillon, 1956 (texte, et cartes): cf. dans cet excellent article la liste des départements rouges, votant montagnard, en majorité ruraux, souvent en proie au chômage, à la mévente et à la mendicité: Cantal, Puy-de-Dôme, Indre, Creuse, Corrèze, Haute-Vienne, Allier, Dordogne, Cher, Haute-Loire, Nièvre, Saône-et-Loire, Isère, Jura, Drôme, Rhône, Ain, Loire, Ardèche, Basses-Alpes.

2. Biraben, 1966; cf. aussi Le Roy Ladurie, 1966 et 1967.

3. Cf. à ce propos le texte capital de Pecqueur, 1840, p. 129-132; et aussi Sénancour, 1808, p. 143-151.

4. Cartes de Bertillon, 1911, p. 104, et de Levasseur, dernier volume, p. 25.

perméable et lacunaire. Dès 1801-1810, a fortiorti en 1831-40, l'Aquitaine en pleine aire de développement moindre, est fortement contaminée par les habitudes de limitation des naissances. Il s'agit d'une situation très ancienne, peut-être endogène. Et dans la seconde moitié du 19e siècle les mœurs nouvelles se répandent, torrentiellement, sur tout le territoire, Nord et Midi, villes et campagnes. Seules quelques régions attardées, comme la Bretagne, isolées de la culture dominante par leurs traditions, par leur langue et par leur prodigieuse religiosité, échapperont, pour quelque temps encore ,et dans une certaine mesure, à l'épidémie.

On pourrait étudier jusqu'à l'infini, à partir de tel ou tel caractère, la pertinence des critères géographiques proposés dans l'*Essai sur la statistique*. Mais il faut conclure, et laisser la parole à d'Angeville. L'œuvre de celui-ci peut se définir, d'un point de vue actuel, comme une contribution à l'écologie quantitative de la France traditionnelle, « l'écologie » étant l'étude sociologique et statistique des groupes humains, envisagés quant à leur répartition dans l'espace.

L'*Essai* pourtant n'est qu'une Introduction à cette « écologie quantitative ». En vue de fonder, dans la pratique, une telle discipline, il faudrait satisfaire, pour le moins, à quatre conditions.

1. Il conviendrait d'abord de dépasser le cadre trop vaste et trop vague des départements, ce cadre si cher aux auteurs français: la bonne solution dans cette perspective consisterait à employer, comme l'a fait R. Mendras en son *Atlas sociologique de la France rurale* [1], un filigrane plus fin, à base d'arrondissements, de cantons, sinon de villages. Les belles cartes de la population française, distribuée par *commune*, telle qu'on les trouve au début de l'*Atlas historique*, sont de ce point de vue un modèle du genre.

2. Il faudrait aussi discriminer les uns des autres les niveaux sociaux. La cartographie de d'Angeville est trop globale. Elle scotomise les différences hiérarchiques; elle écrase, au plus bas de l'échelle, la stratification sociale. Un exemple: parler comme le fait notre auteur, de nourriture « des Français » n'est vrai qu'en première analyse. Sans doute, les répartitions provinciales ou départementales des aliments ruraux — seigle, froment et châtaignes — sont-elles assez conformes aux aires désignées par d'Angeville. Mais, l'alimentation urbaine ou bourgeoise, dès 1830 est plus sophistiquée; elle n'a pas grand-chose à voir avec la géographie de l'*Essai* (carte 8) qui n'est pertinente qu'au niveau des majorités paysannes.

3. Il ne suffit pas de passer la France « au peigne fin » en s'aidant de subdivisions administratives et sociologiques toujours plus subtiles. Par delà le découpage géographique ou social, si ténu et si précis qu'il puisse être, il faudrait « descendre » encore, par sondages locaux ou même par enquêtes globales,

1. Exemplaire en pré-publication.

jusqu'au niveau des individus eux-mêmes, qui sont les unités insécables, les atomes de toute recherche sociale. Dans un article important, W.S. Robinson a signalé en effet les dangers de la « tromperie écologique » (*ecological fallacy*) [1].

A l'appui de sa mise en garde, W.S. Robinson donne l'exemple de la corrélation entre analphabétisme et négritude. Il est exact, écrit-il, que dans les États cotonniers du sud des U.S.A., où la population noire est la plus forte, l'ignorance élémentaire est plus répandue que dans les autres régions des États-Unis. Il existe donc une corrélation géographique (« écologique ») entre analphabétisme et peuplement noir. Mais celle-ci s'évanouit, ou peu s'en faut, dès qu'on descend au niveau le plus vrai: celui des Afro-Américains eux-mêmes, pris individuellement. Leur ignorance réelle, à l'époque des statistiques envisagées par Robinson (celle des années 1930) n'est pas tellement plus élevée que celle de leurs voisins pauvres blancs, victimes d'un sous-développement analogue. La corrélation écologique est donc trompeuse; elle masque l'absence, ou la faiblesse des corrélations individuelles.

TABLEAU 1

Coefficient de corrélation entre la couleur et l'analphabétisme aux États-Unis en 1930	
— calculé sur la base d'une division des U.S.A. en neuf grandes régions	0,946
— calculé sur la base des États	0,773
— calculé au niveau des individus eux-mêmes, noirs et blancs	0,203

L'argumentation de Robinson mérite d'être reprise pour d'autres thèmes. Et, par exemple, à propos des thèses de d'Angeville: il est exact qu'on trouve, vers 1830, dans une série de départements, à l'ouest, au centre et au sud de la France, des pourcentages plus élevés qu'ailleurs de paysans, une stature en moyenne moins haute, enfin une alphabétisation moins poussée. Mais cette constatation ne signifie pas encore que ce sont les paysans pris un à un qui sont en moyenne moins instruits et moins grands que les hommes des autres

1. Robinson, 1950.

catégories sociales. Sans doute une telle affirmation n'est-elle pas absurde. Mais elle demande à être vérifiée, par des sondages qui portent sur les individus eux-mêmes. Les documents *ad hoc* ne manquent pas, qui rendent ou qui rendront ces sondages possibles: on songe aux répertoires nominatifs des recensements, aux listes électorales, aux registres des paroisses et de l'état-civil, aux dossiers fiscaux, judiciaires, militaires. Au prix de cette enquête nominative, on pourra donc vérifier, en profondeur, la validité du *pattern* de modernisation qui semble se faire jour au 18e siècle, et au premier 19e siècle, dans la France du Nord-Est. Les caractéristiques mises en cause (instruction plus poussée, socio-profession plus diversifiée, stature plus haute, etc.) correspondent-elles vraiment, prises toutes ensemble, à une constellation de traits *individuels*, qui tendent à s'organiser en système autour de la « personne humaine », dans la majorité des populations du Nord-Est? Ou bien s'agit-il simplement de caractères culturels, certes diffus dans la zone en question, mais trop peu reliés les uns aux autres pour affcter vraiment la morphologie de l'individu pris comme unité? Telle est la question à laquelle les recherches nominatives actuellement poursuivies permettront de répondre.

4. Dernier problème enfin: chacune des cartes présentées par d'Angeville ne met en œuvre qu'une seule donnée à la fois. Or, il serait souhaitable de combiner les variables entre elles, et de procéder à des analyses « multivariantes ». Notamment au niveau des unités administratives (départements, cantons, voire même communes). Les sociologues nous ont accoutumés à des travaux de ce type. Pour en donner un exemple, Frank L. Sweetser, en 1966, dans une étude comparative, envisage successivement, pour chacun des quartiers de Boston et d'Helsinki, un certain nombre de données: ainsi la dimension moyenne des appartements du quartier; le degré de surpeuplement des logements; la structure socio-professionnelle (prédominance de l'industrie ou des services); le pourcentage des employés en « cols blancs », et celui des diplômés universitaires; l'éducation supérieure ou secondaire reçue par les femmes; la densité démographique; la présence ou l'absence de bâtiments publics; le nombre de logements neufs ou minuscules; la qualité moyenne du chauffage central et de la plomberie domestique, etc. (au total 33 variables) [1]. Par des procédés mathématiques relativement simples (matrices, analyse factorielle) Sweetser combine ces variables entre elles; et il donne, à chaque quartier de Boston ou d'Helsinki, une note globale, qui correspond à la moyenne des diverses performances de ce quartier, confrontées les unes avec les autres, dans les trente-trois domaines ainsi mis en cause.

A partir de variables différentes, et convenablement sélectionnées, une opération analogue serait concevable non plus pour quelques dizaines de quartiers

1. Sweetser, 1966.

urbains, mais pour les milliers de cantons qui composent au temps de d'Angeville, le territoire national: au terme d'un calcul de ce genre, on pourrait chiffrer, puis cartographier, le fait global de la modernisation, telle qu'elle intervient dans le premier 19e siècle.

Cette entreprise constituerait un premier jalon, pour une anthropologie du peuple français, à l'usage de l'historien. Elle serait aussi un hommage raisonnable, pour l'agronome obscur qui, à coup d'intuitions et de travail, composa et fit imprimer (à Bourg-en-Bresse), sans récompense autre que d'amour propre, cet *Essai*, qui n'eut pas de lecteurs.

EMMANUEL LE ROY LADURIE

BIBLIOGRAPHIE

AGULHON (M.): *La Sociabilité méridionale*. Aix-en-Provence, Publications des Annales de la Faculté des lettres, 1966.

ANGEVILLE (comte A. d'): *Essai sur la statistique de la population française, considérée sous quelques-uns de ses rapports physiques et moraux*. Bourg. impr. de F. Dufour, 1836 (1837 en fait).

ANGEVILLE (comte A. d'): *Aperçu sur nos colonies*. Lyon, C.L Babeuf, 1832.

ANGEVILLE (comte A. d'): *Lettre au ministre des travaux publics, pour la publication d'une statistique des rivières de France de M.B. Dausse*, 23 février 1846. Paris, impr. de Mallet-Bachelier, 1863.

ANGEVILLE (comte A. d'): *Rapport au conseil général de l'Ain sur le service des chemins vicinaux* en réponse à la circulaire ministérielle du 12 août 1850. Séance du 2 septembre 1850. Bourg, impr. Dufour.

ANGEVILLE (comte A. d'): *Réflexions 1° sur quelques points des « Etudes pratiques » de M. Aulagnier 2° sur le projet de loi de rachat des actions de jouissance des canaux soumissionnés en 1821 et 1822*. Voir AULAGNIER (François): *Complément d'études pratiques sur la navigation intérieure...* Paris, 1842.

ANGEVILLE (comte A. d'): *La Vérité sur la question d'Orient et sur M. Thiers*. Paris, Delloye, 1841.

ANGEVILLE (comte A. d'): *Note sur la police de roulage* (19 avril 1843). Paris, impr. de Panckoucke.

ANGEVILLE (comte A. d'): *Proposition sur les irrigations* (19 mai 1843). Paris, impr. de Panckoucke.

ANGEVILLE (comte A. d'): Chambre des Députés. Session 1845. *Extrait du rapport fait au nom de la Commission chargée d'examiner le projet de loi relatif à la navigation intérieure* (27 mai 1845). Paris, impr. de Lacrampe.

ANGEVILLE (comte Henri d'): *Recherches sur les améliorations agricoles applicables aux cantons de Brenod, Champagne, Hauteville et S.-Rambert*. Lyon, 1842.

ARDANT (G.): *Sociologie de l'impôt*. Paris, 1965.

ARMENGAUD (A.): *Les populations de l'est Aquitain au début de l'époque contemporaine*. Paris, 1961.

Atlas historique de la France contemporaine, 1800-1965. Paris, 1966.

BERTILLON: « La taille en France » [1], *Revue scientifique*, volume de juillet à décembre 1885, p. 481 sq.

BERTILLON (Jacques): *La dépopulation de la France*. Paris, 1911 (cf. notamment la carte de la page 104).

BILLY (G.): « Anthropologie de la Savoie », *Bulletin et Mémoire de la Société d'anthropologie de Paris*, 1962, vol. 3, p. 161.

Le Biographe et le Nécrologe réunis (publication périodique), tome 4, 1836, p. 278.

Biographie politique et parlementaire des députés, guide des élections par l'un des rédacteurs du *Ménager*. Paris, Jules Laisné, 1839, p. 5.

BIRABEN (J.N.): « Evolution de la fécondité en Europe occidentale », *Conférence démographique européenne*, Strasbourg, août-septembre 1966.

BOAS (F.): « The relation between civilization and stature », *Journal of sociological medicine*, 1917, tome 18, p. 397-401 (d'après CHAMLA, etc., 1959).

1. Cf. surtout la carte de la page 485.

BOUDIN (J.): *Etudes sur l'accroissement de la taille.* Paris, 1863.
BOUDIN (J.): « L'accroissement de la taille »[1], *Mémoire de la société d'anthropologie de Paris*, 1865, tome 2, p. 221 - 259.
BOUILLON (J.): « Les démocrates-socialistes aux élections de 1849 », *Revue française de Science politique*, vol. 6, 1956, p. 80-87.
BOUISSET: « Anthropométrie des Français », *Bulletin et Mémoire de la Société d'Anthropologie de Paris*, vol. 7, janvier-mars 1965.
BOULAINVILLIERS (H. de): *Etat de la France....* Londres, éd. 1737.
BOURGEON (J.L.) « L'île de la Cité pendant la Fronde », *Paris et Ile-de-France*, tome 13, 1962 (Paris, 1963).
BROCA (P.): « Recherches sur l'ethnologie de la France », dans *Mémoires de la Société d'anthropologie de Paris*, tome I, 1860.
CARRET (J.): *Etudes sur les Savoyards*[2]. Paris, 1882.
CHAMLA (M.C.): « L'accroissement de la stature en France de 1880 à 1960; comparaison avec les pays d'Europe occidentale », *Bulletin de la Société d'anthropologie de Paris*, XIe série, 1964, p. 261-278.
CHAMLA (M.C.), MARQUER (P.), VACHER (J.): « Les variations de la stature en fonction des milieux socio-professionnels », *L'anthropologie*, vol. 63, 1959, p. 37 sq., et p. 269-294.
CORVISIER (A.): *L'armée française de la fin du XVIIe siècle au ministère de Choiseul.* Paris, 1964, notamment p. 644-648 (cartographie et sociologie de la stature) et p. 433-2 et 537 (comparaison possible avec les faits culturels et d'alimentation).
DAINVILLE (F. de): « L'enquête d'Orry », *Population*, 7, 1952.
DAUBRÉE (L.): *Statistique et Atlas des forêts de France.* Paris, 1912, II, p. 336-337.
DAUPHIN (L.) et LE RPY LADURIE (E.): « Archives militaire pour l'histoire sociale », *Social science information*, 1967-1968 (7), 7, p. 83.
DELEFORTRIE (N.) et MORICE (J.): *Les Revenus départementaux en* 1864 *et* 1954. Paris, 1959.
DENIKER (J.): *Les races de l'Europe.* Paris, 1889-1908; cf, notamment dans le second volume la carte de la stature en France en 1906, établie sur 447. 172 sujets.
DION (R.): *Essai sur la formation du paysage rural français.* Tours, 1934.
DUBY (G.) et MANDROU (R.): *Histoire de la civilisation française.* Paris, 1958, 2 vol.
DUFAY (C.J.): *Biographie des personnages notables du département de l'Ain, Galerie militaire de l'Ain.* Bourg, 1874, p. 28 sq.
DUPIN (Charles): *Forces productives et commerciales de la France.* Paris, 1827.
ENGEL (C.E.): *Le Mont Blanc.* Paris, 1960.
Etudes et conjoncture, l'espace économique français (fascicule I, Démographie générale). Paris, I.N.S.E.E., 1965.
FLEURY (M.) et VALMARY (P.): « Les progrès de l'instruction élémentaire de Louis XIV à Napoléon III », *Population*, 1957.
GUERRY (A.M.): *Essai sur la statistique morale de la France.* Paris, 1833.
HAUDRICOURT (A.) et JEAN-BRUNHES-DELAMARE (M.): *L'Homme et le charrue à travers les âges.* Paris, 1955.
HOVELACQUE (A.): « La taille dans un canton ligure (Saint-Martin - Vésubie) », *Revue de l'école d'anthropologie de Paris*, tome 16, 1896, p. 51.

1. Article très utile par ses cartes et son introduction historique.
2. Etudes présentées à l'*Association française pour l'avancement des sciences*, Congrès d'Alger, 1881. Cet article de Carret contient de remarquables corrélations, parfois indirectes (notamment p. 16), entre analphabétisme, pauvreté et petite stature: « En Savoie, sur 1 000 conscrits, il y a 82 illettrés. Leur taille moyenne est inférieure de 1 cm à la moyenne totale. Ils sont petits parce qu'ils appartiennent à des familles généralement pauvres ».

JUILLIARD (E.) et MEYNIER (A.), etc.: *Structures agraires et paysages ruraux*. Nancy, 1957.
KAPLAN (B.): « Environment and human plasticity », *American Anthropologist*, 1954, tome 56, p. 780-800.
LE ROY LADURIE (E.): *Les Paysans de Languedoc*, vol. II, p. 887, annexe 42.
LE ROY LADURIE (E.): « Révolution française et contraception, dossiers languedociens », *Annales de démographie historique*, 1966.
LE ROY LADURIE (E.): « Révolution française et "funestes secrets" », *Annales de l'histoire de la Révolution française*, 1965, p. 386-400.
LEVASSEUR (E.): *Histoire de la population française* (dernier volume, cartes de la p. 25, 1831-1849).
LÉVI-STRAUSS (C.): *Tristes tropiques*. Paris, 1962, collection 10-18.
LÉVY-LEBOYER (M.): *Les Banques européennes et l'industrialisation internationale dans la première moitié du XIXe siècle*. Paris, 1964.
LOCKE (J.): *Travels in France* (edited by John Lough). Cambridge, 1953.
MENDRAS (R.): *Atlas sociologique de la France rurale*. Paris, 1966, édition ronéotypée.
MERLE (L.): *La métairie et l'évolution agraire de la Gâtine poitevine, de la fin du Moyen Age à la Révolution*. Paris, 1958.
MUSSET (R.): *L'Elevage du cheval en France*. Paris, 1917.
PECQUEUR (C.): *Des améliorations matérielles dans leur rapport avec la liberté*. Paris, 1840.
PORCHNEV (B.): *Les soulèvements populaires en France de* 1623 *à* 1648. Paris, 1963.
POUTHAS (Ch.): *La population française pendant la première moitié du XIXe siècle*. Paris, 1956.
QUESNAY: Article « Grains », dans *François Quesnay et la physiocratie*. Paris, 1958 (vol. II).
RIVAULT DE FLURANCE (David de): *Les Estats esquels il est discouru du Prince, du Noble et du Tiers Etat*. Lyon, 1596.
ROBERT (A.), BOURLOTON (E.), COUGNY (G.). *Dictionnaire des parlementaires français*, Paris, 1891, tome I, p. 68-69.
ROBINSON (W.S.): « Ecological correlation and the behaviour of individuals », *American Sociological Review*, vol. 15, 1950, page 351-357.
Les Routes de France, depuis les origines jusqu'à nos jours. Paris, Association pour la diffusion de la pensée française, 1959.
SAINT-MAURICE-CABANY (E.): *Galerie nationale des notabilités contemporaines*. Paris, 1851, tome III, p. 225-227.
SARRUT (Germain) et SAINT-EDME (P.): *Biographies des hommes du jour*. Paris, s.d. (vers 1843), tome V, première partie.
SÉNANCOUR: *De l'amour*. Paris, 1808.
SWEETSER (F.L.): « Ecological factors in metropolitan zones and sectors », communication au *Colloque sur l'analyse écologique quantitative dans les sciences sociales*, Evian, 12-16 septembre 1966.
THUREAU-DANGIN (P.): *Histoire de la monarchie de juillet*. Paris, 1887, tome IV.
TRÉNARD (L.): « De la route royale à l'âge d'or des diligences », dans *Les Routes de France*, 1959, p. 109.
TRICAUD (L. de): *Histoire du département de l'Ain, du 24 février au 20 décembre* 1848. Bourg, 1872, p. 38 sq.
TUDESQ (A.J.): *Les Grands notables en France*, Paris, 1964 (notamment p. 364, 370, 773 997).
VILLERME (le Docteur): « Sur la taille », *Annales d'hygiène publique et de médecine légale* [1], tome I, 1829, pages 354-397.
VIVANTI (C.): « Le rivolte popolari in Francia », *Rivista storica italiana*, 1964, p. 957.

1. Article fondamental, et qui pose les bases d'une anthropologie physique enracinée dans l'étude des conditions de vie. Villermé y cite (p. 395) un manuscrit de Tenon, qui établit lui aussi une corrélation entre stature et niveau de vie.

ESSAI

SUR LA

STATISTIQUE

DE LA

POPULATION FRANCAISE.

ESSAI

SUR LA

STATISTIQUE

DE LA

POPULATION FRANÇAISE,

CONSIDÉRÉE SOUS QUELQUES-UNS DE SES RAPPORTS PHYSIQUES ET MORAUX;

Par le Comte A. D'ANGEVILLE, ancien Officier de marine,
Membre de la Chambre des Députés.

BOURG,
IMPRIMERIE DE FRÉD. DUFOUR.

1836.

ERRATA.

33e et 10e ligne, ajouter, après le mot *Naissances,* Des deux sexes.
19e et 23e ligne, au lieu de *Naissances naturelles,* lisez: Enfants trouvés.
dernière ligne, au lieu de *la moyenne,* lisez: Le nombre.
21e ligne, au lieu de 16,284,820, lisez: 17,127,000.
17e ligne, au lieu de 75, lisez: 71.
18e ligne, au lieu de 539,000, lisez 486,000.
6e ligne, au lieu de 12,000, lisez 5,000. Ajoutez en marge ces mots: *Voir page XXIII de l'Appendice.*
12e ligne, lisez en marge ces mots: *Voir page XIX de l'Appendice.*

INTRODUCTION.

Les études statistiques ont contr'elles, outre l'aridité qui leur est propre, les préjugés soulevés par l'abus qu'on a fait des chiffres ; il faut le dire, on repousse une science qui paraît prêter un égal appui aux systèmes les plus opposés.

Où peut-on cependant trouver un refuge contre l'incertitude qui naît de la défense et de l'attaque de chaque doctrine, si ce n'est dans les lumières qui jaillissent des faits ? C'est dire que la statistique est le meilleur flambeau de la raison, lorsqu'elle est employée avec bonne foi, sans préoccupation d'aucun système, et avec des bases assez larges de *nombre* et de *durée*, pour que l'on ne coure pas la chance de présenter pour des résultats généraux des résultats partiels, incomplets, ou choisis sans discernement.

Nous avons cherché, autant qu'il nous a été possible, à éviter cet écueil ; et il sera facile de juger si notre but a été atteint, car nous avons toujours fait connaître à quelles sources nous avons puisé, et quel est le nombre d'années que nos calculs embrassent (1).

Avant d'entrer en matière, disons quelques mots des motifs qui nous ont conduit à faire le travail que nous livrons à la publicité.

Lorsqu'on a suivi quelque temps les travaux de nos chambres législatives, il est difficile de n'être pas frappé de la divergence extrême des opinions sur les faits statistiques les plus élémentaires ; de là des discussions générales interminables, car ne partant d'aucune base admise et reconnue par tous, elles roulent pour ainsi dire dans un cercle illimité.

Est-il une plus forte preuve que l'instruction statistique est peu répandue, et que les hommes s'occupant des questions d'économie politique sont rares et souvent tout aussi imbus de préjugés que les autres ? Mais comment pourrait-il en être autrement ? Nous en appelons sur ce point à toutes les personnes qui ont voulu s'occuper des affaires du pays : à quelles sources auraient-elles puisé pour s'instruire ? Presque tous les ouvrages de statistique publiés pendant les dernières années de la restauration, soit par l'administration, soit par les particuliers, étaient concentrés dans Paris ; les titres mêmes en étaient inconnus dans la plupart des départements. Depuis 1830, il est vrai, l'esprit public s'est porté avec quelque activité sur les recherches de ce

(1) On trouvera, à la suite de chacun des huit tableaux qui résument tout notre travail, ces diverses explications.

genre, et les administrations qui se sont succédé ont secondé cet heureux élan, en publiant presque toutes les années des ouvrages de fonds sur cette matière; mais malheureusement, après comme avant la révolution de 1830, ces ouvrages ont été peu connus et encore moins lus dans la province.

Nous n'avons certainement pas la prétention d'apporter un remède à cet état de choses; mais nous pensons que notre travail pourra aider les personnes qui, dans les départements, cherchent inutilement à se procurer des éléments de travail. Notre temps n'aura pas été perdu si ce but a été atteint même imparfaitement; et la forme essentiellement départementale que nous avons donnée à cet ouvrage nous fait espérer qu'il pourra être de quelque utilité.

Nous avons parlé des publications que l'administration a faites depuis 1830; nous serions forcé de sortir du cadre restreint dans lequel notre intention est de nous renfermer, si nous voulions en faire l'analyse ou seulement les rappeler toutes, car elles sont nombreuses. Il en est une pourtant qui, par son importance, mérite une mention particulière : nous voulons parler des tableaux publiés en 1835 par M. Duchâtel, ministre du commerce, sous le titre de *Documents statistiques sur la France*. Ceux qui veulent étudier notre système financier et nos plus graves questions sociales, telles que celles des enfants trouvés, du paupérisme, etc., trouveront dans ce volume des renseignements précieux.

Pour qu'on puisse juger de l'importance de cette publication et du prix que le public et notamment les Chambres législatives doivent attacher à ce qu'elle soit continuée, nous ne saurions mieux faire que de rapporter textuellement une partie de la note du 4 août 1834, émanée du Ministre du commerce, à l'occasion de cet ouvrage :

« La France est riche en documents bien élaborés qui se trouvent dans les comptes » rendus par les ministres et par les administrations, mais dont il est presque » impossible de réunir la série. Un seul tableau chronologique, bien étudié, ferait » apparaître utilement des résultats qui se trouvent épars dans de volumineuses » collections qu'un bien petit nombre de personnes possède. Il suppléerait d'ail- » leurs à un travail de rapprochement auquel un bien plus petit nombre encore est » en mesure de se livrer. On comprend quelle masse de volumes il faudrait réunir » pour résumer seulement les budgets, les distributions faites aux Chambres, et les » états de commerce imprimés depuis la restauration. Si quelqu'un prenait cette » peine, ce serait dans un but spécial, sous une forme arbitraire, et encore son » travail ne se trouverait-il plus sous la main au moment où l'on voudrait y recourir, » ou il aurait cessé d'être à jour. Il serait donc bien nécessaire de réunir, dans ce » qu'on pourrait appeler le *portefeuille de l'administration publique*, des tableaux » présentant, pour chaque service et pour un certain nombre d'années (la dernière » remplaçant successivement la plus ancienne), les chiffres indicateurs des faits de » divers ordres, dont l'ensemble offrirait à des yeux exercés l'histoire la plus véri-

» dique du développement de la richesse et de ses rapports avec l'action gouverne-
» mentale. Sans remplacer les statistiques descriptives que l'on s'efforce de créer et
» de tenir au courant, le recueil dont il s'agit en serait le contrôle le plus certain ;
» car tout se lie, et deux faits très-dissemblables se prouvent souvent l'un par
» l'autre.

» Que ne saurait-on pas sur l'histoire de nos finances et sur les progrès de toutes
» nos affaires, si l'on avait toujours soigneusement résumé les documents officiels
» les plus certains ?

» Alors on aurait, pour l'examen de beaucoup de questions, des bases avouées
» de tout le monde, et l'on se formerait une langue commune.

» Sans doute les tableaux que l'on offrirait d'abord laisseraient quelque chose à
» désirer : des chiffres pourraient manquer d'exactitude, et bien des lacunes exciter
» des regrets ; mais la critique d'une part, et les efforts de l'administration de
» l'autre, arriveraient bientôt à compléter les cadres, et à donner la plus grande
» certitude possible à leur contenu. L'essentiel est de commencer et d'être persé-
« vérant. »

Le successeur de M. Duchâtel aura-t-il cette persévérance ? Nous devons l'espérer, car ce serait assumer une grande responsabilité que de suspendre une publication aussi nécessaire.

Dans le cours des recherches auxquelles nous nous sommes livré, nous avons souvent été à même de faire une observation qui a quelque importance. Chaque ministre agit isolément pour l'enregistrement des faits qui le concernent, et il faut un travail quelquefois fort long pour comparer ceux qui sont les plus analogues, lorsqu'ils ont été recueillis par deux administrations différentes. On croirait en vérité que chacune d'elles a pensé n'avoir rien à demander ni à communiquer aux autres administrations. C'est ainsi, par exemple, qu'au bureau des subsistances du ministère du commerce on enregistre une partie des faits qui concernent les céréales, en prenant pour unité de mesure l'*hectolitre ;* le ministre de la guerre et la direction des douanes, au contraire, comptent par *quintal métrique*.

Nous allons citer un autre exemple encore plus grave :

Depuis 1825, le Garde-des-sceaux publie toutes les années le compte rendu au Roi sur l'administration de la justice criminelle de toute la France. Les tableaux divers dont se composent ces comptes peuvent faire apprécier la moralité du pays par département, par âge et par profession. Certes, si une chose est à désirer en statistique, c'est d'établir le plus de bases communes possibles entre cette publication toute morale, et les cahiers de recrutement dressés au ministère de la guerre, qui traitent essentiellement du physique des populations.

On sait en effet que, sur les 290,000 jeunes gens de vingt ans accomplis dont se compose la masse annuelle recrutable, plus de la moitié passe devant les conseils de révision. Devant ces conseils, l'homme étant complétement déshabillé est examiné, touché, mesuré; son poids seul échappe à l'investigation; les vices de conformation, la constitution physique, tout est discuté par un chirurgien à ce commis ou en sa présence, et la décision qui intervient s'enregistre immédiatement. On doit comprendre que des cahiers ainsi dressés contiennent les élémens les plus complets d'un bon travail sur le physique de la population; mais si l'on veut essayer de rapprocher et de comparer les documens fournis par les deux ministres, on est arrêté ou embarrassé à chaque pas.

Ainsi, par exemple, le Ministre de la guerre et celui de la justice ont adopté pour l'instruction une classification toute différente.

Classification du Ministre de la guerre.

1° Sachant lire;
2° Sachant lire et écrire;
3° Ne sachant ni lire ni écrire;
4° Dont on n'a pu vérifier l'instruction.

Classification du Ministre de la justice.

1° Ne sachant ni lire ni écrire;
2° Sachant lire et écrire imparfaitement;
3° Sachant bien lire et bien écrire;
4° Ayant reçu une instruction supérieure à ce premier degré.

On le voit, ces deux classifications diffèrent essentiellement; dès-lors il est impossible de comparer, sous le rapport de l'instruction, les crimes et délits de la compétence civile, avec les crimes et délits jugés par les tribunaux militaires qui pourtant montent annuellement à 3,000.

Les mêmes inconvéniens se présentent, si l'on veut étudier la population sous le rapport de son classement par corps d'état. Voici ce qui nous est arrivé à cette occasion:

Ayant voulu connaître approximativement le nombre des agriculteurs, nous nous sommes servi, dans les cahiers du recrutement, de la colonne intitulée: *Nombre de jeunes gens employés aux travaux de la campagne*, et nous en avons déduit celui des agriculteurs probables. Ayant voulu faire ce même calcul sur les prévenus de crimes, en notant ceux spécialement occupés à l'agriculture, nous avons bien trouvé, au tableau n° 18 du compte-rendu du Ministre de la justice, la profession des accusés; mais elle était indiquée dans un ordre complétement différent.

Le Ministre de la guerre note en effet, pour la catégorie des agriculteurs, 1° les *laboureurs*, 2° les *terrassiers*, 3° *les charretiers*, 4° *les hommes employés aux travaux de la campagne autrement que comme laboureurs, terrassiers et charretiers*, tandis que, dans la publication du Ministre de la justice, sur les neuf grandes catégories qui comprennent tous les états, aucune ne répond à celles du Ministre de la guerre.

Le classement qui se fait dans ces deux grandes divisions de l'administration publique, ayant pour but des faits d'un ordre différent, ne peut, il est vrai, être identiquement le même ; pourtant, il serait facile de faire coïncider les divisions générales ; le sous-détail seul serait différent, et l'on ne serait pas obligé, par exemple, pour recomposer la catégorie des agriculteurs que nous avons trouvée sur les cahiers de recrutement, de prendre, dans la publication du Ministre de la justice, *les bergers et cultivateurs* dans la 1re catégorie, *les voituriers* dans la 6e, et *les domestiques ruraux attachés aux fermes ou exploitations* dans la 7e, où ils se trouvent accolés aux aubergistes et limonadiers.

On se figure difficilement combien l'étude de la statistique est entravée par l'inconvénient que nous venons de signaler ; et il importe d'autant plus d'y porter un prompt remède, qu'aujourd'hui on fait plus en une année pour cette science qu'on ne faisait précédemment en plusieurs. Il y a donc intérêt pressant et actuel à bien faire, et à imprimer aux travaux épars qui se font dans chaque ministère ce caractère d'ensemble et d'unité qui seul peut leur donner toute la valeur dont ils sont susceptibles.

Un nouvel exemple fera encore sentir combien il est essentiel de ne pas perdre un seul instant pour entrer dans cette voie.

Il vient enfin d'être fait un recensement rationnel de la population du royaume ; une instruction du 10 avril 1836 de M. de Montalivet, qui fait honneur à la haute raison de ce ministre, a précédé ce travail. Lorsqu'il sera publié, nous n'aurons plus à rougir de la barbarie de nos recensemens précédens. On a opéré nominativement, en indiquant la profession, l'âge et la parenté de chaque individu. Certes, c'est là un élément de statistique de premier ordre. On doit comprendre que, pour la formation des catégories de ce recensement par série d'âge, il est d'une haute importance d'admettre la division quinquennale déjà adoptée dans les comptes rendus annuellement par le Garde-des-sceaux ; espérons qu'on aura pensé à cette combinaison si simple, mais si nécessaire pour faciliter les études de moralité qui se rapportent aux âges.

Nous avons vu précédemment que les recherches statistiques sont rendues difficiles par le défaut d'unité qui existe entre les divers centres du service public ; le fait suivant, qui nous est personnel, prouvera aussi combien, jusqu'en 1835, les ouvrages de ce genre qui avaient pour base la superficie des départemens sont peu dignes de confiance.

L'ouvrage statistique que nous avions préparé était beaucoup plus étendu que celui que nous publions ; il comprenait les produits du sol, la nature de ses cultures, et en général presque tous les points qui intéressent l'agriculture. Pour pouvoir comparer les départements entr'eux, nous avions adopté pour étalon de tous nos calculs *le myriamètre carré*.

Nous touchions au but que nous nous étions proposé, lorsque la publication des *Documents statistiques de* 1835 vint renverser tous nos calculs, en donnant à la France une superficie totale de 52,768,620 hectares ; c'était 1,200,000 hectares de moins que le chiffre que nous avions cru pouvoir adopter avec d'autant plus de confiance que nous l'avions puisé dans un article du savant M. de Prony, inséré dans l'*Annuaire du Bureau des longitudes*, année 1836. Les différences pour certaines parties du territoire étaient de plus de 10 p. o/o : le département des *Bouches du Rhône* entr'autres, compté par M. de Prony pour 601,960 hectares, n'est coté que pour 512,991 dans les *Documents de* 1835.

Tout notre travail fut donc à refaire ; car les éléments des calculs du Ministre du commerce avaient pour base le cadastre de 1834, tandis que les surfaces données par M. le baron de Prony provenaient de calculs beaucoup plus anciens. On conçoit tout notre découragement ; il a été tel que le travail qui se rapporte aux surfaces et aux produits est encore inachevé, tandis que celui qui concerne les populations, commencé plus tard, se trouve en état d'être publié.

Le fait que nous venons de citer prouve que bien des erreurs ont dû se glisser dans les ouvrages de statistique qui ont précédé 1835 ; erreurs inévitables', puisqu'elles prenaient leur source dans les élémens mêmes qui servaient de base aux calculs.

Revenons aux *Documents statistiques* publiés en 1835. Qu'il nous soit permis à ce sujet de faire une réflexion critique non sur le fonds, mais sur les accessoires qui manquent à cet ouvrage. Certes aucune publication ne mérite plus la reconnaissance du public ; les ouvrages personnels de M. Duchâtel, et ceux qui ont été publiés sous son ministère, non seulement sur la France, mais aussi sur l'Angleterre (1), ont rendu son nom cher à tous ceux qui s'occupent de questions sociales ou de statistique ; mais n'est-il pas à regretter que l'ouvrage qu'il a publié n'ait pas été précédé ou suivi d'explications qui en auraient facilité l'intelligence ?

Prenons le tableau n° 2 pour exemple (page 10). On y indique la division du sol, et la 1re colonne donne la contenance totale de chaque département, d'après l'état du cadastre au 1er septembre 1834.

---

(1) Un premier volume de Tableaux statistiques sur le revenu, la population et le commerce de la Grande-Bretagne et de ses dépendances, a été publié en Angleterre par ordre du Parlement ; en décembre 1833, M. Duchâtel, ministre du commerce, le fit traduire et imprimer, et il a été distribué à la chambre des pairs et à celle des députés.

Plus tard on a encore publié en Angleterre un 2me volume qui comble les lacunes du précédent. Les faits qui concernent les caisses d'épargne, les sociétés de bienfaisance, la taxe des pauvres, la mortalité, le prix des denrées de première nécessité, les salaires, etc., sont compris dans ce 2me volume. Comment se fait-il qu'il n'ait pas été traduit et imprimé comme le premier ? Si les chambres refusaient des fonds pour une semblable entreprise, on saurait à qui s'en prendre, et l'administration n'aurait pas les apparences fâcheuses qui résultent toujours d'une entreprise commencée qu'on laisse ensuite inachevée.

Or, à cette époque, il n'y avait de cadastré que 37 millions d'hectares pour toute la France ; c'est 71 pour 0/0 de sa surface totale. Si cette importante opération eût été également avancée dans tous les départements, il n'y aurait pas eu nécessité d'indiquer, pour l'exactitude des surfaces relatives, les parties cadastrées et celles qui ne le sont pas. Cette indication était d'autant plus nécessaire que, dans quelques départements, tels que la *Nièvre*, la *Loire-Inférieure*, le cadastre n'était pas à moitié fait, tandis qu'il était complétement terminé dans les départements de la *Seine-Inférieure* et de la *Manche*. A défaut de ce renseignement, on ne sait quel degré de foi ajouter aux chiffres des surfaces de tel ou tel département, lorsqu'on veut les comparer entr'eux.

Poursuivons l'examen critique de ce tableau : la 3me colonne donne 4,800,000 hectares de prés ; et plus loin on trouve, sous le titre de *landes*, *pâtis*, *bruyères*, 7,800,000 hectares. Qui nous dira où est la limite si incertaine entre un pré et un pâturage ! Il eût fallu, pour qu'on pût se former une idée même vague à ce sujet, faire connaître l'instruction générale qui a servi de base aux géomètres pour opérer leur classement.

Plus loin, nous voyons encore sur le même tableau le nombre des propriétaires que renferme chacun des départements : le total pour toute la France monte à 10,896,682 ; c'est impossible si l'on ne comprend que les propriétaires directs, et c'est bien peu si les fils de propriétaires y sont compris ; ce chiffre demandait aussi à être expliqué.

Mais, dira-t-on, il fallait donc un 2.me volume pour l'intelligence du 1.er? Indubitablement oui, il en fallait un; sans cela on continuera à ne pas s'entendre en parlant la langue des chiffres, et les meilleurs ouvrages de statistique resteront inintelligibles ou confus, même pour ceux qui sont habitués aux études de ce genre.

Avant d'entrer en matière, nous voulons expliquer pour quel motif notre travail manque de méthode. Nous aurions dû, par exemple, en traitant de la population, commencer par faire connaître, outre le nombre des naissances, celui des mariages, des décès, le nombre moyen des enfans par mariage, etc.

Nous n'avons pas eu le courage de faire ces calculs à la veille de leur publication ; on voit en effet, à la page 12 du volume des *Documents statistiques de* 1835, que la nomenclature des documents à publier, pour faire suite à ce 1er volume, comprenait tous ces calculs ; et, si nous sommes bien informé, il est probable que, sans les changements successifs de cabinet, on jouirait déjà de cette importante publication. Espérons que le Ministre du commerce continuera l'œuvre de son prédécesseur et qu'il saura se mettre au-dessus des misérables considérations qui portent souvent les hommes les plus honorables à négliger les choses utiles dont ils n'ont pas eu la pensée première.

Certaines parties de notre travail ont été, malgré leur importance, traitées sommairement. C'est ainsi que la statistique criminelle a reçu peu de développemens ; l'ouvrage que M. Guerry, avocat, a publié en 1833 sur cette matière, nous a paru si complet qu'il nous a dispensé de beaucoup de recherches.

Dans le cours du travail auquel nous nous sommes livré, nous n'avons pu échapper qu'imparfaitement à la condition générale de tous ceux qui s'occupent de statistique. Depuis 1808, époque où l'empereur fit publier les premiers documents de ce genre, presque tous les auteurs qui se sont succédé n'ont pas eu d'autres élémens de calcul; les publications de l'administration des douanes et celles de la justice criminelle sont à la vérité venues augmenter ce fonds pendant les dernières années de la Restauration; mais, malgré ces nouveaux documents, il est impossible de ne pas être frappé de l'air de famille de tous les ouvrages publiés sur la matière.

Pour échapper autant que possible à ce défaut, nous avons spécialement étudié les parties non encore explorées, telles que l'état physique des populations, par le moyen des tables du recrutement: nous croyons cette partie entièrement nouvelle.

Les recherches que nous avons été à même de faire nous ont appris que l'administration centrale de Paris possède les plus précieux documens statistiques. Quels regrets n'éprouve-t-on pas à la vue de toutes ces richesses intellectuelles enfouies sous la poussière des cartons ministériels! Les personnes qui n'ont pas été à même d'avoir, par des investigations directes, une opinion arrêtée sur ce point, en trouveront la déclaration officielle à la page 6 du rapport au Roi, de M. Duchâtel, qui précède les *Documents statistiques de* 1835 ; il y est dit : « En aucun pays du monde le gouver-
» nement ne possède autant de ressources qu'en France pour faire connaître les faits ;
» cet avantage est dû à notre système d'administration, dont le mécanisme est à
» la fois si simple et si précis. »

En présence de cette assertion, n'est-il pas nécessaire que les Chambres, par une allocation de fonds, entrent plus avant qu'elles ne l'ont fait jusqu'à ce jour dans le système de publicité commencé par M. Duchâtel? L'Angleterre, en 1831, a voté 2,607,000 fr. pour la seule impression de documents parlementaires; et cette somme n'a été diminuée plus tard que sur la demande formelle du *Comité des documents publics*, tandis qu'en France toutes les publications des deux Chambres, les allocations au *Moniteur* comprises, n'ont monté, en 1831, qu'à 268,000 fr., et à 245,000 fr. en 1832; enfin un vote de 24,500 fr. fait par la Chambre des députés, dans la séance du 7 mai 1834, nous a permis d'avoir le 1.er volume publié par M. Duchâtel.

Les faits qui concernent les derniers recensements des populations d'Angleterre et de France, qui tous deux ont été effectués en 1831, donnent encore une idée de la manière d'opérer dans les deux pays.

En Angleterre, le recensement de 1831 a été consigné dans 3 *volumes in-folio*, publiés par ordre de la Chambre des communes ; et ce document a été distribué, non seulement en Angleterre, mais même sur le continent, aux personnes qui sont connues pour s'occuper des questions de population. En France, quelques pages du *Bulletin des lois* ont résumé tout le travail du recensement. Que l'on compare maintenant ! Aussi, qu'arrive-t-il ? en Angleterre, presque tout le monde est au courant des affaires du pays ; les moindres bibliothèques publiques sont fournies de documents ; en France, au contraire, on procède de telle sorte que même ce qui se fait ne profite qu'à peu de personnes. C'est ainsi que le volume publié en 1835 par le ministère du commerce n'a été distribué qu'avec une révoltante parcimonie : on ne le trouve que dans très-peu de bibliothèques des départements.

Nous voulons par un fait montrer combien il est urgent de procéder avec plus de libéralité, et combien surtout l'étude de la statistique est entravée, même pour ceux qui, par leur position, peuvent s'y livrer avec le plus de succès.

Nous avions besoin des *Annuaires du Bureau des longitudes* des quinze dernières années, pour quelques calculs sur la mortalité ; la bibliothèque de la Chambre des députés ne put en fournir que quelques numéros incomplets ; notre honorable collègue M. Arago, auquel nous nous étions adressé, nous apprit que ni lui ni aucune personne de sa connaissance ne possédait une collection remontant à tant d'années ; et enfin la *Bibliothèque royale de la rue de Richelieu* ne put elle-même fournir qu'une partie des numéros que nous avions réclamés.

Ce fait, et plusieurs autres du même genre que nous pourrions citer, était de nature à décourager ; et si nous n'avions été soutenu par le désir d'être utile, nous aurions renoncé à un ouvrage qui a exigé tant et de si ennuyeuses recherches.

Dans le cours de nos travaux, les systèmes que nous regardions comme démontrés et hors de discussion ont souvent été ébranlés et quelquefois détruits ; nous avons néanmoins continué notre travail, car nous pensons que la meilleure disposition d'esprit, pour s'occuper de statistique, est de le faire sans se croire obligé d'appuyer ou de combattre les théories reçues ; il n'en est presque aucune qui ne puisse être fortifiée par la statistique, si l'on veut taire les résultats qui lui sont contraires. Nous avons eu beaucoup de peine à nous défendre de cette faiblesse ; et nous n'avons pu nous dépouiller de toute préoccupation des résultats, qu'après nous être convaincu, par la multiplicité des cas exceptionnels, que les opinions reçues ne sont souvent rien moins que vraies.

Le public jugera si nous avons pu éviter complétement l'écueil qui vient d'être signalé.

DIVISION DE L'OUVRAGE.

L'ouvrage que nous publions contient les Études sur la population envisagée sous le double rapport physique et moral.

Il se divise en quatre parties distinctes :

La 1re Partie comprend les *Etudes générales sur la France et sur le département moyen.*

La 2e Partie comprend les *Etudes particulières qui concernent chacun des* 86 *départements.*

La 3e Partie contient, dans une série de huit tableaux, tous les résultats des calculs de notre ouvrage. Cette partie a servi de base aux études des deux précédentes, et l'on peut dire qu'à elle seule elle résume tout notre travail.

La 4e Partie enfin contient des cartes de France où les résultats de quelques-uns des calculs obtenus sont indiqués par des dégradations dans la teinte des surfaces des départements.

Une seule de ces quatre parties, la première, est sous-divisée en sections; elle en compte neuf. Dans les huit premières nous avons donné les études qui ont trait aux calculs portés sur chacun des huit tableaux qui forment la 3e partie; et dans la 9e nous avons placé quelques réflexions générales sur l'ensemble des Études des huit premières sections.

Chacune de ces sections est précédée de l'*exposé sommaire des calculs qui s'y rapportent*; nous pensons que, de cette manière, les études seront plus claires, car nous avons souvent éprouvé combien il est difficile de bien suivre des raisonnements, lorsqu'ils sont à chaque instant coupés par des chiffres.

Avant d'entrer en matière, nous jugeons que quelques explications sont nécessaires pour l'intelligence des calculs auxquels nous nous sommes livré.

Dans la 1re Partie, nous avons parlé du *département moyen;* faisons connaître par un exemple comment les calculs qui concernent ce département ont été faits.

Si l'on examine la première colonne du 1er tableau, on verra qu'en France nous avions, en 1831, une population de 32,560,934 habitants. Ici point de doute pour le chiffre qui répond au département moyen; il s'obtient en divisant ce nombre par 86. Mais il n'en est pas de même pour la colonne suivante qui donne le nombre d'habitants par myriamètre carré; si l'on additionnait, en effet, tous les chiffres de cette colonne, on aurait 622,190, qui, divisés par 86, donneraient pour ce département 7,234 habitants par myriamètre carré. Ce résultat serait faux, car le département moyen dans ce cas ne peut et ne doit s'obtenir qu'en opérant sur les nombres qui concernent la totalité de la France ; ainsi, on doit dire : en France, il y a 32,560,934 habitants qui sont répartis sur 52,768,620 hectares ; c'est donc par myriamètre carré 6,171 habitants qui représentent la population du département moyen. C'est ainsi que nous avons opéré pour tous les chiffres qui concernent ce département ; et de cette manière nous avons obtenu une moyenne véritable, au lieu d'une moyenne factice et erronée.

Les études départementales qui sont comprises dans la 2.me Partie n'embrassent pas tous les calculs portés sur les huit tableaux de la 3.me partie. Nous n'avons pris pour chaque département que les points les plus saillants qui le concernent, laissant à chacun le soin de recourir aux tableaux pour les objets d'intérêt secondaire.

Dans la 3.me Partie, qui contient les huit tableaux de calculs qui servent de base à tout notre travail, nous avons placé en tête de chaque colonne un numéro d'ordre. Il y a 127 colonnes dans les huit tableaux ; le n.º 1 est affecté à la 1.re du 1.er tableau, et le n.º 127 à la dernière du 8.me

Pour les calculs qui ont quelque importance, nous avons donné à tous les départements un numéro d'ordre relatif, indiqué dans les tableaux par des chiffres en caractères anglais ; de cette manière, on peut voir du premier coup d'œil l'ordre des divers départements entr'eux, pour les faits qui s'appliquent aux recherches les plus utiles.

Après chaque tableau, nous avons placé l'explication des chiffres ou calculs des colonnes qui le composent. Les sources où nous avons puisé les renseignements sont soigneusement indiquées, et l'exemple de l'un des calculs y est toujours donné.

Le moyen de parler aux yeux, que nous avons employé dans la 4.me Partie, est blâmé par plus d'un auteur ; si nous y avons eu recours, à l'exemple du baron Charles Dupin, c'est que nous avons éprouvé souvent combien les moyens graphiques suppléent à l'aridité des énumérations ; on arrive ainsi sans aucune fatigue d'esprit à fixer l'attention sur beaucoup de points qui eussent échappé à l'investigation ; et ce fait est si vrai que, même après avoir fait les calculs sur chaque objet, nous avons quelquefois éprouvé que l'ensemble n'était bien présent à notre esprit, que lorsque la carte des départements avait été nuancée dans une progression analogue à celle des résultats obtenus.

Lorsque, dans le cours de ce travail, nous traiterons de la France du nord ou de celle du midi pour quelques comparaisons, nous voudrons parler de ces divisions ainsi que M. Dupin les a entendues dans son ouvrage de 1827 sur les *Forces productives et commerciales de la France*, c'est-à-dire que la France du nord comprendra 32 départements, savoir : *Aisne*, *Ardennes*, *Aube*, *Calvados*, *Côte-d'Or*, *Doubs*, *Eure*, *Eure-et-Loir*, *Jura*, *Loiret*, *Manche*, *Marne*, *Haute-Marne*, *Meurthe*, *Meuse*, *Moselle*, *Nièvre*, *Nord*, *Oise*, *Orne*, *Pas-de-Calais*, *Bas-Rhin*,

Haut-Rhin, *Haute-Saône*, *Saône-et-Loire*, *Seine*, *Seine-Inférieure*, *Seine etMarne*, *Seine-et-Oise*, *Somme*, *Vosges*, *Yonne*.

Il est facile, d'après cette nomenclature, de composer la France du midi qui se trouve ainsi renfermer les 54 autres départements.

Au premier coup d'œil, cette classification choque la raison ; il faut même convenir que c'est à juste titre, si l'on veut comparer les produits du sol (1) ; car on voit dans la France du midi les cinq départements de l'ancienne Bretagne dont trois ne produisent pas de vin, tandis que le département de *Saône et Loire*, qui en produit près d'un million d'hectolitres, fait partie de la *France du Nord*. Cependant, il faut le dire, plus on étudie la statistique de l'homme, plus on trouve cette division rationnelle sous le rapport des faits qui se rattachent à la population.

On serait en effet tenté de croire que deux populations sont venues se heurter en France sur la ligne qui joindrait le *port de St.-Malo* à la ville *de Genève*.

Toutefois la division admise par M. Dupin nous semblerait susceptible d'une modification qui lui ôterait son apparence arbitraire. Si, au lieu de séparer la France du nord de celle du midi par une ligne idéale, il eût comparé les bassins du *Rhin*, de *la Seine* et de *la Saône*, à ceux du *Rhône* au-dessous de Lyon, de *la Garonne* et de *la Loire* en adjoignant les cinq départements de la Bretagne à ce dernier bassin, alors la raison eût été plus satisfaite et la division eût été à peu près la même ; car, de cette manière, si le département du *Loiret* passait de la France du nord dans celle du midi, le département de l'*Ain* permutait dans un sens opposé, et toutes les études faites dans l'un comme dans l'autre système n'éprouvaient aucun changement appréciable.

Cette réflexion est au reste fort peu importante pour l'ouvrage que nous publions ; car nous n'avons fait aucun travail spécial sur ces deux grandes divisions du territoire ; et, quand nous en parlerons, ce sera seulement pour donner des indications générales.

Les calculs qui concernent le département de *la Corse* figurent sur les tableaux de la 3e partie ; mais nous avons évité toute comparaison entre cette île et les autres départements, à raison de sa position toute exceptionnelle.

---

(1) On trouve, dans la *Bibliothèque universelle de Genève* de cette année, un excellent article de M. Alphonse de Candolle sur la distribution géographique des plantes alimentaires ; les faits qui y sont cités prouvent que, pour les produits du sol, la ligne séparative entre le nord et le midi de la France devrait avoir une inclinaison opposée à celle adoptée par M. Dupin. L'olivier, le mûrier et la vigne, par leur position d'acclimatement, ne peuvent laisser de doute à ce sujet.

ESSAI

SUR LA

STATISTIQUE

DE LA

POPULATION FRANÇAISE.

ESSAI
SUR LA STATISTIQUE
DE LA
POPULATION FRANÇAISE.

PREMIÈRE PARTIE.
ÉTUDES GÉNÉRALES SUR LA FRANCE ET SUR LE DÉPARTEMENT MOYEN.

1re SECTION.
ÉTUDES QUI SE RAPPORTENT AUX CALCULS DU PREMIER TABLEAU.

Les principaux points qui sont traités dans ce tableau ont rapport *à la population et à son accroissement; à la durée de la vie moyenne; aux centenaires; aux naissances et aux mariages.*

EXPOSÉ SOMMAIRE DES CALCULS DU PREMIER TABLEAU.

COLONNE n° 1. Population.

La 1re colonne indique quelle est la population de chaque département d'après le recensement de 1831; on comptait alors, dans toute la France, 32,560,934 habitants; c'est 378,615 pour le département moyen.

COLONNE n° 2. Population par myriamètre carré.

La 2e colonne donne le nombre d'habitants que renferme chaque département par myriamètre carré (1) d'après le recensement de 1831.

On voit que le département moyen compte 6,171 habitants.

COLONNE n° 3.

La 3e colonne indique quelle serait la population de la France, si elle était peuplée comme chaque département.

On voit qu'elle n'aurait que 12 millions d'habitants, si elle était peuplée comme le département des *Hautes-Alpes*, et qu'elle en compterait 92, si elle l'était comme le département *du Nord*. On comprend pourquoi nous avons excepté le département de *la Seine* de cette comparaison.

(1) On sait que le myriamètre carré a dix mille mètres de côté; chacun pourra, d'après cette donnée, ramener à sa mesure locale de superficie la densité de la population.

COLONNE n° 4. N° d'ordre des départements.

La 4e colonne indique le n° d'ordre des départements sous le rapport de la densité de la population. Le n° 1 est affecté au département de *la Seine* dont la population par myriamètre carré est la plus forte.

Voici, dans leur ordre, les noms des 17 départements de la série (1) qui est dans ce dernier cas : *Seine* (qui compte 196,860 habitants par myriamètre carré), *Nord*, *Rhône*, *Bas-Rhin*, *Seine-Inférieure*, *Haut-Rhin*, *Pas-de-Calais*, *Manche*, *Côtes-du-Nord*, *Calvados*, *Somme*, *Loire*, *Ille-et-Vilaine*, *Seine-et-Oise*, *Finistère* et *Moselle* (qui en compte 7,830).

Les 17 départements de la série opposée sont : *Basses-Alpes* (qui compte 2,280 habitants par myriamètre carré), *Hautes-Alpes*, *Lozère*, *Landes*, *Cher*, *Indre*, *Loir-et-Cher*, *Pyrénées-Orientales*, *Haute-Marne*, *Aveyron*, *Aube*, *Allier*, *Marne*, *Nièvre*, *Vienne*, *Var*, *Côte-d'Or* (qui en compte 4,390).

COLONNE n° 5. Augmentation de population.

La 5e colonne indique, pour chaque département, combien, pour 10,000 habitants, on a eu d'augmentation annuelle de population, de 1825 à 1833. On voit, à la ligne du département moyen, que cette augmentation a été de 46 habitants.

COLONNE n° 6. N° d'ordre des départements.

La 6e colonne indique le n° d'ordre des départements sous le rapport de l'accroissement de la population. Le n° 1 est affecté au département de la *Moselle* où cet accroissement est le plus rapide.

Voici, dans leur ordre, les noms des 17 départements de la série qui est dans ce dernier cas :

Moselle (dont l'augmentation est de 96 pour 10,000), *Gard*, *Bas-Rhin*, *Hautes-Pyrénées*, *Ariège*, *Ardèche*, *Haut-Rhin*, *Vosges*, *Pyrénées-Orientales*, *Ardennes*, *Loire*, *Meurthe*, *Finistère*, *Aveyron*, *Haute-Loire*, *Haute-Saône* et *Rhône* (dont l'augmentation est de 69).

Les 17 départements de la série opposée sont : *Eure* (qui est le seul département où la population ait décru de deux habitants pour 10,000), *Calvados*, *Seine-et-Oise*, *Bouches-du-Rhône*, *Maine-et-Loire*, *Var*, *Charente-Inférieure*, *Indre-et-Loire*, *Seine-et-Marne*, *Vendée*, *Tarn-et-Garonne*, *Ille-et-Vilaine*, *Manche*, *Loir-et-Cher*, *Charente*, *Lot-et-Garonne* et *Yonne* (dont l'augmentation est de 21).

COLONNES n°s 7 et 8. Population urbaine et rurale.

Les 7e et 8e colonnes servent à faire connaître de quelle manière la population des villes et des campagnes se répartit dans chaque département. Quoiqu'on ait compté comme ville toutes les populations agglomérées de 1,500 âmes et au-dessus, on voit

---

(1) C'est ici le lieu d'expliquer ce que nous entendons par *série de départements*. Il y a 86 départements ; si on laisse en dehors des séries la *Corse*, il n'en reste que 85 dont le cinquième est 17. C'est ce dernier nombre qui compose une série. Ainsi quand nous parlons de la série où la population est la plus dense, nous voulons parler des 17 départements où il y a le plus de population par myriamètre carré. Cette explication était nécessaire pour l'intelligence de la suite du travail ; elle s'applique à tous nos calculs.

certains départements ne pas avoir 10 pour cent de leur population dans ce cas: *la Creuse* et *les Hautes-Alpes* n'en comptent que 5; *les Landes* et *la Dordogne* 6; *le Doubs*, *le Gers* et *les Côtes-du-Nord*, 8; *l'Ain*, *l'Aveyron*, *le Cantal*, *la Charente*, *le Lot* et *la Vendée*, 9. Les départements du nord-est de la France, et ceux qui sont baignés par la Méditerranée, sont dans le cas contraire. Pourtant, à l'exception de celui de *la Seine* qui compte 93 pour cent de sa population dans les villes, et des *Bouches-du-Rhône* qui en compte 61, aucun autre département n'a 50 pour cent de sa population agglomérée dans les villes ou bourgs de 1,500 âmes et au-dessus.

On voit que la moyenne de toute la France donne 21 pour cent de la population dans les villes : c'est dire que celle des campagnes est de 79 pour cent.

La 9ᵉ colonne donne, pour chaque département, la longueur de la vie moyenne de l'homme. La période de 1825 à 1832 a servi de base à nos calculs. On voit, à la ligne du département moyen, que cette longueur est de 36 ans et 7 mois pour toute la France. COLONNE n° 9. Vie moyenne.

La 10ᵉ colonne indique le n° d'ordre des départements entr'eux, sous le rapport de la longueur de la vie moyenne. Le n° 1 est affecté au département de l'*Orne* qui est le plus favorisé sous ce rapport. COLONNE n° 10. N° d'ordre des départements.

Voici, dans leur ordre, les noms des 17 départements de la série qui est dans ce dernier cas:

Orne (qui compte 49 ans et 2 mois de vie moyenne), *Calvados*, *Hautes-Pyrénées*, *Lot et Garonne*, *Gers*, *Manche*, *Basses-Pyrénées*, *Eure*, *Haute-Marne*, *Vienne*, *Deux-Sèvres*, *Cantal*, *Tarn-et-Garonne*, *Maine-et-Loire*, *Gironde*, *Lot*, et *Somme* (qui en compte 40 et demi).

Les 17 départements de la série opposée sont : *Seine* (qui ne compte que 28 ans 8 mois de vie moyenne), *Finistère*, *Cher*, *Haute-Vienne*, *Pyrénées-Orientales*, *Haut-Rhin*, *Bouches-du-Rhône*, *Hautes-Alpes*, *Vaucluse*, *Nièvre*, *Rhône*, *Loire*, *Basses-Alpes*, *Morbihan*, *Allier*, *Saône-et-Loire*, *Loir-et-Cher* (qui en compte 32 et 8 mois).

La 11ᵉ colonne indique combien il y aurait de centenaires dans chaque département pour 10 millions d'habitants. On voit que le département moyen en compterait 43 pour ce nombre d'habitants. COLONNE n° 11. Centenaires.

La 12ᵉ colonne indique le n° d'ordre des départements, sous le rapport du nombre des centenaires. Le n° 1 est affecté au département de l'*Ariège* qui en compte le plus. COLONNE n° 12. N° d'ordre des départements.

Voici, dans leur ordre, les noms des 17 départements de la série qui est dans ce dernier cas :

Ariège (qui compterait 247 centenaires pour 10 millions d'habitants), *Basses-Pyrénées*, *Gers*, *Lot*, *Hautes-Pyrénées*, *Dordogne*, *Gironde*, *Cantal*, *Aveyron*, *Landes*, *Corrèze*, *Ardèche*, *Allier*, *Haute-Vienne*, *Nièvre*, *Haute-Garonne*, et *Lozère* (qui en compterait 86).

Les 17 départements de la série opposée sont : *Vaucluse*, *Seine-et-Oise*, *Seine-et-Marne*, *Haut-Rhin*, *Oise*, *Marne*, *Loiret*, *Haute-Loire*, *Loir-et-Cher*, *Côte-d'Or*, *Cher*, *Basses-Alpes*, qui n'en comptent aucun. Les départements de *la Somme*, du *Bas-Rhin*, du *Rhône*, de *Maine-et-Loire* et de *l'Orne* viennent ensuite et en comptent fort peu, car ce dernier département n'en aurait que 4.

COLONNE n° 13. Combien de naissances pour cent hommes qui atteignent 21 ans.

La 13ᵉ colonne indique combien il a fallu, dans chaque département, de naissances de tous sexes pour fournir 100 hommes âgés de 20 ans révolus. On voit, à la ligne du département moyen, qu'il en a fallu 336.

COLONNE n° 14. N° d'ordre des départements.

La 14ᵉ colonne donne le nᵒ d'ordre des départements, sous le rapport du nombre des naissances qu'il faut pour fournir 100 hommes âgés de 20 ans révolus. Le nᵒ 1 est affecté au département *du Gers* qui en exige le moins.

Voici, dans leur ordre, les noms des 17 départements de la série qui est dans ce dernier cas :

Gers (qui produit annuellement 100 hommes âgés de 20 ans révolus, avec 251 naissances de tous sexes), *Lot-et Garonne*, *Orne*, *Vendée*, *Manche*, *Tarn-et-Garonne*, *Deux-Sèvres*, *Calvados*, *Lot*, *Dordogne*, *Charente*, *Hautes-Pyrénées*, *Maine-et-Loire*, *Creuse*, *Basses-Pyrénées*, *Cantal et Lozère* (qui en exige 302).

Les 17 départements de la série opposée sont : *Seine* (qui la 669 naissances pour 100 hommes arrivés à 21 ans), *Rhône*, *Bouches-du-Rhône*, *Nord*, *Finistère*, *Vaucluse*, *Marne*, *Pyrénées-Orientales*, *Haut-Rhin*, *Loire*, *Seine-Inférieure*, *Hautes-Alpes*, *Loiret*, *Aube*, *Côtes-du-Nord*, *Aisne*, *Loir-et-Cher* (qui en exige 364).

COLONNE n° 15. Combien de mariages pour mille hommes qui atteignent 21 ans.

La 15ᵉ colonne indique, pour chaque département, combien il se fait de mariages annuellement pour 1,000 hommes qui atteignent 21 ans. On voit, à la ligne du département moyen, qu'il s'en fait 867.

COLONNE n° 16. N° d'ordre des départements.

La 16ᵉ colonne indique le nᵒ d'ordre des départements, sous le rapport de la propension au mariage. Le nᵒ 1 est affecté au département de la Seine qui compte le plus de mariages, proportionnellement au nombre de jeunes gens qui atteignent annuellement 21 ans.

Voici, dans leur ordre, les noms des 17 départements de la série qui est dans ce dernier cas :

Seine (qui compte 1,741 mariages pour 1,000 hommes qui atteignent annuellement leur 21ᵉ année), *Marne*, *Aube*, *Rhône*, *Eure*, *Seine-et-Marne*, *Aisne*, *Loir-et-Cher*, *Seine-Inférieure*, *Ardennes*, *Eure-et-Loir*, *Indre-et-Loire*, *Oise*, *Gironde*, *Loiret*, *Yonne*, *Charente-Inférieure* (qui en compte 936).

Les 17 départements de la série opposée sont : *Hautes-Pyrénées* (qui compte 584 mariages seulement pour 1,000 hommes qui atteignent annuellement leur 21ᵉ année), *Basses-Pyrénées*, *Vendée*, *Bas-Rhin*, *Aveyron*, *Haute-Loire*, *Doubs*, *Manche*, *Morbihan*, *Cantal*, *Lozère*, *Jura*, *Deux-Sèvres*, *Lot*, *Moselle*, *Dordogne et Meuse* (qui en compte 769).

RÉFLEXIONS SUR LES CALCULS DU 1er TABLEAU.

Le recensement de 1831, qui nous a servi de base pour plusieurs calculs, a été fait avec plus d'exactitude que celui de 1827; et cependant il laisse encore beaucoup à désirer. Si l'on examine de quelle manière notre population est répartie sur le sol, on ne sait comment expliquer plusieurs anomalies choquantes.

C'est ainsi que nous voyons les départements de l'ancienne Bretagne très-peuplés, tandis que ceux du centre de la France, qui pourraient nourrir plus d'habitants à surface égale (1), ont à peine les 2/3 de la population de ces premiers départements. Densité de la population.

Si l'on tire une ligne partant de *Nantes* et allant aboutir dans le département des Ardennes à *Mézières*, on a, du côté de l'Angleterre, la plupart des départements les mieux peuplés de la France. Ce sont aussi ceux qui ne produisent pas de vin.

Les départements de l'Alsace et d'une partie de la Lorraine sont aussi très-peuplés; mais ceux qui bordent les Alpes, ceux du centre de la France et l'ancienne province de Champagne sont dans le cas contraire.

Les calculs qui ont trait à l'augmentation annuelle de la population sont notés à la 5e colonne. Si nous examinons ces calculs, on voit que les départements traversés par la *Seine*, la *Loire* et la *Garonne*, ne présentent qu'une très-faible augmentation, tandis que ceux qui sont baignés par le *Rhin*, la *Meuse* et le *Rhône*, ainsi que ceux qui avoisinent les *Pyrénées*, sont dans le cas contraire. Augmentation de la population.

Nous avons voulu examiner si l'accroissement de la population était plus sensible dans les départements très-peuplés que dans les autres; mais il nous a été impossible de rien conclure sur ce point: car s'il est vrai que les départements qui sont situés en face de l'Angleterre ont peu d'accroissement annuel, il n'est pas moins vrai que ceux du *Haut* et du *Bas-Rhin*, de *la Moselle*, du *Rhône*, de *la Loire*, des *Ardennes* et du *Finistère*, qui sont aussi de la série la plus peuplée, font en même temps partie de celle où l'augmentation annuelle de la population est la plus considérable.

Si nous comparons la France aux autres états de l'Europe, nous voyons que cette augmentation est moins considérable dans notre pays; mais notre intention étant d'éviter autant que possible toute comparaison qui nous éloignerait de l'étude de la France départementale, qui est notre but spécial, nous renvoyons les personnes qui

(1) Les départements de la Bretagne comptent près d'un million d'hectares de landes, pâtis et bruyères.

voudraient avoir quelques notions sur ce sujet, au *Bulletin de M. Férussac, de février* 1831, ou au livre Ier [page 35] des *Forces productives et commerciales de la France*, de M. Dupin.

Population urbaine et rurale.

Nous avons vu précédemment comment se répartit la population entre les villes et les campagnes; nous ne reviendrons pas sur ce sujet qui prouve que, sur 32 millions d'habitants, il y en a moins de 7 dans les villes ou bourgs qui comptent une population agglomérée de 1,500 âmes ou au-dessus.

Durée moyenne de la vie humaine.

Bien des éléments viennent modifier la longueur moyenne de la vie humaine; et nos calculs sur ce point diffèrent tellement de ceux qui sont ordinairement adoptés, que nous croyons devoir expliquer comment nous avons procédé.

Si un village compte 100 habitants, et qu'on y observe annuellement 4 naissances et 4 décès, il est bien clair que, dans ce cas, la population serait stationnaire, et que la vie moyenne serait de 25 ans: elle s'obtiendrait en divisant le chiffre de la population totale par celui des naissances ou des décès.

Mais si la population, au lieu d'être stationnaire, s'accroît, en ayant un nombre de décès moindre que celui des naissances, alors il est évident que, dans ce cas, en divisant la population totale par le nombre des naissances, on a une vie moyenne trop courte; et elle serait trop longue en se servant des décès pour diviseur.

Ainsi, si l'on supposait 4 naissances et 2 décès annuellement pour le village de 100 habitants, on aurait une vie moyenne de 25 ans dans un cas, et de 50 dans l'autre, suivant la manière dont on opérerait.

Nous avons adopté, pour nos calculs, la moyenne entre ces deux nombres; aussi nos résultats diffèrent-ils de la plupart de ceux qui sont admis, et qui ont été généralement obtenus en divisant la population par les naissances: ce qui donnait une vie moyenne trop courte. Elle eût été trop longue, si la population, au lieu d'être croissante, eût été décroissante.

Nous allons rendre plus clairement notre pensée au moyen d'un exemple.

Le département de l'*Eure* comptait, en 1832, 424,248 habitants; il y avait alors 9,726 naissances annuelles, ce qui donne une vie moyenne de 43 ans 7 mois; mais on comptait alors 9,801 décès, qui répondent à une vie moyenne de 43 ans 4 mois. Ainsi, dans le département de l'Eure, le seul de la France où la population ait décru, on voit, ainsi que nous l'avons dit, que la vie moyenne, calculée par les naissances, est plus longue que celle calculée par les décès.

Le département de la *Moselle*, au contraire, qui est celui où la population croît avec le plus de rapidité, compte 417,003 habitants et 12,972 naissances, ce qui donne une vie moyenne de 32 ans et 1 mois; mais comme il ne compte annuellement que 9,012 décès, la vie moyenne calculée par ce dernier chiffre donne 46 ans et 4 mois. Le terme moyen, 39 et 2 mois, est le chiffre que nous avons dû adopter

On voit par ces deux exemples qu'il est indispensable de faire entrer dans le calcul de la vie moyenne les deux éléments dont nous nous sommes servi; on ne pourrait agir autrement que dans le cas fort rare où la population serait stationnaire.

Si nous examinons maintenant de quelle manière la longueur de la vie moyenne se répartit entre les divers départements, nous voyons que ceux de l'ancienne Normandie (celui de la *Seine-Inférieure* excepté), ceux du bassin inférieur de la Loire, et particulièrement tout le bassin de la Garonne, ont une longévité bien supérieure à celle du reste de la France.

Les départements, au contraire, où la vie moyenne est la plus courte, sont ceux du bassin inférieur du Rhône, de la Bretagne, de l'Alsace et du centre de la France.

Considérons la mortalité sous le rapport de l'industrie! Nous avons vu figurer, dans la nomenclature des 17 départements de la série où la mortalité est la plus grande, les départements du *Finistère*, du *Cher*, de la *Haute-Vienne*, des *Hautes-Alpes*, de la *Nièvre*, des *Basses-Alpes*, du *Morbihan* et de l'*Allier*. Cette nomenclature tendrait à prouver que l'opinion, si généralement répandue, que la vie est plus longue dans les pays agricoles, souffre de nombreuses exceptions.

C'est ici le cas de faire une observation : nous avons trois grands centres de population et d'industrie, Paris, Lyon et Marseille ; on observe les faits qui concernent ces trois villes, et comme ils sont assez analogues, on en conclut que toutes les villes et tous les pays industriels sont dans le même cas. De là de nombreuses erreurs; car ce qui est vrai pour ces trois grands centres de population et d'industrie, cesse de l'être là où l'industrie et la population sont moins concentrées.

Nous en avons un nouvel exemple dans la question que nous examinons : car tout le monde répète que la vie est moins longue dans les villes que dans les campagnes ; il est facile de se convaincre que ce fait, qui est vrai pour les cités très-populeuses, ne peut se généraliser. Nous voyons en effet, à la colonne n° 7, que les 8 départements que nous venons de citer n'ont qu'une population urbaine de 12 pour 100, tandis que celle des 17 départements où la vie est la plus longue, est en moyenne de près de 14 pour 100 (1).

---

(1) Nous croyons devoir faire observer ici que nous sommes fort éloigné de vouloir nier la funeste influence de l'industrie ou de l'agglomération des populations, lorsque ces deux faits sont portés à l'excès. On sait en effet qu'en Angleterre, dans les comtés et districts peu manufacturiers du *Northumberland*, de *Glocester*, de *Southampton*, de *Devon*, d'*Yorck-East-Riding* et de *Norfolk*, sur 100 enfants pris le jour de leur naissance, il n'en meurt que 32 avant l'âge de *cinq ans révolus*, tandis qu'il en meurt 39 dans les comtés industriels de *Warwick*, du *Nothingham*, d'*York-West-Riding* et de *Lancaster*.

Dans les comtés et districts agricoles que nous avons cités, la mortalité dans les villes de *Newcastle*, *Bristol*, *Portsmouth*, *Plymouth*, *Kingston* et *Norwich*, au lieu d'être de 32 pour cent, est de 38 pour ces mêmes enfants; et ce fait s'observe aussi dans les villes de *Birmingham*, de *Nothingham*, de *Leeds* et de *Liverpool* qui, dans les comtés industriels, perdent en moyenne 47 enfants, tandis que nous avons vu qu'il n'en périt que 39 dans l'ensemble de ces comtés. Ces faits n'ont pas besoin de commentaires.

Les calculs que nous avons faits sur la longueur de la vie moyenne, montrent combien plusieurs de nos anciennes provinces conservent la physionomie qui leur est propre. C'est ainsi que, si nous comparons les départements du *Finistère*, du *Morbihan*, des *Côtes-du-Nord* et d'*Ille-et-Vilaine* à ceux de la *Manche*, de l'*Orne*, du *Calvados* et de l'*Eure*, nous voyons que la vie moyenne n'est que de 31 ans 11 mois dans les premiers, tandis que, dans les derniers, elle est de 45 ans et 7 mois; pourtant, malgré cette incroyable différence, l'accroissement de la population est moins rapide en Normandie qu'en Bretagne : aussi remarque-t-on qu'il y a beaucoup plus de mariages et de naissances dans les départements de cette dernière province.

Ce que nous venons de dire de la Bretagne et de la Normandie est assez général pour toute la France, c'est-à-dire que les départements où l'on observe la plus longue vie moyenne sont ordinairement ceux où il y a le moins d'accroissement de population. On serait tenté, d'après cela, de croire que les pays où la population croît avec une si grande rapidité sont les parties arriérées de l'Europe. L'Angleterre si progressive ferait, il est vrai, une grande exception à cette règle, car la population s'y accroît d'une manière presque effrayante pour l'avenir de ce pays; mais les lois qui régissent le paupérisme dans ce royaume modifient tellement tous les calculs qui peuvent être faits sur sa population, que cette exception ne saurait être prise en considération. Voici, pour la France, dans quelle limite est renfermé le fait que nous venons de signaler : Les 10 départements où la vie est la plus longue ont un accroissement moyen annuel de 38 individus pour 10 mille habitants; et ce même accroissement est de 52 individus pour le même nombre d'habitants, dans les 10 départements où la vie est la plus courte.

Centenaires.

Passons à l'examen des centenaires. Leur nombre annuel est en moyenne de 140, ce qui en donne un peu plus de 4 par 1 million d'habitants; si nous examinons comment ils sont répartis, nous voyons que les départements du bassin de la Garonne sont, ainsi que pour la longueur de la vie moyenne, ceux qui présentent les conditions les plus favorables, car sur les 17 départements de la série qui a le plus de centenaires, on en compte 14 dans ce bassin.

Il est à remarquer que les parties du territoire où il y a le plus d'industrie sont celles qui comptent le moins de centenaires.

Rapport des naissances avec les inscrits au recrutement.

L'une des colonnes du 1er tableau donne le nombre des naissances qu'il a fallu, dans chaque département, pour fournir 100 hommes âgés de 20 ans révolus.

Si l'on compare les calculs de cette colonne avec ceux qui donnent la longueur de la vie moyenne, on voit que le bassin de la Garonne, où nous avons trouvé la vie moyenne la plus longue et le plus de centenaires, est aussi celui où il faut le moins de naissances pour fournir 100 hommes âgés de 20 ans révolus. Ces résultats obtenus par des méthodes différentes se contrôlent et s'étayent réciproquement. Ils prouvent que, pour la France du moins, l'opinion si généralement adoptée que la vie moyenne des peuples de l'Europe est d'autant plus longue qu'on avance plus vers le Nord, est sans fondement. Peut-être qu'un jour, lorsque les registres de l'état civil seront tenus partout avec une parfaite régularité, nous verrons s'évanouir cette masse de centenaires que l'on dit exister en Russie.

Lorsqu'on entre dans le détail des chiffres portés à la 13e colonne que nous examinons, on est frappé de la différence de forces que peuvent présenter deux pays où la population pourtant serait égale en nombre : ainsi, dans *le Gers* et *le Lot-et-Garonne*, on a toutes les années 100 hommes inscrits sur les listes de recrutement pour 254 naissances, tandis qu'il faut, pour le même nombre d'inscrits, 669 naissances dans le département de la *Seine*, 422 dans le *Rhône*, 401 dans les *Bouches-du-Rhône*, et 396 dans le *Finistère*, etc. Si nous faisions encore entrer en balance les différences de forces qui proviennent des vices de constitution et des motifs d'exemption qui en résultent, nous arriverions à des résultats fort étonnants ; mais n'anticipons pas sur les faits du recrutement ; nous y viendrons plus tard.

Il nous reste à examiner quel est le nombre de mariages qu'on a dans chaque département pour 1,000 hommes âgés de 20 ans révolus.

Rapport des mariages avec les inscrits au recrutement.

Si nous examinons les calculs qui ont rapport à cet ordre de faits, on voit que tous les départements qui avoisinent Paris, ainsi que ceux du centre du bassin de la Loire, ont beaucoup plus de mariages que les autres; plusieurs d'entr'eux en ont même plus que n'en comporte le nombre des hommes susceptibles de se marier annuellement, ce qui indique un très-grand nombre de mariages en secondes noces, ou des immigrations provenant des autres départements. On voit en effet que le département de la *Seine* compte 1,741 mariages pour 1,000 hommes qui atteignent annuellement 21 ans; la *Marne*, 1,094; l'*Aube*, 1,077; le *Rhône*, 1,068; — les *Hautes-Pyrénées* au contraire n'en comptent que 584; les *Basses-Pyrénées*, 650; la *Vendée*, 692; le *Bas-Rhin* 700.

Les départements traversés par les fleuves ont en général plus de mariages que les parties montueuses. Ce fait est conforme à ce que l'on connaît de la propension des montagnards à émigrer dans les plaines.

On serait aussi tenté de croire qu'il y a propension générale dans la France du midi à émigrer dans celle du nord. S'il en était autrement, il faudrait conclure que le célibat est beaucoup plus fréquent au midi qu'au nord du royaume. Toutefois, cette conjecture ne saurait s'appliquer aux départements de l'Alsace et de la Lorraine, qui sont dans le même cas que la plupart des départements du midi.

Nous avons voulu, pour nous fixer sur l'observation qui précède, voir quelle était la distribution des hommes mariés d'après le recensement de 1831. Le calcul du nombre des couples que l'on a sur 1,000 habitants, dans chaque département, nous a donné, quant aux séries, un ordre de départements presque absolument semblable à celui que nous avions obtenu par la comparaison du nombre des mariages avec celui des hommes qui, toutes les années, arrivent à 20 ans révolus. Il y a une telle similitude que les exceptions sont à peu de chose près les mêmes. Dès lors, nous sommes porté à croire que l'observation que nous avons faite est bien fondée, c'est-à-dire qu'il y a propension au célibat, de la part des habitants de la France du midi et des départements montueux, ou qu'il y a très-forte émigration de ces dernières parties dans la France du nord et le long de nos fleuves.

IIe SECTION.

ETUDES QUI SE RAPPORTENT AUX CALCULS DU DEUXIÈME TABLEAU.

Les principaux points traités dans ce *tableau* ont rapport aux *Naissances naturelles* et aux *Enfants trouvés.*

EXPOSÉ SOMMAIRE DES CALCULS DU 2e TABLEAU.

COLONNE n° 17. Naissances légitimes.

La 17e colonne indique le nombre annuel des naissances légitimes de chaque département, pour les années 1824, 1826, 1828, 1830 et 1832.

On voit, à la ligne des totaux, que la France en compte annuellement 901,720; ce qui en donne 10,485 pour le département moyen.

COLONNE n° 18. Naissances naturelles ou bâtards.

La 18e colonne indique combien, pendant les mêmes années, il y a eu de naissances naturelles dans chaque département.

On voit, à la ligne des totaux, que la France en compte annuellement 70,251; ce qui en donne 817 pour le département moyen.

COLONNE n° 19. Combien de naissances naturelles sur 1,000 naissances.

La 19e colonne indique combien on a, dans chaque département, de naissances naturelles pour 1,000 naissances, tant légitimes que naturelles.

On voit que le département moyen en compte 72; c'est un peu plus de 7 pour cent.

COLONNE n° 20. N° d'ordre des départements.

La 20e colonne indique le n° d'ordre des départements, sous le rapport du nombre des naissances naturelles.

Le n° 1 est affecté au département de la Seine, qui en a le plus.

Voici, dans leur ordre, les noms des 17 départements de la série qui est dans ce dernier cas :

Seine (313 naissances naturelles pour 1,000 naissances de toute espèce), *Rhône*, *Haute-Saône*, *Gironde*, *Calvados*, *Cher*, *Seine-Inférieure*, *Bouches-du-Rhône*, *Nord*, *Landes*, *Pas-de-Calais*, *Loiret*, *Hautes-Pyrénées*, *Isère*, *Basses-Pyrénées*, *Loir-et-Cher* et *Bas-Rhin* (qui en compte 76).

Les 17 départements de la série opposée sont : *Ille-et-Vilaine* (qui compte seulement 20 naissances naturelles pour 1,000 de toute espèce), *Côtes-du-Nord*, *Ardèche*, *Vienne*, *Vendée*, *Morbihan*, *Haute-Loire*, *Finistère*, *Ain*, *Gard*, *Tarn*, *Puy-de-Dôme*, *Loire*, *Nièvre*, *Tarn-et-Garonne*, *Côte-d'Or*, *Deux-Sèvres* (qui en compte 44).

COLONNE n° 21. Enfans trouvés.

La 21e colonne indique le nombre annuel des enfants trouvés et abandonnés, pour les années 1824, 1826, 1828, 1830 et 1832.

On voit, à la ligne des totaux, que la France en compte annuellement 33,742 ; ce qui en donne 392 pour le département moyen.

COLONNE n° 22. Combien d'enfants trouvés p.r 1,000 naissances de toute nature.

La 22e colonne contient les calculs du nombre d'enfants trouvés et abandonnés que l'on a dans chaque département, pour 1,000 naissances tant légitimes que naturelles.

On voit que le département moyen en compte 35; c'est 3 et demi pour cent.

COLONNE n° 23. N° d'ordre des départements.

La 23e colonne indique le n° d'ordre des départements entr'eux, sous le rapport du nombre des naissances naturelles : le n° 1 est affecté au département de la *Seine*, qui en compte le plus.

Voici, dans leur ordre, les noms des 17 départements de la série qui est dans ce dernier cas :

Seine (qui compte 159 naissances naturelles pour 1,000 de toute espèce), *Rhône*, *Bouches-du-Rhône*, *Gironde*, *Gers*, *Charente*, *Var*, *Basses-Alpes*, *Vaucluse*, *Allier*, *Calvados*, *Maine-et-Loire*, *Pyrénées-Orientales*, *Seine-Inférieure*, *Loiret*, *Aveyron*, et *Basses-Pyrénées* (qui en compte 45).

Les 17 départements de la série opposée sont : *Haute-Saône* (qui ne compte que 1 enfant abandonné pour 1,000 naissances), *Vosges*, *Haut-Rhin*, *Seine-et-Oise*, *Côtes-du-Nord*, *Jura*, *Moselle*, *Bas-Rhin*, *Ardèche*, *Morbihan*, *Seine-et-Marne*, *Saône-et-Loire*, *Eure*, *Ardennes*, *Ain*, *Lot*, et *Meuse* (qui en compte déjà 16).

COLONNE n° 24. Nombre de tours servant aux expositions.

La 24e colonne contient le nombre de tours pour les enfants trouvés, que l'on comptait, en 1834, dans chaque département.

On voit, à la ligne des totaux, qu'il y en a en France 271 ; ce qui en donne 3 pour le département moyen.

COLONNE n° 25.
Dépense annuelle d'un enfant trouvé.

La 25e colonne indique quelle est la dépense annuelle qu'occasionne chaque enfant trouvé, dans les divers départements.

On voit que cette dépense, pour le département moyen, est de 82 francs.

COLONNE n° 26.
Enfants trouvés en 1824.

La 26e colonne donne, pour chaque département, le nombre des enfants trouvés qui étaient à la charge des hospices au 1er janvier 1824.

On voit, à la ligne des totaux, qu'il y en avait alors 116,452; ce qui en donne 1,354 pour le département moyen.

COLONNE n° 27.
Enfants trouvés en 1833.

La 27e colonne donne aussi, par département, le nombre d'enfants trouvés à la charge des hospices au 31 décembre 1833.

On voit, à la ligne des totaux, qu'il y en avait alors 129,629; ce qui en donne 1,507 pour le département moyen.

COLONNE n° 28.
Enfants trouvés, sauvés.

La 28e colonne contient le nombre d'enfants trouvés qui ont eu la vie sauvée pendant toute la période décennale de 1824 à 1833. Nous avons considéré comme sauvés ceux qui ont atteint leur douzième année, ou ceux qui, avant cet âge, ont été retirés par leurs parents ou par des bienfaiteurs.

On voit, à la ligne des totaux, que 124,615 enfants sont dans ce cas; c'est 1,449 pour le département moyen.

COLONNE n° 29.
Enfants trouvés, morts.

La 29e colonne contient, pour la même période décennale, le nombre des enfants trouvés qui sont morts dans les hospices ou chez les nourrices, avant d'avoir atteint leur douzième année.

On voit, à la ligne des totaux, que 198,509 enfants sont dans ce cas; ce qui en donne 2,308 pour le département moyen.

COLONNE n° 30.
De la mortalité des enfants trouvés.

La 30e colonne indique, pour chaque département, combien d'enfants trouvés sont morts, pour 100 de sauvés, pendant la même période de dix ans.

On voit que le département moyen en a perdu 159.

COLONNE n° 31.
N° d'ordre des départements.

La 31e colonne indique le n° d'ordre des départements entr'eux, sous le rapport de la mortalité des enfants trouvés.

Le n° 1 est affecté au département de la *Seine*, qui est le plus mal partagé sous ce rapport.

Voici, dans leur ordre, les noms des 17 départements de la série qui est dans ce dernier cas :

Seine (qui compte 340 enfants morts pour 100 sauvés), *Indre-et-Loire*, *Hérault*, *Allier*, *Aube*, *Loiret*, *Gironde*, *Haute-Vienne*, *Seine-Inférieure*, *Bouches-du-Rhône*, *Rhône*, *Loir-et-Cher*, *Pyrénées-Orientales*, *Eure-et-Loir*, *Vaucluse*, *Isère*, *Seine-et-Marne* (qui en compte 212).

Les 17 départements de la série opposée sont : *Vosges* (qui compte 14 morts pour 100 sauvés), *Haut-Rhin*, *Bas-Rhin*, *Moselle*, *Haute-Saône*, *Ariège*, *Corrèze*, *Haute-Loire*, *Dordogne*, *Ardèche*, *Creuse*, *Deux-Sèvres*, *Lot*, *Hautes-Alpes*, *Seine-et-Oise*, *Lozère*, et *Somme* (qui en compte 76).

RÉFLEXIONS SUR LES CALCULS DU 2e TABLEAU.

Les principaux faits constatés dans le 2e tableau concernent les naissances naturelles et les enfants trouvés. **Naissances naturelles (soit bâtards).**

Nous pensons qu'on doit donner la préférence aux naissances naturelles, lorsqu'on veut avoir un élément de la moralité respective des départements ; car on sait que la provenance de ces naissances est constatée beaucoup plus exactement par le moyen des registres de l'état civil, que ne peut l'être celle des enfants trouvés. Il est connu, en effet, que les villes reçoivent ceux des départements environnants; souvent même, et c'est le cas de la ville de Lyon, le voisinage des frontières permet l'introduction, dans nos hospices, d'enfants étrangers à la France.

Dès lors, nous avons dû considérer, non comme une base absolue de moralité, mais comme l'un de ses éléments les plus directs, le nombre relatif des bâtards de chaque département.

Les calculs de la 19e colonne prouvent que les départements les plus industriels sont, en général, ceux où les mœurs sont le plus relâchées; car les 10 départements où l'industrie est le plus développée (la *Seine* étant exceptée) donnent 77 naissances naturelles pour 1,000 de toute espèce, tandis que les 10 départements qui sont dans le cas contraire n'en comptent que 49. Ce même calcul, appliqué aux 10 départements les plus agricoles, n'en donne que 50; on voit dès lors que, de quelque manière qu'on envisage cette question, elle est au désavantage des départements industriels, même en excluant le département de la *Seine*, qui, à lui seul, compte 10,721 naissances naturelles pour 23,506 légitimes.

Les faits généraux qui concernent la question que nous traitons prouvent encore qu'il existe un relâchement progressif dans les mœurs; car on observe un accroissement constant dans le nombre des naissances naturelles. On lit en effet, dans une brochure fort intéressante publiée en 1835 par M. de Bondy, que nous n'avions, en 1811, qu'une naissance naturelle sur 15 légitimes; que, sous la restauration, dans la période de 1817 à 1828, on en comptait une sur 13, 3; et qu'enfin ce rapport est tombé à une sur 12, 9, pour les quatre années 1829, 1830, 1831 et 1832; car on a eu annuellement 894,890 naissances légitimes pour 69,421 naturelles, pendant ces quatre années. Ainsi, nous avons, depuis 1811, passé du 15e au 14e, puis au 13e, et enfin un peu en-dessous du 13e. **Leur accroissement.**

Si l'on examine les calculs qui se rattachent aux naissances naturelles, on voit avec peine que les parties les plus éclairées de la France sont, ainsi que les départements industriels, dans une condition de moralité moins bonne que les pays où l'instruction primaire est peu répandue; la différence n'est cependant pas assez sensible, pour que l'on soit autorisé à conclure que l'instruction et le nombre des naissances naturelles sont en rapport direct; mais cependant il y a assez de régularité dans les faits, pour que l'on puisse admettre qu'il y a plus de probabilité pour cette conclusion que pour la conclusion inverse.

ENFANTS TROUVÉS.

Passons aux *Enfants trouvés et abandonnés.* On dit qu'en Angleterre les pauvres prétendent que *leurs enfants ne sont pas à eux*, *mais à la paroisse.* Il est à craindre que bientôt les pauvres ne s'habituent, en France, à l'idée *que leurs enfants sont aux hospices.* Nous voyons déjà, en effet, toutes les années, plus de *trente-trois mille* mères exposer leurs enfants. Comparativement à la somme totale des naissances, c'est 3 et $^1/_2$ pour 100, ou plus d'une exposition pour 29 naissances. On ne saurait douter que les enfants légitimes figurent dans ce nombre pour un chiffre considérable; et ce fait a été mis en lumière par une mesure administrative, adoptée depuis plusieurs années dans quelques départements, et qui consiste à déplacer les enfants en les faisant changer d'hospice; beaucoup de mères alors se sont empressées de réclamer leurs enfants. Le simple raisonnement n'aurait dû laisser aucun doute à cet égard; car, tandis que nous voyons le nombre des naissances naturelles ne varier que du 15e au 13e, en 25 ans, nous voyons celui des expositions suivre une toute autre progression. On ne comptait, en effet, avant la révolution de 1789, que 40,000 enfants trouvés à la charge de tous les hospices de France; en 1810, nous en avions 69,000; en 1820, 102,000; en 1830, 118,000; et à la fin de 1833, 129,000. Est-il possible de rester indifférent en présence d'un fait aussi grave, et ne signale-t-il pas un vice radical dans le système que l'on suit?

Leur accroissement.

On doit comprendre, en effet, que les 12 millions que l'état ou les communes payent annuellement aux hospices d'enfants trouvés, agissent comme une prime pour l'encouragement de la production de ces infortunés; et c'est ainsi que l'administration et les chambres poussent au vice les classes pauvres, et se rendent complices de la plus grande cause de démoralisation qui existe dans la nation. Le mal s'étend même à un tel point que son excès ne peut manquer d'appeler un prompt remède; car, dans l'ordre de faits que nous observons, la progression ne peut et ne saurait s'arrêter, si le système est maintenu. On sait en effet que les fils d'enfants trouvés viennent, à leur tour, remplir les hospices; et c'est ainsi que, dans l'ornière où l'on est placé, on voit successivement l'effet devenir cause, et la cause devenir effet.

Les préjugés en faveur des maisons d'enfants trouvés sont pourtant si généralement répandus en France que, malgré l'évidence des faits, il est probable que bien des années s'écouleront encore, avant qu'on ne porte un remède efficace à l'état actuel des choses; au lieu d'attaquer le mal dans sa racine, on essaiera force palliatifs, tels que le déplacement des enfants, etc.; mais on n'arrivera à aucun résultat satisfaisant, tant qu'on ne posera pas en principe *qu'une fille-mère est, aussi bien que la femme mariée, tenue de nourrir et de soigner son enfant*. La conséquence immédiate et nécessaire de ce principe, c'est l'abolition des hospices d'enfants trouvés. Nous ferons observer, toutefois, que cette grande mesure ne peut être adoptée que successivement, et avec tous les ménagements que comporte une matière aussi délicate.

Mais, dira-t-on, ce serait pousser à l'infanticide, ou tout au moins vouer à une mort non moins certaine un grand nombre d'enfants nés au sein des classes inférieures.

Examinons si cette première crainte est fondée, et si l'humanité elle-même n'aurait pas à gagner dans l'hypothèse de l'admission de la mesure que nous proposons.

Nous convenons que l'un des effets immédiats de la suppression des hospices serait probablement une augmentation d'infanticides; mais ce résultat ne serait que passager.

Les personnes qui se sont occupées de cette matière savent, en effet, que les états où il n'y a pas d'hospices, c'est-à-dire *plus de la moitié de l'Europe*, ne comptent ni plus d'expositions, ni plus d'infanticides que les autres pays.

Pour faire passer dans l'esprit du lecteur la conviction qui nous anime, nous citerons un fait remarquable, rappelé à la session dernière par l'honorable M. Benjamin Delessert dont tout le monde apprécie la haute philanthropie. Ce fait est extrait d'une brochure publiée, en 1829, par *M. de Gourroff*, auteur russe.

Voici comment cet auteur s'exprime :

« Veut-on maintenant connaître l'influence contagieuse de ces maisons sur l'aban-
» don des nouveaux-nés? Mayence n'avait point d'établissement de ce genre, et
» depuis 1799 jusqu'à 1811, on y exposa 30 enfants; c'est 2,3 par an. Napoléon,
» qui s'imaginait qu'en multipliant les maisons d'enfants trouvés il multipliait les
» soldats et les matelots, ordonna d'établir un tour dans cette ville. Ce tour fut
» ouvert le 7 novembre 1811, et subsista jusqu'au mois de mars 1815, époque où
» le grand-duc de Hesse-Darmstadt le fit supprimer. Pendant ces 3 ans et 4 mois,
» la maison reçut 516 enfants trouvés. Une fois qu'elle fut supprimée, comme l'ha-
» bitude de l'exposition n'était pas encore enracinée dans le peuple, tout rentra dans
» l'ordre; on ne vit, dans le cours des neuf années suivantes, *que 7 enfants* exposés. »

De pareils faits parlent d'eux-mêmes; ils devraient être affichés dans la salle des délibérations de tous les conseils généraux des départements, lorsqu'ils ont à s'occuper des enfants trouvés.

De la mortalité des enfants trouvés.

Etudions maintenant la mortalité dans les hospices, et voyons si leur suppression ne serait pas favorable à l'humanité.

On sait que l'âge légal auquel les enfants ne sont plus à la charge des hospices est 12 ans; on les place alors en apprentissage, et ils deviennent ce qu'ils peuvent; car on ne conserve plus sur eux qu'une *tutelle nominale*. C'est ainsi que ces malheureux, au moment où ils auraient le plus besoin d'être guidés dans la vie, sont jetés sans ressources dans la société.

On sait que, dans certains départements, on trouve à placer gratuitement dans les campagnes les enfants avant leur 12e année ; souvent c'est à 10, et même à 8 ans que ce placement a lieu ; et dès lors l'enfant n'est plus à la charge de l'établissement. Supposons cependant que les soins se prolongent jusqu'à l'âge de 12 ans révolus, et voyons quelle a été la mortalité des enfants dans ce laps de temps.

Pendant la période décennale de 1824 à 1833, 78,590 enfants sont arrivés à l'âge où ils ne sont plus à la charge des hospices ; et 46,025 avaient été retirés par leurs bienfaiteurs ou leurs parents : total 124,615.

Nous pensons faire une grande concession, en supposant les enfants de ces deux catégories tous sauvés, et amenés heureusement à l'âge de 12 ans; car, sur les 46,025 retirés par les parents ou bienfaiteurs on ne sait à quel âge, certainement quelques-uns sont morts avant d'avoir atteint leur 12e année : disons donc que 124,615 enfants, au plus, ont été sauvés (on en voit le détail, par département, à la colonne n° 28). Mais, dans la même période, 46,755 sont morts dans les hospices, et 151,750 chez les nourrices ; total, 198,505 (voir colonne n° 29) : d'où il suit que, pour sauver 100 enfants, il en périt 159; c'est donc plus de 61 pour 100 en moyenne pour toute la France; si nous prenions le chiffre qui concerne les hospices de Paris, nous arriverions même à une mortalité de 77 pour 100 (1).

Comparons cet effrayant résultat à la mortalité des enfants élevés dans la famille, en prenant pour terme de comparaison Paris, le lieu de la France où cette mortalité est la plus grande.

Pendant les 10 années écoulées de 1824 à la fin de 1833, il y a eu, dans la capitale, 288,022 naissances de tous genres ; et dans cette période, on a compté 94,499 décès jusqu'à l'âge de 10 ans ; supposons encore autant de décès de 10 à 12 ans qu'il y en a eu de 8 à 10, et nous en aurons 2,678 à ajouter à ceux qui précèdent ; on a donc eu 97,177 décès jusqu'à l'âge de 12 ans. Ce chiffre doit être diminué de tous les *morts-nés*, qui ne peuvent être un élément de comparaison, quand il s'agit d'enfants trouvés; leur chiffre s'élève à 16,436 pour la période que nous étudions ; il reste donc réellement 80,741 décès pour 288,022 naissances.

Ainsi, dans les douze premières années de la vie, la mort ne moissonne que 28 pour 100 des enfants élevés dans le sein de la famille, tandis que, pour les enfants déposés dans les hospices, elle prélève 61 pour 100 dans toute la France, et 77 pour 100 à Paris.

Voilà de quelle manière les chiffres résolvent la question d'humanité.

---

(1) **Dans le département de la Seine, pendant les 10 années écoulées de 1824 à 1833, il y a eu 11,783 enfants trouvés sauvés, et 40,111 *morts*. — *Documents statistiques de* 1835.**

C'est ici le lieu de donner quelques renseignements sur la mortalité qui a été observée dans d'autres pays.

Mortalité des enfants trouvés en Europe.

De 1663 à 1787, il a existé une maison d'enfants trouvés à Cassel; pendant cet intervalle, cette ville n'a reçu que 817 enfants; et pourtant, sur ce nombre, 39 seulement sont parvenus à leur 13e année (1).

A Dublin, de 1791 à 1797, sur 12,786 enfants envoyés à l'hospice, 12,561 sont morts; à Moscou, sur 37,607 admis en 20 ans, 1,000 seulement ont été sauvés; la mortalité, à Madrid, est de 67 pour 100 par année; à Vienne, de 90 pour 100; à Bruxelles, de 79 (2).

On ne peut se défendre de bien pénibles réflexions en compulsant ce long martyrologe : il prouve que rien ne saurait remplacer les soins d'une mère pendant les premières années de la vie. C'est ainsi que la charité crée souvent des institutions que le chrétien, que le philanthrope admirent, mais que condamne la froide raison qui ne tient compte que des résultats.

On dit, il est vrai, pour pallier ces résultats effrayants, que les enfants trouvés ont plus de vices de constitution, et conséquemment plus de causes de mortalité que les autres. Cet argument, dont on exagère beaucoup la portée, peut modifier nos calculs, mais d'une manière si peu sensible qu'il ne saurait en atténuer la gravité. On sait, en effet, qu'à l'exception de quelques grandes villes, ces infortunés sont produits par une population jeune et vigoureuse.

Nous avons donné peut-être trop d'étendue aux réflexions qui nous ont été suggérées par les faits qui viennent d'être relatés; et pourtant il est encore plusieurs points dignes de fixer l'attention.

On croit assez généralement que les départements pauvres, ou ceux qui ont une population relative considérable, produisent plus d'enfants trouvés que les autres. Ce fait présente tant d'exceptions, ainsi qu'on peut en juger par les calculs de la 22e colonne, que nous ne saurions l'admettre. On peut même dire que les grandes villes (en omettant les cinq ou six principales) n'ont aucune influence sous le rapport que nous examinons.

Il en est de même des départements où il y a beaucoup de garnisons; car la France du nord, qui en renferme un si grand nombre, compte, toutes choses égales, moins d'enfants trouvés que la France du midi.

---

(1) *Essai sur l'Histoire des Enfants trouvés*, par M. de Gourroff, 1829.

(2) Ces derniers faits sont extraits d'un article fort remarquable de M. Blanqui aîné, inséré dans le *Courrier français* du 13 juin 1836.

Les causes et les effets qui se rattachent à la question des hospices sont, comme on le voit, fort inconnus; il y a même incohérence dans les faits qui sembleraient devoir être connexes.

C'est ainsi que, si nous comparons les départements où la dépense annuelle des enfants trouvés est le plus faible, avec ceux où l'on a une plus grande mortalité, on n'aperçoit aucune corrélation entr'eux.

Dépense annuelle d'un enfant trouvé.

On ne peut, non plus, se rendre compte de la différence qui existe entre les départements, pour les dépenses annuelles de chaque enfant trouvé; la plupart du temps, elle n'est motivée par aucune raison saisissable. C'est ainsi que nous voyons les départements de l'*Orne*, de la *Sarthe* et d'*Ille-et-Vilaine* dépenser : le premier, 72 fr.; le deuxième, 69 fr., et le troisième, 48 fr., tandis que le département de la *Mayenne*, qui est confiné par ces trois départements, dépense jusqu'à 101 fr.

D'autres départements, qui sont aussi limitrophes, présentent des différences non moins extraordinaires : dans l'*Yonne*, on dépense 164 francs, et dans la *Nièvre*, 57 ; dans les *Hautes-Alpes*, 97, et 54 dans l'*Isère*; 91 dans le *Jura*, et 63 dans l'*Ain*.

La dépense moyenne, pour toute la France, est de 82 francs.

Augmentation et diminution des enfants trouvés dans les départements.

On peut aussi s'assurer qu'aucune règle, aucun motif appréciable ne peuvent rendre raison de la progression des divers départements, pour l'augmentation ou la diminution du nombre de leurs enfants trouvés. C'est ainsi que l'on voit, par les nombres portés sur les 26e et 27e colonnes, que les 10 départements qui sont de la catégorie où le nombre des enfants trouvés a le plus augmenté de 1824 à 1833, n'ont aucune analogie entr'eux ; on peut juger de la vérité de cette assertion par la nomenclature de ces 10 départements que voici :

Seine-et-Marne, *Seine-et-Oise*, *Eure-et-Loir*, *Loire*, *Cantal*, *Rhône*, *Ain*, *Hérault*, *Charente*, *Aude*. L'augmentation moyenne des enfants trouvés, pendant la période de 10 ans que nous examinons, a été, dans ces 10 départements, de 57 pour 100, sur le nombre des enfants trouvés qu'on y comptait en 1824. Les 10 départements suivants, qui n'ont pas plus d'analogie entr'eux, ont éprouvé, pendant la même période, une diminution *moyenne de* 40 *pour* 100, sur le nombre des enfants trouvés, présents dans les hospices au commencement de la même année. Ces départements sont :

Corrèze, *Ariège*, *Yonne*, *Moselle*, *Lot*, *Ille-et-Vilaine*, *Manche*, *Côtes-du-Nord*, *Bas-Rhin* et *Dordogne*.

Nous compléterons les renseignements que nous venons de donner, en remarquant que le mouvement moyen d'accroissement, pour toute la France, a été une augmentation de 11 pour 100 pendant les dix années que nous étudions ; car on ne comptait, en 1824, que 116,452 enfants trouvés ; et ce chiffre s'accroissant d'année en année est monté à 129,629, en 1833.

La raison est constamment en défaut, comme on le voit, quand il s'agit des faits qui se rattachent aux enfants trouvés; il est néanmoins une cause qui paraît en augmenter le nombre d'une manière assez constante, c'est l'ignorance, qui pourtant agit dans un sens inverse à l'égard des naissances naturelles. Les départements où l'instruction primaire est le moins répandue ont en effet un plus grand nombre d'expositions. Nous dirons, toutefois, que cette observation ne s'applique pas aux divers départements de la Bretagne, qui, pour ce cas comme pour beaucoup d'autres, font une honorable exception; plus on étudie les faits qui concernent cette province, plus on voit qu'elle a conservé une physionomie et des mœurs qui lui sont propres.

Pour nous résumer nous dirons : Résumé.

Que les hospices d'enfants trouvés, en brisant les liens de la famille, première base de toute société, jettent dans son sein des hommes qui lui sont hostiles;

Que les déplacements, dont on a toujours à se louer dans le début, ne sont que des palliatifs, parce qu'il faut les recommencer souvent pour qu'ils soient efficaces, et qu'en ayant fréquemment recours à cette mesure, on en affaiblirait l'effet;

Et qu'enfin, le seul remède rationnel qu'on puisse opposer à l'accroissement incessant des enfants trouvés, est la suppression des hospices, source de ce mal.

Espérons que les chambres sauront poser ce principe, et que l'administration marchera à ce but sans précipitation, mais aussi sans se laisser détourner par les cris d'une philanthropie erronée.

IIIe SECTION.

ÉTUDES QUI SE RAPPORTENT AUX CALCULS DU TROISIÈME TABLEAU.

Les principaux points, traités dans ce tableau, ont rapport au *Recrutement*.

EXPOSÉ SOMMAIRE DES CALCULS DU 3e TABLEAU.

COLONNE n° 32. Inscrits au recrutement.

La 32e colonne donne, pour chaque département, le nombre moyen annuel des jeunes gens qui, pendant la période de 1825 à 1833 inclusivement, ont complété leur vingtième année. On sait que ces jeunes gens figurent sous le nom d'*inscrits* sur les cahiers du recrutement.

Le nombre moyen annuel des inscrits, pour toute la France, pendant cette période, ayant été de 288,316, le département moyen en a fourni 3,352.

COLONNE n° 33. Combien d'habitants pour un inscrit.

La 33e colonne donne, pour la période de 1825 à 1833, le nombre d'habitants qu'il a fallu annuellement, dans chaque département, sur le recensement de 1831, pour fournir un *inscrit*.

Les différences entre les départements doivent surprendre, car elles arrivent à près de 100 pour 100, c'est-à-dire que, dans tel département, on a *un inscrit* pour 95 habitants, tandis que dans tel autre, c'est *un* sur 180. La moyenne, pour toute la France, est 113.

COLONNE n° 34. N° d'ordre des départements.

La 34e colonne indique le n° d'ordre des départements entr'eux, sous le rapport du nombre d'habitants qu'il faut pour fournir 1 homme au recrutement. Le n° 1 est affecté au département de la *Seine*, qui, sur une population donnée, présente le moins d'inscrits.

Voici, dans leur ordre, les noms des 17 départements de la série qui est dans ce dernier cas :

Seine (180 habitants pour un inscrit), *Eure*, *Eure-et-Loir*, *Marne*, *Seine-Inférieure*, *Bouches-du-Rhône*, *Aube*, *Calvados*, *Indre-et-Loire*, *Aisne*, *Nord*, *Seine-et-Oise*, *Ardennes*, *Seine-et-Marne*, *Orne*, *Rhône*, et *Loiret* (120 habitants pour un inscrit).

Les 17 départements de la série opposée sont : *Vendée* (95 habitants pour un inscrit), *Corrèze*, *Allier*, *Haute-Vienne*, *Bas-Rhin*, *Dordogne*, *Creuse*, *Nièvre*, *Tarn*, *Finistère*, *Cher*, *Basses-Alpes*, *Deux-Sèvres*, *Saône-et-Loire*, *Hautes-Pyrénées*, *Lozère*, et *Haute-Loire* (105 habitants pour un inscrit).

La 35ᵉ colonne donne le contingent moyen des recrues demandées annuellement à chaque département, pendant la période de 1825 à 1829. COLONNE n° 35. Contingent sous la restauration.

Le total du contingent demandé à la France étant de 60,000 hommes, le département moyen a eu 697 recrues à fournir.

La 36ᵉ colonne donne le nombre des recrues demandées annuellement à chaque département, pendant la période de 1830 à 1833 inclusivement. COLONNE n° 36. Contingent depuis la révolution de 1830

Le total du contingent demandé à la France étant de 80,000 hommes, le département moyen a eu 930 recrues à fournir.

La 37ᵉ colonne donne, pour chaque département, la taille moyenne des recrues du contingent moyen, de 1825 à 1829, porté à la 35ᵉ colonne. COLONNE n° 37. Taille des recrues de 1825 à 1829.

Les recrues du département moyen présentent une taille de 1 mètre 656 millim.

Les chiffres de la 38ᵉ colonne ont pour but la même recherche, appliquée au contingent moyen de 1830 à 1833 inclusivement. COLONNE n° 38. Taille des recrues de 1830 à 1833.

Les recrues du département moyen présentent, pour cette deuxième période, une taille de 1 mètre 653 millimètres.

La 39ᵉ colonne indique, pour chaque département, le nombre d'exemptés, pour défaut de taille, qu'on a eu pour 1,000 recrues obtenues pendant la période de 1825 à 1829; 335 exemptions de cette nature pour ce nombre de recrues ont eu lieu dans le département moyen. COLONNE n° 39. Exemptés pour défaut de taille de 1825 à 1829.

La 40ᵉ colonne donne les mêmes calculs pour la période de 1830 à 1833 inclusivement. Pour cette période, le chiffre d'exemptions du département moyen a été de 184, au lieu de 335. On doit attribuer cette différence aux changements survenus dans la loi du recrutement depuis 1830 (on sait que cette loi a abaissé le *minimum* de la taille). COLONNE n° 40. Exemptés pour défaut de taille de 1830 à 1833.

La 41ᵉ colonne est la moyenne des deux précédentes; elle indique donc le nombre d'exemptés, pour défaut de taille, qu'on a eu pour obtenir 1,000 recrues, pendant toute la période de 1825 à 1833. COLONNE n° 41. Exemptés pour défaut de taille de 1825 à 1833.

On voit que le département moyen en a compté 260.

La 42ᵉ colonne indique le n° d'ordre des départements entr'eux, sous le rapport du nombre des exemptés pour défaut de taille. Le n° 1 est affecté au département de la *Haute-Vienne*, qui en compte le plus. COLONNE n° 42. N° d'ordre des départements.

Voici, dans leur ordre, les noms des 17 départements de la série qui est dans ce dernier cas :

Haute-Vienne (818 exemptions pour 1,000 recrues obtenues), *Corrèze*, *Allier*,

Dordogne, *Finistère*, *Charente*, *Hautes-Alpes*, *Puy-de-Dôme*, *Tarn*, *Creuse*, *Cher*, *Landes*, *Ardèche*, *Indre*, *Lot*, *Indre-et-Loire*, et *Lozère* (qui en compte 355).

Les 17 départements de la série opposée sont : *Doubs* (73 exemptions pour 1,000 recrues obtenues), *Oise*, *Somme*, *Jura*, *Seine-et-Oise*, *Haute-Saône*, *Pas-de-Calais*, *Ardennes*, *Calvados*, *Moselle*, *Bouches-du-Rhône*, *Meuse*, *Bas-Rhin*, *Nord*, *Marne*, *Vaucluse*, et *Côte-d'Or* (qui en compte 162).

COLONNE n° 43. Exemptions pour causes physiques, autres que la taille, de 1825 à 1829.

La 43e colonne indique le nombre des exemptions pour toutes causes physiques, *autres que la taille*, qu'on a eu pour obtenir 1,000 recrues dans chaque département, pendant la période de 1825 à 1829.

On voit que le département moyen en a compté 765.

COLONNE n° 44. Exemptions pour causes physiques, autres que la taille, de 1830 à 1833.

La 44e colonne donne les mêmes calculs pour la période de 1830 à 1833; pour cette période, le chiffre d'exemptions du département moyen, et conséquemment de toute la France, est de 569 pour 1,000 recrues.

COLONNE n° 45. Exemptions pour causes physiques, autres que la taille, de 1825 à 1833.

La 45e colonne est la moyenne des deux précédentes; elle indique donc, pour toute la période de 1825 à 1833, le nombre d'exemptions qu'on a eu pour causes physiques, autres que la taille, pour obtenir 1,000 recrues dans chaque département.

On voit que le département moyen en a compté 667.

COLONNE n. 46. N° d'ordre des départements.

La 46e colonne indique le n° d'ordre des départements entr'eux, sous le rapport du nombre des exemptions pour causes physiques, autres que la taille.

Le n° 1 est affecté au département de l'*Aube*, qui en compte le plus.

Voici, dans leur ordre, les noms des 17 départements de la série qui est dans ce dernier cas :

Aube (qui compte 1,109 exemptions pour 1,000 recrues obtenues), *Seine-et-Marne*, *Seine-Inférieure*, *Haute-Marne*, *Marne*, *Yonne*, *Meurthe*, *Eure*, *Bouches-du-Rhône*, *Haute-Vienne*, *Vosges*, *Dordogne*, *Oise*, *Seine-et-Oise*, *Rhône*, *Aisne*, et *Nord* (qui en compte 842).

Les 17 départements de la série opposée sont : *Morbihan* (qui compte 243 exemptions pour 1,000 recrues obtenues), *Pyrénées-Orientales*, *Ille-et-Vilaine*, *Loire-Inférieure*, *Côtes-du-Nord*, *Ardèche*, *Calvados*, *Doubs*, *Vendée*, *Ain*, *Finistère*, *Haute-Loire*, *Jura*, *Haut-Rhin*, *Haute-Saône*, *Somme*, et *Mayenne* (qui en compte 486).

COLONNE n° 47. Exemptions pour toutes causes physiques, de 1825 à 1833.

La 47e colonne n'est que la somme des nombres portés aux colonnes 41 et 45 ; elle indique, pour chaque département, combien, pendant toute la période de 1825 à 1833, il y a eu d'exemptions pour toutes les causes physiques (y compris le défaut de taille), pour fournir 1,000 recrues.

Cette colonne résume presque tous les calculs de la section dont nous nous occupons.

On voit, à la ligne du département moyen, que la moyenne, pour toute la France, a été de 926 exemptions pour causes physiques de toute nature, pour obtenir 1,000 recrues, pendant la période de 1825 à 1833.

La 48e colonne indique le n° d'ordre des départements entr'eux, sous le rapport du nombre des exemptions portées à la colonne précédente. COLONNE n° 48. N° d'ordre des départements.

Le n° 1 est affecté au département de la *Haute-Vienne* qui en compte le plus.

Voici, dans leur ordre, les noms des 17 départements de la série qui est dans ce dernier cas :

Haute-Vienne (qui compte 1740 cas de réforme pour 1,000 recrues), *Corrèze*, *Dordogne*, *Aube*, *Yonne*, *Seine-et-Marne*, *Seine-Inférieure*, *Allier*, *Cher*, *Vosges*, *Hautes-Alpes*, *Eure*, *Meurthe*, *Landes*, *Haute-Marne*, *Marne*, et *Deux-Sèvres* (qui en compte 1,100).

Les 17 départements de la série opposée sont : *Morbihan* (qui ne compte que 490 cas de réforme pour 1,000 recrues), *Doubs*, *Pyrénées-Orientales*, *Calvados*, *Jura*, *Somme*, *Haute-Saône*, *Loire-Inférieure*, *Ain*, *Haut-Rhin*, *Var*, *Gard*, *Ille-et-Vilaine*, *Vendée*, *Basses-Pyrénées*, *Pas-de-Calais*, et *Moselle* (qui en compte 726).

RÉFLEXIONS SUR LES CALCULS DU 3e TABLEAU.

Le 3e tableau contient exclusivement les calculs qui se rattachent au recrutement de l'armée. Nous ne connaissons aucun objet plus digne de fixer l'attention du législateur, et nous avons cru bien employer notre temps en compulsant, pendant deux mois consécutifs, au ministère de la guerre, les cahiers du recrutement des neuf années qui ont commencé en 1825.

La conscription établie en 1798, fortifiée sous l'empire, continuée sous le nom de recrutement pendant la restauration, a été modifiée par la loi du 21 mars 1832. L'article 4 de cette loi dit que le mode de répartition du contingent entre les départements et les cantons sera fixé par la loi annuelle du contingent. On ne saurait trop se féliciter de cette décision : car, jusqu'en 1832, la répartition entre les départements, les arrondissements et les cantons, se faisait proportionnellement à la population, ainsi que le voulait l'article 6 de la loi du 10 mars 1818. On va juger de l'injustice de cette méthode. DU RECRUTEMENT.

Les chiffres de la 33e colonne indiquent, pour chaque département, combien il y avait d'habitants pour un inscrit, d'après le recensement de 1831. Le nombre moyen des inscrits étant de 288,316, on voit que pour chacun d'eux il y avait en France Répartition du recrutement.

une moyenne de 113 habitants. Si nous prenons la moyenne des 17 départements de la série qui exige le plus d'habitants pour fournir un inscrit, nous voyons qu'il en faut 128, tandis que 102 suffisent pour les 17 départements de la série opposée. Ainsi, l'on voit que la méthode suivie sous la restauration était si vicieuse que l'injustice atteignait des séries *entières* de départements; on va juger dans quelle proportion.

100,000 habitants, divisés par 128, donnent pour quotient 781; cette même opération, en prenant 102 comme diviseur, donne 980. Ainsi, l'on demandait à une population fournissant 980 inscrits le même nombre seulement de recrues qu'à celle qui n'en présentait que 781. L'injustice, dans ce cas, se traduit donc en un chiffre *de* 25 *pour* 100.

La disproportion serait tout autre si, au lieu de présenter des groupes qui embrassent 17 départements, nous les considérions isolément. Nous voyons en effet que le département de la *Seine* ne donne qu'un inscrit pour 180 habitants, tandis qu'il n'y a dans la *Vendée* que 95 habitants pour un inscrit.

Les départements qui précèdent immédiatement ce dernier se trouvent dans des conditions presqu'aussi favorables; car il ne faut que 97 habitants dans le département de la *Corrèze*, et 98 dans l'*Allier* pour donner un inscrit; de sorte que, même en adoptant ce dernier chiffre, on avait, dans le département de la *Seine*, un même nombre de recrues à fournir pour 555 inscrits, que dans la *Corrèze* ou dans l'*Allier* pour 1,020!

Doit-on s'étonner, d'après cela, que le département de la *Seine* n'ait pu fournir pendant plusieurs années son contingent. On sait, en effet, qu'en 1826, 1827 et 1828, il lui a manqué 155, 254 et 226 recrues, par suite de l'épuisement des hommes valides. On peut avoir une idée du peu de connaissances statistiques répandues, même chez les personnes éclairées, par le fait que nous venons de signaler; car, si l'on remonte à sa source, on voit, par les comptes-rendus sur le recrutement de l'armée, que le contingent imposé à la ville de Paris était calculé, pour 1828, sur une population de 890,431 habitants. Ce même contingent, pour 1829, fut calculé sur 633,615 habitants, et celui de 1831 sur 774,338.

Telle est la manière dont on a traité, jusques dans ces dernières années, la base du recrutement. Que de pères de famille ont été dans les larmes, par suite de ces faux calculs!

Les 80,000 hommes de la classe de 1830 sont les premiers qui aient été répartis entre les départements d'après une autre base que la population : celle qui a été alors adoptée a été le nombre des jeunes gens inscrits sur les tableaux rectifiés des cinq années antérieures. Depuis lors on s'est maintenu dans le même système, et on l'a amélioré en 1834, en décidant que la répartition du contingent entre les cantons se ferait d'après la moyenne des inscrits de chaque recrutement, et non d'après une moyenne des années précédentes. Cette importante modification, qui donne pour base du tirage de chaque canton sa véritable population recrutable, a porté remède à un grave inconvénient ; mais ne serait-il pas possible d'étendre à la répartition par département la méthode adoptée pour le canton ?

Tout le monde sait quelle haute importance on attache à une distribution équitable des impôts de tous les genres ; en doit-il être autrement du recrutement de l'armée qu'on peut appeler l'impôt de la guerre ? nous ne le pensons pas ; et cependant on voit encore, dans le système adopté depuis 1830, de bien grandes injustices se produire.

On peut en effet juger, par les variations qui existent dans le nombre des inscrits pour toute la France, de celles qui doivent exister, quand il ne s'agit que des départements qui n'en sont que de si petites fractions. On voit en effet que la moyenne annuelle des inscrits, de 1825 à 1833, est de 288,316 ; et pourtant, en 1825, on en comptait 296,936 ; et en 1833, quoique la population se fût accrue de plus de 1,300,000, on n'en comptait que 285,805. La différence est tout aussi extraordinaire pour des années qui se suivent. C'est ainsi qu'en 1831 on en voit 295,969 figurer sur les cahiers de recrutement, tandis qu'il n'y en avait que 277,477 en 1832.

Si, de ces inégalités par masse, nous passons à celles de détail, nous les trouvons signalées dans le *Moniteur* du 10 mai 1836. Un honorable député démontra à la chambre que les départements du *Calvados*, des *Côtes-du-Nord*, de la *Dordogne*, de la *Manche*, de la *Seine-Inférieure* et du *Puy-de-Dôme*, en se servant de la moyenne des inscrits des 8 classes précédentes, avaient fourni, pour le recrutement de 1833, *sept cent vingt-trois hommes* de plus que ne le comportait le nombre des inscrits de cette classe.

Il n'entre pas dans notre pensée de discuter ici une loi ; mais nous devons dire que les motifs qui ont été opposés, en 1836, à la proposition de l'honorable M. Croissant, ne nous ont paru fondés que sur des cas exceptionnels ou des impossibilités de temps auxquelles il serait facile de porter remède, en fixant des délais légaux passé lesquels on procéderait en prenant pour base la moyenne des inscrits des années précédentes, ou telle autre base arrêtée d'avance.

C'est ici le lieu de signaler un fait qui doit attirer la plus sérieuse attention des hommes qui sont au pouvoir.

Le contingent peut-il être déterminé, proportionnellem.t au nombre d'hommes valides ?

Après avoir étudié avec tout le soin possible les calculs qui se rattachent aux motifs d'exemptions que l'on trouve dans chaque département, nous nous sommes demandé si la justice ne voulait pas que la répartition du contingent se fît en raison du nombre d'hommes *valides* de chaque département, plutôt qu'en raison du nombre réel des *inscrits* au recrutement de chaque année.

On ne saurait en effet contester ce point, que tout impôt ne peut et ne doit être assis que proportionnellement à la matière imposable qui est, pour l'objet que nous traitons, le nombre d'hommes valides, et non celui des inscrits. Dans ce cas, le département de la *Haute-Vienne*, par exemple, qui compte, pour avoir 1,000 recrues, 1740 exemptions pour causes physiques, aurait une partie notable de son recrutement reporté sur les départements du *Morbihan* et du *Doubs*, qui ne présentent, pour le même nombre de recrues, que 490 ou 515 cas de réforme.

Il est indubitable que la justice rigoureuse voudrait qu'on procédât ainsi; mais nous savons que, lorsqu'on veut descendre de la théorie à l'exécution, on est fort embarrassé : car souvent, dans le même département, on voit se reproduire, entre les arrondissements, les cantons et quelquefois même les communes, les choquantes inégalités qui existent de département à département.

C'est ainsi qu'en comparant, dans le département de l'*Ain*, l'arrondissement de *Trévoux* aux quatre autres arrondissements, nous voyons que, dans le premier, on a compté, de 1825 à 1829, 593 cas de réforme pour 703 recrues, tandis que, dans ces derniers, il n'en a fallu que 1,673 pour 2,524, c'est-à-dire que, dans l'arrondissment de Trévoux, en ne considérant que les exemptions pour causes physiques, on a été obligé, pour obtenir 100 recrues, d'arriver *au n°* 184, tandis que, dans le reste du département, on n'est arrivé qu'*au n°* 166.

Dans ce même arrondissement de Trévoux, si nous comparons le canton de *Trévoux* à celui de *Châtillon-sur-Chalaronne*, nous voyons que, dans ce premier canton, on a compté, de 1825 à 1829 inclusivement, 71 cas de réforme pour 116 recrues obtenues, tandis que, pour en fournir 117 dans le canton de Châtillon-sur-Chalaronne, on a été forcé de prononcer 123 réformes ; ainsi, en ne considérant que les exemptions pour causes physiques, on a été obligé, dans l'un des cantons, d'arriver *au n°* 161 pour avoir 100 recrues, tandis que, dans l'autre, on a dû aller *au n°* 205 ; et ces calculs s'appliquent à *une moyenne de cinq années*.

Il nous serait facile d'établir des différences tout aussi considérables, dans ce même arrondissement, entre les communes qui composent plusieurs de ses cantons.

Disons donc que, pour satisfaire aux exigences d'une stricte justice, il faudrait que la répartition se fît proportionnellement au nombre d'hommes valides de chaque commune, et qu'à moins de pouvoir arriver à ce résultat on doit, en cela comme en beaucoup de choses, se contenter de la justice relative.

Avant de poursuivre l'examen du 3e tableau, il faut que nous fassions connaître de quelle base nous sommes parti pour calculer les exemptions; nous en trouvons un nombre relatif bien plus grand que tous les auteurs qui ont écrit sur ce sujet. Lorsque nous aurons expliqué de quelle manière nous avons procédé, on jugera si notre méthode est préférable.

Pourquoi nous comptons plus d'exemptions que les autres auteurs

La plupart des auteurs comparent le nombre des *exemptés* à celui des *inscrits* sur les cahiers de recrutement, ou encore à celui des jeunes gens *examinés* par les conseils de révision. Cette méthode n'est bonne que pour établir une comparaison relative entre les départements; mais elle ne donne pas une notion nette de la proportion entre la population disponible pour la guerre et celle qui ne l'est pas; c'est pour arriver à ce résultat que nous avons pensé que la comparaison doit s'établir avec le nombre des recrues obtenues, parce que, de cette manière, on approche beaucoup plus de ce rapport.

Expliquons notre pensée au moyen d'un exemple :

En 1825, 1826, 1827, 1828 et 1829, il y a eu 65,769 exemptions annuelles pour causes physiques quelconques; sur ce nombre, 20,043 exemptions provenaient du défaut de taille. Il est bien clair que si l'on compare ce dernier nombre, par exemple, à la totalité des *inscrits*, qui a été, pour cette période, de 288,316, on n'a que 7 pour 100 d'exemptions pour défaut de taille; et ce nombre ne monte encore qu'à 13 pour 100, si, au lieu de prendre pour terme de comparaison les *inscrits*, on prend celui des jeunes gens *examinés* par les conseils de révision, qui, dans cette période, a été en moyenne annuelle de 151,646 individus. Nous répétons que, pour la comparaison des départements entr'eux, l'une ou l'autre méthode peut s'employer indifféremment; mais nous avons pensé que, pour avoir une échelle véritable entre le nombre des hommes aptes à la guerre et ceux qui ne le sont pas, il fallait comparer le nombre des exemptions sous le rapport physique au nombre réel des hommes *examinés* devant les conseils de révision : c'est donc ce nombre qui a été l'objet de nos recherches les plus actives.

Il nous a été démontré que, dans l'état actuel des cahiers de recrutement, le ministre de la guerre lui-même ne peut savoir avec une exactitude rigoureuse quel est le nombre des hommes qui ont subi la *visite corporelle*, pour chaque recrutement; et il serait fort à désirer que l'on ouvrît une nouvelle colonne sur les cahiers de recrutement, à côté de celle qui indique *le nombre des jeunes gens examinés devant les conseils de révision*. Cette nouvelle colonne désignerait, pour chaque département, *le nombre d'inscrits qui ont été réellement visités sous le rapport physique*, ou qui ne l'ont pas été parce qu'on avait la certitude qu'ils étaient bons pour le service. De cette manière, on aurait une échelle de comparaison rigoureuse entre la partie valide de chaque département et celle qui ne l'est pas.

Dans l'état actuel des cahiers de recrutement, on peut cependant beaucoup approcher de la vérité. On pourra en juger par les explications qui vont suivre.

Prenons pour exemple les faits qui concernent l'année 1827.

Le contingent demandé pour cette année a été, comme pour les années précédentes, de 60,000 hommes, ils se répartissent ainsi :

51,611	ont été déclarés bons pour le service.
8,017	ont été *déduits*, en vertu de l'art. 15 de la loi de 1818.
339	n'ont pu être fournis, attendu l'épuisement des hommes valides de certains cantons.
33	enfin ont été déclarés bons, sauf des décisions judiciaires à intervenir
60,000.	Total égal.

Toute la difficulté gît donc dans la fixation du nombre de recrues que l'on doit considérer comme réellement *bonnes* pour le service, sur ces 60,000 hommes.

Les 51,611 hommes du 1er article sont évidemment dans ce cas.

Les 33 déclarés bons pour le service, sauf décision judiciaire à intervenir, ont été visités, non sur leurs personnes, mais sur celles des jeunes gens désignés pour les remplacer au besoin ; ce qui est la même chose pour la question qui nous occupe.

Les 339 qui n'ont pu être fournis, par suite d'épuisement des listes, sont évidemment à déduire de 60,000.

Il ne reste donc réellement que 8,017 *déduits* qui puissent faire difficulté ; cette catégorie se répartissait ainsi en 1827:

1° Enrôlés volontaires	4,455.
2° Inscrits maritimes	1,387.
3° Officiers de santé commissionnés	25.
4° Etudiants ecclésiastiques	1,651.
5° Élèves des diverses écoles, destinés aux services publics	499.
Total égal	8,017.

Sur ce nombre, 5,842 sont des inscrits maritimes ou des volontaires, qu'on doit considérer comme bons pour le service.

Il ne reste donc, ainsi que nous venons de le voir, que 2,175 individus qui sont pour la plupart voués au service ecclésiastique, sur lesquels il peut y avoir incertitude. Nous les avons considérés tous comme *bons* pour le service, et là est le point faible de nos calculs ; mais on voit qu'il a peu d'importance et qu'il tend à faire apparaître la population meilleure qu'elle ne l'est. Dès lors, on peut considérer comme démontré que nous avons un nombre de réformés au moins égal à celui que nous avons donné.

En résumant ces observations, on voit donc qu'en 1827, sur les 60,000 hommes demandés, 59,661 ont été reconnus bons pour le service.

Nous voyons, par les cahiers de recrutement, qu'en 1827 il y a eu 66,562 exemptions pour causes physiques, dont 18,666 pour défaut de taille. Dès lors, le résultat cherché est facile à trouver : il est de 112 réformes pour toutes causes physiques par 100 recrues obtenues, et de 28 si l'on ne considère que les exemptions pour défaut de taille.

C'est ainsi que nous avons opéré pour chaque département.

Par la méthode le plus généralement suivie de comparer les réformes au nombre des jeunes gens *examinés devant les conseils de révision*, on arrive à un résultat qui donne une fausse idée de notre population ; car, devant ces conseils, on examine non-seulement *les déclarés bons pour le service et les réformés pour causes physiques*, qui sont les seuls termes de comparaison pour l'étude de la population, mais encore les exemptés pour cause de parenté. Or, ceux qui ont assisté aux opérations de révision savent que ces derniers ne subissent pas la visite corporelle, ou ne la subissent que rarement; ils produisent leurs papiers, et ils sont *déduits*, soit comme aînés d'orphelins, soit comme fils aînés de veuves ou pour tout autre motif de parenté. C'est ainsi qu'en 1827 nous en voyons 26,123 dans cette catégorie.

Nous avons cru devoir nous étendre un peu longuement sur ce sujet, parce qu'il était bon qu'on pût juger de la base de calcul que nous avions adoptée.

TAILLE DES RECRUES.

La taille des hommes est une des limites obligées du recrutement; car le fusil, outre son poids, a une certaine longueur qu'il faut que l'homme puisse atteindre sans trop de difficulté lorsqu'il charge l'arme. De 1799 à 1803, le minimum de la taille était fixé à 1 mètre 598 millim.; en 1804, on descendit à 1 mètre 544 millim., et ce minimum resta ainsi fixé jusqu'à la restauration. Cependant, on doit dire que, pendant les dernières années de l'empire, et notamment depuis 1811, le minimum de la taille n'avait *plus de limite* pour tout homme qui, d'ailleurs, était bien constitué. La loi du 10 mars 1818 avait fixé le minimum à 1 mètre 570 millim.; celle du 11 décembre 1830 le descendit à 1 mètre 540 millim.; et enfin celle du 21 mars 1832 remonta ce minimum à 1 mètre 560 millim.

Voyons quels sont les faits qui se rattachent à la question qui nous occupe.

On trouve à la 37ᵉ colonne la taille moyenne, par département, des contingents prélevés pendant les cinq dernières années de la restauration. La moyenne, pour toute la France, étant de 1 mètre 656 millim. pour cette période, on voit que les recrues grandissent encore sous les drapeaux; car la taille moyenne de l'armée, pour ces cinq années, a été de 1 mètre 670 millimètres. La différence, 14 millim., doit beaucoup approcher de 2 centimètres pour les jeunes gens qui ont fini leur temps de service; car les derniers venus n'ont pas eu le temps de croître.

Ne serait-il pas opportun, pour constater quelles sont les parties de la France où la population prend sa croissance tardivement, qu'on mesurât tous les libérés du service militaire à leur départ du corps? Cet élément statistique pourrait figurer dans les comptes-rendus sur le recrutement de l'armée. Il serait d'un *haut* intérêt pour les études qui se rapportent à la population.

La taille moyenne des contingents des quatre années qui ont suivi la révolution de juillet a été de 1 mètre 653 millim. Ainsi les modifications apportées par les lois qui ont été rendues depuis cette époque, ont eu peu d'influence sur la taille des recrues.

Les différents résultats obtenus, lors des changements adoptés par nos lois sur la fixation du minimum de la taille, sont bons à étudier.

A l'époque des plus grandes guerres de l'empire, le minimum de la taille était fixé, comme nous l'avons dit, à 1 mètre 544 millim. : c'est 4 *pieds* 9 *pouces*. On sait ce que les armées ainsi composées ont pu faire. Dès lors, pourquoi n'est-on pas revenu à ce taux ou à celui de 1 mètre 550 millim., qui nous semble le plus rationnel? Si nous envisageons cette question sous le rapport du nombre d'hommes recrutables, nous voyons que le résultat qu'on doit espérer est plus considérable que ne semble l'indiquer un *Compte-rendu* du ministre de la guerre, distribué aux chambres en 1835.

Sous la restauration, pour obtenir 60,000 hommes avec un minimum de 1 mètre 570 millim., on avait 20,043 exemptions pour défaut de taille. Ce chiffre s'est réduit à 14,672 pour 80,000 recrues, pendant les quatre années qui ont suivi la révolution de juillet. Aussi voyons-nous, aux colonnes 39 et 40 du troisième tableau, que la proportion des exemptions pour défaut de taille, qui était de 335 pour 1,000 recrues sous la restauration, n'était plus que de 184 depuis 1830.

Nous avons cherché à nous rendre raison comment, avec les mêmes chiffres, notre conclusion pouvait être autre que celle qu'on lit pages 22 et 23 du *Compte-rendu* distribué aux chambres, dont nous venons de parler.

On y prétend, en effet, que la population recrutable n'est augmentée que de 7,804 hommes par un abaissement du minimum de la taille de mètre 570 millim., chiffre de la restauration, à 1 mètre 540 millim., qui est celui de 1830. On obtient ce nombre en prenant la différence entre les 20,515 exemptions pour défaut de taille obtenues de 1818 à 1828, et les 12,711 exemptions obtenues en 1830; mais on oublie dans cette comparaison de tenir compte de la différence des contingents, qui est de *vingt mille hommes en plus* pour 1830. Cette observation, du reste, ne tend en aucune manière à diminuer le mérite de la publication dont nous parlons, car c'est une des plus intéressantes qui aient été distribuées aux chambres, pendant la session de 1835.

Pourquoi le minimum de la taille des recrues doit être peu élevé.

Un motif bien plus grave que celui que nous venons d'énoncer à l'occasion de l'augmentation de la partie recrutable de la population, nous a paru devoir motiver une fixation du minimum de la taille à 1 mètre 550 millim.

Si l'on examine les calculs de la 42ᵉ colonne, on voit une différence incroyable entre les départements, pour le nombre des exemptions pour défaut de taille. Citons quelques exemples à l'appui de cette opinion.

Pendant la période de 1825 à 1833, pour avoir 1,000 recrues, on a dû prononcer, dans le département de la *Haute-Vienne*, 818 exemptions pour défaut de taille; 691 dans la *Corrèze;* 543 dans l'*Allier;* 519 dans la *Dordogne*; 486 dans le *Finistère*; 485 dans la *Charente;* 471 dans les *Hautes-Alpes;* 424 dans le *Puy-de-Dôme;* 418 dans le *Tarn*, et 411 dans la *Creuse*. Telle est la position des dix départements dans lesquels le défaut de taille se fait le plus sentir. On voit que la moyenne y est de 527 exemptions (1).

(1) Les dix départements qui comptent le moins d'exemptions pour défaut de taille en ont 122 en moyenne, pour fournir 1,000 recrues. Celui du *Doubs*, le plus favorisé sous ce rapport, n'en compte que 73.

Tel est le motif qui nous fait désirer une fixation du minimum de la taille aussi bas que possible : on doit comprendre en effet que, tant que la loi agira sur toute la France avec son impitoyable niveau, un minimum élevé agira sur toutes les populations si chétives du centre de la France, de manière à écrémer de plus en plus la population, et l'abâtardissement des races de ces départements en serait l'inévitable conséquence ; on peut dire qu'une partie de ce mal est déjà fait.

Haute taille des habitants de la France du nord.

Si nous examinons de quelle manière les réformes pour défaut de taille se répartissent sur le territoire, nous voyons, par les calculs de la 41ᵉ colonne, que, sur les 32 départements de la France du nord, pas un n'est de la série des 17 départements qui comptent le plus d'exemptions ; et, chose plus étonnante, dans la 2ᵉ série il ne s'en trouve même encore qu'un seul. La première conclusion à tirer de ce fait, c'est que les départements où la population urbaine est la plus nombreuse sont aussi ceux où la taille est le plus élevée. Cette opinion se trouve confirmée par le peu de réformes, pour défaut de taille, que présentent la plupart des départements baignés par la Méditerranée, qui ont, comme on le sait, une population urbaine très-considérable.

C'est dans la France du midi, et surtout au centre du royaume, qu'on trouve le plus de petites tailles.

Les départements de la *Haute-Vienne*, de la *Corrèze*, de la *Charente*, de la *Dordogne* et du *Lot*, qui sont contigus, semblent être l'agglomération où les tailles sont le plus généralement faibles ; c'est aussi la partie de la France où l'on consomme le plus de *châtaignes :* car, sur les 2,700,000 hectolitres que l'on récolte en France, ces cinq départements en consomment 1,436,000. Il est remarquable aussi que ces cinq départements font partie de ceux où l'instruction primaire est le moins répandue ; et c'est aussi dans ces populations qu'on trouve, en général, le plus de cas de réforme pour cause de *teigne* et de *scrofules*, indices d'une grande malpropreté.

Exemptions pour causes physiques autres que pour défaut de taille.

Passons aux exemptions pour causes physiques autres que le défaut de taille. La moyenne annuelle des cinq années, de 1825 à 1829, en a donné 45,726 pour un recrutement de 60,000 hommes. Dans la période de 1830 à 1833, cette moyenne n'a été que de 45,415, quoique le nombre des hommes appelés fût de 80,000. Ce fait prouve que les conseils de révision, pendant ces deux époques, n'ont pas agi de la même manière, car la loi n'a pas changé sur ce point. Doit-on se féliciter de la rigueur que l'on a déployée depuis 1830 pour cette nature d'exemptions ? nous ne le pensons pas ; car en 1831, 1832 et 1833, on a renvoyé des corps 5,700 hommes reconnus atteints d'infirmités *contractées antérieurement à leur entrée au service*, qui pourtant avaient été déclarés *bons* par les conseils de révision. D'où il est résulté qu'outre l'affaiblissement de notre armée d'un pareil nombre d'hommes, 1,425,000 fr. ont été dépensés par cet inutile déplacement de recrues.

Si nous examinons les calculs des 43ᵉ et 44ᵉ colonnes, qui donnent pour chaque département le nombre d'exemptés pour causes physiques autres que pour défaut de taille pour 1,000 recrues obtenues, nous voyons des départements où l'on a varié du simple au double dans le nombre de ces exemptions. Il ne serait pas inutile de rechercher les causes de cette différence; on y trouverait sans doute les traces de quelques abus fort graves sous la restauration, ou d'une rigidité excessive depuis 1830. Nous signalerons, comme étant dans ce cas, le département de l'*Allier*, qui de 928 exemptés est tombé à 395; la *Meurthe*, qui de 1326 est tombé à 579; et le *Bas-Rhin*, qui de 971 est tombé à 460.

Si nous examinons maintenant de quelle manière se répartissent les exemptions pour causes physiques autres que pour défaut de taille, dans les divers départements, nous voyons que ceux qui sont les plus favorisés sous le rapport de la taille sont précisément ceux où la constitution physique est la plus mauvaise; nous reviendrons plus tard sur ce sujet.

Exemptions pour causes physiques de toute nature.

Par les calculs des 41ᵉ et 45ᵉ colonnes, nous avons vu que, pendant les années écoulées de 1825 à 1833, il y a eu en moyenne 260 exemptions pour défaut de taille, pour 1,000 recrues obtenues. Les exemptions pour toutes autres causes physiques se sont élevées pendant cette même période à 667; ce qui donne pour résultat définitif un total de 927 exemptions pour 1,000 recrues obtenues, ainsi qu'on le voit à la 47ᵉ colonne.

Si nous examinons comment les départemens se répartissent sous le rapport des exemptions pour causes physiques de tous genres, et que nous comparions ce résultat à celui que nous avons obtenu pour la longueur de la vie moyenne, nous voyons qu'il y a très-peu de rapports entre ces deux ordres de faits. Nous ne savons comment expliquer d'une manière satisfaisante cette anomalie.

Le 4ᵉ tableau traitant encore du recrutement, nous allons nous en occuper immédiatement, afin de pouvoir mieux saisir l'ensemble des faits, avant d'en déduire les réflexions générales qu'ils suggèrent.

IVe SECTION.

ÉTUDES QUI SE RAPPORTENT AUX CALCULS DU QUATRIÈME TABLEAU.

Les principaux points qui sont traités dans ce tableau ont rapport au *Recrutement*.

EXPOSÉ SOMMAIRE DES CALCULS DU 4e TABLEAU.

COLONNE n° 49. Recrues impossibles.

La 49e colonne contient le nombre des *recrues impossibles* pour chaque département, pendant la période de 1825 à 1833.

On entend par *recrues impossibles* celles qui n'ont pu être fournies par suite de l'épuisement de tous les hommes valides, sans pouvoir arriver au contingent fixé.

On voit, à la ligne des totaux, que 1,901 recrues ont été dans ce cas, dans la période de neuf ans que nous examinons ; ce qui en donne 22 pour le département moyen.

COLONNE n° 50. Sur 1,000 recrues, combien d'impossibles.

La 50e colonne indique combien il y a eu de *recrues impossibles* pendant la même période, pour 1,000 hommes du contingent de chaque département.

On voit que le département moyen en a compté 31.

COLONNE n° 51. Faibles constitutions.

La 51e colonne indique combien, pour 1,000 recrues obtenues, il y a eu d'exemptés pour *faible constitution*, dans la période de 1825 à 1829 inclusivement.

On voit que le département moyen en a compté 192.

COLONNE n. 52. N° d'ordre des départements.

La 52e colonne indique le n° d'ordre des départements entr'eux, sous le rapport du nombre des exemptés pour *faible constitution*.

Le n° 1 est affecté au département de la *Meurthe*, qui en compte le plus.

Voici, dans leur ordre, les noms des 17 départements de la série qui est dans ce dernier cas :

Meurthe (qui compte 505 exemptions pour 1,000 recrues), *Aube*, *Bas-Rhin*, *Haute-Marne*, *Deux-Sèvres*, *Isère*, *Yonne*, *Marne*, *Aisne*, *Loir-et-Cher*, *Aveyron*, *Seine-et-Marne*, *Seine-et-Oise*, *Côte-d'Or*, *Allier*, *Indre*, et *Corrèze* (qui en compte 261).

Les 17 départements de la série opposée sont : *Pyrénées-Orientales* (qui compte seulement 35 exemptions), *Drôme*, *Haute-Loire*, *Morbihan*, *Ille-et-Vilaine*, *Finistère*, *Côtes-du-Nord*, *Ardennes*, *Calvados*, *Ardèche*, *Haute-Saône*, *Doubs*, *Eure-et-Loir*, *Loire-Inférieure*, *Basses-Alpes*, *Gard*, et *Somme* (qui en compte 111)

COLONNE n° 53. Teigne et scrofules.

La 53e colonne indique combien, sur 1,000 recrues, il y a eu, dans chaque département, d'exemptés pour cause de *teigne* ou de *scrofules*, pendant la période de 1825 à 1829.

On voit que le département moyen en a compté 42.

COLONNE n° 54. Goitres.

La 54e colonne indique combien, sur 1,000 recrues, il y a eu, dans chaque département, d'exemptés pour cause de *goître*, pendant la période de 1825 à 1829.

Le département moyen en a eu 18.

COLONNE n° 55. Perte de dents.

La 55e colonne indique combien, sur 1,000 recrues, il y a eu, dans chaque département, d'exemptés pour cause de *perte de dents*, pendant la période de 1825 à 1829.

Le département moyen en a eu 20.

COLONNE n° 56. Insoumis au recrutement.

La 56e colonne indique quel est le nombre d'*insoumis* que l'on comptait, pour chaque département, au 1er janvier 1835, sur les 5 classes de 1825 à 1829.

A la ligne des totaux, on voit qu'il y en avait 4,274 dans toute la France; ce qui en donne 49 pour le département moyen : c'est 10 par année ou par classe.

COLONNE n° 57. Insoumis sur 1,000 recrues.

La 57e colonne indique combien, au 1er janvier 1835, il restait d'*insoumis* pour 1,000 recrues des classes de 1825 à 1829.

On voit que le département moyen en comptait 14.

COLONNE n° 58. N° d'ordre des départements.

La 58e colonne indique le n° d'ordre des départements entr'eux, sous le rapport du nombre des *insoumis*.

Le n° 1 est affecté au département du *Cantal*, qui en comptait le plus.

Voici, dans leur ordre, les noms des 17 départements qui sont dans ce dernier cas :

Cantal (qui pour 1,000 recrues comptait 130 insoumis), *Haute-Loire*, *Basses-Pyrénées*, *Creuse*, *Lozère*, *Corrèze*, *Loire*, *Pyrénées-Orientales*, *Puy-de-Dôme*, *Rhône*, *Aveyron*, *Haute-Garonne*, *Calvados*, *Bouches-du-Rhône*, *Tarn*, *Manche*, et *Gironde* (qui en comptait 21).

Les 17 départements de la série opposée sont : *Ardennes* (qui ne présente que 0,4 *insoumis* pour 1,000 recrues), *Doubs*, *Aube*, *Somme*, *Jura*, *Aisne*, *Yonne*, *Vosges*, *Haute-Saône*, *Eure-et-Loir*, *Charente-Inférieure*, *Haute-Marne*, *Meuse*, *Dordogne*, *Ain*, *Finistère*, et *Côtes-du-Nord* (qui n'en comptait que 2).

COLONNE n° 59. Prévenus de mutilation.

La 59e colonne donne, par département, le nombre d'hommes prévenus de *mutilation*, pour les classes de 1831, 1832 et 1833. On voit, à la ligne des totaux, qu'il y en a eu 436, c'est 5 pour le département moyen.

La 60° colonne indique combien, pour 1,000 recrues des classes de 1831, 1832 et 1833, il y a eu de prévenus de *mutilation* dans chaque département. **COLONNE n° 60. Prévenus de mutilation sur 1,000 recrues.**

On voit que le département moyen en a compté 2.

La 61° colonne indique combien on comptait, dans chaque département, d'*agriculteurs* sur 1,000 recrues fournies pendant les cinq années de 1825 à 1829. **COLONNE n° 61. Agriculteurs, de 1825 à 1829.**

On voit que le département moyen en comptait 516.

La 62° colonne indique combien on comptait, dans chaque département, d'*agriculteurs* sur 1,000 recrues fournies pendant les quatre années de 1830 à 1833. **COLONNE n° 62. Agriculteurs, de 1830 à 1833.**

On voit que le département moyen en comptait 536.

La 63° colonne est la moyenne des deux précédentes; on voit que, pour les neuf années, on a, pour le département moyen, et conséquemment pour la France, 526 *agriculteurs* sur 1,000 recrues. **COLONNE n° 63. Agriculteurs, de 1825 à 1833.**

La 64° colonne indique le n° d'ordre des départements entr'eux, sous le rapport du nombre des *agriculteurs*. Le n° 1 est affecté au département de l'*Ardèche* qui en compte le plus. **COLONNE n° 64. N° d'ordre des départements.**

Voici, dans leur ordre, les noms des 17 départements de la série qui est dans ce dernier cas:

Ardèche (qui compte 763 *agriculteurs* pour 1,000 recrues), *Haute-Loire*, *Hautes-Alpes*, *Ain*, *Aveyron*, *Corrèze*, *Deux-Sèvres*, *Landes*, *Drôme*, *Ariège*, *Puy-de-Dôme*, *Basses-Alpes*, *Lozère*, *Côtes-du-Nord*, *Morbihan*, *Vendée*, et *Charente* (qui en compte 651).

Les 17 départements de la série opposée sont: *Seine* (qui compte 43 *agriculteurs* sur 1,000 recrues), *Seine-Inférieure*, *Somme*, *Meuse*, *Marne*, *Creuse*, *Aisne*, *Ardennes*, *Eure*, *Pas-de-Calais*, *Seine-et-Oise*, *Orne*, *Vosges*, *Haute-Marne*, *Bas-Rhin*, *Rhône*, et *Oise* (qui en compte 395).

La 65° colonne fait connaître quel était le nombre réel des *agriculteurs* de chaque département lors du recensement de 1831, en prenant pour base les calculs indiqués à la colonne n° 63. **COLONNE n° 65. Agriculteurs en 1831.**

On voit, à la ligne des totaux, qu'il y en avait dans toute la France 16,284,820; ce qui en donne, pour le département moyen, 189,358.

La 66° colonne indique combien il y a eu, dans chaque département, d'*étudiants ecclésiastiques* pour 1,000 recrues, pendant la période de 1825 à 1829. **COLONNE n° 66. Étudiants ecclésiastiques.**

On voit que le département moyen en a compté 28.

RÉFLEXIONS SUR LES CALCULS DU 4e TABLEAU.

Nous avons déjà traité dans le 3e tableau des principaux faits qui se rattachent au *Recrutement de l'armée*. Les calculs du 4e tableau ont le même objet.

Recrues impossibles.

Les faits qui concernent le nombre des recrues que les départements n'ont pu fournir, par suite de l'épuisement des hommes valides de plusieurs de leurs cantons, ont déjà été traités à l'occasion du mode de répartition du contingent dans chaque département ; nous n'aurons donc que peu de mots à en dire. Si l'on examine les chiffres de la 49e colonne et les calculs de la 50e, on voit que les départements où il y a le plus d'exemptés, pour causes physiques quelconques, sont en général ceux qui ne peuvent fournir le nombre d'hommes qui leur est assigné par la loi. C'est ainsi que nous voyons que, sur les 17 départements qui sont de la série où il y a le plus de recrues *impossibles*, il s'en trouve 10 qui sont aussi de la série où il y a le plus d'exemptions pour toutes causes physiques sur 1,000 recrues.

Voici les noms et l'ordre des 10 départements qui sont dans ce cas : *Hautes-Alpes, Haute-Vienne*, *Seine-et-Marne*, *Eure*, *Dordogne*, *Landes*, *Yonne*, *Marne*, *Cher* et *Aude*.

18 départements au contraire n'ont eu pendant neuf ans aucun de leurs cantons qui n'ait pu fournir le contingent qui lui était assigné. Voici les noms de ces 18 départements : *Ain*, *Ardennes*, *Ariège*, *Calvados*, *Cantal*, *Creuse*, *Doubs*, *Lot*, *Morbihan*, *Nièvre*, *Pas-de-Calais*, *Pyrénées-Orientales*, *Bas-Rhin*, *Haut-Rhin*, *Haute-Saône*, *Deux-Sèvres*, *Tarn-et-Garonne* et *Vendée*.

Exemptions pour faiblesse de constitution.

On sait que, parmi les motifs d'exemption, il en est un qui, sous le nom de *faible constitution*, permet de réformer les jeunes gens qui, ayant la taille et ne présentant aucun cas spécial de réforme, ne sont cependant pas jugés aptes à servir à cause de la faiblesse générale de leur constitution. Ce cas de réforme est beaucoup plus général qu'on ne le suppose ; car, sous la restauration, pour un recrutement de 60,000 hommes, on en comptait ordinairement entre 11 et 12,000. Depuis 1830, il est vrai, pour un recrutement de 80,000 hommes, on en compte quelques centaines de moins ; mais c'est un malheur pour l'armée qui perdrait moins en force à recevoir des hommes petits et robustes, qu'à ouvrir ses rangs à des hommes de faible constitution.

Si l'on examine quelles sont les parties de la France qui sont les plus mal partagées sous le rapport de la constitution de leurs habitants, on voit avec étonnement que c'est la France du nord, où cependant la taille des hommes est le plus élevée. Car sur les 17 départements de la série qui compte le plus d'exemptions pour *faiblesse de constitution*, 10 sont situés dans cette partie de la France qui ne se compose, comme nous l'avons déjà dit, que de 32 départements. Les départements de la Bretagne, si disgraciés sous le rapport de la taille et de la longueur de la vie, et ceux de la Franche-Comté, sont ceux qui paraissent avoir la constitution la plus robuste.

Les exemptions portées à la 53ᵉ colonne pour *teigne et scrofules* peuvent donner une idée du degré de malpropreté des divers départements. Exemptions pour teigne et scrofules.

On voit que les départements de la série où il y a le plus d'exemptions de ce genre forment deux groupes : l'un s'étend au nord et à l'est de la capitale ; l'autre, qui est le plus caractérisé, occupe tout le centre de la France méridionale.

C'est ainsi que nous voyons le *Cantal*, la *Corrèze*, la *Haute-Vienne*, la *Dordogne*, le *Lot*, l'*Aveyron* et la *Haute-Loire* faire partie de ce deuxième groupe, tandis que pas un seul des départements de l'ancienne Bretagne n'est dans ce cas : d'où il faut conclure que cette province fait exception à la règle posée, ou que c'est à tort que la malpropreté de ses habitants est devenue presque proverbiale.

Nous observerons ici que, pendant les cinq années écoulées de 1825 à 1829, on comptait en moyenne plus de 1,700 exemptions pour *scrofules*, et au moins 900 pour *teigne*, tandis que depuis 1830, pour un recrutement plus fort d'un quart, on comptait moins de 1,500 exemptions du premier genre et moins de 800 du second. C'est une preuve de plus à ajouter à celles que nous avons déjà données de la rigidité que les conseils de révision ont déployée depuis 1830.

Les exemptions pour motif de *goître*, ainsi qu'on peut le voir par les calculs de la 54ᵉ colonne, sont réparties presque exclusivement dans les départements montueux de l'est et du centre de la France. Exemptions pour goître.

Le département de l'*Aisne*, qui compte beaucoup d'exemptions pour cause de *goître*, fait exception à cette règle, sans qu'on puisse s'en rendre compte.

Si l'on examine tous les départements baignés par la mer, on voit que pas un n'est de la série des 17 départements où il y a le plus de *goîtres* ; nous remarquerons même que les départements des *Hautes-Pyrénées* et de l'*Ariège* sont de cette série, et que ceux des *Basses-Pyrénées* et des *Pyrénées-Orientales* ne sont que de la deuxième. De même, à la chaîne des Alpes, on voit le département du *Var* baigné par la mer être le seul de toute la frontière de l'est qui ne soit pas de la 1ʳᵉ ou de la 2ᵐᵉ série des départemens où il y a le plus de *goîtres*. Y aurait-il dans le voisinage de la mer quelque chose qui s'oppose à ce mal, même dans les pays de montagnes?

Si nous passons aux exemptions qui ont eu lieu de 1825 à 1829 pour cause *de perte de dents*, nous voyons que presque tout le bassin de la Seine, une partie de celui de la Loire et presque tout celui de la Garonne, renferment le plus grand nombre de ces exemptions. Aussi voit-on le département de la *Seine* être le centre de huit départements de la série qui en contient le plus. Exemptions pour perte de dents.

Le nombre de ces exemptions, qui a varié presque constamment sous la restauration entre 1,100 et 1,200, présente une telle régularité pour les départements des bassins que nous venons de signaler, que nous nous croyons fondé à conclure que ces parties du territoire ont une infériorité marquée, relativement aux autres.

La régularité que nous avons annoncée, sous le rapport des exemptions pour *perte de dents*, présente cependant des exceptions dans certains départements; mais tout doit faire supposer qu'elles proviennent de quelques abus auxquels les conseils de révision ont voulu porter remède. C'est ainsi que, dans le département de *Lot-et-Garonne*, après avoir eu 30 exemptions en 1825, 48 en 1826, on n'en a plus qu'une pour les trois années suivantes. Dans le département de l'*Aisne*, après en avoir compté 58, 67 et 68 en 1825, 1826 et 1827, ces nombres se sont réduits à 7 pour chacune des deux années suivantes.

Si nous comparons les départements où il y a le plus de goîtres à ceux où l'on compte le plus de pertes de dents, on voit que ces deux maux s'excluent pour ainsi dire: dans l'est de la France, beaucoup de goîtres, mais de bonnes dents; à l'ouest et près de Paris au contraire, des dents détestables, mais point de goîtres. Les départemens de la Bretagne toutefois font exception à cette règle; la population qui habite cette partie de la France est favorisée sous les deux rapports que nous envisageons.

Insoumis au recrutement.

Les parties du territoire où le recrutement éprouve le plus d'obstacles sont situées dans la France du midi, à l'exception des départements de la Normandie, qui seuls, dans la France du nord, paraissent avoir une répugnance prononcée pour le service militaire. Si nous examinons comment se groupent les départements où il y a le plus d'*insoumis*, nous voyons figurer en première ligne ceux de l'Auvergne; les départements de nos frontières des Alpes et des Pyrénées sont dans le même cas.

Le département de la *Vendée*, dans son état normal, présente peu d'*insoumis*; car, de 1825 à 1829, il en comptait beaucoup moins que le département moyen; toutes les années il tend à revenir au point où il était sous la restauration.

Depuis que la loi du 10 mars 1818 a été modifiée en 1830, et qu'on n'applique plus que des peines correctionnelles aux prévenus d'insoumission, leur nombre va toujours en diminuant; car si nous comparons au nombre d'hommes appelés sous les drapeaux celui des *insoumis*, nous voyons qu'en 1828 et 1829 on en comptait 1 sur 19; en 1831 on n'en comptait plus que 1 sur 25, et en 1832 1 sur 33.

L'insoumission est tellement enracinée dans les mœurs de certains départements des hautes montagnes de l'intérieur ou de nos frontières, que le contingent de ces départements en est affecté: c'est ainsi qu'on voit le *Cantal* avoir encore, en 1835, 322 *insoumis* des classes de 1825 à 1829; la *Haute-Loire* 344; les *Basses-Pyrénées* 358; *la Creuse* 214; *le Puy de Dôme* 217; *la Corrèze* 188, etc.

Si nous examinons les calculs de la 59e colonne, nous voyons qu'il y a une grande analogie entre les départements qui comptent le plus d'*insoumis* et ceux où il y a le plus de jeunes gens prévenus de s'être mutilés pour se rendre impropres au service ; il ne s'agit en effet que du même but à atteindre sous une autre forme.

Recherches du nombre des agriculteurs.

Parmi les ouvrages qui s'impriment sur l'économie politique, il en est qui parlent de la répartition de la population en corps d'état, comme si elle avait été faite. C'est ainsi qu'un auteur donne 25 millions d'*agriculteurs* à la France, un autre en compte plus, d'autres moins; et chacun raisonne sur le chiffre arbitraire qu'il a adopté.

Les discussions des lois sur les céréales, qui ont eu lieu depuis 1821, peuvent donner une idée du vague dans lequel sont les meilleurs esprits sur ce point.

Nous avons pensé qu'une base, même restreinte, était préférable à toutes les suppositions, et nous avons trouvé cette base dans les cahiers du recrutement.

Une colonne intitulée : *Employés aux travaux de la campagne*, est ouverte dans chacun de ces cahiers ; le nombre des recrues qui figurent dans les départements, sur cette colonne, étant comparé au nombre total des recrues, donne une échelle pour déterminer le nombre approximatif des Français occupés aux travaux de la terre. C'est en procédant ainsi que nous avons été à même d'établir les calculs des colonnes n°s 61, 62, 63 et 65 ; ces trois premières donnent le nombre d'*agriculteurs* que l'on compte en France sur 1,000 recrues pour la période de 1825 à 1829, pour celle de 1830 à 1833, et enfin pour ces deux périodes réunies dont le chiffre est 526 pour 1,000 recrues ; et c'est au moyen des calculs de cette 3e colonne que nous avons fixé le nombre des *agriculteurs* de chaque département porté à la colonne n° 65.

On voit que le total, pour toute la France, est de 16,284,820 *agriculteurs* ; et ce chiffre diffère tellement de ce qui est le plus généralement admis, que nous ne le produisons pas sans quelque défiance.

Cependant, après avoir examiné de nouveau très-attentivement nos calculs et la répartition des contingents par état, pour voir dans quelle proportion le résultat que nous avions obtenu pourrait être modifié, nous avons été rassuré ; car il y a une analogie frappante entre les calculs des cinq années de la première période et ceux qui concernent les quatre années suivantes, ainsi qu'on peut en juger en comparant les calculs des colonnes n°s 61 et 62.

Nous comprenons très-bien que les *charretiers*, comptés comme *agriculteurs* dans les cahiers de recrutement, devraient plutôt figurer sous une autre catégorie ; mais les 1,000 à 1,100 recrues annuellement dans ce cas, pendant les neuf ans sur lesquels ont porté nos calculs, doivent être mis en compensation d'une partie des *charpentiers*, des *charrons*, des *maréchaux ferrants* qui sont portés sur d'autres catégories que sur celle des *agriculteurs*, quoique presque tous ceux qui habitent la campagne soient tout autant agriculteurs qu'ouvriers en bois ou en fer. On compte en moyenne, à chaque recrutement, environ 2,100 ouvriers de ces trois genres, dont un millier, suivant nous, doit être considéré comme remplaçant, dans la classe des *agriculteurs*, les *charretiers* qu'on y a placés et qu'on n'aurait pas dû y inscrire.

Nous pensons donc que, tout bien examiné, nous ne devons pas compter actuellement plus de 17 millions d'*agriculteurs;* et sous peu nous saurons à quoi nous en tenir sur ce point, car le recensement de 1836, ordonné par M. de Montalivet, permettra enfin d'avoir une classification rationnelle de la population.

Des étudiants ecclésiastiques.

Nous avons fait de longues recherches pour pouvoir déterminer quel est le degré de *catholicisme* des divers départements ; un des élémens que nous avons interrogés a été celui des *étudiants ecclésiastiques*, et nous avons cherché dans chaque département combien il y en avait sur 1,000 recrues ; le résultat que nous avons obtenu ne saurait inspirer que peu de confiance, car si l'on examine avec attention la 66e colonne qui se rapporte à ces calculs, on voit que les départements où il y a le plus d'*étudiants ecclésiastiques* sont précisément ceux où il y a le plus d'*insoumis* ou de *prévenus de mutilation.* Il est dès lors permis de soupçonner que beaucoup de vocations ont été déterminées par le désir de se soustraire à la loi du recrutement ; cette observation porte sur un chiffre assez fort, car on comptait annuellement, de 1825 à 1829, 1,668 *étudiants ecclésiastiques* qui se répartissaient presque toutes les années de la même manière sur les 86 départements.

QUELQUES RÉFLEXIONS SUR LE RECRUTEMENT.

Les questions qui se rattachent au recrutement sont tellement vitales, que nous ne pouvons nous dispenser de revenir sur ce sujet. Les faits qui touchent à l'indépendance du pays et à sa tranquillité intérieure ne sauraient être trop étudiés.

Nous n'avons encore rien dit de *l'âge* que devraient avoir les recrues, de la *durée* de leur service, de *l'organisation d'une réserve.* Examinons succinctement ces trois points.

Age des recrues.

Les militaires qui ont servi sous l'empire savent quelle effroyable consommation d'hommes a eu lieu dans nos hôpitaux militaires. Doit-on s'en étonner, lorsqu'on sait qu'une partie de la conscription de 1810 n'avait que 18 ans lorsqu'elle fut appelée? Aussi voit-on, sous le rapport de la taille, une grande différence entre cette levée et celle qui avait eu lieu en 1804; on sait que cette dernière se fit de 20 ans 3 mois à 21 ans 3 mois. Cette différence surtout était sensible pour les départements pauvres et montueux où la population ne prend que tardivement toute sa taille. On pourra en juger par les exemples suivants :

	Levée de 1804, taille moyenne.		Levée de 1810, taille moyenne.
Hautes-Alpes	1 m. 623 mil	—	1 m. 587 mil
Cantal	1 660	—	1 627.
Creuse	1 598	—	1 567.
Ille-et-Vilaine	1 658	—	1 570.
Landes	1 614	—	1 574.
Vienne	1 613	—	1 589.

Ces faits semblent démontrer que l'âge le plus propre pour le service ne commence qu'à 20 ans révolus et même à 21 ans; en adoptant ce dernier chiffre, on aurait une population militaire plus virile, et une classe de réserve pour les cas extraordinaires.

Le recrutement annuel de la France étant de 80,000 hommes, qui produisent environ 73,000 hommes d'effectif, il est évident qu'à moins d'avoir plus de 300,000 hommes sous les armes, on ne saurait, si on appelle tout le contingent, conserver sous les drapeaux les soldats plus de cinq ans. C'est ce qui a lieu maintenant, quoique la durée légale du service soit de sept ans. Durée du service.

C'est une grande question que celle de savoir s'il est préférable d'appeler moins de recrues et de les tenir plus longtemps au corps, ou s'il vaut mieux faire passer chaque classe entière dans les rangs de l'armée, afin de la renouveler souvent et d'avoir un fonds de soldats exercés, toujours prêts à la soutenir et à la compléter.

Quant à nous, c'est de cette dernière manière que nous entendons la loi du recrutement. Avec cinq années de présence sous les drapeaux, les soldats, qui finissent par faire une classe à part dans la nation quand la durée du service est trop longue, ne contracteraient pas des habitudes propres à les éloigner des travaux de la campagne; et nous croyons pourtant que ce laps de temps serait assez considérable pour faire de bons soldats.

Il faudrait peu de dépenses pour passer de ce système à celui d'une réserve, but vers lequel on doit tendre constammment, si l'on veut améliorer notre système financier. Expliquons-nous par des chiffres. Réserve.

Le recrutement annuel est de 80,000 hommes, qui n'en produisent réellement que 73,000 à cause des *déduits*, ainsi que nous l'avons dit précédemment.

Dès la 1re année, le nombre doit être diminué de 7 et ½ pour 100, particulièrement à cause des non-valeurs qui résultent de l'envoi dans les corps d'hommes impropres au service; c'est donc 5,400 hommes de moins. Les 66,600 qui restent perdent annuellement en moyenne 3 ½ pour 100, pendant les quatre années suivantes; c'est donc encore 9,324 hommes à retrancher, et il ne reste ainsi, au bout des cinq ans, que 57,276 hommes de chaque classe, lorsqu'elle rentre dans ses foyers.

Si l'on portait à huit ans, au lieu de sept, la durée du service, on aurait, en renvoyant au bout de cinq ans les soldats dans leurs foyers, trois classes de vieux militaires présentant un effectif de plus de 170,000 hommes.

Certes, ce serait-là une véritable réserve; mais il lui faudrait une organisation et surtout des *réunions périodiques*; car, sans ce moyen, les réserves n'existent que sur le papier.

Trois ou quatre millions que l'on dépenserait ainsi économiseraient par la suite des dixaines de millions; car on pourrait, lorsque l'état de l'Europe le permettrait, faire passer dès la quatrième année le contingent actif dans la réserve. De cette manière, l'armée se trouverait composée de plus de 200,000 hommes; la réserve en compterait près de 300,000, et nous aurions toutes les années un contingent d'environ 72,000 jeunes gens entrant dans l'armée active, tandis que près de 57,000 soldats formés viendraient renforcer notre réserve.

Puisse cette pensée du maréchal Soult se réaliser un jour!

Des remplaçants. Nous ne saurions quitter le sujet qui nous occupe sans dire quelques mots sur les *remplaçants*. Beaucoup de bons esprits s'effraient de leur grand nombre; et dans la dernière session, l'honorable général Bugeaud, dont tout le monde apprécie les talents militaires, a fait une proposition formelle qui tendrait à abolir le remplacement, pour y substituer un système de réengagement dont le prix serait payé à l'état par ceux qui voudraient se faire remplacer.

On s'est trop préoccupé, ce nous semble, de l'idée que les *remplaçants* altéraient la bonne composition de l'armée; car le rapport qui a été fait à l'occasion de la proposition du général Bugeaud a rappelé les services rendus par l'armée en juin 1832 et en avril 1834, qui prouvent que jamais la discipline n'y a été meilleure; et des calculs positifs ont montré que, sous ce rapport, les *engagés volontaires* laissaient beaucoup plus à désirer que les *remplaçants*.

Quant aux réengagements, on lit dans ce même rapport que le cadre des sous-officiers de l'armée, qui, sur 19,640 sujets en présente 6,371 ayant plus de sept ans de service, ne saurait voir augmenter le nombre de ces réengagements sans porter un notable préjudice à l'avancement des jeunes soldats. Les conclusions de la commission ont donc repoussé cette proposition.

Ce résultat ne nous a pas surpris. Certainement tout le monde est à peu près d'accord qu'il y a quelque chose à faire au sujet des *remplaçants;* toutes les années nos contingents en comptent de 14 à 15,000; c'est environ un $^1/_5$ des hommes appelés sous les drapeaux. On doit, d'après ce fait, sentir toute l'importance de cette question.

N'admettre, ainsi que quelques personnes le proposent, le remplacement dans chaque département que par des hommes du département, c'est restreindre la liberté de cette nature de contrat, et porter préjudice aux populations des départements pauvres, et même à celles des départements si riches de la Lorraine et de l'Alsace, où beaucoup d'habitants font la spéculation de se créer un capital de 12 à 1,500 francs, en consacrant au service quatre ou cinq années de leur vie.

Si nous jugions les faits qui concernent les *remplaçants* par le peu d'expérience que nous avons pu acquérir dans les conseils de révision, ou comme maire d'une petite commune rurale, nous dirions que probablement le tiers des 15,000 *remplaçants* que l'armée reçoit annuellement est fort peu recommandable; mais le surplus se compose d'agriculteurs paisibles, qui spéculent sur leur temps et ne font aucun mauvais emploi des sommes qu'ils reçoivent.

Il est pourtant une modification que nous voudrions voir adopter, ce serait l'obligation de verser aux caisses d'épargne ou à toute autre caisse le montant du prix du remplacement, et de l'y laisser pendant tout le temps de la durée du service. De cette manière on éviterait la plus grande cause d'indiscipline, celle qui résulte des dépenses de cantines et de cabarets.

Les calculs que nous avons faits sur les causes d'exemptions que présentent les divers départements, nous ont mis à même de faire quelques études sur la population.

Il nous a été facile de voir combien cette question a encore été peu étudiée, et combien, par conséquent, elle est peu connue.

Nous devons à l'obligeance de M. Villermé, dont on connaît les importants travaux sur le sujet qui nous occupe, un *Mémoire sur la distribution de la population française;* peu d'ouvrages sont plus substantiels sous un aussi petit volume, et nous nous félicitons de l'accord qui existe entre cet auteur et nous sur presque tous les points que nous avons traités l'un et l'autre; il en est un pourtant sur lequel nos faits, et conséquemment nos conclusions, sont diamétralement opposés.

M. Villermé s'exprime ainsi :

« Ajoutons que, dans les cantons de la France qui sont désignés plus haut comme » ayant à nombre égal d'habitants, à cause des âges de ceux-ci, une population plus » robuste, plus vigoureuse, plus utile ou susceptible d'être plus utile au pays que ne » l'est celle des autres cantons également nommés, les résultats de la conscription » ont prouvé que l'espèce d'hommes y est aussi plus grande, et les non-valeurs pour » l'armée ou les réformes bien moins fréquentes que dans les derniers cantons, » non seulement pour cause de défaut de taille, mais encore de maladies ou de » difformités.

» Je ne citerai pas ici, comme une preuve de mon assertion, la taille élevée des

» Normands comparée à celle des Bretons ; mais sans vouloir m'appuyer sur ce fait
» généralement connu, je dirai que, pendant les cinq années de 1805 à 1809, il y
» a eu, sur 1,000 conscrits examinés par le conseil de recrutement, 323 réformes
» dans l'arrondissement de Blois, et jusqu'à 562 dans l'arrondissement voisin de
» Romorantin, formé par une grande partie de la Sologne, pays pauvre, stérile
» et insalubre.

» Enfin, en supposant toujours 1,000 le nombre des conscrits examinés dans le
» canton de Bresle, où le sol est fertile, les hommes bien portants et d'une belle
» stature, on a compté 60 réformes, et pendant les mêmes années jusqu'à 580
» dans le canton voisin, mais pauvre et stérile, d'Auzan, où les hommes sont en
» général petits et peu vigoureux. »

L'auteur que nous venons de citer appuie son opinion concernant la faiblesse de constitution et le mauvais état physique des populations qui ont le plus d'exemptions pour défaut de taille, sur plusieurs autres exemples tirés des divers arrondissements du département des *Landes*.

Ces résultats directement contraires à nos calculs nous ont décidé à faire un nouvel examen des faits qui concernent cette question, et voici la solution à laquelle nous sommes arrivé.

Dans un même département, ou dans deux arrondissements qui se touchent, les cantons où l'on observe le plus de petites tailles sont aussi ceux qui donnent en général le plus d'exemptions pour causes physiques autres que la taille ; et l'on peut conclure effectivement, comme M. Villermé, que les plus petites populations sont les plus mal constituées.

Mais si, de ces faits spéciaux, nous passons à l'examen des groupes de départements, nous arrivons à un résultat tout opposé.

Les populations qui ont une petite taille sont en général les plus robustes.

En effet, nous voyons, par les calculs portés à la 45e colonne, qui donnent le nombre relatif des exemptions pour causes physiques autres que la taille, que les départements où la taille est le plus élevée sont en général ceux où la constitution physique est la plus mauvaise ; ce cas se présente même si communément que, sur les 17 départements de la série où il y a le plus d'exemptions pour vices de *constitution*, on en compte 14 dans la France du nord qu'on peut appeler la France des grandes tailles.

Bien plus, si nous examinons la 51e colonne qui donne les cas de réforme pour *faiblesse de constitution*, nous voyons que c'est encore sur la France du nord que portent la plupart de ces exemptions. Ce résultat est d'autant plus significatif que la *faiblesse* de constitution, qu'il ne faut pas confondre avec les *vices* de constitution, forme en moyenne, pour toute la France, le 6e de tous les cas de réforme pour causes physiques.

Nous pensons qu'un exemple pris sur deux groupes de départements voisins complétera la démonstration de ce que nous avons dit sur les exemptions pour causes physiques.

L'auteur que nous avons cité a parlé des départements de la Normandie et de la Bretagne ; comparons donc les faits qui s'appliquent à ces deux groupes, en excluant les départements de la *Seine-Inférieure* et de la *Loire-Inférieure* qui, dans chacune de ces provinces, sortent du caractère spécial qui leur est propre.

La comparaison se trouve ainsi ramenée entre les départements de *la Manche*, du *Calvados*, de *l'Orne* et de *l'Eure* d'une part, et ceux du *Finistère*, du *Morbihan*, des *Côtes-du-Nord* et d'*Ille-et-Vilaine* d'autre part.

Pendant la période de 1825 à 1833, la taille moyenne des contingents des quatre départements de la Bretagne a été de 1m 639 millim.

Le nombre d'exemptions pour 1,000 recrues obtenues s'est élevé en totalité à 723;

SAVOIR :	Pour défaut de taille......................	358
	Pour toutes autres autres causes physiques....	365 seulement.

Pendant cette même période, les contingents des quatre départements de la Normandie ont eu pour taille moyenne 1m 660 millim.

Le nombre d'exemptions pour 1,000 recrues obtenues s'est élevé en totalité à 827;

SAVOIR :	Pour défaut de taille......................	185 seulement ;
	Mais pour toutes autres causes physiques.....	642

Ainsi les départements de la Bretagne, qui comptent presque deux fois plus d'exemptions pour défaut de taille que les départements de la Normandie, en comptent presque deux fois moins pour toutes les autres causes physiques.

Si, au lieu de comparer la Bretagne à la Normandie où la population est si belle, nous eussions pris pour terme de comparaison les quatre départements de l'*Aube*, de la *Marne*, de *l'Yonne* et de la *Haute-Marne*, qui ne présentent sous le rapport de la taille que 210 exemptions pour 1,000 recrues, nous aurions vu que les autres causes physiques donnent encore dans ces départements 1,004 exemptions ; c'est presque *le triple* de ce qui a lieu en Bretagne. De tous ces faits, il nous paraît résulter *que, là où la taille est généralement élevée, la race est moins robuste ;* mais qu'il en est autrement, lorsque dans une même contrée l'élévation de la taille peut être exceptionnellement attribuée à de meilleures conditions de salubrité ou de bien-être, ou enfin à toute autre influence prise en dehors de la race.

Toutefois, nous devons dire que les départements de *la Haute-Vienne*, de *la Corrèze*, de *la Dordogne*, des *Landes*, et trois ou quatre autres, mais à un moindre degré, font exception à cette règle, c'est-à-dire qu'on y compte beaucoup de petites tailles et beaucoup de mauvaises constitutions ; mais nous n'en persistons pas moins à croire notre observation fondée.

En définitive, les calculs du 3ᵉ tableau prouvent que, pour avoir 1,000 recrues pendant la période de 1825 à 1833, on a dû prononcer, dans toute la France, 926 exemptions pour causes physiques de toute nature ; ce résultat serait alarmant, si l'on ne savait que les jeunes gens des classes qui ont servi de base à nos calculs étaient nés de 1805 à 1813, époque où les grandes guerres de l'empire entraînaient la population valide hors du territoire.

La longue paix enfantée par les malheureux événements de 1815 et le bien-être progressif du peuple qui en est résulté, nous promettent pour l'avenir des résultats plus satisfaisants.

Ve SECTION.

ÉTUDES QUI SE RAPPORTENT AUX CALCULS DU CINQUIÈME TABLEAU.

Les principaux points traités dans ce tableau ont rapport à l'*Instruction primaire*.

EXPOSÉ SOMMAIRE DES CALCULS DU 5e TABLEAU.

La 67e colonne indiqué combien, sur le contingent moyen annuel de 1830 à 1833 (voir la 36e colonne), on compte de recrues ne sachant ni lire ni écrire.

COLONNE n° 67. Recrues ne sachant ni lire ni écrire.

On voit, à la ligne des totaux, qu'on en comptait 35,688; ce qui en donne 415 pour le département moyen.

La 68e colonne indique combien, sur le contingent moyen annuel de 1830 à 1833, on compte de recrues d'une instruction inconnue.

COLONNE n° 68. Recrues d'une instruction inconnue.

On voit, à la ligne des totaux, qu'on en comptait 3,284; ce qui en donne 38 pour le département moyen.

La 69e colonne indique combien l'on compte d'ignorants sur 1,000 recrues du contingent moyen de 1830 à 1833.

COLONNE n° 69. Sur 1,000 recrues, combien d'ignorants.

On voit que le département moyen en compte 486.

La 70e colonne indique le n° d'ordre des départements entre eux, sous le rapport de l'instruction.

COLONNE n° 70. N° d'ordre des départements.

Le n° 1 est affecté au département du *Jura*, où elle est le plus répandue.

Voici, dans leur ordre, les noms des 17 départements où, d'après cette base, il y a le plus d'instruction :

Jura (qui ne compte que 170 ignorans sur 1,000 recrues), *Doubs*, *Haute-Marne*, *Meuse*, *Moselle*, *Seine*, *Bas-Rhin*, *Marne*, *Hautes-Alpes*, *Seine-et-Marne*, *Ardennes*, *Haute-Saône*, *Haut-Rhin*, *Aube*, *Manche*, *Vosges*, et *Meurthe* (qui en compte 285).

Les 17 départements de la série opposée sont : *Corrèze* (qui compte 819 ignorants sur 1,000 recrues), *Morbihan*, *Allier*, *Finistère*, *Haute-Vienne*, *Indre*, *Dordogne*, *Nièvre*, *Côtes-du-Nord*, *Cher*, *Pyrénées-Orientales*, *Lot*, *Haute-Loire*, *Puy-de-Dôme*, *Vendée*, *Loire-Inférieure*, *Creuse*, et *Ardèche* (qui en compte encore 660).

COLONNE n° 71. Combien d'écoliers sur 1,000 habitants.

La 71e colonne indique combien, pour 1,000 habitants, on a compté d'écoliers dans chaque département pour l'instruction primaire, pendant les hivers de 1832 et 1833.

On voit que le département moyen en a compté 44.

COLONNE n° 72. Portes et fenêtres imposables pour 100 habitants.

La 72e colonne indique combien on comptait, en 1831, d'ouvertures aux maisons dans chaque département pour 100 habitants.

On voit que le département moyen en comptait 112.

COLONNE n° 73. N° d'ordre des départements.

La 73e colonne donne le n° d'ordre des départements entr'eux, sous le rapport du nombre de fenêtres que l'on compte pour 100 habitants.

Le n° 1 est affecté au département de l'*Eure* qui en a le plus.

Voici, dans leur ordre, les noms des 17 départements de la série qui compte le plus d'ouvertures, proportionnellement à la population.

Eure (qui compte 197 ouvertures pour 100 habitants), *Seine-et-Oise*, *Seine*, *Oise*, *Somme*, *Aisne*, *Seine-Inférieure*, *Bas-Rhin*, *Calvados*, *Seine-et-Marne*, *Marne*, *Bouches-du-Rhône*, *Nord*, *Rhône*, *Pas-de-Calais*, *Eure-et-Loir*, *Loiret* (qui en compte 131.).

Les 17 départements de la série opposée sont : *Côtes-du-Nord* (qui ne compte que 61 ouvertures pour 100 habitants), *Creuse*, *Morbihan*, *Ardèche*, *Cantal*, *Mayenne*, *Corrèze*, *Ille-et-Vilaine*, *Haute-Loire*, *Vendée*, *Indre*, *Cher*, *Finistère*, *Dordogne*, *Ariège*, *Loire-Inférieure* et *Puy-de-Dôme*, (qui en compte 82).

COLONNE n° 74. Nombre des écoles.

La 74e colonne indique quel est le nombre d'écoles primaires voulu dans chaque département par la loi du 28 juin 1833.

On voit, à la ligne des totaux, qu'il en faut 34,001 pour la France ; c'est 395 pour le département moyen.

COLONNE n° 75. Total des écoles qui manquent.

La 75e colonne indique combien il manque d'écoles dans chaque département, pour arriver au nombre voulu par la loi du 28 juin 1833.

On voit, à la ligne des totaux, qu'il en manque 21,089 pour toute la France, ou 245 pour le département moyen.

COLONNE n° 76. Ecoles qui manquent par négligence.

La 76e colonne indique combien il manque d'écoles primaires par suite de la négligence des autorités locales, pour arriver au nombre voulu par la loi du 28 juin 1833.

On voit, à la ligne des totaux, qu'il en manque 7,182 ; ce qui en donne 84 pour le département moyen.

COLONNE n° 77. Rapport de ces écoles au département moyen.

La 77e colonne indique combien, sur 100 écoles qui manquent, il y en a qui sont dans ce cas par suite de la négligence des autorités locales.

On voit qu'il en manque pour cette cause 34 dans le département moyen.

La 78ᵉ colonne indique, pour chaque département, quelle est la somme de toutes les dépenses qu'il faudra faire pour les écoles primaires, communales, normales, et pour les comités supérieurs voulus par la loi du 28 juin 1833.

COLONNE nº 78. Dépenses voulues par la loi du 28 juin 1833.

On voit, à la ligne des totaux, que le montant de cette dépense est de 12 millions 179,576 fr.; ce qui donne pour le département moyen 141,623 fr.

La 79ᵉ colonne indique quelle est la somme qui reste à la charge des départements ou des communes, sur celle qui est portée à la précédente colonne.

COLONNE nº 79. Dépenses à la charge des communes et du département.

On voit, à la ligne des totaux, que 6 millions 666,748 fr. sont dans ce cas; ce qui donne 77,520 fr. pour le département moyen.

La 80ᵉ colonne indique combien il faut de centimes dans chaque département sur le principal des impôts *foncier, personnel et mobilier*, pour obtenir les sommes portées à la colonne précédente. On voit qu'il en faut 3 et ¹/₂ dans le département moyen.

COLONNE nº 80. Centimes nécessaires pour ces dépenses.

La 81ᵉ colonne donne les numéros d'ordre des départements entr'eux sous le rapport des sacrifices pécuniaires que la loi du 28 juin 1833 exigera. Le nº 1 est affecté au département de la *Seine*, qui a le moins d'efforts de ce genre à faire pour son instruction primaire.

COLONNE nº 81. Nº d'ordre des départements.

Voici, dans leur ordre, les noms des 17 départements de la série où l'on a besoin de moins de centimes pour l'exécution de la loi qui nous occupe.

Seine (qui n'a besoin de s'imposer que de 2 dixièmes de centimes), *Doubs*, *Bouches-du-Rhône*, *Haute-Saône*, *Nord*, *Haut-Rhin*, *Meuse*, *Moselle*, *Haute-Marne*, *Côte-d'Or*, *Meurthe*, *Var*, *Tarn-et-Garonne*, *Hérault*, *Seine-et-Oise*, *Rhône* et *Yonne* (qui exige déjà 2 centimes 7 dixièmes).

Les 17 départements de la série opposée sont: *Aisne* (qui a besoin de s'imposer de 7 centimes 9 dixièmes), *Hautes-Pyrénées*, *Creuse*, *Ariège*, *Ardèche*, *Corrèze*, *Haute-Loire*, *Allier*, *Lozère*, *Cher*, *Deux-Sèvres*, *Lot*, *Vienne*, *Ain*, *Dordogne*, *Haute-Vienne*, et *Isère* (qui exige 4 centimes 9 dixièmes).

RÉFLEXIONS SUR LES CALCULS DU 5e TABLEAU.

INSTRUCTION PRIMAIRE.

Le Rapport fait au Roi en 1834 sur l'exécution de la loi du 28 juin 1833, relative à l'instruction primaire, permet enfin de s'aider de quelques documents certains pour raisonner sur cette matière. Cette publication est l'une des plus intéressantes qui aient été faites depuis 1830, et nous avons en partie puisé dans cet ouvrage les éléments des calculs de notre 5e tableau.

Aucun sujet ne mérite plus que l'instruction primaire de fixer l'attention publique. On est en effet peu d'accord jusqu'à présent sur les faits et surtout sur les résultats de cette instruction. Nous devons dire toutefois qu'il est un point sur lequel il n'y a malheureusement qu'une opinion : nous voulons parler de la profonde ignorance d'une partie des populations du centre et de l'ouest de la France, dont les $^3/_4$ des habitants ne savent *ni lire, ni écrire.*

Manière de déterminer l'instruction.

On peut étudier l'état de l'instruction primaire du pays en comptant le nombre des élèves qui fréquentent les écoles pendant l'hiver; car il est probable que, dans chaque département, ce nombre doit être proportionnel à la somme de l'instruction répandue dans la masse des habitants. Cependant, l'instruction prise dans les familles ou donnée par des maîtres non autorisés modifiant cet élément, nous avons dû, tout en le produisant à la 75e colonne, en chercher un autre plus direct pour base de nos calculs. C'est dans les tables du recrutement des années 1830, 1831, 1832 et 1833 que nous l'avons trouvé.

On sait que, depuis 1827, les jeunes gens appelés à faire partie de l'armée sont classés suivant leur degré d'instruction dans une de ces quatre catégories : 1° *sachant lire ; 2° sachant lire et écrire ; 3° ne sachant ni lire ni écrire ; 4° dont on n'a pas pu vérifier l'instruction.*

Nous avons considéré les deux premières catégories comme pourvues de l'instruction primaire ; pourtant tous ceux qui ont assisté aux opérations du recrutement savent que la 1re catégorie, qui ne sait que lire, lit si imparfaitement qu'il n'y a eu pour ainsi dire qu'une *intention* d'instruction. Pour faire compensation à ce fait, nous avons considéré comme dépourvus de toute instruction primaire ceux de la 4e classe dont on n'a pu vérifier l'instruction. Procéder autrement eût été commettre une erreur, car cette 4e classe est en grande partie composée de vagabonds ou de gens sans aucune instruction ; nous sommes bien persuadé qu'ils font à peine la compensation de ceux de la 1re classe qui sont vraiment ignorants quoique *sachant lire,* et que nous avons néanmoins portés comme pourvus de l'instruction primaire ; il est bon de faire observer qu'il y a, à peu de chose près, 3,000 recrues dans cette dernière condition, et autant dans la 4e ; ce qui établit une parfaite similitude.

L'ignorance n'est pas une source de criminalité.

Le temps n'est pas très-éloigné où l'on affirmait, sans redouter aucune contradiction, que la cause la plus active de la multiplicité et de la progression des crimes provenait de l'ignorance des masses.

Cette opinion est encore fort répandue et a beaucoup de crédit dans les départements ; elle a quelque chose qui satisfait tellement la raison que la nôtre s'est longtemps débattue contre les faits avant d'y renoncer.

Voici ce que ces faits indiquent : sur les 17 départements où il y a le plus d'ignorance, 7 sont de la série où il y a le moins d'accusés de crimes, tandis qu'un seul, celui des *Pyrénées-Orientales*, figure dans celle où l'on compte le plus de ces accusés.

Nous avons cherché, par toutes sortes de combinaisons, à échapper à la conclusion qui ressort de ce simple rapprochement ; c'est dans ce but, mais inutilement, que, pour nos calculs sur la criminalité, nous avons rendu, aux départements si ignorants du centre de la France, les accusés de crimes nés dans leur sein, qui avaient été se faire juger dans le nord et le nord-est de la France.

C'est encore dans ce but que nous avons cherché si la méthode que nous avions adoptée pour déterminer l'instruction des départements entr'eux, au moyen du recrutement, était exacte.

On peut juger par les chiffres de la colonne n° 71, qui permettent de classer les départements selon leur degré d'instruction, que les résultats obtenus par l'étude du recrutement ne laissent rien à désirer sous le rapport de l'exactitude ; car, que l'on prenne pour base de calcul le nombre d'écoliers par 1,000 habitants (colonne n° 71), ou le nombre de recrues ayant reçu l'instruction primaire (colonne n° 69), on arrive à un résultat presque identique.

Dès lors, il nous a bien fallu reconnaître une vérité : c'est que la criminalité n'est en aucune manière déterminée par le défaut d'instruction.

Les crimes *contre les personnes* sont ordinairement ceux que l'on s'obstine le plus à mettre sur le compte de l'ignorance ; cette opinion est basée particulièrement sur ce fait, que c'est dans le midi qu'il y a le moins de lumières, et que c'est aussi dans cette partie du royaume qu'il se commet le plus de crimes de cette nature. Cet argument serait vrai, si le midi était réellement la partie de la France la plus ignorante ; mais il n'en est rien, car dans les seize départements situés au midi du 44e degré de latitude, où il se commet tant de crimes contre les personnes, l'instruction est beaucoup plus répandue que dans les départements du centre de la France ou de la Bretagne, où les crimes de cette nature sont fort rares.

Lorsqu'il nous a été démontré que la criminalité n'était en aucune manière en raison directe de l'ignorance, nous avons voulu examiner si le cas contraire n'avait pas lieu ; et après avoir classé les départements entr'eux dans l'ordre de leur moralité déduite de leur criminalité, nous les avons placés en regard dans l'ordre de leur degré d'ignorance. Quel n'a pas été notre étonnement, lorsque nous avons vu que les 32 départements de la France du nord, qui sont si éclairés, contiennent 13 des 17 départements de la série qui présente le plus d'accusés de crimes, tandis que le midi, c'est-à-dire 53 départements, n'en renferme que 4 !

Après cette double expérience, il ne pouvait nous rester aucun doute sur le point de savoir *si l'ignorance est une source de criminalité*; cette opinion est un préjugé.

Nous sommes pourtant bien loin de vouloir tirer la conclusion contraire ; il faudrait des calculs plus étendus, et d'une plus longue durée surtout que ceux auxquels nous nous sommes livré, pour pouvoir adopter cette désespérante opinion (1); mais nous pensons que l'instruction est un instrument qui peut s'appliquer aux mauvaises choses comme aux bonnes, et que si l'on ne doit pas la considérer comme un élément de moralité, elle est tout au moins un puissant instrument de civilisation.

Examinons quelle est la position des instituteurs qui doivent être les agents de cette civilisation nouvelle, et voyons surtout si l'on doit raisonnablement attendre de leur concours une bonne éducation morale, seule base solide de l'instruction.

Salaire des instituteurs.

On compte 16,871 instituteurs qui reçoivent une indemnité de logement ou un logement; on ne saurait porter à plus de 40 fr. cette valeur pour ceux qui habitent la campagne, et c'est le plus grand nombre. Leur salaire annuel et fixe s'élève en moyenne à 242 fr.; mais presque tous ceux qui habitent la campagne ne reçoivent que 200 fr.; il faut ajouter 1 fr. 18 centimes par mois pour chacun des élèves payants, qui forment à peine les 4/5 de la masse des écoliers. (Total des élèves, 1,654,828; élèves payants, 1,277,664.)

Si l'on suppose maintenant quatre mois complets d'école pour 50 enfants, dont 40 payants, on obtient pour cette partie du salaire 188 fr. 80 cent., qui, ajoutés aux 200 fr. de traitement fixe et aux 40 fr. d'indemnité de logement, font 428 fr. 80 cent. (2).

---

(1) Nous comprenons les efforts qui se font pour la propagation de l'instruction *primaire*, et, s'il était possible de la donner gratuitement à tous les Français, nous applaudirions à cette mesure; mais nous ne comprenons pas l'utilité de la propagation de l'instruction *supérieure* pour ceux *qui ne peuvent la payer*. Nous y voyons un véritable danger, et l'encombrement de toutes les carrières qui servent de débouchés aux gens instruits ne peut laisser de doute à ce sujet. Nous pensons donc que les bourses ou demi-bourses qui s'accordent dans les colléges devraient être supprimées; car c'est rendre un mauvais service à l'homme et à la société que de développer des intelligences dans une direction où l'on n'est pas certain de pouvoir leur donner de l'emploi.

(2) Sous la restauration, la position des maîtres d'école était encore plus fâcheuse; leur salaire fixe était de 146 fr. au lieu de 242 fr. Aussi éprouve-t-on de la résistance dans les populations rurales, lorsqu'on veut améliorer le sort des maîtres d'école; la position que la loi de 1833 leur a faite, comparativement à celle qui existait précédemment, leur paraît si bonne, que les conseils municipaux cherchent souvent à éluder l'esprit de cette loi en votant des rétributions mensuelles insuffisantes. Souvent même, dans les communes les plus riches, lorsqu'on veut rendre l'instruction gratuite, les conseils ne votent que des sommes inférieures à celle qui vient d'être indiquée (428 fr. 80 cent.). Nous parlons de ce fait d'après notre expérience comme maire.

Ce salaire est inférieur au salaire moyen des cantonniers de nos routes royales, qui est de 456 fr. (*voir* colonne n° 117). Nous nous en rapportons à l'opinion de tous ceux qui habitent les campagnes, pour savoir si nous avons rembruni la position des maîtres d'écoles; plus du tiers de ceux que nous avons actuellement sont dans cette position ou dans une situation encore plus fâcheuse. *Quelle civilisation, quelle instruction morale, quelle éducation* en un mot peut-on attendre d'agents qui végètent dans une aussi misérable condition?

Avant d'examiner la loi du 28 juin 1833 sous ses autres rapports financiers, qu'il nous soit permis de faire une réflexion ressortant de tous les faits qui vont suivre.

La loi du 28 juin 1833 est en avant des mœurs du pays.

Cette loi, malgré sa forme modeste et son esprit essentiellement pratique, malgré sa bonté, il faut le dire, car jamais la France ne fut dotée d'une loi aussi complète sur cette matière, cette loi, disons-nous, est encore en avant *des mœurs* du pays; personne n'accusera M. Guizot d'avoir manqué de zèle ou de lumières dans l'exercice de ses fonctions; amis comme ennemis ont admiré la persévérance de sa lutte contre l'apathie des fonctionnaires communaux et souvent même des comités d'arrondissement; et cependant quel résultat a-t-il obtenu?

En 1834, sur les 37,187 communes de toute la France, 20,961 ont été imposées d'office, en vertu de l'art. 13 de la loi. Comme il y en a 8,651 qui n'ont pas à s'imposer, attendu qu'elles ont des ressources ordinaires suffisantes, il en résulte que 7,575 communes sur 28,536 se sont prêtées à l'exécution des mesures financières voulues par la loi de 1833, et que 20,961 s'y sont refusées. Certains conseils généraux ont même laissé mettre d'office une imposition sur leur département, et 113,751 fr. ont dû être ainsi prélevés en 1834.

Il nous serait facile d'appuyer notre opinion sur d'autres exemples. Que se passe-t-il en effet sous le rapport du nombre des écoles?

On sait que, en vertu de l'art. 9 de la loi de 1833, chaque commune est tenue d'entretenir soit par elle-même, soit en se réunissant à une autre, au moins une école primaire élémentaire; il ne faudrait, pour les 37,187 communes de France, que 34,001 écoles élémentaires, à cause des réunions de communes, et conséquemment 34,001 bâtiments pour tenir ces écoles: sur ce nombre, il en manquait 21,089 en 1834, dont 7,182 par suite de *la négligence* des autorités locales. Les départements qui se font le plus remarquer par leur apathie sont ceux du *Rhône*, de *Tarn-et-Garonne*, du *Lot-et-Garonne*, où sur 100 écoles qui manquent, 80, 66 et 65 sont dans ce cas, non par défaut de ressources, mais par négligence.

Si de nouveaux faits étaient nécessaires pour prouver combien la loi qui nous occupe est en avant des mœurs du pays, ainsi que nous l'avons dit, nous renverrions à la page 252 du Rapport au Roi qui sert de base à notre travail; on y verrait que, sur 37,187 communes, 11,029 seulement ont voté sur toutes les affaires concernant l'instruction primaire, qui leur ont été soumises ; et, chose plus étonnante, *pas une commune n'est dans ce cas* dans les cinq départements de l'*Ariège*, de la *Creuse*, de la *Haute-Loire*, du *Pas-de-Calais* et des *Hautes-Pyrénées*.

Dépenses nécessitées par la loi de 1833.

On serait tenté de croire que les sacrifices voulus par la loi de 1833 sont exorbitants, et que tel est le motif de l'espèce de résistance passive que cette loi éprouve ; quelques calculs suffiront pour prouver que cette opinion n'est pas fondée.

Aux termes de l'art. 13 de la loi, en cas d'insuffisance des ressources ordinaires des communes, elles peuvent voter jusqu'à 3 centimes additionnels au principal des contributions foncière, personnelle et mobilière (1) pour leurs écoles communales.

Ce vote et les fonds départementaux appelés à concourir à cette dépense étant encore insuffisants, les conseils généraux étaient autorisés à voter jusqu'à concurrence de 2 centimes sur les mêmes contributions ; et ce vote, ainsi que celui des 3 centimes communaux, pouvait être imposé d'office aux communes ou aux départements. Enfin, si ces deux votes étaient encore au-dessous des besoins, une partie du fonds porté au budget de l'état, sous le titre d'*encouragement à l'instruction primaire*, devait y pourvoir et venir au secours des communes les plus pauvres.

En réunissant toutes ces ressources, on n'arrive qu'à 12,179,576, qui se composent de la manière suivante :

1° Revenus ordinaires des communes ou sommes provenant de fondations, donations et legs	4,888,070 fr.
2° Sommes fournies sur les fonds d'encouragement pour l'instruction primaire portés au budget	624,721.
3° Sommes à trouver par impôt sur les communes ou le département, ou sur les fonds départementaux	6,666,785.
Total	12,179,576 fr.

Et ces sommes doivent avoir l'emploi ci-après :

1° Frais de location des maisons d'écoles	1,710,232 fr.
2° Traitement fixe des instituteurs (moyenne annuelle, 242 fr.)	8,835,344.
3° Dépenses des écoles normales primaires	1,532,300.
4° Dépenses des commissaires et comités supérieurs	101,700.
Total égal	12,179,576 fr.

(1) On s'explique difficilement le motif qui a fait porter cette charge exclusivement sur ces deux natures de contributions directes ; les classes industrielles de la société ont un besoin tout aussi grand d'instruction primaire, et l'impôt eût dû atteindre aussi les portes et fenêtres et les patentes. Plus tard, on a reconnu cette criante injustice, et on y a porté remède.

Telle est la part et tel est l'emploi des sacrifices que la loi de 1833 a exigés des communes, des départements et enfin de l'état; il ne reste alors à la charge des pères de famille que la rétribution mensuelle des écoliers, qui est en moyenne de 1 fr. 18 cent. pour toute la France.

Était-il possible de faire moins pour l'instruction primaire? nous ne le pensons pas; et certes s'il restait quelque doute à cet égard, nous rappellerions ce qui a été dit précédemment sur l'état nécessiteux des maîtres d'école, dans la plupart des communes rurales.

Lorsqu'on examine la répartition, entre les départements, de la rétribution mensuelle payée par les pères de famille, on est conduit à faire une réflexion qui n'est pas sans importance.

Nous avons vu précédemment que 1,277,664 écoliers ont payé, en 1833, la rétribution mensuelle; la moyenne de cette rétribution étant de 1 fr. 18 cent., c'est donc une dépense mensuelle de 1,507,643 francs qui tombe à la charge des pères de famille. De la rétribution mensuelle.

Examinons comment se répartit cette dépense.

On est attristé par une réflexion qui ressort du plus simple examen : ce sont les départements les plus arriérés sous le rapport de l'instruction et souvent les plus pauvres, dont les pères de famille ont à payer les rétributions mensuelles les plus fortes. Nous allons mettre ce fait en lumière, en comparant dans leur ordre les dix départements où l'instruction est le moins répandue à ceux qui sont dans le cas contraire, le département de la *Seine* étant toutefois excepté.

DÉPARTEMENTS IGNORANTS.	Ignorants sur 1,000 recrues.	Rétribution mensuelle.	DÉPARTEMENTS ÉCLAIRÉS.	Ignorants sur 1,000 recrues.	Rétribution mensuelle.
Corrèze	819.	1f. 68c.	*Jura*	170.	»f. 66c.
Morbihan	796.	1 50.	*Doubs*	175.	» 53.
Allier	785.	1 31.	*Haute-Marne*	183.	» 43.
Finistère	768.	1 29.	*Meuse*	184.	» 60.
Haute-Vienne	762.	2 20.	*Moselle*	191.	» 40.
Indre	761.	1 60.	*Bas-Rhin*	194.	» 32.
Dordogne	746.	1 93.	*Marne*	204.	» 52.
Nièvre	746.	1 40.	*Hautes-Alpes*	211.	1 37.
Côtes-du-Nord	742.	1 17.	*Seine-et-Marne*	212.	» 87.
Cher	737.	1 56.	*Ardennes*	216.	» 58.
MOYENNE	766.	1 56.	MOYENNE	194.	» 61.

Ainsi nous voyons que les pères de famille ont à donner une rétribution mensuelle de 1 fr. 56 cent., dans les 10 départements où l'instruction est si peu répandue que, sur 1,000 habitants, 766 n'ont pas reçu le bienfait de l'instruction primaire; tandis qu'ils n'ont à payer que 61 cent. dans les 10 départements où l'instruction est le plus répandue, et où, sur 1,000 habitants, on n'en compte que 194 qui n'aient pas fréquenté les écoles. Que l'on compare maintenant la richesse de ces deux catégories de départements, et qu'on cesse de s'étonner qu'une partie de la France croupisse dans l'ignorance : elle ne pourrait s'en affranchir qu'en faisant des sacrifices hors de toute proportion avec ceux qu'on s'impose dans les parties riches et éclairées du royaume.

Nous venons d'établir que les pères de famille des départements pauvres et ignorants ont à supporter de plus grands sacrifices, pour donner l'instruction primaire à leurs enfants, que ceux des départements riches et industrieux; nous allons voir que les communes sont aussi dans le même cas. En effet, si l'on examine comment se répartit la somme de 6,666,748 fr. portée à la colonne n° 79, on verra que, pour l'obtenir, la moyenne à percevoir sur le principal des contributions foncière, personnelle et mobilière des 10 départements les plus ignorants, est de 4 centimes 71 centièmes, tandis que, pour les 10 plus éclairés, il ne faut que 3 centimes 15 centièmes.

Enfin, si nous cherchons une autre preuve de la fâcheuse position des départements où l'instruction primaire est peu développée, nous la trouvons dans le relevé des sommes qui sont encore nécessaires pour que chaque commune possède en propriété le nombre de maisons d'écoles voulu par la loi de 1833; les 10 départements les plus ignorants ont 8,224,000 fr. à dépenser pour arriver à ce résultat, et cette dépense n'est que de 7,365,000 fr. pour les 10 départements les plus éclairés.

Tous les faits que nous venons de signaler prouvent que la loi de 1833, relative à l'instruction primaire, doit recevoir d'importantes modifications.

Si l'on veut lui donner toute l'efficacité désirable, si l'on veut appeler toutes les parties de la France à jouir également des bienfaits de l'instruction, si l'on veut enfin faire disparaître les causes qui font que 10 départements ont une moyenne de 23 *habitants sachant lire et écrire sur* 100, tandis que 10 autres départements en comptent 80, il faut absolument augmenter le fonds commun accordé au ministre de l'instruction publique, et porté au budget sous le titre de *Secours à l'instruction primaire.* Un million et ½ a eu cette destination en 1833; en y ajoutant le produit du vingtième de la rétribution universitaire, qui s'est élevé pour cette même année à 67,550 fr., on voit que tous les secours centralisés n'ont monté qu'à 1,567,550 fr. Il faudrait porter cette somme à 5 millions, pour que le ministre de l'instruction publique pût faire tout le bien qu'on est en droit d'attendre de lui.

Doit-on espérer une diminution dans les dépenses publiques?

Nous croyons devoir faire ici une observation générale, quoique étrangère au sujet qui nous occupe. Dans les départements on croit, on espère du moins obtenir la réduction des impôts, et l'on s'en prend tantôt au gouvernement, tantôt aux chambres législatives de ne pas voir quelques dégrèvements soulager les contribuables. Comme bien d'autres, nous avons partagé cette opinion ou plutôt cette erreur; mais nous demandons à tous ceux qui ont étudié avec bonne foi l'état de nos ressources et celui de nos besoins *les plus actuels*, s'il est rationnel et surtout loyal d'entretenir le public dans cette illusion.

Nous voyons en effet, dans le Rapport de M. Guizot, page 303, qu'il faut 72,679,000 fr. pour l'acquisition ou la construction des maisons d'écoles voulues par la loi de 1833. Les discussions qui ont eu lieu à la chambre des députés, à l'occasion de la loi sur les chemins vicinaux, ont prouvé que nous avons 75 millions à dépenser sur les lacunes de nos routes départementales, et 92 sur celles de nos routes royales. Ces mêmes chemins vicinaux à créer, notre système de prisons à perfectionner, la navigation de nos fleuves et rivières à compléter, le culte qui devrait être gratuit pour tous les français, et dont plusieurs milliers de communes sont privées par défaut de traitement aux desservants, et bien d'autres dépenses presque aussi urgentes, montrent que, dès qu'on veut envisager notre état financier sous le rapport communal, départemental ou gouvernemental, d'immenses améliorations, qui toutes ne peuvent s'ajourner qu'au grand détriment du pays, sont là qui attendent des fonds disponibles. Dans un pareil état de choses, toute économie ne peut être en résultat qu'un déplacement de dépense; entretenir le pays d'une réduction d'impôt quelque peu considérable est une véritable *déception;* et s'il faut dire toute notre pensée, nous ajouterons que nous paierions avec plaisir notre part d'une augmentation d'impôt ou d'un emprunt de 300 millions, dont le but serait de pourvoir à tous les besoins que nous venons de signaler. Nous ne mettons pas en doute que, dans cette nouvelle position, le pays supporterait plus facilement un impôt de 1 milliard 15 millions, que celui du milliard qu'il paie annuellement pour rester dans l'état actuel : c'est ainsi que nous entendons l'économie. Le grand nombre des lois d'intérêt local sollicitées par les conseils généraux pendant la dernière session, nous a donné la preuve que cette opinion n'est pas exclusivement la nôtre; et si nos souvenirs ne nous trompent pas, nous croyons même nous rappeler que certains de ces conseils, dans le centre de la France (l'*Indre* ou le *Cher*), ont voté jusqu'à 13 et 14 centimes sur les quatre contributions directes, pendant dix ou douze années.

Nous avons vu combien l'exécution de la loi du 28 juin 1833 pèse d'un poids plus lourd sur les parties pauvres et ignorantes de la France; et que c'est précisément dans les départements qui sont dans ce cas, que les pères de famille ont aussi plus d'efforts pécuniaires à faire pour procurer à leurs enfants le bienfait de l'instruction. Ce qui a lieu pour l'*instruction* s'observe aussi pour les dépenses *départementales variables ordinaires*. Que voit-on en effet lorsqu'on parcourt la France? Dans la plupart des pays pauvres, les édifices départementaux sont plus ou moins délabrés; les tribunaux, les casernes de gendarmerie, les prisons surtout sont dans un état déplorable; sur ce point, ainsi que pour l'instruction primaire, le fonds commun destiné à rétablir l'équilibre entre toutes les parties du territoire est insuffisant. Si l'on n'y porte remède, il y aura encore, pendant plusieurs générations, deux Frances: l'une riche, éclairée, pourvue de tous les établissements d'utilité et d'agrément ; l'autre pauvre, misérable et déshéritée de tout élément de prospérité.

Dans cette France retardataire, qui comprend la moitié du territoire et de la population, les masses seront encore longtemps *à ne pas comprendre* nos institutions, tandis que la France riche et éclairée du nord et les habitants des villes voudraient incessamment marcher et nous pousser dans le progrès, en dépit des faits qui prouvent que déjà nous avons été trop loin.

Revenons à l'*Instruction primaire*.

Rapport entre le nombre des portes et fenêtres et l'instruction.

On doit être surpris de voir figurer, dans un tableau ayant uniquement rapport à l'instruction primaire, des calculs qui se rapportent au nombre des portes et fenêtres (*voir* colonne n° 72).

Nous allons expliquer le motif de cette apparente anomalie :

On sait que, dans chaque département, les communes d'un même canton présentent quelquefois des différences très-sensibles, sous le rapport soit de leur instruction, soit de leur civilisation.

Habitant un canton de ce genre, nous avons remarqué que l'on pourrait juger du degré relatif du progrès social des diverses communes qui le composent, en comparant le nombre des fenêtres des maisons au nombre des habitants qui y sont logés ; plus on compte d'ouvertures, et surtout plus elles sont *grandes* et *bien closes*, plus il y a progrès.

Nous avons voulu nous assurer si ce que nous avions observé dans plusieurs cantons pouvait s'étendre à toute la France, du moins quant au nombre des portes et fenêtres qui est la seule base qu'on puisse se procurer pour tout le royaume.

Si l'on examine les calculs de la 72e colonne où nous avons porté le nombre d'ouvertures imposables qui répond, dans chaque département, à 100 habitants, on voit que le rapport entre l'instruction et le nombre de ces ouvertures est parfait, c'est-à-dire que plus il y a de portes et de fenêtres, plus il y a d'instruction et réciproquement; on peut en juger par le fait suivant :

Sur les 17 départements de la série où il y a le plus d'ignorance, 12 sont aussi de celle où il y a le moins d'ouvertures imposables aux maisons.

Voici les noms de ces 12 départements : *Côtes-du-Nord*, *Creuse*, *Morbihan*, *Ardèche*, *Cantal*, *Mayenne*, *Corrèze*, *Ille-et-Vilaine*, *Haute-Loire*, *Vendée*, *Indre*, *Cher*, *Finistère*, *Dordogne*, *Ariège*, *Loire-Inférieure* et *Puy-de-Dôme*.

Nous ne saurions donner une preuve plus forte que le fait observé déjà par nous dans quelques cantons, peut se généraliser pour toute la France; c'est-à-dire que toutes les fois qu'en traversant un pays on voit des maisons bien aérées, ayant beaucoup de portes et de fenêtres, on peut en conclure que l'instruction est répandue et que la civilisation est avancée dans ce pays. Ce genre d'observations est si facile que nous avons cru qu'il n'était pas déplacé dans l'ouvrage que nous publions.

VIe SECTION.

ETUDES QUI SE RAPPORTENT AUX CALCULS DU SIXIÈME TABLEAU.

Les principaux points traités dans ce tableau ont rapport à l'*Industrie* et au *Paupérisme*.

EXPOSÉ SOMMAIRE DES CALCULS DU 6e TABLEAU.

La 82e colonne indique quel était, en 1834, le nombre des forges, fabriques et usines de chaque département. COLONNE n° 82. Forges et usines.

On voit qu'il y en avait 42,442 dans toute la France ; c'est 493 pour le département moyen.

La 83e colonne indique combien il y avait, en 1834, de forges, fabriques et usines dans chaque département par myriamètre carré. COLONNE n° 83. Combien par myriamètres carrés.

On voit que le département moyen en comptait 8.

La 84e colonne indique combien on comptait d'industriels par 1,000 recrues levées de 1825 à 1829. COLONNE n° 84. Industriels.

On voit que le département moyen en avait 228.

La 85e colonne indique combien il y avait de patentables, en 1829, par 1,000 habitants. COLONNE n° 85. Patentables.

On voit que le département moyen en comptait 34.

La 86e colonne donne le montant des patentes payées en 1829 par 1,000 habitants de chaque département. COLONNE n° 86. Montant des patentes.

On voit que le département moyen en payait pour 845 fr.

La 87e colonne donne le no d'ordre des départements, sous le rapport du degré relatif de l'industrie. COLONNE n° 87. N° d'ordre des départements.

Le no 1 est affecté au département de la *Seine*, qui est le plus industriel.

Voici, dans leur ordre, les noms des 17 départements qui sont dans ce cas, en prenant pour base les calculs des quatre colonnes nos 83, 84, 85 et 86 :

Seine, *Seine-Inférieure*, *Rhône*, *Seine-et-Oise*, *Ardennes*, *Bouches-du-Rhône*, *Meuse*, *Haut-Rhin*, *Marne*, *Eure*, *Aisne*, *Bas-Rhin*, *Nord*, *Oise*, *Haute-Marne*, *Pas-de-Calais* et *Somme*.

Les 17 départements de la série opposée sont : *Creuse*, *Morbihan*, *Corrèze*, *Haute-Loire*, *Aveyron*, *Finistère*, *Hautes-Alpes*, *Basses-Pyrénées*, *Cantal*, *Vendée*, *Landes*, *Côtes-du-Nord*, *Dordogne*, *Lozère*, *Lot*, *Haute-Vienne* et *Ain*.

COLONNE n° 88. Hôpitaux et hospices.

La 88e colonne indique combien il y avait, en 1833, d'hôpitaux et d'hospices dans chaque département.

On voit, à la ligne des totaux, qu'on en comptait 1,329 pour toute la France; c'est 15 pour le département moyen.

COLONNE n° 89. Hommes secourus.

La 89e colonne indique quel était le nombre d'individus secourus en 1833, dans chaque département, par les hôpitaux ou les hospices.

On voit, à la ligne des totaux, qu'il y en a eu 425,049; ce qui en donne 4,942 pour le département moyen.

COLONNE n° 90. Bureaux de bienfaisance.

La 90e colonne indique combien il y avait, en 1833, de bureaux de bienfaisance dans chaque département.

On voit, à la ligne des totaux, que leur nombre s'élevait à 6,275; ce qui en donne 73 pour le département moyen.

COLONNE n° 91. Hommes secourus.

La 91e colonne indique, pour 1833, le nombre de personnes secourues à domicile, dans chaque département, par les bureaux de bienfaisance.

On voit, à la ligne des totaux, qu'il y en a eu 695,932; ce qui en donne 8,092 pour le département moyen.

COLONNE n° 92. Hommes secourus de toute manière.

La 92e colonne indique pour 1833 combien, dans chaque département, il y a eu, sur 1,000 habitants, d'individus secourus par les hôpitaux, les hospices ou les bureaux de bienfaisance.

On voit que le département moyen en a compté 34.

COLONNE n° 93. N° d'ordre des départements.

La 93e colonne donne le n° d'ordre des départements entr'eux, sous le rapport de la quantité d'individus qui ont été secourus en 1833, soit par les hôpitaux et les hospices, soit par les bureaux de bienfaisance.

Le n° 1 est affecté au département du *Nord*, qui compte le plus d'hommes secourus sur une population donnée.

Voici, dans leur ordre, les noms des 17 départements de la série qui est dans ce dernier cas :

Nord (qui, sur 1,000 habitants, en compte 182 de secourus), *Seine*, *Bouches-du-Rhône*, *Vaucluse*, *Rhône*, *Pas-de-Calais*, *Maine-et-Loire*, *Gard*, *Loiret*, *Marne*, *Seine-Inférieure*, *Gironde*, *Hérault*, *Côte-d'Or*, *Loire-Inférieure*, *Seine-et-Oise*, et *Haute-Garonne* (qui en compte 35).

Les 17 départements de la série opposée sont : *Dordogne* (qui ne compte que 2 hommes secourus sur 1,000 habitants), *Allier*, *Creuse*, *Hautes-Pyrénées*, *Corrèze*, *Morbihan*, *Haute-Saône*, *Haute-Loire*, *Côtes-du-Nord*, *Aube*, *Orne*, *Haute-Marne*, *Lot*, *Ain*, *Hautes-Alpes*, *Nièvre*, et *Landes* (qui en compte 9).

COLONNE n° 94. Indigents et mendiants.

La 94ᵉ colonne indique combien l'on comptait, en 1827, d'indigents et de mendiants dans chaque département, d'après M. le vicomte de Villeneuve-Bargemont.

On voit, à la ligne des totaux, qu'on en comptait dans toute la France 1,783,673; ce qui en donne 20,740 pour le département moyen.

COLONNE n° 95. Combien sur 1,000 habitants.

La 95ᵉ colonne indique combien, d'après l'auteur précité, il y avait en 1827 d'indigents et de mendiants pour 1,000 habitants.

On voit que le département moyen en comptait 56.

COLONNE n° 96. N° d'ordre des départements.

La 96ᵉ colonne donne le n° d'ordre des départements entr'eux, d'après le nombre des indigents et des mendiants.

Le n° 1 est affecté au département du *Nord*, qui en compte le plus.

Voici, dans leur ordre, les noms des 17 départements où le paupérisme a pris le plus de développement:

Nord (où l'on compte 186 indigents ou mendiants sur 1,000 habitants), *Pas-de-Calais*, *Finistère*, *Ille-et-Vilaine*, *Rhône*, *Somme*, *Côtes-du-Nord*, *Tarn-et-Garonne*, *Aisne*, *Seine-Inférieure*, *Seine*, *Bouches-du-Rhône*, *Mayenne*, *Morbihan*, *Loiret*, *Deux-Sèvres*, et *Oise* (qui en compte 60).

Les 17 départements de la série opposée sont : *Creuse* (qui compte 24 indigents ou mendiants sur 1,000 habitants), *Bas-Rhin*, *Corrèze*, *Cher*, *Haut-Rhin*, *Jura*, *Indre-et-Loire*, *Vosges*, *Var*, *Lozère*, *Indre*, *Haute-Saône*, *Haute-Marne*, *Dordogne*, *Vienne*, *Eure-et-Loir*, et *Marne* (qui en compte 37).

RÉFLEXIONS SUR LES CALCULS QUI SE RATTACHENT AU 6ᵉ TABLEAU.

L'une des questions dont la solution importe le plus à notre état social est celle-ci :

Est-il vrai, ainsi que l'affirment beaucoup de publicistes, que la misère soit la compagne nécessaire du développement industriel ?

Industrie relative des départements.

Pour étudier la question que nous venons de poser, il nous a fallu d'abord déterminer quel était le degré relatif d'industrie des divers départements entr'eux.

Pour y parvenir, nous avons procédé ainsi :

1° Nous avons calculé le nombre de forges et d'usines que l'on compte dans chaque département par myriamètre carré.

2° Nous avons recherché quels étaient les départements qui, sur 1,000 recrues, présentaient le plus d'industriels. (Ce 2ᵉ élément est peu satisfaisant sous le rapport de l'exactitude, et nous regrettons de l'avoir employé).

3° Enfin, nous avons supputé le nombre des patentables et le montant des patentes pour 1,000 habitants de chacun des départements.

Nous pensons que la classification admise à la 87ᵉ colonne, qui est la moyenne de ces trois ordres de faits différents, doit beaucoup approcher de la vérité.

Si l'on examine les chiffres de cette colonne, on voit que les 32 départements de la France du nord contiennent 15 des 17 départements de la série où l'industrie est le plus développée, c'est-à-dire que cette portion du territoire est presque exclusivement la patrie de l'industrie française ; toutefois, dans la France du midi, les départements baignés par la Méditerranée, ou traversés par le canal du midi, font exception à cette règle. On voit en effet, depuis l'embouchure de la Garonne jusqu'au département du *Var*, une ligne non interrompue de départements industriels s'étendre de Bordeaux à Marseille, et mettre en communication l'Océan et la Méditerranée.

Les départements de la Bretagne, et presque tous ceux du centre, paraissent être complétement dépourvus d'industrie.

Paupérisme.

La classification des départements étant opérée, nous avons dû chercher à nous procurer un recensement des pauvres par département, avec indication du lieu de leur naissance. Nous nous sommes inutilement adressé aux ministères de l'intérieur, du commerce et de la justice pour nous procurer ce document. Il n'existe pas encore. Certes, on a lieu de s'étonner qu'un pays qui, depuis près de 50 ans, a vu et supporté tant de changements, essayé tant de théories sociales basées, disait-on, sur le *bien-être du peuple*, n'ait pas encore rencontré un homme qui ait sérieusement pensé à se procurer le dénombrement de la population souffrante.

C'est dans la statistique publiée en 1835 par le Ministre du commerce, que l'on trouve les premiers documents sur le paupérisme fournis par l'administration; jusque là on n'avait que des notions vagues et contradictoires sur ce sujet. Cet ouvrage donne un élément de travail précieux quoiqu'incomplet; il fait connaître, pour chaque département, le nombre d'hommes qui ont été secourus en 1833 par les hôpitaux, les hospices ou par les bureaux de bienfaisance. On trouve, aux colonnes n°s 88, 89, 90 et 91, les chiffres qui se rapportent à ces faits, tels qu'ils sont donnés par le Ministre du commerce.

Les 92e et 93e colonnes, qui contiennent les calculs et les n°s d'ordre qui ressortent des colonnes précédentes, ne sauraient cependant donner d'une manière absolue le degré de paupérisme des divers départements entr'eux; car il y a des parties de la France (la Bretagne entr'autres), où l'on compte beaucoup de mendiants, quoique peu d'hommes y soient secourus dans les hôpitaux et les hospices. Nous ne donnons donc le travail auquel nous nous sommes livré que comme une indication générale probable.

Pour qu'on puisse juger combien la question du paupérisme est peu avancée, nous ne saurions mieux faire que de citer les opinions des divers auteurs qui ont traité cette question depuis 1789.

En 1794, Barrère, d'après le comité de mendicité formé au sein de la convention nationale, porte le nombre des indigents à 1/20, soit le 5 p. % de toute la population;

2° Fourcroy en comptait près de 7 p. % en 1808;

3° M. Balbi, environ 3 p. %;

4° Le baron de Gérando, 2 et 1/2 p. % dans les campagnes, et 20 p. % dans les villes;

5° Le comte de Laborde, en 1819, 2 et 1/2 p. %;

6° Le baron de Morogues, 6 p. %;

7° M. de Villeneuve-Bargemont, 5 p. %;

8° Enfin, M. Schœn, auteur allemand, 14 p. %.

M. de Villeneuve, que nous venons de citer, est incontestablement celui qui a le mieux étudié la matière. Il a fait tout ce qu'il était possible à un simple particulier de faire sous le rapport des nombres, pour arriver à quelque exactitude. On voit en effet qu'il s'est mis en correspondance avec les 86 préfets. Sur les 53 qui ont répondu et envoyé quelques renseignements, on est obligé de convenir que beaucoup n'ont pu fournir que des indications vagues ou incomplètes. Cependant M. de Villeneuve étant le seul qui donne l'état des indigents et des mendiants par département, on doit lui savoir gré des efforts qu'il a faits, et accepter, faute de mieux, les résultats qu'il présente ils sont cotés sous la colonne n° 94, et nous avons donné à la colonne suivante les calculs que ces nombres comportent.

Si nous comparons l'état du paupérisme de la France, déduit du document ministériel publié en 1835, et celui qui résulte de l'ouvrage de M. de Villeneuve, on trouve quelque différence dans les deux résultats.

On doit le comprendre : car ce dernier auteur ayant donné le nombre absolu des indigents et des mendiants tel qu'il le croyait et tel qu'il paraît être, à peu de chose près, il est impossible que ses nombres se rapportent exactement à ceux qui ont pour base le nombre des hommes secourus par les hôpitaux, les hospices, ou par les bureaux de bienfaisance.

On sait en effet qu'en cela, comme en presque toutes choses, les départements pauvres et peu industriels de l'intérieur de la France manquent d'établissements suffisants, et que ceux qu'ils possèdent ont peu de revenus ; dès lors il y a moins d'hommes secourus par les établissements publics ; mais cela ne veut pas dire qu'il y ait moins de pauvres. C'est ainsi que nous voyons la Bretagne, qui compte tant de mendiants, ne présenter en hommes secourus dans ces établissements, pendant 1833, que 12 individus sur 1,000 habitants pour le *Finistère*, les *Côtes-du-Nord* et le *Morbihan*, tandis que le département moyen en compte 34.

Cependant nous devons dire que, malgré cette cause de différence, il y a une frappante analogie entre le degré de paupérisme assigné aux divers départements, d'après les calculs basés sur les deux ouvrages dont nous avons parlé : l'un et l'autre donnent un paupérisme beaucoup plus étendu aux départements industriels et riches.

Y a-t-il plus de pauvres dans les pays industriels?

Nous avons fait tout ce qui dépendait de nous pour contrôler ces résultats et connaître si cette conclusion était fondée.

Parmi plusieurs faits que nous avons recueillis à ce sujet, il en est un qui présente assez de certitude pour mériter une mention spéciale. Nous devons à l'obligeance de M. Sautter, pasteur protestant et président de la société de statistique de Marseille, un tableau nominatif des mendiants de tout le département des *Bouches-du-Rhône* ; le lieu de naissance et le domicile de chacun d'eux sont soigneusement notés sur ce tableau, qui se rapporte à l'année 1835 ; il y avait alors 659 mendiants dans ce département (1); et sur ce nombre, 321 résidaient dans la ville de Marseille. Ils provenaient, quant à leur naissance, des lieux ci-après : 97 des pays étrangers, 124 des divers départements de la France, 18 de *celui des Bouches-du-Rhône* ; 82 enfin étaient nés à Marseille.

Ainsi, en 1835, près des ¾ des mendiants de cette ville lui étaient étrangers par leur naissance.

---

(1) Le tableau statistique que nous avons consulté dit que, sur ce nombre, plusieurs se rapportaient à des familles entières de mendiants ; mais comme c'était un cas tout à fait exceptionnel et qu'on n'indiquait pas ce nombre, nous avons raisonné comme si les 659 mendiants ou familles de mendiants n'étaient en effectif que 659 mendiants isolés.

Ne ressort-il pas évidemment de ces faits que M. de Villeneuve et les autres publicistes, qui ont voulu établir une connexité absolue entre l'industrie et le paupérisme, n'ont pas assez fait entrer dans leurs considérations les émigrations des campagnes dans les villes, et les émigrations des départements pauvres dans ceux qui sont riches et industrieux? Nous devons cependant faire observer que la ville de Marseille est, après Paris, celle qui doit être le plus soumise à l'immigration des pauvres, à cause de son commerce considérable avec le Levant; et si l'on étendait les calculs à tout le département des *Bouches-du-Rhône*, au lieu de les restreindre à la seule ville de Marseille, on aurait un résultat très-modifié; car, sur les 659 mendiants répandus sur sa surface, il n'y en a réellement que 266 nés ailleurs : ce qui réduit à 40 p. % le nombre des mendiants étrangers au département, bien qu'ils y aient pris domicile.

Après avoir cherché quelque base pour établir la proportion qui doit exister, pour chaque département, entre l'immigration et l'émigration des pauvres, nous avons été conduit à conclure qu'il n'existait aucun travail satisfaisant sur cette matière; mais en observant avec attention les colonnes n°s 105 et 106 du 7e tableau, qui donnent, pour cinq années, la balance par département, entre l'immigration et l'émigration des accusés de crimes, nous avons vu que toutes les recherches que nous avions faites nous amenaient à conclure qu'il y avait un rapport presque parfait entre les changements de domicile des criminels et des pauvres. Si nous trouvons dans le département des *Bouches-du-Rhône* une immigration de ces derniers de 40 p. %, au lieu de 31 que nous donne la 106e colonne relative aux accusés de crimes, on doit l'attribuer aux habitudes éminemment charitables de cette ville qui a, sous ce rapport, une grande analogie avec les villes d'Italie.

Émigrations et immigrations des pauvres.

Pour notre instruction, et pour savoir si réellement le paupérisme était proportionné à l'industrie, nous avons procédé sur les nombres de pauvres et de mendiants indiqués par M. de Villeneuve, en les modifiant d'après les chiffres des colonnes 105 et 106 du 7e tableau.

Voici comment nous avons procédé et quels résultats nous avons obtenus : prenant à la 87e colonne les noms des 10 départements les plus industriels, et notant à côté quel est le mouvement des accusés de crimes de ces mêmes départements relevés sur les colonnes n°s 105 et 106 de notre travail, nous avons :

Pour l'immigration, 6 départements savoir : *Seine*, 58 pour 100; *Seine-Inférieure*, 12; *Rhône*, 38; *Bouches-du-Rhône*, 31; *Marne*, 15; *Haut-Rhin*, 13;

Et pour l'émigration, 4 départements savoir : *Seine-et-Oise*, 5; *Ardennes*, 13; *Eure* 15, et *Meuse*, 38.

Retranchant la somme des émigrations de celle des immigrations, il nous reste 95 accusés de crimes immigrants pour les départements les plus industriels; c'est 9 et ½ p. % pour chacun d'eux; appliquant ce résultat au paupérisme, nous voyons que l'on compte en moyenne 53 indigents ou mendiants pour 1,000 habitants de ces départements, qui, devant être diminués de 9 et ½ p. %, ainsi que nous l'avons dit plus haut, à cause de l'immigration des pauvres dans les départements industriels, donnent en définitive 48 indigents ou mendiants sur 1,000 habitants pour cette partie de la France. La moyenne générale étant de 56, on voit que la balance est loin d'être défavorable aux pays industriels.

Nous avons voulu compléter cette démonstration en opérant sur les dix départements les moins industriels. Deux seulement supportent une immigration de criminels, savoir : le *Finistère*, 7 p. %; la *Vendée*, 9. Les huit départements suivants donnent au contraire des émigrants, savoir : la *Creuse*, 94 p. %; le *Morbihan*, 11; la *Corrèze*, 26; la *Haute-Loire*, 37; l'*Aveyron*, 7; les *Hautes-Alpes*, 29; les *Basses-Pyrénées*, 10, et le *Cantal*, 54. Opérant la soustraction de la somme des immigrations sur celle des émigrations, il nous reste une différence de 252, qui étant divisée par 10, indique que dans les départements les moins industriels il faut, pour avoir le nombre réel des accusés de crimes, augmenter de plus de 25 p. % le nombre de ceux qui y ont été jugés; appliquant ces résultats au paupérisme, nous voyons que l'on compte en moyenne 49 indigents ou mendiants par 1,000 habitants dans les départements les moins industriels ; ce nombre devant être augmenté de 25 p. % donne 61 en résultat définitif.

Il ressort donc des calculs que nous venons de faire que, si l'on compare les dix départements les plus industriels aux dix qui le sont le moins, on a, sous le rapport du paupérisme, et d'après l'ouvrage de M. de Villeneuve-Bargemont, 53 indigents ou mendiants par 1,000 habitants pour les parties industrielles de la France, tandis qu'on n'en compte que 49 pour les parties non industrielles ; mais si l'on applique à ces nombres les corrections qui résultent des émigrations et des immigrations des pauvres, déduites de celles qui ont été observées pour les accusés de crimes pendant cinq années, l'on arrive à un résultat tout contraire; c'est-à-dire que les départements industriels n'ont plus en souffrance que 48 pour 1,000 de leur véritable population, tandis que les départements non industriels en ont 61. Ces résultats sont totalement opposés aux opinions de la plupart des publicistes modernes; presque tous ont soutenu que le paupérisme était en raison directe du développement industriel; aussi n'avons-nous pas osé faire figurer les calculs que nous venons de produire dans les tableaux qui composent la IIIe partie de cet ouvrage.

D'après tout ce qui précède, on voit quelle importance on doit attacher à avoir enfin un recensement rationnel de notre paupérisme : il servirait à faire connaître l'une des parties les plus intéressantes de nos émigrations et immigrations intérieures. Ce travail n'a pas même encore été essayé.

Si nous avions été certain de la base de nos calculs, c'est-à-dire des nombres donnés dans l'ouvrage de M. de Villeneuve-Bargemont, comme étant ceux des indigents et mendiants de chaque département, nous aurions plus de hardiesse à prendre la défense des départements industriels qui sont, ainsi que nous le verrons par les calculs du 7ᵉ tableau, dans une situation inférieure au reste de la France sous le rapport de la criminalité. On doit en effet comprendre que si Paris renvoyait de son sein les pauvres de l'*Auvergne;* Lyon, ceux des *Hautes-Alpes* et de la *Haute-Loire;* Bordeaux, ceux de la *Dordogne* et des *Landes*, et Marseille ceux du *Var*, les proportions seraient singulièrement modifiées. Dans cette dernière ville, par exemple, nous avons vu que sur 321 mendiants on en comptait, en 1835, 51 du département du *Var*, et 18 de celui des *Basses-Alpes.*

Toutefois si l'on croit ne pas pouvoir conclure encore que les départements les moins industriels ont le plus de pauvres, il nous semblerait bien téméraire d'admettre l'opinion contraire.

CONSIDÉRATIONS GÉNÉRALES SUR LE PAUPÉRISME.

Il est facile de juger, par tout ce que nous avons dit précédemment, que les questions qui concernent le paupérisme sont peu connues et surtout peu étudiées; il est cependant urgent de s'en occuper, car le mal est à nos portes. On sait en effet que, dans l'Angleterre proprement dite, en y comprenant le pays de Galles, la taxe des pauvres s'est élevée en 1818 à la somme énorme de 197 millions.

Du paupérisme en Angleterre.

Lorsqu'on réfléchit que les dépenses des hôpitaux ne figurent pas dans cette somme, et que la charité volontaire n'est pas moins active en Angleterre que dans toute autre partie de l'Europe, on est effrayé en pensant que, malgré tous ces efforts réunis, une partie des misères de ce pays reste sans soulagement.

Ce fait si important semblerait venir à l'appui de ceux qui prétendent que le développement du paupérisme est proportionnel au degré d'industrie; mais nous rappellerons à ce sujet ce que nous avons dit précédemment. Lorsque l'industrie est portée à l'excès, et surtout très-concentrée, elle engendre au physique et au moral de grands maux, et déjà nous avons en France deux ou trois centres industriels dans ce cas; mais lorsqu'elle n'est développée que dans de justes limites, elle est un secours précieux pour les populations. L'Angleterre a dépassé le point où l'industrie n'a que des avantages, et déjà sous ce rapport elle est dans une position exceptionnelle; mais la grande, la véritable cause de son paupérisme n'est pas là : il faut la voir dans son système de *charité légale* qui est, suivant nous, le moyen le plus actif de développer le paupérisme.

De la taxe des pauvres.

L'examen de ce qui se passe dans le pays que nous venons de citer va nous montrer à quelles désastreuses conséquences on arrive en suivant ce système; on les trouve très-lucidement exposées dans un rapport de la commission de la Chambre des communes, daté du 10 août 1835; il précéda de quelques jours la nouvelle loi sur les pauvres votée en 1835 par le parlement anglais.

Nous voyons dans ce rapport que la taxe s'élevait en 1832, dans quelques communes du comté d'*Oxford*, de 72 à 75 fr. par hectare; qu'une autre commune de 2,800 habitants payait jusqu'à 144,000 fr. de taxe, et enfin que, dans cette même année, dans la petite commune de *Sholesburg* (comté de *Buckingham*), le paupérisme avait pris un tel développement que les propriétaires abandonnèrent leurs terres, les fermiers se retirèrent, et l'ecclésiastique, qui pourtant renonça à la dîme, ayant conseillé le partage des biens abandonnés entre les pauvres, ce partage eut lieu, et néanmoins on fut encore obligé d'avoir recours aux communes voisines (1).

Qu'on ne croie pas cependant que l'année que nous venons de citer corresponde à l'époque du plus grand développement de la taxe des pauvres; car si l'on ouvre *The year-book of general informations for* 1835, on voit :

Qu'en 1780 la taxe totale était pour l'Angleterre et le pays de Galles de 44,370,000 francs; ce qui donne par tête d'habitant un impôt de 5 fr. 30 c.;

Qu'en 1800 cette taxe était montée à 95,525,000 fr.; ce qui donne par tête d'habitant 10 fr. 50 c.;

Qu'en 1818, maximum de la taxe, elle était à 197,250,000 fr.; ce qui donne par tête d'habitant 16 fr. 65 c.;

Et qu'en 1833 enfin, la taxe était retombée à 169,750,000 fr.; ce qui ne donne plus par tête d'habitant que 11 fr. 75 c.

On ne saurait trop mettre sous les yeux du public ces effrayants résultats; nous voyons en effet, surtout depuis ces vingt années de paix, le continent se laisser envahir par la charité légale plus ou moins déguisée. Partout où elle pénètre elle produit les mêmes effets : les liens de famille se brisent dans les basses classes; et c'est ici le cas de rappeler ce que nous avons précédemment dit : *Les pauvres prétendent en Angleterre que leurs enfants ne sont pas à eux, mais à la paroisse!* L'imprévoyance dans la conduite et surtout dans le mariage, conséquence inévitable de la taxe, multiplie les pauvres avec une telle rapidité que la charité légale, à quelque taux qu'on la porte, ne peut secourir toutes les misères; la charité privée, qui heureusement ne meurt jamais dans le cœur de l'homme, vient alors en aide; mais elle succombe sous le poids de ses charges incessamment croissantes, et l'on arrive enfin, ainsi que nous l'avons vu pour la commune de *Sholesburg*, jusqu'à l'expropriation du sol sans pouvoir la satisfaire.

La France, jusqu'à ce jour, a eu le bonheur d'échapper à *la lèpre* que nous venons de signaler. Cependant le continent est déjà envahi : la Prusse, le Danemarck, la Suède, presque toute l'Allemagne, la Suisse, la Belgique et les Pays-Bas surtout sont dans cette voie; prenons garde à tout ce qui pourrait, de près ou de loin,

---

(1) First annual report of the poor-laws-commissionners for England and Wales, ordered by house of commons to be printed 10 aug' 1835.

ressembler à cette innovation, et conservons, parmi nous, à la charité son caractère privé et *incertain*, qui contraint l'homme à la prévoyance et entretient son activité.

Maisons de travail.

Les auteurs les plus estimés, qui se sont occupés dans ces dernières années du sujet que nous traitons, ont préconisé les résultats obtenus par les maisons de travail. Il nous semble pourtant que les faits accomplis sont contraires à leur opinion. Il a été reconnu, dans tous les pays, que les pauvres détenus dans les maisons de travail produisent si peu qu'ils ne peuvent couvrir qu'une faible partie des dépenses qu'ils occasionnent; l'Angleterre, il est vrai, a donné, par sa loi de 1835, une grande extension au système des maisons de travail pour les pauvres; mais le but de ces établissements a été de détruire les *secours légaux à domicile* qui avaient pris un grand développement; ce n'est que de cette manière qu'on est parvenu à séparer réellement les journaliers susceptibles d'indépendance par leur travail, et les pauvres véritablement nécessiteux.

Il est quelques maisons de travail sur le continent qui font exception à ce que nous venons de dire, du moins sous le rapport financier. Celle d'Horgen, dans le canton de Zurich, est dans ce cas; la dépense journalière en 1832 n'y était que de 0, 22 cent. par tête, et la recette montait à 11 cent.; mais il faut observer que cet établissement ne renfermait que 60 habitants, et très-probablement les frais généraux n'étaient pas compris dans le chiffre de la dépense qui cependant, comme on le voit, est encore double de la recette.

L'histoire de presque toutes les maisons de travail pour les pauvres est la même : dans le début, effroi des pauvres, ils s'éloignent, il y a non diminution, mais *déplacement;* les souscripteurs, encouragés par les premières apparences presque toujours favorables, persévèrent quelques années; mais bientôt, par mille circonstances dont le développement serait déplacé dans cet ouvrage, le nombre des pauvres à secourir augmente, puis il dépasse les prévisions des fondateurs; la mendicité reparaît dans les rues, le zèle des souscripteurs se ralentit, et enfin, dans une période de 5 à 25 ans, l'établissement, s'il n'est soutenu par le gouvernement ou la commune, devient un simple hospice de charité où s'écroule, après avoir augmenté, le mal auquel il était destiné à porter remède.

Les personnes qui connaissent l'histoire des maisons de travail les plus vantées savent que jusqu'à présent on n'a trouvé d'exception à cette déplorable série de faits que pour les établissements qui, par leur peu d'importance, ne peuvent figurer dans des études générales.

COLONIES AGRICOLES.

Examinons si les colonies agricoles pour les pauvres, dont on s'est beaucoup occupé dans ces derniers temps, peuvent offrir contre le paupérisme un secours plus efficace que les maisons de travail. Cette question est d'un haut intérêt pour la France; car elle aurait, pour occuper les deux millions de pauvres qu'on lui suppose, sept millions d'hectares en landes, pâtis ou bruyères.

M. Huerne de Pommeuse, dans son ouvrage sur les *Colonies agricoles*, le vicomte de Villeneuve-Bargemont, dans son *Économie politique chrétienne*, le baron de Morogues, dans ses derniers écrits sur la *Recherche des causes de la richesse et de la misère des peuples civilisés*, et encore plusieurs auteurs français et étrangers, ont préconisé le système des colonies agricoles. Heureusement l'administration ne s'est pas laissée aller à l'engouement public dont ces établissements ont été l'objet ; car les faits mieux étudiés ont prouvé qu'ils viennent tôt ou tard échouer contre l'*incapacité*, les *vices* ou la *paresse* des hommes qu'on y a réunis.

Que s'est-il passé en effet dans les colonies agricoles soit libres, soit forcées, fondées en Hollande et dans les Pays-Bas, dans le but de fournir du travail à tous les indigents valides? nous voyons dans l'excellent ouvrage de M. Naville sur la *Charité légale*, que les colonies agricoles des Pays-Bas ont commencé en 1822 ; dès 1827, on était forcé de retirer aux colons les plus paresseux les bestiaux qui leur avaient été confiés ; en 1828, on a retiré le reste de ce bétail ; et les colons, de l'état de fermiers, ont passé à celui de simples ouvriers.

Au 1er juillet 1832, la dette de la société montait à 1,621,000 fr., et l'inventaire, en y comprenant même les récoltes, ne donnait pour actif qu'une somme de 1,135,000 fr. ; ainsi le déficit était de 539,000 fr. Les souscriptions en étaient à une décroissance rapide, et tout faisait présager la fin prochaine de ces établissements qui se trouvaient déjà réduits, en 1828, à une position financière telle que, depuis *trois ans*, on n'avait pu recevoir que *douze familles dans les colonies libres*. Si nous examinons les faits qui concernent la Hollande, nous les trouvons encore moins satisfaisants, à en juger par le résultat ; car les subsides accordés aux indigents par les communes, les provinces ou l'état, depuis la fondation des colonies agricoles, ont été généralement en augmentant (*von Luttrvitz*); et les comptes officiels constatent qu'en 1832 on a été obligé de suspendre l'amortissement, en présence d'une dette de 8,611,000 fr. Nous croyons qu'il ressort de ces faits que l'on doit être fort circonspect toutes les fois qu'il s'agit d'apporter une modification quelconque au libre exercice de la charité. L'administration surtout doit éviter avec soin de s'interposer en aucune manière entre l'homme charitable et le pauvre ; car à l'insu des gens les mieux intentionnés, lorsqu'on agit ainsi, on est insensiblement conduit à la charité légale.

On commence par la *proscription de la mendicité ;* il faut ensuite en venir *au domicile de secours*, c'est-à-dire renvoyer chaque pauvre à son lieu de naissance ; le domicile de secours entraîne *les maisons de travail ;* car on voudra, pour les hommes valides du moins, que le secours devienne un salaire ; mais on se lasse bientôt, comme nous l'avons vu, des dons volontaires et des souscriptions qui alimentent des maisons de travail ne produisant presque rien, et il faut en définitive retomber dans l'état précédent ou établir une taxe pour faire marcher la maison de travail ; et alors on est complétement dans le système de la *charité légale* que lord Brougham représentait, en 1834, dans une séance du parlement, comme *la cause la plus puissante de la dégradation morale de la population de l'Angleterre.*

En nous résumant, nous dirons que, dans l'exercice de la charité, il faut se garantir de deux excès également fâcheux ; car, si d'une part une bienfaisance aveugle et la prodigalité des dons encouragent la paresse et produisent le paupérisme, de l'autre la charité qu'on appelle *restrictive* ou *conditionnelle*, qui ne s'accorde qu'à ceux dont les maux et les accidents n'ont pu être prévus par la prudence humaine, fait courir le danger de laisser sans secours des souffrances non méritées; il n'est point en effet de *criterium* certain pour reconnaître si l'homme qui demande est ou n'est pas dans le cas de la charité restrictive.

L'ouvrage de M. Naville, où nous avons puisé la plupart des faits qui concernent les maisons de travail et les colonies agricoles, renferme sur la question qui nous occupe des réflexions d'une grande portée.

Voici comment cet auteur s'exprime au sujet du paupérisme :

Opinion d'un pasteur protestant.

« Une seconde circonstance qui, comme le défaut de charité, peut contribuer à » amener la taxe ou à en seconder les progrès, c'est l'influence du protestantisme.

» C'est en Angleterre et en Hollande que la charité légale a acquis le plus de développement; elle n'a point pénétré en Irlande, et la Belgique ne la doit qu'à son » union avec la Hollande; elle s'enracine en Norwége, Danemark, Suède, et » à peine si on en trouve des traces en Espagne ; les états d'Allemagne qui nous ont » fourni les exemples les plus frappants de sa marche progressive et de ses tristes » effets sont ceux où le nombre des réformés l'emporte sur celui des catholiques ; » elle a fait presqu'autant de progrès dans le canton de Berne qu'en Angleterre; dans » le Valais, le Tessin et dans les cantons primitifs (catholiques) au contraire, elle a » fait peu de progrès. Le même résultat s'observe aux États-Unis. »

Ajoutons, pour donner plus de poids à cette opinion, que M. Naville est un pasteur protestant.

VIIᵉ SECTION.

ÉTUDES QUI SE RAPPORTENT AUX CALCULS DU SEPTIÈME TABLEAU.

Les principaux points traités dans ce tableau ont rapport à la *Criminalité*, au *Catholicisme* et à l'*Esprit de chicane*.

EXPOSÉ SOMMAIRE DES CALCULS DU 7ᵉ TABLEAU.

COLONNE n° 97. Acquittements des accusés.

La 97ᵉ colonne indique combien, sur 100 accusés, il y a eu d'acquittements dans chaque département, en 1829 et 1833.

On voit que le département moyen en a eu 40.

COLONNE n° 98. Accusés de crime en général.

La 98ᵉ colonne donne le nombre *total* des accusés de crime contre les personnes et contre les propriétés, jugés dans chaque département pendant les années 1828, 1829, 1830, 1831 et 1832.

On voit, à la ligne des totaux, que, pendant ces cinq années, leur nombre s'est élevé à 36,902; ce qui en donne 429 pour le département moyen (ou annuellement 86).

COLONNE n° 99. Accusés de crime immigrants.

La 99ᵉ colonne indique combien on a jugé, dans chaque département, d'accusés des autres départements, pendant les cinq années précitées.

On voit, à la ligne des totaux, qu'il y en a eu 10,066; ce qui en donne pour le département moyen 117 (ou annuellement 23).

COLONNE n° 100. Accusés de crime émigrants.

La 100ᵉ colonne indique combien, pour chaque département, il y a eu d'accusés qui sont allés se faire juger dans les autres départements, pendant les cinq années que nous avons citées.

On voit, à la ligne des totaux, que leur nombre s'est élevé à 8,539; ce qui en donne 99 pour le département moyen (ou annuellement 20).

COLONNE n° 101. Accusés de crime de chaque département.

La 101ᵉ colonne donne le total des accusés nés dans chaque département pendant les cinq années.

On voit, à la ligne des totaux, qu'il y en a eu 35,375; ce qui en donne 411 pour le département moyen (ou annuellement 82).

Les chiffres de la 102ᵉ colonne sont le cinquième de ceux de la colonne n° 101 ; ils indiquent, pour une année, le nombre des accusés de crime nés dans chaque département. COLONNE n° 102. Accusés de crime annuellement.

On voit, à la ligne des totaux, qu'il y en a 7,074; ce qui en donne 82 pour le département moyen.

La 103ᵉ colonne indique le nombre d'habitants qu'il a fallu dans chaque département pour fournir un accusé, pendant la période des cinq années que nous étudions. COLONNE n° 103. Combien d'habitants pour un accusé de crime.

On voit qu'il en a fallu 4,552 dans le département moyen.

La 104ᵉ colonne donne les nᵒˢ d'ordre des départements entr'eux, sous le rapport du nombre d'habitants qu'il faut dans chacun d'eux pour fournir un accusé de crime. COLONNE n° 104. N° d'ordre des départements.

Le n° 1 est affecté au département de l'*Ain*, qui a le moins de criminels, proportionnellement à sa population.

Voici, dans leur ordre, les noms des 17 départements de la série qui est dans ce dernier cas :

Ain (qui ne compte qu'un accusé de crimes sur 9,394 habitants), *Loire-Inférieure*, *Maine-et-Loire*, *Loire*, *Gironde*, *Saône-et-Loire*, *Deux-Sèvres*, *Isère*, *Vendée*, *Allier*, *Bouches-du-Rhône*, *Côte-d'Or*, *Cher*, *Creuse*, *Var*, *Finistère*, et *Nièvre* (qui compte encore 5,999 habitants pour un accusé).

Les 17 départements de la série opposée sont : *Seine* (qui compte un accusé sur 2,702 habitants), *Seine-Inférieure*, *Seine-et-Oise*, *Pyrénées-Orientales*, *Haut-Rhin*, *Moselle*, *Bas-Rhin*, *Ariège*, *Eure*, *Lozère*, *Eure-et-Loir*, *Aveyron*, *Calvados*, *Pas-de-Calais*, *Seine-et-Marne*, *Aube*, et *Yonne* (qui compte un accusé sur 3,850 habitants).

Les 105ᵉ et 106ᵉ colonnes indiquent, pour chaque département, quelle est, sur 100 accusés, la *balance* entre l'émigration et l'immigration ; la balance qui se rapporte à l'émigration est portée à la 105ᵉ colonne ; on trouve à la 106ᵉ la balance qui concerne l'immigration. COLONNES nᵒˢ 105 et 106. Balance entre l'émigration et l'immigration des accusés.

La 107ᵉ colonne donne le montant de la souscription pour la propagation de la foi catholique, pendant les huit ans écoulés de 1827 à 1834. COLONNE n° 107. Souscription pour la propagation de la foi catholique.

On voit, à la ligne des totaux, qu'elle s'est élevée à 2,330,200 francs ; ce qui donne 27,095 fr. pour le département moyen.

La 108ᵉ colonne indique à combien, pour 1,000 fr. d'impôts directs de toute espèce, s'est élevée la souscription pour la propagation de la foi catholique, pendant les huit ans dont nous venons de parler. COLONNE n° 108. Son rapport avec les impôts.

On voit que le département moyen a fourni 7 fr. 20 c. pour 1,000 fr. de cette nature d'impôts.

COLONNE n° 109.
N° d'ordre des départements.

La 109e colonne donne le n° d'ordre des départements entr'eux, sous le rapport du degré de catholicisme, en supposant l'esprit le plus catholique à ceux où la souscription pour la propagation de la foi catholique s'est élevée le plus haut.

Le n° 1 est affecté au département du *Rhône* qui a fourni la souscription la plus forte.

Voici, dans leur ordre, les noms des 17 départements de la série qui est dans ce dernier cas :

Rhône (qui en 8 ans a compté 33 fr. 40 c. de souscription pour mille francs d'impôts directs de toute nature), *Loire*, *Loire-Inférieure*, *Ille-et-Vilaine*, *Vaucluse*, *Haute-Marne*, *Cantal*, *Ardèche*, *Bouches-du-Rhône*, *Haute-Loire*, *Basses-Pyrénées*, *Lozère*, *Gers*, *Landes*, *Isère*, *Mayenne*, et *Sarthe* (qui compte encore 10 fr. 30 c.)

Les 17 départements de la série opposée sont: *Hautes-Pyrénées* (qui ne compte que 0 fr. 10 c.), *Cher*, *Indre*, *Corrèze*, *Dordogne*, *Ariège*, *Seine-et-Marne*, *Charente*, *Creuse*, *Lot*, *Haute-Vienne*, *Bas-Rhin*, *Haut-Rhin*, *Nièvre*, *Seine-et-Oise*, *Ardennes*, et *Aisne* (qui compte 1 fr. 90 c.).

COLONNE n° 110.
Esprit de chicane.

La 110e colonne indique quel est l'esprit de chicane des divers départements, en prenant pour base le nombre d'habitants que l'on a eu en moyenne, en 1832 et 1833, pour une affaire inscrite devant les tribunaux de première instance.

On voit que le département moyen compte une affaire inscrite sur 261 habitants.

COLONNE n° 111.
N° d'ordre des départements.

La 111e colonne donne le n° d'ordre des départements entr'eux sous le rapport de l'esprit de chicane; le n° 1 est affecté au département de la *Lozère* où cet esprit est le plus développé.

Voici, dans leur ordre, les noms des 17 départements de la série qui est dans ce dernier cas :

Lozère (qui ne compte que 69 habitants pour une affaire inscrite), *Seine*, *Yonne*, *Aveyron*, *Haute-Loire*, *Cantal*, *Nièvre*, *Hautes-Pyrénées*, *Ardèche*, *Isère*, *Calvados*, *Drôme*, *Hautes-Alpes*, *Doubs*, *Loire*, *Rhône*, et *Creuse* (qui en compte 184).

Les 17 départements de la série contraire sont: *Finistère* (qui ne compte qu'une affaire inscrite pour 1,547 habitants), *Morbihan*, *Mayenne*, *Vendée*, *Côtes-du-Nord*, *Nord*, *Ille-et-Vilaine*, *Deux-Sèvres*, *Sarthe*, *Loire-Inférieure*, *Maine-et-Loire*, *Landes*, *Pas-de-Calais*, *Somme*, *Pyrénées-Orientales*, *Loir-et-Cher*, et *Aisne* (qui en compte une pour 411 habitants).

RÉFLEXIONS SUR LES CALCULS DU 7e TABLEAU.

Les calculs portés sur le 7e tableau ont particulièrement pour but l'étude de la population de la France sous le rapport moral.

Moralité déduite de la criminalité.

Pour arriver au classement des départements suivant l'ordre de leur moralité, nous nous sommes servi des documents authentiques que le ministère de la justice publie, depuis 1825, sur l'administration de la justice criminelle; mais, au lieu d'admettre comme élément de calcul les *condamnés*, nous avons cru devoir prendre les accusés (1). C'est ainsi qu'en ont agi presque tous ceux qui se sont occupés d'études semblables.

Le motif en est évident : tout accusé n'est pas nécessairement coupable, il est vrai; mais il y a tant de formalités judiciaires avant qu'une affaire soit instruite et soumise au jury, que la chance de mise en accusation pour un homme complétement innocent est extrêmement rare. Cette chance agit d'ailleurs identiquement sur tous les départements; car l'action des procureurs-généraux et des procureurs du roi est partout la même, puisque l'impulsion part d'un centre commun, le ministère de la justice. D'ailleurs, en supposant l'erreur dans la mise en accusation, il n'en resterait pas moins évident que le crime a été commis dans le département, si ce n'est par l'accusé, c'est par un autre; et, sous le rapport statistique, ce fait est suffisant pour en déduire la moralité des départements entr'eux.

Pourquoi les accusés doivent être préférés aux condamnés pour juger de la moralité.

Il n'en serait pas de même si l'on eût admis seulement, pour base de la moralité, les condamnés pour crime devant le jury; ici rien n'est saisissable ni appréciable; car la conviction des jurés ne se fonde pas partout sur des éléments semblables. Les chances d'acquittement sont en effet bien différentes, suivant les lieux où l'on est jugé. On peut s'en faire une idée par les nombres de la colonne n° 97 du 7e tableau; ils indiquent combien, sur 100 accusés, il y en a eu d'acquittés dans les divers départements, pendant les années 1829 et 1833. Le département moyen donne 40 p. %, et l'on voit certains départements, les *Pyrénées-Orientales* et l'*Ariège*, en avoir jusqu'à 62 et 63, tandis que ceux de la *Seine-Inférieure* et de la *Meurthe* n'en comptent que 23 et 25.

Souvent même deux départements qui se touchent varient essentiellement entr'eux. Dans les *Ardennes*, 54 accusés sur 100 sont acquittés, tandis que dans la *Meuse* il n'y en a que 28, et dans la *Marne* 30.

---

(1) Les accusés de crimes politiques ont été exclus de tous nos calculs.

Nous avions eu l'intention de considérer les prévenus de délits en police correctionnelle comme un des éléments de moralité des départements ; mais nous avons dû renoncer à ce projet ; car, après avoir fait les calculs, il nous a paru évident que ces délits étaient en raison directe des surfaces des forêts. On le comprendra facilement, quand on saura qu'en 1829, par exemple, sur 176,227 prévenus de délits, 109,762 étaient poursuivis pour délits forestiers. Depuis 1830, cette proportion a encore augmenté; il a fallu dès lors renoncer à un élément de calcul qui donnait un si grand désavantage à tous les départements forestiers.

Le travail auquel nous nous sommes livré sur l'étude de la moralité des populations aurait eu beaucoup plus d'étendue, si l'ouvrage de M. Guerry, que nous avons déjà cité, ne nous avait paru remplir parfaitement le but que nous nous proposions.

Il est pourtant un point qui fait lacune dans cet ouvrage, si intéressant à tant de titres ; nous voulons parler des *émigrations et des immigrations des criminels.* Nous n'avons, jusqu'à présent, trouvé aucun auteur qui fît entrer cet élément dans ses calculs; cependant on en comprendra toute l'importance par un seul rapprochement. Quand il y a 100 accusés de crimes dans le département de la *Seine*, il y en a 58 qui viennent des autres départements (déduction faite des émigrants). Dans le département de la *Creuse*, au contraire, lorsque 100 accusés passent devant le jury, il y en a 94 de ce département, qui, déduction faite des immigrants, ont été commettre des crimes ailleurs et figurent dans le nombre des accusés des autres départements. Ainsi, 100 accusés jugés dans le département de la *Seine* n'en représentent que 42 nés dans ce département et jugés dans toute la France, tandis que, pour la *Creuse*, 100 accusés en représentent en réalité 194 nés dans son sein et jugés dans toute la France.

Tel est le motif principal qui fait apparaître une meilleure moralité pour les départements qui fournissent le plus d'hommes pour les émigrations. Les départements de la *Creuse* ou du *Cantal*, qui envoient des maçons dans tout le royaume, sont dans ce cas.

Si l'on considère le nombre des accusés de crime des cinq années qui ont servi de base à nos calculs, on voit que, dans cette période, il y a eu annuellement en moyenne 7,075 accusés de crime, dont un quart contre les personnes et trois quarts contre les propriétés. Si l'on réunit tous les accusés étrangers à chaque département, qui pourtant y ont été jugés, on arrive à une moyenne annuelle de 2,013, tandis que la moyenne annuelle des accusés français qui ont été jugés dans chaque département, quoique n'y étant pas nés, n'arrive qu'à 1,708. La différence, 305, représente le nombre d'étrangers à la France qui paraissent annuellement devant nos jurys.

On doit comprendre combien il était important, pour étudier la moralité relative des départements, de rendre à chacun d'eux les accusés de crimes qui leur appartiennent réellement par leur naissance ; car un mouvement annuel qui, sur 7,075 accusés, en donne 2,013 qui vont se faire juger dans des départements autres que celui de leur naissance, montre la nécessité du calcul que nous avons fait.

Les résultats généraux que présente la statistique criminelle sont effrayants par leur régularité. Lorsqu'on a étudié les divers tableaux de l'administration de la justice criminelle, et qu'on groupe les départements seulement dix par dix, on voit en effet chaque année le même nombre de crimes se reproduire dans chaque groupe avec des circonstances semblables. Les mêmes peines dans les mêmes proportions leur sont appliquées, et si la nature du travail que nous avons entrepris le permettait, nous aurions pu établir *par chiffres* que la France éprouve beaucoup plus de variations dans ses récoltes de *céréales* ou dans les *prévisions de ses budgets*, qu'elle n'en éprouve dans sa *récolte* de crimes, si je puis m'exprimer ainsi. Un seul exemple suffira. S'il est un crime qui dût échapper à la règle que nous venons de poser, et que d'autres ont signalée avant nous, c'est le *meurtre* qui, par sa nature, exclut la préméditation. Or, si l'on compare les cinq années que nous avons plus particulièrement étudiées, voici quels résultats on trouve : Régularité annuelle du nombre des crimes.

	1828,	1829,	1830,	1831,	1832.
Meurtres en général	227	231	207	266	254.
SAVOIR :					
Par fusil et pistolet	60	61	57	88	68.
Par sabre, épée ou poignard	8	7	12	30	26.
Par couteau	34	46	44	34	46.
Par bâtons et cannes	31	24	12	21	25.
Par pierres	21	21	11	9	13.
Par instruments piquants ou contondants.	42	45	46	49	40.
Par strangulation	2	2	2	4	5.
En précipitant ou noyant	6	1	4	3	29. (ensemble)
Par coups de pied et de poing	21	23	17	26	
Par le feu	»	1	»	»	».
Inconnus	2	»	2	2	2.
TOTAL ÉGAL	227	231	207	266	254.

En présence d'un résultat aussi extraordinaire, il est impossible de ne pas reconnaître que les faits de l'ordre moral tombent dans le domaine de la statistique, tout aussi bien que ceux de l'ordre physique ; et cette pensée a quelque chose de décourageant pour les personnes qui s'occupent de la perfectibilité humaine. Il semblerait en effet que le libre arbitre de l'homme n'existe qu'en théorie, et que chaque société renferme dans son sein des germes de mal qui doivent invinciblement se développer ; heureusement l'expérience, et surtout la raison, viennent combattre cette opinion. On voit en effet, en comparant entr'eux les divers états de l'Europe, que les rapports si réguliers et si constants qu'on observe dans chacun d'eux sont souvent fort différents même pour les parties qui se touchent ; une rivière, une chaîne de montagnes, une simple ligne de frontière n'ont pu occasionner cette différence ; ce n'est donc que par l'influence des institutions et des faits administratifs que l'on peut expliquer ces anomalies.

La conclusion est bien simple : en modifiant ces institutions ou ces faits, on peut diminuer la criminalité d'un pays.

DES RÉCIDIVES. Si cette vérité avait besoin d'être démontrée, nous demanderions aux adversaires de cette doctrine si le rapport au roi, qui précède chaque année le compte-rendu de l'administration de la justice criminelle, ne démontre pas clairement, par l'incroyable nombre de récidives que l'on y accuse, qu'il serait possible de diminuer sensiblement la criminalité de la France, en modifiant le système de nos bagnes et de nos prisons.

On est effrayé quand on pense que 56,000 individus passent annuellement dans nos prisons, et que, sur ce nombre, 48,000 rentrent dans la société, soit comme acquittés, soit comme condamnés à un emprisonnement qui n'excède pas la durée d'une année. Quel vaste champ pour un enseignement mutuel d'immoralité et de scélératesse !

Les faits vont révéler la gravité du mal que nous signalons.

Nous voyons, page 15 du rapport au roi, qui précède le compte-rendu de la justice criminelle de 1831, que le garde-des-sceaux se félicite de ce que « le nombre » des accusés en récidive, qui était chaque année en progression croissante, pré- » sente au contraire, pour 1831, un chiffre *moins élevé*; il n'est plus, dit-il, que de » 1,296, tandis qu'il était de 1,370 en 1830. »

Et pourtant, en tournant la page, on voit pour cette même année que les accusés en récidive ont été dans la proportion suivante : 31 p. % pour les libérés des *travaux forcés ;* 32 p. % pour les libérés de la *réclusion* ; 45 p. % pour les condamnés à *l'emprisonnement d'une année et plus*, et 46 p. % pour les condamnés à *d'autres peines correctionnelles moindres*; et c'est dans les *douze premiers mois* qui suivent leur libération que cette proportion énorme d'accusés en récidive a eu lieu ! Il serait impossible de donner une preuve plus convaincante que nos prisons inspirent peu d'effroi aux criminels, ne les corrigent presque jamais, et ne les punissent même pas toujours. On voit, en effet, dans une publication du ministère de l'intérieur *sur les maisons centrales de force et de correction* (page 57), qui a été distribuée aux chambres pendant la dernière session, que les condamnés en récidive rentrent dans certaines maisons de force « *avec gaîté, et le contentement que témoignent des parents sensibles,* » *lorsqu'après une longue absence ils rentrent au milieu d'une famille qu'ils affec-* » *tionnent.* »

Nous citerons plus tard d'autres passages non moins curieux de ce rapport.

Il faut un remède à ce mal ; il faut surtout avoir le courage de l'indiquer : ce remède, c'est qu'il est temps de résister à l'entraînement de cette fausse philanthropie qui, sacrifiant la défense de la société aux considérations individuelles, pousse tout à la fois cette société à l'abolition de la peine de mort, et à des améliorations dans le régime des bagnes et des prisons, qui iraient jusqu'à rendre le sort matériel des condamnés plus confortable que celui des soldats que nous appelons toutes les années à la défense du pays.

On se tromperait toutefois, si l'on pensait que nous sommes ennemi des améliorations dans le régime de nos prisons. Autant que qui que ce soit, nous en sentons le besoin ; mais les améliorations que nous désirons sont surtout celles de l'*ordre moral;* elles devraient avoir pour tendance de rendre à la société les condamnés meilleurs qu'ils n'étaient avant d'en être séparés. Une discipline rigoureuse nous paraît être le moyen le plus propre à atteindre ce but.

Un fait devrait ouvrir les yeux et montrer que les améliorations matérielles, réclamées par beaucoup de bons esprits, ont un résultat fâcheux, lorsqu'elles ont pour but de rendre la vie trop douce aux condamnés. Nous voulons parler des récidives, que l'on sait être d'autant plus nombreuses que la discipline est moins sévère; on en compte en effet moins dans les bagnes que dans les maisons centrales, et moins dans les maisons centrales que dans les prisons départementales. Dans ces dernières, les détenus sont soumis à une discipline fort douce, et souvent leur sort matériel ferait envie aux deux tiers des populations qui les fournissent.

Le grand nombre des récidives qui proviennent de ces dernières prisons tiendrait-il à ce bien-être et à cette absence de discipline que nous venons de signaler? Nous le pensons, et nous avons plus d'un fait à citer à l'appui de cette opinion; un seul suffira.

Preuve que les détenus sont mieux traités dans quelques prisons départementales, que les soldats et les cultivateurs.

Lorsque nous en serons à la VIIIe section, on verra que 9 départements seulement ont leurs habitants dans une condition de nourriture inférieure à celle que l'on observe dans le département de l'*Ain*. Voyons de quelle manière les prisonniers sont traités dans ce département.

La prison départementale de Bourg, que nous avons visitée en 1836, contenait alors 63 individus, tant prévenus qu'accusés ou condamnés; parmi ces derniers on comptait 5 assassins, 3 meurtriers et 1 incendiaire : c'est dire quelle nature d'hommes contenait cette prison. Ayant appris que, parmi les détenus mis aux fers, l'un d'eux s'y trouvait depuis plusieurs semaines pour refus de pain et rébellion à ce sujet, nous sommes resté pour assister à la distribution du jour, et juger par nous-même de la qualité du pain. Deux membres de la commission des prisons étant arrivés en même temps que cette livraison, on procéda à la vérification du poids qui se trouva exact ; un des pains ayant été goûté, nous l'avons trouvé d'une excellente qualité, et il nous a paru bluté à 4 ou 5 p. % de plus qu'un pain de munition auquel nous l'avons comparé. Le préfet, présent à cette comparaison, partagea cette opinion; il nous apprit qu'à la ration de pain ordinaire (750 grammes) on ajoutait, pour la soupe, 1 kilog. 250 grammes de pain blanc de 1re qualité par 25 prisonniers; cette soupe, que nous avons goûtée, était fort bonne; les objets de literie nous ont aussi paru ne rien laisser à désirer, particulièrement sous le rapport de la propreté. L'examen des lits ayant amené celui des dortoirs, nous n'avons pas été peu surpris en observant qu'une partie des détenus, *sous le moindre prétexte, ne descendaient pas dans les cours*; que d'autres même restaient dans leur lit toute la journée, s'ils le voulaient!

L'ensemble de tous ces faits nous a suggéré bien des réflexions.

Depuis onze ans que nous exerçons les fonctions de maire dans le département de l'*Ain*, nous avons été à portée de nous assurer, par une longue fréquentation avec les hommes de la campagne, que le pain ordinaire de la prison serait du *biscuit* pour la plupart des populations de ce département, et que la qualité du *pain de soupe* ne leur est pas même connue; nous croyons être en dessous de la vérité, en affirmant que les trois quarts des habitants de ce département sont *plus mal logés, plus mal nourris, plus mal couchés* que les détenus de la prison de Bourg; et nous ne nous étonnons plus du propos que tenait un cultivateur aisé de ce pays, en revenant de subir trois mois de prison : « On y est à merveille, disait-il à sa mère, et jamais je n'ai été tenu et » *hiverné* par vous aussi bien que je l'ai été pendant les trois mois que j'y ai passés. »

Avant de quitter le triste sujet qui nous occupe, nous ne pouvons résister au désir, au besoin même de faire une réflexion.

Le sort appelle un homme sous les drapeaux; dès qu'il est soldat, il ne peut plus avoir de volonté; on le fait lever et coucher à des heures fixes; toute la semaine, toute l'année, sa vie de caserne est pour ainsi dire *mécanisée*. Le détenu, au contraire, n'a presque point de sujétion dans sa prison : il est libre, dans la plupart des départements, d'employer ses loisirs ainsi qu'il le désire; et, chose bien plus grave, son pain est meilleur que celui du soldat. Y a-t-il justice dans cette manière de procéder? et puisque les nécessités de la discipline et de l'économie ne permettent pas de changer le régime militaire, ne serait-il pas indispensable de modifier celui de nos prisons départementales, et d'y établir ou le travail, ou une régularité de discipline analogue à celle de la vie de caserne?

Réforme urgente à opérer.

Il est un point surtout qui nous semble réclamer une prompte décision : nous voulons parler du *pain des prisonniers*. Nous ne pouvons comprendre le motif de la supériorité de ce pain sur celui qui alimente nos armées, et nous appelons de tous nos vœux, sur ce point et sur plusieurs autres, une réforme qui donnera au séjour de nos prisons départementales une efficacité de peine et d'intimidation qu'elles ne sauraient conserver sous un régime trop doux.

Le régime des maisons centrales n'est pas assez sévère.

Cette douceur de régime, que nous reprochons à la plupart des prisons départementales, n'existe pas à un moindre degré dans nos *maisons centrales*, qui pourtant ne renferment que des condamnés; on peut s'en convaincre en lisant l'analyse des réponses des directeurs de ces maisons à une circulaire ministérielle du 10 mars 1834. Comme cet ouvrage a été distribué aux Chambres, mais n'est pas dans le commerce, nous allons extraire quelques-unes des réponses de ces directeurs.

Clairvaux. — « Sur 655 condamnés en récidive, qui, au 1er avril 1834, se trou-
» vaient détenus dans la maison, 115 seulement étaient réputés fonder leurs
» principaux moyens d'existence sur l'habitude du vol.

» 506 coupables de nouveaux crimes ou délits contre les propriétés ou de vagabon-
» dage, étaient réputés n'avoir agi que dans l'unique but de *retourner en prison* pour
» y trouver des moyens d'existence assurés et une vie plus facile.

» 34 étaient coupables de crimes ou délits qui ne paraissaient avoir eu pour mobile
» ni le désir d'être réintégrés dans la prison, ni celui d'occuper indûment la pro-
» priété d'autrui.

» Enfin il était constant que, parmi les 115 de la 1re catégorie, 17 au moins avaient
» déclaré, à différentes époques, qu'ils n'avaient pris aucun soin pour éviter les
» poursuites de la justice, désireux qu'ils étaient de revenir passer un ou deux ans
» dans la maison centrale, pour y *remettre* leur santé délabrée par la débauche. »

Limoges. — « Le régime actuel des maisons centrales qui, dans le fait, ne sont
» pour les récidivistes que de *véritables pensionnats*, n'est aucunement répressif. »

Mont-St-Michel. — « Le régime actuel n'est pas assez sévère. Dans nos prisons,
» les détenus sont nourris, vêtus, bien couchés ; ils ont du travail, de l'argent. Le
» nécessaire en tout leur est largement donné ; ils y reviennent *avec plaisir*. Voilà
» la principale cause des récidives. »

Il est impossible, après la lecture de l'ouvrage dont nous venons de donner quelques extraits, de ne pas rester convaincu que le régime de nos *maisons centrales* n'est pas assez sévère ; mais nous croyons qu'il sera plus facile de remédier à ce mal pour ce genre de prisons que pour les prisons départementales. Il est en effet à craindre, pour ces dernières, que l'administration ne soit mal secondée, si ce n'est entravée dans cette utile réforme par les commissions des prisons, qui se croient exclusivement préposées à l'amélioration du sort matériel des prisonniers. Espérons toutefois qu'on ne se laissera pas rebuter par cet obstacle, et qu'une décision générale, applicable à toute la France, régularisera cette partie si importante du service public.

Depuis quelque temps, les esprits se préoccupent avec juste raison des faits que nous venons de signaler ; le nombre incessamment croissant des récidives, que l'on compte depuis quelques années, est bien fait pour fixer l'attention publique, et l'on paraît enfin vouloir revenir à la *véritable philanthropie* qui consiste, suivant nous, *à protéger efficacement la société* et non les individus *qui y jettent le désordre*.

Du système pénitentiaire.

De tous les systèmes proposés par ceux qui ont écrit sur cette matière, celui qui a été le plus préconisé est le *système pénitentiaire*; mais on est fort embarrassé, lorsque de la théorie on veut passer à l'application. On sait en effet que la *réclusion cellulaire*, pendant la nuit, est la base de tout système pénitentiaire, et l'on s'effraie des 60,000 cellules qu'il faudrait établir pour les besoins actuels de toutes nos prisons.

On dit, il est vrai, qu'en Angleterre chaque cellule ne coûte que 650 fr. de construction, et qu'aux États-Unis la dépense est encore inférieure ; on en conclut qu'en France il en serait de même. C'est, suivant nous, une grande erreur : les faits et les essais tentés jusqu'à ce jour protestent contre cette opinion. On sait, par exemple, que la prison de La Roquette, à Paris, a coûté plus de 3 millions, et que, dans certains cas, des prisons pénitentiaires ont coûté plus de 12,000 francs par tête de détenus (Genève).

Nous sommes pourtant fort éloigné de prétendre que les raisons d'économie doivent arrêter l'administration ou les chambres ; mais nous pensons qu'il y a lieu d'examiner plus sérieusement et d'attendre ; voici le motif de notre opinion :

L'Angleterre, que bien des publicistes jugeaient sur quelques maisons exceptionnelles, et qu'on présentait, il y a encore peu d'années, comme un modèle, vient seulement, en 1835, de régulariser son système d'emprisonnement en le *centralisant;* bientôt 21,000 cellules, réparties dans toutes les prisons de ce royaume, la séparation entière des personnes, excepté aux heures de travail ou d'exercices religieux, et l'observation du silence, donneront à ce pays un avantage incontestable sur le nôtre qui lui était encore si supérieur il y a peu d'années. Que n'attendons-nous le résultat de cette grande expérience, avant de nous lancer dans une innovation aussi coûteuse? Déjà la prudence de l'administration nous a fait échapper à l'engouement momentané dont les *colonies agricoles*, *libres ou forcées*, ont été l'objet; et maintenant ces établissements sont jugés par les faits, ainsi que nous l'avons vu dans une des sections précédentes ; agissons de la même manière avant de bouleverser toutes nos prisons. Qui nous dit qu'un régime de dortoirs bien surveillés ne serait pas préférable aux cellules, si l'on employait à cette surveillance seulement la moitié des sommes nécessaires à la construction de ces cellules?

Nous avons été à même de nous assurer directement que plusieurs personnes, qui ont fait de longues études sur cette matière, doutent du succès de la réclusion cellulaire pour la nuit, et préféreraient un système de grands dortoirs bien surveillés. Nous n'avons aucune opinion arrêtée sur ce sujet ; mais nous remarquerons toutefois que plusieurs directeurs de nos maisons centrales sont opposés au système cellulaire, ainsi qu'on peut le voir dans l'analyse des réponses dont nous avons parlé. Nous citerons entr'autres MM. Diey à *Beaulieu*, Rolland-Boulland à *Clermont*, Marquet-Vasselot à *Loos*, et Martin-Deslandes au *Mont-St-Michel.*

Ayons donc la patience d'attendre et de voir ce que deviendra l'expérience que l'Angleterre fait en ce moment. Déjà plus de 10,000 cellules sont construites dans ce royaume; sous peu, les résultats se feront connaître ; on pourra alors se décider avec connaissance de cause. Il est pourtant un motif qui nous fait désirer de voir faire immédiatement quelques essais du régime cellulaire dans le midi de la France ; car il se peut que, dans cette partie du royaume, le défaut d'air dans les cellules, la vermine, ou toute autre cause imprévue y rende ce système impossible.

S'il fallait résumer notre opinion sur le système pénitentiaire, nous dirions :

Bases du système pénitentiaire tel que nous le comprenons.

1° Qu'avant tout il faut uniformiser le régime de nos prisons centrales et départementales, et créer une *direction générale* au ministère de l'intérieur, uniquement chargée de ce soin.

Que les prisons départementales, surtout, ont un besoin urgent d'une action centrale : car il n'y a pas d'uniformité, même entre les départements limitrophes, ni pour la qualité, ni pour le poids de la ration de pain des détenus (1) ; que cette uniformité n'existe pas davantage pour les maisons centrales, ainsi qu'on peut le voir dans l'analyse (page 21) des réponses des directeurs que nous avons déjà citées; c'est ainsi qu'à *Beaulieu* et à *Limoges* les cantines vendent du vin, tandis que la plupart des autres maisons ne tolèrent pas cette vente.

2° Que le système pénitentiaire d'Auburn (États-Unis), qui se compose 1° de la réclusion cellulaire pour la nuit, 2° du travail silencieux le jour *sans rétribution pour le détenu*, 3° d'exhortations morales et religieuses, nous paraît être le but auquel on doit tendre ; mais qu'avant de faire les énormes dépenses qu'entraîne la construction des cellules, conséquences du système d'Auburn, il faudrait essayer celui des grands dortoirs bien surveillés, qui a été proposé par plusieurs directeurs de nos maisons centrales.

3° Qu'il faudrait immédiatement construire dans nos prisons des cellules ténébreuses de punition, aussi sur le système d'Auburn; ces cellules ne contiennent jamais qu'un prisonnier, et doivent être entièrement privées de lumière.

4° Que les congrégations religieuses, telles que celles des frères et sœurs de St-Joseph employées au pénitentiaire des femmes et des jeunes détenus de Perrache (Lyon), devraient être essayées ailleurs ; car il est possible que les prisons ne puissent être réformées moralement que par ce moyen. On se félicite beaucoup à Bourg d'avoir employé des sœurs de la congrégation de St-Joseph pour les maisons d'aliénés des deux sexes ; et nous pensons que, lorsque l'opinion publique sera revenue des préventions très-fondées que les empiétements du clergé avaient fait naître pendant les dernières années de la restauration, on en viendra au moyen que nous proposons. Tout nous porte à croire qu'en combinant l'action de ces congrégations avec celle des *associations de patronage* pour les jeunes libérés, telles qu'elles existent à Lyon et dans plusieurs grandes villes du royaume, on arrivera à des résultats de plus en plus satisfaisants.

5° Que l'on doit poser en principe, comme on le fait aux États-Unis, que l'entretien des condamnés doit être à leur charge, et qu'ainsi le produit de leur main-d'œuvre doit légalement appartenir à l'état. La seule exception qu'il nous semble raisonnable de faire à cette règle concerne le *pécule de sortie ;* nous pensons que le tiers du travail

(1) Prison de Bourg (Ain), ration de pain, 800 grammes de deux qualités ; prison de Perrache (Rhône), ration de pain, 735 grammes d'une seule qualité.

des condamnés doit toujours leur être réservé pour l'époque si critique où ils rentrent dans la société; mais nous ne comprenons ni la nécessité, ni même l'utilité du *denier de poche* (c'est le tiers de la valeur du travail), et nous y voyons de graves inconvénients. En cas de refus de travail, on sait qu'avec la *cellule ténébreuse* on vient à bout des plus récalcitrants.

6° Que la suppression de toutes cantines, même d'*épicerie*, doit être générale et absolue, soit dans les maisons centrales, soit dans les prisons départementales. On voit quelquefois des hommes ivres dans les prisons: ce seul fait accuse tout notre système actuel de répression.

7° Que les récidivistes, qu'on peut considérer comme l'*état-major* des criminels, devraient être assujettis à une discipline plus sévère que les autres détenus, en se réservant de les faire passer, à titre de récompense de bonne conduite, au régime ordinaire de la prison. Les prévenus et les accusés, au contraire, devraient être mieux traités; et s'il était possible de les séparer complétement des criminels, et surtout des correctionnels qui paraissent être la classe la plus pervertie des détenus, nous pensons qu'alors on pourrait avoir une cantine à leur usage, mais seulement pour l'épicerie.

8° Que tous les condamnés, sans exception, doivent être assujettis à un régime alimentaire plus économique que celui qui est actuellement en usage dans nos maisons centrales, et que particulièrement le *service gras* du jeudi doit être supprimé.

Ce n'est qu'en adoptant l'ensemble d'un système à peu près semblable à celui que nous venons de développer, qu'on pourra rendre à nos prisons le caractère d'*intimidation* qu'elles ont malheureusement perdu.

Revenons à notre sujet.

Résultats généraux des études sur la criminalité.

Si l'on cherche quels sont les résultats généraux que présente la criminalité des cinq années écoulées de 1828 à 1832, que nous avons plus particulièrement étudiées, on voit qu'en somme la France du nord n'a pas une aussi bonne moralité que celle du midi. Les départements qui avoisinent Paris, ceux de la Normandie et de l'Alsace, sont particulièrement dans ce cas. Dans le midi, les départements qui composaient le Languedoc sont, pour la plupart, ceux qui se font remarquer par la plus mauvaise moralité. La Bretagne et en général l'ouest de la France sont dans le cas contraire.

Si nous considérons isolément les crimes contre les personnes, on voit que les départements du midi en comptent un plus grand nombre; on dirait que déjà ils se ressentent du voisinage de l'Espagne, où, comparativement à la population, les crimes de ce genre ont été, en 1826, 45 fois plus fréquents qu'ils ne le sont en France.

Si nous comparons les départements où il y a le plus de crimes à ceux où l'industrie est le plus développée, nous voyons que les auteurs qui donnent aux pays industriels une moralité moins bonne sont, en général, dans le vrai; mais il y a pourtant à cette règle des exceptions beaucoup plus nombreuses qu'on ne le suppose. C'est ainsi que les départements des *Bouches-du-Rhône*, du *Rhône*, de la *Gironde*, du *Nord*, des *Ardennes*, de la *Meuse* et de la *Loire-Inférieure* ont une très-bonne moralité, tandis que les départements de la *Lozère*, de l'*Aveyron*, de l'*Ariège*, et dix autres de cette partie si peu industrielle de la France, ont une moralité de beaucoup inférieure à celle du département moyen.

Si nous différons un peu sur ce point avec la plupart des auteurs qui ont étudié cette question, nous devons l'attribuer à ce que l'on ne rendait pas aux départements pauvres et non industriels les accusés de crimes qui leur appartenaient par leur origine, et qu'ainsi l'appréciation de la moralité des pays industriels était altérée.

Nous avons vu précédemment que l'ignorance n'est en aucune manière un motif de criminalité; nous ne reviendrons donc pas sur ce sujet.

Emigrations et immigrations des populations.

Les calculs portés aux 106e et 107e colonnes, relatifs aux émigrations et immigrations de criminels, dont nous avons déjà parlé ailleurs, peuvent servir de base pour l'étude du mouvement des populations dans l'intérieur de la France.

Si nous examinons quels sont les départements qui reçoivent le plus de Français nés dans les autres départements, on voit figurer en première ligne ceux qui ont des chefs-lieux très-populeux ou des ports de mer de grand commerce; les départements situés le long de nos rivières et de nos fleuves viennent ensuite, c'est-à-dire que l'on compte, dans la série des 17 départements qui sont en première ligne pour les immigrations, la *Seine*, le *Rhône*, la *Gironde*, les *Bouches-du-Rhône*, la *Loire-Inférieure*, le *Loiret*, le *Haut* et le *Bas-Rhin*, et la *Seine-Inférieure*.

La conséquence forcée de ce qui précède est que les parties montueuses et privées de grands cours d'eau envoient une partie de leur population dans les autres départements; les montagnards de l'Auvergne et des Alpes sont plus particulièrement dans ce cas. Pourtant la population de ces derniers pays, et celle des montagnards des Pyrénées et des Cévennes (*Voir colonne n° 5*), augmentent bien plus rapidement que celle des plaines qui reçoivent tant d'immigrations! Nous ne savons encore comment expliquer ce fait.

CATHOLICISME.

Passons à l'examen du degré relatif des départements entr'eux, sous le rapport du zèle religieux (nous n'entendons parler que de la religion catholique). Une partie aussi importante des études morales ne pouvait manquer d'attirer toute notre attention, car il n'existe rien de satisfaisant sur cette matière. Les uns ont pris pour base de leur comparaison le nombre des ecclésiastiques comparé à celui de la population; d'autres se sont servis du nombre de donations faites aux pauvres; d'autres ont espéré avoir un élément plus certain dans le nombre des étudiants ecclésiastiques, constaté par les cahiers du recrutement. Nous avons cru approcher davantage de la vérité en prenant pour base les souscriptions faites, pendant une série de huit ans, pour la *propagation de la foi catholique*; les résultats auxquels nous sommes arrivé par cette voie nous ont paru assez en harmonie avec l'opinion qu'on se fait du degré de catholicisme des diverses parties de la France. Nous ne présentons toutefois nos résultats qu'avec une sorte de défiance; car cette partie de la statistique morale, qui présente un si grand intérêt, ne peut être faite exactement qu'avec le concours du haut clergé; mais l'esprit de défiance avec lequel il accueille toute démarche qui a trait à cette matière nous fait présumer que ce concours sera difficile à obtenir. Il est dès-lors fâcheux que cette nature d'investigation ne puisse être constatée directement par le pouvoir civil.

Si nous examinons de quelle manière les calculs de la 108ᵉ colonne répartissent l'esprit de catholicisme, nous voyons que les départements qui entourent Lyon ou qui sont au midi de cette ville, et ceux de la Bretagne et du littoral du golfe de Gascogne, sont ceux où le catholicisme est le plus développé.

Preuve de la meilleure moralité des parties les plus catholiques.

Si l'on compare l'ordre des départements entr'eux, sous ce dernier rapport et sous celui du nombre des accusés de crimes porté à la 103ᵉ colonne, il est impossible de n'être pas frappé de la meilleure moralité que présentent les pays où la règle catholique est le mieux observée. Un seul exemple suffira pour établir ce fait : dans la France du nord, qui ne compte qu'un seul des 17 départements de la série qui est la plus catholique, on en trouve 13 de la série des 17 départements où il y a le plus d'accusés de crimes, tandis que, sur les 54 départements de la France du midi, 4 seulement sont de cette dernière série.

Il en est de même dans l'ouest de la France; car, sur les 9 départements du littoral compris depuis les Pyrénées jusqu'au cap Finistère, pas un seul ne figure dans les deux séries de départements où il y a le plus d'accusés de crimes, tandis que tous, excepté celui de la *Charente-Inférieure*, sont compris dans les deux séries où il y a le plus de catholicisme.

Les crimes contre les personnes ne sont pas plus nombreux dans les parties les plus catholiques.

On pense assez généralement que les crimes contre les personnes sont plus nombreux dans les départements où la règle catholique est le mieux observée; cette assertion n'est pas exacte, car la Bretagne, les départements de l'ouest et ceux qui entourent Lyon, qui sont les plus catholiques de la France, comptent peu de crimes contre les personnes. Ce sont nos départements des frontières de l'est et du midi de la France, et particulièrement une partie de ceux de l'ancienne province du Languedoc, qui présentent la plus mauvaise moralité sous ce rapport.

Nous avons voulu faire une autre comparaison, et voir si l'observance du catholicisme avait quelque influence sur le nombre des naissances illégitimes; il nous a été impossible de rien conclure à cet égard.

Les parties les plus catholiques comptent le plus d'enfants trouvés.

Le nombre des enfants trouvés ayant aussi été l'objet de nos comparaisons, il nous a été facile de reconnaître que, sous ce rapport, les départements les plus catholiques ont une *infériorité* marquée.

Si l'on met en effet le département de la *Seine* hors de ligne, à cause de la capitale, on voit que, dans les 32 départements de la France du nord, deux seulement sont de la série des 17 départements où il y a le plus d'enfants trouvés, tandis qu'on en compte 14 dans la France du midi.

Les départements de la Bretagne, en ce qui concerne les enfants trouvés et les naissances illégitimes, conservent une grande supériorité morale sur le reste du pays; plus on étudie les questions de moralité, plus on acquiert la conviction que cette ancienne province, malgré son ignorance et la misère de ses habitants, n'a rien à envier à aucune autre partie du royaume.

Nous terminons ce que nous avions à dire sur le catholicisme, en exprimant le regret de voir le clergé témoigner une sorte de répugnance à concourir aux recherches dont nous nous sommes occupé; très-probablement il en serait résulté la *preuve* de l'heureuse influence que la religion exerce sur le moral des populations; nous y croyons : mais nous aurions été heureux d'acquérir et de donner cette preuve d'une manière plus large et plus complète.

Esprit de chicane.

Il ne nous reste plus à examiner, sur le 7ᵉ tableau, que les faits qui concernent l'*esprit de chicane*. Le nombre des affaires inscrites devant les tribunaux de 1ʳᵉ instance a servi de base à nos calculs; ces calculs indiquent que les départements dont Lyon et l'Auvergne seraient le centre, et ceux qui composaient l'ancienne Normandie (le département de l'*Orne* excepté), sont beaucoup plus disposés à la chicane que le reste de la France. On voit en effet, dans cette première partie (Auvergne), un groupe de 10 départements limitrophes qui tous sont de la série où, sur 100 habitants, il y a le plus d'affaires inscrites devant les tribunaux de première instance.

Il est à remarquer que les parties de la France où l'esprit de chicane est le plus développé sont précisément celles où il y a le plus d'insoumis au recrutement et le plus de déserteurs. Ce n'est pas la première fois que nous avons été à même de reconnaître que les pays où les lois s'exécutent difficilement sont précisément ceux où les habitants y ont le plus souvent recours pour les interpréter dans leur intérêt privé.

Le catholicisme ou l'instruction ne paraissent exercer aucune influence sur le développement de l'esprit de chicane. On peut en dire autant du morcellement ou de la concentration de la propriété; nous croyons même que sur ce point, par des circonstances qui nous échappent, les faits sont directement contraires à l'opinion reçue.

Le morcellement des propriétés et le nombre des procès ne sont pas en rapport direct.

On observe en effet un morcellement du sol *moins grand* dans les départements où il y a le plus de procès civils; faisons quelques calculs à ce sujet.

Les *Documents statistiques*, publiés en 1835 par M. Duchâtel, indiquent le nombre des parcelles que l'on a dans chaque département. On voit, à la page 15 de cet ouvrage, qu'en 1834 on comptait 123,360,338 parcelles pour toute la France : ce qui établit la surface moyenne de chaque parcelle à 43 ares.

Voyons quelle est cette surface dans les départements qui, sous le rapport de l'esprit de chicane, sont aux deux extrémités de l'échelle.

	Combien d'habitants pour une affaire civile inscrite.		Surface des parcelles des dix départements où l'esprit de chicane est le plus développé.		Combien d'habitants pour une affaire civile inscrite.		Surface des parcelles des dix départements où l'esprit de chicane est le moins développé
Lozère	69	...	93 ares.	*Finistère*	1,547	...	40 ares.
Seine	102	...	12 *id.*	*Morbihan*	1,495	...	36 *id.*
Yonne	112	...	25 *id.*	*Mayenne*	1,037	...	58 *id.*
Aveyron	118	...	76 *id.*	*Vendée*	910	...	43 *id.*
Haute-Loire	137	...	38 *id.*	*Côtes-du-Nord.*	887	...	40 *id.*
Cantal	143	...	76 *id.*	*Nord*	756	...	42 *id.*
Nièvre	145	...	65 *id.*	*Ille-et-Vilaine.*	741	...	41 *id.*
Hautes-Pyrénées	149	...	67 *id.*	*Deux-Sèvres*	687	...	42 *id.*
Ardèche	155	...	43 *id.*	*Sarthe*	621	...	59 *id.*
Isère	157	...	54 *id.*	*Loiret*	611	...	29 *id.*
TOTAL...	1,287	...	549.	TOTAL...	9,292	...	430.
Moyenne	129	...	55 ares.	Moyenne	929	...	43 ares.

Ainsi, on voit que les 10 départements où il y a en moyenne une affaire civile inscrite par 129 habitants, ont en moyenne un morcellement qui n'est que de 55 ares par parcelle, tandis qu'il est de 43 ares pour les 10 départements où l'esprit de chicane est le moins développé; car on n'y compte en moyenne qu'une affaire civile pour 929 habitants.

Nous ne savons comment expliquer le fait que nous venons de signaler.

Il nous serait facile d'établir d'une manière tout aussi positive que, contrairement à l'opinion reçue, la richesse et l'industrie ne développent en aucune manière l'esprit de chicane; il suffit d'ailleurs de lire avec attention les noms des départements que nous venons de citer, pour être convaincu de notre assertion.

La seule chose qui paraisse ressortir clairement de nos études, c'est que les pays montueux, et la plupart des départements de la Normandie, ont un esprit de chicane très-développé, tandis que les pays de plaines, ou les départements de l'ouest de la France, sont dans le cas contraire.

Des suicides.

Les calculs qui ont rapport au nombre des suicides qui se commettent annuellement, auraient dû figurer dans le 7e tableau, qui se compose presque exclusivement des études morales; mais tant de personnes ont traité ce sujet, que nous n'en dirons que quelques mots.

On sait qu'environ 2,000 suicides sont constatés légalement toutes les années; ce nombre est plus grand que celui des crimes contre les personnes, et il est *trois fois plus fort* que celui des assassinats et des meurtres réunis!

La maladie morale que nous venons de signaler augmente toutes les années d'une manière effrayante, et bien des personnes ignorent que Paris compte déjà, à population égale, deux fois plus de suicides que Londres.

Les départements les plus riches et les plus industriels sont ceux où les hommes attentent le plus souvent à leur vie; ceux du centre et de l'ouest de la France, qui sont si pauvres et si ignorants, sont dans le cas contraire.

Si les recherches qui ont été faites par M. Guerry sont exactes, comme tout le fait présumer, on voit qu'à Paris, sur 100 personnes qui veulent se suicider, 35 se manquent ou ne réussissent qu'à abréger leurs jours à travers de longues souffrances. Ce fait paraît incroyable; on devrait le rendre public; il retiendrait peut-être plus d'une personne au moment fatal.

VIIIe SECTION.

ETUDES QUI SE RAPPORTENT AUX CALCULS DU HUITIEME TABLEAU.

Les principaux points qui sont traités dans ce tableau ont rapport aux *salaires*, à la *nourriture des habitants* et aux *élections*.

EXPOSÉ SOMMAIRE DES CALCULS DU 8e TABLEAU.

COLONNE n° 112. Propriétaires.

La 112e colonne contient le nombre de propriétaires que l'on compte dans chaque département.

On voit qu'il y en avait, en 1834, 10,896,682; ce qui en donne 126,705 pour le département moyen.

COLONNE n° 113. Combien d'habitants pour un propriétaire.

La 113e colonne indique combien on compte d'habitants sur le recensement de 1831, pour 100 propriétaires.

On voit que le département moyen en compte 298.

COLONNE n° 114. N° d'ordre des départements.

La 114e colonne indique le n° d'ordre des départements entr'eux, sous le rapport du nombre des propriétaires qui s'y trouvent.

Le n° 1 est affecté au département de l'*Aube*, qui en compte le plus.

Voici, dans leur ordre, les noms des 17 départements de la série qui est dans ce dernier cas :

Aube (qui compte 100 propriétaires sur 133 habitants), *Yonne*, *Seine-et-Marne*, *Oise*, *Marne*, *Eure-et-Loir*, *Charente-Inférieure*, *Seine-et-Oise*, *Meuse*, *Vienne*, *Somme*, *Deux-Sèvres*, *Haute-Marne*, *Côte-d'Or*, *Eure*, *Charente*, et *Bas-Rhin* (qui en compte 242).

Les 17 départements de la série opposée sont : *Seine* (qui ne compte que 100 propriétaires pour 1395 habitants), *Landes*, *Haute-Vienne*, *Finistère*, *Seine-Inférieure*, *Rhône*, *Corrèze*, *Basses-Pyrénées*, *Mayenne*, *Nord*, *Allier*, *Cantal*, *Loire*, *Bouches-du-Rhône*, *Creuse*, *Côtes-du-Nord*, et *Sarthe* (qui en compte 368).

COLONNE n° 115. Frais de poursuites pour impôts directs.

La 115e colonne indique, pour 1834, combien il a fallu faire de frais de poursuites dans chaque département, pour recouvrer 1,000 fr. de contributions directes.

On voit que, dans le département moyen, ces frais se sont élevés à 3 fr. 40 c.

La 116ᵉ colonne indique le nᵒ d'ordre des départements entr'eux, sous le rapport des frais de poursuites que la rentrée des impôts directs a nécessités. COLONNE nᵒ 116. Nᵒ d'ordre des départements.

Le nᵒ 1 est affecté au département de la *Charente-Inférieure*, qui a occasionné le plus de frais de cette nature.

Voici, dans leur ordre, les noms des 17 départements de la série qui est dans ce dernier cas :

Charente-Inférieure (qui, pour 1,000 fr. d'impôts directs perçus, a occasionné 9 fr. de frais), *Pyrénées-Orientales*, *Indre*, *Lozère*, *Ariège*, *Dordogne*, *Gironde*, *Hautes-Pyrénées*, *Gers*, *Corrèze*, *Haute-Loire*, *Aveyron*, *Landes*, *Tarn-et-Garonne*, *Bouches-du-Rhône*, *Puy-de-Dôme*, et *Basses-Pyrénées* (qui a nécessité 5 fr. 90 c.)

Les 17 départements de la série opposée sont : *Maine-et-Loire* (qui pour 1,000 fr. d'impôts directs perçus n'a occasionné que 90 cent. de frais), *Mayenne*, *Haute-Marne*, *Vosges*, *Sarthe*, *Oise*, *Nord*, *Pas-de-Calais*, *Ardennes*, *Aisne*, *Meuse*, *Seine-et-Marne*, *Haute-Saône*, *Meurthe*, *Moselle*, *Vendée*, et *Somme* (qui a nécessité 1 fr. 60 cent.).

La 117ᵉ colonne indique quel est le salaire annuel des cantonniers des routes royales pour 1835. COLONNE nᵒ 117. Salaire des cantonniers.

On voit, à la ligne du département moyen, que le salaire moyen, pour toute la France, est de 456 fr.

La 118ᵉ colonne indique le nᵒ d'ordre des départements entr'eux, sous le rapport du salaire des cantonniers. COLONNE nᵒ 118. Nᵒ d'ordre des départements.

Le nᵒ 1 est affecté au département de la *Seine*, où ce salaire est le plus élevé.

Voici, dans leur ordre, les noms des 17 départements de la série qui est dans ce dernier cas :

Seine (où l'on paie 781 fr. de salaire), *Seine-et-Oise*, *Bouches-du-Rhône*, *Loiret*, *Seine-et-Marne*, *Maine-et-Loire*, *Loir-et-Cher*, *Rhône*, *Isère*, *Seine-Inférieure*, *Vaucluse*, *Gironde*, *Haute-Vienne*, *Loire-Inférieure*, *Cantal*, *Basses-Alpes*, et *Pyrénées-Orientales* (où ce salaire est de 489 fr.).

Les 17 départements de la série opposée sont : *Morbihan* (où l'on paie 360 fr. de salaire), *Côtes-du-Nord*, *Manche*, *Côte-d'Or*, *Ille-et-Vilaine*, *Tarn*, *Indre*, *Jura*, *Nord*, *Sarthe*, *Orne*, *Nièvre*, *Eure*, *Cher*, *Ariège*, *Vienne*, et *Mayenne* (où ce salaire est de 411 fr.).

La 119ᵉ colonne indique combien on a consommé d'hectolitres de froment et méteil pour 100 habitants, dans chaque département, pendant les années 1825, 1826, 1827 et 1828. COLONNE nᵒ 119. Consommation du froment.

On voit que le département moyen en a consommé 181.

COLONNE n° 120. Consommation des autres grains.

La 120ᵉ colonne indique combien on a consommé, dans chaque département, d'hectolitres de seigle, d'orge, d'avoine, de sarrazin, de maïs et de menus grains pour 100 habitants, pendant les mêmes années.

On voit que le département moyen en a consommé 148.

COLONNE n° 121. Consommation des grains de tous genres.

La 121ᵉ colonne indique combien on a consommé d'hectolitres de céréales et de menus grains de toute espèce dans chaque département, pour 100 habitants. Cette colonne est la somme des deux précédentes.

On voit, à la ligne du département moyen, que la consommation moyenne pour toute la France a été de 339 hectolitres pour 100 habitants.

COLONNE n° 122. Rapport de la consommation du froment à celle des autres grains.

La 122ᵉ colonne indique combien, pendant les mêmes années, on a consommé, dans chaque département, d'hectolitres de seigle, d'orge ou d'autres grains inférieurs pour un hectolitre de froment et méteil.

On voit que le département moyen en a consommé 82 centièmes.

COLONNE n° 123. N° d'ordre des départements.

La 123ᵉ colonne indique le n° d'ordre des départements entr'eux, sous le rapport de la nature des grains consommés dans chaque département.

Le n° 1 est affecté au département du *Nord*, où l'on consomme le plus de froment et méteil, comparativement aux autres grains.

Voici, dans leur ordre, les noms des 17 départements de la série qui est dans ce dernier cas :

Nord (où, pour 100 hectolitres de froment et méteil, on ne consomme que 6 hectolitres d'autres grains), *Eure*, *Gers*, *Seine-et-Marne*, *Bouches-du-Rhône*, *Var*, *Meurthe*, *Hérault*, *Pas-de-Calais*, *Seine-Inférieure*, *Meuse*, *Seine*, *Tarn-et-Garonne*, *Oise*, *Aisne*, *Seine-et-Oise*, et *Somme* (où l'on consomme 34 hect.).

Les 17 départements de la série opposée sont : *Creuse* (qui pour 100 hectolitres de froment ou méteil consomme 1524 hectolitres d'autres grains), *Corrèze*, *Cantal*, *Loire*, *Haute-Loire*, *Finistère*, *Morbihan*, *Côtes-du-Nord*, *Haute-Vienne*, *Ain*, *Mayenne*, *Landes*, *Ardèche*, *Puy-de-Dôme*, *Aveyron*, *Basses-Pyrénées*, et *Allier* (où l'on en consomme encore 224).

COLONNE n° 124. Elections politiques.

La 124ᵉ colonne indique combien, sur 100 électeurs inscrits sur les listes électorales, il y en a qui ont voté en 1834 pour la nomination des députés.

On voit que le département moyen en a compté 75.

COLONNE n° 125. Elections départementales.

La 125ᵉ colonne indique combien, sur 100 électeurs inscrits, il y en a eu qui ont voté en 1833 pour la nomination des membres des conseils-généraux et des conseils d'arrondissement.

On voit que le département moyen en a eu 56.

La 126ᵉ colonne est la moyenne des deux précédentes. COLONNE n° 126. Zèle électoral depuis 1830.

On voit, à la ligne du département moyen, que pour les élections de toute nature, de 1833 et 1834, il y a eu en moyenne 66 électeurs sur 100 qui ont usé de leurs droits.

La 127ᵉ colonne indique le n° d'ordre des départements entr'eux, sous le rapport du zèle électoral. COLONNE n° 127. N° d'ordre des départements.

Le n° 1 est affecté au département de l'*Aube*, qui compte le plus d'électeurs ayant usé de leurs droits.

Voici, dans leur ordre, les noms des 17 départements de la série qui est dans ce cas :

Aube (où sur 100 électeurs on compte 77 votants effectifs), *Bas-Rhin*, *Hautes-Alpes*, *Lozère*, *Ardennes*, *Moselle*, *Pas-de-Calais*, *Aude*, *Aveyron*, *Ariège*, *Hautes-Pyrénées*, *Tarn*, *Doubs*, *Loir-et-Cher*, *Yonne*, *Gard*, et *Jura* (qui en compte 71 p. %).

Les 17 départements de la série opposée sont : *Ille-et-Vilaine* (qui sur 100 électeurs inscrits ne compte que 47 votants), *Loire-Inférieure*, *Maine-et-Loire*, *Mayenne*, *Vendée*, *Landes*, *Haute-Marne*, *Lot-et-Garonne*, *Allier*, *Pyrénées-Orientales*, *Morbihan*, *Rhône*, *Deux-Sèvres*, *Loire*, *Gironde*, *Ardèche*, et *Nord* (qui en compte 61).

RÉFLEXIONS SUR LES CALCULS DU 8ᵉ TABLEAU.

Les calculs du 8ᵉ tableau se rapportent à des faits de diverses natures.

Dans la première colonne, nous avons inscrit le nombre de propriétaires que l'on compte dans chaque département; et c'est sur le document statistique publié par M. Duchâtel, en 1835, que nous avons relevé ce nombre : nous serions fort embarrassé s'il nous fallait expliquer de quelle manière les propriétaires ont été comptés dans cet ouvrage. Nous voyons en effet que l'on compte 133 habitants pour 100 propriétaires dans le département de l'*Aube*, 182 dans celui de l'*Yonne* et 186 dans celui de *Seine-et-Marne*; tandis que, pour 100 propriétaires, on compte, dans le département des *Landes*, 702 habitants, dans la *Haute-Vienne* 570, et dans le *Finistère* 551. Il est impossible d'expliquer comment, dans le département de l'*Aube*, on peut avoir 100 propriétaires sur 133 habitants, si l'on ne comprend pas les fils de propriétaires; et dans ce dernier cas, on ne saurait comment expliquer que, dans le département des *Landes*, on ne compte que 100 propriétaires sur 702 habitants. Nombre de propriétaires.

Si nous comparons le nombre de propriétaires de chaque département au morcellement de la propriété, puisé dans l'ouvrage dont nous avons parlé ci-dessus, nous voyons qu'il y a un très-grand rapport entre ces deux ordres de faits. C'est dans la France du nord où l'on compte le plus de propriétaires que le sol est le plus morcelé. Dans la France du midi, quelques départements sont cependant très-morcelés; nous citerons entr'autres ceux de la *Charente*, de la *Charente-Inférieure*, de la *Vienne*, des *Deux-Sèvres*, de la *Vendée*, de *Lot-et-Garonne*, du *Lot*, du *Puy-de-Dôme* et de *Vaucluse*, qui comptent plus de propriétaires que le département moyen.

Frais de poursuites pour les impôts directs.

Si nous comparons les départements où il y a le moins de propriétaires à ceux où il faut faire le plus de frais de poursuites pour la perception des impôts directs, nous voyons, par les calculs de la 115ᵉ colonne, que les départements où il y a le *moins* de propriétaires sont, en général, ceux où la rentrée des impôts se fait le plus *difficilement*. Le bassin de la Garonne, qui est peu morcelé, est particulièrement dans ce cas; toutefois, les départements de la Bretagne font exception à cette règle, car on y compte peu de propriétaires, et pourtant les impôts s'y perçoivent sans difficulté.

Pour donner une idée de la régularité avec laquelle les impôts directs se perçoivent dans la France du nord, nous dirons que, dans cette partie du royaume, les départements de la *Seine*, de la *Seine-Inférieure* et du *Bas-Rhin* sont les seuls qui occasionnent plus de frais de poursuites que le département moyen.

Salaires.

Nous avons fait de longues et infructueuses recherches pour connaître quel est le taux moyen des salaires dans chaque département; nous avons trouvé de si grandes différences dans les renseignements qui nous ont été fournis, que nous croyons ne pouvoir mieux faire que de nous en tenir au prix moyen des salaires qui ont été payés, pendant l'année 1835, aux cantonniers de nos routes royales. Tout nous fait présumer que ceux de la classe ouvrière sont en rapport avec ces derniers.

Si nous examinons quelles sont les parties de la France où les salaires sont le plus élevés, nous voyons que c'est, en général, le long de nos grands cours d'eau, sans acception de leur position, soit dans la France du nord, soit dans celle du midi.

D'après les renseignements que nous avons pris, les départements de la Bretagne sont ceux où le travail de la classe ouvrière est le moins rétribué; il paraît que, dans certaines parties de cette province, la journée des agriculteurs n'est payée, en moyenne, qu'à raison de 30 à 40 centimes; il faut pourtant y ajouter une somme à peu près semblable pour valeur de la mauvaise nourriture de sarrasin et de pommes de terre qu'on donne aux journaliers. On ne sait comment expliquer que des familles puissent se soutenir et la population s'accroître dans des conditions aussi défavorables, car les registres mortuaires constatent que cette ancienne province est l'une de celles où la vie est le plus courte.

Les habitants des départements qui entourent Paris et tous ceux de la partie inférieure du bassin du Rhône reçoivent au contraire des salaires très-élevés; nous sommes porté à croire que, dans cette partie de la France, ils varient pour la classe des agriculteurs, lorsqu'on ne fournit pas la nourriture, de 1 fr. 25 c. à 2 fr. 50 c., suivant la saison et suivant les lieux.

Nourriture des habitants.

Parmi les études qui concernent le physique des populations, il en est une qui présente un haut intérêt : nous voulons parler de l'alimentation du peuple. Aucun travail complet n'a encore été fait sur cette matière ; mais nous devons espérer sous peu quelque publication de l'administration : car nous savons que la consommation de la viande de toute nature est, depuis plusieurs années, soumise aux sérieuses investigations du ministère du commerce.

Ce motif nous a éloigné de toute recherche de ce genre ; les céréales ont seules été l'objet de notre travail.

Les calculs que nous avons faits sur le régime alimentaire des divers départements sont basés sur un état moyen des consommations, qui nous a été communiqué par le ministère du commerce. Les chiffres que nous donnons indiquent en hectolitres la consommation moyenne annuelle des farineux alimentaires, pendant les années 1825, 1826, 1827 et 1828, inclusivement. Les pommes de terre et les châtaignes sont exclues de cet état.

Nous n'avons pas une entière confiance dans l'exactitude absolue du document qui a servi de base à nos calculs ; mais nous croyons à son exactitude relative, et c'est assez pour le but que nous nous proposons.

Pendant les années 1825, 1826, 1827 et 1828, la consommation des habitants a été, en moyenne, de 105 millions d'hectolitres de farineux alimentaires, savoir :

Froment	47,668,000	hectolitres.
Méteil	9,866,000	
Seigle	23,704,000	
Orge	8,688,000	
Sarrasin	5,325,000	
Maïs et millet	5,117,000	
Avoine	2,073,000	
Légumes secs et autres grains	2,471,000	
TOTAL	104,912,000	

Si nous additionnons les quantités de froment et méteil consommées annuellement en France pendant les quatre années que nous étudions, nous voyons qu'elles forment un total de 57 millions et ½ d'hectolitres ; il en reste 47 millions et ½ pour les autres grains. En d'autres termes, en France on consomme, par chaque centaine d'habitants, 329 hectolitres de grains de toute nature, dont 181 hectolitres de froment et méteil (soit 55 p. %), et 148 de tous autres grains (soit 45 p. %).

Nous avons voulu connaître combien, dans chaque département, 100 habitants consommaient de ces deux catégories de céréales, pour en déduire la bonté relative de la nourriture des habitants.

On doit comprendre que les parties de la France où le froment et le méteil entrent dans l'alimentation en plus grande proportion sont celles où, toutes choses égales, la nourriture du peuple est la meilleure ; les chiffres que nous avons portés sous les 119e et 120e colonnes sont le résultat de ces calculs, et ceux portés à la 122e indiquent combien, dans chaque département, pour un hectolitre de froment et méteil consommé, il y a eu d'autres grains mis en consommation.

Les départements où il y a le moins d'instruction sont ceux où l'on se nourrit le plus mal.

Si nous examinons les calculs de cette dernière colonne, nous voyons une analogie frappante entre les départements où l'instruction est le moins répandue et ceux où le peuple se nourrit le plus mal. Dans la France du nord, composée des départements les plus éclairés, les grains de premier ordre sont la base presque exclusive de la nourriture, et pas un seul des 17 départements de la série où les grains inférieurs sont la base de l'alimentation ne se trouve dans cette partie du territoire. La Bretagne et le centre de la France, qui sont si peu éclairés, sont dans le cas contraire ; et c'est à un tel point qu'on peut dire que, dans certains départements, la consommation du froment est une chose de *luxe :* dans la *Creuse*, par exemple, pour un hectolitre de froment et de méteil consommé, on en compte plus de 15 d'autres grains ; dans la *Corrèze*, 13, et dans le *Cantal*, près de 11.

Dans quelle partie du royaume se consomme chaque nature de grains.

S'il nous fallait désigner quelles sont les parties du territoire où se consomme plus particulièrement chaque nature de grains, nous dirions :

Que la France du nord, les départements méditerranéens, et ceux compris entre le Rhône et les Alpes, consomment plus particulièrement le *froment* et le *méteil*, qui sont, comme on le sait, les grains de premier ordre et qui constituent plus de la moitié de la nourriture en céréales de la population du pays.

Entre tous les autres grains, le *seigle* est incontestablement celui qui a le plus d'importance, puisqu'il fait plus du cinquième de la consommation totale. Les 12 départements qui entourent ceux du *Puy-de-Dôme* et du *Cantal*, et 4 départements de l'ancienne Bretagne sont particulièrement ceux qui produisent et consomment le plus de seigle.

L'*orge* fait partie de l'alimentation du peuple dans la plupart des départements de la France du nord et dans ceux de l'ouest, depuis l'embouchure de la Garonne jusqu'à celle de la Seine ; le midi, au contraire, produit et consomme peu d'orge.

Le *sarrazin* est particulièrement produit et consommé par les habitants de la Bretagne et par ceux des 6 départements qui entourent celui de la *Corrèze*; les départements de l'*Ain* et de l'*Isère* sont aussi dans le même cas.

Le *maïs* est plus particulièrement consommé par les habitants des départements du bassin de la Garonne, et par les 6 départements qui entourent celui du *Jura*.

L'*avoine* est consommée dans beaucoup de départements ; mais elle ne fait partie de l'alimentation du peuple d'une manière générale que dans la Bretagne, qui consomme plus d'un million d'hectolitres de ce grain ; cependant les populations des départements du bassin de la Saône sont aussi dans ce cas, mais dans une faible proportion.

Les *légumes secs* et autres menus grains sont plus particulièrement consommés dans les bassins de la Seine, du Rhin et de la Garonne.

Pommes de terre.

Les *pommes de terre*, qui ne sont pas comprises dans les calculs portés sur le 8e tableau, ne peuvent cependant être omises, lorsqu'on traite de l'alimentation du peuple ; nous ne dirons rien de la consommation de ce produit ; car elle varie du simple au double, suivant le bon marché ou la cherté des grains.

On récoltait déjà, en 1828, près de 50 millions d'hectolitres de pommes de terre ; et nous pensons que, grâce à ce tubercule, aussi bon, aussi sain pour les hommes que pour les animaux, une famine est actuellement devenue impossible.

Une famine est devenue impossible.

S'il fallait citer un fait pour prouver que les famines ne sont plus à craindre, et que la mortalité n'est même plus influencée par les années de plus grande disette ou de plus grande abondance des céréales, nous le trouverions dans le *Recueil des lectures de l'Institut*, séance du 3 mai 1836.

On voit (page 16 de ce recueil) que, depuis 1814, les six années de la plus grande cherté de grains, comparées aux six années du plus bas prix, ont donné les résultats suivants :

	Prix moyen de l'hectolitre.		Décès annuels pour un million d'habitants.
Six années de cherté............	25 fr. 06 c.	.....	25,023.
Six années de bas prix...........	16 44	.....	24,950.
	Différence.		73.

Ainsi, pour un renchérissement de 52 pour % sur le prix des blés, la mortalité augmente seulement de 73 décès par un million d'hommes.

En comparant des années isolées au lieu de comparer des groupes, on arrive même à des résultats inverses. C'est ainsi qu'en 1817, année de si grande disette que le prix moyen de l'hectolitre de froment a dépassé 36 francs, on n'a compté que 24,870 décès par 1 million d'hommes; c'est moins que la moyenne de six années d'extrême abondance où ce nombre de décès est monté, ainsi que nous l'avons dit, à 24,950 ; c'est beaucoup moins surtout que pour l'année 1826, qui pourtant est l'une des trois années où les céréales ont été au plus bas prix.

Il est impossible de ne pas conclure de ces faits, avec l'auteur du mémoire que nous citons,

« Que l'effet des disettes sur les mortalités, telles que nous les éprouvons au » dix-neuvième siècle, descend au rang des effets secondaires qu'on ne peut faire » ressortir que par des artifices de calcul, en groupant à part un assez grand nombre » d'années de très-bas prix et d'extrême cherté; et que d'aussi vastes différences » que celle de 36 fr. 16 cent. à 15 fr. 49 cent. dans le prix du blé produisent, sur » la mortalité, des différences incomparablement moindres que celles de toutes les » autres causes qui passent pour ainsi dire inaperçues, et qui frappent invisiblement » l'espèce humaine. »

Le fait que nous signalons ne nous avait pas échappé; et si, au lieu de produire nos calculs, nous donnons ceux d'un recueil qui nous est étranger, c'est que nous pensons qu'ils seront mieux établis aux yeux du public, car nous n'avons à offrir à nos lecteurs ni l'autorité du nom, ni celle que peut avoir ce recueil.

Consommation des châtaignes.

Passons à la consommation des *châtaignes*; les départements de la *Corrèze*, de la *Haute-Vienne*, de la *Charente* et surtout de la *Dordogne*, paraissent être le centre de cette consommation, qui s'étend ensuite vers le nord du Languedoc jusqu'aux bords du Rhône, en comprenant dans cette zône les départements du *Cantal*, du *Lot*, de l'*Aveyron*, de l'*Ardèche* et de la *Lozère*, et conséquemment presque toutes les montagnes des Cévennes. En dehors de ce groupe, le département du *Morbihan* paraît être le seul où cette consommation mérite d'être mentionnée. Sur les 2 millions et ½ d'hectolitres que l'on récolte annuellement en France, les 4 départements que nous avons cités en 1re ligne (*Corrèze*, *Haute-Vienne*, *Charente* et *Dordogne*), en consomment plus d'un million 200 mille; ce fait indique combien ce produit est concentré, et conséquemment peu répandu dans le reste de la France.

Si l'on réfléchit sur l'ensemble des faits que nous venons de constater, on doit voir que les n^os^ d'ordre des départements que nous avons adoptés à la 123e colonne, donnent une idée assez précise de la bonté relative de la nourriture des populations. Pourtant nous devons dire que les départements de la *Charente*, de la *Dordogne* et du *Lot*, doivent être considérés comme faisant partie de la série des départements où la nourriture est la plus mauvaise. On doit comprendre que l'énorme consommation de châtaignes qu'on fait dans ces trois départements doit modifier les faits alimentaires qui les concernent.

CONCLUSION.

S'il nous fallait résumer tout ce que nous venons de dire sur l'alimentation, nous dirions que, pour les céréales, la bonté de la nourriture est, en général, en *raison directe de l'industrie et de l'instruction primaire* : peu de départements font exception à cette règle.

Élections politiques et départementales.

Passons à l'examen des faits électoraux. Ces faits ne sont pas les moins importants de l'ordre moral, et nous avons pensé ne pas sortir du cadre de notre ouvrage en leur consacrant quelques lignes.

Avant d'être appelé par la confiance de nos concitoyens au poste que nous occupons, nous avons souvent été préoccupé des idées de *réforme financière*, *d'extension des droits électoraux*, *d'administration du pays par le pays*, *de décentralisation*, *etc.*; mais la plus simple étude des faits nous a montré, dès notre arrivée à la Chambre, que nous étions dans une fausse voie, et que le pays était loin d'éprouver les besoins que nous lui supposions.

Comment diminuer les dépenses du budget en présence des besoins les plus actuels du pays, dont nous avons fait connaître (page 75) les principaux chiffres?... Comment décentraliser (1) nous ne dirons pas *l'action gouvernementale*, heureusement peu de personnes y pensent, mais seulement l'administration, avec des conseils municipaux pour la plupart si peu éclairés? Comment surtout songer à étendre les droits électoraux en présence des faits qui se produisent depuis 1830? On sait en effet que les élections pour la législature actuelle ont été faites, en 1834, par 75 p. % du nombre des électeurs inscrits, et celles pour les conseils de département, par 56 p. %.

Si nous examinons dans quel ordre les départements doivent se classer sous le rapport du zèle électoral, nous voyons que, pour les élections politiques aussi bien que pour les élections locales, les départements de l'ouest de la France et ceux qui entourent Lyon sont ceux qui présentent le plus de citoyens indifférents sur leurs droits politiques; nous avons vu que ces parties sont aussi celles qui ont le plus de catholicisme.

La France du nord et surtout du nord-est compte, au contraire, beaucoup de votants sur un nombre donné d'électeurs; et dans le midi, une partie des départements de l'ancienne province du Languedoc sont dans ce cas.

Si l'on examine d'une manière générale les faits dont nous parlons, on voit que plus on augmente le nombre des électeurs, moins on trouve de zèle chez les citoyens.

---

(1) Nous n'entendons en aucune manière nous porter ici le défenseur de cette centralisation ridicule qui force, par exemple, les habitants des pays boisés à solliciter une *ordonnance royale* pour faire un four à chaux temporaire dont on ne trouve plus de traces au bout de 15 jours; il faudrait, pour tous les menus détails administratifs, que la préfecture et même dans certains cas la sous-préfecture fussent le terme de la centralisation. Mais gardons-nous de briser cette belle unité que l'Europe nous envie, et que nous avons si chèrement achetée. Les faits prouvent d'ailleurs que même les villes les plus éclairées ont souvent besoin de la surveillance du pouvoir central. S'il nous fallait fixer le terme passé lequel la décentralisation nous paraîtrait un mal, nous citerions la loi de 1836 sur les chemins vicinaux; nous croyons cette loi bonne, mais il ne faudrait pas aller au delà.

Plus il y a d'électeurs, moins il y a de zèle électoral.

Pendant les dernières années de la restauration, pour un corps électoral de moins de 100,000 individus, le nombre des votants variait de 80 à 90 p. %.

Depuis la révolution de juillet, pour un corps électoral d'environ 170,000 électeurs, on a compté moins de 130,000 votants; c'est 75 pour %.

Enfin, pour les élections des conseils-généraux de département et des conseils d'arrondissement, le nombre des électeurs ayant été porté à près de 3 millions, les élections n'ont plus été faites que par 56 pour % du nombre des électeurs.

Le système électoral relatif à la garde nationale est de tous le plus large; il appelle presque tous les citoyens à y prendre part, et c'est précisément celui où le nombre relatif des votants est le plus faible. N'a-t-on pas lieu d'être surpris, lorsque ces faits sont patents et connus de tous, d'entendre réclamer *l'extension des droits électoraux* ou une réforme électorale?

Souvent, c'est dans les ouvrages mêmes qui mettent en avant cette idée, que se trouvent établis les faits les plus concluants contre elle. C'est ainsi que nous lisons, dans une *Statistique générale de la Chambre des députés*, publiée en février 1836 par M. Chatelain, les paroles suivantes, quoique cet ouvrage constate que le quart des électeurs se sont abstenus d'user de leurs droits :

« Depuis un an notre opinion n'est pas changée; aujourd'hui comme alors nous » pensons qu'il est indispensable d'asseoir notre système électoral sur des bases » beaucoup moins étroites que celles sur lesquelles il repose depuis 1830; si donc » nous n'insistons pas sur l'absolue nécessité d'une réforme électorale, c'est que, » pour le présent, il nous semble inutile de reproduire les arguments par nous déve- » loppés l'an dernier. D'ailleurs, dans un temps qui ne peut être éloigné, à la » prochaine législature sans doute, la force des choses aura amené, sans secousse, » en notre faveur, ou plutôt en faveur du pays, la solution de cette importante » question; et dans un siècle que l'on appelle le siècle des lumières, on ne verra » plus, dans un pays comme la France, les capacités intellectuelles exclues au profit » de l'aristocratie de l'argent, de toutes les aristocraties la plus intolérable, la plus » égoïste, la plus illibérale!... »

Ce n'est pas nous qui répondrons à cette opinion, mais un journal que les amis de la réforme électorale ne récuseront pas, nous voulons parler du *Temps*, qui précisément est le *journal du progrès*.

Voici un extrait que nous prenons sur un article qui a paru dans cette feuille le 30 août 1836:

Peu de zèle électoral parmi les capacités.

« A Paris, on compte en ce moment au moins six mille individus exerçant des » industries diverses, qui se tiennent éloignés des listes électorales au point de ne » réclamer en aucune façon que leurs noms y soient inscrits. Quelque insuffisante et » restrictive que soit notre législation électorale, on ne saurait sans injustice lui

» attribuer le fait grave que nous signalons. Le reproche doit retomber sur l'incurie » des électeurs qui, avant toute chose, aiment à se tenir en dehors de tout ce qui ne » touche pas à leurs affaires privées, et pour qui même le service des assises comme » jurés est une gêne ou un dérangement dont ils cherchent à s'affranchir.

» Sans doute, il est utile de combattre pour l'extension des droits électoraux ; » mais il faut aussi faire bonne justice de toutes ces apathies qui sont la mort du corps » social. Elles fortifient le pouvoir dans sa résistance à reconnaître aux capacités un » droit, qui leur appartient cependant à tout aussi juste titre qu'aux propriétaires fon- » ciers et aux industriels. Pourquoi leur ouvrirait-il, en effet, le champ de l'électorat, » lorsqu'elles se montrent si peu soucieuses de jouir des premiers avantages que la » presse a contribué à conquérir à leur profit ?

» Ainsi, les capacités sont entrées dans le corps électoral par les lois des 22 juin » 1833 et 20 avril 1834. Elles ont été appelées à concourir à la nomination des mem- » bres des conseils généraux, des conseils municipaux, à la nomination des maires » et des adjoints ; et cependant à Paris, sur quinze cents capacités inscrites, et qui, » pendant quinze ans, avaient réclamé ce droit, dans le premier moment d'une » prérogative *si impatiemment désirée, plus de la moitié n'a pas voté.*

» Soyons donc justes avant tout, et disons à chacun la vérité qu'il mérite. En pré- » sence d'un pareil fait, est-ce le pouvoir, l'administration qu'il faut accuser ? L'apa- » thie des électeurs crée au profit du pouvoir une position qu'au besoin il sait exploiter » avec habileté. »

Nous nous permettrons encore une citation ; c'est le journal *la Presse* qui nous la fournira (n° du 13 novembre 1836) :

« A l'occasion de la négligence des électeurs du 9ᵉ arrondissement qui avaient à » élire douze candidats aux fonctions d'adjoint au maire de cette localité, des écri- » vains de l'opposition qui prêchent sans cesse contre les lois qui nous régissent, » ont demandé, sans se rendre compte de l'opportunité de la mesure, une réforme » électorale et l'abaissement du cens ; nous leur répondrons par des chiffres sur les- » quels nous appelons l'attention de nos lecteurs.

» Les listes complètes des électeurs du 9ᵉ arrondissement se composent ainsi : » électeurs censitaires à 300 fr. et au-dessus, 343 ; électeurs censitaires au-dessous » de 300 fr., c'est-à-dire les nouveaux admis à 200 fr. depuis la révolution de » juillet, 283 ; électeurs départementaux et municipaux non censitaires admis de » même à l'élection par la loi du 20 avril 1834, 70, dont 7 avocats, 7 magistrats, » 9 médecins, 22 officiers en retraite, 10 électeurs d'un autre département, domici- » liés à Paris, 15 professeurs ou savants : total, 70.

» De ces 696 électeurs inscrits, 327 seulement se sont rendus à l'appel. Ce sont » 186 électeurs à 300 fr. et au-dessus, 117 des électeurs à 200 fr., et 24 électeurs

» municipaux, *si jaloux de ce nouveau droit*, savoir : 2 électeurs d'un autre dépar-
» tement domiciliés à Paris, 3 avocats, 3 médecins, 7 officiers en retraite, 6 pro-
» fesseurs ou savants, 3 magistrats : total, 24.

» Ainsi, sur 343 censitaires à 300 fr., qu'on peut appeler les anciens électeurs,
» 186 ont voté ; c'est plus de moitié.

» Sur 283 nouveaux électeurs à 200 fr., 117 seulement ont pris part à l'élection ;
» c'est à peu près les 2/5.

» Quant aux électeurs départementaux, ces capacités si longtemps irritées de se
» trouver en dehors des élections, elles qui seules *peuvent comprendre l'importance*
» *d'une telle prérogative*, 24 sur 70 ont voté : c'est le tiers. »

Nous n'avons rien à ajouter aux citations qu'on vient de lire, et qui proviennent de journaux de diverses nuances ; chacun peut maintenant apprécier jusqu'à quel point l'auteur de la statistique dont nous avons parlé a raison, lorsqu'il dit :

« Assez d'autres sans nous feront surgir un système de réforme électorale plus en
» harmonie avec les besoins présents, avec le degré d'intelligence politique auquel
» les classes naguère indifférentes à l'administration du pays se sont *subitement*
» élevées. »

Nous sommes fort éloigné de conclure, des faits que nous venons de produire, qu'il faille rétrograder. Si le progrès fût venu par des voies régulières et pacifiques, il n'eût certainement pas fallu avancer aussi vite ; mais personne n'ignore que le pays, attaqué dans ce qu'il avait de plus cher, n'a pas eu le choix des moyens. Prenons donc patience, et travaillons à amener les masses sur le terrain de la révolution de 1830, dont elles sont encore si éloignées ; le bon sens de ces masses, à défaut d'instruction, permet à la France de faire la grande expérience d'une nation qui marche dans un système de liberté bien plus avancé que ne le comportent ses besoins et surtout ses mœurs.

Espérons qu'aucun danger nouveau ne surgira de cette expérience dont la France, jusqu'à ce jour, s'est heureusement tirée, grâce à la haute sagesse et à l'habileté du prince auquel elle a confié ses destinées.

IX° ET DERNIÈRE SECTION.

RÉFLEXIONS GÉNÉRALES SUR QUELQUES PARTIES DES ÉTUDES DES HUIT SECTIONS PRÉCÉDENTES.

Dans le cours des recherches auxquelles nous nous sommes livré sur la population, nous avons souvent été préoccupé de la pensée que le chiffre de longévité moyenne de 36 ans 7 mois, que nous avions trouvé pour la France, était de beaucoup supérieur à celui qu'indiquent tous les auteurs qui se sont occupés de cette question.

On sait, en effet, que la table de mortalité de Duvillard ne donne, pour l'époque qui a précédé la révolution, qu'une vie moyenne de 29 ans ; et il est fort difficile de supposer que dans un demi-siècle cette vie moyenne se soit augmentée d'un quart.

Nous allons cependant appuyer cette opinion sur un fait bien connu de ceux qui s'occupent des questions de population :

Preuve de la grande longévité actuelle, tirée du Compte-rendu de Necker, 1785.

Entre tous les auteurs, Necker est celui qui indiquait le chiffre le plus élevé pour la population du royaume, avant la révolution : on sait que, dans son *Compte-rendu sur l'administration des finances*, publié en 1785 (*tome* 1.er, *chap.* 9), il pensait qu'elle s'élevait à 24,800,000 habitans. Admettons ce chiffre qui est le plus défavorable à notre opinion (beaucoup d'économistes de cette époque ne comptaient que de 18 à 20 millions d'habitants), et comparons les naissances de cette époque à celles que nous observons actuellement sur une population de 32,203,181 habitants (moyenne des recensements de 1827 et 1831).

Si nous recourons au *Compte-rendu* de Necker dont nous venons de parler, nous voyons, au chapitre que nous avons déjà indiqué, que la moyenne annuelle des naissances enregistrées pendant les années 1776, 1777, 1778, 1779 et 1780 était de 963,207 ; et ce ministre estimait qu'il devait y en avoir plus d'*un million*, en y comprenant celles de *la Corse*, celles des Juifs et dissidens non baptisés à l'église romaine, et celles du *Clermontois* dont la population de 40,000 âmes n'avait jamais figuré sur les états de recensement.

A ces omissions, il faut en ajouter d'autres : on sait, en effet, que les enfans morts avant le baptême n'étaient pas enregistrés ; et souvent les curés de campagne « négli- » geaient de faire mention sur leurs registres des enfans morts en très-bas âge, » lorsque ces enfans appartenaient à de pauvres paysans. »

Il est dès lors bien difficile de ne pas se rendre à l'opinion de Necker, et nous croyons avec lui qu'avant la révolution, pour une population de 25 millions d'habitants, on comptait 963,207 naissances enregistrées, ou environ *un million* de naissances annuelles.

Confirmation des calculs de Necker par ceux de Laplace

Les nombres que nous venons de citer ne sauraient être révoqués en doute : car ils ont été confirmés depuis par le savant Laplace, qui, ayant compulsé les registres des années 1781 et 1782 qui suivent immédiatement la période citée par Necker, a trouvé que, pendant ces deux années, on avait eu en moyenne plus de 963,000 naissances annuelles enregistrées.

Les faits qui concernent le nombre des naissances sont bien différents actuellement : car avec plus de 32 millions d'habitans, nous ne comptions plus, pendant les années 1824, 1826, 1828, 1830 et 1832, que 971,971 naissances, tant légitimes que naturelles (1).

D'où il suit que notre population qui, dans ce demi-siècle, est montée de 25 millions à 32 millions d'habitants, c'est-à-dire s'est accrue du quart, s'entretient et s'accroît même avec un nombre de naissances moindre qu'en 1780. Nous ne saurions donner une preuve plus manifeste que la vie moyenne s'est augmentée au moins d'un quart depuis cette dernière époque ; et nous nous félicitons d'avoir pu produire, à l'appui de notre opinion sur la longévité, un fait aussi concluant : il répond victorieusement à ces esprits chagrins qui pensent que tout va moins bien depuis l'époque de notre grande et laborieuse régénération politique.

Que ne doit-on pas espérer, pour l'avenir, de la bonté de notre climat, lorsqu'on pense dans quelle fâcheuse position se trouve encore une grande partie de la population du royaume ! Il est affligeant d'être obligé de convenir que, dans notre beau pays, la nourriture des habitants ne peut soutenir aucune comparaison avec celle de la plupart des autres peuples de l'Europe. En effet, les populations rurales, qui font en France plus des trois quarts de la nation, ne consomment pas de viande, et mêlent, ainsi que nous l'avons vu, au froment qu'elles consomment, toutes sortes de grains inférieurs. Le plus simple examen prouve que ces populations sont mal logées, mal couchées, médiocrement vêtues ; et, chose plus étrange, malgré les 40 millions d'hectolitres de vin que nous récoltons annuellement, cette boisson est loin d'être d'un usage général et régulier dans nos départemens.

Malgré toutes ces conditions si défavorables, il paraît démontré qu'après l'Angleterre la France est le pays où la longévité est la plus remarquable ; et tout nous fait espérer que le bien-être progressif des masses, qui est incontestable, nous donnera pour le demi-siècle prochain un résultat tout aussi satisfaisant que celui qui ressort des calculs que nous avons établis pour la période écoulée depuis 1789.

---

(1) On peut en voir le détail par département, en consultant les chiffres des 17e et 18e colonnes de notre 2e tableau.

Bien des auteurs déplorent la faible proportion de naissances que l'on observe en France, et s'en effraient; les 972 mille naissances que nous comptons annuellement pour 32 millions de population n'en donnent, en effet, qu'une pour 33 habitans, et l'on sait que cette proportion est une des plus faibles de l'Europe. Quant à nous, nous sommes loin de partager ces craintes et de déplorer ces résultats; ils prouvent que la masse de la nation Française, si arriérée sous le rapport de l'instruction primaire, est une de celles qui ont le plus de bon sens et de prudence dans le mariage, et nous en félicitons le pays; car si la population s'accroît moins rapidement sur notre territoire, la vie des habitans y est plus longue, et le nombre des enfans en bas âge ne se trouve pas, comme dans plusieurs parties de l'Europe et des États-Unis, dans une disproportion trop grande avec le nombre des adultes et des hommes faits.

Est-il fâcheux que la France ait si peu de naissances annuelles

On serait tenté de croire que l'état stationnaire que nous venons de signaler dans le nombre des naissances tient à un esprit d'égoïsme qui éloigne du mariage. Rien n'est moins vrai que cette supposition; on peut en juger par les faits qui se sont passés sous nos yeux depuis la paix de 1815. Ces faits sont même tellement significatifs qu'ils nous dispensent de remonter à l'époque du *Compte-rendu* de Necker dont nous avons parlé.

Grand accroissement dans le nombre des mariages depuis 1815.

Si nous ouvrons l'*Annuaire du bureau des longitudes de* 1836, nous voyons en effet que, pendant les 5 années écoulées de 1817 à 1821 inclusivement, on a compté annuellement en France 212,814 mariages qui ont donné 889,518 naissances légitimes; pendant la période des 5 années de 1829 à 1833, on a compté en moyenne annuelle 254,447 mariages qui ont produit 895,609 naissances légitimes.

Ainsi, on voit que, depuis la paix, le nombre absolu des mariages s'est accru d'*un cinquième*, tandis que celui des naissances légitimes n'a pas augmenté de 1 p. %.

Nous ne saurions donner une preuve plus manifeste de cette prudence dans le mariage, dont nous venons de parler, et nous répétons que c'est pour nous un motif de plus d'avoir confiance dans l'avenir de la France.

Depuis la révolution de 1830, de grands embarras ont été donnés au pays par la classe ouvrière. On s'est demandé jusqu'à quel point il était bon de jeter la France dans les voies de l'Angleterre, et s'il n'était pas préférable de tourner ses efforts vers l'agriculture?

De l'industrie.

Cette dernière tendance, qui nous paraît la plus désirable sous beaucoup de rapports, ne peut cependant nous faire oublier tous les bienfaits que l'industrie répand autour d'elle, lorsqu'elle est peu concentrée.

Gardons-nous donc de tendre à augmenter les grands centres de fabrication; mais tâchons que l'industrie se fixe dans les campagnes à côté de la charrue: là elle vivra de l'agriculture dans les crises commerciales; là elle sera d'autant plus vivace qu'établie dans les conditions de fabrication les plus économiques, elle pourra lutter au-dehors avec avantage (le département de la *Loire* en est un exemple); là enfin elle ne présentera pas les dangers de ces grandes agglomérations d'ouvriers qu'une mode nouvelle peut affamer, qu'un salaire modique condamne à d'éternelles privations, et que de détestables flatteurs peuvent égarer si facilement.

Si la France entrait dans le système industriel dont nous venons de parler, les parties si arriérées et si inertes du centre prendraient quelque prospérité; le pays deviendrait plus homogène, et l'on ne serait plus affligé par le contraste choquant qui existe entre les diverses parties du Royaume, sous le rapport de la population, de la richesse, de l'industrie et de l'instruction. Il arrive fort souvent en effet qu'une manufacture, une usine donnent la vie à toute une contrée et en changent l'aspect en moins de dix ans; c'est un centre d'intelligence utile à consulter pour les propriétaires eux-mêmes; de bons ouvriers, de bons outils viennent faire contraste et se placer à côté des ouvriers *routiniers* et des outils *imparfaits* dont on se sert encore dans nos départements du centre et dans la plupart de ceux du midi; la classe agricole elle-même ne peut que gagner à ces changements.

Mais ces heureux résultats ne nous font pas oublier que nous avons aussi vu deux fois Lyon, la métropole de l'industrie du midi, rougir le pavé de ses rues du sang de nos soldats et de ses ouvriers.

Espérons donc qu'en évitant avec soin tout ce qui tendrait à trop centraliser l'industrie, on reviendra des fâcheuses préventions que de malheureux événements ont fait naître, et qu'on ne confondra pas un développement régulier et désirable de l'industrie dans nos campagnes ou dans nos villes de second ordre, avec cette centralisation industrielle qui accumule des masses de prolétaires dans les mêmes villes et des masses de capitaux dans les mêmes mains; nous sommes loin d'envier à l'Angleterre ce prétendu avantage.

Chefs-lieux des départements.

Les recensements des principales villes du royaume qui ont été faits jusqu'en 1831 ne sauraient inspirer une grande confiance; et c'est par ce motif que nous n'avons parlé, dans aucune des sections précédentes, du mouvement de la population des chefs-lieux de nos départements.

Un fait grave, que nous allons signaler, nous a cependant paru ressortir des principaux recensements que nous avons consultés : depuis le commencement de ce siècle, tous les ports de commerce importants du golfe de Gascogne (*Bordeaux*, *Nantes*, *La Rochelle*), et presque tous les chefs-lieux de départements traversés par la Loire (*Orléans*, *Blois*, *Tours*, *Angers*) ont diminué de population. Celle du *Hâvre*, de *Marseille*, de *Paris* et de *Lyon* a au contraire beaucoup augmenté.

Ce fait indique un déplacement commercial des plus graves, car il concerne les quatre plus grands bassins de nos fleuves; il serait urgent de chercher quelque remède à ce mal.

Nous avons souvent été obligé, dans le cours de notre travail, lorsque nous avons voulu grouper les départements qui se trouvaient dans des conditions analogues, de rappeler le nom des anciennes provinces; car c'est presque toujours la communauté d'origine, de mœurs, de coutume de leurs habitants, qui a créé cette analogie; aucune division administrative généralement connue ne répond à ces anciennes fractions du royaume.

De la division de la France pour les études statistiques.

Le ministère du commerce a bien adopté une division de la France en dix régions; mais ces régions renferment les départements les plus opposés sous le rapport des populations. C'est ainsi que la 1re de ces régions, dite du *nord-ouest*, renferme la plupart des départements de la Bretagne et de la Normandie, qui sont les deux provinces dont les habitants ont le moins d'analogie. Nous avons donc été pour ainsi dire contraint d'en revenir aux anciennes dénominations, toutes les fois que des similitudes de populations en ont fait sentir le besoin; mais nous devons dire que la division par bassins de fleuves et par chaînes de montagnes est celle que nous avons trouvée la plus rationnelle, toutes les fois qu'il s'agit de comparaisons par grandes masses; si nous l'avons rarement adoptée pour le détail de nos études, c'est que la division de nos départements n'ayant de commun avec nos fleuves et rivières que le nom et la position, il nous eût été, dans beaucoup de cas, impossible d'arriver à des agglomérations par bassins, en nous servant des divisions départementales.

Nous allons essayer de généraliser les faits principaux que nous avons traités dans les sections précédentes, c'est-à-dire de les appliquer aux parties du territoire qui peuvent être groupées ensemble, en nous servant des agglomérations par province ou par bassin dé fleuves, selon que le besoin s'en fera sentir.

Disons auparavant quelques mots sur les faits qui concernent la France du nord et la France du midi, dont nous avons parlé si souvent dans le cours de notre ouvrage.

De la France du nord.

La *France du nord* compte en général peu d'enfants trouvés, mais beaucoup de bâtards; c'est la partie industrieuse, riche et éclairée du royaume, et pourtant les populations y sont faciles à gouverner. La loi du recrutement s'exécute presque partout sans difficulté, et l'esprit de chicane y est en général peu développé.

Les crimes contre les choses, et surtout les vols, sont beaucoup plus nombreux dans le nord que dans le midi de la France; les crimes contre les personnes, qui sont les plus graves, y sont au contraire bien plus rares. Enfin l'impôt s'y perçoit avec la plus grande facilité.

Considérons les populations de cette partie du royaume sous quelques-uns de leurs rapports physiques:

Les habitants ont en général une taille élevée et se nourrissent moins mal que ceux du midi; mais les constitutions sont peu robustes, et, sous ce rapport, le midi l'emporte de beaucoup sur le nord; la durée de la vie moyenne est supérieure à celle du centre de la France, du bassin du Rhône et de la Bretagne ; mais elle est inférieure à celle de tout le bassin de la Garonne et d'une partie de celui de la Loire ; le nombre absolu des pauvres est bien plus considérable que dans le midi, et si nous n'étions arrêté par la considération que cette dernière partie du royaume envoie beaucoup de mendiants dans la France du nord, nous n'hésiterions pas à affirmer que les pays les plus riches sont ceux qui ont le plus de paupérisme. Il est pourtant un point qui tendrait à faire croire que, si la misère n'est pas plus intense dans cette partie du royaume, c'est du moins là qu'on trouve le plus d'hommes mécontents de leur sort : nous voulons parler des suicides ; ils sont presque exclusivement commis dans les départements de la France du nord et dans les parties les plus riches du royaume.

De la France du midi.

Passons à la *France du midi* qui est celle où, sur un nombre donné d'habitants, on compte le plus d'agriculteurs, et commençons par étudier les faits généraux de l'ordre moral qui concernent cette partie du royaume.

Un esprit de chicane plus développé que dans le nord, plus de difficulté pour l'exécution de la loi du recrutement et pour la levée des impôts, indiquent que ces populations laissent beaucoup à désirer sous le rapport de l'obéissance aux lois ; on peut dire que la classe éclairée se ressent de cet esprit d'indépendance et presque de résistance à la loi qui est particulier aux habitants du midi ; car certains crimes, et particulièrement ceux contre les personnes, échappent souvent par l'acquittement à la vindicte publique.

On peut en effet s'assurer, en parcourant les chiffres de la colonne 97ᵉ du 7ᵉ tableau, que, sur les 17 départements de la série où le jury prononce le plus d'acquittements, 15 sont de la France du midi : nos frontières des Pyrénées, et la plupart des départements du Languedoc, sont particulièrement dans ce cas ; aussi, voit-on dans cette dernière province les 4 départements de l'*Ardèche*, du *Gard*, de la *Lozère* et de l'*Hérault*, qui sont limitrophes, présenter, pour les années 1829 et 1833, une moyenne de 53 acquittés sur cent accusés, tandis que la moyenne pour toute la France a été de 40 pour cent.

On peut dire en général que la moralité des habitants de la France du midi, sous le rapport de la criminalité, est meilleure que celle de la France du nord ; cependant, les crimes contre les personnes, qui sont les plus graves, y sont plus fréquens que dans cette dernière partie du royaume.

Sous le rapport des bâtards, le midi paraît être un peu plus moral que le nord ; mais il en est autrement pour les enfants trouvés, et cette partie du royaume ne paraît pas être en voie d'amélioration ; car pendant la période décennale de 1824 à 1833, que nous avons étudiée, on voit que, sur la série des 17 départements qui ont eu le plus d'accroissement dans le nombre des enfants trouvés, il y en a 14 qui figurent dans la France du midi ; voici les noms de ces 14 départements :

Loire, *Cantal*, *Rhône*, *Ain*, *Hérault*, *Charente*, *Aude*, *Bouches-du-Rhône*, *Lot-et-Garonne*, *Tarn-et-Garonne*, *Vendée*, *Hautes-Pyrénées*, *Allier et Vienne*.

Sous les rapports physiques, il y a une telle variété dans la France du midi, que nous sentons le besoin de la subdiviser pour pouvoir l'étudier; et ce travail nous mène naturellement à subdiviser aussi la France du nord pour en étudier rapidement les diverses parties.

Nous nous contenterons donc de faire observer ici que les habitants de la France du midi se nourrissent en général fort mal; mais, quoique leur taille soit petite, ils sont mieux constitués que ceux de la France du nord.

Subdivisions de la France du midi.

La *France du midi* composée, comme on le sait, de 54 départemens, doit être considérée comme formant sept subdivisions ayant chacune besoin d'être étudiée séparément:

La 1re subdivision comprend plusieurs groupes de départements, savoir: celui de l'Auvergne, celui des montagnes des Cévennes, et enfin celui de la chaîne des Pyrénées.

La 2e s'arrête, au nord, au département du Rhône, et comprend, dans le bassin de ce fleuve, tous ceux qui sont situés le long de son cours ou sur la chaîne des Alpes; le département de l'*Aude* fait encore partie de ce groupe.

La 3e subdivision comprend les misérables populations du Limousin et de la Marche.

La 4e comprend les parties non montueuses du bassin de la Garonne et celles de la partie inférieure du bassin de la Loire depuis la Touraine.

La 5e comprend le centre de la France, depuis le Lyonnais jusqu'à la Touraine; le Berry paraît être le centre de cette subdivision.

La 6e comprend la Bretagne et le Maine.

Et la 7e, enfin, comprend l'île de Corse.

Chacune de ces grandes subdivisions de la France du midi diffère par quelque point esssentiel des autres.

Nous serons donc obligé, pour qu'on puisse prendre une idée de ces diverses populations, de faire connaître les principaux faits qui les concernent.

Ire subdivision du midi, Auvergne, Cévennes et Pyrénées.

Dans la 1re subdivision, qui comprend la plupart des pays montueux du centre et du midi de la France, il se commet beaucoup de crimes contre les personnes, et la propriété n'est pourtant guère plus respectée que dans la France du nord; il y a peu de bâtards, mais beaucoup d'enfants trouvés; l'esprit de résistance à la loi du recrutement est général à tous ces départements, et il s'y fait plus de frais pour y percevoir les impôts directs que dans le reste de la France.

Ces populations paraissent être, sous le rapport moral, les moins bonnes du midi; ce sont cependant celles qui, dans cette partie du royaume, ont en général l'instruction primaire la plus développée.

Sous les rapports physiques, on peut dire que cette 1re subvision est assez bien partagée : la taille des habitants est à la vérité petite, mais les hommes sont robustes, et la vie y est plus longue que dans le département moyen. La nourriture des habitants est mauvaise; mais quoiqu'il y ait peu d'aisance, le paupérisme est peu répandu et les suicides y sont extrêmement rares.

2me subdivision du midi, Bassin du Rhône.

La 2e subdivision, qui comprend le bassin du Rhône, a, sous beaucoup de rapports, de l'analogie avec la première; cependant la moralité y est meilleure, en exceptant toutefois les enfants trouvés, qui y sont plus nombreux qu'en Auvergne.

Sous le rapport physique, l'infériorité des habitants de la chaîne des Alpes et du bassin du Rhône est évidente, si l'on en juge par la durée de la vie, qui est de beaucoup inférieure à celle du département moyen. L'instruction primaire est encore plus répandue dans ce groupe que dans les précédents.

3me subdivision du midi, Limousin.

La 3e subdivision, qui ne comprend que les départements du Limousin et de la Marche, a encore une moralité meilleure que celle des deux précédentes; mais sous le rapport physique, cette partie de la France paraît être la plus disgraciée : la vie y est aussi courte que la taille, qui est la plus petite de toute la France. La constitution des habitants est faible; on s'y nourrit d'une manière détestable, et les populations y croupissent dans une profonde ignorance; le département de la *Creuse* fait pourtant exception à ce sombre tableau, et a beaucoup d'analogie avec le groupe de l'Auvergne.

4me subdivision du midi, Bassin de la Garonne et côtes du golfe de Gascogne.

La 4e subdivision est baignée par l'Océan depuis Nantes jusqu'au département des *Landes*; elle s'étend tout le long du cours de la Garonne jusqu'au pays montueux, et le long de la Loire jusqu'à la Touraine. Cette subdivision présente une moralité meilleure que celle des sections précédentes sous le rapport de la criminalité; mais les enfants trouvés y sont bien plus nombreux; l'exécution de la loi du recrutement est plus facile dans cette subdivision que dans les parties du midi que nous venons d'étudier, et l'instruction primaire y est aussi répandue que dans le département moyen.

Sous les rapports physiques, les habitants sont très-favorisés, moins à cause de leur taille et de leur constitution, qui ne présentent rien d'extraordinaire, qu'à cause de la longueur de la vie, qui est remarquable *surtout* dans le bassin de la Garonne, où l'on compte plus de centenaires que dans tout le reste de la France réunie.

5me subdivision du midi, Berry et centre de la France.

La 5e subdivision, qui occupe le centre de la France, présente une assez bonne moralité : les crimes y sont peu nombreux et les lois s'y exécutent facilement; on y compte cependant autant de bâtards et d'enfants trouvés que dans le reste de la France. L'instruction primaire est des plus arriérées dans cette partie du royaume.

Sous le rapport physique, ces populations, qui se nourrissent en général fort mal, n'ont qu'une très-petite taille ; mais leur constitution n'est pas mauvaise ; cependant la vie y a peu de durée.

Cette partie de la France est une des moins peuplées, et ses habitants sont très-mal logés.

6me subdivision du midi, Bretagne.

La 6e subdivision, qui comprend la Bretagne et le Maine, est la partie de la France du midi qui présente la plus parfaite moralité ; il s'y commet peu de crimes ; on y compte peu de bâtards et peu d'enfants trouvés, et les lois s'exécutent facilement, quoique la population soit très-nombreuse.

L'instruction primaire est aussi arriérée dans cette partie de la France que dans les provinces du centre dont nous venons de parler. Sous le rapport physique, la taille des habitants y est des plus petites ; mais leur constitution est robuste, quoique la durée de leur vie soit fort courte. Ces populations se nourrissent en général fort mal, et leurs maisons manquent d'air et de lumière.

7me subdivision du midi, la Corse.

La 7e subdivision du midi ne comprend que la *Corse*. Les habitants de cette île ont une détestable moralité sous le rapport de la criminalité ; mais on y compte moins de bâtards et d'enfants trouvés que dans le département moyen ; la loi du recrutement s'y exécute avec facilité, si nous en jugeons par le nombre des insoumis, qui est peu considérable ; mais les impôts directs se perçoivent avec difficulté. Sous le rapport physique, ce pays est bien partagé ; la taille des habitants est petite ; mais les hommes sont robustes, et la vie moyenne est plus longue que dans le département moyen.

Subdivisions de la France du nord.

Passons à la France du nord :

C'est, comme nous l'avons déjà dit, la France industrieuse, riche et éclairée ; nous ajouterons que c'est aussi celle où les habitants se nourrissent le moins mal. Cette partie de la France doit être partagée en 5 subdivisions pour être étudiée avec succès.

La 1re comprend les départements de l'ancienne Normandie.

La 2e, les départements du nord et ceux du bassin de la Seine, autres que les départements de la Normandie.

La 3e, les départements des bassins de la Meuse et de la Moselle.

La 4e, les départements du bassin du Rhin.

La 5e enfin comprend ceux du bassin de la Saône.

1re subdivision du nord, Normandie.

La subdivision de la Normandie fait, dans la France du nord, exception en mal sous les rapports moraux, et en bien sous les rapports physiques ; on y compte en effet beaucoup plus de crimes, plus de bâtards et plus d'enfants trouvés que dans le département moyen de cette partie du royaume ; la même infériorité est observée pour la loi du recrutement qui s'exécute difficilement, pour l'esprit de chicane qui est très-développé, et même pour la rentrée des impôts qui est moins facile dans cette province que dans le reste de la France du nord.

Sous le rapport physique, les habitants de cette partie du royaume, sans être remarquablement robustes, sont de haute taille et vivent *très-longtemps*. Nous ferons ici une remarque qui montre combien les études statistiques sont désespérantes pour les personnes trop portées à généraliser les faits : nous avons vu (1re section) que les habitants du bassin de la Garonne, et particulièrement ceux de la Normandie, ont une vie moyenne beaucoup plus longue que celle du reste de la France ; nous venons aussi de voir que le bassin de la Garonne compte beaucoup de centenaires. Il est naturel de conclure que la Normandie doit être aussi dans ce cas ; ce serait cependant une grave erreur, et nous citerons entr'autres le département de l'*Orne*, qui présente la plus grande longévité, et qui pourtant figure dans la dernière série sous le rapport du nombre des centenaires (le 69e), car il n'en compte qu'un tous les cinq ans. Nous ne savons comment expliquer ces faits contradictoires, et nous aurions souvent pu en produire de pareils dans le cours de notre ouvrage.

2me subdivision du nord, Paris et le Nord.

La 2e subdivision, qui comprend la capitale et les départements du nord, présente une mauvaise moralité : les crimes y sont nombreux ; c'est la partie de la France où il y a le plus de bâtards, le plus de suicides et le plus de paupérisme indigène ou importé.

Sous le rapport physique, les habitants ne sont guères mieux partagés : la taille est élevée, il est vrai, mais la constitution peu robuste.

Les populations de l'Artois et de la Picardie, qui sont très-belles et très-robustes, font pourtant exception à cette dernière observation.

Les habitants de cette subdivision du royaume, ainsi que ceux de la Normandie, ont des dents fort mauvaises ; dans le midi, le bassin de la Garonne est dans le même cas. Si ce fait eût été *moins général*, nous ne l'aurions pas cité, car il est de peu d'importance.

3me subdivision du nord, Lorraine.

La 3e subdivision, qui comprend les départements de l'ancienne Lorraine, est, dans la France du nord, une des parties les plus favorisées. Quoique l'industrie y soit très-développée, on y compte peu de crimes, peu de bâtards, peu d'enfants trouvés ; et la constitution est robuste, quoique la taille des habitants soit élevée. La vie moyenne est aussi plus longue que dans le département moyen.

4me subdivision du nord, Alsace.

La 4e subdivision, qui comprend l'Alsace, est bien loin d'être dans des conditions aussi favorables. On y compte beaucoup de crimes, beaucoup de bâtards, mais peu d'enfants trouvés ; la taille est élevée et la constitution assez bonne ; mais *la vie moyenne* est *très-courte*. Quoique cette partie de la France soit très-peuplée, la population s'y accroît avec une grande rapidité.

5me subdivision du nord, Franche-Comté.

La 5e et dernière subdivision de la France du nord comprend la Franche-Comté et une partie de la Bourgogne ; les populations de cette partie du royaume ne présentent rien d'extraordinaire sous le rapport de la moralité ; car les départements qui la composent, quoique variant beaucoup entr'eux, donnent une moyenne qui est presque exactement la même que celle de toute la France, pour la criminalité et le nombre des bâtards ; il n'en est pas de même sous le rapport physique, car ces populations sont de *grande taille*, *très-robustes*, et leur vie moyenne est *plus longue* que celle du département moyen.

Ce que nous venons de dire des diverses parties du royaume est susceptible de grandes modifications pour certains départemens qui, dans les groupes, font exception aux faits généraux ; en recourant aux calculs des tableaux de la 3e partie, chacun pourra juger jusqu'à quel point nos observations sont fondées et les réformer au besoin.

FIN DE LA PREMIÈRE PARTIE.

SECONDE PARTIE.

ÉTUDES STATISTIQUES

QUI

CONCERNENT CHAQUE DÉPARTEMENT.

SECONDE PARTIE.

ÉTUDES STATISTIQUES QUI CONCERNENT CHAQUE DÉPARTEMENT.

Les études qui concernent chaque département n'embrassent pas tous les faits que nous avons traités dans les huit tableaux de la 3e partie : nous n'avons cru devoir faire figurer ici que les calculs qui se rapportent aux points les plus saillants de notre travail ; et toutes les fois qu'on voudra connaître l'ensemble des faits qui concernent un département, il faudra avoir recours aux calculs portés sur les tableaux dont nous venons de parler.

Nous aurions pu nous dispenser de tout le travail départemental de la 2e partie, car, avec les tableaux de la 3e, chaque lecteur pourrait le faire ; mais nous avons voulu lui éviter la fatigue et l'ennui des recherches. Les tableaux de chiffres ont en effet quelque chose d'aride et de repoussant pour ceux qui n'ont pas une grande habitude de la statistique ; et c'est peut-être là une des causes principales qui éloignent de l'étude de cette science. Nous avons même pensé que, pour faciliter aux personnes les moins habituées aux calculs l'intelligence de notre ouvrage, il était utile de terminer les études qui concernent chaque département par un court RÉSUMÉ, *dont tous les chiffres seraient exclus.*

Les années auxquelles nos calculs se réfèrent sont portées sur les tableaux de la 3e partie ; nous avons pensé qu'il était inutile de les rappeler dans le travail qui concerne chaque département.

Nous avons dit à la page 14 de quelle manière nous avons déterminé les calculs du département moyen ; on peut y recourir au besoin. Il est en effet fort important de se rappeler que les mots *département moyen* sont le plus souvent l'équivalent de ceux-ci : *moyenne de la France* ; sans cela on ne pourrait comprendre comment le département de l'*Aisne*, par exemple, qui compte 66 bâtards par 1,000 naissances, tandis que le département moyen en compte 72, n'est cependant que le 51e pour cet ordre de faits, tandis qu'il devrait être dans la première moitié, c'est-à-dire avant le 43e.

Ce fait se renouvelle souvent ; et dans le cas particulier que nous citons, il provient du département de la *Seine* qui donne, pour la moyenne de la France, un chiffre de bâtards beaucoup plus élevé que ne le serait celui du département moyen.

Nous avons donné, pour chaque département, le nombre de centièmes de sa surface qui sont en forêt ; ce renseignement nous a paru nécessaire pour qu'on pût juger de la population relative de la partie actuellement habitée.

1. AIN. — Chef-lieu Bourg.

Population. La France aurait 30,816,000 habitants, si elle était peuplée comme le département de l'*Ain*. *Quarante-trois* départements ont plus de densité de population ; cette dernière s'accroît annuellement de 33 têtes par 10,000 habitants. — Sol forestier, 19 centièmes.

Agriculteurs. Sur 1,000 recrues, ce département en compte 706 occupées aux travaux de la campagne ; le département moyen en a 526. *Trois* départements comptent plus d'agriculteurs.

Industrie. Sous le rapport de l'industrie, ce département est le 69e.

FAITS DE L'ORDRE MORAL.

Criminalité. Dans le département de l'Ain, sur 9,394 habitants, il y a un accusé de crime ; le département moyen en fournit un sur 4,552. *Aucun* département n'a une meilleure moralité sous ce rapport.

Bâtards. Pour 1,000 naissances de toute nature, on compte 33 bâtards ; le département moyen en a 72. *Huit* départements présentent une meilleure moralité.

Enfants trouvés. Pour 1,000 naissances de toute nature, on compte 15 enfants trouvés ; le département moyen en a 35. *Quatorze* départements présentent une meilleure moralité.

Insoumis au recrutement. Pour 1,000 recrues obtenues, on compte 2 insoumis ; le département moyen en a 14. *Quatorze* départements comptent moins d'insoumis.

Frais de rentrée des impôts directs. Pour percevoir 1,000 fr. d'impôts directs de toute nature, on est obligé de faire 4 fr. 90 c. de frais ; dans le département moyen, ces frais montent à 3 fr. 40 c. *Soixante-deux* départements ont plus de régularité pour le payement des impôts.

Paupérisme. Pour 1,000 habitants, on en compte 8 de secourus par les hôpitaux et hospices ou par les bureaux de bienfaisance ; le département moyen en compte 34. *Treize* départements ont un paupérisme moins considérable.

Esprit de chicane. Pour une affaire inscrite devant les tribunaux de première instance, on compte 195 habitants ; le département moyen en compte 261. *Soixante-quatre* départements ont un esprit de chicane moins développé.

Catholicisme. Pour 1,000 fr. d'impôts directs de toute nature, on a fourni en neuf années 9 fr. 20 c. de souscriptions pour la propagation de la foi catholique ; le département moyen en a payé 7 fr. 20 c. *Vingt-deux* départements ont produit des souscriptions plus considérables.

Instruction primaire. Sur 1,000 recrues, on en compte 426 ne sachant ni lire ni écrire ; le département moyen en a 486 dans ce cas. *Trente-quatre* départements ont une instruction primaire moins répandue.

Négligence pour l'instruction primaire. Sur 100 écoles primaires qui manquent, 41 sont dans ce cas par suite de la négligence des autorités locales ; le département moyen en compte 34. *Cinquante-sept* départements montrent plus de zèle pour l'exécution de la loi du 28 juin 1833.

Elections. Sur 100 électeurs, 64 usent de leurs droits ; le département moyen en compte 66. *Cinquante-deux* départements ont plus de zèle électoral.

FAITS DE L'ORDRE PHYSIQUE.

La taille moyenne des recrues est de 1 m. 658 mil. ; c'est plus que celle du département moyen qui est de 1 m. 655 mil. Les habitants de *trente-trois* départements ont une plus grande taille. Taille.

Pour 1,000 recrues obtenues, on a 167 exemptions pour défaut de taille; le département moyen en compte 260. *Vingt* départements ont moins d'exemptions de cette nature. Exemptions pour défaut de taille.

Pour 1,000 recrues obtenues, on a 456 exemptions pour causes physiques autres que pour défaut de taille ; le département moyen en compte 667. *Neuf* départements ont moins d'exemptions de cette nature. Exemptions pour autres causes physiques.

Pour 100 hectolitres de froment et de méteil consommés, 340 hectolitres de grains inférieurs entrent dans l'alimentation des habitants ; le département moyen n'en consomme que 82. *Soixante-quinze* départements sont dans une condition de nourriture plus favorable. Nourriture des habitants.

La vie moyenne des habitants est de 34 ans 11 mois ; celle du département moyen est de 36 ans 7 mois. *Soixante* départements ont une vie moyenne plus longue. Vie moyenne.

Pour fournir annuellement 100 hommes au recrutement, on compte 326 naissances des deux sexes ; le département moyen en exige 336. *Quarante-un* départements perdent moins de jeunes gens avant leur 21me année. Naissances qui arrivent à 21 ans.

Pour 100 enfants trouvés qui atteignent l'âge de *douze ans*, il en meurt 190 ; le département moyen en perd 159. *Soixante-sept* départements présentent une mortalité moins considérable. Mortalité des enfants trouvés.

RÉSUMÉ.

Population relative..........	moyenne.
Accroissement de population..	lent.
Sol forestier...............	étendu.
Nombre des agriculteurs.....	très-considérable.
Industrie....................	très-peu développée.
Nombre des crimes.........	*minimum*.
Nombre des bâtards.........	très-faible.
Nombre des enfants trouvés...	très-faible.
Nombre des insoumis........	très-faible.
Frais de rentrée des impôts...	considérables.
Nombre des procès civils.....	considérable.
Instruction primaire.........	moyenne.
Zèle électoral..............	ordinaire.
Taille......................	élevée.
Constitution	très-robuste.
Nourriture..................	très-mauvaise.
Durée de la vie	courte.
Population urbaine..........	très-faible.
Nombre des enfants trouvés ..	progressif.

2. AISNE. — Chef-lieu LAON.

Population. La France aurait 37,149,000 habitants, si elle était peuplée comme le département de l'*Aisne*. *Vingt* départements ont plus de densité de population ; cette dernière s'accroît annuellement de 66 têtes par 10,000 habitants.—Sol forestier, 19 centièmes.

Agriculteurs. Sur 1,000 recrues, ce département en compte 288 occupées aux travaux de la campagne ; le département moyen en a 526. *Soixante et dix-huit* départements comptent plus d'agriculteurs.

Industrie. Sous le rapport de l'industrie, ce département est le 11ᵉ.

FAITS DE L'ORDRE MORAL.

Criminalité. Dans le département de l'*Aisne*, sur 3,991 habitants il y a 1 accusé de crime ; le département moyen en fournit un sur 4,552. *Soixante-six* départements ont une meilleure moralité.

Bâtards. Pour 1,000 naissances de toute nature, on compte 66 bâtards ; le département moyen en a 72. *Cinquante* départements présentent une meilleure moralité.

Enfants trouvés. Pour 1,000 naissances de toute nature, on compte 32 enfants trouvés ; le département moyen en a 35. *Cinquante* départements présentent une meilleure moralité.

Insoumis au recrutement. Pour 1,000 recrues obtenues, on compte un insoumis ; le département moyen en a 14. *Cinq* départements comptent moins d'insoumis.

Frais de rentrée des impôts directs. Pour percevoir 1,000 fr. d'impôts directs de toute nature, on est obligé de faire 1 fr. 20 c. de frais ; dans le département moyen, ces frais montent à 3 fr. 40 c. *Neuf* départements ont plus de régularité pour le payement des impôts.

Paupérisme. Pour 1,000 habitants, on en compte 35 de secourus par les hôpitaux et hospices ou par les bureaux de bienfaisance ; le département moyen en compte 34. *Soixante-six* départements ont un paupérisme moins considérable.

Esprit de chicane. Pour une affaire inscrite devant les tribunaux de 1ʳᵉ instance, on compte 411 habitants ; le département moyen en compte 261. *Seize* départements ont un esprit de chicane moins développé.

Catholicisme. Pour 1,000 fr. d'impôts directs de toute nature, on a fourni en 9 années 1 fr. 90 c. de souscriptions pour la propagation de la foi catholique ; le département moyen en a payé 7 fr. 20 c. *Soixante-huit* départements ont produit des souscriptions plus considérables.

Instruction primaire. Sur 1,000 recrues, on en compte 387 ne sachant ni lire ni écrire ; le département moyen en a 486 dans ce cas. *Vingt-quatre* départements ont une instruction primaire plus répandue.

Négligence pour l'instruction primaire. Sur 100 écoles primaires qui manquent, 60 sont dans ce cas par suite de la négligence des autorités locales ; le département moyen en compte 34. *Quatre-vingt-un* départements montrent plus de zèle pour l'exécution de la loi du 28 juin 1833.

Elections. Sur 100 électeurs, 70 usent de leurs droits ; le département moyen en compte 66. *Dix-huit* départements ont plus de zèle électoral.

FAITS DE L'ORDRE PHYSIQUE.

La taille moyenne des recrues est de 1 m. 660 mil. ; c'est plus que celle du département moyen, qui est de 1 m. 655 mil. Les habitants de *vingt-neuf* départements ont une plus grande taille. Taille.

Pour 1,000 recrues obtenues, on a 195 exemptions pour défaut de taille ; le département moyen en compte 260. *Vingt-six* départements ont moins d'exemptions de cette nature. Exemptions pour défaut de taille.

Pour 1,000 recrues obtenues, on a 848 exemptions pour causes physiques *autres que pour défaut de taille*; le département moyen en compte 667. *Soixante-neuf* départements ont moins d'exemptions de cette nature. Exemptions pour autres causes physiques.

Pour 100 hectolitres de froment et de méteil consommés, 31 hectolitres de grains inférieurs entrent dans l'alimentation des habitants ; le département moyen n'en consomme que 82. *Quatorze* départements sont dans une condition de nourriture plus favorable. Nourriture des habitants.

La vie moyenne des habitants est de 37 ans 6 mois ; celle du département moyen est de 36 ans 7 mois. *Quarante-cinq* départements ont une vie moyenne plus longue. Vie moyenne.

Pour fournir annuellement 100 hommes au recrutement, on compte 370 naissances des *deux sexes ;* le département moyen en exige 336. *Soixante-neuf* départements perdent moins de jeunes gens avant leur 21e année. Naissances qui arrivent à 21 ans.

Pour 100 enfants trouvés qui atteignent l'âge de *douze ans*, il en meurt 94 ; le département moyen en perd 159. *Vingt-huit* départements présentent une mortalité moins considérable. Mortalité des enfants trouvés.

RÉSUMÉ.

Population relative..........	considérable.
Accroissement de population..	rapide.
Sol forestier...............	étendu.
Nombre des agriculteurs......	très-peu considérable.
Industrie..................	très-développée.
Nombre des crimes..........	considérable.
Nombre des bâtards.........	moyen.
Nombre des enfants trouvés..	moyen.
Nombre des insoumis........	très-faible.
Frais de rentrée des impôts...	très-peu considérables.
Nombre des procès civils.....	très-faible.
Instruction primaire.........	développée.
Zèle électoral..............	grand.
Taille.....................	élevée.
Constitution	très-mauvaise.
Nourriture	très-bonne.
Durée de la vie.............	moyenne.
Dents.....................	très-mauvaises.
Goîtreux	nombreux.
Paupérisme................	considérable.

3. ALLIER. — Chef-lieu MOULINS.

Population. — La France aurait 21,740,000 habitants, si elle était peuplée comme le département de l'*Allier*. *Soixante-treize* départements ont plus de densité de population ; cette dernière s'accroît annuellement de 23 têtes par 10,000 habitants.—Sol forestier, 9 centièmes.

Agriculteurs. — Sur 1,000 recrues, ce département en compte 601 occupées aux travaux de la campagne ; le département moyen en a 526. *Trente-un* départements comptent plus d'agriculteurs.

Industrie. — Sous le rapport de l'industrie, ce département est le 56e.

FAITS DE L'ORDRE MORAL.

Criminalité. — Dans le département de l'Allier, sur 6,427 habitants il y a un accusé de crime ; le département moyen en fournit un sur 4,552. *Neuf* départements ont une meilleure moralité.

Bâtards. — Pour 1,000 naissances de toute nature, on compte 69 bâtards ; le département moyen en a 72. *Cinquante-neuf* départements présentent une meilleure moralité.

Enfants trouvés. — Pour 1,000 naissances de toute nature, on compte 52 enfants trouvés ; le département moyen en a 35. *Soixante-quinze* départements présentent une meilleure moralité.

Insoumis au recrutement. — Pour 1,000 recrues obtenues, on compte 19 insoumis ; le département moyen en a 14. *Soixante-six* départements comptent moins d'insoumis.

Frais de rentrée des impôts directs. — Pour percevoir 1,000 francs d'impôts directs de toute nature, on est obligé de faire 4 fr. 10 c. de frais ; dans le département moyen, ces frais montent à 3 fr. 40 c. *Cinquante-un* départements ont plus de régularité pour le payement des impôts.

Paupérisme. — Pour 1,000 habitants, on en compte 3 de secourus par les hôpitaux et hospices ou par les bureaux de bienfaisance ; le département moyen en compte 34. *Un seul* département a un paupérisme moins considérable.

Esprit de chicane. — Pour une affaire inscrite devant les tribunaux de 1re instance, on compte 327 habitants ; le département moyen en compte 261. *Vingt-sept* départements ont un esprit de chicane moins développé.

Catholicisme. — Pour 1,000 francs d'impôts directs de toute nature, on a fourni en neuf années 4 fr. 80 c. de souscriptions pour la propagation de la foi catholique; le département moyen en a payé 7 fr. 20 c. *Quarante-un* départements ont produit des souscriptions plus considérables.

Instruction primaire. — Sur 1,000 recrues, on en compte 785 ne sachant ni lire ni écrire ; le département moyen en a 486 dans ce cas. *Quatre-vingt-deux* départements ont une instruction primaire plus répandue.

Négligence pour l'instruction primaire. — Sur 100 écoles primaires qui manquent, 39 sont dans ce cas par suite de la négligence des autorités locales ; le département moyen en compte 34. *Cinquante-un* départements montrent plus de zèle pour l'exécution de la loi du 28 juin 1833.

Elections. — Sur 100 électeurs, 57 usent de leurs droits ; le département moyen en compte 66. *Soixante-seize* départements ont plus de zèle électoral.

FAITS DE L'ORDRE PHYSIQUE.

La taille moyenne des recrues est de 1 m. 638 mil.; c'est moins que celle du département moyen, qui est de 1 m. 655 mil. Les habitants de *quatre-vingt-trois* départements ont une plus grande taille. Taille.

Pour 1,000 recrues obtenues, on a 543 exemptions pour défaut de taille; le département moyen en compte 260. *Quatre-vingt-deux* départements ont moins d'exemptions de cette nature. Exemptions pour défaut de taille.

Pour 1,000 recrues obtenues, on a 661 exemptions pour causes physiques *autres que pour défaut de taille*; le département moyen en compte 667. *Quarante* départements ont moins d'exemptions de cette nature. Exemptions pour autres causes physiques.

Pour 100 hectolitres de froment et de méteil consommés, 224 hectolitres de grains inférieurs entrent dans l'alimentation des habitants; le département moyen en consomme 82. *Soixante-huit* départements sont dans une condition de nourriture plus favorable. Nourriture des habitants.

La vie moyenne des habitants est de 32 ans 4 mois; celle du département moyen est de 36 ans 7 mois. *Soixante-dix* départements ont une vie moyenne plus longue. Vie moyenne.

Pour fournir annuellement 100 hommes au recrutement, on compte 313 naissances des deux sexes; le département moyen en exige 336. *Trente* départements perdent moins de jeunes gens avant leur 21e année. Naissances qui arrivent à 21 ans.

Pour 100 enfants trouvés qui atteignent l'âge de *douze ans*, il en meurt 301. Le département moyen en perd 159. *Quatre-vingt-un* départements présentent une mortalité moins considérable. Mortalité des enfants trouvés.

RÉSUMÉ.

Population relative..........	très-faible.
Accroissement de population..	lent.
Sol forestier...............	peu étendu.
Nombre des agriculteurs.....	considérable.
Industrie..................	peu développée.
Nombre des crimes..	très-peu considérable.
Nombre des bâtards.........	considérable.
Nombre des enfants trouvés...	très-considérable.
Nombre des insoumis........	considérable.
Frais de rentrée des impôts...	moyens.
Nombre des procès civils.....	peu considérable.
Instruction primaire.........	très-peu développée.
Zèle électoral..............	très-faible.
Taille.....................	des plus petites.
Constitution	ordinaire.
Nourriture	mauvaise.
Durée de la vie.............	très-courte.
Suicides..................	très-rares.
Jury......................	sévère.
Mortalité des enfants trouvés..	des plus considérables.
Teigneux et scrofuleux......	nombreux.
Nombre des centenaires.....	considérable.
Logement des habitans.......	mauvais.

4. BASSES-ALPES. — Chef-lieu DIGNE.

Population. La France aurait 12,029,000 habitants, si elle était peuplée comme le département des *Basses-Alpes ;* c'est le département le plus dépeuplé de toute la France. La population s'y accroît annuellement de 46 têtes par 10,000 habitants.—Sol forestier, 15 centièmes.

Agriculteurs. Sur 1,000 recrues, ce département en compte 679 occupées aux travaux de la campagne ; le département moyen en a 526. *Onze* départements comptent plus d'agriculteurs.

Industrie. Sous le rapport de l'industrie, ce département est le 66ᵉ.

FAITS DE L'ORDRE MORAL.

Criminalité. Dans le département des Basses-Alpes, sur 4,221 habitants, il y a un accusé de crime ; le département moyen en fournit un sur 4,552. *Soixante* départements ont une meilleure moralité.

Bâtards. Pour 1,000 naissances de toute nature, on compte 58 bâtards ; le département moyen en a 72. *Quarante-un* départements présentent une meilleure moralité.

Enfants trouvés. Pour 1,000 naissances de toute nature, on compte 55 enfants trouvés ; le département moyen en a 35. *Soixante-dix-sept* départements présentent une meilleure moralité.

Insoumis au recrutement. Pour 1,000 recrues obtenues, on compte 14 insoumis ; le département moyen en a 14. *Soixante* départements comptent moins d'insoumis.

Frais de rentrée des impôts directs. Pour percevoir 1,000 francs d'impôts directs de toute nature, on est obligé de faire 3 fr. 30 c. de frais ; dans le département moyen, ces frais montent à 3 fr. 40 c. *Quarante-un* départements ont plus de régularité pour le payement des impôts.

Paupérisme. Pour 1,000 habitants, on en compte 11 de secourus par les hôpitaux et hospices ou par les bureaux de bienfaisance ; le département moyen en compte 34. *Vingt-un* départements ont un paupérisme moins considérable.

Esprit de chicane. Pour une affaire inscrite devant les tribunaux de 1ʳᵉ instance, on compte 254 habitants ; le département moyen en compte 261. *Quarante-neuf* départements ont un esprit de chicane moins développé.

Catholicisme. Pour 1,000 fr. d'impôts directs de toute nature, on a fourni en neuf années 3 fr. 20 c. de souscriptions pour la propagation de la foi catholique ; le département moyen en a payé 7 fr. 20. *Cinquante-trois* départements ont produit des souscriptions plus considérables.

Instruction primaire. Sur 1,000 recrues, on en compte 458 ne sachant ni lire ni écrire ; le département moyen en a 486 dans ce cas. *Trente-sept* départements ont une instruction primaire plus répandue.

Négligence pour l'instruction primaire. Sur 100 écoles primaires qui manquent, 29 sont dans ce cas par suite de la négligence des autorités locales ; le département moyen en compte 34. *Trente-cinq* départements montrent plus de zèle pour l'exécution de la loi du 28 juin 1833.

Élections. Sur 100 électeurs, 66 usent de leurs droits ; le département moyen en compte 66. *Quarante-trois* départements ont plus de zèle électoral.

FAITS DE L'ORDRE PHYSIQUE.

La taille moyenne des recrues est de 1 m. 643 mil. ; c'est moins que celle du département moyen qui est de 1 m. 655 mil. Les habitants de *soixante-dix* départements ont une plus grande taille. Taille.

Pour 1,000 recrues obtenues, on a 270 exemptions pour défaut de taille ; le département moyen en compte 260. *Cinquante et un* départements ont moins d'exemptions de cette nature. Exemptions pour défaut de taille.

Pour 1,000 recrues obtenues, on a 615 exemptions pour causes physiques *autres que pour défaut de taille* ; le département moyen en compte 667. *Trente-trois* départements ont moins d'exemptions de cette nature. Exemptions pour autres causes physiques.

Pour 100 hectolitres de froment et de méteil consommés, 42 hectolitres de grains inférieurs entrent dans l'alimentation des habitants ; le département moyen en consomme 82. *Vingt-un* départements sont dans une condition de nourriture plus favorable. Nourriture des habitants.

La vie moyenne des habitants est de 31 ans 11 mois ; celle du département moyen est de 36 ans 7 mois. *Soixante et douze* départements ont une vie moyenne plus longue. Vie moyenne.

Pour fournir annuellement 100 hommes au recrutement, on compte 352 naissances des deux sexes ; le département moyen en exige 336. *Soixante-un* départements perdent moins de jeunes gens avant leur 21me année. Naissances qui arrivent à 21 ans.

Pour 100 enfants trouvés qui atteignent l'âge de *douze ans*, il en meurt 170 ; le département moyen en perd 159. *Cinquante-neuf* départements présentent une mortalité moins considérable. Mortalité des enfants trouvés.

RÉSUMÉ.

Population relative..........	*minimum*.
Accroissement de la population.	moyen.
Sol forestier...............	moyen.
Nombre des agriculteurs.....	très-considérable.
Industrie..................	peu développée.
Nombre des crimes..........	considérable.
Nombre des bâtards.........	moyen.
Nombre des enfants trouvés..	très-considérable.
Nombre des insoumis........	considérable.
Frais de rentrée des impôts...	moyens.
Nombre des procès civils.....	moyen.
Instruction primaire.........	moyenne.
Zèle électoral..............	ordinaire.
Taille.....................	petite.
Constitution...............	ordinaire.
Nourriture.................	bonne.
Durée de la vie............	très-courte.
Goîtreux..................	très-nombreux.
Crimes contre les personnes...	nombreux.

5. HAUTES-ALPES. — Chef-lieu GAP.

Population. **La France aurait 12,294,000 habitants, si elle était peuplée comme le département des *Hautes-Alpes*. *Quatre-vingt-trois* départements ont plus de densité de population. Cette dernière s'accroît annuellement de 45 têtes par 10,000 habitants. — Sol forestier, 14 centièmes.**

Agriculteurs. **Sur 1,000 recrues, ce département en compte 733 occupées aux travaux de la campagne; le département moyen en a 526. *Deux* départements comptent plus d'agriculteurs.**

Industrie. **Sous le rapport de l'industrie, ce département est le 79ᵉ.**

FAITS DE L'ORDRE MORAL.

Criminalité. **Dans le département des Hautes-Alpes, sur 5,301 habitants, il y a un accusé de crime; le département moyen en fournit un sur 4,552. *Trente-trois* départements ont une meilleure moralité.**

Bâtards. **Pour 1,000 naissances de toute nature, on compte 45 bâtards; le département moyen en a 72. *Dix-sept* départements présentent une meilleure moralité.**

Enfants trouvés. **Pour 1,000 naissances de toute nature, on compte 25 enfants trouvés; le département moyen en a 35. *Trente-quatre* départements présentent une meilleure moralité.**

Insoumis au recrutement. **Pour 1,000 recrues obtenues, on compte 18 insoumis; le département moyen en a 14. *Soixante-quatre* départements comptent moins d'insoumis.**

Frais de rentrée des impôts directs. **Pour percevoir 1,000 fr. d'impôts directs de toute nature, on est obligé de faire 3 fr. 40 c. de frais; dans le département moyen, ces frais montent à 3 fr. 40 c. *Quarante-quatre* départements ont plus de régularité pour le payement des impôts.**

Paupérisme. **Pour 1,000 habitants, on en compte 8 de secourus par les hôpitaux et hospices ou par les bureaux de bienfaisance; le département moyen en compte 34. *Quatorze* départements ont un paupérisme moins considérable.**

Esprit de chicane. **Pour une affaire inscrite devant les tribunaux de première instance, on compte 169 habitants; le département moyen en compte 261. *Soixante et douze* départements ont un esprit de chicane moins développé.**

Catholicisme. **Pour 1,000 fr. d'impôts directs de toute nature, on a fourni, en neuf années, 2 fr. 60 c. de souscriptions pour la propagation de la foi catholique; le département moyen en a payé 7 fr. 20 c. *Soixante-trois* départements ont produit des souscriptions plus considérables.**

Instruction primaire. **Sur 1,000 recrues, on en compte 211 ne sachant ni lire ni écrire; le département moyen en a 486 dans ce cas. *Huit* départements ont une instruction primaire plus répandue.**

Négligence pour l'instruction primaire. **Sur 100 écoles primaires qui manquent, 13 sont dans ce cas par suite de la négligence des autorités locales; le département moyen en compte 34. *Six* départements montrent plus de zèle pour l'exécution de la loi du 28 juin 1833.**

Elections. **Sur 100 électeurs, 76 usent de leurs droits; le département moyen en compte 66. *Deux* départements ont plus de zèle électoral.**

FAITS DE L'ORDRE PHYSIQUE

Taille.

La taille moyenne des recrues est de 1 m. 649 mil. ; c'est moins que celle du département moyen qui est de 1 m. 655 mil. Les habitants de *cinquante-trois* départements ont une plus grande taille.

Exemptions pour défaut de taille.

Pour 1,000 recrues obtenues, on a 471 exemptions pour défaut de taille ; le département moyen en compte 260. *Soixante et dix-huit* départements ont moins d'exemptions de cette nature.

Exemptions pour autres causes physiques.

Pour 1,000 recrues obtenues, on a 706 exemptions pour causes physiques autres que pour défaut de taille ; le département moyen en compte 667. *Cinquante-quatre* départements ont moins d'exemptions de cette nature.

Nourriture des habitants.

Pour 100 hectolitres de froment et de méteil consommés, 60 hectolitres de grains inférieurs entrent dans l'alimentation des habitants ; le département moyen en consomme 82. *Trente-un* départements sont dans une condition de nourriture plus favorable.

Vie moyenne.

La vie moyenne des habitants est de 31 ans 8 mois ; celle du département moyen est de 36 ans 7 mois. *Soixante et dix-sept* départements ont une vie moyenne plus longue.

Naissances qui arrivent à 21 ans.

Pour fournir annuellement 100 hommes au recrutement, on compte 376 naissances des deux sexes ; le département moyen en exige 336. *Soixante-treize* départements perdent moins de jeunes gens avant leur 21e année.

Mortalité des enfants trouvés.

Pour 100 enfants trouvés qui atteignent l'âge de *douze ans*, il en meurt 74 ; le département moyen en perd 159. *Treize* départements présentent une mortalité moins considérable.

RÉSUMÉ.

Population relative..........	des plus faibles.
Accroissement de la population.	moyen.
Sol forestier................	moyen.
Nombre des agriculteurs......	des plus considérables.
Industrie..................	très-peu développée.
Nombre des crimes..........	peu considérable.
Nombre des bâtards.........	peu considérable.
Nombre des enfants trouvés..	peu considérable.
Nombre des insoumis........	considérable.
Frais de rentrée des impôts...	moyens.
Nombre des procès civils......	considérable.
Instruction primaire.........	très-développée.
Zèle électoral..............	des plus actifs.
Taille....................	petite.
Constitution	médiocre.
Nourriture................	bonne.
Durée de la vie............	très-courte.
Goîtreux	*maximum*.
Population urbaine.........	très-faible.
Naissances qui arrivent à 21 ans.	peu nombreuses.

6. ARDÈCHE. — Chef-lieu PRIVAS.

Population. La France aurait 33,350,000 habitants, si elle était peuplée comme le département de l'*Ardèche*. *Trente-cinq* départements ont plus de densité de population; cette dernière s'accroît annuellement de 84 têtes par 10,000 habitants. —Sol forestier, 18 centièmes.

Agriculteurs. Sur 1,000 recrues, ce département en compte 763 occupées aux travaux de la campagne ; le département moyen en a 526. *Aucun* département ne compte plus d'agriculteurs.

Industrie. Sous le rapport de l'industrie, ce département est le 64e.

FAITS DE L'ORDRE MORAL.

Criminalité. Dans le département de l'Ardèche, sur 4,426 habitants, il y a un accusé de crime ; le département moyen en fournit un sur 4,552. *Cinquante-quatre* départements ont une meilleure moralité.

Bâtards. Pour 1,000 naissances de toute nature, on compte 27 bâtards ; le département moyen en a 72. *Deux* départements présentent une meilleure moralité.

Enfants trouvés. Pour 1,000 naissances de toute nature, on compte 10 enfants trouvés ; le département moyen en a 35. *Huit* départements présentent une meilleure moralité.

Insoumis au recrutement. Pour 1,000 recrues obtenues, on compte 8 insoumis ; le département moyen en a 14. *Cinquante et un* départements comptent moins d'insoumis.

Frais de rentrée des impôts directs. Pour percevoir 1,000 fr. d'impôts directs de toute nature, on est obligé de faire 2 fr. 80 c. de frais ; dans le département moyen, ces frais se montent à 3 fr. 40 c. *Trente-six* départements ont plus de régularité dans le payement des impôts.

Paupérisme. Pour 1,000 habitants, on en compte 14 de secourus par les hôpitaux et hospices ou par les bureaux de bienfaisance ; le département moyen en compte 34. *Vingt-neuf* départements ont un paupérisme moins considérable.

Esprit de chicane. Pour une affaire inscrite devant les tribunaux de première instance, on compte 155 habitants ; le département moyen en compte 261. *Soixante et seize* départements ont un esprit de chicane moins développé.

Catholicisme. Pour 1,000 francs d'impôts directs de toute nature, on a fourni, en neuf années, 16 fr. 80 c. de souscriptions pour la propagation de la foi catholique; le département moyen en a payé 7 fr. 20. c. *Sept* départements ont produit des souscriptions plus considérables.

Instruction primaire. Sur 1,000 recrues, on en compte 660 ne sachant ni lire ni écrire ; le département moyen en a 486 dans ce cas. *Soixante-sept* départements ont une instruction primaire plus répandue.

Négligence pour l'instruction primaire. Sur 100 écoles primaires qui manquent, 30 sont dans ce cas par suite de la négligence des autorités locales ; le département moyen en compte 34. *Trente-neuf* départements montrent plus de zèle pour l'exécution de la loi du 28 juin 1833.

Elections. Sur 100 électeurs, 60 usent de leurs droits ; le département moyen en compte 66. *Soixante-neuf* départements ont plus de zèle électoral.

FAITS DE L'ORDRE PHYSIQUE.

La taille moyenne des recrues est de 1 m. 645 mil. ; c'est moins que celle du département moyen qui est de 1 m. 655 mil. Les habitants de *soixante-six* départements ont une plus grande taille. Taille.

Pour 1,000 recrues obtenues, on a 391 exemptions pour défaut de taille ; le département moyen en compte 260. *Soixante et douze* départements ont moins d'exemptions de cette nature. Exemptions pour défaut de taille.

Pour 1,000 recrues obtenues, on a 434 exemptions pour causes physiques autres que pour défaut de taille ; le département moyen en compte 667. *Cinq* départements ont moins d'exemptions de cette nature. Exemptions pour autres causes physiques.

Pour 100 hectolitres de froment et de méteil consommés, 300 hectolitres de grains inférieurs entrent dans l'alimentation des habitants ; le département moyen en consomme 82. *Soixante et douze* départements sont dans une condition de nourriture plus favorable. Nourriture des habitants.

La vie moyenne des habitants est de 36 ans 5 mois ; celle du département moyen est de 36 ans 7 mois. *Cinquante-un* départements ont une vie moyenne plus longue. Vie moyenne.

Pour fournir annuellement 100 hommes au recrutement, on compte 338 naissances des deux sexes ; le département moyen en exige 336. *Cinquante* départements perdent moins de jeunes gens avant leur 21e année. Naissances qui arrivent à 21 ans.

Pour 100 enfants trouvés qui atteignent l'âge de *douze ans*, il en meurt 71 ; le département moyen en perd 159. *Neuf* départements présentent une mortalité moins considérable. Mortalité des enfants trouvés.

RÉSUMÉ.

Population relative..........	moyenne
Accroissement de la population.	très-rapide.
Sol forestier................	étendu.
Nombre des agriculteurs.....	*maximum.*
Industrie..................	peu développée.
Nombre des crimes..........	considérable.
Nombre des bâtards.........	très-faible.
Nombre des enfants trouvés...	très-faible.
Nombre des insoumis........	considérable.
Frais de rentrée des impôts...	moyens.
Nombre des procès civils.....	très-considérable.
Instruction primaire........	peu développée.
Zèle électoral..............	faible.
Taille.....................	petite.
Constitution...............	très-robuste.
Nourriture.................	mauvaise.
Durée de la vie.............	moyenne.
Crimes contre les personnes...	très-nombreux.
Jury......................	peu sévère.
Catholicisme...............	très-développé.
Logement des habitants......	mauvais.
Mortalité des enfants trouvés..	peu considérable.
Goîtreux..................	nombreux.
Centenaires................	nombreux.

7. ARDENNES. — Chef-lieu MÉZIÈRES.

Population. La France aurait 29,497,000 habitants, si elle était peuplée comme le département des *Ardennes*. Quarante-sept départements ont plus de densité de population; cette dernière s'accroît annuellement de 81 têtes par 10,000 habitants. —Sol forestier, 24 centièmes.

Agriculteurs. Sur 1,000 recrues, ce département en compte 309 occupées aux travaux de la campagne; le département moyen en a 526. *Soixante-et-dix-sept* départements comptent plus d'agriculteurs.

Industrie. Sous le rapport de l'industrie, ce département est le 5e.

FAITS DE L'ORDRE MORAL.

Criminalité. Dans le département des *Ardennes*, sur 5,712 habitants, il y a un accusé de crime; le département moyen en fournit un sur 4,552. *Vingt-quatre* départements ont une meilleure moralité.

Bâtards. Pour 1,000 naissances de toute nature, on compte 47 bâtards; le département moyen en a 72. *Vingt-deux* départements présentent une meilleure moralité.

Enfants trouvés. Pour 1,000 naissances de toute nature, on compte 15 enfants trouvés; le département moyen en a 35. *Treize* départements présentent une meilleure moralité.

Insoumis au recrutement. Pour 1,000 recrues obtenues, on compte 0,4 insoumis; le département moyen en a 14. *Aucun* département ne compte moins d'insoumis.

Frais de rentrée des impôts directs. Pour percevoir 1,000 fr. d'impôts directs de toute nature, on est obligé de faire 1 fr. 20 c. de frais; dans le département moyen, ces frais montent à 3 fr. 40 c. *Huit* départements ont plus de régularité pour le payement des impôts.

Paupérisme. Pour 1,000 habitants, on en compte 13 de secourus par les hôpitaux et hospices ou par les bureaux de bienfaisance; le département moyen en compte 34. *Vingt-huit* départements ont un paupérisme moins considérable.

Esprit de chicane. Pour une affaire inscrite devant les tribunaux de 1re instance, on compte 236 habitants; le département moyen en compte 261. *Cinquante-quatre* départements ont un esprit de chicane moins développé.

Catholicisme. Pour 1,000 fr. d'impôts directs de toute nature, on a fourni en neuf années 1 fr. 60 c. de souscriptions pour la propagation de la foi catholique; le département moyen en a payé 7 fr. 20 c. *Soixante-neuf* départements ont produit des souscriptions plus considérables.

Instruction primaire. Sur 1,000 recrues, on en compte 216 ne sachant ni lire ni écrire; le département moyen en a 486 dans ce cas. *Dix* départements ont une instruction primaire plus répandue.

Négligence pour l'instruction primaire. Sur 100 écoles primaires qui manquent, 42 sont dans ce cas par suite de la négligence des autorités locales; le département moyen en compte 34. *Cinquante-neuf* départements montrent plus de zèle pour l'exécution de la loi du 28 juin 1833.

Elections. Sur 100 électeurs, 75 usent de leurs droits; le département moyen en compte 66. *Quatre* départements ont plus de zèle électoral.

FAITS DE L'ORDRE PHYSIQUE.

La taille moyenne des recrues est de 1 m. 673 mil. ; c'est plus que celle du département moyen qui est de 1 m. 655 mil. Les habitants de *trois* départements ont une plus grande taille. Taille.

Pour 1,000 recrues obtenues, on a 137 exemptions pour défaut de taille ; le département moyen en compte 260. *Sept* départements ont moins d'exemptions de cette nature. Exemptions pour défaut de taille.

Pour 1,000 recrues obtenues, on a 592 exemptions pour causes physiques autres que pour défaut de taille ; le département moyen en compte 667. *Trente* départements ont moins d'exemptions de cette nature. Exemptions pour autres causes physiques.

Pour 100 hectolitres de froment et de méteil consommés, 47 hectolitres de grains inférieurs entrent dans l'alimentation des habitants ; le département moyen en consomme 82. *Vingt-quatre* départements sont dans une condition de nourriture plus favorable. Nourriture des habitants.

La vie moyenne des habitants est de 38 ans 11 mois ; celle du département moyen est de 36 ans 7 mois. *Vingt-six* départements ont une vie moyenne plus longue. Vie moyenne.

Pour fournir annuellement 100 hommes au recrutement, on compte 362 naissances des deux sexes ; le département moyen en exige 336. *Soixante-sept* départements perdent moins de jeunes gens avant leur 21e année. Naissances qui arrivent à 21 ans.

Pour 100 enfants trouvés qui atteignent l'âge de *douze ans*, il en meurt 86 ; le département moyen en perd 159. *Vingt* départements présentent une mortalité moins considérable. Mortalité des enfants trouvés.

RÉSUMÉ.

Population relative..........	moyenne.
Accroissement de la population.	très-rapide.
Sol forestier................	très-étendu.
Nombre des agriculteurs......	très-faible.
Industrie..................	très-développée
Nombre des crimes..........	peu considérable.
Nombre des bâtards.........	faible.
Nombre des enfants trouvés...	faible.
Nombre des insoumis........	*minimum*.
Frais de rentrée des impôts....	très-faibles.
Nombre des procès civils.....	considérable.
Instruction primaire.........	très-développée.
Zèle électoral...............	très-actif.
Taille......................	très-grande.
Constitution................	robuste.
Nourriture..................	bonne.
Durée de la vie.............	longue.
Jury......................	peu sévère.

8. ARIÈGE. — Chef-lieu Foix.

Population. La France aurait 29,339,000 habitants, si elle était peuplée comme le département de l'*Ariège*. *Quarante-huit* départements ont plus de densité de population ; cette dernière s'accroît annuellement de 85 têtes par 10,000 habitants. —Sol forestier, 19 centièmes.

Agriculteurs. Sur 1,000 recrues, ce département en compte 685 occupées aux travaux de la campagne ; le département moyen en a 526. *Neuf* départements comptent plus d'agriculteurs.

Industrie. Sous le rapport de l'industrie, ce département est le 61e.

FAITS DE L'ORDRE MORAL.

Criminalité. Dans le département de l'Ariège, sur 3,124 habitants, il y a un accusé de crime ; le département moyen en fournit un sur 4,552. *Soixante et dix-sept* départements ont une meilleure moralité.

Bâtards. Pour 1,000 naissances de toute nature, on compte 58 bâtards ; le département moyen en a 72. *Trente-neuf* départements présentent une meilleure moralité.

Enfants trouvés. Pour 1,000 naissances de toute nature, on compte 28 enfants trouvés ; le département moyen en a 35. *Quarante et un* départements présentent une meilleure moralité.

Insoumis au recrutement. Pour 1,000 recrues obtenues, on compte 16 insoumis ; le département moyen en a 14. *Soixante-deux* départements comptent moins d'insoumis.

Frais de rentrée des impôts directs. Pour percevoir 1,000 fr. d'impôts directs de toute nature, on est obligé de faire 7 f. 70 c. de frais ; dans le département moyen, ces frais montent à 3 fr. 40 c. *Quatre-vingts* départements ont plus de régularité pour le payement des impôts.

Paupérisme. Pour 1,000 habitants, en en compte 16 de secourus par les hôpitaux et hospices ou par les bureaux de bienfaisance ; le département moyen en compte 34. *Trente-cinq* départements ont un paupérisme moins considérable.

Esprit de chicane. Pour une affaire inscrite devant les tribunaux de première instance, on compte 276 habitants ; le département moyen en compte 261. *Quarante-deux* départements ont un esprit de chicane moins développé.

Catholicisme. Pour 1,000 fr. d'impôts directs de toute nature, on a fourni en neuf années 0 fr. 60 c. de souscriptions pour la propagation de la foi catholique ; le département moyen en a payé 7 fr. 20 c. *Soixante et dix-neuf* départements ont produit des souscriptions plus considérables.

Instruction primaire. Sur 1,000 recrues, on en compte 656 ne sachant ni lire ni écrire ; le département moyen en a 486 dans ce cas. *Soixante-cinq* départements ont une instruction primaire plus répandue.

Négligence pour l'instruction primaire. Sur 100 écoles primaires qui manquent, 17 sont dans ce cas par suite de la négligence des autorités locales ; le département moyen en compte 34. *Douze* départements montrent plus de zèle pour l'exécution de la loi du 28 juin 1833.

Elections. Sur 100 électeurs, 73 usent de leurs droits ; le département moyen en compte 66. *Neuf* départements ont plus de zèle électoral.

FAITS DE L'ORDRE PHYSIQUE.

Taille.

La taille moyenne des recrues est de 1 m. 648 mil. ; c'est moins que celle du département moyen qui est de 1 m. 655 mil. Les habitants de *cinquante-cinq* départements ont une plus grande taille.

Exemptions pour défaut de taille.

Pour 1,000 recrues obtenues, on a 287 exemptions pour défaut de taille ; le département moyen en compte 260. *Cinquante-cinq* départements ont moins d'exemptions de cette nature.

Exemptions pour autres causes physiques.

Pour 1,000 recrues obtenues, on a 670 exemptions pour causes physiques autres que pour défaut de taille ; le département moyen en compte 667. *Quarante-quatre* départements ont moins d'exemptions de cette nature.

Nourriture des habitants.

Pour 100 hectolitres de froment et de méteil consommés, 142 hectolitres de grains inférieurs entrent dans l'alimentation des habitants ; le département moyen en consomme 82. *Soixante-un* départements sont dans une condition de nourriture plus favorable.

Vie moyenne.

La vie moyenne des habitants est de 38 ans 6 mois ; celle du département moyen est de 36 ans 7 mois. *Vingt-huit* départements ont une vie moyenne plus longue.

Naissances qui arrivent à 21 ans.

Pour fournir annuellement 100 hommes au recrutement, on compte 325 naissances des deux sexes ; le département moyen en exige 336. *Quarante* départements perdent moins de jeunes gens avant leur 21e année.

Mortalité des enfants trouvés.

Pour 100 enfants trouvés qui atteignent l'âge de *douze ans*, il en meurt 56 ; le département moyen en perd 159. *Cinq* départements présentent une mortalité moins considérable.

RÉSUMÉ.

Population relative..........	moyenne.
Accroissement de la population.	très-rapide.
Sol forestier...............	étendu.
Nombre des agriculteurs.....	très-considérable.
Industrie..................	peu développée.
Nombre des crimes..........	très-considérable.
Nombre des bâtards.........	moyen.
Nombre des enfants trouvés...	moyen.
Nombre des insoumis........	considérable.
Frais de rentrée des impôts...	très-considérables.
Nombre des procès civils.....	moyen.
Instruction primaire.........	peu développée.
Zèle électoral..............	très-actif.
Taille.....................	petite.
Constitution...............	moyenne.
Nourriture................	mauvaise.
Durée de la vie............	longue.
Crimes contre les personnes...	nombreux.
Jury......................	le plus indulgent.
Nombre des centenaires......	*maximum*.
Nombre des enfants trouvés...	en décroissance.
Mortalité des enfants trouvés..	peu considérable.
Suicides..................	très-rares.
Goîtreux..................	très-nombreux.
Logement des habitants......	mauvais,

9. AUBE. — Chef-lieu Troyes.

Population. La France aurait 21,371,000 habitants, si elle était peuplée comme le département de l'*Aube*. *Soixante-quatorze* départements ont plus de densité de population; cette dernière s'accroît annuellement de 34 têtes par 10,000 habitants.—Sol forestier, 13 centièmes.

Agriculteurs. Sur 1,000 recrues, ce département en compte 408 occupées aux travaux de la campagne; le département moyen en a 526. *Soixante-six* départements comptent plus d'agriculteurs.

Industrie. Sous le rapport de l'industrie, ce département est le 18e.

FAITS DE L'ORDRE MORAL.

Criminalité. Dans le département de l'Aube, sur 3,849 habitants, il y a un accusé de crime; le département moyen en fournit un sur 4,552. *Soixante-neuf* départements ont une meilleure moralité.

Bâtards. Pour 1,000 naissances de toute nature, on compte 76 bâtards; le département moyen en a 72. *Soixante-cinq* départements présentent une meilleure moralité.

Enfants trouvés. Pour 1,000 naissances de toute nature, on compte 27 enfants trouvés; le département moyen en a 35. *Trente-neuf* départements présentent une meilleure moralité.

Insoumis au recrutement. Pour 1,000 recrues obtenues, on compte 0,5 insoumis; le département moyen en a 14. *Deux* départements ont moins d'insoumis.

Frais de rentrée des impôts directs. Pour percevoir 1,000 fr. d'impôts directs de toute nature, on est obligé de faire 1 fr. 90 c. de frais; dans le département moyen, ces frais montent à 3 fr. 40 c. *Vingt* départements ont plus de régularité pour le payement des impôts.

Paupérisme. Pour 1,000 habitants, on en compte 6 de secourus par les hôpitaux et hospices ou par les bureaux de bienfaisance; le département moyen en compte 34. *Neuf* départements ont un paupérisme moins considérable.

Esprit de chicane. Pour une affaire inscrite devant les tribunaux de première instance, on compte 261 habitants; le département moyen en compte 261. *Quarante-sept* départements ont un esprit de chicane moins développé.

Catholicisme. Pour 1,000 fr. d'impôts directs de toute nature, on a fourni, en neuf années, 3 fr. 40 c. de souscriptions pour la propagation de la foi catholique; le département moyen en a payé 7 fr. 20 c. *Cinquante* départements ont produit des souscriptions plus considérables.

Instruction primaire. Sur 1,000 recrues, on en compte 270 ne sachant ni lire ni écrire; le département moyen en a 486 dans ce cas. *Treize* départements ont une instruction primaire plus répandue.

Négligence pour l'instruction primaire. Sur 100 écoles primaires qui manquent, 36 sont dans ce cas par suite de la négligence des autorités locales; le département moyen en compte 34. *Quarante-neuf* départements montrent plus de zèle pour l'exécution de la loi du 28 juin 1833.

Elections. Sur 100 électeurs, 77 usent de leurs droits; le département moyen en compte 66. *Aucun* département ne montre plus de zèle électoral.

FAITS DE L'ORDRE PHYSIQUE.

La taille moyenne des recrues est de 1 m. 666 mil. ; c'est plus que celle du département moyen qui est de 1 m. 655. Les habitants de *quinze* départements ont une plus grande taille. Taille.

Pour 1,000 recrues obtenues, on a 219 exemptions pour défaut de taille; le département moyen en compte 260. *Trente-six* départements ont moins d'exemptions de cette nature. Exemptions pour défaut de taille.

Pour 1,000 recrues obtenues, on a 1,109 exemptions pour causes physiques autres que pour défaut de taille ; le département moyen en compte 667. *Quatre-vingt-quatre* départements ont moins d'exemptions de cette nature. Exemptions pour autres causes physiques.

Pour 100 hectolitres de froment et de méteil consommés, 158 hectolitres de grains inférieurs entrent dans l'alimentation des habitants ; le département moyen en consomme 82. *Soixante-deux* départements sont dans une condition de nourriture plus favorable. Nourriture des habitants.

La vie moyenne des habitants est de 36 ans 5 mois ; celle du département moyen est de 36 ans 7 mois. *Cinquante-deux* départements ont une vie moyenne plus longue. Vie moyenne.

Pour fournir annuellement 100 hommes au recrutement, on compte 373 naissances des deux sexes ; le département moyen en exige 336. *Soixante et onze* départements perdent moins de jeunes gens avant leur 21e année. Individus qui arrivent à 21 ans.

Pour 100 enfants trouvés qui atteignent l'âge de *douze ans*, il en meurt 295 ; le département moyen en perd 159. *Quatre-vingts* départements présentent une mortalité moins considérable. Mortalité des enfants trouvés.

RÉSUMÉ.

Population relative..........	très-faible.
Accroissement de la population.	moyen.
Sol forestier...............	moyen.
Nombre des agriculteurs......	considérable.
Industrie..................	développée.
Nombre des crimes..........	très-considérable.
Nombre des bâtards.........	considérable.
Nombre des enfants trouvés..	moyen.
Nombre des insoumis........	presqu'aucun.
Frais de rentrée des impôts....	peu considérables.
Nombre des procès civils.....	moyen.
Instruction primaire.........	très-développée.
Zèle électoral..............	*maximum*.
Taille.....................	élevée.
Constitution...............	des plus mauvaises.
Nourriture................	mauvaise.
Durée de la vie............	moyenne.
Crimes contre les choses.....	très-nombreux.
Suicides..................	très-nombreux.
Mortalité des enfants trouvés..	très-considérable.
Nombre des propriétaires....	*maximum*.
Individus qui arrivent à 21 ans.	peu nombreux.

10. AUDE. — Chef-lieu CARCASSONNE.

Population. La France aurait 23,482,000 habitants, si elle était peuplée comme le département de l'*Aude*. *Soixante-six* départements ont plus de densité de population ; cette dernière s'accroît annuellement de 58 têtes par 10,000 habitants.—Sol forestier, 10 centièmes.

Agriculteurs. Sur 1,000 recrues, ce département en compte 601 occupées aux travaux de la campagne ; le département moyen en a 526. *Trente-deux* départements comptent plus d'agriculteurs.

Industrie. Sous le rapport de l'industrie, ce département est le 32ᵉ.

FAITS DE L'ORDRE MORAL.

Criminalité. Dans le département de l'Aude, sur 4,438 habitants, il y a un accusé de crime; le département moyen en fournit un sur 4,552. *Cinquante-trois* départements ont une meilleure moralité.

Bâtards. Pour 1,000 naissances de toute nature, on compte 62 bâtards; le département moyen en a 72. *Quarante-six* départements présentent une meilleure moralité.

Enfants trouvés. Pour 1,000 naissances de toute nature, on compte 33 enfants trouvés; le département moyen en a 35. *Cinquante-trois* départements présentent une meilleure moralité.

Insoumis au recrutement. Pour 1,000 recrues obtenues, on compte 4 insoumis ; le département moyen en a 14. *Trente-deux* départements comptent moins d'insoumis.

Frais de rentrée des impôts directs. Pour percevoir 1,000 fr. d'impôts directs de toute nature, on est obligé de faire 3 fr. 60 c. de frais ; dans le département moyen, ces frais montent à 3 fr. 40. *Quarante-cinq* départements ont plus de régularité pour le payement des impôts.

Paupérisme. Pour 1,000 habitants, on en compte 17 de secourus par les hôpitaux et hospices ou par les bureaux de bienfaisance ; le département moyen en compte 34. *Trente-sept* départements ont un paupérisme moins considérable.

Esprit de chicane. Pour une affaire inscrite devant les tribunaux de première instance, on compte 327 habitants ; le département moyen en compte 261. *Vingt-six* départements ont un esprit de chicane moins développé.

Catholicisme. Pour 1,000 fr. d'impôts directs de toute nature, on a fourni, en neuf années, 2 fr. 40 c. de souscriptions pour la propagation de la foi catholique ; le département moyen en a payé 7 fr. 20 c. *Soixante-cinq* départements ont produit des souscriptions plus considérables.

Instruction primaire. Sur 1,000 recrues, on en compte 526 ne sachant ni lire ni écrire ; le département moyen en a 486 dans ce cas. *Quarante-cinq* départements ont une instruction primaire plus répandue.

Négligence pour l'instruction primaire. Sur 100 écoles primaires qui manquent, 35 sont dans ce cas par suite de la négligence des autorités locales ; le département moyen en compte 34. *Quarante-six* départements montrent plus de zèle pour l'exécution de la loi du 28 juin 1833.

Elections. Sur 100 électeurs, 74 usent de leurs droits ; le département moyen en compte 66. *Sept* départements ont plus de zèle électoral.

FAITS DE L'ORDRE PHYSIQUE.

La taille moyenne des recrues est de 1 m. 659 mil.; c'est plus que celle du département moyen qui est de 1 m. 655 mil. Les habitants de *trente* départements ont une plus grande taille. Taille.

Pour 1,000 recrues obtenues, on a 307 exemptions pour défaut de taille; le département moyen en compte 260. *Cinquante-neuf* départements ont moins d'exemptions de cette nature. Exemptions pour défaut de taille.

Pour 1,000 recrues obtenues, on a 698 exemptions pour causes physiques autres que pour défaut de taille; le département moyen en compte 667. *Cinquante et un* départements ont moins d'exemptions de cette nature, Exemptions pour autres causes physiques.

Pour 100 hectolitres de froment et de méteil consommés, 59 hectolitres de grains inférieurs entrent dans l'alimentation des habitants; le département moyen en consomme 82. *Vingt-neuf* départements sont dans une condition de nourriture plus favorable. Nourriture des habitants.

La vie moyenne des habitants est de 37 ans 7 mois; celle du département moyen est de 36 ans 7 mois. *Quarante-deux* départements ont une vie moyenne plus longue. Vie moyenne.

Pour fournir annuellement 100 hommes au recrutement, on compte 312 naissances des deux sexes; le département moyen en exige 336. *Vingt-huit* départements perdent moins de jeunes gens avant leur 21e année. Individus qui arrivent à 21 ans.

Pour 100 enfants trouvés qui atteignent l'âge de *douze ans*, il en meurt 173; le département moyen en perd 159. *Soixante* départements présentent une mortalité moins considérable. Mortalité des enfants trouvés.

RÉSUMÉ.

Population relative	faible.
Accroissement de la population.	rapide.
Sol forestier................	peu étendu.
Nombre des agriculteurs......	considérable.
Industrie..................	développée.
Nombre des crimes..........	considérable.
Nombre des bâtards.........	moyen.
Nombre des enfants trouvés..	considérable.
Nombre des insoumis........	peu considérable.
Frais de rentrée des impôts...	moyens.
Nombre des procès civils.....	peu considérable.
Instruction primaire.........	moyenne.
Zèle électoral..............	très-actif.
Taille.....................	moyenne.
Constitution	médiocre.
Nourriture.................	bonne.
Durée de la vie.............	moyenne.
Nombre des enfants trouvés...	progressif.
Teigneux et scrofuleux.......	très-nombreux.

11. AVEYRON. — Chef-lieu RHODEZ.

Population. La France aurait 21,318,000 habitants, si elle était peuplée comme le département de l'*Aveyron*. *Soixante-quinze* départements ont plus de densité de population ; cette dernière s'accroît annuellement de 71 têtes par 10,000 habitants. — Sol forestier, 8 centièmes.

Agriculteurs. Sur 1,000 recrues, ce département en compte 704 occupées aux travaux de la campagne ; le département moyen en a 526. *Quatre* départements comptent plus d'agriculteurs.

Industrie. Sous le rapport de l'industrie, ce département est le 81e.

FAITS DE L'ORDRE MORAL.

Criminalité. Dans le département de l'Aveyron, sur 3,510 habitants, il y a un accusé de crime; le département moyen en fournit un sur 4,552. *Soixante et treize* départements ont une meilleure moralité.

Bâtards. Pour 1,000 naissances de toute nature, on compte 57 bâtards ; le département moyen en a 72. *Trente-huit* départements présentent une meilleure moralité.

Enfants trouvés. Pour 1,000 naissances de toute nature, on compte 46 enfants trouvés ; le département moyen en a 35. *Soixante-neuf* départements présentent une meilleure moralité.

Insoumis au recrutement. Pour 1,000 recrues obtenues, on compte 28 insoumis ; le département moyen en a 14. *Soixante et quatorze* départements comptent moins d'insoumis.

Frais de rentrée des impôts directs. Pour percevoir 1,000 fr. d'impôts directs de toute nature, on est obligé de faire 6 fr. 70 c. de frais ; dans le département moyen, ces frais se montent à 3 fr. 40 c. *Soixante-treize* départements ont plus de régularité pour le payement des impôts.

Paupérisme. Pour 1,000 habitants, on en compte 10 de secourus par les hôpitaux et hospices ou par les bureaux de bienfaisance ; le département moyen en compte 34. *Dix-huit* départements ont un paupérisme moins considérable.

Esprit de chicane. Pour une affaire inscrite devant les tribunaux de première instance, on compte 118 habitants ; le département moyen en compte 261. *Quatre-vingt-un* départements ont un esprit de chicane moins développé.

Catholicisme. Pour 1,000 fr. d'impôts directs de toute nature, on a fourni, en neuf années, 3 fr. 10 c. de souscriptions pour la propagation de la foi catholique ; le département moyen en a payé 7 fr. 20 c. *Cinquante-quatre* départements ont produit des souscriptions plus considérables.

Instruction primaire. Sur 1,000 recrues, on en compte 527 ne sachant ni lire ni écrire ; le département moyen en a 486 dans ce cas. *Quarante-six* départements ont une instruction primaire plus répandue.

Négligence pour l'instruction primaire. Sur 100 écoles primaires qui manquent, 52 sont dans ce cas par suite de la négligence des autorités locales ; le département moyen en compte 34. *Soixante et dix* départements montrent plus de zèle pour l'exécution de la loi du 28 juin 1833.

Elections. Sur 100 électeurs, 73 usent de leurs droits ; le département moyen en compte 66. *Huit* départements ont plus de zèle électoral.

FAITS DE L'ORDRE PHYSIQUE.

La taille moyenne des recrues est de 1 m. 654 mil. ; c'est moins que celle du département moyen qui est de 1 m. 655 mil. Les habitants de *quarante-sept* départements ont une plus grande taille. Taille.

Pour 1,000 recrues obtenues, on a 327 exemptions pour défaut de taille ; le département moyen en compte 260. *Soixante-trois* départements ont moins d'exemptions de cette nature. Exemptions pour défaut de taille.

Pour 1,000 recrues obtenues, on a 752 exemptions pour causes physiques autres que pour défaut de taille ; le département moyen en compte 667. *Cinquante-neuf* départements ont moins d'exemptions de cette nature. Exemptions pour autres causes physiques.

Pour 100 hectolitres de froment et de méteil consommés, 250 hectolitres de grains inférieurs entrent dans l'alimentation des habitants ; le département moyen en consomme 82. *Soixante et dix* départements sont dans une condition de nourriture plus favorable. Nourriture des habitants.

La vie moyenne des habitants est de 39 ans 0 mois ; celle du département moyen est de 36 ans 7 mois. *Vingt-cinq* départements ont une vie moyenne plus longue. Vie moyenne.

Pour fournir annuellement 100 hommes au recrutement, on compte 312 naissances des deux sexes ; le département moyen en exige 336. *Vingt-sept* départements perdent moins de jeunes gens avant leur 21e année. Individus qui arrivent à 21 ans.

Pour 100 enfants trouvés qui atteignent l'âge de *douze ans*, il en meurt 125 ; le département moyen en perd 159. *Quarante-trois* départements présentent une mortalité moins considérable. Mortalité des enfants trouvés.

RÉSUMÉ.

Population relative..........	très-peu nombreuse.
Accroissement de la population.	très-rapide.
Sol forestier................	peu étendu.
Nombre des agriculteurs......	très-considérable.
Industrie....................	très-peu développée.
Nombre des crimes..........	très-considérable.
Nombre des bâtards.........	moyen.
Nombre des enfants trouvés...	considérable.
Insoumis au recrutement......	très-nombreux.
Rentrée des impôts..........	très-difficile.
Nombre des procès civils.....	très-considérable.
Instruction primaire.........	moyenne.
Zèle électoral..............	très-actif.
Taille....................	petite.
Vices de constitution.........	nombreux.
Nourriture (en céréales)......	très-mauvaise.
Durée de la vie..............	longue.
Crimes contre les personnes...	très-nombreux.
Suicides..................	très-rares.
Population urbaine..........	très-faible.
Nombre des centenaires......	considérable.
Teigneux et scrofuleux........	très-nombreux.

12. BOUCHES DU RHONE;

CHEF-LIEU MARSEILLE.

Population. La France aurait 36,991,000 habitants, si elle était peuplée comme le département des *Bouches-du-Rhône*. *Vingt-un* départements ont plus de densité de population; cette dernière s'accroît annuellement de 12 têtes par 10,000 habitants.— Sol forestier, 20 centièmes.

Agriculteurs. Sur 1,000 recrues, ce département en compte 463 occupées aux travaux de la campagne; le département moyen en a 526. *Cinquante-neuf* départements comptent plus d'agriculteurs.

Industrie. Sous le rapport de l'industrie, ce département est le 6e.

FAITS DE L'ORDRE MORAL.

Criminalité. Dans le département des Bouches du Rhône, sur 6,257 habitants, il y a un accusé de crime; le département moyen en fournit un sur 4,552. *Dix* départements ont une meilleure moralité.

Bâtards. Pour 1,000 naissances de toute nature, on compte 99 bâtards; le département moyen en a 72. *Soixante et dix-sept* départements présentent une meilleure moralité.

Enfants trouvés. Pour 1,000 naissances de toute nature, on compte 67 enfants trouvés; le département moyen en a 35. *Quatre-vingt-deux* départements ont une meilleure moralité.

Insoumis au recrutement. Pour 1,000 recrues obtenues, on compte 24 insoumis; le département moyen en a 14. *Soixante et onze* départements comptent moins d'insoumis.

Frais de rentrée des impôts directs. Pour percevoir 1,000 fr. d'impôts directs de toute nature, on est obligé de faire 6 fr. 20 c. de frais; dans le département moyen, ces frais montent à 3 fr. 40 c. *Soixante et dix* départements ont plus de régularité pour le payement des impôts.

Paupérisme. Pour 1,000 habitants, on en compte 125 de secourus par les hôpitaux et hospices ou par les bureaux de bienfaisance; le département moyen en compte 34. *Quatre-vingt-deux* départements ont un paupérisme moins considérable.

Esprit de chicane. Pour une affaire inscrite devant les tribunaux de première instance, on compte 247 habitants; le département moyen en compte 261. *Cinquante* départements ont un esprit de chicane moins développé.

Catholicisme. Pour 1,000 fr. d'impôts directs de toute nature, on a fourni, en neuf années, 16 fr. 0 c. de souscriptions pour la propagation de la foi catholique; le département moyen en a payé 7 fr. 20 c. *Huit* départements ont produit des souscriptions plus considérables.

Instruction primaire. Sur 1,000 recrues, on en compte 619 ne sachant ni lire ni écrire; le département moyen en a 486 dans ce cas. *Cinquante-huit* départements ont une instruction primaire plus répandue.

Négligence pour l'instruction primaire. Sur 100 écoles primaires qui manquent, 59 sont dans ce cas par suite de la négligence des autorités locales; le département moyen en compte 34. *Soixante et dix-neuf* départements montrent plus de zèle pour l'exécution de la loi du 28 juin 1833.

Elections. Sur 100 électeurs, 70 usent de leurs droits; le département moyen en compte 66. *Dix-neuf* départements ont plus de zèle électoral.

FAITS DE L'ORDRE PHYSIQUE.

La taille moyenne des recrues est de 1 m. 657 mil. ; c'est plus que celle du département moyen qui est de 1 m. 655 mil. Les habitants de *trente-sept* départements ont une plus grande taille. Taille.

Pour 1,000 recrues obtenues, on a 145 exemptions pour défaut de taille; le département moyen en compte 260. *Dix* départements ont moins d'exemptions de cette nature. Exemptions pour défaut de taille.

Pour 1,000 recrues obtenues, on a 932 exemptions pour causes physiques autres que pour défaut de taille; le département moyen en compte 667. *Soixante-seize* départements ont moins d'exemptions de cette nature. Exemptions pour autres causes physiques.

Pour 100 hectolitres de froment et de méteil consommés, 14 hectolitres de grains inférieurs entrent dans l'alimentation des habitants; le département moyen en consomme 82. *Quatre* départements sont dans une condition de nourriture plus favorable. Nourriture des habitants.

La vie moyenne des habitants est de 31 ans 5 mois; celle du département moyen est de 36 ans 7 mois. *Soixante et dix-huit* départements ont une vie moyenne plus longue. Vie moyenne.

Pour fournir annuellement 100 hommes au recrutement, on compte 411 naissances des deux sexes; le département moyen en exige 336. *Quatre-vingt-deux* départements perdent moins de jeunes gens avant leur 21e année. Individus qui arrivent à 21 ans.

Pour 100 enfants trouvés qui atteignent l'âge de *douze ans*, , il en meurt 269; le département moyen en perd 159. *Soixante et quinze* départements présentent une mortalité moins considérable. Mortalité des enfants trouvés.

RÉSUMÉ.

Population relative..........	considérable.
Accroissement de la population.	très-faible.
Sol forestier...............	étendu.
Nombre des agriculteurs.....	peu considérable.
Industrie..................	très-développée.
Nombre des crimes..........	très-peu considérable
Nombre des bâtards.........	très-considérable.
Nombre des enfants trouvés...	des plus considérables.
Insoumis au recrutement......	très-nombreux.
Rentrée des impôts.	très-difficile.
Nombre des procès civils.....	moyen.
Instruction primaire.........	peu répandue.
Zèle électoral..............	actif.
Taille....................	élevée.
Vices de constitution........	très-nombreux.
Nourriture (en céréales)......	très-bonne.
Durée de la vie............	très-courte.
Catholicisme...............	très-développé.
Crimes contre les choses.....	très-nombreux.
Suicides..................	très-nombreux.
Paupérisme................	très-considérable.
Population urbaine..........	des plus considérables.
Individus qui arrivent à 21 ans.	peu nombreux.
Mortalité des enfants trouvés..	très-considérable.
Salaires..................	très-élevés.
Teigneux et scrofuleux.......	des plus nombreux.

13. CALVADOS. — Chef-lieu CAEN.

Population. La France aurait 46,857,000 habitants, si elle était peuplée comme le département du *Calvados*. *Neuf* départements ont plus de densité de population; cette dernière s'accroît annuellement de 6 têtes par 10,000 habitants. — Sol forestier, 7 centièmes.

Agriculteurs. Sur 1,000 recrues, ce département en compte 476 occupées aux travaux de la campagne; le département moyen en a 526. *Cinquante-sept* départements comptent plus d'agriculteurs.

Industrie. Sous le rapport de l'industrie, ce département est le 33e.

FAITS DE L'ORDRE MORAL.

Criminalité. Dans le département du Calvados, sur 3,541 habitants, il y a un accusé de crime: le département moyen en fournit un sur 4,552. *Soixante et douze* départements ont une meilleure moralité.

Bâtards. Pour 1,000 naissances de toute nature, on compte 113 bâtards; le département moyen en a 72. *Quatre-vingts* départements présentent une meilleure moralité.

Enfants trouvés. Pour 1,000 naissances de toute nature, on compte 50 enfants trouvés; le département moyen en a 35. *Soixante et quatorze* départements présentent une meilleure moralité.

Insoumis au recrutement. Pour 1,000 recrues obtenues, on compte 25 insoumis; le département moyen en a 14. *Soixante et douze* départements comptent moins d'insoumis.

Frais de rentrée des impôts directs. Pour percevoir 1,000 fr. d'impôts directs de toute nature, on est obligé de faire 2 fr. 50 c. de frais; dans le département moyen, ces frais montent à 3 fr. 40 c. *Trente-un* départements ont plus de régularité pour le payement des impôts.

Paupérisme. Pour 1,000 habitants, on en compte 23 de secourus par les hôpitaux et hospices ou par les bureaux de bienfaisance; le département moyen en compte 34. *Quarante-neuf* départements ont un paupérisme moins considérable.

Esprit de chicane. Pour une affaire inscrite devant les tribunaux de première instance, on compte 151 habitants; le département moyen en compte 261. *Soixante et quatorze* départements ont un esprit de chicane moins développé.

Catholicisme. Pour 1,000 fr. d'impôts directs de toute nature, on a fourni en neuf années 8 fr. 10 c. de souscriptions pour la propagation de la foi catholique; le département moyen en a payé 7 fr. 20 c. *Vingt-cinq* départements ont produit des souscriptions plus considérables.

Instruction primaire. Sur 1,000 recrues, on en compte 305 ne sachant ni lire ni écrire; le département moyen en a 486 dans ce cas. *Vingt* départements ont une instruction primaire plus répandue.

Négligence pour l'instruction primaire. Sur 100 écoles primaires qui manquent, 30 sont dans ce cas par suite de la négligence des autorités locales; le département moyen en compte 34. *Trente-neuf* départements montrent plus de zèle pour l'exécution de la loi du 28 juin 1833.

Elections. Sur 100 électeurs, 62 usent de leurs droits; le département moyen en compte 66. *Soixante-six* départements ont plus de zèle électoral.

FAITS DE L'ORDRE PHYSIQUE.

La taille moyenne des recrues est de 1 m. 665 mil.; c'est plus que celle du département moyen, qui est de 1 m. 655 mil. Les habitants de *seize* départements ont une plus grande taille. Taille.

Pour 1,000 recrues obtenues, on a 143 exemptions pour défaut de taille ; le département moyen en compte 260. *Huit* départements ont moins d'exemptions de cette nature. Exemptions pour défaut de taille.

Pour 1,000 recrues obtenues, on a 440 exemptions pour causes physiques autres que pour défaut de taille; le département moyen en compte 667. *Six* départements ont moins d'exemptions de cette nature. Exemptions pour autres causes physiques

Pour 100 hectolitres de froment et de méteil consommés, 59 hectolitres de grains inférieurs entrent dans l'alimentation des habitants ; le département moyen en consomme 82. *Vingt-huit* départements sont dans une condition de nourriture plus favorable. Nourriture des habitants.

La vie moyenne des habitants est de 45 ans 11 mois ; celle du département moyen est de 36 ans 7 mois. *Un seul* département présente une vie moyenne plus longue. Vie moyenne.

Pour fournir annuellement 100 hommes au recrutement, on compte 275 naissances des deux sexes ; le département moyen en exige 336. *Sept* départements perdent moins de jeunes gens avant leur 21e année. Individus qui arrivent à 21 ans.

Pour 100 enfants trouvés qui atteignent l'âge de *douze ans*, il en meurt 161 ; le département moyen en perd 159. *Cinquante-sept* départements présentent une mortalité moins considérable. Mortalité des enfants trouvés.

RÉSUMÉ.

Population relative..........	très-considérable.
Accroissement de la population.	très-faible.
Sol forestier...............	peu étendu.
Nombre des agriculteurs......	peu considérable.
Industrie..................	développée.
Nombre des crimes.........	très-considérable.
Nombre des bâtards.........	très-considérable.
Nombre des enfants trouvés..	très-considérable.
Insoumis au recrutement.....	très-nombreux.
Rentrée des impôts.........	facile.
Nombre des procès civils.....	très-considérable.
Instruction primaire.........	développée.
Zèle électoral...............	faible.
Taille......................	très-grande.
Vices de constitution.........	très-rares.
Nourriture (en céréales)......	bonne.
Durée de la vie.............	des plus longues.
Crimes contre les choses.....	très-nombreux.
Individus qui arrivent à 21 ans..	très-nombreux.

14. CANTAL. — Chef-lieu AURILLAC.

Population. La France aurait 23,376,000 habitants, si elle était peuplée comme le département du *Cantal*. *Soixante-sept* départements ont plus de densité de population ; cette dernière s'accroît annuellement de 59 têtes par 10,000 habitants. — Sol forestier, 14 centièmes.

Agriculteurs. Sur 1,000 recrues, ce département en compte 631 occupées aux travaux de la campagne ; le département moyen en a 526. *Vingt* départements comptent plus d'agriculteurs.

Industrie. Sous le rapport de l'industrie, ce département est le 77e.

FAITS DE L'ORDRE MORAL.

Criminalité. Dans le département du Cantal, sur 4,132 habitants, il y a un accusé de crime ; le département moyen en fournit un sur 4,552. *Soixante-deux* départements ont une meilleure moralité.

Bâtards. Pour 1,000 naissances de toute nature, on compte 70 bâtards ; le département moyen en a 72. *Soixante* départements présentent une meilleure moralité.

Enfants trouvés. Pour 1,000 naissances de toute nature, on compte 38 enfants trouvés ; le département moyen en a 35. *Cinquante-sept* départements présentent une meilleure moralité.

Insoumis au recrutement. Pour 1,000 recrues obtenues, on compte 130 insoumis ; le département moyen en a 14. *Aucun* département ne compte plus d'insoumis.

Frais de rentrée des impôts directs. Pour percevoir 1,000 fr. d'impôts directs de toute nature, on est obligé de faire 4 fr. 80 c. de frais ; dans le département moyen, ces frais montent à 3 fr. 40 c. *Soixante* départements ont plus de régularité pour le payement des impôts.

Paupérisme. Pour 1,000 habitants, on en compte 9 de secourus par les hôpitaux et hospices ou par les bureaux de bienfaisance ; le département moyen en compte 34. *Dix-sept* départements ont un paupérisme moins considérable.

Esprit de chicane. Pour une affaire inscrite devant les tribunaux de première instance, on compte 143 habitants ; le département moyen en compte 261. *Soixante et dix-neuf* départements ont un esprit de chicane moins développé.

Catholicisme. Pour 1,000 fr. d'impôts directs de toute nature, on a fourni, en neuf années, 17 fr. 40 c. de souscriptions pour la propagation de la foi catholique ; le département moyen en a payé 7 fr. 20 c. *Six* départements ont produit des souscriptions plus considérables.

Instruction primaire. Sur 1,000 recrues, on en compte 467 ne sachant ni lire ni écrire ; le département moyen en a 486 dans ce cas. *Trente-huit* départements ont une instruction primaire plus répandue.

Négligence pour l'instruction primaire. Sur 100 écoles primaires qui manquent, 18 sont dans ce cas par suite de la négligence des autorités locales ; le département moyen en compte 34. *Quatorze* départements montrent plus de zèle pour l'exécution de la loi du 28 juin 1833.

Elections. Sur 100 électeurs, 63 usent de leurs droits ; le département moyen en compte 66. *Soixante-trois* départements ont plus de zèle électoral.

FAITS DE L'ORDRE PHYSIQUE.

La taille moyenne des recrues est de 1 m. 655 mil. ; c'est la même taille que celle du département moyen. Les habitants de *quarante-un* départements ont une plus grande taille. Taille.

Pour 1,000 recrues obtenues, on a 309 exemptions pour défaut de taille ; le département moyen en compte 260. *Soixante-un* départements ont moins d'exemptions de cette nature. Exemptions pour défaut de taille.

Pour 1,000 recrues obtenues, on a 665 exemptions pour causes physiques autres que pour défaut de taille ; le département moyen en compte 667. *Quarante-deux* départements ont moins d'exemptions de cette nature. Exemptions pour autres causes physiques.

Pour 100 hectolitres de froment et de méteil consommés, 1,064 hectolitres de grains inférieurs entrent dans l'alimentation des habitants ; le département moyen n'en consomme que 82. *Quatre-vingt-deux* départements sont dans une condition de nourriture plus favorable. Nourriture des habitants.

La vie moyenne des habitants est de 41 ans 10 mois ; celle du département moyen est de 36 ans 7 mois. *Onze* départements ont une vie moyenne plus longue. Vie moyenne.

Pour fournir annuellement 100 hommes au recrutement, on compte 298 naissances des deux sexes ; le département moyen en exige 336. *Quinze* départements perdent moins de jeunes gens avant leur 21e année. Individus qui arrivent à 21 ans.

Pour 100 enfants trouvés qui atteignent l'âge de *douze ans*, il en meurt 89. Le département moyen en perd 159. *Vingt-trois* départements présentent une mortalité moins considérable. Mortalité des enfants trouvés.

RÉSUMÉ.

Population relative..........	peu nombreuse.
Accroissement de population..	rapide.
Sol forestier..............	moyen.
Nombre des agriculteurs.....	considérable.
Industrie................	très-peu développée.
Nombre des crimes........	considérable.
Nombre des bâtards.........	considérable.
Nombre des enfants trouvés...	considérable.
Nombre des insoumis........	*maximum*.
Rentrée des impôts.........	difficile.
Nombre des procès civils.....	très-considérable.
Instruction primaire........	moyenne.
Zèle électoral.............	faible.
Taille..................	peu élevée.
Constitution..............	moyenne.
Nourriture (en céréales)......	des plus mauvaises.
Durée de la vie............	très-longue.
Catholicisme..............	très-développé.
Suicides................	très-rares.
Nombre des enfants trouvés..	très-progressif.
Population urbaine.........	très-faible.
Centenaires..............	très-nombreux.
Logement des habitans.......	très-mauvais.
Teigneux et scrofuleux......	très-nombreux.

15. CHARENTE. — Chef-lieu ANGOULÊME.

Population. La France aurait 31,714,000 habitants, si elle était peuplée comme le département de la *Charente*. *Quarante* départements ont plus de densité de population ; cette dernière s'accroît annuellement de 20 têtes par 10,000 habitants. — Sol forestier, 14 centièmes.

Agriculteurs. Sur 1,000 recrues, ce département en compte 651 occupées aux travaux de la campagne ; le département moyen en a 526. *Seize* départements comptent plus d'agriculteurs.

Industrie. Sous le rapport de l'industrie, ce département est le 45e.

FAITS DE L'ORDRE MORAL.

Criminalité. Dans le département de la Charente, sur 5,297 habitants, il y a un accusé de crime ; le département moyen en fournit un sur 4,552. *Trente-quatre* départements ont une meilleure moralité.

Bâtards. Pour 1,000 naissances de toute nature, on compte 57 bâtards ; le département moyen en a 72. *Trente-sept* départements présentent une meilleure moralité.

Enfants trouvés. Pour 1,000 naissances de toute nature, on compte 57 enfants trouvés ; le département moyen en a 35. *Soixante et dix-neuf* départements présentent une meilleure moralité.

Insoumis au recrutement. Pour 1,000 recrues obtenues, on compte 2 insoumis ; le département moyen en a 14. *Dix-neuf* départements comptent moins d'insoumis.

Frais de rentrée des impôts directs. Pour percevoir 1,000 francs d'impôts directs de toute nature, on est obligé de faire 4 fr. 0 c. de frais ; dans le département moyen, ces frais montent à 3 fr. 40 c. *Cinquante* départements ont plus de régularité pour le payement des impôts.

Paupérisme. Pour 1,000 habitants, on en compte 12 de secourus par les hôpitaux et hospices ou par les bureaux de bienfaisance ; le département moyen en compte 34. *Vingt-cinq* départements ont un paupérisme moins considérable.

Esprit de chicane. Pour une affaire inscrite devant les tribunaux de première instance, on compte 306 habitants ; le département moyen en compte 261. *Trente-deux* départements ont un esprit de chicane moins développé.

Catholicisme. Pour 1,000 francs d'impôts directs de toute nature, on a fourni en neuf années 0 fr. 90 c. de souscriptions pour la propagation de la foi catholique ; le département moyen en a payé 7 fr. 20 c. *Soixante et dix-sept* départements ont produit des souscriptions plus considérables.

Instruction primaire. Sur 1,000 recrues, on en compte 588 ne sachant ni lire ni écrire ; le département moyen en a 486 dans ce cas. *Cinquante-trois* départements ont une instruction primaire plus répandue.

Négligence pour l'instruction primaire. Sur 100 écoles primaires qui manquent, 24 sont dans ce cas par suite de la négligence des autorités locales ; le département moyen en compte 34. *Vingt-quatre* départements montrent plus de zèle pour l'exécution de la loi du 28 juin 1833.

Elections. Sur 100 électeurs, 66 usent de leurs droits ; le département moyen en compte 66. *Quarante-quatre* départements ont plus de zèle électoral.

FAITS DE L'ORDRE PHYSIQUE.

La taille moyenne des recrues est de 1 m. 640 mil. ; c'est moins que celle du département moyen qui est de 1 m. 655 mil. Les habitants de *soixante et dix-neuf* départements ont une plus grande taille. Taille.

Pour 1,000 recrues obtenues, on a 485 exemptions pour défaut de taille; le département moyen en compte 260. *Soixante et dix-neuf* départements ont moins d'exemptions de cette nature. Exemptions pour défaut de taille.

Pour 1,000 recrues obtenues, on a 572 exemptions pour causes physiques autres que pour défaut de taille; le département moyen en compte 667. *Vingt-six* départements ont moins d'exemptions de cette nature. Exemptions pour autres causes physiques.

Pour 100 hectolitres de froment et de méteil consommés, 113 hectolitres de grains inférieurs entrent dans l'alimentation des habitants; le département moyen en consomme 82. *Cinquante-trois* départements sont dans une condition de nourriture plus favorable. Nourriture des habitants.

La vie moyenne des habitants est de 40 ans 1 mois; celle du département moyen est de 36 ans 7 mois. *Dix-neuf* départements ont une vie moyenne plus longue. Vie moyenne.

Pour fournir annuellement 100 hommes au recrutement, on compte 279 naissances des deux sexes ; le département moyen en exige 336. *Dix* départements perdent moins de jeunes gens avant leur 21me année. Individus qui arrivent à 21 ans.

Pour 100 enfants trouvés qui atteignent l'âge de *douze ans*, il en meurt 126; le département moyen en perd 159. *Quarante-quatre* départements présentent une mortalité moins considérable. Mortalité des enfants trouvés.

RÉSUMÉ.

Population relative..........	moyenne.
Accroissement de population..	lent.
Sol forestier...............	moyen.
Nombre des agriculteurs.....	très-considérable.
Industrie..................	moyenne.
Nombre des crimes.........	peu considérable.
Nombre des bâtards.........	moyen.
Nombre des enfants trouvés...	très-considérable.
Insoumis au recrutement......	peu nombreux.
Frais de rentrée des impôts...	moyens.
Nombre des procès civils.....	peu considérable.
Instruction primaire.........	peu répandue.
Zèle électoral..............	moyen.
Taille.....................	très-petite.
Vices de constitution.........	rares.
Nourriture (en céréales)......	mauvaise.
Durée de la vie.............	longue.
Nombre des enfants trouvés ..	très-progressif.
Individus qui arrivent à 21 ans.	très-nombreux.

16. CHARENTE-INFÉRIEURE ;

CHEF-LIEU, LA ROCHELLE.

Population. La France aurait 35,882,000 habitants, si elle était peuplée comme le département de la *Charente-inférieure*. *Vingt-huit* départements ont plus de densité de population; cette dernière s'accroît annuellement de 15 têtes par 10,000 habitants. — Sol forestier, 6 centièmes.

Agriculteurs. Sur 1,000 recrues, ce département en compte 637 occupées aux travaux de la campagne; le département moyen en a 526. *Dix-neuf* départements comptent plus d'agriculteurs.

Industrie. Sous le rapport de l'industrie, ce département est le 23ᵉ.

FAITS DE L'ORDRE MORAL.

Criminalité. Dans le département de la Charente-Inférieure, sur 5,602 habitants, il y a un accusé de crime; le département moyen en fournit un sur 4,552. *Vingt-sept* départements ont une meilleure moralité.

Bâtards. Pour 1,000 naissances de toute nature, on compte 46 bâtards; le département moyen en a 72. *Vingt* départements présentent une meilleure moralité.

Enfants trouvés. Pour 1,000 naissances de toute nature, on compte 40 enfants trouvés; le département moyen en a 35. *Soixante-deux* départements présentent une meilleure moralité.

Insoumis au recrutement. Pour 1,000 recrues obtenues, on compte 2 insoumis; le département moyen en a 14. *Dix* départements comptent moins d'insoumis.

Frais de rentrée des impôts directs. Pour percevoir 1,000 francs d'impôts directs de toute nature, on est obligé de faire 9 fr. 0 c. de frais; dans le département moyen, ces frais montent à 3 fr. 40 c. *Quatre-vingt-quatre* départements ont plus de régularité pour le payement des impôts.

Paupérisme. Pour 1,000 habitants, on en compte 10 de secourus par les hôpitaux et hospices ou par les bureaux de bienfaisance; le département moyen en compte 34. *Dix-neuf* départements ont un paupérisme moins considérable.

Esprit de chicane. Pour une affaire inscrite devant les tribunaux de première instance, on compte 401 habitants; le département moyen en compte 261. *Dix-neuf* départements ont un esprit de chicane moins développé.

Catholicisme. Pour 1,000 fr. d'impôts directs de toute nature, on a fourni en neuf années 3 fr. 80 c. de souscriptions pour la propagation de la foi catholique; le département moyen en a payé 7 fr. 20. *Quarante-huit* départements ont produit des souscriptions plus considérables.

Instruction primaire. Sur 1,000 recrues, on en compte 507 ne sachant ni lire ni écrire; le département moyen en a 486 dans ce cas. *Quarante-un* départements ont une instruction primaire plus répandue.

Négligence pour l'instruction primaire. Sur 100 écoles primaires qui manquent, 31 sont dans ce cas par suite de la négligence des autorités locales; le département moyen en compte 34. *Quarante* départements montrent plus de zèle pour l'exécution de la loi du 28 juin 1833.

Elections. Sur 100 électeurs, 66 usent de leurs droits; le département moyen en compte 66. *Quarante-cinq* départements ont plus de zèle électoral.

FAITS DE L'ORDRE PHYSIQUE.

La taille moyenne des recrues est de 1 m. 649 mil. ; c'est moins que celle du département moyen qui est de 1 m. 655 mil. Les habitants de *cinquante-quatre* départements ont une plus grande taille. Taille.

Pour 1,000 recrues obtenues, on a 253 exemptions pour défaut de taille ; le département moyen en compte 260. *Quarante-cinq* départements ont moins d'exemptions de cette nature. Exemptions pour défaut de taille.

Pour 1,000 recrues obtenues, on a 798 exemptions pour causes physiques autres que pour défaut de taille ; le département moyen en compte 667. *Soixante-quatre* départements ont moins d'exemptions de cette nature. Exemptions pour autres causes physiques.

Pour 100 hectolitres de froment et de méteil consommés, 99 hectolitres de grains inférieurs entrent dans l'alimentation des habitants ; le département moyen en consomme 82. *Quarante-six* départements sont dans une condition de nourriture plus favorable. Nourriture des habitants.

La vie moyenne des habitants est de 37 ans 10 mois ; celle du département moyen est de 36 ans 7 mois. *Trente-neuf* départements ont une vie moyenne plus longue Vie moyenne.

Pour fournir annuellement 100 hommes au recrutement, on compte 322 naissances des deux sexes ; le département moyen en exige 336. *Trente-six* départements perdent moins de jeunes gens avant leur 21me année. Individus qui arrivent à 21 ans.

Pour 100 enfants trouvés qui atteignent l'âge de *douze ans*, il en meurt 82 ; le département moyen en perd 159. *Dix-sept* départements présentent une mortalité moins considérable. Mortalité des enfants trouvés.

RÉSUMÉ.

Population relative..........	considérable.
Accroissement de la population.	très-faible.
Sol forestier...............	peu étendu.
Nombre des agriculteurs.....	considérable.
Industrie..................	développée.
Nombre des crimes..........	peu considérable.
Nombre des bâtards.........	peu considérable.
Nombre des enfants trouvés..	considérable.
Insoumis au recrutement.....	très-rares.
Frais de rentrée des impôts...	*maximum* (Corse exceptée).
Nombre des procès civils.....	très-faible.
Instruction primaire.........	moyenne.
Zèle électoral..............	moyen.
Taille.....................	moyenne.
Vices de constitution........	nombreux.
Nourriture (en céréales)......	ordinaire.
Durée de la vie.............	moyenne.
Nombre des propriétaires.....	très-considérable.

17. CHER. — Chef-lieu Bourges.

Population. La France aurait 18,732,000 habitants, si elle était peuplée comme le département du *Cher*. *Quatre-vingts* départements ont plus de densité de population ; cette dernière s'accroît annuellement de 33 têtes par 10,000 habitants.—Sol forestier, 18 centièmes.

Agriculteurs. Sur 1,000 recrues, ce département en compte 622 occupées aux travaux de la campagne ; le département moyen en a 526. *Vingt-deux* départements comptent plus d'agriculteurs.

Industrie. Sous le rapport de l'industrie, ce département est le 51e.

FAITS DE L'ORDRE MORAL.

Criminalité. Dans le département du Cher, sur 6,245 habitants, il y a un accusé de crime ; le département moyen en fournit un sur 4,552. *Douze* départements ont une meilleure moralité.

Bâtards. Pour 1,000 naissances de toute nature, on compte 109 bâtards ; le département moyen en a 72. *Soixante et dix-neuf* départements présentent une meilleure moralité.

Enfants trouvés. Pour 1,000 naissances de toute nature, on compte 32 enfants trouvés ; le département moyen en a 35. *Cinquante-un* départements présentent une meilleure moralité.

Insoumis au recrutement. Pour 1,000 recrues obtenues, on compte 4 insoumis ; le département moyen en a 14. *Trente-cinq* départements comptent moins d'insoumis.

Frais de rentrée des impôts directs. Pour percevoir 1,000 fr. d'impôts directs de toute nature, on est obligé de faire 3 fr. 70 c. de frais ; dans le département moyen, ces frais montent à 3 fr. 40 c. *Quarante-sept* départements ont plus de régularité pour le payement des impôts.

Paupérisme. Pour 1,000 habitants, on en compte 14 de secourus par les hôpitaux et hospices ou par les bureaux de bienfaisance ; le département moyen en compte 34. *Trente* départements ont un paupérisme moins considérable.

Esprit de chicane. Pour une affaire inscrite devant les tribunaux de première instance, on compte 286 habitants ; le département moyen en compte 261. *Trente-huit* départements ont un esprit de chicane moins développé.

Catholicisme. Pour 1,000 fr. d'impôts directs de toute nature, on a fourni en 9 années 0 fr. 40 c. de souscriptions pour la propagation de la foi catholique; le département moyen en a payé 7 fr. 20 c. *Quatre-vingt-trois* départements ont produit des souscriptions plus considérables.

Instruction primaire. Sur 1,000 recrues, on en compte 737 ne sachant ni lire ni écrire ; le département moyen en a 486 dans ce cas. *Soixante et quinze* départements ont une instruction primaire plus répandue.

Négligence pour l'instruction primaire. Sur 100 écoles primaires qui manquent, 4 sont dans ce cas par suite de la négligence des autorités locales ; le département moyen en compte 34. *Aucun* département ne montre plus de zèle pour l'exécution de la loi du 28 juin 1833.

Elections. Sur 100 électeurs, 67 usent de leurs droits ; le département moyen en compte 66. *Trente-quatre* départements ont plus de zèle électoral.

FAITS DE L'ORDRE PHYSIQUE.

La taille moyenne des recrues est de 1 m. 647 mil.; c'est moins que celle du département moyen, qui est de 1 m. 655 mil. Les habitants de *cinquante-huit* départements ont une plus grande taille. Taille.

Pour 1,000 recrues obtenues, on a 410 exemptions pour défaut de taille; le département moyen en compte 260. *Soixante et quatorze* départements ont moins d'exemptions de cette nature. Exemptions pour défaut de taille.

Pour 1,000 recrues obtenues, on a 772 exemptions pour causes physiques autres que pour défaut de taille; le département moyen en compte 667. *Soixante-un* départements ont moins d'exemptions de cette nature. Exemptions pour autres causes physiques.

Pour 100 hectolitres de froment et de méteil consommés, 121 hectolitres de grains inférieurs entrent dans l'alimentation des habitants, le département moyen n'en consomme que 82. *Cinquante-cinq* départements sont dans une condition de nourriture plus favorable. Nourriture des habitants.

La vie moyenne des habitants est de 30 ans 7 mois; celle du département moyen est de 36 ans 7 mois. *Quatre-vingt-un* départements ont une vie moyenne plus longue. Vie moyenne.

Pour fournir annuellement 100 hommes au recrutement, on compte 355 naissances des *deux sexes;* le département moyen en exige 336. *Soixante-deux* départements perdent moins de jeunes gens avant leur 21e année. Individus qui arrivent à 21 ans.

Pour 100 enfants trouvés qui atteignent l'âge de *douze ans*, il en meurt 180; le département moyen en perd 159. *Soixante-deux* départements présentent une mortalité moins considérable. Mortalité des enfants trouvés.

RÉSUMÉ.

Population relative..........	très-peu nombreuse.
Accroissement de la population.	peu considérable.
Sol forestier..............	étendu.
Nombre des agriculteurs......	considérable.
Industrie.................	peu développée.
Nombre des crimes..........	très-peu considérable.
Nombre des bâtards.........	très-considérable.
Nombre des enfants trouvés..	moyen.
Nombre des insoumis........	moyen.
Frais de rentrée des impôts...	moyen.
Nombre des procès civils.....	moyen.
Instruction primaire.........	très-peu développée.
Zèle électoral..............	moyen.
Taille....................	petite.
Vices de constitution........	nombreux.
Nourriture (en céréales).......	mauvaise.
Durée de la vie............	très-courte.
Logement des habitans:......	très-mauvais.
Dents....................	très-mauvaises.

18. CORRÈZE. — Chef-lieu TULLE.

Population. **La France aurait 26,701,000 habitants, si elle était peuplée comme le département de la *Corrèze*. *Cinquante-sept* départements ont plus de densité de population; cette dernière s'accroît annuellement de 65 têtes par 10,000 habitants. —Sol forestier, 5 centièmes.**

Agriculteurs. Sur 1,000 recrues, ce département en compte 694 occupées aux travaux de la campagne; le département moyen en a 526. *Cinq* départements comptent plus d'agriculteurs.

Industrie. Sous le rapport de l'industrie, ce département est le 83e.

FAITS DE L'ORDRE MORAL.

Criminalité. Dans le département de la Corrèze, sur 4,929 habitants, il y a un accusé de crime; le département moyen en fournit un sur 4,552. *Quarante-quatre* départements ont une meilleure moralité.

Bâtards. Pour 1,000 naissances de toute nature, on compte 54 bâtards; le département moyen en a 72. *Trente-deux* départements présentent une meilleure moralité.

Enfants trouvés. Pour 1,000 naissances de toute nature, on compte 29 enfants trouvés; le département moyen en a 35. *Quarante-cinq* départements présentent une meilleure moralité.

Insoumis au recrutement. Pour 1,000 recrues obtenues, on compte 70 insoumis; le département en a 14. *Soixante et dix-neuf* départements comptent moins d'insoumis.

Frais de rentrée des impôts directs. Pour percevoir 1,000 fr. d'impôts directs de toute nature, on est obligé de faire 7 fr. 0 c. de frais; dans le département moyen, ces frais montent à 3 fr. 40 c. *Soixante-quinze* départements ont plus de régularité pour le payement des impôts.

Paupérisme. Pour 1,000 habitants, on en compte 3 de secourus par les hôpitaux et hospices ou par les bureaux de bienfaisance; le département moyen en compte 34. *Quatre* départements ont un paupérisme moins considérable.

Esprit de chicane. Pour une affaire inscrite devant les tribunaux de première instance, on compte 190 habitants; le département moyen en compte 261. *Soixante-six* départements ont un esprit de chicane moins développé.

Catholicisme. Pour 1,000 francs d'impôts directs de toute nature, on a fourni, en neuf années, 0 fr. 50 c. de souscriptions pour la propagation de la foi catholique; le département moyen en a payé 7 fr. 20. c. *Quatre-vingt-un* départements ont produit des souscriptions plus considérables.

Instruction primaire. Sur 1,000 recrues, on en compte 819 ne sachant ni lire ni écrire; le département moyen en a 486 dans ce cas. *Quatre-vingt-quatre* départements ont une instruction primaire plus répandue.

Négligence pour l'instruction primaire. Sur 100 écoles primaires qui manquent, 59 sont dans ce cas par suite de la négligence des autorités locales; le département moyen en compte 34. *Soixante et dix-huit* départements montrent plus de zèle pour l'exécution de la loi du 28 juin 1833.

Élections. Sur 100 électeurs, 67 usent de leurs droits; le département moyen en compte 66. *Trente-cinq* départements ont plus de zèle électoral.

FAITS DE L'ORDRE PHYSIQUE.

La taille moyenne des recrues est de 1 m. 643 mil. ; c'est moins que celle du département moyen, qui est de 1 m. 655 mil. Les habitants de *soixante et onze* départements ont une plus grande taille. Taille.

Pour 1,000 recrues obtenues, on a 691 exemptions pour défaut de taille ; le département moyen en compte 260. *Quatre-vingt-trois* départements ont moins d'exemptions de cette nature. Exemptions pour défaut de taille.

Pour 1,000 recrues obtenues, on a 800 exemptions pour causes physiques autres que pour défaut de taille ; le département moyen en compte 667. *Soixante-cinq* départements ont moins d'exemptions de cette nature. Exemptions pour autres causes physiques.

Pour 100 hectolitres de froment et de méteil consommés, 1,300 hectolitres de grains inférieurs entrent dans l'alimentation des habitants; le département moyen n'en consomme que 82. *Quatre-vingt-trois* départements sont dans une condition de nourriture plus favorable. Nourriture des habitants.

La vie moyenne des habitants est de 34 ans 5 mois ; celle du département moyen est de 36 ans 7 mois. *Soixante-deux* départements ont une vie moyenne plus longue. Vie moyenne.

Pour fournir annuellement 100 hommes au recrutement, on compte 317 naissances des deux sexes ; le département moyen en exige 336. *Trente-quatre* départements perdent moins de jeunes gens avant leur 21e année. Individus qui arrivent à 21 ans.

Pour 100 enfants trouvés qui atteignent l'âge de *douze ans*, il en meurt 66 ; le département moyen en perd 159. *Six* départements présentent une mortalité moins considérable. Mortalité des enfants trouvés.

RÉSUMÉ.

Population relative..........	peu nombreuse.
Accroissement de la population.	rapide.
Sol forestier................	très-peu étendu.
Nombre des agriculteurs.....	très-considérable.
Industrie..................	des moins développées.
Nombre des crimes..........	moyen.
Nombre des bâtards.........	peu considérable.
Nombre des enfants trouvés...	moyen.
Insoumis au recrutement.....	très-nombreux.
Rentrée des impôts.........	très-difficile.
Nombre des procès civils.....	considérable.
Instruction primaire.........	*minimum*.
Zèle électoral..............	moyen.
Taille.....................	des plus petites.
Vices de constitution........	nombreux.
Nourriture (en céréales)......	des plus mauvaises.
Durée de la vie.............	courte.
Nombre des enfants trouvés...	très-décroissant.
Mortalité des enfants trouvés..	très-considérable.
Nombre des propriétaires.....	très-peu considérable.
Centenaires................	très-nombreux.
Logement des habitants......	très-mauvais.
Goîtres...................	très-nombreux.
Teigneux et scrofuleux......	très-nombreux.

19. CORSE. — Chef-lieu Ajaccio.

Population. La France aurait 11,767,000 habitants, si elle était peuplée comme le département de la *Corse*. C'est le département le plus dépeuplé de la France ; la population s'y accroît annuellement de 99 têtes par 10,000 habitants. — Sol forestier, 9 centièmes.

Agriculteurs. Sur 1,000 recrues, ce département en compte 468 occupées aux travaux de la campagne ; le département moyen en a 526. *Cinquante-neuf* départements comptent plus d'agriculteurs.

Industrie. Ce département est peu industriel.

FAITS DE L'ORDRE MORAL.

Criminalité. Dans le département de la Corse, sur 1,690 habitants, il y a un accusé de crime; le département moyen en fournit un sur 4,552. *Aucun* département ne présente une aussi mauvaise moralité.

Bâtards. Pour 1,000 naissances de toute nature, on compte 41 bâtards ; le département moyen en a 72. *Seize* départements présentent une meilleure moralité.

Enfants trouvés. Pour 1,000 naissances de toute nature, on compte 28 enfants trouvés ; le département moyen en a 35. *Trente-neuf* départements présentent une meilleure moralité.

Insoumis au recrutement. Pour 1,000 recrues obtenues, on compte 12 insoumis ; le département moyen en a 14. *Cinquante-neuf* départements comptent moins d'insoumis.

Frais de rentrée des impôts directs. Pour percevoir 1,000 fr. d'impôts directs de toute nature, on est obligé de faire 18 f. 60 c. de frais; dans le département moyen, ces frais montent à 3 fr. 40 c. *Aucun* département n'occasionne autant de frais pour la perception des impôts.

Paupérisme. Pour 1,000 habitants, on en compte 3 de secourus par les hôpitaux et hospices ou par les bureaux de bienfaisance ; le département moyen en compte 34. *Trois* départements ont un paupérisme moins considérable.

Esprit de chicane. Pour une affaire inscrite devant les tribunaux de première instance, on compte 362 habitants ; le département moyen en compte 261. *Vingt* départements ont un esprit de chicane moins développé.

Catholicisme. Le montant des souscriptions pour la propagation de la foi catholique est inconnu pour ce département.

Instruction primaire. Sur 1,000 recrues, on en compte 439 ne sachant ni lire ni écrire ; le département moyen en a 485 dans ce cas. *Trente-six* départements ont une instruction primaire plus répandue.

Négligence pour l'instruction primaire. Sur 100 écoles primaires qui manquent, 3 sont dans ce cas par suite de la négligence des autorités locales ; le département moyen en compte 34. *Aucun* département ne montre plus de zèle pour l'exécution de la loi du 28 juin 1833.

Elections. Sur 100 électeurs, 75 usent de leurs droits ; le département moyen en compte 66. *Quatre* départements ont plus de zèle électoral.

FAITS DE L'ORDRE PHYSIQUE.

La taille moyenne des recrues est de 1 m. 643 mil.; c'est moins que celle du département moyen qui est de 1 m. 655 mil. Les habitants de *soixante et quatorze* départements ont une plus grande taille. Taille.

Pour 1,000 recrues obtenues, on a 305 exemptions pour défaut de taille; le département moyen en compte 260. *Cinquante-neuf* départements ont moins d'exemptions de cette nature. Exemptions pour défaut de taille.

Pour 1,000 recrues obtenues, on a 360 exemptions pour causes physiques autres que pour défaut de taille; le département moyen en compte 667. *Trois* départements ont moins d'exemptions de cette nature. Exemptions pour autres causes physiques.

Pour 100 hectolitres de froment et de méteil consommés, 94 hectolitres de grains inférieurs entrent dans l'alimentation des habitants; le département moyen n'en consomme que 82. *Quarante-six* départements sont dans une condition de nourriture plus favorable. Nourriture des habitants.

La vie moyenne des habitants est de 37 ans 5 mois; celle du département moyen est de 36 ans 7 mois. *Trente-neuf* départements ont une vie moyenne plus longue. Vie moyenne.

Pour fournir annuellement 100 hommes au recrutement, on compte 340 naissances des deux sexes; le département moyen en exige 336. *Cinquante-deux* départements perdent moins de jeunes gens avant leur 21ᵉ année. Individus qui arrivent à 21 ans.

Pour 100 enfants trouvés qui atteignent l'âge de *douze ans*, il en meurt 126; le département moyen en perd 159. *Quarante-six* départements présentent une mortalité moins considérable. Mortalité des enfants trouvés.

RÉSUMÉ.

Population relative..........	*minimum.*
Accroissement de la population.	*maximum.*
Sol forestier...............	peu étendu.
Nombre des agriculteurs.....	moyen.
Industrie..................	très-peu développée.
Nombre des crimes..........	*maximum.*
Nombre des bâtards.........	peu considérable.
Nombre des enfants trouvés...	moyen.
Insoumis au recrutement.....	nombreux.
Frais de rentrée des impôts...	*maximum.*
Nombre des procès civils.....	peu considérable.
Instruction primaire.........	moyenne.
Zèle électoral..............	très-actif.
Taille.....................	petite.
Vices de constitution........	très-rares.
Nourriture (en céréales)......	moyenne.
Durée de la vie.............	moyenne.
Crimes contre les personnes...	*maximum.*

20. COTE-D'OR. — Chef-lieu DIJON.

Population. **La France aurait 23,165,000 habitants, si elle était peuplée comme le département de la *Côte-d'Or*. *Soixante-huit* départements ont plus de densité de population; cette dernière s'accroît annuellement de 48 têtes par 10,000 habitants.—Sol forestier, 28 centièmes.**

Agriculteurs. Sur 1,000 recrues, ce département en compte 550 occupées aux travaux de la campagne; le département moyen en a 526. *Quarante-six* départements comptent plus d'agriculteurs.

Industrie. Sous le rapport de l'industrie, ce département est le 35e.

FAITS DE L'ORDRE MORAL.

Criminalité. Dans le département de la Côte-d'Or, sur 6,254 habitants, il y a un accusé de crime; le département moyen en fournit un sur 4,552. *Onze* départements ont une meilleure moralité.

Bâtards. Pour 1,000 naissances de toute nature, on compte 41 bâtards; le département moyen en a 72. *Quinze* départements présentent une meilleure moralité.

Enfants trouvés. Pour 1,000 naissances de toute nature, on compte 16 enfants trouvés; le département moyen en a 35. *Dix-sept* départements présentent une meilleure moralité.

Insoumis au recrutement. Pour 1,000 recrues obtenues, on compte 2 insoumis; le département moyen en a 14. *Dix-sept* départements comptent moins d'insoumis.

Frais de rentrée des impôts directs. Pour percevoir 1,000 fr. d'impôts directs de toute nature, on est obligé de faire 1 fr. 60 c. de frais; dans le département moyen, ces frais montent à 3 fr. 40 c. *Dix-huit* départements ont plus de régularité pour le payement des impôts.

Paupérisme. Pour 1,000 habitants, on en compte 37 de secourus par les hôpitaux et hospices ou par les bureaux de bienfaisance; le département moyen en compte 34. *Soixante et onze* départements ont un paupérisme moins considérable.

Esprit de chicane. Pour une affaire inscrite devant les tribunaux de première instance, on compte 229 habitants; le département moyen en compte 261. *Cinquante-six* départements ont un esprit de chicane moins développé.

Catholicisme. Pour 1,000 fr. d'impôts directs de toute nature, on a fourni, en neuf années, 5 fr. 90 c. de souscriptions pour la propagation de la foi catholique; le département moyen en a payé 7 fr. 20 c. *Trente-six* départements ont produit des souscriptions plus considérables.

Instruction primaire. Sur 1,000 recrues, on en compte 303 ne sachant ni lire ni écrire; le département moyen en a 486 dans ce cas. *Dix-huit* départements ont une instruction primaire plus répandue.

Négligence pour l'instruction primaire. Sur 100 écoles primaires qui manquent, 24 sont dans ce cas par suite de la négligence des autorités locales; le département moyen en compte 34. *Vingt-trois* départements montrent plus de zèle pour l'exécution de la loi du 28 juin 1833.

Elections. Sur 100 électeurs, 68 usent de leurs droits; le département moyen en compte 66. *Vingt-huit* départements montrent plus de zèle électoral.

FAITS DE L'ORDRE PHYSIQUE.

La taille moyenne des recrues est de 1 m. 667 mil. ; c'est plus que celle du département moyen qui est de 1 m. 655 mil. Les habitants de *neuf* départements ont une plus grande taille. Taille.

Pour 1,000 recrues obtenues, on a 162 exemptions pour défaut de taille ; le département moyen en compte 260. *Seize* départements ont moins d'exemptions de cette nature. Exemptions pour défaut de taille.

Pour 1,000 recrues obtenues, on a 766 exemptions pour causes physiques autres que pour défaut de taille ; le département moyen en compte 667. *Soixante* départements ont moins d'exemptions de cette nature. Exemptions pour autres causes physiques.

Pour 100 hectolitres de froment et de méteil consommés, 42 hectolitres de grains inférieurs entrent dans l'alimentation des habitants ; le département moyen en consomme 82. *Vingt* départements sont dans une condition de nourriture plus favorable. Nourriture des habitants.

La vie moyenne des habitants est de 38 ans 6 mois ; celle du département moyen est de 36 ans 7 mois. *Vingt-neuf* départements ont une vie moyenne plus longue. Vie moyenne.

Pour fournir annuellement 100 hommes au recrutement, on compte 325 naissances des deux sexes ; le département moyen en exige 336. *Trente-neuf* départements perdent moins de jeunes gens avant leur 21e année. Individus qui arrivent à 21 ans.

Pour 100 enfants trouvés qui atteignent l'âge de *douze ans*, il en meurt 157 ; le département moyen en perd 159. *Cinquante-quatre* départements présentent une mortalité moins considérable. Mortalité des enfants trouvés.

RÉSUMÉ.

Population relative..........	peu nombreuse.
Accroissement de la population.	ordinaire.
Sol forestier...............	très-étendu.
Nombre des agriculteurs......	moyen.
Industrie..................	moyenne.
Nombre des crimes..........	très-peu considérable.
Nombre des bâtards.........	très-peu considérable.
Nombre des enfants trouvés..	peu considérable.
Insoumis au recrutement.....	peu nombreux.
Rentrée des impôts..........	facile.
Nombre des procès civils......	considérable.
Instruction primaire.........	répandue.
Zèle électoral...............	actif.
Taille......................	très-grande.
Constitution................	mauvaise.
Nourriture (en céréales)......	bonne.
Durée de la vie.............	longue.
Suicides..................	nombreux.
Jury.....................	sévère.
Paupérisme................	considérable.
Salaires..................	très-bas.

21. COTES-DU-NORD. —Chef-lieu ST.-BRIEUX.

Population. La France aurait 47,016,000 habitants, si elle était peuplée comme le département des *Côtes-du-Nord*. *Huit* départements ont plus de densité de population; cette dernière s'accroît annuellement de 57 têtes par 10,000 habitants. —Sol forestier, 5 centièmes.

Agriculteurs. Sur 1,000 recrues, ce département en compte 658 occupées aux travaux de la campagne; le département moyen en a 526. *Treize* départements comptent plus d'agriculteurs.

Industrie. Sous le rapport de l'industrie, ce département est le 74°.

FAITS DE L'ORDRE MORAL.

Criminalité. Dans le département des Côtes-du-Nord, sur 5,327 habitants, il y a un accusé de crime; le département moyen en fournit un sur 4,552. *Trente-un* départements ont une meilleure moralité.

Bâtards. Pour 1,000 naissances de toute nature, on compte 26 bâtards; le département moyen en a 72. *Un seul* département présente une meilleure moralité.

Enfants trouvés. Pour 1,000 naissances de toute nature, on compte 7 enfants trouvés; le département moyen en a 35. *Quatre* départements présentent une meilleure moralité.

Insoumis au recrutement. Pour 1,000 recrues obtenues, on compte 2 insoumis; le département moyen en a 14. *Seize* départements comptent moins d'insoumis.

Frais de rentrée des impôts directs. Pour percevoir 1,000 fr. d'impôts directs de toute nature, on est obligé de faire 2 fr. 30 c. de frais; dans le département moyen, ces frais montent à 3 fr. 40 c. *Vingt-neuf* départements ont plus de régularité pour le payement des impôts.

Paupérisme. Pour 1,000 habitants, on en compte 6 de secourus par les hôpitaux et hospices ou par les bureaux de bienfaisance; le département moyen en compte 34. *Huit* départements ont un paupérisme moins considérable.

Esprit de chicane. Pour une affaire inscrite devant les tribunaux de première instance, on compte 887 habitants; le département moyen en compte 261. *Quatre* départements ont un esprit de chicane moins développé.

Catholicisme. Pour 1,000 fr. d'impôts directs de toute nature, on a fourni en neuf années 3 fr. 20 c. de souscriptions pour la propagation de la foi catholique; le département moyen en a payé 7 fr. 20 c. *Cinquante-deux* départements ont produit des souscriptions plus considérables.

Instruction primaire. Sur 1,000 recrues, on en compte 742 ne sachant ni lire ni écrire; le département moyen en a 486 dans ce cas. *Soixante-seize* départements ont une instruction primaire plus répandue.

Négligence pour l'instruction primaire. Sur 100 écoles primaires qui manquent, 46 sont dans ce cas par suite de la négligence des autorités locales; le département moyen en compte 34. *Soixante-six* départements montrent plus de zèle pour l'exécution de la loi du 28 juin 1833.

Elections. Sur 100 électeurs, 64 usent de leurs droits; le département moyen en compte 66. *Cinquante-trois* départements ont plus de zèle électoral.

FAITS DE L'ORDRE PHYSIQUE.

La taille moyenne des recrues est de 1 m. 639 mil.; c'est moins que celle du département moyen qui est de 1 m. 655 mil. Les habitants de *quatre-vingt-un* départements ont une plus grande taille. Taille.

Pour 1,000 recrues obtenues, on a 349 exemptions pour défaut de taille; le département moyen en compte 260. *Soixante-sept* départements ont moins d'exemptions de cette nature. Exemptions pour défaut de taille.

Pour 1,000 recrues obtenues, on a 429 exemptions pour causes physiques autres que pour défaut de taille; le département moyen en compte 667. *Quatre* départements ont moins d'exemptions de cette nature. Exemptions pour autres causes physiques.

Pour 100 hectolitres de froment et de méteil consommés, 404 hectolitres de grains inférieurs entrent dans l'alimentation des habitants; le département moyen en consomme 82. *Soixante-dix-sept* départements sont dans une condition de nourriture plus favorable. Nourriture des habitants.

La vie moyenne des habitants est de 33 ans 6 mois; celle du département moyen est de 36 ans 7 mois. *Soixante-quatre* départements ont une vie moyenne plus longue. Vie moyenne.

Pour fournir annuellement 100 hommes au recrutement, on compte 372 naissances des deux sexes; le département moyen en exige 336. *Soixante-dix* départements perdent moins de jeunes gens avant leur 21e année. Individus qui arrivent à 21 ans.

Pour 100 enfants trouvés qui atteignent l'âge de *douze ans*, il en meurt 91; le département moyen en perd 159. *Vingt-six* départements présentent une mortalité moins considérable. Mortalité des enfants trouvés.

RÉSUMÉ.

Population relative..........	des plus considérables.
Accroissement de la population.	rapide.
Sol forestier...............	très-peu étendu.
Nombre des agriculteurs......	très-considérable.
Industrie..................	très-peu développée.
Nombre des crimes..........	peu considérable.
Nombre des bâtards.........	des moins considérables.
Nombre des enfants trouvés...	des moins considérables.
Insoumis au recrutement.....	très-peu nombreux.
Rentrée des impôts..........	facile.
Nombre des procès civils.....	des plus faibles.
Instruction primaire.........	très-peu répandue.
Zèle électoral..............	peu actif.
Taille.....................	très-petite.
Vices de constitution.........	des plus rares.
Nourriture (en céréales)......	très-mauvaise.
Durée de la vie.............	courte.
Nombre des enfants trouvés...	en décroissance.
Suicides...................	très-rares.
Logement des habitants......	des plus mauvais.
Population urbaine.........	très-peu nombreuse.
Salaire des ouvriers.........	très-bas.
Individus qui arrivent à 21 ans.	peu nombreux.

22. CREUSE. — Chef-lieu GUÉRET.

Population. La France aurait 25,065,000 habitants, si elle était peuplée comme le département de la *Creuse*. *Soixante-trois* départements ont plus de densité de population; cette dernière s'accroît annuellement de 59 têtes par 10,000 habitants. — Sol forestier, 5 centièmes.

Agriculteurs. Sur 1,000 recrues, ce département en compte 284 occupées aux travaux de la campagne; le département moyen en a 526. *Soixante et dix-neuf* départements comptent plus d'agriculteurs.

Industrie. Sous le rapport de l'industrie, ce département est le 85e.

FAITS DE L'ORDRE MORAL.

Criminalité. Dans le département de la Creuse, sur 6,170 habitants, il y a un accusé de crime; le département moyen en fournit un sur 4,552. *Treize* départements ont une meilleure moralité.

Bâtards. Pour 1,000 naissances de toute nature, on compte 61 bâtards; le département moyen en a 72. *Quarante-trois* départements présentent une meilleure moralité.

Enfants trouvés. Pour 1,000 naissances de toute nature, on compte 32 enfants trouvés; le département moyen en a 35. *Cinquante-deux* départements présentent une meilleure moralité.

Insoumis au recrutement. Pour 1,000 recrues obtenues, on compte 89 insoumis; le département moyen en a 14. *Quatre-vingt-un* départements comptent moins d'insoumis.

Frais de rentrée des impôts directs. Pour percevoir 1,000 fr. d'impôts directs de toute nature, on est obligé de faire 4 fr. 90 c. de frais; dans le département moyen, ces frais montent à 3 fr. 40 c. *Soixante-un* départements ont plus de régularité pour le payement des impôts.

Paupérisme. Pour 1,000 habitants, on en compte 3 de secourus par les hôpitaux et hospices ou par les bureaux de bienfaisance; le département moyen en compte 34. *Deux* départements ont un paupérisme moins considérable.

Esprit de chicane. Pour une affaire inscrite devant les tribunaux de première instance, on compte 184 habitants; le département moyen en compte 261. *Soixante-huit* départements ont un esprit de chicane moins développé.

Catholicisme. Pour 1,000 fr. d'impôts directs de toute nature, on a fourni, en neuf années, 1 fr. 0 c. de souscriptions pour la propagation de la foi catholique; le département moyen en a payé 7 fr. 20 c. *Soixante et seize* départements ont produit des souscriptions plus considérables.

Instruction primaire. Sur 1,000 recrues, on en compte 660 ne sachant ni lire ni écrire; le département moyen en a 486 dans ce cas. *Soixante-huit* départements ont une instruction primaire plus répandue.

Négligence pour l'instruction primaire. Sur 100 écoles primaires qui manquent, 28 sont dans ce cas par suite de la négligence des autorités locales; le département moyen en compte 34. *Trente-deux* départements montrent plus de zèle pour l'exécution de la loi du 28 juin 1833.

Elections. Sur 100 électeurs, 64 usent de leurs droits; le département moyen en compte 66. *Cinquante-quatre* départements ont plus de zèle électoral.

FAITS DE L'ORDRE PHYSIQUE.

La taille moyenne des recrues est de 1 m. 646 mil.; c'est moins que celle du département moyen qui est de 1 m. 655 mil. Les habitants de *cinquante-neuf* départements ont une plus grande taille. Taille.

Pour 1,000 recrues obtenues, on a 411 exemptions pour défaut de taille ; le département moyen en compte 260. *Soixante et quinze* départements ont moins d'exemptions de cette nature. Exemptions pour défaut de taille.

Pour 1,000 recrues obtenues, on a 510 exemptions pour causes physiques autres que pour défaut de taille ; le département moyen en compte 667. *Dix-neuf* départements ont moins d'exemptions de cette nature. Exemptions pour autres causes physiques.

Pour 100 hectolitres de froment et de méteil consommés, 1,524 hectolitres de grains inférieurs entrent dans l'alimentation des habitants ; le département moyen en consomme 82. *Aucun* département n'est dans une condition de nourriture plus défavorable. Nourriture des habitants.

La vie moyenne des habitants est de 39 ans 7 mois ; celle du département moyen est de 36 ans 7 mois. *Vingt-un* départements ont une vie moyenne plus longue. Vie moyenne.

Pour fournir annuellement 100 hommes au recrutement, on compte 284 naissances des deux sexes ; le département moyen en exige 336. *Treize* départements perdent moins de jeunes gens avant leur 21ᵉ année. Individus qui arrivent à 21 ans.

Pour 100 enfants trouvés qui atteignent l'âge de *douze ans*, il en meurt 72 ; le département moyen en perd 159. *Dix* départements présentent une mortalité moins considérable. Mortalité des enfants trouvés.

RÉSUMÉ.

Population relative	peu-nombreuse.
Accroissement de la population.	très-rapide.
Sol forestier................	très-peu étendu.
Nombre des agriculteurs......	très-peu considérable.
Industrie..................	*minimum.*
Nombre des crimes..........	très-peu considérable.
Nombre des bâtards.........	moyen.
Nombre des enfants trouvés..	moyen.
Insoumis au recrutement......	très-nombreux.
Rentrée des impôts.........	difficile.
Nombre des procès civils.....	considérable.
Instruction primaire.........	peu répandue.
Zèle électoral..............	peu développé.
Taille.....................	petite.
Vices de constitution.........	rares.
Nourriture (en céréales)......	la plus mauvaise.
Durée de la vie.............	longue.
Suicides..................	très-rares.
Logement des habitants......	très-mauvais.
Population urbaine..........	très-faible.

23. DORDOGNE. — Chef-lieu PÉRIGUEUX.

Population. La France aurait 27,809,000 habitants, si elle était peuplée comme le département de la *Dordogne*. *Cinquante-un* départements ont plus de densité de population ; cette dernière s'accroît annuellement de 32 têtes par 10,000 habitants. —Sol forestier, 18 centièmes.

Agriculteurs. Sur 1,000 recrues, ce département en compte 601 occupées aux travaux de la campagne ; le département moyen en a 526. *Trente* départements comptent plus d'agriculteurs.

Industrie. Sous le rapport de l'industrie, ce département est le 73e.

FAITS DE L'ORDRE MORAL.

Criminalité. Dans le département de la Dordogne, sur 5,718 habitants, il y a un accusé de crime ; le département moyen en fournit un sur 4,552. *Vingt-trois* départements ont une meilleure moralité.

Bâtards. Pour 1,000 naissances de toute nature, on compte 51 bâtards ; le département moyen en a 72. *Vingt-cinq* départements présentent une meilleure moralité.

Enfants trouvés. Pour 1,000 naissances de toute nature, on compte 45 enfants trouvés ; le département moyen en a 35. *Soixante-sept* départements présentent une meilleure moralité.

Insoumis au recrutement. Pour 1,000 recrues obtenues, on compte 2 insoumis ; le département moyen en a 14. *Treize* départements comptent moins d'insoumis.

Frais de rentrée des impôts directs. Pour percevoir 1,000 fr. d'impôts directs de toute nature, on est obligé de faire 7 fr. 70 c. de frais ; dans le département moyen, ces frais montent à 3 fr. 40 c. *Soixante et dix-neuf* départements ont plus de régularité pour le payement des impôts.

Paupérisme. Pour 1,000 habitants, on en compte 2 de secourus par les hôpitaux et hospices ou par les bureaux de bienfaisance ; le département moyen en compte 34. *Aucun* département ne compte moins d'hommes secourus.

Esprit de chicane. Pour une affaire inscrite devant les tribunaux de première instance, on compte 337 habitants ; le département moyen en compte 261. *Vingt-cinq* départements ont un esprit de chicane moins développé.

Catholicisme. Pour 1,000 fr. d'impôts directs de toute nature, on a fourni, en neuf années, 0 fr. 50 c. de souscriptions pour la propagation de la foi catholique ; le département moyen en a payé 7 fr. 20 c. *Quatre-vingts* départements ont produit des souscriptions plus considérables.

Instruction primaire. Sur 1,000 recrues, on en compte 746 ne sachant ni lire ni écrire ; le département moyen en a 486 dans ce cas. *Soixante et dix-huit* départements ont une instruction primaire plus répandue.

Négligence pour l'instruction primaire. Sur 100 écoles primaires qui manquent, 22 sont dans ce cas par suite de la négligence des autorités locales ; le département moyen en compte 34. *Vingt* départements montrent plus de zèle pour l'exécution de la loi du 28 juin 1833.

Elections. Sur 100 électeurs, 66 usent de leurs droits ; le département moyen en compte 66. *Quarante-six* départements ont plus de zèle électoral.

FAITS DE L'ORDRE PHYSIQUE.

La taille moyenne des recrues est de 1 m. 644 mil.; c'est moins que celle du département moyen qui est de 1 m. 655 mil. Les habitants de *soixante-huit* départements ont une plus grande taille. Taille.

Pour 1,000 recrues obtenues, on a 519 exemptions pour défaut de taille; le département moyen en compte 260. *Quatre-vingt-un* départements ont moins d'exemptions de cette nature. Exemptions pour défaut de taille.

Pour 1,000 recrues obtenues, on a 900 exemptions pour causes physiques autres que pour défaut de taille; le département moyen en compte 667. *Soixante-treize* départements ont moins d'exemptions de cette nature. Exemptions pour autres causes physiques.

Pour 100 hectolitres de froment et de méteil consommés, 70 hectolitres de grains inférieurs entrent dans l'alimentation des habitants; le département moyen en consomme 82. *Trente-sept* départements sont dans une condition de nourriture plus favorable. Nourriture des habitants.

La vie moyenne des habitants est de 37 ans 10 mois; celle du département moyen est de 36 ans 7 mois. *Quarante* départements ont une vie moyenne plus longue. Vie moyenne.

Pour fournir annuellement 100 hommes au recrutement, on compte 279 naissances des deux sexes; le département moyen en exige 336. *Neuf* départements perdent moins de jeunes gens avant leur 21e année. Individus qui arrivent à 21 ans.

Pour 100 enfants trouvés qui atteignent l'âge de *douze ans*, il en meurt 71; le département moyen en perd 159. *Huit* départements présentent une mortalité moins considérable. Mortalité des enfants trouvés.

RÉSUMÉ.

Population relative..........	peu nombreuse.
Accroissement de la population.	ordinaire.
Sol forestier...............	étendu.
Nombre des agriculteurs.....	considérable.
Industrie..................	peu développée.
Nombre des crimes..........	peu considérable.
Nombre des bâtards.........	peu considérable.
Nombre des enfants trouvés...	considérable.
Insoumis au recrutement......	très-rares.
Rentrée des impôts.	très-difficile.
Nombre des procès civils.....	peu considérable.
Instruction primaire.........	très-peu répandue.
Zèle électoral..............	moyen.
Taille.....................	très-petite.
Vices de constitution........	très-nombreux.
Nourriture (en céréales)......	ordinaire.
Durée de la vie.............	moyenne.
Nombre des enfants trouvés...	en décroissance.
Individus qui arrivent à 21 ans.	nombreux.
Mortalité des enfants trouvés..	très-grande.
Population urbaine..........	très-faible.
Centenaires................	nombreux.
Logement des habitants......	très-mauvais.
Teigneux et scrofuleux.......	très-nombreux.

24. DOUBS. — Chef-lieu Besançon.

Population. La France aurait 26,701,000 habitants, si elle était peuplée comme le département du *Doubs*. *Cinquante-six* départements ont plus de densité de population ; cette dernière s'accroît annuellement de 59 têtes par 10,000 habitants. — Sol forestier, 25 centièmes.

Agriculteurs. Sur 1,000 recrues, ce département en compte 587 occupées aux travaux de la campagne ; le département moyen en a 526. *Trente-neuf* départements comptent plus d'agriculteurs.

Industrie. Sous le rapport de l'industrie, ce département est le 59e.

FAITS DE L'ORDRE MORAL.

Criminalité. Dans le département du Doubs, sur 4,275 habitants, il y a un accusé de crime ; le département moyen en fournit un sur 4,552. *Cinquante-sept* départements ont une meilleure moralité.

Bâtards. Pour 1,000 naissances de toute nature, on compte 66 bâtards ; le département moyen en a 72. *Cinquante-trois* départements présentent une meilleure moralité.

Enfants trouvés. Pour 1,000 naissances de toute nature, on compte 17 enfants trouvés ; le département moyen en a 35. *Dix-huit* départements présentent une meilleure moralité.

Insoumis au recrutement. Pour 1,000 recrues obtenues, on compte 1 insoumis ; le département moyen en a 14. *Un seul* département compte moins d'insoumis.

Frais de rentrée des impôts directs. Pour percevoir 1,000 fr. d'impôts directs de toute nature, on est obligé de faire 2 fr. 20 c. de frais ; dans le département moyen, ces frais se montent à 3 fr. 40 c. *Vingt-six* départements ont plus de régularité pour le payement des impôts.

Paupérisme. Pour 1,000 habitants, on en compte 30 de secourus par les hôpitaux et hospices ou par les bureaux de bienfaisance ; le département moyen en compte 34. *Soixante-deux* départements ont un paupérisme moins considérable.

Esprit de chicane. Pour une affaire inscrite devant les tribunaux de première instance, on compte 172 habitants ; le département moyen en compte 261. *Soixante et onze* départements ont un esprit de chicane moins développé.

Catholicisme. Pour 1,000 fr. d'impôts directs de toute nature, on a fourni, en neuf années, 10 fr. 0 c. de souscriptions pour la propagation de la foi catholique ; le département moyen en a payé 7 fr. 20 c. *Vingt* départements ont produit des souscriptions plus considérables.

Instruction primaire. Sur 1,000 recrues, on en compte 175 ne sachant ni lire ni écrire ; le département moyen en a 486 dans ce cas. *Un seul* département a une instruction primaire plus répandue.

Négligence pour l'instruction primaire. Sur 100 écoles primaires qui manquent, 57 sont dans ce cas par suite de la négligence des autorités locales ; le département moyen en compte 34. *Soixante et dix-sept* départements montrent plus de zèle pour l'exécution de la loi du 28 juin 1833.

Elections. Sur 100 électeurs, 72 usent de leurs droits ; le département moyen en compte 66. *Douze* départements ont plus de zèle électoral.

La taille moyenne des recrues est de 1 m. 660 mil. ; c'est plus que celle du département moyen qui est de 1 m. 655 mil. Les habitants de *vingt-huit* départements ont une plus grande taille. Taille.

Pour 1,000 recrues obtenues, on a 73 exemptions pour défaut de taille ; le département moyen en compte 260. *Aucun* département ne donne moins d'exemptions de cette nature. Exemptions pour défaut de taille.

Pour 1,000 recrues obtenues, on a 442 exemptions pour causes physiques autres que pour défaut de taille ; le département moyen en compte 667. *Sept* départements ont moins d'exemptions de cette nature. Exemptions pour autres causes physiques.

Pour 100 hectolitres de froment et de méteil consommes, 142 hectolitres de grains inférieurs entrent dans l'alimentation des habitants ; le département moyen en consomme 82. *Soixante* départements sont dans une condition de nourriture plus favorable. Nourriture des habitants.

La vie moyenne des habitants est de 38 ans 5 mois ; celle du département moyen est de 36 ans 7 mois. *Trente-trois* départements ont une vie moyenne plus longue. Vie moyenne.

Pour fournir annuellement 100 hommes au recrutement, on compte 313 naissances des deux sexes ; le département moyen en exige 336. *Vingt-neuf* départements perdent moins de jeunes gens avant leur 21e année. Individus qui arrivent à 21 ans.

Pour 100 enfants trouvés qui atteignent l'âge de *douze ans*, il en meurt 136 ; le département moyen en perd 159. *Quarante-six* départements présentent une mortalité moins considérable. Mortalité des enfants trouvés.

RÉSUMÉ.

Population relative..........	peu nombreuse.
Accroissement de la population.	rapide.
Sol forestier................	très-étendu.
Nombre des agriculteurs......	moyen.
Industrie..................	peu développée.
Nombre des crimes..........	considérable.
Nombre des bâtards.........	considérable.
Nombre des enfants trouvés...	peu considérable.
Insoumis au recrutement......	des moins nombreux.
Rentrée des impôts..........	facile.
Nombre des procès civils.....	très-considérable.
Instruction primaire.........	des plus répandues.
Zèle électoral..............	très-actif.
Taille.....................	élevée.
Vices de constitution.........	très-rares.
Nourriture (en céréales)......	mauvaise.
Durée de la vie.............	longue.
Crimes contre les personnes...	nombreux.
Population urbaine..........	très-faible.

25. DROME. — Chef-lieu VALENCE.

Population. La France aurait 24,168,000 habitants, si elle était peuplée comme le département de la *Drôme*. *Soixante-quatre* départements ont plus de densité de population; cette dernière s'accroît annuellement de 59 têtes par 10,000 habitants. — Sol forestier, 26 centièmes.

Agriculteurs. Sur 1,000 recrues, ce département en compte 687 occupées aux travaux de la campagne; le département moyen en a 526. *Huit* départements comptent plus d'agriculteurs.

Industrie. Sous le rapport de l'industrie, ce département est le 49e.

FAITS DE L'ORDRE MORAL.

Criminalité. Dans le département de la Drôme, sur 5,081 habitants, il y a un accusé de crime: le département moyen en fournit un sur 4,552. *Quarante* départements ont une meilleure moralité.

Bâtards. Pour 1,000 naissances de toute nature, on compte 62 bâtards; le département moyen en a 72. *Quarante-huit* départements présentent une meilleure moralité.

Enfants trouvés. Pour 1,000 naissances de toute nature, on compte 25 enfants trouvés; le département moyen en a 35. *Trente-six* départements présentent une meilleure moralité.

Insoumis au recrutement. Pour 1,000 recrues obtenues, on compte 4 insoumis; le département moyen en a 14. *Trente-quatre* départements comptent moins d'insoumis.

Frais de rentrée des impôts directs. Pour percevoir 1,000 fr. d'impôts directs de toute nature, on est obligé de faire 4 fr. 80 c. de frais; dans le département moyen, ces frais montent à 3 fr. 40 c. *Cinquante-neuf* départements ont plus de régularité pour le payement des impôts.

Paupérisme. Pour 1,000 habitants, on en compte 32 de secourus par les hôpitaux et hospices ou par les bureaux de bienfaisance; le département moyen en compte 34. *Soixante-quatre* départements ont un paupérisme moins considérable.

Esprit de chicane. Pour une affaire inscrite devant les tribunaux de première instance, on compte 163 habitants; le département moyen en compte 261. *Soixante et treize* départements ont un esprit de chicane moins développé.

Catholicisme. Pour 1,000 fr. d'impôts directs de toute nature, on a fourni en neuf années 2 fr. 90 c. de souscriptions pour la propagation de la foi catholique; le département moyen en a payé 7 fr. 20 c. *Cinquante-huit* départements ont produit des souscriptions plus considérables.

Instruction primaire. Sur 1,000 recrues, on en compte 549 ne sachant ni lire ni écrire; le département moyen en a 486 dans ce cas. *Quarante-neuf* départements ont une instruction primaire plus répandue.

Négligence pour l'instruction primaire. Sur 100 écoles primaires qui manquent, 29 sont dans ce cas par suite de la négligence des autorités locales; le département moyen en compte 34. *Trente-quatre* départements montrent plus de zèle pour l'exécution de la loi du 28 juin 1833.

Elections. Sur 100 électeurs, 70 usent de leurs droits; le département moyen en compte 66. *Vingt* départements ont plus de zèle électoral.

FAITS DE L'ORDRE PHYSIQUE.

La taille moyenne des recrues est de 1 m. 652 mil.; c'est moins que celle du département moyen, qui est de 1 m. 655. Les habitants de *quarante-neuf* départements ont une plus grande taille. Taille.

Pour 1,000 recrues obtenues, on a 266 exemptions pour défaut de taille; le département moyen en compte 260. *Quarante-neuf* départements ont moins d'exemptions de cette nature. Exemptions pour défaut de taille.

Pour 1,000 recrues obtenues, on a 579 exemptions pour causes physiques autres que pour défaut de taille; le département moyen en compte 667. *Vingt-huit* départements ont moins d'exemptions de cette nature. Exemptions pour autres causes physiques.

Pour 100 hectolitres de froment et de méteil consommés, 40 hectolitres de grains inférieurs entrent dans l'alimentation des habitants; le département moyen en consomme 82. *Dix-huit* départements sont dans une condition de nourriture plus favorable. Nourriture des habitants.

La vie moyenne des habitants est de 36 ans 11 mois; celle du département moyen est de 36 ans 7 mois. *Quarante-neuf* départements ont une vie moyenne plus longue. Vie moyenne.

Pour fournir annuellement 100 hommes au recrutement, on compte 343 naissances des deux sexes; le département moyen en exige 336. *Cinquante-sept* départements perdent moins de jeunes gens avant leur 21ᵉ année. Individus qui arrivent à 21 ans.

Pour 100 enfants trouvés qui atteignent l'âge de *douze ans*, il en meurt 89; le département moyen en perd 159. *Vingt-quatre* départements présentent une mortalité moins considérable. Mortalité des enfants trouvés.

RÉSUMÉ.

Population relative..........	peu nombreuse.
Accroissement de la population.	rapide.
Sol forestier................	très-étendu.
Nombre des agriculteurs......	très-considérable.
Industrie..................	moyenne.
Nombre des crimes..........	moyen.
Nombre des bâtards.........	moyen.
Nombre des enfants trouvés..	moyen.
Insoumis au recrutement.....	rares.
Rentrée des impôts..........	difficile.
Nombre des procès civils.....	très-considérable.
Instruction primaire.........	moyenne.
Zèle électoral..............	grand.
Taille.....................	moyenne.
Vices de constitution	rares.
Nourriture (en céréales)......	bonne.
Durée de la vie.............	moyenne.
Goitres..................	très-nombreux.

26. EURE. — Chef-lieu Evreux.

Population. La France aurait 38,478,000 habitants, si elle était peuplée comme le département de l'*Eure*. *Dix-sept* départements ont plus de densité de population ; cette dernière diminue annuellement de 2 têtes par 10,000 habitants.—Sol forestier, 23 centièmes.

Agriculteurs. Sur 1,000 recrues, ce département en compte 322 occupées aux travaux de la campagne ; le département moyen en a 526. *Soixante et seize* départements comptent plus d'agriculteurs.

Industrie. Sous le rapport de l'industrie, ce département est le 10e.

FAITS DE L'ORDRE MORAL.

Criminalité. Dans le département de l'Eure, sur 3,199 habitants, il y a un accusé de crime ; le département moyen en fournit un sur 4,552. *Soixante et seize* départements ont une meilleure moralité.

Bâtards. Pour 1,000 naissances de toute nature, on compte 55 bâtards ; le département moyen en a 72. *Trente-trois* départements présentent une meilleure moralité.

Enfants trouvés. Pour 1,000 naissances de toute nature, on compte 15 enfants trouvés ; le département moyen en a 35. *Douze* départements présentent une meilleure moralité.

Insoumis au recrutement. Pour 1,000 recrues obtenues, on compte 17 insoumis; le département moyen en a 14. *Soixante-trois* départements comptent moins d'insoumis.

Frais de rentrée des impôts directs. Pour percevoir 1,000 fr. d'impôts directs de toute nature, on est obligé de faire 1 fr. 60 c. de frais ; dans le département moyen, ces frais montent à 3 fr. 40 c. *Dix-sept* départements ont plus de régularité pour le payement des impôts.

Paupérisme. Pour 1,000 habitants, on en compte 12 de secourus par les hôpitaux et hospices ou par les bureaux de bienfaisance ; le département moyen en compte 34. *Vingt-quatre* départements ont un paupérisme moins considérable.

Esprit de chicane. Pour une affaire inscrite devant les tribunaux de première instance, on compte 188 habitants ; le département moyen en compte 261. *Soixante-sept* départements ont un esprit de chicane moins développé.

Catholicisme. Pour 1,000 fr. d'impôts directs de toute nature, on a fourni en 9 années 2 fr. 50 c. de souscriptions pour la propagation de la foi catholique; le département moyen en a payé 7 fr. 20 c. *Soixante-quatre* départements ont produit des souscriptions plus considérables.

Instruction primaire. Sur 1,000 recrues, on en compte 415 ne sachant ni lire ni écrire ; le département moyen en a 486 dans ce cas. *Trente-deux* départements ont une instruction primaire plus répandue.

Négligence pour l'instruction primaire. Sur 100 écoles primaires qui manquent, 40 sont dans ce cas par suite de la négligence des autorités locales ; le département moyen en compte 34. *Cinquante-cinq* départements montrent plus de zèle pour l'exécution de la loi du 28 juin 1833.

Elections. Sur 100 électeurs, 68 usent de leurs droits ; le département moyen en compte 66. *Vingt-neuf* départements ont plus de zèle électoral.

FAITS DE L'ORDRE PHYSIQUE.

La taille moyenne des recrues est de 1 m. 661 mil.; c'est plus que celle du département moyen, qui est de 1 m. 655 mil. Les habitants de *vingt-quatre* départements ont une plus grande taille. Taille.

Pour 1,000 recrues obtenues, on a 219 exemptions pour défaut de taille; le département moyen en compte 260. *Trente-cinq* départements ont moins d'exemptions de cette nature. Exemptions pour défaut de taille.

Pour 1,000 recrues obtenues, on a 938 exemptions pour causes physiques autres que pour défaut de taille; le département moyen en compte 667. *Soixante et dix-sept* départements ont moins d'exemptions de cette nature. Exemptions pour autres causes physiques.

Pour 100 hectolitres de froment et de méteil consommés, 9 hectolitres de grains inférieurs entrent dans l'alimentation des habitants; le département moyen en consomme 82. *Un seul* département est dans une condition de nourriture plus favorable. Nourriture des habitants.

La vie moyenne des habitants est de 43 ans 5 mois; celle du département moyen est de 36 ans 7 mois. *Sept* départements ont une vie moyenne plus longue. Vie moyenne.

Pour fournir annuellement 100 hommes au recrutement, on compte 302 naissances des deux sexes; le département moyen en exige 336. *Dix-huit* départements perdent moins de jeunes gens avant leur 21me année. Individus qui arrivent à 21 ans.

Pour 100 enfants trouvés qui atteignent l'âge de *douze ans*, il en meurt 165; le département moyen en perd 159. *Cinquante-huit* départements présentent une mortalité moins considérable. Mortalité des enfants trouvés.

RÉSUMÉ.

Population relative..........	très-considérable.
Accroissement de population..	*minimum*.
Sol forestier...............	très-étendu.
Nombre des agriculteurs.....	très-peu considérable.
Industrie..................	très-développée.
Nombre des crimes.........	très-considérable.
Nombre des bâtards.........	peu considérable.
Nombre des enfants trouvés...	très-peu considérable.
Insoumis au recrutement......	nombreux.
Rentrée des impôts.........	facile.
Nombre des procès civils.....	considérable.
Instruction primaire.........	répandue.
Zèle électoral..............	développé.
Taille....................	élevée.
Vices de constitution.........	très-nombreux.
Nourriture (en céréales)......	très-bonne.
Durée de la vie............	très-longue. (1)
Crimes contre les choses.....	très-nombreux.
Jury.....................	sévère.
Dents....................	les plus mauvaises.

(1) Nous ne savons comment expliquer que la constitution soit très-mauvaise et la vie très-longue; plusieurs départements sont dans un cas semblable.

27. EURE-ET-LOIR. — Chef-lieu CHARTRES.

Population. La France aurait 26,806,000 habitants, si elle était peuplée comme le département d'*Eure-et-Loir*. *Cinquante-quatre* départements ont plus de densité de population; cette dernière s'accroît annuellement de 30 têtes par 10,000 habitants. —Sol forestier, 10 centièmes.

Agriculteurs. Sur 1,000 recrues, ce département en compte 515 occupées aux travaux de la campagne; le département moyen en a 526. *Cinquante-trois* départements comptent plus d'agriculteurs.

Industrie. Sous le rapport de l'industrie, ce département est le 21e.

FAITS DE L'ORDRE MORAL.

Criminalité. Dans le département d'Eure-et-Loir, sur 3,411 habitants, il y a un accusé de crime; le département moyen en fournit un sur 4,552. *Soixante et quatorze* départements ont une meilleure moralité.

Bâtards. Pour 1,000 naissances de toute nature, on compte 69 bâtards; le département moyen en a 72. *Cinquante-sept* départements présentent une meilleure moralité.

Enfants trouvés. Pour 1,000 naissances de toute nature, on compte 29 enfants trouvés; le département moyen en a 35. *Quarante-six* départements présentent une meilleure moralité.

Insoumis au recrutement. Pour 1,000 recrues obtenues, on compte 2 insoumis; le département moyen en a 14. *Neuf* départements comptent moins d'insoumis.

Frais de rentrée des impôts directs. Pour percevoir 1,000 francs d'impôts directs de toute nature, on est obligé de faire 1 fr. 70 c. de frais; dans le département moyen, ces frais montent à 3 fr. 40 c. *Dix-neuf* départements ont plus de régularité pour le payement des impôts.

Paupérisme. Pour 1,000 habitants, on en compte 21 de secourus par les hôpitaux et hospices ou par les bureaux de bienfaisance; le département moyen en compte 34. *Quarante-quatre* départements ont un paupérisme moins considérable.

Esprit de chicane. Pour une affaire inscrite devant les tribunaux de première instance, on compte 267 habitants; le département moyen en compte 261. *Quarante-six* départements ont un esprit de chicane moins développé.

Catholicisme. Pour 1,000 francs d'impôts directs de toute nature, on a fourni en neuf années 3 fr. 80 c. de souscriptions pour la propagation de la foi catholique; le département moyen en a payé 7 fr. 20 c. *Quarante-sept* départements ont produit des souscriptions plus considérables.

Instruction primaire. Sur 1,000 recrues, on en compte 312 ne sachant ni lire ni écrire; le département moyen en a 486 dans ce cas. *Vingt-un* départements ont une instruction primaire plus répandue.

Négligence pour l'instruction primaire. Sur 100 écoles primaires qui manquent, 55 sont dans ce cas par suite de la négligence des autorités locales; le département moyen en compte 34. *Soixante et quinze* départements montrent plus de zèle pour l'exécution de la loi du 28 juin 1833.

Elections. Sur 100 électeurs, 64 usent de leurs droits; le département moyen en compte 66. *Cinquante-cinq* départements ont plus de zèle électoral.

FAITS DE L'ORDRE PHYSIQUE.

La taille moyenne des recrues est de 1 m. 667 mil. ; c'est plus que celle du département moyen, qui est de 1 m. 655 mil. Les habitants de *dix* départements ont une plus grande taille. **Taille.**

Pour 1,000 recrues obtenues, on a 227 exemptions pour défaut de taille ; le département moyen en compte 260. *Trente-huit* départements ont moins d'exemptions de cette nature. **Exemptions pour défaut de taille.**

Pour 1,000 recrues obtenues, on a 665 exemptions pour causes physiques autres que pour défaut de taille; le département moyen en compte 667. *Quarante-un* départements ont moins d'exemptions de cette nature. **Exemptions pour autres causes physiques.**

Pour 100 hectolitres de froment et de méteil consommés, 35 hectolitres de grains inférieurs entrent dans l'alimentation des habitants ; le département moyen en consomme 82. *Dix-sept* départements sont dans une condition de nourriture plus favorable. **Nourriture des habitants.**

La vie moyenne des habitants est de 38 ans o mois ; celle du département moyen est de 36 ans 7 mois. *Trente-six* départements présentent une vie moyenne plus longue. **Vie moyenne.**

Pour fournir annuellement 100 hommes au recrutement, on compte 358 naissances des deux sexes ; le département moyen en exige 336. *Soixante-quatre* départements perdent moins de jeunes gens avant leur 21ᵉ année. **Individus qui arrivent à 21 ans.**

Pour 100 enfants trouvés qui atteignent l'âge de *douze ans*, il en meurt 238 ; le département moyen en perd 159. *Soixante et onze* départements présentent une mortalité moins considérable. **Mortalité des enfants trouvés.**

RÉSUMÉ.

Population relative..........	peu nombreuse.
Accroissement de la population.	lent.
Sol forestier...............	peu étendu.
Nombre des agriculteurs......	moyen.
Industrie..................	développée.
Nombre des crimes..........	considérable.
Nombre des bâtards.........	considérable.
Nombre des enfants trouvés..	moyen.
Insoumis au recrutement.....	très-rares.
Rentrée des impôts.........	facile.
Nombre des procès civils.....	moyen.
Instruction primaire.........	répandue.
Zèle électoral..............	faible.
Taille.....................	élevée.
Constitution...............	moyenne.
Nourriture (en céréales)......	bonne.
Durée de la vie.............	longue.
Crimes contre les choses.....	très-nombreux.
Nombre des enfants trouvés..	très-progressif.
Nombre des propriétaires....	considérable.
Logement des habitants......	mauvais.

28. FINISTÈRE. — Chef-lieu QUIMPER.

Population. La France aurait 41,529,000 habitants, si elle était peuplée comme le département du *Finistère*. *Quatorze* départements ont plus de densité de population; cette dernière s'accroît annuellement de 71 têtes par 10,000 habitants. —Sol forestier, 2 centièmes.

Agriculteurs. Sur 1,000 recrues, ce département en compte 588 occupées aux travaux de la campagne; le département moyen en a 526. *Trente-huit* départements comptent plus d'agriculteurs.

Industrie. Sous le rapport de l'industrie, ce département est le 80ᵉ.

FAITS DE L'ORDRE MORAL.

Criminalité. Dans le département du Finistère, sur 6,086 habitants, il y a un accusé de crime; le département moyen en fournit un sur 4,552. *Quinze* ont une meilleure moralité.

Bâtards. Pour 1,000 naissances de toute nature, on compte 33 bâtards; le département moyen en a 72. *Sept* départements présentent une meilleure moralité.

Enfants trouvés. Pour 1,000 naissances de toute nature, on compte 18 enfants trouvés; le département moyen en a 35. *Dix-neuf* départements présentent une meilleure moralité.

Insoumis au recrutement. Pour 1,000 recrues obtenues, on compte 2 insoumis; le département moyen en a 14. *Quinze* départements comptent moins d'insoumis.

Frais de rentrée des impôts directs. Pour percevoir 1,000 fr. d'impôts directs de toute nature, on est obligé de faire 2 fr. 0 c. de frais; dans le département moyen, ces frais montent à 3 fr. 40 c. *Vingt-deux* départements ont plus de régularité pour le payement des impôts.

Paupérisme. Pour 1,000 habitants, on en compte 25 de secourus par les hôpitaux et hospices ou par les bureaux de bienfaisance; le département moyen en compte 34. *Cinquante-quatre* départements ont un paupérisme moins considérable.

Esprit de chicane. Pour une affaire inscrite devant les tribunaux de première instance, on compte 1,547 habitants; le département moyen en compte 261. *Aucun* département n'a l'esprit de chicane moins développé.

Catholicisme. Pour 1,000 fr. d'impôts directs de toute nature, on a fourni en neuf années 6 fr. 0 c. de souscriptions pour la propagation de la foi catholique; le département moyen en a payé 7 fr. 20 c. *Trente-quatre* départements ont produit des souscriptions plus considérables.

Instruction primaire. Sur 1,000 recrues, on en compte 768 ne sachant ni lire ni écrire; le département moyen en a 486 dans ce cas. *Quatre-vingt-un* départements ont une instruction primaire plus répandue.

Négligence pour l'instruction primaire. Sur 100 écoles primaires qui manquent, 20 sont dans ce cas par suite de la négligence des autorités locales; le département moyen en compte 34. *Dix-sept* départements montrent plus de zèle pour l'exécution de la loi du 28 juin 1833.

Elections. Sur 100 électeurs, 64 usent de leurs droits; le département moyen en compte 66. *Cinquante-six* départements ont plus de zèle électoral.

FAITS DE L'ORDRE PHYSIQUE.

Taille. La taille moyenne des recrues est de 1 m. 641 mil.; c'est moins que celle du département moyen, qui est de 1 m. 655 mil. Les habitants de *soixante et dix-sept* départements ont une plus grande taille.

Exemptions pour défaut de taille. Pour 1,000 recrues obtenues, on a 486 exemptions pour défaut de taille; le département moyen en compte 260. *Quatre-vingts* départements ont moins d'exemptions de cette nature.

Exemptions pour autres causes physiques. Pour 1,000 recrues obtenues, on a 458 exemptions pour causes physiques autres que pour défaut de taille; le département moyen en compte 667. *Dix* départements ont moins d'exemptions de cette nature.

Nourriture des habitants. Pour 100 hectolitres de froment et de méteil consommés, 468 hectolitres de grains inférieurs entrent dans l'alimentation des habitants; le département moyen en consomme 82. *Soixante et dix-neuf* départements sont dans une condition de nourriture plus favorable.

Vie moyenne. La vie moyenne des habitants est de 29 ans 0 mois; celle du département moyen est de 36 ans 7 mois. *Un seul* département présente la vie moyenne plus courte.

Individus qui arrivent à 21 ans. Pour fournir annuellement 100 hommes au recrutement, on compte 396 naissances des deux sexes; le département moyen en exige 336. *Quatre-vingts* départements perdent moins de jeunes gens avant leur 21e année.

Mortalité des enfants trouvés. Pour 100 enfants trouvés qui atteignent l'âge de *douze ans*, il en meurt 108; le département moyen en perd 159. *Trente-six* départements présentent une mortalité moins considérable.

RÉSUMÉ.

Population relative..........	très-considérable.
Accroissement de la population.	très-rapide.
Sol forestier...............	*minimum* d'étendue.
Nombre des agriculteurs.....	considérable.
Industrie.................	très-peu développée.
Nombre des crimes..........	très-peu considérable.
Nombre des bâtards.........	très-peu considérable.
Nombre des enfants trouvés...	peu considérable.
Insoumis au recrutement.....	très-rares.
Rentrée des impôts..........	facile.
Nombre des procès civils.....	*minimum*.
Instruction primaire.........	des moins répandues.
Zèle électoral..............	peu développé.
Taille....................	des plus petites.
Vices de constitution........	très-rares.
Nourriture (en céréales)......	très-mauvaise.
Durée de la vie.............	des plus courtes. (1)
Nombre des propriétaires.....	très-peu considerable.
Individus qui arrivent à 21 ans.	très-peu nombreux.
Logement des habitants......	mauvais.

(1) Nous ne savons comment expliquer que la constitution soit très-robuste et la vie très-courte; plusieurs départements sont dans un cas semblable.

29. GARD. — Chef-lieu NISMES.

Population. **La France aurait 31,872,000 habitants, si elle était peuplée comme le département du *Gard*. *Trente-neuf* départements ont plus de densité de population ; cette dernière s'accroît annuellement de 91 têtes par 10,000 habitants. — Sol forestier, 18 centièmes.**

Agriculteurs. **Sur 1,000 recrues, ce département en compte 606 occupées aux travaux de la campagne ; le département moyen en a 526. *Vingt-six* départements comptent plus d'agriculteurs.**

Industrie. **Sous le rapport de l'industrie, ce département est le 22e.**

FAITS DE L'ORDRE MORAL.

Criminalité. **Dans le département du Gard, sur 4,566 habitants, il y a un accusé de crime; le département moyen en fournit un sur 4,552. *Cinquante-un* départements ont une meilleure moralité.**

Bâtards. **Pour 1,000 naissances de toute nature, on compte 35 bâtards ; le département moyen en a 72. *Neuf* départements présentent une meilleure moralité.**

Enfants trouvés. **Pour 1,000 naissances de toute nature, on compte 22 enfants trouvés ; le département moyen en a 35. *Vingt-deux* départements présentent une meilleure moralité.**

Insoumis au recrutement. **Pour 1,000 recrues obtenues, on compte 8 insoumis ; le département moyen en a 14. *Quarante-huit* départements comptent moins d'insoumis.**

Frais de rentrée des impôts directs. **Pour percevoir 1,000 fr. d'impôts directs de toute nature, on est obligé de faire 3 f. 40 c. de frais; dans le département moyen, ces frais montent à 3 fr. 40 c. *Quarante-trois* départements ont plus de régularité pour le payement des impôts.**

Paupérisme. **Pour 1,000 habitants, on en compte 52 de secourus par les hôpitaux et hospices ou par les bureaux de bienfaisance ; le département moyen en compte 34. *Soixante et dix-sept* départements ont un paupérisme moins considérable.**

Esprit de chicane. **Pour une affaire inscrite devant les tribunaux de première instance, on compte 201 habitants ; le département moyen en compte 261. *Soixante-deux* départements ont un esprit de chicane moins développé.**

Catholicisme. **Pour 1,000 fr. d'impôts directs de toute nature, on a fourni en neuf années 3 fr. 20 c. de souscriptions pour la propagation de la foi catholique; le département moyen en a payé 7 fr. 20 c. *Cinquante-un* départements ont produit des souscriptions plus considérables.**

Instruction primaire. **Sur 1,000 recrues, on en compte 414 ne sachant ni lire ni écrire ; le département moyen en a 486 dans ce cas. *Trente-un* départements ont une instruction primaire plus répandue.**

Négligence pour l'instruction primaire. **Sur 100 écoles primaires qui manquent, 51 sont dans ce cas par suite de la négligence des autorités locales ; le département moyen en compte 34. *Soixante-neuf* départements montrent plus de zèle pour l'exécution de la loi du 28 juin 1833.**

Elections. **Sur 100 électeurs, 71 usent de leurs droits ; le département moyen en compte 66. *Quinze* départements ont plus de zèle électoral.**

FAITS DE L'ORDRE PHYSIQUE.

La taille moyenne des recrues est de 1 m. 655 mil.; c'est la même taille que celle du département moyen. Les habitants de *quarante-deux* départements ont une plus grande taille. Taille.

Pour 1,000 recrues obtenues, on a 164 exemptions pour défaut de taille ; le département moyen en compte 260. *Dix-neuf* départements ont moins d'exemptions de cette nature. Exemptions pour défaut de taille.

Pour 1,000 recrues obtenues, on a 510 exemptions pour causes physiques autres que pour défaut de taille ; le département moyen en compte 667. *Vingt* départements ont moins d'exemptions de cette nature. Exemptions pour autres causes physiques.

Pour 100 hectolitres de froment et de méteil consommés, 54 hectolitres de grains inférieurs entrent dans l'alimentation des habitants ; le département moyen en consomme 82. *Vingt-six* départements sont dans une condition de nourriture plus favorable. Nourriture des habitants.

La vie moyenne des habitants est de 36 ans 2 mois ; celle du département moyen est de 36 ans 7 mois. *Cinquante-quatre* départements ont une vie moyenne plus longue. Vie moyenne.

Pour fournir annuellement 100 hommes au recrutement, on compte 361 naissances des deux sexes ; le département moyen en exige 336. *Soixante-cinq* départements perdent moins de jeunes gens avant leur 21ᵉ année. Individus qui arrivent à 21 ans.

Pour 100 enfants trouvés qui atteignent l'âge de *douze ans*, il en meurt 189 ; le département moyen en perd 159. *Soixante-six* départements présentent une mortalité moins considérable. Mortalité des enfants trouvés.

RÉSUMÉ.

Population relative..........	moyenne.
Accroissement de la population.	très-rapide.
Sol forestier...............	étendu.
Nombre des agriculteurs......	considérable.
Industrie.................	développée.
Nombre des crimes..........	moyen.
Nombre des bâtards.........	très-peu considérable.
Nombre des enfants trouvés..	peu considérable.
Nombre des insoumis........	moyen.
Frais de rentrée des impôts...	moyens.
Nombre des procès civils.....	considérable.
Instruction primaire.........	développée.
Zèle électoral.............	très-actif.
Taille....................	élevée.
Vices de constitution........	rares.
Nourriture (en céréales).......	bonne.
Durée de la vie............	moyenne.
Crimes contre les personnes...	très-nombreux.
Paupérisme...............	considérable.
Population urbaine..........	très-considérable.

30. HAUTE-GARONNE. — Chef-lieu Toulouse.

Population. La France aurait 36,416,000 habitants, si elle était peuplée comme le département de la *Haute-Garonne*. *Vingt-deux* départements ont plus de densité de population; cette dernière s'accroît annuellement de 66 têtes par 10,000 habitants. — Sol forestier, 12 centièmes.

Agriculteurs. Sur 1,000 recrues, ce département en compte 544 occupées aux travaux de la campagne; le département moyen en a 526. *Quarante-huit* départements comptent plus d'agriculteurs.

Industrie. Sous le rapport de l'industrie, ce département est le 28ᵉ.

FAITS DE L'ORDRE MORAL.

Criminalité. Dans le département de la Haute-Garonne, sur 5,492 habitants, il y a un accusé de crime; le département moyen en fournit un sur 4,552. *Vingt-huit* départements ont une meilleure moralité.

Bâtards. Pour 1,000 naissances de toute nature, on compte 64 bâtards; le département moyen en a 72. *Quarante-neuf* départements présentent une meilleure moralité.

Enfants trouvés. Pour 1,000 naissances de toute nature, on compte 41 enfants trouvés; le département moyen en a 35. *Soixante-trois* départements présentent une meilleure moralité.

Insoumis au recrutement. Pour 1,000 recrues obtenues, on compte 26 insoumis; le département moyen en a 14. *Soixante et treize* départements comptent moins d'insoumis.

Frais de rentrée des impôts directs. Pour percevoir 1,000 fr. d'impôts directs de toute nature, on est obligé de faire 4 fr. 70 c. de frais; dans le département moyen, ces frais montent à 3 fr. 40 c. *Cinquante-sept* départements ont plus de régularité pour le payement des impôts.

Paupérisme. Pour 1,000 habitants, on en compte 36 de secourus par les hôpitaux et hospices ou par les bureaux de bienfaisance; le département moyen en compte 34. *Soixante-huit* départements ont un paupérisme moins considérable.

Esprit de chicane. Pour une affaire inscrite devant les tribunaux de première instance, on compte 227 habitants; le département moyen en compte 261. *Cinquante-huit* départements ont un esprit de chicane moins développé.

Catholicisme. Pour 1,000 francs d'impôts directs de toute nature, on a fourni, en neuf années, 7 fr. 40 c. de souscriptions pour la propagation de la foi catholique; le département moyen en a payé 7 fr. 20. c. *Vingt-neuf* départements ont produit des souscriptions plus considérables.

Instruction primaire. Sur 1,000 recrues, on en compte 614 ne sachant ni lire ni écrire; le département moyen en a 486 dans ce cas. *Cinquante-six* départements ont une instruction primaire plus répandue.

Négligence pour l'instruction primaire. Sur 100 écoles primaires qui manquent, 40 sont dans ce cas par suite de la négligence des autorités locales; le département moyen en compte 34. *Cinquante-quatre* départements montrent plus de zèle pour l'exécution de la loi du 28 juin 1833.

Elections. Sur 100 électeurs, 67 usent de leurs droits; le département moyen en compte 66. *Trente-six* départements ont plus de zèle électoral.

FAITS DE L'ORDRE PHYSIQUE.

La taille moyenne des recrues est de 1 m. 646 mil. ; c'est moins que celle du département moyen qui est de 1 m. 655 mil. Les habitants de *soixante* départements ont une plus grande taille. Taille.

Pour 1,000 recrues obtenues, on a 295 exemptions pour défaut de taille ; le département moyen en compte 260. *Cinquante-six* départements ont moins d'exemptions de cette nature. Exemptions pour défaut de taille.

Pour 1,000 recrues obtenues, on a 695 exemptions pour causes physiques autres que pour défaut de taille ; le département moyen en compte 667. *Cinquante* départements ont moins d'exemptions de cette nature. Exemptions pour autres causes physiques.

Pour 100 hectolitres de froment et de méteil consommés, 83 hectolitres de grains inférieurs entrent dans l'alimentation des habitants ; le département moyen en consomme 82. *Quarante-trois* départements sont dans une condition de nourriture plus favorable. Nourriture des habitants.

La vie moyenne des habitants est de 39 ans 2 mois ; celle du département moyen est de 36 ans 7 mois. *Vingt-trois* départements ont une vie moyenne plus longue. Vie moyenne.

Pour fournir annuellement 100 hommes au recrutement, on compte 304 naissances des deux sexes ; le département moyen en exige 336. *Vingt* départements perdent moins de jeunes gens avant leur 21e année. Individus qui arrivent à 21 ans.

Pour 100 enfants trouvés qui atteignent l'âge de *douze ans*, il en meurt 175 ; le département moyen en perd 159. *Soixante-un* départements présentent une mortalité moins considérable. Mortalité des enfants trouvés.

RÉSUMÉ.

Population relative..........	considérable.
Accroissement de la population.	rapide.
Sol forestier................	peu étendu.
Nombre des agriculteurs......	moyen.
Industrie..................	développée.
Nombre des crimes..........	peu considérable.
Nombre des bâtards.........	moyen.
Nombre des enfants trouvés..	considérable.
Insoumis au recrutement.....	très-nombreux.
Rentrée des impôts..........	difficile.
Nombre des procès civils......	considérable.
Instruction primaire.........	peu répandue.
Zèle électoral...............	ordinaire.
Taille......................	petite.
Constitution................	moyenne.
Nourriture (en céréales)......	ordinaire.
Durée de la vie.............	longue.
Paupérisme................	très-développé.
Centenaires...............	très-nombreux.

31. GERS. — Chef-lieu AUCH.

Population. La France aurait 26,278,000 habitants, si elle était peuplée comme le département du *Gers*. *Cinquante-huit* départements ont plus de densité de population ; cette dernière s'accroît annuellement de 27 têtes par 10,000 habitants.—Sol forestier, 10 centièmes.

Agriculteurs. Sur 1,000 recrues, ce département en compte 600 occupées aux travaux de la campagne ; le département moyen en a 526. *Trente-trois* départements comptent plus d'agriculteurs.

Industrie. Sous le rapport de l'industrie, ce département est le 46ᵉ.

FAITS DE L'ORDRE MORAL.

Criminalité. Dans le département du Gers, sur 5,634 habitants, il y a un accusé de crime ; le département moyen en fournit un sur 4,552. *Vingt-cinq* départements ont une meilleure moralité.

Bâtards. Pour 1,000 naissances de toute nature, on compte 76 bâtards ; le département moyen en a 72. *Soixante-sept* départements présentent une meilleure moralité.

Enfants trouvés. Pour 1,000 naissances de toute nature, on compte 62 enfants trouvés ; le département moyen en a 35. *Quatre-vingts* départements présentent une meilleure moralité.

Insoumis au recrutement. Pour 1,000 recrues obtenues, on compte 12 insoumis ; le département moyen en a 14. *Cinquante-huit* départements comptent moins d'insoumis.

Frais de rentrée des impôts directs. Pour percevoir 1,000 fr. d'impôts directs de toute nature, on est obligé de faire 7 fr. 10 c. de frais ; dans le département moyen, ces frais montent à 3 fr. 40 c. *Soixante-seize* départements ont plus de régularité pour le payement des impôts.

Paupérisme. Pour 1,000 habitants, on en compte 10 de secourus par les hôpitaux et hospices ou par les bureaux de bienfaisance ; le département moyen en compte 34. *Vingt* départements ont un paupérisme moins considérable.

Esprit de chicane. Pour une affaire inscrite devant les tribunaux de première instance, on compte 342 habitants ; le département moyen en compte 261. *Vingt-trois* départements ont un esprit de chicane moins développé.

Catholicisme. Pour 1,000 fr. d'impôts directs de toute nature, on a fourni, en neuf années, 12 fr. 70 c. de souscriptions pour la propagation de la foi catholique ; le département moyen en a payé 7 fr. 20 c. *Douze* départements ont produit des souscriptions plus considérables.

Instruction primaire. Sur 1,000 recrues, on en compte 511 ne sachant ni lire ni écrire ; le département moyen en a 486 dans ce cas. *Quarante-deux* départements ont une instruction primaire plus répandue.

Négligence pour l'instruction primaire. Sur 100 écoles primaires qui manquent, 34 sont dans ce cas par suite de la négligence des autorités locales ; le département moyen en compte 34. *Quarante-quatre* départements montrent plus de zèle pour l'exécution de la loi du 28 juin 1833.

Elections. Sur 100 électeurs, 68 usent de leurs droits ; le département moyen en compte 66. *Trente* départements montrent plus de zèle électoral.

FAITS DE L'ORDRE PHYSIQUE.

La taille moyenne des recrues est de 1 m. 652 mil. ; c'est moins que celle du département moyen, qui est de 1 m. 655 mil. Les habitants de *cinquante* départements ont une plus grande taille. Taille.

Pour 1,000 recrues obtenues, on a 187 exemptions pour défaut de taille; le département moyen en compte 260. *Vingt-cinq* départements ont moins d'exemptions de cette nature. Exemptions pour défaut de taille.

Pour 1,000 recrues obtenues, on a 692 exemptions pour causes physiques autres que pour défaut de taille; le département moyen en compte 667. *Quarante-huit* départements ont moins d'exemptions de cette nature. Exemptions pour autres causes physiques.

Pour 100 hectolitres de froment et de méteil consommés, 12 hectolitres de grains inférieurs entrent dans l'alimentation des habitants; le département moyen en consomme 82. *Deux* départements sont dans une condition de nourriture plus favorable. Nourriture des habitants.

La vie moyenne des habitants est de 45 ans 5 mois; celle du département moyen est de 36 ans 7 mois. *Quatre* départements ont une vie moyenne plus longue. Vie moyenne.

Pour fournir annuellement 100 hommes au recrutement, on compte 251 naissances des deux sexes ; le département moyen en exige 336. *Aucun* département ne perd moins de jeunes gens avant leur 21e année. Individus qui arrivent à 21 ans.

Pour 100 enfants trouvés qui atteignent l'âge de *douze ans*, il en meurt 187 ; le département moyen en perd 159. *Soixante-cinq* départements présentent une mortalité moins considérable. Mortalité des enfants trouvés.

RÉSUMÉ.

Population relative..........	peu nombreuse.
Accroissement de la population.	faible.
Sol forestier...............	peu étendu.
Nombre des agriculteurs.....	considérable.
Industrie..................	moyenne.
Nombre des crimes..........	peu considérable.
Nombre des bâtards.........	considérable.
Nombre des enfants trouvés...	très-considérable.
Insoumis au recrutement.....	nombreux.
Rentrée des impôts..........	très-difficile.
Nombre des procès civils.....	peu considérable.
Instruction primaire.........	moyenne.
Zèle électoral..............	actif.
Taille.....................	moyenne.
Constitution...............	moyenne.
Nourriture (en céréales)......	très-bonne.
Durée de la vie............	très-longue.
Catholicisme...............	très-développé.
Individus qui arrivent à 21 ans.	*maximum*.
Centenaires................	très-nombreux.
Population urbaine..........	peu considérable.

32. GIRONDE. — Chef-lieu BORDEAUX.

Population. La France aurait 29,972,000 habitants, si elle était peuplée comme le département de la *Gironde*. *Quarante-six* départements ont plus de densité de population ; cette dernière s'accroît annuellement de 24 têtes par 10,000 habitants. — Sol forestier, 6 centièmes.

Agriculteurs. Sur 1,000 recrues, ce département en compte 461 occupées aux travaux de la campagne ; le département moyen en a 526. *Soixante* départements comptent plus d'agriculteurs.

Industrie. Sous le rapport de l'industrie, ce département est le 26ᵉ.

FAITS DE L'ORDRE MORAL.

Criminalité. Dans le département de la Gironde, sur 7,020 habitants, il y a un accusé de crime ; le département moyen en fournit un sur 4,552. *Quatre* départements ont une meilleure moralité.

Bâtards. Pour 1,000 naissances de toute nature, on compte 114 bâtards ; le département moyen en a 72. *Quatre-vingt-un* départements présentent une meilleure moralité.

Enfants trouvés. Pour 1,000 naissances de toute nature, on compte 66 enfants trouvés ; le département moyen en a 35. *Quatre-vingt-un* départements présentent une meilleure moralité.

Insoumis au recrutement. Pour 1,000 recrues obtenues, on compte 21 insoumis ; le département moyen en a 14. *Soixante-huit* départements comptent moins d'insoumis.

Frais de rentrée des impôts directs. Pour percevoir 1,000 fr. d'impôts directs de toute nature, on est obligé de faire 7 fr. 50 c. de frais ; dans le département moyen, ces frais montent à 3 fr. 40 c. *Soixante et dix-huit* départements ont plus de régularité pour le payement des impôts.

Paupérisme. Pour 1,000 habitants, on en compte 42 de secourus par les hôpitaux et hospices ou par les bureaux de bienfaisance ; le département moyen en compte 34. *Soixante et treize* départements ont un paupérisme moins considérable.

Esprit de chicane. Pour une affaire inscrite devant les tribunaux de première instance, on compte 194 habitants ; le département moyen en compte 261. *Soixante-cinq* départements ont un esprit de chicane moins développé.

Catholicisme. Pour 1,000 fr. d'impôts directs de toute nature, on a fourni, en neuf années, 7 fr. 70 c. de souscriptions pour la propagation de la foi catholique ; le département moyen en a payé 7 fr 20 c. *Vingt-sept* départements ont produit des souscriptions plus considérables.

Instruction primaire. Sur 1,000 recrues, on en compte 552 ne sachant ni lire ni écrire ; le département moyen en a 486 dans ce cas. *Cinquante* départements ont une instruction primaire plus répandue.

Négligence pour l'instruction primaire. Sur 100 écoles primaires qui manquent, 47 sont dans ce cas par suite de la négligence des autorités locales ; le département moyen en compte 34. *Soixante-huit* départements montrent plus de zèle pour l'exécution de la loi du 28 juin 1833.

Elections. Sur 100 électeurs, 60 usent de leurs droits ; le département moyen en compte 66. *Soixante et dix* départements ont plus de zèle électoral.

FAITS DE L'ORDRE PHYSIQUE.

La taille moyenne des recrues est de 1 m. 646 mil.; c'est moins que celle du département moyen, qui est de 1 m. 655 mil. Les habitants de *soixante-un* départements ont une plus grande taille. Taille.

Pour 1,000 recrues obtenues, on a 233 exemptions pour défaut de taille; le département moyen en compte 260. *Quarante-un* départements ont moins d'exemptions de cette nature. Exemptions pour défaut de taille.

Pour 1,000 recrues obtenues, on a 633 exemptions pour causes physiques autres que pour défaut de taille; le département moyen en compte 667. *Trente-cinq* départements ont moins d'exemptions de cette nature. Exemptions pour autres causes physiques.

Pour 100 hectolitres de froment et de méteil consommés, 107 hectolitres de grains inférieurs entrent dans l'alimentation des habitants; le département moyen en consomme 82. *Quarante-huit* départements sont dans une condition de nourriture plus favorable. Nourriture des habitants.

La vie moyenne des habitants est de 40 ans 10 mois; celle du département moyen est de 36 ans 7 mois. *Quatorze* départements ont une vie moyenne plus longue. Vie moyenne.

Pour fournir annuellement 100 hommes au recrutement, on compte 302 naissances des deux sexes; le département moyen en exige 336. *Dix-sept* départements perdent moins de jeunes gens avant leur 21ᵉ année. Individus qui arrivent à 21 ans.

Pour 100 enfants trouvés qui atteignent l'âge de *douze ans*, il en meurt 273; le département moyen en perd 159. *Soixante et dix-huit* départements présentent une mortalité moins considérable. Mortalité des enfants trouvés.

RÉSUMÉ.

Population relative..........	moyenne.
Accroissement de la population.	lent.
Sol forestier...............	peu étendu.
Nombre des agriculteurs.....	peu considérable.
Industrie..................	développée.
Nombre des crimes..........	très-peu considérable.
Nombre des bâtards.........	très-considérable.
Nombre des enfants trouvés...	très-considérable.
Insoumis au recrutement......	très-nombreux.
Rentrée des impôts.	très-difficile.
Nombre des procès civils.....	considérable.
Instruction primaire.........	moyenne.
Zèle électoral..............	faible.
Taille.....................	moyenne.
Constitution...............	moyenne.
Nourriture (en céréales)......	ordinaire.
Durée de la vie............	très-longue.
Jury......................	peu sévère.
Paupérisme................	très-considérable.
Mortalité des enfants trouvés..	très-considérable.
Centenaires................	très-nombreux.
Salaires des ouvriers.........	élevés.
Dents.....................	très-mauvaises.

33. HÉRAULT. — Chef-lieu MONTPELLIER.

Population. La France aurait 29,233,000 habitants, si elle était peuplée comme le département de l'*Hérault*. *Quarante-neuf* départements ont plus de densité de population ; cette dernière s'accroît annuellement de 63 têtes par 10,000 habitants. — Sol forestier, 13 centièmes.

Agriculteurs. Sur 1,000 recrues, ce département en compte 545 occupées aux travaux de la campagne ; le département moyen en a 526. *Quarante-sept* départements comptent plus d'agriculteurs.

Industrie. Sous le rapport de l'industrie, ce département est le 20ᵉ.

FAITS DE L'ORDRE MORAL.

Criminalité. Dans le département de l'Hérault, sur 5,408 habitants, il y a un accusé de crime; le département moyen en fournit un sur 4,552. *Vingt-neuf* départements ont une meilleure moralité.

Bâtards. Pour 1,000 naissances de toute nature, on compte 53 bâtards; le département moyen en a 72. *Vingt-huit* départements présentent une meilleure moralité.

Enfants trouvés. Pour 1,000 naissances de toute nature, on compte 30 enfants trouvés; le département moyen en a 35. *Quarante-sept* départements présentent une meilleure moralité.

Insoumis au recrutement. Pour 1,000 recrues obtenues, on compte 8 insoumis ; le département moyen en a 14. *Quarante-six* départements comptent moins d'insoumis.

Frais de rentrée des impôts directs. Pour percevoir 1,000 fr. d'impôts directs de toute nature, on est obligé de faire 4 fr. 20 c. de frais; dans le département moyen, ces frais montent à 3 fr. 40 c. *Cinquante-deux* départements ont plus de régularité pour le payement des impôts.

Paupérisme. Pour 1,000 habitants, on en compte 41 de secourus par les hôpitaux et hospices ou par les bureaux de bienfaisance; le département moyen en compte 34. *Soixante-douze* départements ont un paupérisme moins considérable.

Esprit de chicane. Pour une affaire inscrite devant les tribunaux de première instance, on compte 274 habitants ; le département moyen en compte 261. *Quarante-trois* départements ont un esprit de chicane moins développé.

Catholicisme. Pour 1,000 fr. d'impôts directs de toute nature, on a fourni en neuf années 6 fr. 0 c. de souscriptions pour la propagation de la foi catholique ; le département moyen en a payé 7 fr. 20 c. *Trente-trois* départements ont produit des souscriptions plus considérables.

Instruction primaire. Sur 1,000 recrues, on en compte 412 ne sachant ni lire ni écrire; le département moyen en a 486 dans ce cas. *Trente* départements ont une instruction primaire plus répandue.

Négligence pour l'instruction primaire. Sur 100 écoles primaires qui manquent, 56 sont dans ce cas par suite de la négligence des autorités locales ; le département moyen en compte 34. *Soixante et seize* départements montrent plus de zèle pour l'exécution de la loi du 28 juin 1833.

Elections. Sur 100 électeurs, 67 usent de leurs droits ; le département moyen en compte 66. *Trente-sept* départements ont plus de zèle électoral.

FAITS DE L'ORDRE PHYSIQUE.

La taille moyenne des recrues est de 1 m. 664 mil.; c'est plus que celle du département moyen, qui est de 1 m. 655. Les habitants de *dix-huit* départements ont une plus grande taille. Taille.

Pour 1,000 recrues obtenues, on a 226 exemptions pour défaut de taille; le département moyen en compte 260. *Trente-sept* départements ont moins d'exemptions de cette nature. Exemptions pour défaut de taille.

Pour 1,000 recrues obtenues, on a 563 exemptions pour causes physiques autres que pour défaut de taille; le département moyen en compte 667. *Vingt-deux* départements ont moins d'exemptions de cette nature. Exemptions pour autres causes physiques.

Pour 100 hectolitres de froment et de méteil consommés, 15 hectolitres de grains inférieurs entrent dans l'alimentation des habitants; le département moyen en consomme 82. *Sept* départements sont dans une condition de nourriture plus favorable. Nourriture des habitants.

La vie moyenne des habitants est de 35 ans 2 mois; celle du département moyen est de 36 ans 7 mois. *Cinquante-six* départements ont une vie moyenne plus longue. Vie moyenne.

Pour fournir annuellement 100 hommes au recrutement, on compte 345 naissances des deux sexes; le département moyen en exige 336. *Cinquante-huit* départements perdent moins de jeunes gens avant leur 21ᵉ année. Individus qui arrivent à 21 ans.

Pour 100 enfants trouvés qui atteignent l'âge de *douze ans*, il en meurt 309; le département moyen en perd 159. *Quatre-vingt-deux* départements présentent une mortalité moins considérable. Mortalité des enfants trouvés.

RÉSUMÉ.

Population relative..........	moyenne.
Accroissement de la population.	rapide.
Sol forestier................	moyen.
Nombre des agriculteurs......	moyen.
Industrie..................	développée.
Nombre des crimes..........	peu considérable.
Nombre des bâtards.........	peu considérable.
Nombre des enfants trouvés..	moyen.
Nombre des insoumis........	moyen.
Rentrée des impôts..........	difficile.
Nombre des procès civils.....	moyen.
Instruction primaire.........	répandue.
Zèle électoral..............	moyen.
Taille.....................	élevée.
Vices de constitution........	rares.
Nourriture (en céréales)......	très-bonne.
Durée de la vie.............	courte.
Crimes contre les personnes..	très-nombreux.
Jury......................	peu sévère.
Nombre des enfants trouvés...	très-progressif.
Paupérisme................	très-considérable.
Mortalité des enfants trouvés..	très-considérable.
Population urbaine..........	très-considérable.
Teigneux et scrofuleux.......	nombreux.

34. ILLE-ET-VILAINE. — Chef-lieu RENNES.

Population. La France aurait 43,164,000 habitants, si elle était peuplée comme le département d'*Ille-et-Vilaine*. *Douze* départements ont plus de densité de population ; cette dernière s'accroît annuellement de 18 têtes par 10,000 habitants. — Sol forestier, 6 centièmes.

Agriculteurs. Sur 1,000 recrues, ce département en compte 603 occupées aux travaux de la campagne ; le département moyen en a 526. *Vingt-neuf* départements comptent plus d'agriculteurs.

Industrie. Sous le rapport de l'industrie, ce département est le 68ᵉ.

FAITS DE L'ORDRE MORAL.

Criminalité. Dans le département d'Ille-et-Vilaine, sur 5,221 habitants, il y a un accusé de crime ; le département moyen en fournit un sur 4,552. *Trente-huit* départements ont une meilleure moralité.

Bâtards. Pour 1,000 naissances de toute nature, on compte 20 bâtards ; le département moyen en a 72. *Aucun* département ne présente une meilleure moralité.

Enfants trouvés. Pour 1,000 naissances de toute nature, on compte 24 enfants trouvés ; le département moyen en a 35. *Trente* départements présentent une meilleure moralité.

Insoumis au recrutement. Pour 1,000 recrues obtenues, on compte 8 insoumis ; le département moyen en a 14. *Quarante-cinq* départements comptent moins d'insoumis.

Frais de rentrée des impôts directs. Pour percevoir 1,000 fr. d'impôts directs de toute nature, on est obligé de faire 2 fr. 20 c. de frais ; dans le département moyen, ces frais montent à 3 fr. 40 c. *Vingt-cinq* départements ont plus de régularité pour le payement des impôts.

Paupérisme. Pour 1,000 habitants, on en compte 21 de secourus par les hôpitaux et hospices ou par les bureaux de bienfaisance ; le département moyen en compte 34. *Quarante-six* départements ont un paupérisme moins considérable.

Esprit de chicane. Pour une affaire inscrite devant les tribunaux de première instance, on compte 741 habitants ; le département moyen en compte 261. *Six* départements ont un esprit de chicane moins développé.

Catholicisme. Pour 1,000 fr. d'impôts directs de toute nature, on a fourni, en neuf années, 23 fr. 70 c. de souscriptions pour la propagation de la foi catholique ; le département moyen en a payé 7 fr. 20 c. *Trois* départements ont produit des souscriptions plus considérables.

Instruction primaire. Sur 1,000 recrues, on en compte 614 ne sachant ni lire ni écrire ; le département moyen en a 486 dans ce cas. *Cinquante-cinq* départements ont une instruction primaire plus répandue.

Négligence pour l'instruction primaire. Sur 100 écoles primaires qui manquent, 47 sont dans ce cas par suite de la négligence des autorités locales ; le département moyen en compte 34. *Soixante-sept* départements montrent plus de zèle pour l'exécution de la loi du 28 juin 1833.

Elections. Sur 100 électeurs, 47 usent de leurs droits ; le département moyen en compte 66. *Aucun* département n'a moins de zèle électoral.

FAITS DE L'ORDRE PHYSIQUE.

La taille moyenne des recrues est de 1 m. 644 mil.; c'est moins que celle du département moyen, qui est de 1 m. 655 mil. Les habitants de *soixante-neuf* départements ont une plus grande taille. Taille.

Pour 1,000 recrues obtenues, on a 349 exemptions pour défaut de taille; le département moyen en compte 260. *Soixante-six* départements ont moins d'exemptions de cette nature. Exemptions pour défaut de taille.

Pour 1,000 recrues obtenues, on a 332 exemptions pour causes physiques autres que pour défaut de taille; le département moyen en compte 667. *Deux* départements ont moins d'exemptions de cette nature. Exemptions pour autres causes physiques.

Pour 100 hectolitres de froment et de méteil consommés, 166 hectolitres de grains inférieurs entrent dans l'alimentation des habitants; le département moyen en consomme 82. *Soixante-trois* départements sont dans une condition de nourriture plus favorable. Nourriture des habitants.

La vie moyenne des habitants est de 33 ans 1 mois; celle du département moyen est de 36 ans 7 mois. *Soixante-six* département ont une vie moyenne plus longue. Vie moyenne.

Pour fournir annuellement 100 hommes au recrutement, on compte 351 naissances des deux sexes; le département moyen en exige 336. *Soixante* départements perdent moins de jeunes gens avant leur 21ᵉ année. Individus qui arrivent à 21 ans.

Pour 100 enfants trouvés qui atteignent l'âge de *douze ans*, il en meurt 118; le département moyen en perd 159. *Quarante-un* départements présentent une mortalité moins considérable. Mortalité des enfants trouvés.

RÉSUMÉ.

Population relative..........	très-considérable.
Accroissement de la population.	lent.
Sol forestier..............	peu étendu.
Nombre des agriculteurs.....	considérable.
Industrie.................	peu développée.
Nombre des crimes..........	moyen.
Nombre des bâtards.........	*minimum*.
Nombre des enfants trouvés...	peu considérable.
Nombre des insoumis........	moyen.
Rentrée des impôts..........	facile.
Nombre des procès civils.....	très-peu considérable.
Instruction primaire.........	peu répandue.
Zèle électoral..............	*minimum*.
Taille....................	petite.
Vices de constitution.........	des plus rares.
Nourriture (en céréales)......	mauvaise.
Durée de la vie............	courte.
Catholicisme...............	très-développé.
Nombre des enfants trouvés...	très-décroissant.
Logement des habitants......	très-mauvais.
Salaires des ouvriers.........	très-faibles.

35. INDRE. — Chef-lieu Chateauroux.

Population. **La France aurait 18,785,000 habitants, si elle était peuplée comme le département de l'*Indre*. *Soixante et dix-neuf* départements ont plus de densité de population; cette dernière s'accroît annuellement de 52 têtes par 10,000 habitants.—Sol forestier, 13 centièmes.**

Agriculteurs. Sur 1,000 recrues, ce département en compte 607 occupées aux travaux de la campagne; le département moyen en a 526. *Vingt-cinq* départements comptent plus d'agriculteurs.

Industrie. Sous le rapport de l'industrie, ce département est le 52e.

FAITS DE L'ORDRE MORAL.

Criminalité. Dans le département de l'Indre, sur 5,272 habitants, il y a un accusé de crime; le département moyen en fournit un sur 4,552. *Trente-sept* départements ont une meilleure moralité.

Bâtards. Pour 1,000 naissances de toute nature, on compte 53 bâtards; le département moyen en a 72. *Vingt-neuf* départements présentent une meilleure moralité.

Enfants trouvés. Pour 1,000 naissances de toute nature, on compte 29 enfants trouvés; le département moyen en a 35. *Quarante-quatre* départements présentent une meilleure moralité.

Insoumis au recrutement. Pour 1,000 recrues obtenues, on compte 11 insoumis; le département moyen en a 14. *Cinquante-sept* départements comptent moins d'insoumis.

Frais de rentrée des impôts directs. Pour percevoir 1,000 fr. d'impôts directs de toute nature, on est obligé de faire 8 fr. 40 c. de frais; dans le département moyen, ces frais montent à 3 fr. 40 c. *Quatre-vingt-deux* départements ont plus de régularité pour le payement des impôts.

Paupérisme. Pour 1,000 habitants, on en compte 12 de secourus par les hôpitaux et hospices ou par les bureaux de bienfaisance; le département moyen en compte 34. *Vingt-trois* départements ont un paupérisme moins considérable.

Esprit de chicane. Pour une affaire inscrite devant les tribunaux de première instance, on compte 232 habitants; le département moyen en compte 261. *Cinquante-cinq* départements ont un esprit de chicane moins développé.

Catholicisme. Pour 1,000 fr. d'impôts directs de toute nature, on a fourni en 9 années 0 fr. 40 c. de souscriptions pour la propagation de la foi catholique; le département moyen en á payé 7 fr. 20 c. *Quatre-vingt-deux* départements ont produit des souscriptions plus considérables.

Instruction primaire. Sur 1,000 recrues, on en compte 761 ne sachant ni lire ni écrire; le département moyen en a 486 dans ce cas. *Soixante et dix-neuf* départements ont une instruction primaire plus répandue.

Négligence pour l'instruction primaire. Sur 100 écoles primaires qui manquent, 26 sont dans ce cas par suite de la négligence des autorités locales; le département moyen en compte 34. *Vingt-neuf* départements montrent plus de zèle pour l'exécution de la loi du 28 juin 1833.

Elections. Sur 100 électeurs, 63 usent de leurs droits; le département moyen en compte 66. *Soixante-quatre* départements ont plus de zèle électoral.

La taille moyenne des recrues est de 1 m. 648 mil. ; c'est moins que celle du département moyen, qui est de 1 m. 655 mil. Les habitants de *cinquante-sept* départements ont une plus grande taille. **Taille.**

Pour 1,000 recrues obtenues, on a 374 exemptions pour défaut de taille; le département moyen en compte 260. *Soixante et onze* départements ont moins d'exemptions de cette nature. **Exemptions pour défaut de taille.**

Pour 1,000 recrues obtenues, on a 667 exemptions pour causes physiques autres que pour défaut de taille ; le département moyen en compte 667. *Quarante-trois* départements ont moins d'exemptions de cette nature. **Exemptions pour autres causes physiques.**

Pour 100 hectolitres de froment et de méteil consommés, 120 hectolitres de grains inférieurs entrent dans l'alimentation des habitants ; le département moyen en consomme 82. *Cinquante-quatre* départements sont dans une condition de nourriture plus favorable. **Nourriture des habitants.**

La vie moyenne des habitants est de 34 ans 7 mois ; celle du département moyen est de 36 ans 7 mois. *Soixante et un* départements ont une vie moyenne plus longue. **Vie moyenne.**

Pour fournir annuellement 100 hommes au recrutement, on compte 328 naissances des deux sexes; le département moyen en exige 336. *Quarante-cinq* départements perdent moins de jeunes gens avant leur 21me année. **Individus qui arrivent à 21 ans.**

Pour 100 enfants trouvés qui atteignent l'âge de *douze ans*, il en meurt 140; le département moyen en perd 159. *Quarante-neuf* départements présentent une mortalité moins considérable. **Mortalité des enfants trouvés.**

RÉSUMÉ.

Population relative..........	des moins nombreuses.
Accroissement de population..	moyen.
Sol forestier...............	moyen.
Nombre des agriculteurs.....	considérable.
Industrie..................	peu développée.
Nombre des crimes.........	moyen.
Nombre des bâtards.........	peu considérable.
Nombre des enfants trouvés...	moyen.
Insoumis au recrutement......	nombreux.
Rentrée des impôts.........	très-difficile.
Nombre des procès civils.....	considérable.
Instruction primaire.........	des plus arriérées.
Zèle électoral..............	faible.
Taille.....................	petite.
Constitution...............	moyenne.
Nourriture (en céréales)......	médiocre.
Durée de la vie............	courte.
Logement des habitants......	très-mauvais.
Salaires des ouvriers.........	très-faibles.

36. INDRE-ET-LOIRE. — Chef-lieu TOURS.

Population. **La France aurait 25,645,000 habitants, si elle était peuplée comme le département d'*Indre-et-Loire*. *Cinquante-neuf* départements ont plus de densité de population ; cette dernière s'accroît annuellement de 15 têtes par 10,000 habitants. —Sol forestier, 14 centièmes.**

Agriculteurs. Sur 1,000 recrues, ce département en compte 520 occupées aux travaux de la campagne; le département moyen en a 526. *Cinquante-un* départements comptent plus d'agriculteurs.

Industrie. Sous le rapport de l'industrie, ce département est le 34ᵉ.

FAITS DE L'ORDRE MORAL.

Criminalité. Dans le département d'Indre-et-Loire, sur 5,280 habitants, il y a un accusé de crime; le département moyen en fournit un sur 4,552. *Trente-six* départements ont une meilleure moralité.

Bâtards. Pour 1,000 naissances de toute nature, on compte 76 bâtards; le département moyen en a 72. *Soixante-six* départements présentent une meilleure moralité.

Enfants trouvés. Pour 1,000 naissances de toute nature, on compte 39 enfants trouvés ; le département moyen en a 35. *Cinquante-neuf* départements présentent une meilleure moralité.

Insoumis au recrutement. Pour 1,000 recrues obtenues, on compte 3 insoumis ; le département moyen en a 14. *Vingt-un* départements comptent moins d'insoumis.

Frais de rentrée des impôts directs. Pour percevoir 1,000 fr. d'impôts directs de toute nature, on est obligé de faire 4 f. 70 c. de frais; dans le département moyen, ces frais montent à 3 fr. 40 c. *Cinquante-six* départements ont plus de régularité pour le payement des impôts.

Paupérisme. Pour 1,000 habitants, on en compte 12 de secourus par les hôpitaux et hospices ou par les bureaux de bienfaisance ; le département moyen en compte 34. *Vingt-deux* départements ont un paupérisme moins considérable.

Esprit de chicane. Pour une affaire inscrite devant les tribunaux de première instance, on compte 319 habitants ; le département moyen en compte 261. *Vingt-neuf* départements ont un esprit de chicane moins développé.

Catholicisme. Pour 1,000 fr. d'impôts directs de toute nature, on a fourni en neuf années 3 fr. 0 c. de souscriptions pour la propagation de la foi catholique; le département moyen en a payé 7 fr. 20 c. *Cinquante-cinq* départements ont produit des souscriptions plus considérables.

Instruction primaire. Sur 1,000 recrues, on en compte 631 ne sachant ni lire ni écrire ; le département moyen en a 486 dans ce cas. *Soixante-un* départements ont une instruction primaire plus répandue.

Négligence pour l'instruction primaire. Sur 100 écoles primaires qui manquent, 54 sont dans ce cas par suite de la négligence des autorités locales ; le département moyen en compte 34. *Soixante-treize* départements montrent plus de zèle pour l'exécution de la loi du 28 juin 1833.

Elections. Sur 100 électeurs, 66 usent de leurs droits ; le département moyen en compte 66. *Quarante-sept* départements ont plus de zèle électoral.

FAITS DE L'ORDRE PHYSIQUE.

La taille moyenne des recrues est de 1 m. 658 mil.; c'est plus que celle du département moyen, qui est de 1 m. 655 mil. Les habitants de *trente-cinq* départements ont une plus grande taille. Taille.

Pour 1,000 recrues obtenues, on a 362 exemptions pour défaut de taille ; le département moyen en compte 260. *Soixante-neuf* départements ont moins d'exemptions de cette nature. Exemptions pour défaut de taille.

Pour 1,000 recrues obtenues, on a 703 exemptions pour causes physiques autres que pour défaut de taille; le département moyen en compte 667. *Cinquante-trois* départements ont moins d'exemptions de cette nature. Exemptions pour autres causes physiques.

Pour 100 hectolitres de froment et de méteil consommés, 62 hectolitres de grains inférieurs entrent dans l'alimentation des habitants; le département moyen en consomme 82. *Trente-trois* départements sont dans une condition de nourriture plus favorable. Nourriture des habitants.

La vie moyenne des habitants est de 39 ans 11 mois; celle du département moyen est de 36 ans 7 mois. *Vingt* départements présentent une vie moyenne plus longue. Vie moyenne.

Pour fournir annuellement 100 hommes au recrutement, on compte 315 naissances des deux sexes; le département moyen en exige 336. *Trente-trois* départements perdent moins de jeunes gens avant leur 21e année. Individus qui arrivent à 21 ans.

Pour 100 enfants trouvés qui atteignent l'âge de *douze ans*, il en meurt 340; le département moyen en perd 159. *Quatre-vingt-trois* départements présentent une mortalité moins considérable. Mortalité des enfants trouvés.

RÉSUMÉ.

Population relative..........	peu nombreuse.
Accroissement de la population.	très-faible.
Sol forestier...............	moyen.
Nombre des agriculteurs......	moyen.
Industrie..................	moyenne.
Nombre des crimes..........	moyen.
Nombre des bâtards.........	considérable.
Nombre des enfants trouvés..	considérable.
Insoumis au recrutement.....	très-rares.
Rentrée des impôts..........	difficile.
Nombre des procès civils.....	peu considérable.
Instruction primaire.........	peu répandue.
Zèle électoral..............	ordinaire.
Taille.....................	moyenne.
Constitution...............	médiocre.
Nourriture (en céréales)......	bonne.
Durée de la vie............	longue.
Mortalité des enfants trouvés..	des plus considérables.
Logement des habitants......	mauvais.

37. ISÈRE. — Chef-lieu GRENOBLE.

Population. **La France aurait 35,038,000 habitants, si elle était peuplée comme le département de l'*Isère*. *Trente* départements ont plus de densité de population; cette dernière s'accroît annuellement de 66 têtes par 10,000 habitants. —Sol forestier, 23 centièmes.**

Agriculteurs. Sur 1,000 recrues, ce département en compte 580 occupées aux travaux de la campagne; le département moyen en a 526. *Quarante-un* départements comptent plus d'agriculteurs.

Industrie. Sous le rapport de l'industrie, ce département est le 37ᵉ.

FAITS DE L'ORDRE MORAL.

Criminalité. Dans le département de l'Isère, sur 6,679 habitants, il y a un accusé de crime; le département moyen en fournit un sur 4,552. *Sept* départements ont une meilleure moralité.

Bâtards. Pour 1,000 naissances de toute nature, on compte 84 bâtards; le département moyen en a 72. *Soixante et onze* départements présentent une meilleure moralité.

Enfants trouvés. Pour 1,000 naissances de toute nature, on compte 32 enfants trouvés; le département moyen en a 35. *Quarante-neuf* départements présentent une meilleure moralité.

Insoumis au recrutement. Pour 1,000 recrues obtenues, on compte 10 insoumis; le département moyen en a 14. *Cinquante-six* départements comptent moins d'insoumis.

Frais de rentrée des impôts directs. Pour percevoir 1,000 francs d'impôts directs de toute nature, on est obligé de faire 4 fr. 80 c. de frais; dans le département moyen, ces frais montent à 3 fr. 40 c. *Cinquante-huit* départements ont plus de régularité pour le payement des impôts.

Paupérisme. Pour 1,000 habitants, on en compte 19 de secourus par les hôpitaux et hospices ou par les bureaux de bienfaisance; le département moyen en compte 34. *Quarante-deux* départements ont un paupérisme moins considérable.

Esprit de chicane. Pour une affaire inscrite devant les tribunaux de première instance, on compte 157 habitants; le département moyen en compte 261. *Soixante et quinze* départements ont un esprit de chicane moins développé.

Catholicisme. Pour 1,000 francs d'impôts directs de toute nature, on a fourni en neuf années 10 fr. 50 c. de souscriptions pour la propagation de la foi catholique; le département moyen en a payé 7 fr. 20 c. *Quatorze* départements ont produit des souscriptions plus considérables.

Instruction primaire. Sur 1,000 recrues, on en compte 514 ne sachant ni lire ni écrire; le département moyen en a 486 dans ce cas. *Quarante-trois* départements ont une instruction primaire plus répandue.

Négligence pour l'instruction primaire. Sur 100 écoles primaires qui manquent, 23 sont dans ce cas par suite de la négligence des autorités locales; le département moyen en compte 34. *Dix-neuf* départements montrent plus de zèle pour l'exécution de la loi du 28 juin 1833.

Elections. Sur 100 électeurs, 66 usent de leurs droits; le département moyen en compte 66. *Quarante-huit* départements ont plus de zèle électoral.

FAITS DE L'ORDRE PHYSIQUE.

La taille moyenne des recrues est de 1 m. 657 mil.; c'est plus que celle du département moyen qui est de 1 m. 655 mil. Les habitants de *trente-huit* départements ont une plus grande taille. Taille.

Pour 1,000 recrues obtenues, on a 273 exemptions pour défaut de taille; le département moyen en compte 260. *Cinquante-deux* départements ont moins d'exemptions de cette nature. Exemptions pour défaut de taille.

Pour 1,000 recrues obtenues, on a 773 exemptions pour causes physiques autres que pour défaut de taille; le département moyen en compte 667. *Soixante-deux* départements ont moins d'exemptions de cette nature. Exemptions pour autres causes physiques.

Pour 100 hectolitres de froment et de méteil consommés, 108 hectolitres de grains inférieurs entrent dans l'alimentation des habitants; le département moyen en consomme 82. *Cinquante* départements sont dans une condition de nourriture plus favorable. Nourriture des habitants.

La vie moyenne des habitants est de 35 ans 2 mois; celle du département moyen est de 36 ans 7 mois. *Cinquante-sept* départements ont une vie moyenne plus longue. Vie moyenne.

Pour fournir annuellement 100 hommes au recrutement, on compte 342 naissances des deux sexes; le département moyen en exige 336. *Cinquante-cinq* départements perdent moins de jeunes gens avant leur 21ᵉ année. Individus qui arrivent à 21 ans.

Pour 100 enfants trouvés qui atteignent l'âge de *douze ans*, il en meurt 229; le département moyen en perd 159. *Soixante-neuf* départements présentent une mortalité moins considérable. Mortalité des enfants trouvés.

RÉSUMÉ.

Population relative..........	considérable.
Accroissement de la population.	rapide.
Sol forestier..............	étendu.
Nombre des agriculteurs......	moyen.
Industrie.................	moyenne.
Nombre des crimes..........	très-peu considérable.
Nombre des bâtards.........	très-considérable.
Nombre des enfants trouvés..	moyen.
Insoumis au recrutement.....	nombreux.
Rentrée des impôts.........	difficile.
Nombre des procès civils.....	très-considérable.
Instruction primaire.........	moyenne.
Zèle électoral.............	ordinaire.
Taille....................	moyenne.
Vices de constitution........	nombreux.
Nourriture (en céréales)......	médiocre.
Durée de la vie............	courte.
Catholicisme...............	très-développé.
Salaires des ouvriers.........	très-élevés.
Goîtres..................	très-nombreux.

38. JURA. — Chef-lieu LONS-LE-SAUNIER.

Population. La France aurait 33,191,000 habitants, si elle était peuplée comme le département du *Jura*. *Trente-six* départements ont plus de densité de population ; cette dernière s'accroît annuellement de 30 têtes par 10,000 habitants. — Sol forestier, 31 centièmes.

Agriculteurs. Sur 1,000 recrues, ce département en compte 589 occupées aux travaux de la campagne ; le département moyen en a 526. *Trente-sept* départements comptent plus d'agriculteurs.

Industrie. Sous le rapport de l'industrie, ce département est le 65ᵉ.

FAITS DE L'ORDRE MORAL.

Criminalité. Dans le département du Jura, sur 4,805 habitants, il y a un accusé de crime ; le département moyen en fournit un sur 4,552. *Quarante-huit* départements ont une meilleure moralité.

Bâtards. Pour 1,000 naissances de toute nature, on compte 57 bâtards ; le département moyen en a 72. *Trente-six* départements présentent une meilleure moralité.

Enfants trouvés. Pour 1,000 naissances de toute nature, on compte 8 enfants trouvés ; le département moyen en a 35. *Cinq* départements présentent une meilleure moralité.

Insoumis au recrutement. Pour 1,000 recrues obtenues, on compte 1 insoumis ; le département moyen en a 14. *Quatre* départements comptent moins d'insoumis.

Frais de rentrée des impôts directs. Pour percevoir 1,000 fr. d'impôts directs de toute nature, on est obligé de faire 2 fr. 30 c. de frais ; dans le département moyen, ces frais montent à 3 fr. 40 c. *Vingt-huit* départements ont plus de régularité pour le payement des impôts.

Paupérisme. Pour 1,000 habitants, on en compte 18 de secourus par les hôpitaux et hospices ou par les bureaux de bienfaisance ; le département moyen en compte 34. *Trente-neuf* départements ont un paupérisme moins considérable.

Esprit de chicane. Pour une affaire inscrite devant les tribunaux de première instance, on compte 240 habitants ; le département moyen en compte 261. *Cinquante-trois* départements ont un esprit de chicane moins développé.

Catholicisme. Pour 1,000 fr. d'impôts directs de toute nature, on a fourni en neuf années 9 fr. 30 c. de souscriptions pour la propagation de la foi catholique ; le département moyen en a payé 7 fr. 20 c. *Vingt-un* départements ont produit des souscriptions plus considérables.

Instruction primaire. Sur 1,000 recrues, on en compte 170 ne sachant ni lire ni écrire ; le département moyen en a 486 dans ce cas. *Aucun* département n'a l'instruction primaire plus répandue.

Négligence pour l'instruction primaire. Sur 100 écoles primaires qui manquent, 36 sont dans ce cas par suite de la négligence des autorités locales ; le département moyen en compte 34. *Quarante-huit* départements montrent plus de zèle pour l'exécution de la loi du 28 juin 1833.

Elections. Sur 100 électeurs, 71 usent de leurs droits ; le département moyen en compte 66. *Seize* départements ont plus de zèle électoral.

FAITS DE L'ORDRE PHYSIQUE.

La taille moyenne des recrues est de 1 m. 676 mil. ; c'est plus que celle du département moyen, qui est de 1 m. 655 mil. Les habitants d'*un seul* département ont une plus grande taille. Taille.

Pour 1,000 recrues obtenues, on a 119 exemptions pour défaut de taille ; le département moyen en compte 260. *Trois* départements ont moins d'exemptions de cette nature. Exemptions pour défaut de taille.

Pour 1,000 recrues obtenues, on a 469 exemptions pour causes physiques autres que pour défaut de taille ; le département moyen en compte 667. *Douze* départements ont moins d'exemptions de cette nature. Exemptions pour autres causes physiques.

Pour 100 hectolitres de froment et de méteil consommés, 64 hectolitres de grains inférieurs entrent dans l'alimentation des habitants; le département moyen en consomme 82. *Trente-cinq* départements sont dans une condition de nourriture plus favorable. Nourriture des habitants.

La vie moyenne des habitants est de 37 ans 7 mois ; celle du département moyen est de 36 ans 7 mois. *Quarante-trois* départements ont une vie moyenne plus longue. Vie moyenne.

Pour fournir annuellement 100 hommes au recrutement, on compte 304 naissances des deux sexes; le département moyen en exige 336. *Dix-neuf* départements perdent moins de jeunes gens avant leur 21e année. Individus qui arrivent à 21 ans.

Pour 100 enfants trouvés qui atteignent l'âge de *douze ans*, il en meurt 106 ; le département moyen en perd 159. *Trente-cinq* départements présentent une mortalité moins considérable. Mortalité des enfants trouvés.

RÉSUMÉ.

Population relative..........	moyenne.
Accroissement de la population.	lent.
Sol forestier...............	très-étendu.
Nombre des agriculteurs.....	moyen.
Industrie..................	moyenne.
Nombre des crimes..........	moyen.
Nombre des bâtards.........	moyen.
Nombre des enfants trouvés...	très-peu considérable.
Insoumis au recrutement.....	très-rares.
Rentrée des impôts.........	facile.
Nombre des procès civils.....	considérable.
Instruction primaire.........	*maximum*.
Zèle électoral..............	très-actif.
Taille.....................	des plus grandes.
Vices de constitution........	très-rares.
Nourriture (en céréales)......	ordinaire.
Durée de la vie............	moyenne.
Salaires des ouvriers........	très-faibles.
Goîtres....................	très-nombreux.

39. LANDES.—Chef-lieu MONT-DE-MARSAN.

Population. La France aurait 16,252,000 habitants, si elle était peuplée comme le département des *Landes*. *Quatre-vingt-un* départements ont plus de densité de population; cette dernière s'accroît annuellement de 69 têtes par 10,000 habitants.—Sol forestier, 25 centièmes.

Agriculteurs. Sur 1,000 recrues, ce département en compte 689 occupées aux travaux de la campagne; le département moyen en a 526. *Sept* départements comptent plus d'agriculteurs.

Industrie. Sous le rapport de l'industrie, ce département est le 75ᵉ.

FAITS DE L'ORDRE MORAL.

Criminalité. Dans le département des Landes, sur 5,744 habitants, il y a un accusé de crime; le département moyen en fournit un sur 4,552. *Vingt-deux* départements ont une meilleure moralité.

Bâtards. Pour 1,000 naissances de toute nature, on compte 91 bâtards; le département moyen en a 72. *Soixante et quinze* départements présentent une meilleure moralité.

Enfants trouvés. Pour 1,000 naissances de toute nature, on compte 36 enfants trouvés; le département moyen en a 35. *Cinquante-six* départements présentent une meilleure moralité.

Insoumis au recrutement. Pour 1,000 recrues obtenues, on compte 9 insoumis; le département moyen en a 14. *Cinquante-quatre* départements comptent moins d'insoumis.

Frais de rentrée des impôts directs. Pour percevoir 1,000 fr. d'impôts directs de toute nature, on est obligé de faire 6 fr. 40 c. de frais; dans le département moyen, ces frais montent à 3 fr. 40 c. *Soixante et douze* départements ont plus de régularité pour le payement des impôts.

Paupérisme. Pour 1,000 habitants, on en compte 9 de secourus par les hôpitaux et hospices ou par les bureaux de bienfaisance; le département moyen en compte 34. *Seize* départements ont un paupérisme moins considérable.

Esprit de chicane. Pour une affaire inscrite devant les tribunaux de première instance, on compte 530 habitants; le département moyen en compte 261. *Onze* départements ont un esprit de chicane moins développé.

Catholicisme. Pour 1,000 fr. d'impôts directs de toute nature, on a fourni, en neuf années, 11 fr. 10 c. de souscriptions pour la propagation de la foi catholique; le département moyen en a payé 7 fr. 20 c. *Treize* départements ont produit des souscriptions plus considérables.

Instruction primaire. Sur 1,000 recrues, on en compte 630 ne sachant ni lire ni écrire; le département moyen en a 486 dans ce cas. *Soixante* départements ont une instruction primaire plus répandue.

Négligence pour l'instruction primaire. Sur 100 écoles primaires qui manquent, 12 sont dans ce cas par suite de la négligence des autorités locales; le département moyen en compte 34. *Cinq* départements montrent plus de zèle pour l'exécution de la loi du 28 juin 1833.

Elections. Sur 100 électeurs, 54 usent de leurs droits; le département moyen en compte 66. *Soixante et dix-neuf* départements montrent plus de zèle électoral.

FAITS DE L'ORDRE PHYSIQUE.

La taille moyenne des recrues est de 1 m. 640 mil.; c'est moins que celle du département moyen, qui est de 1 m. 655 mil. Les habitants de *quatre-vingts* départements ont une plus grande taille. Taille.

Pour 1,000 recrues obtenues, on a 407 exemptions pour défaut de taille; le département moyen en compte 260. *Soixante et treize* départements ont moins d'exemptions de cette nature. Exemptions pour défaut de taille.

Pour 1,000 recrues obtenues, on a 735 exemptions pour causes physiques autres que pour défaut de taille; le département moyen en compte 667. *Cinquante-sept* départements ont moins d'exemptions de cette nature. Exemptions pour autres causes physiques.

Pour 100 hectolitres de froment et de méteil consommés, 310 hectolitres de grains inférieurs entrent dans l'alimentation des habitants; le département moyen en consomme 82. *Soixante et treize* départements sont dans une condition de nourriture plus favorable. Nourriture des habitants.

La vie moyenne des habitants est de 37 ans 2 mois; celle du département moyen est de 36 ans 7 mois. *Quarante-sept* départements ont une vie moyenne plus longue. Vie moyenne.

Pour fournir annuellement 100 hommes au recrutement, on compte 325 naissances des deux sexes; le département moyen en exige 336. *Trente-huit* départements perdent moins de jeunes gens avant leur 21e année. Individus qui arrivent à 21 ans.

Pour 100 enfants trouvés qui atteignent l'âge de *douze ans*, il en meurt 112; le département moyen en perd 159. *Trente-huit* départements présentent une mortalité moins considérable. Mortalité des enfants trouvés.

RÉSUMÉ.

Population relative..........	des moins nombreuses.
Accroissement de la population.	très-rapide.
Sol forestier...............	très-étendu.
Nombre des agriculteurs.....	très-considérable.
Industrie..................	très-peu développée.
Nombre des crimes..........	peu considérable.
Nombre des bâtards.........	très-considérable.
Nombre des enfants trouvés...	considérable.
Insoumis au recrutement......	nombreux.
Rentrée des impôts.	très-difficile.
Nombre des procès civils.....	très-faible.
Instruction primaire.........	peu développée.
Zèle électoral..............	très-faible.
Taille.....................	très-petite.
Vices de constitution	nombreux.
Nourriture (en céréales)......	très-mauvaise.
Durée de la vie............	moyenne.
Catholicisme	très-développé.
Centenaires................	nombreux.
Population urbaine..........	très-faible.
Nombre des propriétaires.....	peu considérable.
Dents.....................	mauvaises.

40. LOIR-ET-CHER. — Chef-lieu Blois.

Population. La France aurait 19,893,000 habitants, si elle était peuplée comme le département de *Loir-et-Cher*. *Soixante et dix-huit* départements ont plus de densité de population; cette dernière s'accroît annuellement de 19 têtes par 10,000 habitants. —Sol forestier, 10 centièmes.

Agriculteurs. Sur 1,000 recrues, ce département en compte 486 occupées aux travaux de la campagne ; le département moyen en a 526. *Cinquante-cinq* départements comptent plus d'agriculteurs.

Industrie. Sous le rapport de l'industrie, ce département est le 27ᵉ.

FAITS DE L'ORDRE MORAL.

Criminalité. Dans le département de Loir-et-Cher, sur 5,137 habitants, il y a un accusé de crime ; le département moyen en fournit un sur 4,552. *Trente-neuf* départements ont une meilleure moralité.

Bâtards. Pour 1,000 naissances de toute nature, on compte 79 bâtards ; le département moyen en a 72. *Soixante-neuf* départements présentent une meilleure moralité.

Enfants trouvés. Pour 1,000 naissances de toute nature, on compte 42 enfants trouvés; le département moyen en a 35. *Soixante-quatre* départements présentent une meilleure moralité.

Insoumis au recrutement. Pour 1,000 recrues obtenues, on compte 3 insoumis ; le département moyen en a 14. *Vingt-trois* départements comptent moins d'insoumis.

Frais de rentrée des impôts directs. Pour percevoir 1,000 fr. d'impôts directs de toute nature, on est obligé de faire 2 fr. 70 c. de frais ; dans le département moyen, ces frais montent à 3 fr. 40 c. *Trente-quatre* départements ont plus de régularité pour le payement des impôts.

Paupérisme. Pour 1,000 habitants, on en compte 36 de secourus par les hôpitaux et hospices ou par les bureaux de bienfaisance ; le département moyen en compte 34. *Soixante-sept* départements ont un paupérisme moins considérable.

Esprit de chicane. Pour une affaire inscrite devant les tribunaux de première instance, on compte 441 habitants ; le département moyen en compte 261. *Quinze* départements ont un esprit de chicane moins développé.

Catholicisme. Pour 1,000 francs d'impôts directs de toute nature, on a fourni, en neuf années, 5 fr. 0 c. de souscriptions pour la propagation de la foi catholique ; le département moyen en a payé 7 fr. 20. c. *Quarante* départements ont produit des souscriptions plus considérables.

Instruction primaire. Sur 1,000 recrues, on en compte 541 ne sachant ni lire ni écrire ; le département moyen en a 486 dans ce cas. *Quarante-sept* départements ont une instruction primaire plus répandue.

Négligence pour l'instruction primaire. Sur 100 écoles primaires qui manquent, 45 sont dans ce cas par suite de la négligence des autorités locales ; le département moyen en compte 34. *Soixante-trois* départements montrent plus de zèle pour l'exécution de la loi du 28 juin 1833.

Elections. Sur 100 électeurs, 72 usent de leurs droits ; le département moyen en compte 66. *Treize* départements ont plus de zèle électoral.

FAITS DE L'ORDRE PHYSIQUE.

La taille moyenne des recrues est de 1 m. 642 mil. ; c'est moins que celle du département moyen, qui est de 1 m. 655 mil. Les habitants de *soixante et quatorze* départements ont une plus grande taille. Taille.

Pour 1,000 recrues obtenues, on a 345 exemptions pour défaut de taille ; le département moyen en compte 260. *Soixante-quatre* départements ont moins d'exemptions de cette nature. Exemptions pour défaut de taille.

Pour 1,000 recrues obtenues, on a 800 exemptions pour causes physiques autres que pour défaut de taille; le département moyen en compte 667. *Soixante-six* départements ont moins d'exemptions de cette nature. Exemptions pour autres causes physiques.

Pour 100 hectolitres de froment et de méteil consommés, 64 hectolitres de grains inférieurs entrent dans l'alimentation des habitants ; le département moyen en consomme 82. *Trente-quatre* départements sont dans une condition de nourriture plus favorable. Nourriture des habitants.

La vie moyenne des habitants est de 32 ans 8 mois ; celle du département moyen est de 36 ans 7 mois. *Soixante-huit* départements ont une vie moyenne plus longue. Vie moyenne.

Pour fournir annuellement 100 hommes au recrutement, on compte 364 naissances des deux sexes ; le département moyen en exige 336. *Soixante-huit* départements perdent moins de jeunes gens avant leur 21e année. Individus qui arrivent à 21 ans.

Pour 100 enfants trouvés qui atteignent l'âge de *douze ans*, il en meurt 259 ; le département moyen en perd 159. *Soixante et treize* départements présentent une mortalité moins considérable. Mortalité des enfants trouvés.

RÉSUMÉ.

Population relative..........	des moins nombreuses.
Accroissement de la population.	lent.
Sol forestier...............	peu étendu.
Nombre des agriculteurs......	peu considérable.
Industrie..................	développée.
Nombre des crimes.........	moyen.
Nombre des bâtards.........	considérable.
Nombre des enfants trouvés..	considérable.
Insoumis au recrutement.....	rares.
Rentrée des impôts..........	facile.
Nombre des procès civils......	très-peu considérable
Instruction primaire.........	moyenne.
Zèle électoral..............	très-actif.
Taille.....................	petite.
Vices de constitution........	nombreux.
Nourriture (en céréales)......	ordinaire.
Durée de la vie............	courte.
Paupérisme...............	très-considérable.
Salaires des ouvriers.........	très-élevés.
Dents.....................	mauvaises.

41. LOIRE. — Chef-lieu MONTBRISON.

Population. **La France aurait 43,480,000 habitants, si elle était peuplée comme le département de la *Loire*. *Onze* départements ont plus de densité de population ; cette dernière s'accroît annuellement de 80 têtes par 10,000 habitants. — Sol forestier, 11 centièmes.**

Agriculteurs. Sur 1,000 recrues, ce département en compte 447 occupées aux travaux de la campagne ; le département moyen en a 526. *Soixante et un* départements comptent plus d'agriculteurs.

Industrie. Sous le rapport de l'industrie, ce département est le 41e.

FAITS DE L'ORDRE MORAL.

Criminalité. Dans le département de la Loire, sur 7,229 habitants, il y a un accusé de crime ; le département moyen en fournit un sur 4,552. *Trois* départements ont une meilleure moralité.

Bâtards. Pour 1,000 naissances de toute nature, on compte 40 bâtards ; le département moyen en a 72. *Douze* départements présentent une meilleure moralité.

Enfants trouvés. Pour 1,000 naissances de toute nature, on compte 24 enfants trouvés ; le département moyen en a 35. *Vingt-huit* départements présentent une meilleure moralité.

Insoumis au recrutement. Pour 1,000 recrues obtenues, on compte 64 insoumis ; le département moyen en a 14. *Soixante et dix-huit* départements comptent moins d'insoumis.

Frais de rentrée des impôts directs. Pour percevoir 1,000 fr. d'impôts directs de toute nature, on est obligé de faire 4 fr. 0 c. de frais ; dans le département moyen, ces frais montent à 3 fr. 40 c. *Quarante-neuf* départements ont plus de régularité pour le payement des impôts.

Paupérisme. Pour 1,000 habitants, on en compte 20 de secourus par les hôpitaux et hospices ou par les bureaux de bienfaisance ; le département moyen en compte 34. *Quarante-trois* départements ont un paupérisme moins considérable.

Esprit de chicane. Pour une affaire inscrite devant les tribunaux de première instance, on compte 178 habitants ; le département moyen en compte 261. *Soixante-dix* départements ont un esprit de chicane moins développé.

Catholicisme. Pour 1,000 fr. d'impôts directs de toute nature, on a fourni, en neuf années, 33 fr. 40 c. de souscriptions pour la propagation de la foi catholique ; le département moyen en a payé 7 fr. 20 c. *Un seul* département a produit des souscriptions plus considérables.

Instruction primaire. Sur 1,000 recrues, on en compte 487 ne sachant ni lire ni écrire ; le département moyen en a 486 dans ce cas. *Trente-neuf* départements ont une instruction primaire plus répandue.

Négligence pour l'instruction primaire. Sur 100 écoles primaires qui manquent, 15 sont dans ce cas par suite de la négligence des autorités locales ; le département moyen en compte 34. *Onze* départements montrent plus de zèle pour l'exécution de la loi du 28 juin 1833.

Elections. Sur 100 électeurs, 60 usent de leurs droits ; le département moyen en compte 66. *Soixante et onze* départements ont plus de zèle électoral.

FAITS DE L'ORDRE PHYSIQUE.

La taille moyenne des recrues est de 1 m. 661 mil.; c'est plus que celle du département moyen qui est de 1 m. 655 mil. Les habitants de *vingt-six* départements ont une plus grande taille. **Taille.**

Pour 1,000 recrues obtenues, on a 321 exemptions pour défaut de taille; le département moyen en compte 260. *Soixante-deux* départements ont moins d'exemptions de cette nature. **Exemptions pour défaut de taille.**

Pour 1,000 recrues obtenues, on a 739 exemptions pour causes physiques autres que pour défaut de taille; le département moyen en compte 667. *Cinquante-huit* départements ont moins d'exemptions de cette nature. **Exemptions pour autres causes physiques.**

Pour 100 hectolitres de froment et de méteil consommés, 520 hectolitres de grains inférieurs entrent dans l'alimentation des habitants; le département moyen en consomme 82. *Quatre-vingt-un* départements sont dans une condition de nourriture plus favorable. **Nourriture des habitants.**

La vie moyenne des habitants est de 31 ans 11 mois; celle du département moyen est de 36 ans 7 mois. *Soixante et treize* départements ont une vie moyenne plus longue. **Vie moyenne.**

Pour fournir annuellement 100 hommes au recrutement, on compte 382 naissances des deux sexes; le département moyen en exige 336. *Soixante et quinze* départements perdent moins de jeunes gens avant leur 21ᵉ année. **Individus qui arrivent à 21 ans.**

Pour 100 enfants trouvés qui atteignent l'âge de *douze ans*, il en meurt 103; le département moyen en perd 159. *Trente-quatre* départements présentent une mortalité moins considérable. **Mortalité des enfants trouvés.**

RÉSUMÉ.

Population relative	très-considérable.
Accroissement de la population.	très-rapide.
Sol forestier................	peu étendu.
Nombre des agriculteurs......	peu considérable.
Industrie..................	développée.
Nombre des crimes..........	des moins considérables.
Nombre des bâtards.........	peu considérable.
Nombre des enfants trouvés..	peu considérable.
Insoumis au recrutement......	très-nombreux.
Frais de rentrée des impôts...	moyens.
Nombre des procès civils.....	très-considérable.
Instruction primaire.........	moyenne.
Zèle électoral..............	faible.
Taille....................	moyenne.
Vices de constitution.........	nombreux.
Nourriture (en céréales)......	des plus mauvaises.
Durée de la vie............	très-courte.
Catholicisme..............	des plus développés.
Suicides..................	très-rares.
Nombre des enfants trouvés..	très-progressif.
Individus qui arrivent à 21 ans.	peu-nombreux.

42. HAUTE-LOIRE.—Chef-lieu Le Puy.

Population. **La France aurait 30,922,000 habitants, si elle était peuplée comme le département de la** *Haute-Loire*. *Quarante-un* départements ont plus de densité de population; cette dernière s'accroît annuellement de 70 têtes par 10,000 habitants. —Sol forestier, 14 centièmes.

Agriculteurs. Sur 1,000 recrues, ce département en compte 757 occupées aux travaux de la campagne; le département moyen en a 526. *Un seul* département compte plus d'agriculteurs.

Industrie. Sous le rapport de l'industrie, ce département est le 82e.

FAITS DE L'ORDRE MORAL.

Criminalité. Dans le département de la Haute-Loire, sur 4,798 habitants, il y a un accusé de crime; le département moyen en fournit un sur 4,552. *Quarante-neuf* départements ont une meilleure moralité.

Bâtards. Pour 1,000 naissances de toute nature, on compte 32 bâtards; le département moyen en a 72. *Six* départements présentent une meilleure moralité.

Enfants trouvés. Pour 1,000 naissances de toute nature, on compte 24 enfants trouvés; le département moyen en a 35. *Vingt-neuf* départements présentent une meilleure moralité.

Insoumis au recrutement. Pour 1,000 recrues obtenues, on compte 128 insoumis; le département moyen en a 14. *Quatre-vingt-trois* départements comptent moins d'insoumis.

Frais de rentrée des impôts directs. Pour percevoir 1,000 fr. d'impôts directs de toute nature, on est obligé de faire 6 fr. 90 c. de frais; dans le département moyen, ces frais se montent à 3 fr. 40 c. *Soixante et quatorze* départements ont plus de régularité pour le payement des impôts.

Paupérisme. Pour 1,000 habitants, on en compte 5 de secourus par les hôpitaux et hospices ou par les bureaux de bienfaisance; le département moyen en compte 34. *Sept* départements ont un p upérisme moins considérable.

Esprit de chicane. Pour une affaire inscrite devant les tribunaux de première instance, on compte 137 habitants; le département moyen en compte 261. *Quatre-vingts* départements ont un esprit de chicane moins développé.

Catholicisme. Pour 1,000 fr. d'impôts directs de toute nature, on a fourni, en neuf années, 14 fr. 90 c. de souscriptions pour la propagation de la foi catholique; le département moyen en a payé 7 fr. 20 c. *Neuf* départements ont produit des souscriptions plus considérables.

Instruction primaire. Sur 1,000 recrues, on en compte 701 ne sachant ni lire ni écrire; le département moyen en a 486 dans ce cas. *Soixante et douze* départements ont une instruction primaire plus répandue.

Négligence pour l'instruction primaire. Sur 100 écoles primaires qui manquent, 12 sont dans ce cas par suite de la négligence des autorités locales; le département moyen en compte 34. *Quatre* départements montrent plus de zèle pour l'exécution de la loi du 28 juin 1833.

Élections. Sur 100 électeurs, 70 usent de leurs droits; le département moyen en compte 66. *Vingt-un* départements ont plus de zèle électoral.

FAITS DE L'ORDRE PHYSIQUE.

La taille moyenne des recrues est de 1 m. 643 mil.; c'est moins que celle du département moyen qui est de 1 m. 655 mil. Les habitants de *soixante et douze* départements ont une plus grande taille. Taille.

Pour 1,000 recrues obtenues, on a 331 exemptions pour défaut de taille; le département moyen en compte 260. *Soixante-quatre* départements ont moins d'exemptions de cette nature. Exemptions pour défaut de taille.

Pour 1,000 recrues obtenues, on a 466 exemptions pour causes physiques autres que pour défaut de taille; le département moyen en compte 667. *Onze* départements ont moins d'exemptions de cette nature. Exemptions pour autres causes physiques.

Pour 100 hectolitres de froment et de méteil consommés, 474 hectolitres de grains inférieurs entrent dans l'alimentation des habitants; le département moyen en consomme 82. *Quatre-vingts* départements sont dans une condition de nourriture plus favorable. Nourriture des habitants.

La vie moyenne des habitants est de 38 ans 6 mois; celle du département moyen est de 36 ans 7 mois. *Trente* départements ont une vie moyenne plus longue. Vie moyenne.

Pour fournir annuellement 100 hommes au recrutement, on compte 312 naissances des deux sexes; le département moyen en exige 336. *Vingt-six* départements perdent moins de jeunes gens avant leur 21e année. Individus qui arrivent à 21 ans.

Pour 100 enfants trouvés qui atteignent l'âge de *douze ans*, il en meurt 69; le département moyen en perd 159. *Sept* départements présentent une mortalité moins considérable. Mortalité des enfants trouvés.

RÉSUMÉ.

Population relative..........	moyenne.
Accroissement de la population.	très-rapide.
Sol forestier.................	moyen.
Nombre des agriculteurs......	des plus considérables.
Industrie..................	des moins développées.
Nombre des crimes.........	moyen.
Nombre des bâtards.........	très-peu considérable.
Nombre des enfants trouvés...	peu considérable.
Nombre des insoumis........	moyen.
Rentrée des impôts..........	très-difficile.
Nombre des procès civils.....	très-considérable.
Instruction primaire.........	très-peu développée.
Zèle électoral...............	actif.
Taille......................	petite.
Vices de constitution.........	très-rares.
Nourriture (en céréales)......	très-mauvaise.
Durée de la vie.............	longue.
Catholicisme...............	très-développé.
Nombre des suicides.........	*minimum*.
Mortalité des enfants trouvés..	très-faible.
Logement des habitants......	mauvais.
Teigneux et scrofuleux........	très-nombreux.

43. LOIRE-INFÉRIEURE.—Chef-lieu NANTES.

Population. La France aurait 36,357,000 habitants, si elle était peuplée comme le département de la *Loire-inférieure*. *Vingt-trois* départements ont plus de densité de population ; cette dernière s'accroît annuellement de 33 têtes par 10,000 habitants. — Sol forestier, 6 centièmes.

Agriculteurs. Sur 1,000 recrues, ce département en compte 574 occupées aux travaux de la campagne ; le département moyen en a 526. *Quarante-deux* départements comptent plus d'agriculteurs.

Industrie. Sous le rapport de l'industrie, ce département est le 44e.

FAITS DE L'ORDRE MORAL.

Criminalité. Dans le département de la Loire-Inférieure, sur 7,993 habitants, il y a un accusé de crime ; le département moyen en fournit un sur 4,552. *Un seul* département a une meilleure moralité.

Bâtards. Pour 1,000 naissances de toute nature, on compte 52 bâtards ; le département moyen en a 72. *Vingt-sept* départements présentent une meilleure moralité.

Enfants trouvés. Pour 1,000 naissances de toute nature, on compte 26 enfants trouvés ; le département moyen en a 35. *Trente-sept* départements présentent une meilleure moralité.

Insoumis au recrutement. Pour 1,000 recrues obtenues, on compte 8 insoumis ; le département moyen en a 14. *Quarante-sept* départements comptent moins d'insoumis.

Frais de rentrée des impôts directs. Pour percevoir 1,000 francs d'impôts directs de toute nature, on est obligé de faire 3 fr. 40 c. de frais ; dans le département moyen, ces frais montent à 3 fr. 40 c. *Quarante-deux* départements ont plus de régularité pour le payement des impôts.

Paupérisme. Pour 1,000 habitants, on en compte 37 de secourus par les hôpitaux et hospices ou par les bureaux de bienfaisance ; le département moyen en compte 34. *Soixante-dix* départements ont un paupérisme moins considérable.

Esprit de chicane. Pour une affaire inscrite devant les tribunaux de première instance, on compte 611 habitants ; le département moyen en compte 261. *Neuf* départements ont un esprit de chicane moins développé.

Catholicisme. Pour 1,000 fr. d'impôts directs de toute nature, on a fourni en neuf années 29 fr. 20 c. de souscriptions pour la propagation de la foi catholique ; le département moyen en a payé 7 fr. 20. *Deux* départements ont produit des souscriptions plus considérables.

Instruction primaire. Sur 1,000 recrues, on en compte 663 ne sachant ni lire ni écrire ; le département moyen en a 486 dans ce cas. *Soixante-neuf* départements ont une instruction primaire plus répandue.

Négligence pour l'instruction primaire. Sur 100 écoles primaires qui manquent, 25 sont dans ce cas par suite de la négligence des autorités locales ; le département moyen en compte 34. *Vingt-sept* départements montrent plus de zèle pour l'exécution de la loi du 28 juin 1833.

Elections. Sur 100 électeurs, 49 usent de leurs droits ; le département moyen en compte 66. *Quatre-vingt-trois* départements ont plus de zèle électoral.

FAITS DE L'ORDRE PHYSIQUE.

La taille moyenne des recrues est de 1 m. 658 mil. ; c'est plus que celle du département moyen, qui est de 1 m. 655 mil. Les habitants de *trente-six* départements ont une plus grande taille. — Taille.

Pour 1,000 recrues obtenues, on a 196 exemptions pour défaut de taille ; le département moyen en compte 260. *Vingt-huit* départements ont moins d'exemptions de cette nature. — Exemptions pour défaut de taille.

Pour 1,000 recrues obtenues, on a 415 exemptions pour causes physiques autres que pour défaut de taille ; le département moyen en compte 667. *Trois* départements ont moins d'exemptions de cette nature. — Exemptions pour autres causes physiques.

Pour 100 hectolitres de froment et de méteil consommés, 102 hectolitres de grains inférieurs entrent dans l'alimentation des habitants ; le département moyen en consomme 82. *Quarante-sept* départements sont dans une condition de nourriture plus favorable. — Nourriture des habitants.

La vie moyenne des habitants est de 38 ans 6 mois ; celle du département moyen est de 36 ans 7 mois. *Trente-un* départements ont une vie moyenne plus longue. — Vie moyenne.

Pour fournir annuellement 100 hommes au recrutement, on compte 315 naissances des deux sexes ; le département moyen en exige 336. *Trente-deux* départements perdent moins de jeunes gens avant leur 21e année. — Individus qui arrivent à 21 ans.

Pour 100 enfants trouvés qui atteignent l'âge de *douze ans*, il en meurt 183 ; le département moyen en perd 159. *Soixante-quatre* départements présentent une mortalité moins considérable. — Mortalité des enfants trouvés.

RÉSUMÉ.

Population relative..........	très-considérable.
Accroissement de la population.	lent.
Sol forestier................	peu étendu.
Nombre des agriculteurs......	moyen.
Industrie..................	moyenne.
Nombre des crimes..........	*minimum* (après l'Ain).
Nombre des bâtards.........	peu considérable.
Nombre des enfants trouvés...	moyen.
Nombre des insoumis........	moyen.
Frais de rentrée des impôts...	moyens.
Nombre des procès civils.....	très-peu considérable.
Instruction primaire.........	peu répandue.
Zèle électoral..............	des plus faibles.
Taille.....................	élevée.
Vices de constitution.........	très-rares.
Nourriture (en céréales)......	ordinaire.
Durée de la vie.............	longue.
Catholicisme...............	très-développé.
Paupérisme................	très-développé.
Logement des habitans.......	très-mauvais.

44. LOIRET. — Chef-lieu ORLÉANS.

Population. La France aurait 24,115,000 habitants, si elle était peuplée comme le département du *Loiret*. *Soixante-cinq* départements ont plus de densité de population ; cette dernière s'accroît annuellement de 23 têtes par 10,000 habitants. — Sol forestier, 19 centièmes.

Agriculteurs. Sur 1,000 recrues, ce département en compte 471 occupées aux travaux de la campagne ; le département moyen en a 526. *Cinquante-huit* départements comptent plus d'agriculteurs.

Industrie. Sous le rapport de l'industrie, ce département est le 24e.

FAITS DE L'ORDRE MORAL.

Criminalité. Dans le département du Loiret, sur 4,915 habitants, il y a un accusé de crime ; le département moyen en fournit un sur 4,552. *Quarante-cinq* départements ont une meilleure moralité.

Bâtards. Pour 1,000 naissances de toute nature, on compte 85 bâtards ; le département moyen en a 72. *Soixante et treize* départements présentent une meilleure moralité.

Enfants trouvés. Pour 1,000 naissances de toute nature, on compte 47 enfants trouvés ; le département moyen en a 35. *Soixante-dix* départements présentent une meilleure moralité.

Insoumis au recrutement. Pour 1,000 recrues obtenues, on compte 4 insoumis ; le département moyen en a 14. *Vingt-neuf* départements comptent moins d'insoumis.

Frais de rentrée des impôts directs. Pour percevoir 1,000 fr. d'impôts directs de toute nature, on est obligé de faire 2 fr. 70 c. de frais ; dans le département moyen, ces frais montent à 3 fr. 40 c. *Trente-trois* départements ont plus de régularité pour le payement des impôts.

Paupérisme. Pour 1,000 habitants, on en compte 50 de secourus par les hôpitaux et hospices ou par les bureaux de bienfaisance ; le département moyen en compte 34. *Soixante et seize* départements ont un paupérisme moins considérable.

Esprit de chicane. Pour une affaire inscrite devant les tribunaux de première instance, on compte 288 habitants ; le département moyen en compte 261. *Trente-six* départements ont un esprit de chicane moins développé.

Catholicisme. Pour 1,000 fr. d'impôts directs de toute nature, on a fourni, en neuf années, 2 fr. 80 c. de souscriptions pour la propagation de la foi catholique ; le département moyen en a payé 7 fr. 20 c. *Soixante* départements ont produit des souscriptions plus considérables.

Instruction primaire. Sur 1,000 recrues, on en compte 451 ne sachant ni lire ni écrire ; le département moyen en a 486 dans ce cas. *Trente-cinq* départements ont une instruction primaire plus répandue.

Négligence pour l'instruction primaire. Sur 100 écoles primaires qui manquent, 14 sont dans ce cas par suite de la négligence des autorités locales ; le département moyen en compte 34. *Sept* départements montrent plus de zèle pour l'exécution de la loi du 28 juin 1833.

Elections. Sur 100 électeurs, 64 usent de leurs droits ; le département moyen en compte 66. *Cinquante-sept* départements ont plus de zèle électoral.

FAITS DE L'ORDRE PHYSIQUE.

La taille moyenne des recrues est de 1 m. 646 mil.; c'est moins que celle du département moyen, qui est de 1 m. 655 mil. Les habitants de *soixante-deux* départements ont une plus grande taille. Taille.

Pour 1,000 recrues obtenues, on a 297 exemptions pour défaut de taille; le département moyen en compte 260. *Cinquante-sept* départements ont moins d'exemptions de cette nature. Exemptions pour défaut de taille.

Pour 1,000 recrues obtenues, on a 636 exemptions pour causes physiques autres que pour défaut de taille; le département moyen en compte 667. *Trente-sept* départements ont moins d'exemptions de cette nature. Exemptions pour autres causes physiques.

Pour 100 hectolitres de froment et de méteil consommés, 76 hectolitres de grains inférieurs entrent dans l'alimentation des habitants; le département moyen en consomme 82. *Trente-huit* départements sont dans une condition de nourriture plus favorable. Nourriture des habitants.

La vie moyenne des habitants est de 32 ans 11 mois; celle du département moyen est de 36 ans 7 mois. *Soixante-sept* départements ont une vie moyenne plus longue. Vie moyenne.

Pour fournir annuellement 100 hommes au recrutement, on compte 374 naissances des deux sexes; le département moyen en exige 336. *Soixante et douze* départements perdent moins de jeunes gens avant leur 21ᵉ année. Individus qui arrivent à 21 ans.

Pour 100 enfants trouvés qui atteignent l'âge de *douze ans*, il en meurt 286; le département moyen en perd 159. *Soixante et dix-neuf* départements présentent une mortalité moins considérable. Mortalité des enfants trouvés.

RÉSUMÉ.

Population relative..........	peu nombreuse.
Accroissement de la population.	lent.
Sol forestier..............	étendu.
Nombre des agriculteurs.....	peu considérable.
Industrie................	développée.
Nombre des crimes..........	moyen.
Nombre des bâtards.........	très-considérable.
Nombre des enfants trouvés...	très-considérable.
Insoumis au recrutement.....	rares.
Rentrée des impôts.........	facile.
Nombre des procès civils.....	moyen.
Instruction primaire.........	répandue.
Zèle électoral.............	faible.
Taille..................	petite.
Constitution..............	moyenne.
Nourriture (en céréales)......	ordinaire.
Durée de la vie...........	courte.
Paupérisme..............	très-développé.
Jury....................	sévère.
Crimes contre les choses.....	très-nombreux.
Mortalité des enfants trouvés..	très-considérable.
Individus qui arrivent à 21 ans.	peu nombreux.
Salaires des ouvriers.........	élevés.
Teigneux et scrofuleux.......	très-nombreux.

45. LOT. — Chef-lieu Cahors.

Population. **La France aurait 28,495,000 habitants, si elle était peuplée comme le département du *Lot*. *Cinquante* départements ont plus de densité de population; cette dernière s'accroît annuellement de 27 têtes par 10,000 habitants. — Sol forestier, 16 centièmes.**

Agriculteurs. Sur 1,000 recrues, ce département en compte 650 occupées aux travaux de la campagne; le département moyen en a 526. *Dix-sept* départements comptent plus d'agriculteurs.

Industrie. Sous le rapport de l'industrie, ce département est le 71ᵉ.

FAITS DE L'ORDRE MORAL.

Criminalité. Dans le département du Lot, sur 3,941 habitants, il y a un accusé de crime; le département moyen en fournit un sur 4,552. *Soixante-sept* départements ont une meilleure moralité.

Bâtards. Pour 1,000 naissances de toute nature, on compte 47 bâtards; le département moyen en a 72. *Vingt-un* départements présentent une meilleure moralité.

Enfants trouvés. Pour 1,000 naissances de toute nature, on compte 16 enfants trouvés; le département moyen en a 35. *Quinze* départements présentent une meilleure moralité.

Insoumis au recrutement. Pour 1,000 recrues obtenues, on compte 8 insoumis; le département moyen en a 14. *Cinquante* départements comptent moins d'insoumis.

Frais de rentrée des impôts directs. Pour percevoir 1,000 fr. d'impôts directs de toute nature, on est obligé de faire 5 fr. 90 c. de frais; dans le département moyen, ces frais montent à 3 fr. 40 c. *Soixante-sept* départements ont plus de régularité pour le payement des impôts.

Paupérisme. Pour 1,000 habitants, on en compte 7 de secourus par les hôpitaux et hospices ou par les bureaux de bienfaisance; le département moyen en compte 34. *Douze* départements ont un paupérisme moins considérable.

Esprit de chicane. Pour une affaire inscrite devant les tribunaux de première instance, on compte 279 habitants; le département moyen en compte 261. *Quarante* départements ont un esprit de chicane moins développé.

Catholicisme. Pour 1,000 fr. d'impôts directs de toute nature, on a fourni, en neuf années, 1 fr. 0 c. de souscriptions pour la propagation de la foi catholique; le département moyen en a payé 7 fr. 20 c. *Soixante et quinze* départements ont produit des souscriptions plus considérables.

Instruction primaire. Sur 1,000 recrues, on en compte 702 ne sachant ni lire ni écrire; le département moyen en a 486 dans ce cas. *Soixante et treize* départements ont une instruction primaire plus répandue.

Négligence pour l'instruction primaire. Sur 100 écoles primaires qui manquent, 45 sont dans ce cas par suite de la négligence des autorités locales; le département moyen en compte 34. *Soixante-deux* départements montrent plus de zèle pour l'exécution de la loi du 28 juin 1833.

Elections. Sur 100 électeurs, 68 usent de leurs droits; le département moyen en compte 66. *Trente-un* départements ont plus de zèle électoral.

FAITS DE L'ORDRE PHYSIQUE.

La taille moyenne des recrues est de 1 m. 642 mil. ; c'est moins que celle du département moyen, qui est de 1 m. 655 mil. Les habitants de *soixante et quinze* départements ont une plus grande taille. Taille.

Pour 1,000 recrues obtenues, on a 373 exemptions pour défaut de taille ; le département moyen en compte 260. *Soixante-dix* départements ont moins d'exemptions de cette nature. Exemptions pour défaut de taille.

Pour 1,000 recrues obtenues, on a 578 exemptions pour causes physiques autres que pour défaut de taille; le département moyen en compte 667. *Vingt-sept* départements ont moins d'exemptions de cette nature. Exemptions pour autres causes physiques.

Pour 100 hectolitres de froment et de méteil consommés, 108 hectolitres de grains inférieurs entrent dans l'alimentation des habitants ; le département moyen en consomme 82. *Quarante-neuf* départements sont dans une condition de nourriture plus favorable. Nourriture des habitants.

La vie moyenne des habitants est de 40 ans 8 mois ; celle du département moyen est de 36 ans 7 mois. *Quinze* départements ont une vie moyenne plus longue. Vie moyenne.

Pour fournir annuellement 100 hommes au recrutement, on compte 276 naissances des deux sexes ; le département moyen en exige 336. *Huit* départements perdent moins de jeunes gens avant leur 21e année. Individus qui arrivent à 21 ans.

Pour 100 enfants trouvés qui atteignent l'âge de *douze ans*, il en meurt 74; le département moyen en perd 159. *Douze* départements présentent une mortalité moins considérable. Mortalité des enfants trouvés.

RÉSUMÉ.

Population relative..........	moyenne.
Accroissement de la population.	lent.
Sol forestier...............	moyen.
Nombre des agriculteurs......	considérable.
Industrie..................	très-peu développée.
Nombre des crimes..........	considérable.
Nombre des bâtards.........	peu considérable.
Nombre des enfants trouvés..	très-peu considérable.
Nombre des insoumis........	moyen.
Rentrée des impôts..........	difficile.
Nombre des procès civils.....	moyen.
Instruction primaire.........	très-peu répandue.
Zèle électoral..............	actif.
Taille.....................	très-petite.
Vices de constitution........	rares.
Nourriture (en céréales)......	ordinaire.
Durée de la vie............	très-longue.
Crimes contre les personnes..	des plus nombreux.
Centenaires................	très-nombreux.
Individus qui arrivent à 21 ans.	très-nombreux.
Nombre des enfants trouvés...	en décroissance.
Logement des habitants.......	mauvais.
Teigneux et scrofuleux.......	très-nombreux.

46. LOT-ET-GARONNE. — Chef-lieu AGEN.

Population. **La France aurait 34,510,000 habitants, si elle était peuplée comme le département de *Lot-et-Garonne*. *Trente-deux* départements ont plus de densité de population ; cette dernière s'accroît annuellement de 20 têtes par 10,000 habitants. —Sol forestier, 10 centièmes.**

Agriculteurs. Sur 1,000 recrues, ce département en compte 531 occupées aux travaux de la campagne; le département moyen en a 526. *Cinquante* départements comptent plus d'agriculteurs.

Industrie. Sous le rapport de l'industrie, ce département est le 50ᵉ.

FAITS DE L'ORDRE MORAL.

Criminalité. Dans le département de Lot-et-Garonne, sur 5,795 habitants, il y a un accusé de crime; le département moyen en fournit un sur 4,552. *Dix-neuf* départements ont une meilleure moralité.

Bâtards. Pour 1,000 naissances de toute nature, on compte 66 bâtards; le département moyen en a 72. *Cinquante-un* départements présentent une meilleure moralité.

Enfants trouvés. Pour 1,000 naissances de toute nature, on compte 42 enfants trouvés ; le département moyen en a 35. *Soixante-cinq* départements présentent une meilleure moralité.

Insoumis au recrutement. Pour 1,000 recrues obtenues, on compte 7 insoumis ; le département moyen en a 14. *Quarante-trois* départements comptent moins d'insoumis.

Frais de rentrée des impôts directs. Pour percevoir 1,000 fr. d'impôts directs de toute nature, on est obligé de faire 5 f. 50 c. de frais; dans le département moyen, ces frais montent à 3 fr. 40 c. *Soixante-six* départements ont plus de régularité pour le payement des impôts.

Paupérisme. Pour 1,000 habitants, on en compte 13 de secourus par les hôpitaux et hospices ou par les bureaux de bienfaisance ; le département moyen en compte 34. *Vingt-six* départements ont un paupérisme moins considérable.

Esprit de chicane. Pour une affaire inscrite devant les tribunaux de première instance, on compte 402 habitants ; le département moyen en compte 261. *Dix-huit* départements ont un esprit de chicane moins développé.

Catholicisme. Pour 1,000 fr. d'impôts directs de toute nature, on a fourni en neuf années 6 fr. 90 c. de souscriptions pour la propagation de la foi catholique; le département moyen en a payé 7 fr. 20 c. *Trente* départements ont produit des souscriptions plus considérables.

Instruction primaire. Sur 1,000 recrues, on en compte 584 ne sachant ni lire ni écrire ; le département moyen en a 486 dans ce cas. *Cinquante-deux* départements ont une instruction primaire plus répandue.

Négligence pour l'instruction primaire. Sur 100 écoles primaires qui manquent, 65 sont dans ce cas par suite de la négligence des autorités locales ; le département moyen en compte 34. *Quatre-vingt-deux* départements montrent plus de zèle pour l'exécution de la loi du 28 juin 1833.

Elections. Sur 100 électeurs, 56 usent de leurs droits ; le département moyen en compte 66. *Soixante et dix-sept* départements ont plus de zèle électoral.

FAITS DE L'ORDRE PHYSIQUE.

La taille moyenne des recrues est de 1 m. 646 mil.; c'est moins que celle du département moyen, qui est de 1 m. 655 mil. Les habitants de *soixante-trois* départements ont une plus grande taille. Taille.

Pour 1,000 recrues obtenues, on a 238 exemptions pour défaut de taille ; le département moyen en compte 260. *Quarante-deux* départements ont moins d'exemptions de cette nature. Exemptions pour défaut de taille.

Pour 1,000 recrues obtenues, on a 728 exemptions pour causes physiques autres que pour défaut de taille; le département moyen en compte 667. *Cinquante-six* départements ont moins d'exemptions de cette nature. Exemptions pour autres causes physiques.

Pour 100 hectolitres de froment et de méteil consommés, 48 hectolitres de grains inférieurs entrent dans l'alimentation des habitants; le département moyen en consomme 82. *Vingt-cinq* départements sont dans une condition de nourriture plus favorable. Nourriture des habitants.

La vie moyenne des habitants est de 45 ans 8 mois; celle du département moyen est de 36 ans 7 mois. *Trois* départements présentent une vie moyenne plus longue. Vie moyenne.

Pour fournir annuellement 100 hommes au recrutement, on compte 257 naissances des deux sexes; le département moyen en exige 336. *Un seul* département perd moins de jeunes gens avant leur 21e année. Individus qui arrivent à 21 ans.

Pour 100 enfants trouvés qui atteignent l'âge de *douze ans*, il en meurt 137; le département moyen en perd 159. *Quarante-huit* départements présentent une mortalité moins considérable. Mortalité des enfants trouvés.

RÉSUMÉ.

Population relative..........	considérable.
Accroissement de la population.	très-faible.
Sol forestier...............	peu étendu.
Nombre des agriculteurs......	moyen.
Industrie..................	moyenne.
Nombre des crimes.........	peu considérable.
Nombre des bâtards.........	moyen.
Nombre des enfants trouvés..	considérable.
Nombre des insoumis........	moyen.
Rentrée des impôts.........	difficile.
Nombre des procès civils.....	peu considérable.
Instruction primaire.........	moyenne.
Zèle électoral...............	très-faible.
Taille.....................	petite.
Constitution...............	médiocre.
Nourriture (en céréales)......	bonne.
Durée de la vie.............	des plus longues.
Individus qui arrivent à 21 ans.	des plus nombreux.
Logement des habitants......	mauvais.
Dents.....................	très-mauvaises.

47. LOZÈRE. — Chef-lieu Mende.

Population. La France aurait 14,352,000 habitants, si elle était peuplée comme le département de la *Lozère*. *Quatre-vingt-deux* départements ont plus de densité de population ; cette dernière s'accroît annuellement de 57 têtes par 10,000 habitants. — Sol forestier, 5 centièmes.

Agriculteurs. Sur 1,000 recrues, ce département en compte 670 occupées aux travaux de la campagne ; le département moyen en a 526. *Douze* départements comptent plus d'agriculteurs.

Industrie. Sous le rapport de l'industrie, ce département est le 72e.

FAITS DE L'ORDRE MORAL.

Criminalité. Dans le département de la Lozère, sur 3,216 habitants, il y a un accusé de crime ; le département moyen en fournit un sur 4,552. *Soixante et quinze* départements ont une meilleure moralité.

Bâtards. Pour 1,000 naissances de toute nature, on compte 48 bâtards ; le département moyen en a 72. *Vingt-trois* départements présentent une meilleure moralité.

Enfants trouvés. Pour 1,000 naissances de toute nature, on compte 28 enfants trouvés ; le département moyen en a 35. *Quarante-deux* départements présentent une meilleure moralité.

Insoumis au recrutement. Pour 1,000 recrues obtenues, on compte 77 insoumis ; le département moyen en a 14. *Quatre-vingts* départements comptent moins d'insoumis.

Frais de rentrée des impôts directs. Pour percevoir 1,000 fr. d'impôts directs de toute nature, on est obligé de faire 7 fr. 90 c. de frais ; dans le département moyen, ces frais montent à 3 fr. 40 c. *Quatre-vingt-un* départements ont plus de régularité pour le payement des impôts.

Paupérisme. Pour 1,000 habitants, on en compte 25 de secourus par les hôpitaux et hospices ou par les bureaux de bienfaisance ; le département moyen en compte 34. *Cinquante-cinq* départements ont un paupérisme moins considérable.

Esprit de chicane. Pour une affaire inscrite devant les tribunaux de première instance, on compte 69 habitants ; le département moyen en compte 261. *Aucun* département n'a l'esprit de chicane plus développé.

Catholicisme. Pour 1,000 fr. d'impôts directs de toute nature, on a fourni, en neuf années, 12 fr. 70 c. de souscriptions pour la propagation de la foi catholique ; le département moyen en a payé 7 fr. 20 c. *Onze* départements ont produit des souscriptions plus considérables.

Instruction primaire. Sur 1,000 recrues, on en compte 525 ne sachant ni lire ni écrire ; le département moyen en a 486 dans ce cas. *Quarante-quatre* départements ont une instruction primaire plus répandue.

Négligence pour l'instruction primaire. Sur 100 écoles primaires qui manquent, 28 sont dans ce cas par suite de la négligence des autorités locales ; le département moyen en compte 34. *Trente-un* départements montrent plus de zèle pour l'exécution de la loi du 28 juin 1833.

Elections. Sur 100 électeurs, 76 usent de leurs droits ; le département moyen en compte 66. *Trois* départements ont plus de zèle électoral.

FAITS DE L'ORDRE PHYSIQUE.

La taille moyenne des recrues est de 1 m. 646 mil.; c'est moins que celle du département moyen, qui est de 1 m. 655 mil. Les habitants de *soixante-quatre* départements ont une plus grande taille. Taille.

Pour 1,000 recrues obtenues, on a 355 exemptions pour défaut de taille; le département moyen en compte 260. *Soixante-huit* départements ont moins d'exemptions de cette nature. Exemptions pour défaut de taille.

Pour 1,000 recrues obtenues, on a 634 exemptions pour causes physiques autres que pour défaut de taille; le département moyen en compte 667. *Trente-six* départements ont moins d'exemptions de cette nature. Exemptions pour autres causes physiques.

Pour 100 hectolitres de froment et de méteil consommés, 174 hectolitres de grains inférieurs entrent dans l'alimentation des habitants; le département moyen en consomme 82. *Soixante-quatre* départements sont dans une condition de nourriture plus favorable. Nourriture des habitants.

La vie moyenne des habitants est de 38 ans 6 mois; celle du département moyen est de 36 ans 7 mois. *Trente-deux* départements ont une vie moyenne plus longue. Vie moyenne.

Pour fournir annuellement 100 hommes au recrutement, on compte 302 naissances des deux sexes; le département moyen en exige 336. *Seize* départements perdent moins de jeunes gens avant leur 21e année. Individus qui arrivent à 21 ans.

Pour 100 enfants trouvés qui atteignent l'âge de *douze ans*, il en meurt 76; le département moyen en perd 159. *Quinze* départements présentent une mortalité moins considérable. Mortalité des enfants trouvés.

RÉSUMÉ.

Population relative..........	des moins nombreuses.
Accroissement de la population.	rapide.
Sol forestier...............	très-peu étendu.
Nombre des agriculteurs.....	très-considérable.
Industrie..................	très-peu développée.
Nombre des crimes..........	très-considérable.
Nombre des bâtards.........	peu considérable.
Nombre des enfants trouvés...	moyen.
Insoumis au recrutement......	très-nombreux.
Rentrée des impôts.	très-difficile.
Nombre des procès civils.....	*maximum.*
Instruction primaire.........	moyenne.
Zèle électoral...............	des plus actifs.
Taille....................	petite.
Constitution...............	moyenne.
Nourriture (en céréales)......	mauvaise.
Durée de la vie............	longue.
Catholicisme..............	très-développé.
Jury.....................	très-peu sévère.
Crimes contre les personnes...	très-nombreux.
Centenaires................	très-nombreux.

48. MAINE-ET-LOIRE.—Chef-lieu ANGERS.

Population. **La France aurait 34,193,000 habitants, si elle était peuplée comme le département de *Maine-et-Loire*. *Trente-trois* départements ont plus de densité de population; cette dernière s'accroît annuellement de 14 têtes par 10,000 habitants. —Sol forestier, 6 centièmes.**

Agriculteurs. Sur 1,000 recrues, ce département en compte 495 occupées aux travaux de la campagne; le département moyen en a 526. *Cinquante-quatre* départements comptent plus d'agriculteurs.

Industrie. Sous le rapport de l'industrie, ce département est le 47ᵉ.

FAITS DE L'ORDRE MORAL.

Criminalité. Dans le département de Maine-et-Loire, sur 7,496 habitants, il y a un accusé de crime; le département moyen en fournit un sur 4,552. *Deux* départements ont une meilleure moralité.

Bâtards. Pour 1,000 naissances de toute nature, on compte 67 bâtards; le département moyen en a 72. *Cinquante-quatre* départements présentent une meilleure moralité.

Enfants trouvés. Pour 1,000 naissances de toute nature, on compte 48 enfants trouvés; le département moyen en a 35. *Soixante-treize* départements présentent une meilleure moralité.

Insoumis au recrutement. Pour 1,000 recrues obtenues, on compte 6 insoumis; le département moyen en a 14. *Quarante-un* départements comptent moins d'insoumis.

Frais de rentrée des impôts directs. Pour percevoir 1,000 fr. d'impôts directs de toute nature, on est obligé de faire 0 fr. 90 c. de frais; dans le département moyen, ces frais montent à 3 fr. 40 c. *Aucun* département n'a plus de régularité pour le payement des impôts.

Paupérisme. Pour 1,000 habitants, on en compte 54 de secourus par les hôpitaux et hospices ou par les bureaux de bienfaisance; le département moyen en compte 34. *Soixante et dix-huit* départements ont un paupérisme moins considérable.

Esprit de chicane. Pour une affaire inscrite devant les tribunaux de première instance, on compte 587 habitants; le département moyen en compte 261. *Dix* départements ont un esprit de chicane moins développé.

Catholicisme. Pour 1,000 fr. d'impôts directs de toute nature, on a fourni, en neuf années, 7 fr. 60 c. de souscriptions pour la propagation de la foi catholique; le département moyen en a payé 7 fr. 20 c. *Vingt-huit* départements ont produit des souscriptions plus considérables.

Instruction primaire. Sur 1,000 recrues, on en compte 618 ne sachant ni lire ni écrire; le département moyen en a 486 dans ce cas. *Cinquante-sept* départements ont une instruction primaire plus répandue.

Négligence pour l'instruction primaire. Sur 100 écoles primaires qui manquent, 36 sont dans ce cas par suite de la négligence des autorités locales; le département moyen en compte 34. *Quarante-sept* départements montrent plus de zèle pour l'exécution de la loi du 28 juin 1833.

Elections. Sur 100 électeurs, 50 usent de leurs droits; le département moyen en compte 66. *Quatre-vingt-deux* départements montrent plus de zèle électoral.

FAITS DE L'ORDRE PHYSIQUE.

La taille moyenne des recrues est de 1 m. 651 mil.; c'est moins que celle du département moyen qui est de 1 m. 655 mil. Les habitants de *cinquante-un* départements ont une plus grande taille. **Taille.**

Pour 1,000 recrues obtenues, on a 200 exemptions pour défaut de taille; le département moyen en compte 260. *Trente-un* départements ont moins d'exemptions de cette nature. **Exemptions pour défaut de taille.**

Pour 1,000 recrues obtenues, on a 572 exemptions pour causes physiques autres que pour défaut de taille; le département moyen en compte 667. *Vingt-cinq* départements ont moins d'exemptions de cette nature. **Exemptions pour autres causes physiques.**

Pour 100 hectolitres de froment et de méteil consommés, 122 hectolitres de grains inférieurs entrent dans l'alimentation des habitants; le département moyen en consomme 82. *Cinquante-six* départements sont dans une condition de nourriture plus favorable. **Nourriture des habitants.**

La vie moyenne des habitants est de 41 ans 4 mois; celle du département moyen est de 36 ans 7 mois. *Treize* départements ont une vie moyenne plus longue. **Vie moyenne.**

Pour fournir annuellement 100 hommes au recrutement, on compte 283 naissances des deux sexes; le département moyen en exige 336. *Douze* départements perdent moins de jeunes gens avant leur 21e année. **Individus qui arrivent à 21 ans.**

Pour 100 enfants trouvés qui atteignent l'âge de *douze ans*, il en meurt 114; le département moyen en perd 159. *Quarante* départements présentent une mortalité moins considérable. **Mortalité des enfants trouvés.**

RÉSUMÉ.

Population relative..........	considérable.
Accroissement de la population.	très-faible.
Sol forestier..............	peu étendu.
Nombre des agriculteurs......	moyen.
Industrie..................	moyenne.
Nombre des crimes..........	des moins élevés.
Nombre des bâtards.........	considérable.
Nombre des enfants trouvés..	très-considérable.
Nombre des insoumis........	moyen.
Frais de rentrée des impôts..	*minimum*.
Nombre des procès civils.....	très-peu considérable.
Instruction primaire.........	peu répandue.
Zèle électoral..............	des plus faibles.
Taille.....................	moyenne.
Vices de constitution........	rares.
Nourriture (en céréales).......	mauvaise.
Durée de la vie.............	très-longue.
Paupérisme................	développé.
Logement des habitants......	mauvais.
Teigneux et scrofuleux......	les moins nombreux.

49. MANCHE. — Chef-lieu SAINT-LÔ.

Population. **La France aurait 52,557,000 habitants, si elle était peuplée comme le département de la *Manche*. *Sept* départements ont plus de densité de population ; cette dernière s'accroît annuellement de 18 têtes par 10,000 habitants. — Sol forestier, 3 centièmes.**

Agriculteurs. Sur 1,000 recrues, ce département en compte 558 occupées aux travaux de la campagne; le département moyen en a 526. *Quarante-quatre* départements comptent plus d'agriculteurs.

Industrie. Sous le rapport de l'industrie, ce département est le 57°.

FAITS DE L'ORDRE MORAL.

Criminalité. Dans le département de la Manche, sur 5,078 habitants, il y a un accusé de crime; le département moyen en fournit un sur 4,552. *Quarante-un* départements ont une meilleure moralité.

Bâtards. Pour 1,000 naissances de toute nature, on compte 59 bâtards; le département moyen en a 72. *Quarante-deux* départements présentent une meilleure moralité.

Enfants trouvés. Pour 1,000 naissances de toute nature, on compte 38 enfants trouvés; le département moyen en a 35. *Cinquante-huit* départements présentent une meilleure moralité.

Insoumis au recrutement. Pour 1,000 recrues obtenues, on compte 23 insoumis; le département moyen en a 14. *Soixante-neuf* départements comptent moins d'insoumis.

Frais de rentrée des impôts directs. Pour percevoir 1,000 fr. d'impôts directs de toute nature, on est obligé de faire 2 fr. 90 c. de frais; dans le département moyen, ces frais montent à 3 fr. 40 c. *Trente-huit* départements ont plus de régularité pour le payement des impôts.

Paupérisme. Pour 1,000 habitants, on en compte 27 de secourus par les hôpitaux et hospices ou par les bureaux de bienfaisance; le département moyen en compte 34. *Cinquante-six* départements ont un paupérisme moins considérable.

Esprit de chicane. Pour une affaire inscrite devant les tribunaux de première instance, on compte 254 habitants ; le département moyen en compte 261. *Quarante-huit* départements ont un esprit de chicane moins développé.

Catholicisme. Pour 1,000 fr. d'impôts directs de toute nature, on a fourni en neuf années 5 fr. 90 c. de souscriptions pour la propagation de la foi catholique ; le département moyen en a payé 7 fr. 20 c. *Trente-cinq* départements ont produit des souscriptions plus considérables.

Instruction primaire. Sur 1,000 recrues, on en compte 278 ne sachant ni lire ni écrire; le département moyen en a 486 dans ce cas. *Quatorze* départements ont une instruction primaire plus répandue.

Négligence pour l'instruction primaire. Sur 100 écoles primaires qui manquent, 30 sont dans ce cas par suite de la négligence des autorités locales ; le département moyen en compte 34. *Trente-sept* départements montrent plus de zèle pour l'exécution de la loi du 28 juin 1833.

Elections. Sur 100 électeurs, 64 usent de leurs droits ; le département moyen en compte 66. *Cinquante-huit* départements ont plus de zèle électoral.

FAITS DE L'ORDRE PHYSIQUE.

La taille moyenne des recrues est de 1 m. 656 mil.; c'est plus que celle du département moyen, qui est de 1 m. 655 mil. Les habitants de *trente-neuf* départements ont une plus grande taille. Taille.

Pour 1,000 recrues obtenues, on a 174 exemptions pour défaut de taille; le département moyen en compte 260. *Vingt-un* départements ont moins d'exemptions de cette nature. Exemptions pour défaut de taille.

Pour 1,000 recrues obtenues, on a 572 exemptions pour causes physiques autres que pour défaut de taille; le département moyen en compte 667. *Vingt-quatre* départements ont moins d'exemptions de cette nature. Exemptions pour autres causes physiques.

Pour 100 hectolitres de froment et de méteil consommés, 187 hectolitres de grains inférieurs entrent dans l'alimentation des habitants; le département moyen en consomme 82. *Soixante-six* départements sont dans une condition de nourriture plus favorable. Nourriture des habitants.

La vie moyenne des habitants est de 44 ans 0 mois; celle du département moyen est de 36 ans 7 mois. *Cinq* départements ont une vie moyenne plus longue. Vie moyenne.

Pour fournir annuellement 100 hommes au recrutement, on compte 271 naissances des deux sexes; le département moyen en exige 336. *Quatre* départements perdent moins de jeunes gens avant leur 21me année. Individus qui arrivent à 21 ans.

Pour 100 enfants trouvés qui atteignent l'âge de *douze ans*, il en meurt 90; le département moyen en perd 159. *Vingt-cinq* départements présentent une mortalité moins considérable. Mortalité des enfants trouvés.

RÉSUMÉ.

Population relative..........	très-considérable.
Accroissement de la population.	très-faible.
Sol forestier...............	très-peu étendu.
Nombre des agriculteurs.....	moyen.
Industrie..................	peu développée.
Nombre des crimes.........	moyen.
Nombre des bâtards.........	moyen.
Nombre des enfants trouvés...	considérable.
Insoumis au recrutement......	très-nombreux.
Frais de rentrée des impôts...	moyen.
Nombre des procès civils.....	moyen.
Instruction primaire.........	très-répandue.
Zèle électoral..............	faible.
Taille....................	élevée.
Vices de constitution........	rares.
Nourriture (en céréales)......	mauvaise.
Durée de la vie.............	très-longue.
Nombre des enfans trouvés....	en décroissance.
Individus qui arrivent à 21 ans.	très-nombreux.
Salaires des ouvriers.........	peu élevés.

50. MARNE. — Chef-lieu CHALONS-SUR-MARNE.

Population. La France aurait 21,793,000 habitants, si elle était peuplée comme le département de la *Marne*. *Soixante-deux* départements ont plus de densité de population; cette dernière s'accroît annuellement de 34 têtes par 10,000 habitants. — Sol forestier, 11 centièmes.

Agriculteurs. Sur 1,000 recrues, ce département en compte 269 occupées aux travaux de la campagne; le département moyen en a 526. *Quatre-vingts* départements comptent plus d'agriculteurs.

Industrie. Sous le rapport de l'industrie, ce département est le 9ᵉ.

FAITS DE L'ORDRE MORAL.

Criminalité. Dans le département de la Marne, sur 4,148 habitants, il y a un accusé de crime; le département moyen en fournit un sur 4,552. *Soixante-un* départements ont une meilleure moralité.

Bâtards. Pour 1,000 naissances de toute nature, on compte 75 bâtards; le département moyen en a 72. *Soixante-quatre* départements présentent une meilleure moralité.

Enfants trouvés. Pour 1,000 naissances de toute nature, on compte 40 enfants trouvés; le département moyen en a 35. *Soixante* départements présentent une meilleure moralité.

Insoumis au recrutement. Pour 1,000 recrues obtenues, on compte 2 insoumis; le département moyen en a 14. *Dix-huit* départements comptent moins d'insoumis.

Frais de rentrée des impôts directs. Pour percevoir 1,000 francs d'impôts directs de toute nature, on est obligé de faire 2 fr. 0 c. de frais; dans le département moyen, ces frais montent à 3 fr. 40 c. *Vingt-un* départements ont plus de régularité pour le payement des impôts.

Paupérisme. Pour 1,000 habitants, on en compte 47 de secourus par les hôpitaux et hospices ou par les bureaux de bienfaisance; le département moyen en compte 34. *Soixante et quinze* départements ont un paupérisme moins considérable.

Esprit de chicane. Pour une affaire inscrite devant les tribunaux de première instance, on compte 270 habitants; le département moyen en compte 261. *Quarante-quatre* départements ont un esprit de chicane moins développé.

Catholicisme. Pour 1,000 francs d'impôts directs de toute nature, on a fourni, en neuf années, 6 fr. 10 c. de souscriptions pour la propagation de la foi catholique; le département moyen en a payé 7 fr. 20 c. *Trente-un* départements ont produit des souscriptions plus considérables.

Instruction primaire. Sur 1,000 recrues, on en compte 204 ne sachant ni lire ni écrire; le département moyen en a 486 dans ce cas. *Sept* départements ont une instruction primaire plus répandue.

Négligence pour l'instruction primaire. Sur 100 écoles primaires qui manquent, 40 sont dans ce cas par suite de la négligence des autorités locales; le département moyen en compte 34. *Cinquante-trois* départements montrent plus de zèle pour l'exécution de la loi du 28 juin 1833.

Elections. Sur 100 électeurs, 67 usent de leurs droits; le département moyen en compte 66. *Trente-huit* départements ont plus de zèle électoral.

FAITS DE L'ORDRE PHYSIQUE.

La taille moyenne des recrues est de 1 m. 660 mil.; c'est plus que celle du département moyen, qui est de 1 m. 655. Les habitants de *vingt-sept* départements ont une plus grande taille. Taille.

Pour 1,000 recrues obtenues, on a 156 exemptions pour défaut de taille; le département moyen en compte 260. *Quatorze* départements ont moins d'exemptions de cette nature. Exemptions pour défaut de taille.

Pour 1,000 recrues obtenues, on a 969 exemptions pour causes physiques autres que pour défaut de taille; le département moyen en compte 667. *Quatre-vingts* départements ont moins d'exemptions de cette nature. Exemptions pour autres causes physiques.

Pour 100 hectolitres de froment et de méteil consommés, 140 hectolitres de grains inférieurs entrent dans l'alimentation des habitants; le département moyen en consomme 82. *Cinquante-neuf* départements sont dans une condition de nourriture plus favorable. Nourriture des habitants.

La vie moyenne des habitants est de 35 ans 11 mois; celle du département moyen est de 36 ans 7 mois. *Cinquante-cinq* départements ont une vie moyenne plus longue. Vie moyenne.

Pour fournir annuellement 100 hommes au recrutement, on compte 386 naissances des deux sexes; le département moyen en exige 336. *Soixante et dix-huit* départements perdent moins de jeunes gens avant leur 21e année. Individus qui arrivent à 21 ans.

Pour 100 enfants trouvés qui atteignent l'âge de *douze ans*, il en meurt 144; le département moyen en perd 159. *Cinquante* départements présentent une mortalité moins considérable. Mortalité des enfants trouvés.

RÉSUMÉ.

Population relative..........	très-peu nombreuse.
Accroissement de la population.	moyen.
Sol forestier................	peu étendu.
Nombre des agriculteurs......	très-peu considérable.
Industrie..................	très-développée.
Nombre des crimes..........	considérable.
Nombre des bâtards.........	considérable.
Nombre des enfants trouvés..	considérable.
Insoumis au recrutement......	rares.
Rentrée des impôts..........	facile.
Nombre des procès civils.....	moyen.
Instruction primaire.........	très-répandue.
Zèle électoral..............	ordinaire.
Taille.....................	élevée.
Vices de constitution........	très-nombreux.
Nourriture (en céréales)......	mauvaise.
Durée de la vie.............	courte.
Suicides..................	très-nombreux.
Paupérisme................	très-étendu.
Crimes contre les choses......	très-nombreux.
Jury.....................	sévère.
Individus qui arrivent à 21 ans.	peu nombreux.
Propriétaires..............	très-nombreux.

51. HAUTE-MARNE. — Chef-lieu Chaumont.

Population. La France aurait 21,054,000 habitants, si elle était peuplée comme le département de la *Haute-Marne*. *Soixante et seize* départements ont plus de densité de population; cette dernière s'accroît annuellement de 61 têtes par 10,000 habitants. — Sol forestier, 29 centièmes.

Agriculteurs. Sur 1,000 recrues, ce département en compte 380 occupées aux travaux de la campagne ; le département moyen en a 526. *Soixante et onze* départements comptent plus d'agriculteurs.

Industrie. Sous le rapport de l'industrie, ce département est le 15ᵉ.

FAITS DE L'ORDRE MORAL.

Criminalité. Dans le département de la Haute-Marne, sur 4,831 habitants, il y a un accusé de crime; le département moyen en fournit un sur 4,552. *Quarante-sept* départements ont une meilleure moralité.

Bâtards. Pour 1,000 naissances de toute nature, on compte 52 bâtards ; le département moyen en a 72. *Vingt-six* départements présentent une meilleure moralité.

Enfants trouvés. Pour 1,000 naissances de toute nature, on compte 22 enfants trouvés; le département moyen en a 35. *Vingt-un* départements présentent une meilleure moralité.

Insoumis au recrutement. Pour 1,000 recrues obtenues, on compte 2 insoumis ; le département moyen en a 14. *Onze* départements comptent moins d'insoumis.

Frais de rentrée des impôts directs. Pour percevoir 1,000 fr. d'impôts directs de toute nature, on est obligé de faire 1 fr. 0 c. de frais ; dans le département moyen, ces frais montent à 3 fr. 40 c. *Deux* départements ont plus de régularité pour le payement des impôts.

Paupérisme. Pour 1,000 habitants, on en compte 7 de secourus par les hôpitaux et hospices ou par les bureaux de bienfaisance ; le département moyen en compte 34. *Onze* départements ont un paupérisme moins considérable.

Esprit de chicane. Pour une affaire inscrite devant les tribunaux de première instance, on compte 296 habitants ; le département moyen en compte 261. *Trente-quatre* départements ont un esprit de chicane moins développé.

Catholicisme. Pour 1,000 francs d'impôts directs de toute nature, on a fourni, en neuf années, 18 fr. 70 c. de souscriptions pour la propagation de la foi catholique; le département moyen en a payé 7 fr. 20. c. *Cinq* départements ont produit des souscriptions plus considérables.

Instruction primaire. Sur 1,000 recrues, on en compte 183 ne sachant ni lire ni écrire ; le département moyen en a 486 dans ce cas. *Deux* départements ont une instruction primaire plus répandue.

Négligence pour l'instruction primaire. Sur 100 écoles primaires qui manquent, 18 sont dans ce cas par suite de la négligence des autorités locales ; le département moyen en compte 34. *Treize* départements montrent plus de zèle pour l'exécution de la loi du 28 juin 1833.

Elections. Sur 100 électeurs, 56 usent de leurs droits ; le département moyen en compte 66. *Soixante et dix-huit* départements ont plus de zèle électoral.

FAITS DE L'ORDRE PHYSIQUE.

La taille moyenne des recrues est de 1 m. 668 mil. ; c'est plus que celle du département moyen, qui est de 1 m. 655 mil. Les habitants de *huit* départements ont une plus grande taille. Taille.

Pour 1,000 recrues obtenues, on a 162 exemptions pour défaut de taille ; le département moyen en compte 260. *Dix-sept* départements ont moins d'exemptions de cette nature. Exemptions pour défaut de taille.

Pour 1,000 recrues obtenues, on a 970 exemptions pour causes physiques autres que pour défaut de taille ; le département moyen en compte 667. *Quatre-vingt-un* départements ont moins d'exemptions de cetté nature. Exemptions pour autres causes physiques.

Pour 100 hectolitres de froment et de méteil consommés, 47 hectolitres de grains inférieurs entrent dans l'alimentation des habitants ; le département moyen en consomme 82. *Vingt-trois* départements sont dans une condition de nourriture plus favorable. Nourriture des habitants.

La vie moyenne des habitants est de 42 ans 10 mois ; celle du département moyen est de 36 ans 7 mois. *Huit* départements ont une vie moyenne plus longue. Vie moyenne.

Pour fournir annuellement 100 hommes au recrutement, on compte 315 naissances des deux sexes ; le département moyen en exige 336. *Trente-un* départements perdent moins de jeunes gens avant leur 21e année. Individus qui arrivent à 21 ans.

Pour 100 enfants trouvés qui atteignent l'âge de *douze ans*, il en meurt 88 ; le département moyen en perd 159. *Vingt-deux* départements présentent une mortalité moins considérable. Mortalité des enfants trouvés.

RÉSUMÉ.

Population relative..........	très-peu nombreuse.
Accroissement de la population.	rapide.
Sol forestier...............	très-étendu.
Nombre des agriculteurs.....	très-peu considérable.
Industrie..................	très-développée.
Nombre des crimes..........	moyen.
Nombre des bâtards.........	peu considérable.
Nombre des enfants trouvés...	peu considérable.
Insoumis au recrutement.....	très-rares.
Rentrée des impôts..........	des plus faciles.
Nombre des procès civils.....	moyen.
Instruction primaire.........	des plus répandues.
Zèle électoral..............	très-faible.
Taille.....................	très-élevée.
Vices de constitution.........	très-nombreux.
Nourriture (en céréales)......	bonne.
Durée de la vie.............	très-longue.
Catholicisme...............	très-développé.

52. MAYENNE. — Chef-lieu LAVAL.

Population. La France aurait 36,146,000 habitants, si elle était peuplée comme le département de la *Mayenne*. *Vingt-cinq* départements ont plus de densité de population ; cette dernière s'accroît annuellement de 40 têtes par 10,000 habitants. — Sol forestier, 6 centièmes.

Agriculteurs. Sur 1,000 recrues, ce département en compte 515 occupées aux travaux de la campagne ; le département moyen en a 526. *Cinquante-deux* départements comptent plus d'agriculteurs.

Industrie. Sous le rapport de l'industrie, ce département est le 58ᵉ.

FAITS DE L'ORDRE MORAL.

Criminalité. Dans le département de la Mayenne, sur 5,793 habitants, il y a un accusé de crime; le département moyen en fournit un sur 4,552. *Vingt* départements ont une meilleure moralité.

Bâtards. Pour 1,000 naissances de toute nature, on compte 53 bâtards; le département moyen en a 72. *Trente-un* départements présentent une meilleure moralité.

Enfants trouvés. Pour 1,000 naissances de toute nature, on compte 30 enfants trouvés ; le département moyen en a 35. *Quarante-huit* départements présentent une meilleure moralité.

Insoumis au recrutement. Pour 1,000 recrues obtenues, on compte 4 insoumis ; le département moyen en a 14. *Trente* départements comptent moins d'insoumis.

Frais de rentrée des impôts directs. Pour percevoir 1,000 fr. d'impôts directs de toute nature, on est obligé de faire 1 fr. 0 c. de frais ; dans le département moyen, ces frais montent à 3 fr. 40 c. *Un seul* département a plus de régularité pour le payement des impôts.

Paupérisme. Pour 1,000 habitants, on en compte 21 de secourus par les hôpitaux et hospices ou par les bureaux de bienfaisance ; le département moyen en compte 34. *Quarante-sept* départements ont un paupérisme moins considérable.

Esprit de chicane. Pour une affaire inscrite devant les tribunaux de première instance, on compte 1,037 habitants ; le département moyen en compte 261. *Deux* départements ont un esprit de chicane moins développé.

Catholicisme. Pour 1,000 fr. d'impôts directs de toute nature, on a fourni, en neuf années, 10 fr. 30 c. de souscriptions pour la propagation de la foi catholique; le département moyen en a payé 7 fr. 20 c. *Quinze* départements ont produit des souscriptions plus considérables.

Instruction primaire. Sur 1,000 recrues, on en compte 622 ne sachant ni lire ni écrire ; le département moyen en a 486 dans ce cas. *Cinquante-neuf* départements ont une instruction primaire plus répandue.

Négligence pour l'instruction primaire. Sur 100 écoles primaires qui manquent, 35 sont dans ce cas par suite de la négligence des autorités locales ; le département moyen en compte 34. *Quarante-cinq* départements montrent plus de zèle pour l'exécution de la loi du 28 juin 1833.

Elections. Sur 100 électeurs, 51 usent de leurs droits ; le département moyen en compte 66. *Quatre-vingt-un* départements ont plus de zèle électoral.

FAITS DE L'ORDRE PHYSIQUE.

La taille moyenne des recrues est de 1 m. 642 mil.; c'est moins que celle du département moyen qui est de 1 m. 655 mil. Les habitants de *soixante et seize* départements ont une plus grande taille. **Taille.**

Pour 1,000 recrues obtenues, on a 307 exemptions pour défaut de taille; le département moyen en compte 260. *Soixante* départements ont moins d'exemptions de cette nature. **Exemptions pour défaut de taille.**

Pour 1,000 recrues obtenues, on a 486 exemptions pour causes physiques autres que pour défaut de taille; le département moyen en compte 667. *Seize* départements ont moins d'exemptions de cette nature. **Exemptions pour autres causes physiques.**

Pour 100 hectolitres de froment et de méteil consommés, 312 hectolitres de grains inférieurs entrent dans l'alimentation des habitants; le département moyen en consomme 82. *Soixante et quatorze* départements sont dans une condition de nourriture plus favorable. **Nourriture des habitants.**

La vie moyenne des habitants est de 38 ans 0 mois; celle du département moyen est de 36 ans 7 mois. *Trente-sept* départements ont une vie moyenne plus longue. **Vie moyenne.**

Pour fournir annuellement 100 hommes au recrutement, on compte 329 naissances des deux sexes; le département moyen en exige 336. *Quarante-sept* départements perdent moins de jeunes gens avant leur 21ᵉ année. **Individus qui arrivent à 21 ans.**

Pour 100 enfants trouvés qui atteignent l'âge de *douze ans*, il en meurt 98; le département moyen en perd 159. *Trente-un* départements présentent une mortalité moins considérable. **Mortalité des enfants trouvés.**

RÉSUMÉ.

Population relative..........	considérable.
Accroissement de la population.	moyen.
Sol forestier................	peu étendu.
Nombre des agriculteurs......	moyen.
Industrie..................	peu développée.
Nombre des crimes..........	peu considérable.
Nombre des bâtards.........	peu considérable.
Nombre des enfants trouvés...	moyen.
Insoumis au recrutement......	rares.
Rentrée des impôts..........	des plus faciles.
Nombre des procès civils.....	très-peu considérable.
Instruction primaire.........	peu répandue.
Zèle électoral..............	très-faible.
Taille.....................	très-petite.
Vices de constitution........	très-rares.
Nourriture (en céréales)......	très-mauvaise.
Durée de la vie.............	moyenne.
Catholicisme................	très-développé.
Propriétaires...............	peu nombreux.
Logement des habitants......	mauvais.

53. MEURTHE. — Chef-lieu NANCY.

Population. **La France aurait 35,988,000 habitants, si elle était peuplée comme le département de la *Meurthe*. *Vingt-sept* départements ont plus de densité de population ; cette dernière s'accroît annuellement de 73 têtes par 10,000 habitants. — Sol forestier, 31 centièmes.**

Agriculteurs. Sur 1,000 recrues, ce département en compte 433 occupées aux travaux de la campagne ; le département moyen en a 526. *Soixante-deux* départements comptent plus d'agriculteurs.

Industrie. Sous le rapport de l'industrie, ce département est le 38ᵉ.

FAITS DE L'ORDRE MORAL.

Criminalité. Dans le département de la Meurthe, sur 5,898 habitants, il y a un accusé de crime ; le département moyen en fournit un sur 4,552. *Dix-sept* départements ont une meilleure moralité.

Bâtards. Pour 1,000 naissances de toute nature, on compte 69 bâtards ; le département moyen en a 72. *Cinquante-huit* départements présentent une meilleure moralité.

Enfants trouvés. Pour 1,000 naissances de toute nature, on compte 28 enfants trouvés ; le département moyen en a 35. *Quarante* départements présentent une meilleure moralité.

Insoumis au recrutement. Pour 1,000 recrues obtenues, on compte 5 insoumis ; le département moyen en a 14. *Trente-six* départements comptent moins d'insoumis.

Frais de rentrée des impôts directs. Pour percevoir 1,000 fr. d'impôts directs de toute nature, on est obligé de faire 1 fr. 50 c. de frais ; dans le département moyen, ces frais montent à 3 fr. 40 c. *Treize* départements ont plus de régularité pour le payement des impôts.

Paupérisme. Pour 1,000 habitants, on en compte 35 de secourus par les hôpitaux et hospices ou par les bureaux de bienfaisance ; le département moyen en compte 34. *Soixante-cinq* départements ont un paupérisme moins considérable.

Esprit de chicane. Pour une affaire inscrite devant les tribunaux de première instance, on compte 312 habitants ; le département moyen en compte 261. *Trente* départements ont un esprit de chicane moins développé.

Catholicisme. Pour 1,000 fr. d'impôts directs de toute nature, on a fourni, en neuf années, 7 fr. 90 c. de souscriptions pour la propagation de la foi catholique ; le département moyen en a payé 7 fr. 20 c. *Vingt-six* départements ont produit des souscriptions plus considérables.

Instruction primaire. Sur 1,000 recrues, on en compte 285 ne sachant ni lire ni écrire ; le département moyen en a 486 dans ce cas. *Seize* départements ont une instruction primaire plus répandue.

Négligence pour l'instruction primaire. Sur 100 écoles primaires qui manquent, 24 sont dans ce cas par suite de la négligence des autorités locales ; le département moyen en compte 34. *Vingt-deux* départements montrent plus de zèle pour l'exécution de la loi du 28 juin 1833.

Élections. Sur 100 électeurs, 71 usent de leurs droits ; le département moyen en compte 66. *Dix-sept* départements ont plus de zèle électoral.

FAITS DE L'ORDRE PHYSIQUE.

La taille moyenne des recrues est de 1 m. 668 mil. ; c'est plus que celle du département moyen, qui est de 1 m. 655 mil. Les habitants de *sept* départements ont une plus grande taille. **Taille.**

Pour 1,000 recrues obtenues, on a 199 exemptions pour défaut de taille; le département moyen en compte 260. *Trente* départements ont moins d'exemptions de cette nature. **Exemptions pour défaut de taille.**

Pour 1,000 recrues obtenues, on a 952 exemptions pour causes physiques autres que pour défaut de taille ; le département moyen en compte 667. *Soixante et dix-huit* départements ont moins d'exemptions de cette nature. **Exemptions pour autres causes physiques.**

Pour 100 hectolitres de froment et de méteil consommés, 0,15 hectolitre de grains inférieurs entrent dans l'alimentation des habitants ; le département moyen en consomme 82. *Six* départements sont dans une condition de nourriture plus favorable. **Nourriture des habitants.**

La vie moyenne des habitants est de 37 ans 7 mois ; celle du département moyen est de 36 ans 7 mois. *Quarante-quatre* départements ont une vie moyenne plus longue. **Vie moyenne.**

Pour fournir annuellement 100 hommes au recrutement, on compte 328 naissances des deux sexes; le département moyen en exige 336. *Quarante-quatre* départements perdent moins de jeunes gens avant leur 21me année. **Individus qui arrivent à 21 ans.**

Pour 100 enfants trouvés qui atteignent l'âge de *douze ans*, il en meurt 82; le département moyen en perd 159. *Dix-huit* départements présentent une mortalité moins considérable. **Mortalité des enfants trouvés.**

RÉSUMÉ.

Population relative..........	considérable.
Accroissement de la population.	très-rapide.
Sol forestier...............	très-étendu.
Nombre des agriculteurs.....	peu considérable.
Industrie..................	moyenne.
Nombre des crimes.........	peu considérable.
Nombre des bâtards.........	considérable.
Nombre des enfants trouvés...	moyen.
Nombre des insoumis........	moyen.
Rentrée des impôts.........	très-facile.
Nombre des procès civils.....	peu considérable.
Instruction primaire.........	très-répandue.
Zèle électoral.............	actif.
Taille.....................	élevée.
Vices de constitution	très-nombreux.
Nourriture (en céréales)......	très-bonne.
Durée de la vie.............	moyenne.
Jury.....................	sévère.
Goîtres..................	des plus nombreux.

54. MEUSE. — Chef-lieu BAR-LE-DUC.

Population. La France aurait 26,753,000 habitants, si elle était peuplée comme le département de la *Meuse*. *Cinquante-cinq* départements ont plus de densité de population ; cette dernière s'accroît annuellement de 60 têtes par 10,000 habitants. — Sol forestier, 28 centièmes.

Agriculteurs. Sur 1,000 recrues, ce département en compte 250 occupées aux travaux de la campagne ; le département moyen en a 526. *Quatre-vingt-un* départements comptent plus d'agriculteurs.

Industrie. Sous le rapport de l'industrie, ce département est le 7ᵉ.

FAITS DE L'ORDRE MORAL.

Criminalité. Dans le département de la Meuse, sur 5,316 habitants, il y a un accusé de crime ; le département moyen en fournit un sur 4,552. *Trente-deux* départements ont une meilleure moralité.

Bâtards. Pour 1,000 naissances de toute nature, on compte 53 bâtards ; le département moyen en a 72. *Trente* départements présentent une meilleure moralité.

Enfants trouvés. Pour 1,000 naissances de toute nature, on compte 16 enfants trouvés ; le département moyen en a 35. *Seize* départements présentent une meilleure moralité.

Insoumis au recrutement. Pour 1,000 recrues obtenues, on compte 2 insoumis ; le département moyen en a 14. *Douze* départements comptent moins d'insoumis.

Frais de rentrée des impôts directs. Pour percevoir 1,000 fr. d'impôts directs de toute nature, on est obligé de faire 1 fr. 30 c. de frais ; dans le département moyen, ces frais montent à 3 fr. 40 c. *Dix* départements ont plus de régularité pour le payement des impôts.

Paupérisme. Pour 1,000 habitants, on en compte 19 de secourus par les hôpitaux et hospices ou par les bureaux de bienfaisance ; le département moyen en compte 34. *Quarante* départements ont un paupérisme moins considérable.

Esprit de chicane. Pour une affaire inscrite devant les tribunaux de première instance, on compte 288 habitants ; le département moyen en compte 261. *Trente-sept* départements ont un esprit de chicane moins développé.

Catholicisme. Pour 1,000 fr. d'impôts directs de toute nature, on a fourni, en neuf années, 5 fr. 30 c. de souscriptions pour la propagation de la foi catholique ; le département moyen en a payé 7 fr. 20 c. *Trente-huit* départements ont produit des souscriptions plus considérables.

Instruction primaire. Sur 1,000 recrues, on en compte 184 ne sachant ni lire ni écrire ; le département moyen en a 486 dans ce cas. *Trois* départements ont une instruction primaire plus répandue.

Négligence pour l'instruction primaire. Sur 100 écoles primaires qui manquent, 34 sont dans ce cas par suite de la négligence des autorités locales ; le département moyen en compte 34. *Quarante-trois* départements montrent plus de zèle pour l'exécution de la loi du 28 juin 1833.

Elections. Sur 100 électeurs, 65 usent de leurs droits ; le département moyen en compte 66. *Cinquante* départements ont plus de zèle électoral.

La taille moyenne des recrues est de 1 m. 663 mil. ; c'est plus que celle du département moyen, qui est de 1 m. 655 mil. Les habitants de *vingt-un* départements ont une plus grande taille. Taille.

Pour 1,000 recrues obtenues, on a 152 exemptions pour défaut de taille ; le département moyen en compte 260. *Onze* départements ont moins d'exemptions de cette nature. Exemptions pour défaut de taille.

Pour 1,000 recrues obtenues, on a 614 exemptions pour causes physiques autres que pour défaut de taille ; le département moyen en compte 667. *Trente-deux* départements ont moins d'exemptions de cette nature. Exemptions pour autres causes physiques.

Pour 100 hectolitres de froment et de méteil consommés, 0,22 hectolitre de grains inférieurs entrent dans l'alimentation des habitants ; le département moyen en consomme 82. *Dix* départements sont dans une condition de nourriture plus favorable. Nourriture des habitants.

La vie moyenne des habitants est de 39 ans 7 mois ; celle du département moyen est de 36 ans 7 mois. *Vingt-deux* départements ont une vie moyenne plus longue. Vie moyenne.

Pour fournir annuellement 100 hommes au recrutement, on compte 339 naissances des deux sexes ; le département moyen en exige 336. *Cinquante-un* départements perdent moins de jeunes gens avant leur 21ᵉ année. Individus qui arrivent à 21 ans.

Pour 100 enfants trouvés qui atteignent l'âge de *douze ans*, il en meurt 137 ; le département moyen en perd 159. *Quarante-sept* départements présentent une mortalité moins considérable. Mortalité des enfants trouvés.

RÉSUMÉ.

Population relative..........	peu nombreuse.
Accroissement de la population.	rapide.
Sol forestier................	très-étendu.
Nombre des agriculteurs......	très-peu considérable.
Industrie..................	très-développée.
Nombre des crimes..........	peu considérable.
Nombre des bâtards.........	peu considérable.
Nombre des enfants trouvés...	très-peu considérable.
Insoumis au recrutement.....	très-rares.
Rentrée des impôts..........	très-facile.
Nombre des procès civils.....	moyen.
Instruction primaire.........	très-répandue.
Zèle électoral..............	moyen.
Taille.....................	élevée.
Vices de constitution.........	rares.
Nourriture (en céréales)......	bonne.
Durée de la vie..............	longue.
Jury......................	sévère.
Propriétaires..............	très-nombreux.

55. MORBIHAN. — Chef-lieu VANNES.

Population. La France aurait 32,664,000 habitants, si elle était peuplée comme le département du *Morbihan*. *Trente-sept* départements ont plus de densité de population ; cette dernière s'accroît annuellement de 48 têtes par 10,000 habitants. — Sol forestier, 4 centièmes.

Agriculteurs. Sur 1,000 recrues, ce département en compte 654 occupées aux travaux de la campagne ; le département moyen en a 526. *Quatorze* départements comptent plus d'agriculteurs.

Industrie. Sous le rapport de l'industrie, ce département est le 84ᵉ.

FAITS DE L'ORDRE MORAL.

Criminalité. Dans le département du Morbihan, sur 5,354 habitants, il y a un accusé de crime ; le département moyen en fournit un sur 4,552. *Trente* départements ont une meilleure moralité.

Bâtards. Pour 1,000 naissances de toute nature, on compte 29 bâtards ; le département moyen en a 72. *Cinq* départements présentent une meilleure moralité.

Enfants trouvés. Pour 1,000 naissances de toute nature, on compte 14 enfants trouvés ; le département moyen en a 35. *Neuf* départements présentent une meilleure moralité.

Insoumis au recrutement. Pour 1,000 recrues obtenues, on compte 9 insoumis ; le département moyen en a 14. *Cinquante-cinq* départements comptent moins d'insoumis.

Frais de rentrée des impôts directs. Pour percevoir 1,000 francs d'impôts directs de toute nature, on est obligé de faire 2 fr. 30 c. de frais ; dans le département moyen, ces frais montent à 3 fr. 40 c. *Vingt-sept* départements ont plus de régularité pour le payement des impôts.

Paupérisme. Pour 1,000 habitants, on en compte 5 de secourus par les hôpitaux et hospices ou par les bureaux de bienfaisance ; le département moyen en compte 34. *Cinq* départements ont un paupérisme moins considérable.

Esprit de chicane. Pour une affaire inscrite devant les tribunaux de première instance, on compte 1,495 habitants ; le département moyen en compte 261. *Un seul* département a un esprit de chicane moins développé.

Catholicisme. Pour 1,000 fr. d'impôts directs de toute nature, on a fourni en neuf années 10 fr. 20 c. de souscriptions pour la propagation de la foi catholique ; le département moyen en a payé 7 fr. 20. *Dix-huit* départements ont produit des souscriptions plus considérables.

Instruction primaire. Sur 1,000 recrues, on en compte 796 ne sachant ni lire ni écrire ; le département moyen en a 486 dans ce cas. *Quatre-vingt-trois* départements ont une instruction primaire plus répandue.

Négligence pour l'instruction primaire. Sur 100 écoles primaires qui manquent, 30 sont dans ce cas par suite de la négligence des autorités locales ; le département moyen en compte 34. *Trente-six* départements montrent plus de zèle pour l'exécution de la loi du 28 juin 1833.

Elections. Sur 100 électeurs, 58 usent de leurs droits ; le département moyen en compte 66. *Soixante et quatorze* départements ont plus de zèle électoral.

FAITS DE L'ORDRE PHYSIQUE.

La taille moyenne des recrues est de 1 m. 633 mil.; c'est moins que celle du département moyen, qui est de 1 m. 655 mil. Les habitants de *tous les* départements ont une plus grande taille. Taille.

Pour 1,000 recrues obtenues, on a 247 exemptions pour défaut de taille ; le département moyen en compte 260. *Quarante-quatre* départements ont moins d'exemptions de cette nature. Exemptions pour défaut de taille.

Pour 1,000 recrues obtenues, on a 243 exemptions pour causes physiques autres que pour défaut de taille ; le département moyen en compte 667. *Aucun* département n'a moins d'exemptions de cette nature. Exemptions pour autres causes physiques.

Pour 100 hectolitres de froment et de méteil consommés, 460 hectolitres de grains inférieurs entrent dans l'alimentation des habitants ; le département moyen en consomme 82. *Soixante et dix-huit* départements sont dans une condition de nourriture plus favorable. Nourriture des habitants.

La vie moyenne des habitants est de 32 ans 2 mois ; celle du département moyen est de 36 ans 7 mois. *Soixante et onze* départements ont une vie moyenne plus longue. Vie moyenne.

Pour fournir annuellement 100 hommes au recrutement, on compte 362 naissances des deux sexes ; le département moyen en exige 336. *Soixante-six* départements perdent moins de jeunes gens avant leur 21e année. Individus qui arrivent à 21 ans.

Pour 100 enfants trouvés qui atteignent l'âge de *douze ans*, il en meurt 94 ; le département moyen en perd 159. *Vingt-neuf* départements présentent une mortalité moins considérable. Mortalité des enfants trouvés.

RÉSUMÉ.

Population relative	moyenne.
Accroissement de la population.	moyen.
Sol forestier................	très-peu étendu.
Nombre des agriculteurs......	très-considérable.
Industrie..................	des moins développées.
Nombre des crimes..........	peu considérable.
Nombre des bâtards.........	très-peu considérable.
Nombre des enfants trouvés..	très-peu considérable.
Insoumis au recrutement......	nombreux.
Rentrée des impôts..........	facile.
Nombre des procès civils.....	très-peu considérable.
Instruction primaire.........	des plus arriérées.
Zèle électoral..............	très-faible.
Taille....................	très-petite.
Vices de constitution.........	*minimum*.
Nourriture (en céréales)......	très-mauvaise.
Durée de la vie............	très-courte.
Catholicisme..............	très-développé.
Logement des habitans.......	des plus mauvais.
Salaires des ouvriers.........	*minimum*.

56. MOSELLE. — Chef-lieu METZ.

Population. La France aurait 41,318,000 habitants, si elle était peuplée comme le département de la *Moselle*. *Quinze* départements ont plus de densité de population ; cette dernière s'accroît annuellement de 96 têtes par 10,000 habitants.—Sol forestier, 26 centièmes.

Agriculteurs. Sur 1,000 recrues, ce département en compte 425 occupées aux travaux de la campagne ; le département moyen en a 526. *Soixante-quatre* départements comptent plus d'agriculteurs.

Industrie. Sous le rapport de l'industrie, ce département est le 39e.

FAITS DE L'ORDRE MORAL.

Criminalité. Dans le département de la Moselle, sur 3,037 habitants, il y a un accusé de crime; le département moyen en fournit un sur 4,552. *Soixante et dix-neuf* départements ont une meilleure moralité.

Bâtards. Pour 1,000 naissances de toute nature, on compte 56 bâtards ; le département moyen en a 72. *Trente-quatre* départements présentent une meilleure moralité.

Enfants trouvés. Pour 1,000 naissances de toute nature, on compte 9 enfants trouvés ; le département moyen en a 35. *Six* départements présentent une meilleure moralité.

Insoumis au recrutement. Pour 1,000 recrues obtenues, on compte 3 insoumis ; le département moyen en a 14. *Vingt-sept* départements comptent moins d'insoumis.

Frais de rentrée des impôts directs. Pour percevoir 1,000 fr. d'impôts directs de toute nature, on est obligé de faire 1 fr. 60 c. de frais; dans le département moyen, ces frais montent à 3 fr. 40 c. *Quatorze* départements ont plus de régularité pour le payement des impôts.

Paupérisme. Pour 1,000 habitants, on en compte 15 de secourus par les hôpitaux et hospices ou par les bureaux de bienfaisance ; le département moyen en compte 34. *Trente-trois* départements ont un paupérisme moins considérable.

Esprit de chicane. Pour une affaire inscrite devant les tribunaux de première instance, on compte 344 habitants ; le département moyen en compte 261. *Vingt-un* départements ont un esprit de chicane moins développé.

Catholicisme. Pour 1,000 fr. d'impôts directs de toute nature, on a fourni en 9 années 4 fr. 30 c. de souscriptions pour la propagation de la foi catholique; le département moyen en a payé 7 fr. 20 c. *Quarante-six* départements ont produit des souscriptions plus considérables.

Instruction primaire. Sur 1,000 recrues, on en compte 191 ne sachant ni lire ni écrire ; le département moyen en a 486 dans ce cas. *Quatre* départements ont une instruction primaire plus répandue.

Négligence pour l'instruction primaire. Sur 100 écoles primaires qui manquent, 19 sont dans ce cas par suite de la négligence des autorités locales ; le département moyen en compte 34. *Quinze* départements montrent plus de zèle pour l'exécution de la loi du 28 juin 1833.

Elections. Sur 100 électeurs, 75 usent de leurs droits ; le département moyen en compte 66. *Cinq* départements ont plus de zèle électoral.

FAITS DE L'ORDRE PHYSIQUE.

La taille moyenne des recrues est de 1 m. 676 mil. ; c'est plus que celle du département moyen, qui est de 1 m. 655 mil. Les habitants de *deux* départements ont une plus grande taille. Taille.

Pour 1,000 recrues obtenues, on a 144 exemptions pour défaut de taille; le département moyen en compte 260. *Neuf* départements ont moins d'exemptions de cette nature. Exemptions pour défaut de taille.

Pour 1,000 recrues obtenues, on a 582 exemptions pour causes physiques autres que pour défaut de taille; le département moyen en compte 667. *Vingt-neuf* départements ont moins d'exemptions de cette nature. Exemptions pour autres causes physiques.

Pour 100 hectolitres de froment et de méteil consommés, 0,42 hectolitre de grains inférieurs entrent dans l'alimentation des habitants; le département moyen en consomme 82. *Dix-neuf* départements sont dans une condition de nourriture plus favorable. Nourriture des habitants.

La vie moyenne des habitants est de 39 ans 2 mois ; celle du département moyen est de 36 ans 7 mois. *Vingt-quatre* départements ont une vie moyenne plus longue. Vie moyenne.

Pour fournir annuellement 100 hommes au recrutement, on compte 343 naissances des deux sexes ; le département moyen en exige 336. *Cinquante-six* départements perdent moins de jeunes gens avant leur 21e année. Individus qui arrivent à 21 ans.

Pour 100 enfants trouvés qui atteignent l'âge de *douze ans*, il en meurt 33 ; le département moyen en perd 159. *Trois* départements présentent une mortalité moins considérable. Mortalité des enfants trouvés.

RÉSUMÉ.

Population relative..........	très-considérable.
Accroissement de la population.	*maximum* (Corse exceptée).
Sol forestier...............	très-étendu.
Nombre des agriculteurs.....	peu considérable.
Industrie..................	moyenne.
Nombre des crimes..........	très-considérable.
Nombre des bâtards.........	peu considérable.
Nombre des enfants trouvés...	très-peu considérable.
Insoumis au recrutement.....	rares.
Rentrée des impôts..........	très-facile.
Nombre des procès civils.....	peu considérable.
Instruction primaire.........	des plus répandues.
Zèle électoral..............	très-actif.
Taille......................	très-grande.
Vices de constitution.........	rares.
Nourriture (en céréales)......	bonne.
Durée de la vie.............	longue.
Nombre des enfants trouvés..	en décroissance.
Mortalité des enfants trouvés..	très-faible.
Goîtres....................	très-nombreux.

57. NIÈVRE. — Chef-lieu NEVERS.

Population. La France aurait 21,898,000 habitants, si elle était peuplée comme le département de la *Nièvre*. *Soixante et onze* départements ont plus de densité de population ; cette dernière s'accroît annuellement de 28 têtes par 10,000 habitants. —Sol forestier, 28 centièmes.

Agriculteurs. Sur 1,000 recrues, ce département en compte 411 occupées aux travaux de la campagne ; le département moyen en a 526. *Soixante-cinq* départements comptent plus d'agriculteurs.

Industrie. Sous le rapport de l'industrie, ce département est le 43ᵉ.

FAITS DE L'ORDRE MORAL.

Criminalité. Dans le département de la Nièvre, sur 5,999 habitants, il y a un accusé de crime ; le département moyen en fournit un sur 4,552. *Seize* départements ont une meilleure moralité.

Bâtards. Pour 1,000 naissances de toute nature, on compte 40 bâtards ; le département moyen en a 72. *Treize* départements présentent une meilleure moralité.

Enfants trouvés. Pour 1,000 naissances de toute nature, on compte 35 enfants trouvés ; le département moyen en a 35. *Cinquante-quatre* départements présentent une meilleure moralité.

Insoumis au recrutement. Pour 1,000 recrues obtenues, on compte 3 insoumis ; le département moyen en a 14. *Vingt-deux* départements comptent moins d'insoumis.

Frais de rentrée des impôts directs. Pour percevoir 1,000 fr. d'impôts directs de toute nature, on est obligé de faire 4 fr. 60 c. de frais ; dans le département moyen, ces frais montent à 3 fr. 40 c. *Cinquante-cinq* départements ont plus de régularité pour le payement des impôts.

Paupérisme. Pour 1,000 habitants, on en compte 8 de secourus par les hôpitaux et hospices ou par les bureaux de bienfaisance ; le département moyen en compte 34. *Quinze* départements ont un paupérisme moins considérable.

Esprit de chicane. Pour une affaire inscrite devant les tribunaux de première instance, on compte 145 habitants ; le département moyen en compte 261. *Soixante et dix-huit* départements ont un esprit de chicane moins développé.

Catholicisme. Pour 1,000 fr. d'impôts directs de toute nature, on a fourni, en neuf années, 1 fr. 20 c. de souscriptions pour la propagation de la foi catholique ; le département moyen en a payé 7 fr. 20 c. *Soixante et onze* départements ont produit des souscriptions plus considérables.

Instruction primaire. Sur 1,000 recrues, on en compte 746 ne sachant ni lire ni écrire ; le département moyen en a 486 dans ce cas. *Soixante et dix-sept* départements ont une instruction primaire plus répandue.

Négligence pour l'instruction primaire. Sur 100 écoles primaires qui manquent, 34 sont dans ce cas par suite de la négligence des autorités locales ; le département moyen en compte 34. *Quarante-deux* départements montrent plus de zèle pour l'exécution de la loi du 28 juin 1833.

Élections. Sur 100 électeurs, 64 usent de leurs droits ; le département moyen en compte 66. *Cinquante-neuf* départements ont plus de zèle électoral.

FAITS DE L'ORDRE PHYSIQUE.

La taille moyenne des recrues est de 1 m. 656 mil. ; c'est plus que celle du département moyen, qui est de 1 m. 655 mil. Les habitants de *quarante* départements ont une plus grande taille. Taille.

Pour 1,000 recrues obtenues, on a 268 exemptions pour défaut de taille ; le département moyen en compte 260. *Cinquante* départements ont moins d'exemptions de cette nature. Exemptions pour défaut de taille.

Pour 1,000 recrues obtenues, on a 699 exemptions pour causes physiques autres que pour défaut de taille ; le département moyen en compte 667. *Cinquante-deux* départements ont moins d'exemptions de cette nature. Exemptions pour autres causes physiques.

Pour 100 hectolitres de froment et de méteil consommés, 113 hectolitres de grains inférieurs entrent dans l'alimentation des habitants ; le département moyen en consomme 82. *Cinquante-deux* départements sont dans une condition de nourriture plus favorable. Nourriture des habitants.

La vie moyenne des habitants est de 31 ans 8 mois ; celle du département moyen est de 36 ans 7 mois. *Soixante et quinze* départements ont une vie moyenne plus longue. Vie moyenne.

Pour fournir annuellement 100 hommes au recrutement, on compte 338 naissances des deux sexes ; le département moyen en exige 336. *Quarante-neuf* départements perdent moins de jeunes gens avant leur 21ᵉ année. Individus qui arrivent à 21 ans.

Pour 100 enfants trouvés qui atteignent l'âge de *douze ans*, il en meurt 159 ; le département moyen en perd 159. *Cinquante-cinq* départements présentent une mortalité moins considérable. Mortalité des enfants trouvés.

RÉSUMÉ.

Population relative..........	très-peu nombreuse.
Accroissement de la population.	lent.
Sol forestier..............	très-étendu.
Nombre des agriculteurs.....	peu considérable.
Industrie..................	moyenne.
Nombre des crimes..........	très-peu considérable.
Nombre des bâtards.........	très-peu considérable.
Nombre des enfants trouvés...	considérable.
Insoumis au recrutement......	rares.
Rentrée des impôts........	difficile.
Procès civils..............	très-nombreux.
Instruction primaire........	très-peu répandue.
Zèle électoral..............	faible.
Taille....................	moyenne.
Constitution...............	médiocre.
Nourriture (en céréales)......	mauvaise.
Durée de la vie............	très-courte.
Centenaires................	très-nombreux.
Logement des habitants.....	mauvais.

58. NORD. — Chef-lieu LILLE.

Population. La France aurait 91,967,000 habitants, si elle était peuplée comme le département du *Nord*. *Un seul* département a plus de densité de population ; cette dernière s'accroît annuellement de 58 têtes par 10,000 habitants. — Sol forestier, 10 centièmes.

Agriculteurs. Sur 1,000 recrues, ce département en compte 433 occupées aux travaux de la campagne ; le département moyen en a 526. *Soixante-trois* départements comptent plus d'agriculteurs.

Industrie. Sous le rapport de l'industrie, ce département est le 13ᵉ.

FAITS DE L'ORDRE MORAL.

Criminalité. Dans le département du Nord, sur 5,630 habitants, il y a un accusé de crime ; le département moyen en fournit un sur 4,552. *Vingt-six* départements ont une meilleure moralité.

Bâtards. Pour 1,000 naissances de toute nature, on compte 93 bâtards ; le département moyen en a 72. *Soixante et seize* départements présentent une meilleure moralité.

Enfants trouvés. Pour 1,000 naissances de toute nature, on compte 28 enfants trouvés ; le département moyen en a 35. *Quarante-trois* départements présentent une meilleure moralité.

Insoumis au recrutement. Pour 1,000 recrues obtenues, on compte 3 insoumis ; le département moyen en a 14. *Vingt-six* départements comptent moins d'insoumis.

Frais de rentrée des impôts directs. Pour percevoir 1,000 fr. d'impôts directs de toute nature, on est obligé de faire 1 fr. 10 c. de frais ; dans le département moyen, ces frais montent à 3 fr. 40 c. *Six* départements ont plus de régularité pour le payement des impôts.

Paupérisme. Pour 1,000 habitants, on en compte 182 de secourus par les hôpitaux et hospices ou par les bureaux de bienfaisance ; le département moyen en compte 34. *Aucun* département n'a un paupérisme plus considérable.

Esprit de chicane. Pour une affaire inscrite devant les tribunaux de première instance, on compte 756 habitants ; le département moyen en compte 261. *Cinq* départements ont un esprit de chicane moins développé.

Catholicisme. Pour 1,000 fr. d'impôts directs de toute nature, on a fourni, en neuf années, 2 fr. 80 c. de souscriptions pour la propagation de la foi catholique ; le département moyen en a payé 7 fr. 20 c. *Cinquante-neuf* départements ont produit des souscriptions plus considérables.

Instruction primaire. Sur 1,000 recrues, on en compte 392 ne sachant ni lire ni écrire ; le département moyen en a 486 dans ce cas. *Vingt-six* départements ont une instruction primaire plus répandue.

Négligence pour l'instruction primaire. Sur 100 écoles primaires qui manquent, 15 sont dans ce cas par suite de la négligence des autorités locales ; le département moyen en compte 34. *Dix* départements montrent plus de zèle pour l'exécution de la loi du 28 juin 1833.

Elections. Sur 100 électeurs, 61 usent de leurs droits ; le département moyen en compte 66. *Soixante-huit* départements ont plus de zèle électoral.

FAITS DE L'ORDRE PHYSIQUE.

La taille moyenne des recrues est de 1 m. 682 mil.; c'est plus que celle du département moyen, qui est de 1 m. 655 mil. Les habitants d'*aucun* département n'ont une plus grande taille. Taille.

Pour 1,000 recrues obtenues, on a 153 exemptions pour défaut de taille ; le département moyen en compte 260. *Treize* départements ont moins d'exemptions de cette nature. Exemptions. pour défaut de taille.

Pour 1,000 recrues obtenues, on a 842 exemptions pour causes physiques autres que pour défaut de taille; le département moyen en compte 667. *Soixante-huit* départements ont moins d'exemptions de cette nature. Exemptions pour autres causes physiques.

Pour 100 hectolitres de froment et de méteil consommés, 6 hectolitres de grains inférieurs entrent dans l'alimentation des habitants ; le département moyen en consomme 82. *Aucun* département n'est dans une condition de nourriture plus favorable. Nourriture des habitants.

La vie moyenne des habitants est de 33 ans 4 mois ; celle du département moyen est de 36 ans 7 mois. *Soixante-cinq* départements ont une vie moyenne plus longue. Vie moyenne.

Pour fournir annuellement 100 hommes au recrutement, on compte 409 naissances des deux sexes ; le département moyen en exige 336. *Quatre-vingt-un* départements perdent moins de jeunes gens avant leur 21° année. Individus qui arrivent à 21 ans.

Pour 100 enfants trouvés qui atteignent l'âge de *douze ans*, il en meurt 120; le département moyen en perd 159. *Quarante-deux* départements présentent une mortalité moins considérable. Mortalité des enfants trouvés.

RÉSUMÉ.

Population relative.........	*maximum* (après la Seine).
Accroissement de la population.	rapide.
Sol forestier................	peu étendu.
Nombre des agriculteurs......	peu considérable.
Industrie..................	très-développée.
Nombre des crimes..........	peu considérable.
Nombre des bâtards.........	très-considérable.
Nombre des enfants trouvés..	moyen.
Insoumis au recrutement.....	rares.
Rentrée des impôts..........	très-facile.
Nombre des procès civils......	très-peu considérable.
Instruction primaire.........	répandue.
Zèle électoral...............	faible.
Taille......................	très-élevée.
Vices de constitution	nombreux.
Nourriture (en céréales)......	*maximum* de bonté.
Durée de la vie............	courte.
Paupérisme................	*maximum* (1).
Population urbaine..........	très-considérable.
Propriétaires...............	peu nombreux.
Individus qui arrivent à 21 ans.	très-peu nombreux.
Salaires..................	peu élevés.
Teigneux et scrofuleux.......	très-nombreux.

(1) L'accroissement de la population et du *paupérisme*, dans le département du Nord, doit attirer toute l'attention des administrations locales : nous pensons que la charité n'y est pas suffisamment éclairée et qu'elle contribue beaucoup à développer le mal auquel elle veut porter remède (on compte dans le département du Nord 49 hôpitaux et hospices et 618 bureaux de bienfaisance!).

59. OISE. — Chef-lieu BEAUVAIS.

Population. La France aurait 36,040,000 habitants, si elle était peuplée comme le département de l'*Oise*. *Vingt-six* départements ont plus de densité de population ; cette dernière s'accroît annuellement de 23 têtes par 10,000 habitants. — Sol forestier, 17 centièmes.

Agriculteurs. Sur 1,000 recrues, ce département en compte 395 occupées aux travaux de la campagne; le département moyen en a 526. *Soixante-huit* départements comptent plus d'agriculteurs.

Industrie. Sous le rapport de l'industrie, ce département est le 14ᵉ.

FAITS DE L'ORDRE MORAL.

Criminalité. Dans le département de l'Oise, sur 4,236 habitants, il y a un accusé de crime; le département moyen en fournit un sur 4,552. *Cinquante-neuf* départements ont une meilleure moralité.

Bâtards. Pour 1,000 naissances de toute nature, on compte 69 bâtards; le département moyen en a 72. *Cinquante-six* départements présentent une meilleure moralité.

Enfants trouvés. Pour 1,000 naissances de toute nature, on compte 25 enfants trouvés; le département moyen en a 35. *Trente-un* départements présentent une meilleure moralité.

Insoumis au recrutement. Pour 1,000 recrues obtenues, on compte 4 insoumis; le département moyen en a 14. *Trente-trois* départements comptent moins d'insoumis.

Frais de rentrée des impôts directs. Pour percevoir 1,000 fr. d'impôts directs de toute nature, on est obligé de faire 1 fr. 10 c. de frais; dans le département moyen, ces frais montent à 3 fr. 40 c. *Cinq* départements ont plus de régularité pour le payement des impôts.

Paupérisme. Pour 1,000 habitants, on en compte 24 de secourus par les hôpitaux et hospices ou par les bureaux de bienfaisance; le département moyen en compte 34. *Cinquante* départements ont un paupérisme moins considérable.

Esprit de chicane. Pour une affaire inscrite devant les tribunaux de première instance, on compte 281 habitants; le département moyen en compte 261. *Trente-neuf* départements ont un esprit de chicane moins développé.

Catholicisme. Pour 1,000 fr. d'impôts directs de toute nature, on a fourni, en neuf années, 1 fr. 90 c. de souscriptions pour la propagation de la foi catholique; le département moyen en a payé 7 fr. 20 c. *Soixante-sept* départements ont produit des souscriptions plus considérables.

Instruction primaire. Sur 1,000 recrues, on en compte 291 ne sachant ni lire ni écrire; le département moyen en a 486 dans ce cas. *Dix-sept* départements ont une instruction primaire plus répandue.

Négligence pour l'instruction primaire. Sur 100 écoles primaires qui manquent, 22 sont dans ce cas par suite de la négligence des autorités locales; le département moyen en compte 34. *Dix-huit* départements montrent plus de zèle pour l'exécution de la loi du 28 juin 1833.

Elections. Sur 100 électeurs, 67 usent de leurs droits; le département moyen en compte 66. *Trente-neuf* départements ont plus de zèle électoral.

FAITS DE L'ORDRE PHYSIQUE.

La taille moyenne des recrues est de 1 m. 665 mil.; c'est plus que celle du département moyen, qui est de 1 m. 655 mil. Les habitants de *dix-sept* départements ont une plus grande taille. Taille.

Pour 1,000 recrues obtenues, on a 104 exemptions pour défaut de taille; le département moyen en compte 260. *Un seul* département a moins d'exemptions de cette nature. Exemptions pour défaut de taille.

Pour 1,000 recrues obtenues, on a 893 exemptions pour causes physiques autres que pour défaut de taille; le département moyen en compte 667. *Soixante et douze* départements ont moins d'exemptions de cette nature. Exemptions pour autres causes physiques.

Pour 100 hectolitres de froment et de méteil consommés, 28 hectolitres de grains inférieurs entrent dans l'alimentation des habitants; le département moyen en consomme 82. *Treize* départements sont dans une condition de nourriture plus favorable. Nourriture des habitants.

La vie moyenne des habitants est de 40 ans 5 mois; celle du département moyen est de 36 ans 7 mois. *Dix-sept* départements ont une vie moyenne plus longue. Vie moyenne.

Pour fournir annuellement 100 hommes au recrutement, on compte 305 naissances des deux sexes; le département moyen en exige 336. *Vingt-un* départements perdent moins de jeunes gens avant leur 21e année. Individus qui arrivent à 21 ans.

Pour 100 enfants trouvés qui atteignent l'âge de *douze ans*, il en meurt 112; le département moyen en perd 159. *Trente-neuf* départements présentent une mortalité moins considérable. Mortalité des enfants trouvés.

RÉSUMÉ.

Population relative..........	considérable.
Accroissement de la population.	lent.
Sol forestier...............	moyen.
Nombre des agriculteurs......	peu considérable.
Industrie..................	très-développée.
Nombre des crimes..........	considérable.
Nombre des bâtards.........	considérable.
Nombre des enfants trouvés...	peu considérable.
Insoumis au recrutement......	peu nombreux.
Rentrée des impôts..........	très-facile.
Nombre des procès civils.....	moyen.
Instruction primaire.........	très-répandue.
Zèle électoral..............	moyen.
Taille....................	très-élevée.
Vices de constitution.........	très-nombreux.
Nourriture (en céréales)......	très-bonne.
Durée de la vie............	longue.
Suicides..................	très-nombreux.
Propriétaires...............	très-nombreux.
Dents....................	très-mauvaises.
Teigneux et scrofuleux........	*maximum*.

60. ORNE. — Chef-lieu ALENÇON.

Population. La France aurait 38,204,000 habitants, si elle était peuplée comme le département de l'*Orne*. *Dix-huit* départements ont plus de densité de population; cette dernière s'accroît annuellement de 35 têtes par 10,000 habitants. — Sol forestier, 14 centièmes.

Agriculteurs. Sur 1,000 recrues, ce département en compte 376 occupées aux travaux de la campagne; le département moyen en a 526. *Soixante et treize* départements comptent plus d'agriculteurs.

Industrie. Sous le rapport de l'industrie, ce département est le 42°.

FAITS DE L'ORDRE MORAL.

Criminalité. Dans le département de l'Orne, sur 4,125 habitants, il y a un accusé de crime; le département moyen en fournit un sur 4,552. *Soixante-trois* départements ont une meilleure moralité.

Bâtards. Pour 1,000 naissances de toute nature, on compte 46 bâtards; le département moyen en a 72. *Dix-huit* départements présentent une meilleure moralité.

Enfants trouvés. Pour 1,000 naissances de toute nature, on compte 23 enfants trouvés; le département moyen en a 35. *Vingt-quatre* départements présentent une meilleure moralité.

Insoumis au recrutement. Pour 1,000 recrues obtenues, on compte 13 insoumis; le département moyen en a 14. *Cinquante-neuf* départements comptent moins d'insoumis.

Frais de rentrée des impôts directs. Pour percevoir 1,000 francs d'impôts directs de toute nature, on est obligé de faire 2 fr. 20 c. de frais; dans le département moyen, ces frais montent à 3 fr. 40 c. *Vingt-quatre* départements ont plus de régularité pour le payement des impôts.

Paupérisme. Pour 1,000 habitants, on en compte 7 de secourus par les hôpitaux et hospices ou par les bureaux de bienfaisance; le département moyen en compte 34. *Dix* départements ont un paupérisme moins considérable.

Esprit de chicane. Pour une affaire inscrite devant les tribunaux de première instance, on compte 321 habitants; le département moyen en compte 261. *Vingt-huit* départements ont un esprit de chicane moins développé.

Catholicisme. Pour 1,000 francs d'impôts directs de toute nature, on a fourni, en neuf années, 1 fr. 90 c. de souscriptions pour la propagation de la foi catholique; le département moyen en a payé 7 fr. 20 c. *Soixante-six* départements ont produit des souscriptions plus considérables.

Instruction primaire. Sur 1,000 recrues, on en compte 391 ne sachant ni lire ni écrire; le département moyen en a 486 dans ce cas. *Vingt-cinq* départements ont une instruction primaire plus répandue.

Négligence pour l'instruction primaire. Sur 100 écoles primaires qui manquent, 55 sont dans ce cas par suite de la négligence des autorités locales; le département moyen en compte 34. *Soixante et quatorze* départements montrent plus de zèle pour l'exécution de la loi du 28 juin 1833.

Elections. Sur 100 électeurs, 64 usent de leurs droits; le département moyen en compte 66. *Soixante* départements ont plus de zèle électoral.

FAITS DE L'ORDRE PHYSIQUE.

La taille moyenne des recrues est de 1 m. 659 mil. ; c'est plus que celle du département moyen, qui est de 1 m. 655 mil. Les habitants de *trente-deux* départements ont une plus grande taille. Taille.

Pour 1,000 recrues obtenues, on a 204 exemptions pour défaut de taille; le département moyen en compte 260. *Trente-deux* départements ont moins d'exemptions de cette nature. Exemptions pour défaut de taille.

Pour 1,000 recrues obtenues, on a 632 exemptions pour causes physiques autres que pour défaut de taille; le département moyen en compte 667. *Trente-quatre* départements ont moins d'exemptions de cette nature. Exemptions pour autres causes physiques.

Pour 100 hectolitres de froment et de méteil consommés, 85 hectolitres de grains inférieurs entrent dans l'alimentation des habitants ; le département moyen en consomme 82. *Quarante-quatre* départements sont dans une condition de nourriture plus favorable. Nourriture des habitants.

La vie moyenne des habitants est de 49 ans 2 mois ; celle du département moyen est de 36 ans 7 mois. *Aucun* département n'a une vie moyenne plus longue. Vie moyenne.

Pour fournir annuellement 100 hommes au recrutement, on compte 267 naissances des deux sexes ; le département moyen en exige 336. *Deux* départements perdent moins de jeunes gens avant leur 21e année. Individus qui arrivent à 21 ans.

Pour 100 enfants trouvés qui atteignent l'âge de *douze ans*, il en meurt 87 ; le département moyen en perd 159. *Vingt-un* départements présentent une mortalité moins considérable. Mortalité des enfants trouvés.

RÉSUMÉ.

Population relative..........	considérable.
Accroissement de la population.	moyen.
Sol forestier................	moyen.
Nombre des agriculteurs......	très-peu considérable.
Industrie..................	moyenne.
Nombre des crimes..........	considérable.
Nombre des bâtards.........	peu considérable.
Nombre des enfants trouvés..	peu considérable.
Insoumis au recrutement......	nombreux.
Rentrée des impôts..........	facile.
Nombre des procès civils.....	peu considérable.
Instruction primaire.........	répandue.
Zèle électoral..............	faible.
Taille......................	élevée.
Vices de constitution........	rares.
Nourriture (en céréales)......	ordinaire.
Durée de la vie.............	*maximum*.
Jury......................	sévère.
Individus qui arrivent à 21 ans.	très-nombreux.
Teigneux et scrofuleux.......	très-peu nombreux.

61. PAS-DE-CALAIS. — Chef-lieu ARRAS.

Population. La France aurait 52,715,000 habitants, si elle était peuplée comme le département du *Pas-de-Calais*. *Six* départements ont plus de densité de population ; cette dernière s'accroît annuellement de 48 têtes par 10,000 habitants. — Sol forestier, 7 centièmes.

Agriculteurs. Sur 1,000 recrues, ce département en compte 324 occupées aux travaux de la campagne ; le département moyen en a 526. *Soixante et quinze* départements comptent plus d'agriculteurs.

Industrie. Sous le rapport de l'industrie, ce département est le 16ᵉ.

FAITS DE L'ORDRE MORAL.

Criminalité. Dans le département du Pas-de-Calais, sur 3,667 habitants, il y a un accusé de crime; le département moyen en fournit un sur 4,552. *Soixante et onze* départements ont une meilleure moralité.

Bâtards. Pour 1,000 naissances de toute nature, on compte 88 bâtards; le département moyen en a 72. *Soixante et quatorze* départements présentent une meilleure moralité.

Enfants trouvés. Pour 1,000 naissances de toute nature, on compte 24 enfants trouvés ; le département moyen en a 35. *Vingt-sept* départements présentent une meilleure moralité.

Insoumis au recrutement. Pour 1,000 recrues obtenues, on compte 3 insoumis ; le département moyen en a 14. *Vingt-cinq* départements comptent moins d'insoumis.

Frais de rentrée des impôts directs. Pour percevoir 1,000 fr. d'impôts directs de toute nature, on est obligé de faire 1 fr. 20 c. de frais ; dans le département moyen, ces frais montent à 3 fr. 40 c. *Sept* départements ont plus de régularité pour le payement des impôts.

Paupérisme. Pour 1,000 habitants, on en compte 88 de secourus par les hôpitaux et hospices ou par les bureaux de bienfaisance ; le département moyen en compte 34. *Soixante et dix-neuf* départements ont un paupérisme moins considérable.

Esprit de chicane. Pour une affaire inscrite devant les tribunaux de première instance, on compte 485 habitants ; le département moyen en compte 261. *Douze* départements ont un esprit de chicane moins développé.

Catholicisme. Pour 1,000 fr. d'impôts directs de toute nature, on a fourni, en neuf années, 5 fr. 0 c. de souscriptions pour la propagation de la foi catholique; le département moyen en a payé 7 fr. 20 c. *Trente-neuf* départements ont produit des souscriptions plus considérables.

Instruction primaire. Sur 1,000 recrues, on en compte 393 ne sachant ni lire ni écrire ; le département moyen en a 486 dans ce cas. *Vingt-sept* départements ont une instruction primaire plus répandue.

Négligence pour l'instruction primaire. Sur 100 écoles primaires qui manquent, 46 sont dans ce cas par suite de la négligence des autorités locales ; le département moyen en compte 34. *Soixante-cinq* départements montrent plus de zèle pour l'exécution de la loi du 28 juin 1833.

Elections. Sur 100 électeurs, 75 usent de leurs droits ; le département moyen en compte 66. *Six* départements ont plus de zèle électoral.

FAITS DE L'ORDRE PHYSIQUE.

La taille moyenne des recrues est de 1 m. 663 mil. ; c'est plus que celle du département moyen, qui est de 1 m. 655 mil. Les habitants de *vingt-deux* départements ont une plus grande taille. — Taille.

Pour 1,000 recrues obtenues, on a 135 exemptions pour défaut de taille ; le département moyen en compte 260. *Six* départements ont moins d'exemptions de cette nature. — Exemptions pour défaut de taille.

Pour 1,000 recrues obtenues, on a 570 exemptions pour causes physiques autres que pour défaut de taille ; le département moyen en compte 667. *Vingt-trois* départements ont moins d'exemptions de cette nature. — Exemptions pour autres causes physiques.

Pour 100 hectolitres de froment et de méteil consommés, 16 hectolitres de grains inférieurs entrent dans l'alimentation des habitants ; le département moyen en consomme 82. *Huit* départements sont dans une condition de nourriture plus favorable. — Nourriture des habitants.

La vie moyenne des habitants est de 37 ans 4 mois ; celle du département moyen est de 36 ans 7 mois. *Quarante-six* départements ont une vie moyenne plus longue. — Vie moyenne.

Pour fournir annuellement 100 hommes au recrutement, on compte 349 naissances des deux sexes ; le département moyen en exige 336. *Cinquante-neuf* départements perdent moins de jeunes gens avant leur 21e année. — Individus qui arrivent à 21 ans.

Pour 100 enfants trouvés qui atteignent l'âge de *douze ans*, il en meurt 155 ; le département moyen en perd 159. *Cinquante-trois* départements présentent une mortalité moins considérable. — Mortalité des enfants trouvés.

RÉSUMÉ.

Population relative..........	très-considérable.
Accroissement de la population.	moyen.
Sol forestier................	peu étendu.
Nombre des agriculteurs......	très-peu considérable.
Industrie..................	très-développée.
Nombre des crimes..........	très-considérable.
Nombre des bâtards.........	très-considérable.
Nombre des enfants trouvés...	peu considérable.
Insoumis au recrutement.....	rares.
Rentrée des impôts.........	très-facile.
Nombre des procès civils.....	très-peu considérable.
Instruction primaire.........	répandue.
Zèle électoral..............	très-actif.
Taille.....................	très-grande.
Vices de constitution.........	rares.
Nourriture (en céréales)......	très-bonne.
Durée de la vie.............	moyenne.
Crimes contre les choses.....	très-nombreux.
Paupérisme................	considérable.
Teigneux et scrofuleux.......	très-nombreux.

62. PUY-DE-DOME. — Chef-lieu CLERMONT.

Population. La France aurait 37,940,000 habitants, si elle était peuplée comme le département du *Puy-de-Dôme*. *Dix-neuf* départements ont plus de densité de population ; cette dernière s'accroît annuellement de 42 têtes par 10,000 habitants. — Sol forestier, 9 centièmes.

Agriculteurs. Sur 1,000 recrues, ce département en compte 682 occupées aux travaux de la campagne ; le département moyen en a 526. *Dix* départements comptent plus d'agriculteurs.

Industrie. Sous le rapport de l'industrie, ce département est le 67ᵉ.

FAITS DE L'ORDRE MORAL.

Criminalité. Dans le département du Puy-de-Dôme, sur 4,452 habitants, il y a un accusé de crime ; le département moyen en fournit un sur 4,552. *Cinquante-deux* départements ont une meilleure moralité.

Bâtards. Pour 1,000 naissances de toute nature, on compte 38 bâtards ; le département moyen en a 72. *Onze* départements présentent une meilleure moralité.

Enfants trouvés. Pour 1,000 naissances de toute nature, on compte 27 enfants trouvés ; le département moyen en a 35. *Trente-huit* départements présentent une meilleure moralité.

Insoumis au recrutement. Pour 1,000 recrues obtenues, on compte 40 insoumis ; le département moyen en a 14. *Soixante et seize* départements comptent moins d'insoumis.

Frais de rentrée des impôts directs. Pour percevoir 1,000 francs d'impôts directs de toute nature, on est obligé de faire 5 fr. 90 c. de frais ; dans le département moyen, ces frais montent à 3 fr. 40 c. *Quarante-neuf* départements ont plus de régularité pour le payement des impôts.

Paupérisme. Pour 1,000 habitants, on en compte 19 de secourus par les hôpitaux et hospices ou par les bureaux de bienfaisance ; le département moyen en compte 34. *Quarante-un* départements ont un paupérisme moins considérable.

Esprit de chicane. Pour une affaire inscrite devant les tribunaux de première instance, on compte 199 habitants ; le département moyen en compte 261. *Soixante-trois* départements ont un esprit de chicane moins développé.

Catholicisme. Pour 1,000 fr. d'impôts directs de toute nature, on a fourni en neuf années 10 fr. 30 c. de souscriptions pour la propagation de la foi catholique ; le département moyen en a payé 7 fr. 20 c. *Dix-sept* départements ont produit des souscriptions plus considérables.

Instruction primaire. Sur 1,000 recrues, on en compte 698 ne sachant ni lire ni écrire ; le département moyen en a 486 dans ce cas. *Soixante et onze* départements ont une instruction primaire plus répandue.

Négligence pour l'instruction primaire. Sur 100 écoles primaires qui manquent, 9 sont dans ce cas par suite de la négligence des autorités locales ; le département moyen en compte 34. *Un seul* département montre plus de zèle pour l'exécution de la loi du 28 juin 1833.

Elections. Sur 100 électeurs, 67 usent de leurs droits ; le département moyen en compte 66. *Quarante* départements ont plus de zèle électoral.

FAITS DE L'ORDRE PHYSIQUE.

Taille. La taille moyenne des recrues est de 1 m. 641 mil. ; c'est moins que celle du département moyen, qui est de 1 m. 655 mil. Les habitants de *soixante et dix-huit* départements ont une plus grande taille.

Exemptions pour défaut de taille. Pour 1,000 recrues obtenues, on a 424 exemptions pour défaut de taille; le département moyen en compte 260. *Soixante et dix-sept* départements ont moins d'exemptions de cette nature.

Exemptions pour autres causes physiques. Pour 1,000 recrues obtenues, on a 598 exemptions pour causes physiques autres que pour défaut de taille; le département moyen en compte 667. *Trente-un* départements ont moins d'exemptions de cette nature.

Nourriture des habitants. Pour 100 hectolitres de froment et de méteil consommés, 254 hectolitres de grains inférieurs entrent dans l'alimentation des habitants; le département moyen en consomme 82. *Soixante et onze* départements sont dans une condition de nourriture plus favorable.

Vie moyenne. La vie moyenne des habitants est de 37 ans 8 mois; celle du département moyen est de 36 ans 7 mois. *Quarante-un* départements ont une vie moyenne plus longue.

Individus qui arrivent à 21 ans. Pour fournir annuellement 100 hommes au recrutement, on compte 308 naissances des deux sexes; le département moyen en exige 336. *Vingt-trois* départements perdent moins de jeunes gens avant leur 21me année.

Mortalité des enfants trouvés. Pour 100 enfants trouvés qui atteignent l'âge de *douze ans*, il en meurt 86; le département moyen en perd 159. *Dix-neuf* départements présentent une mortalité moins considérable.

RÉSUMÉ.

Population relative..........	très-considérable.
Accroissement de la population.	moyen.
Sol forestier..............	peu étendu.
Nombre des agriculteurs.....	très-considérable.
Industrie.................	peu développée.
Nombre des crimes.........	considérable.
Nombre des bâtards.........	très-peu considérable.
Nombre des enfants trouvés...	moyen.
Insoumis au recrutement.....	très-nombreux.
Frais de rentrée des impôts..	~~moyens.~~ gros
Nombre des procès civils.....	considérable.
Instruction primaire.........	très-peu répandue.
Zèle électoral.............	moyen.
Taille....................	très-petite.
Vices de constitution........	rares.
Nourriture (en céréales)......	très-mauvaise.
Durée de la vie............	moyenne.
Catholicisme...............	très-développé.
Suicides..................	très-rares.
Logement des habitants......	mauvais.
Goîtres..................	très-nombreux.

63. BASSES-PYRÉNÉES. — Chef-lieu Pau.

Population. La France aurait 30,183,000 habitants, si elle était peuplée comme le département des *Basses-Pyrénées*. *Quarante-cinq* départements ont moins de densité de population; cette dernière s'accroît annuellement de 64 têtes par 10,000 habitants. —Sol forestier, 14 centièmes.

Agriculteurs. Sur 1,000 recrues, ce département en compte 621 occupées aux travaux de la campagne; le département moyen en a 526. *Vingt-trois* départements comptent plus d'agriculteurs.

Industrie. Sous le rapport de l'industrie, ce département est le 78ᵉ.

FAITS DE L'ORDRE MORAL.

Criminalité. Dans le département des Basses-Pyrénées, sur 5,005 habitants, il y a un accusé de crime; le département moyen en fournit un sur 4,552. *Quarante-deux* départements ont une meilleure moralité.

Bâtards. Pour 1,000 naissances de toute nature, on compte 84 bâtards; le département moyen en a 72. *Soixante et dix* départements présentent une meilleure moralité.

Enfants trouvés. Pour 1,000 naissances de toute nature, on compte 45 enfants trouvés; le département moyen en a 35. *Soixante-huit* départements présentent une meilleure moralité.

Insoumis au recrutement. Pour 1,000 recrues obtenues, on compte 92 insoumis; le département moyen en a 14. *Quatre-vingt-deux* départements comptent moins d'insoumis.

Frais de rentrée des impôts directs. Pour percevoir 1,000 fr. d'impôts directs de toute nature, on est obligé de faire 5 fr. 90 c. de frais; dans le département moyen, ces frais montent à 3 fr. 40 c. *Soixante-huit* départements ont plus de régularité pour le payement des impôts.

Paupérisme. Pour 1,000 habitants, on en compte 24 de secourus par les hôpitaux et hospices ou par les bureaux de bienfaisance; le département moyen en compte 34. *Cinquante-un* départements ont un paupérisme moins considérable.

Esprit de chicane. Pour une affaire inscrite devant les tribunaux de première instance, on compte 278 habitants; le département moyen en compte 261. *Quarante-un* départements ont un esprit de chicane moins développé.

Catholicisme. Pour 1,000 fr. d'impôts directs de toute nature, on a fourni, en neuf années, 13 fr. 90 c. de souscriptions pour la propagation de la foi catholique; le département moyen en a payé 7 fr. 20 c. *Dix* départements ont produit des souscriptions plus considérables.

Instruction primaire. Sur 1,000 recrues, on en compte 423 ne sachant ni lire ni écrire; le département moyen en a 486 dans ce cas. *Trente-trois* départements ont une instruction primaire plus répandue.

Négligence pour l'instruction primaire. Sur 100 écoles primaires qui manquent, 28 sont dans ce cas par suite de la négligence des autorités locales; le département moyen en compte 34. *Trente* départements montrent plus de zèle pour l'exécution de la loi du 28 juin 1833.

Elections. Sur 100 électeurs, 69 usent de leurs droits; le département moyen en compte 66. *Vingt-cinq* départements ont plus de zèle électoral.

FAITS DE L'ORDRE PHYSIQUE.

La taille moyenne des recrues est de 1 m. 646 mil.; c'est moins que celle du département moyen, qui est de 1 m. 655 mil. Les habitants de *soixante-cinq* départements ont une plus grande taille. Taille.

Pour 1,000 recrues obtenues, on a 215 exemptions pour défaut de taille ; le département moyen en compte 260. *Trente-quatre* départements ont moins d'exemptions de cette nature. Exemptions pour défaut de taille.

Pour 1,000 recrues obtenues, on a 488 exemptions pour causes physiques autres que pour défaut de taille ; le département moyen en compte 667. *Dix-sept* départements ont moins d'exemptions de cette nature. Exemptions pour autres causes physiques.

Pour 100 hectolitres de froment et de méteil consommés, 235 hectolitres de grains inférieurs entrent dans l'alimentation des habitants ; le département moyen en consomme 82. *Soixante-neuf* départements sont dans une condition de nourriture plus favorable. Nourriture des habitants.

La vie moyenne des habitants est de 43 ans 6 mois ; celle du département moyen est de 36 ans 7 mois. *Six* départements ont une vie moyenne plus longue. Vie moyenne.

Pour fournir annuellement 100 hommes au recrutement, on compte 294 naissances des deux sexes ; le département moyen en exige 336. *Quatorze* départements perdent moins de jeunes gens avant leur 21e année. Individus qui arrivent à 21 ans.

Pour 100 enfants trouvés qui atteignent l'âge de *douze ans*, il en meurt 98 ; le département moyen en perd 159. *Trente* départements présentent une mortalité moins considérable. Mortalité des enfants trouvés.

RÉSUMÉ.

Population relative	moyenne.
Accroissement de la population.	rapide.
Sol forestier	moyen.
Nombre des agriculteurs	considérable.
Industrie	très-peu développée.
Nombre des crimes	moyen.
Nombre des bâtards	très-considérable.
Nombre des enfants trouvés ..	considérable.
Insoumis au recrutement	très-nombreux.
Rentrée des impôts	difficile.
Nombre des procès civils	moyen.
Instruction primaire	répandue.
Zèle électoral	actif.
Taille	moyenne.
Vices de constitution	rares.
Nourriture (en céréales)	mauvaise.
Durée de la vie	très-longue.
Catholicisme	très-développé.
Suicides	très-nombreux.
Propriétaires	très-peu nombreux.
Centenaires	des plus nombreux.
Dents	mauvaises.

64. HAUTES-PYRÉNÉES. — Chef-lieu TARBES.

Population. La France aurait 27,175,000 habitants, si elle était peuplée comme le département des *Hautes-Pyrénées. Cinquante-deux* départements ont plus de densité de population; cette dernière s'accroît annuellement de 85 têtes par 10,000 habitants.—Sol forestier, 19 centièmes.

Agriculteurs. Sur 1,000 recrues, ce département en compte 604 occupées aux travaux de la campagne; le département moyen en a 526. *Vingt-sept* départements comptent plus d'agriculteurs.

Industrie. Sous le rapport de l'industrie, ce département est le 48ᵉ.

FAITS DE L'ORDRE MORAL.

Criminalité. Dans le département des Hautes-Pyrénées, sur 5,292 habitants, il y a un accusé de crime; le département moyen en fournit un sur 4,552. *Trente-cinq* départements ont une meilleure moralité.

Bâtards. Pour 1,000 naissances de toute nature, on compte 84 bâtards; le département moyen en a 72. *Soixante et douze* départements présentent une meilleure moralité.

Enfants trouvés. Pour 1,000 naissances de toute nature, on compte 35 enfants trouvés; le département moyen en a 35. *Cinquante-cinq* départements présentent une meilleure moralité.

Insoumis au recrutement. Pour 1,000 recrues obtenues, on compte 19 insoumis; le département moyen en a 14. *Soixante-sept* départements comptent moins d'insoumis.

Frais de rentrée des impôts directs. Pour percevoir 1,000 fr. d'impôts directs de toute nature, on est obligé de faire 7 fr. 50 c. de frais; dans le département moyen, ces frais montent à 3 fr. 40 c. *Soixante et dix-sept* départements ont plus de régularité pour le payement des impôts.

Paupérisme. Pour 1,000 habitants, on en compte 3 de secourus par les hôpitaux et hospices ou par les bureaux de bienfaisance; le département moyen en compte 34. *Trois* départements ont un paupérisme moins considérable.

Esprit de chicane. Pour une affaire inscrite devant les tribunaux de première instance, on compte 149 habitants; le département moyen en compte 261. *Soixante et dix-sept* départements ont un esprit de chicane moins développé.

Catholicisme. Pour 1,000 fr. d'impôts directs de toute nature, on a fourni en 9 années 0 fr. 10 c. de souscriptions pour la propagation de la foi catholique; le département moyen en a payé 7 fr. 20 c. *Tous* les départements ont produit des souscriptions plus considérables.

Instruction primaire. Sur 1,000 recrues, on en compte 382 ne sachant ni lire ni écrire; le département moyen en a 486 dans ce cas. *Vingt-trois* départements ont une instruction primaire plus répandue.

Négligence pour l'instruction primaire. Sur 100 écoles primaires qui manquent, 25 sont dans ce cas par suite de la négligence des autorités locales; le département moyen en compte 34. *Vingt-six* départements montrent plus de zèle pour l'exécution de la loi du 28 juin 1833.

Elections. Sur 100 électeurs, 73 usent de leurs droits; le département moyen en compte 66. *Dix* départements ont plus de zèle électoral.

FAITS DE L'ORDRE PHYSIQUE.

La taille moyenne des recrues est de 1 m. 661 mil. ; c'est plus que celle du département moyen, qui est de 1 m. 655 mil. Les habitants de *vingt-cinq* départements ont une plus grande taille. **Taille.**

Pour 1,000 recrues obtenues, on a 259 exemptions pour défaut de taille ; le département moyen en compte 260. *Quarante-sept* départements ont moins d'exemptions de cette nature. **Exemptions pour défaut de taille.**

Pour 1,000 recrues obtenues, on a 778 exemptions pour causes physiques autres que pour défaut de taille ; le département moyen en compte 667. *Soixante-trois* départements ont moins d'exemptions de cette nature. **Exemptions pour autres causes physiques.**

Pour 100 hectolitres de froment et de méteil consommés, 110 hectolitres de grains inférieurs entrent dans l'alimentation des habitants ; le département moyen en consomme 82. *Cinquante-un* départements sont dans une condition de nourriture plus favorable. **Nourriture des habitants.**

La vie moyenne des habitants est de 45 ans 8 mois ; celle du département moyen est de 36 ans 7 mois. *Deux* départements ont une vie moyenne plus longue. **Vie moyenne.**

Pour fournir annuellement 100 hommes au recrutement, on compte 282 naissances des deux sexes ; le département moyen en exige 336. *Onze* départements perdent moins de jeunes gens avant leur 21e année. **Individus qui arrivent à 21 ans.**

Pour 100 enfants trouvés qui atteignent l'âge de *douze ans*, il en meurt 154 ; le département moyen en perd 159. *Cinquante-deux* départements présentent une mortalité moins considérable. **Mortalité des enfants trouvés.**

RÉSUMÉ.

Population relative..........	peu-nombreuse.
Accroissement de la population.	très-rapide.
Sol forestier...............	étendu.
Nombre des agriculteurs.....	considérable.
Industrie..................	moyenne.
Nombre des crimes..........	moyen.
Nombre des bâtards.........	très-considérable.
Nombre des enfants trouvés...	considérable.
Insoumis au recrutement.....	nombreux.
Rentrée des impôts.........	très-difficile.
Nombre des procès civils.....	très-considérable.
Instruction primaire.........	répandue.
Zèle électoral..............	très-actif.
Taille.....................	moyenne.
Vices de constitution........	nombreux.
Nourriture (en céréales)......	médiocre.
Durée de la vie.............	des plus longues.
Suicides..................	très-rares.
Crimes contre les personnes..	très-nombreux.
Jury......................	peu sévère.
Centenaires................	très-nombreux.
Individus qui arrivent à 21 ans.	très-nombreux.
Dents.....................	très-mauvaises.
Goîtres...................	très-nombreux.

65. PYRÉNÉES-ORIENTALES.

CHEF-LIEU PERPIGNAN.

Population. La France aurait 20,104,000 habitants, si elle était peuplée comme le département des *Pyrénées-Orientales*. *Soixante et dix-sept* départements ont plus de densité de population; cette dernière s'accroît annuellement de 82 têtes par 10,000 habitants. — Sol forestier, 14 centièmes.

Agriculteurs. Sur 1,000 recrues, ce département en compte 595 occupées aux travaux de la campagne; le département moyen en a 526. *Trente-cinq* départements comptent plus d'agriculteurs.

Industrie. Sous le rapport de l'industrie, ce département est le 40e.

FAITS DE L'ORDRE MORAL.

Criminalité. Dans le département des Pyrénées-Orientales, sur 2,845 habitants, il y a un accusé de crime; le département moyen en fournit un sur 4,552. *Quatre-vingt-un* départements ont une meilleure moralité.

Bâtards. Pour 1,000 naissances de toute nature, on compte 68 bâtards; le département moyen en a 72. *Cinquante-cinq* départements présentent une meilleure moralité.

Enfants trouvés. Pour 1,000 naissances de toute nature, on compte 48 enfants trouvés; le département moyen en a 35. *Soixante et douze* départements présentent une meilleure moralité.

Insoumis au recrutement. Pour 1,000 recrues obtenues, on compte 49 insoumis; le département moyen en a 14. *Soixante et dix-sept* départements comptent moins d'insoumis.

Frais de rentrée des impôts directs. Pour percevoir 1,000 fr. d'impôts directs de toute nature, on est obligé de faire 8 fr. 90 c. de frais; dans le département moyen, ces frais montent à 3 fr. 40 c. *Quatre-vingt-trois* départements ont plus de régularité pour le payement des impôts.

Paupérisme. Pour 1,000 habitants, on en compte 21 de secourus par les hôpitaux et hospices ou par les bureaux de bienfaisance; le département moyen en compte 34. *Quarante-cinq* départements ont un paupérisme moins considérable.

Esprit de chicane. Pour une affaire inscrite devant les tribunaux de première instance, on compte 446 habitants; le département moyen en compte 261. *Quatorze* départements ont un esprit de chicane moins développé.

Catholicisme. Pour 1,000 fr. d'impôts directs de toute nature, on a fourni, en neuf années, 2 fr. 90 c. de souscriptions pour la propagation de la foi catholique; le département moyen en a payé 7 fr. 20 c. *Cinquante-sept* départements ont produit des souscriptions plus considérables.

Instruction primaire. Sur 1,000 recrues, on en compte 702 ne sachant ni lire ni écrire; le département moyen en a 486 dans ce cas. *Soixante et quatorze* départements ont une instruction primaire plus répandue.

Négligence pour l'instruction primaire. Sur 100 écoles primaires qui manquent, 15 sont dans ce cas par suite de la négligence des autorités locales; le département moyen en compte 34. *Neuf* départements montrent plus de zèle pour l'exécution de la loi du 28 juin 1833.

Elections. Sur 100 électeurs, 58 usent de leurs droits; le département moyen en compte 66. *Soixante et quinze* départements ont plus de zèle électoral.

FAITS DE L'ORDRE PHYSIQUE.

La taille moyenne des recrues est de 1 m. 647 mil.; c'est moins que celle du département moyen, qui est de 1 m. 655 mil. Les habitants de *cinquante-huit* départements ont une plus grande taille. Taille.

Pour 1,000 recrues obtenues, on a 233 exemptions pour défaut de taille; le département moyen en compte 260. *Quarante* départements ont moins d'exemptions de cette nature. Exemptions pour défaut de taille.

Pour 1,000 recrues obtenues, on a 300 exemptions pour causes physiques autres que pour défaut de taille; le département moyen en compte 667. *Un seul* département a moins d'exemptions de cette nature. Exemptions pour autres causes physiques.

Pour 100 hectolitres de froment et de méteil consommés, 82 hectolitres de grains inférieurs entrent dans l'alimentation des habitants; le département moyen en consomme 82. *Quarante-deux* départements sont dans une condition de nourriture plus favorable. Nourriture des habitants.

La vie moyenne des habitants est de 31 ans 0 mois; celle du département moyen est de 36 ans 7 mois. *Quatre-vingts* départements ont une vie moyenne plus longue. Vie moyenne.

Pour fournir annuellement 100 hommes au recrutement, on compte 386 naissances des deux sexes; le département moyen en exige 336. *Soixante et dix-sept* départements perdent moins de jeunes gens avant leur 21e année. Individus qui arrivent à 21 ans.

Pour 100 enfants trouvés qui atteignent l'âge de *douze ans*, il en meurt 256; le département moyen en perd 159. *Soixante et douze* départements présentent une mortalité moins considérable. Mortalité des enfants trouvés.

RÉSUMÉ.

Population relative..........	très-peu nombreuse.
Accroissement de la population.	très-rapide.
Sol forestier...............	moyen.
Nombre des agriculteurs.....	moyen.
Industrie..................	moyenne.
Nombre des crimes..........	des plus considérables.
Nombre des bâtards.........	considérable.
Nombre des enfants trouvés...	très-considérable.
Insoumis au recrutement......	très-nombreux.
Rentrée des impôts.........	des plus difficiles.
Nombre des procès civils.....	très-peu considérable.
Instruction primaire..........	très-peu répandue.
Zèle électoral...............	faible.
Taille.....................	moyenne.
Vices de constitution.........	des plus rares.
Nourriture (en céréales)......	ordinaire.
Durée de la vie............	très-courte.
Jury.....................	très-peu sévère.
Crimes contre les personnes...	très-nombreux.
Individus qui arrivent à 21 ans.	peu nombreux.
Population urbaine..........	très-considérable.

66. BAS-RHIN. — Chef-lieu STRASBOURG.

Population. La France aurait 61,308,000 habitants, si elle était peuplée comme le département du *Bas-Rhin*. *Trois* départements ont plus de densité de population ; cette dernière s'accroît annuellement de 86 têtes par 10,000 habitants. — Sol forestier, 32 centièmes.

Agriculteurs. Sur 1,000 recrues, ce département en compte 386 occupées aux travaux de la campagne; le département moyen en a 526. *Soixante et dix* départements comptent plus d'agriculteurs.

Industrie. Sous le rapport de l'industrie, ce département est le 12ᵉ.

FAITS DE L'ORDRE MORAL.

Criminalité. Dans le département du Bas-Rhin, sur 3,102 habitants, il y a un accusé de crime; le département moyen en fournit un sur 4,552. *Soixante et dix-huit* départements ont une meilleure moralité.

Bâtards. Pour 1,000 naissances de toute nature, on compte 76 bâtards; le département moyen en a 72. *Soixante-huit* départements présentent une meilleure moralité.

Enfants trouvés. Pour 1,000 naissances de toute nature, on compte 9 enfants trouvés; le département moyen en a 35. *Sept* départements présentent une meilleure moralité.

Insoumis au recrutement. Pour 1,000 recrues obtenues, on compte 7 insoumis; le département moyen en a 14. *Quarante-deux* départements comptent moins d'insoumis.

Frais de rentrée des impôts directs. Pour percevoir 1,000 fr. d'impôts directs de toute nature, on est obligé de faire 4 fr. 60 c. de frais; dans le département moyen, ces frais montent à 3 fr. 40 c. *Cinquante-quatre* départements ont plus de régularité pour le payement des impôts.

Paupérisme. Pour 1,000 habitants, on en compte 29 de secourus par les hôpitaux et hospices ou par les bureaux de bienfaisance ; le département moyen en compte 34. *Soixante-un* départements ont un paupérisme moins considérable.

Esprit de chicane. Pour une affaire inscrite devant les tribunaux de première instance, on compte 267 habitants ; le département moyen en compte 261. *Quarante-cinq* départements ont un esprit de chicane moins développé.

Catholicisme. Pour 1,000 fr. d'impôts directs de toute nature, on a fourni, en neuf années, 1 fr. 10 c. de souscriptions pour la propagation de la foi catholique ; le département moyen en a payé 7 fr. 20 c. *Soixante et treize* départements ont produit des souscriptions plus considérables.

Instruction primaire. Sur 1,000 recrues, on en compte 194 ne sachant ni lire ni écrire; le département moyen en a 486 dans ce cas. *Six* départements ont une instruction primaire plus répandue.

Négligence pour l'instruction primaire. Sur 100 écoles primaires qui manquent, 15 sont dans ce cas par suite de la négligence des autorités locales; le département moyen en compte 34. *Huit* départements montrent plus de zèle pour l'exécution de la loi du 28 juin 1833.

Elections. Sur 100 électeurs, 77 usent de leurs droits ; le département moyen en compte 66. *Un seul* département a plus de zèle électoral.

FAITS DE L'ORDRE PHYSIQUE.

La taille moyenne des recrues est de 1 m. 667 mil. ; c'est plus que celle du département moyen, qui est de 1 m. 655 mil. Les habitants de *quatorze* départements ont une plus grande taille. **Taille.**

Pour 1,000 recrues obtenues, on a 153 exemptions pour défaut de taille ; le département moyen en compte 260. *Douze* départements ont moins d'exemptions de cette nature. **Exemptions pour défaut de taille.**

Pour 1,000 recrues obtenues, on a 715 exemptions pour causes physiques autres que pour défaut de taille ; le département moyen en compte 667. *Cinquante-cinq* départements ont moins d'exemptions de cette nature. **Exemptions pour autres causes physiques.**

Pour 100 hectolitres de froment et de méteil consommés, 56 hectolitres de grains inférieurs entrent dans l'alimentation des habitants ; le département moyen en consomme 82. *Vingt-sept* départements sont dans une condition de nourriture plus favorable. **Nourriture des habitants.**

La vie moyenne des habitants est de 33 ans 7 mois ; celle du département moyen est de 36 ans 7 mois. *Soixante-trois* départements ont une vie moyenne plus longue. **Vie moyenne.**

Pour fournir annuellement 100 hommes au recrutement, on compte 340 naissances des deux sexes ; le département moyen en exige 336. *Cinquante-quatre* départements perdent moins de jeunes gens avant leur 21e année. **Individus qui arrivent à 21 ans.**

Pour 100 enfants trouvés qui atteignent l'âge de *douze ans*, il en meurt 32 ; le département moyen en perd 159. *Deux* départements présentent une mortalité moins considérable. **Mortalité des enfants trouvés.**

RÉSUMÉ.

Population relative..........	des plus considérables.
Accroissement de la population.	très-rapide.
Sol forestier...............	très-étendu.
Nombre des agriculteurs......	très-peu considérable.
Industrie..................	très-développée.
Nombre des crimes..........	très-considérable.
Nombre des bâtards.........	très-considérable.
Nombre des enfants trouvés...	très-peu considérable.
Nombre des insoumis........	moyen.
Rentrée des impôts..........	difficile.
Nombre des procès civils.....	moyen.
Instruction primaire.........	très-répandue.
Zèle électoral..............	des plus actifs.
Taille.....................	très-grande.
Vices de constitution.........	nombreux.
Nourriture (en céréales)......	bonne.
Durée de la vie............	courte.
Nombre des enfants trouvés..	en décroissance.
Mortalité des enfants trouvés..	très-faible.
Population urbaine.........	très-considérable.
Goîtres....................	très-nombreux.

67. HAUT-RHIN.—Chef-lieu COLMAR.

Population. **La France aurait 55,135,000 habitants, si elle était peuplée comme le département du *Haut-Rhin*. *Cinq* départements ont plus de densité de population ; cette dernière s'accroît annuellement de 83 têtes par 10,000 habitants.—Sol forestier, 36 centièmes.**

Agriculteurs. Sur 1,000 recrues, ce département en compte 402 occupées aux travaux de la campagne ; le département moyen en a 526. *Soixante-sept* départements comptent plus d'agriculteurs.

Industrie. Sous le rapport de l'industrie, ce département est le 8e.

FAITS DE L'ORDRE MORAL.

Criminalité. Dans le département du Haut-Rhin, sur 2,896 habitants, il y a un accusé de crime; le département moyen en fournit un sur 4,552. *Quatre-vingts* départements ont une meilleure moralité.

Bâtards. Pour 1,000 naissances de toute nature, on compte 71 bâtards; le département moyen en a 72. *Soixante-un* départements présentent une meilleure moralité.

Enfants trouvés. Pour 1,000 naissances de toute nature, on compte 3 enfants trouvés ; le département moyen en a 35. *Deux* départements présentent une meilleure moralité.

Insoumis au recrutement. Pour 1,000 recrues obtenues, on compte 3 insoumis ; le département moyen en a 14. *Vingt* départements comptent moins d'insoumis.

Frais de rentrée des impôts directs. Pour percevoir 1,000 fr. d'impôts directs de toute nature, on est obligé de faire 3 fr. 30 c. de frais ; dans le département moyen, ces frais montent à 3 fr. 40 c. *Quarante* départements ont plus de régularité pour le payement des impôts.

Paupérisme. Pour 1,000 habitants, on en compte 13 de secourus par les hôpitaux et hospices ou par les bureaux de bienfaisance ; le département moyen en compte 34. *Dix-sept* départements ont un paupérisme moins considérable.

Esprit de chicane. Pour une affaire inscrite devant les tribunaux de première instance, on compte 216 habitants ; le département moyen en compte 261. *Soixante-un* départements ont un esprit de chicane moins développé.

Catholicisme. Pour 1,000 fr. d'impôts directs de toute nature, on a fourni, en neuf années, 1 fr. 10 c. de souscriptions pour la propagation de la foi catholique; le département moyen en a payé 7 fr. 20 c. *Soixante et douze* départements ont produit des souscriptions plus considérables.

Instruction primaire. Sur 1,000 recrues, on en compte 249 ne sachant ni lire ni écrire ; le département moyen en a 486 dans ce cas. *Douze* départements ont une instruction primaire plus répandue.

Négligence pour l'instruction primaire. Sur 100 écoles primaires qui manquent, 20 sont dans ce cas par suite de la négligence des autorités locales ; le département moyen en compte 34. *Seize* départements montrent plus de zèle pour l'exécution de la loi du 28 juin 1833.

Elections. Sur 100 électeurs, 70 usent de leurs droits ; le département moyen en compte 66. *Vingt-deux* départements ont plus de zèle électoral.

FAITS DE L'ORDRE PHYSIQUE.

La taille moyenne des recrues est de 1 m. 664 mil. ; c'est plus que celle du département moyen, qui est de 1 m. 655 mil. Les habitants de *dix-neuf* départements ont une plus grande taille. Taille.

Pour 1,000 recrues obtenues, on a 186 exemptions pour défaut de taille; le département moyen en compte 260. *Vingt-quatre* départements ont moins d'exemptions de cette nature. Exemptions pour défaut de taille.

Pour 1,000 recrues obtenues, on a 469 exemptions pour causes physiques autres que pour défaut de taille; le département moyen en compte 667. *Treize* départements ont moins d'exemptions de cette nature. Exemptions pour autres causes physiques.

Pour 100 hectolitres de froment et de méteil consommés, 80 hectolitres de grains inférieurs entrent dans l'alimentation des habitants ; le département moyen en consomme 82. *Quarante-un* départements sont dans une condition de nourriture plus favorable. Nourriture des habitants.

La vie moyenne des habitants est de 31 ans 2 mois ; celle du département moyen est de 36 ans 7 mois. *Soixante et dix-neuf* départements ont une vie moyenne plus longue. Vie moyenne.

Pour fournir annuellement 100 hommes au recrutement, on compte 386 naissances des deux sexes ; le département moyen en exige 336. *Soixante et seize* départements perdent moins de jeunes gens avant leur 21e année. Individus qui arrivent à 21 ans.

Pour 100 enfants trouvés qui atteignent l'âge de *douze ans*, il en meurt 27 ; le département moyen en perd 159. *Un seul* département présente une mortalité moins considérable. Mortalité des enfants trouvés.

RÉSUMÉ.

Population relative..........	très-considérable.
Accroissement de la population.	très-rapide.
Sol forestier...............	très-étendu.
Nombre des agriculteurs......	peu considérable.
Industrie..................	très-développée.
Nombre des crimes..........	très-considérable.
Nombre des bâtards.........	considérable.
Nombre des enfants trouvés..	des moins considérables.
Insoumis au recrutement.....	rares.
Frais de rentrée des impôts....	moyens.
Nombre des procès civils.....	considérable.
Instruction primaire.........	très-répandue.
Zèle électoral..............	actif.
Taille.....................	élevée.
Vices de constitution	très-rares.
Nourriture (en céréales)......	ordinaire.
Durée de la vie.............	très-courte.
Mortalité des enfants trouvés..	très-peu considérable.
Individus qui arrivent à 21 ans.	peu nombreux.
Goîtres....................	très-nombreux.

68. RHONE. — Chef-lieu LYON.

Population. La France aurait 82,151,000 habitants, si elle était peuplée comme le département du *Rhône*. *Deux* départements ont plus de densité de population ; cette dernière s'accroît annuellement de 69 têtes par 10,000 habitants. — Sol forestier, 14 centièmes.

Agriculteurs. Sur 1,000 recrues, ce département en compte 395 occupées aux travaux de la campagne ; le département moyen en a 526. *Soixante-neuf* départements comptent plus d'agriculteurs.

Industrie. Sous le rapport de l'industrie, ce département est le 3e.

FAITS DE L'ORDRE MORAL.

Criminalité. Dans le département du Rhône, sur 5,750 habitants, il y a un accusé de crime; le département moyen en fournit un sur 4,552. *Vingt-un* départements ont une meilleure moralité.

Bâtards. Pour 1,000 naissances de toute nature, on compte 141 bâtards ; le département moyen en a 72. *Quatre-vingt-trois* départements présentent une meilleure moralité.

Enfants trouvés. Pour 1,000 naissances de toute nature, on compte 127 enfants trouvés ; le département moyen en a 35. *Quatre-vingt-trois* départements présentent une meilleure moralité.

Insoumis au recrutement. Pour 1,000 recrues obtenues, on compte 33 insoumis ; le département moyen en a 14. *Soixante et quinze* départements comptent moins d'insoumis.

Frais de rentrée des impôts directs. Pour percevoir 1,000 francs d'impôts directs de toute nature, on est obligé de faire 2 fr. 60 c. de frais ; dans le département moyen, ces frais montent à 3 fr. 40 c. *Trente-deux* départements ont plus de régularité pour le payement des impôts.

Paupérisme. Pour 1,000 habitants, on en compte 94 de secourus par les hôpitaux et hospices ou par les bureaux de bienfaisance ; le département moyen en compte 34. *Quatre-vingts* départements ont un paupérisme moins considérable.

Esprit de chicane. Pour une affaire inscrite devant les tribunaux de première instance, on compte 179 habitants ; le département moyen en compte 261. *Soixante-neuf* départements ont un esprit de chicane moins développé.

Catholicisme. Pour 1,000 francs d'impôts directs de toute nature, on a fourni, en neuf années, 33 fr. 40 c. de souscriptions pour la propagation de la foi catholique ; le département moyen en a payé 7 fr. 20 c. *Aucun* département n'a produit des souscriptions plus considérables.

Instruction primaire. Sur 1,000 recrues, on en compte 398 ne sachant ni lire ni écrire ; le département moyen en a 486 dans ce cas. *Vingt-huit* départements ont une instruction primaire plus répandue.

Négligence pour l'instruction primaire. Sur 100 écoles primaires qui manquent, 80 sont dans ce cas par suite de la négligence des autorités locales ; le département moyen en compte 34. *Tous* les départements montrent plus de zèle pour l'exécution de la loi du 28 juin 1833.

Elections. Sur 100 électeurs, 59 usent de leurs droits ; le département moyen en compte 66. *Soixante et treize* départements ont plus de zèle électoral.

FAITS DE L'ORDRE PHYSIQUE.

La taille moyenne des recrues est de 1 m. 667 mil. ; c'est plus que celle du département moyen, qui est de 1 m. 655 mil. Les habitants de *treize* départements ont une plus grande taille. Taille.

Pour 1,000 recrues obtenues, on a 209 exemptions pour défaut de taille ; le département moyen en compte 260. *Trente-trois* départements ont moins d'exemptions de cette nature. Exemptions pour défaut de taille.

Pour 1,000 recrues obtenues, on a 869 exemptions pour causes physiques autres que pour défaut de taille; le département moyen en compte 667. *Soixante-dix* départements ont moins d'exemptions de cette nature. Exemptions pour autres causes physiques.

Pour 100 hectolitres de froment et de méteil consommés, 70 hectolitres de grains inférieurs entrent dans l'alimentation des habitants ; le département moyen en consomme 82. *Trente-six* départements sont dans une condition de nourriture plus favorable. Nourriture des habitants.

La vie moyenne des habitants est de 31 ans 11 mois ; celle du département moyen est de 36 ans 7 mois. *Soixante et quatorze* départements ont une vie moyenne plus longue. Vie moyenne.

Pour fournir annuellement 100 hommes au recrutement, on compte 422 naissances des deux sexes ; le département moyen en exige 336. *Quatre-vingt-trois* départements perdent moins de jeunes gens avant leur 21e année. Individus qui arrivent à 21 ans.

Pour 100 enfants trouvés qui atteignent l'âge de *douze ans*, il en meurt 263; le département moyen en perd 159. *Soixante et quatorze* départements présentent une mortalité moins considérable. Mortalité des enfants trouvés.

RÉSUMÉ.

Population relative..........	des plus considérables.
Accroissement de la population.	très-rapide.
Sol forestier..............	moyen.
Nombre des agriculteurs......	peu considérable.
Industrie..................	des plus développées.
Nombre des crimes.........	peu considérable.
Nombre des bâtards.........	des plus considérables.
Nombre des enfants trouvés..	des plus considérables.
Insoumis au recrutement.....	très-nombreux.
Rentrée des impôts..........	facile.
Nombre des procès civils......	considérable.
Instruction primaire.........	répandue.
Zèle électoral...............	très-faible.
Taille......................	élevée.
Vices de constitution........	nombreux.
Nourriture (en céréales)......	ordinaire.
Durée de la vie.............	très-courte.
Catholicisme...............	*maximum*.
Crimes contre les choses.....	très-nombreux.
Paupérisme................	très-développé.
Population urbaine..........	très-considérable.
Nombre des enfants trouvés...	très-progressif.
Individus qui arrivent à 21 ans.	peu nombreux.
Propriétaires...............	très-peu nombreux.
Salaires...................	très-élevés.
Goîtres....................	très-nombreux.

69. HAUTE-SAONE. — Chef-lieu Vesoul.

Population. La France aurait 33,666,000 habitants, si elle était peuplée comme le département de la *Haute-Saône*. *Trente-quatre* départements ont plus de densité de population; cette dernière s'accroît annuellement de 69 têtes par 10,000 habitants. — Sol forestier, 30 centièmes.

Agriculteurs. Sur 1,000 recrues, ce département en compte 604 occupées aux travaux de la campagne; le département moyen en a 526. *Vingt-huit* départements comptent plus d'agriculteurs.

Industrie. Sous le rapport de l'industrie, ce département est le 36ᵉ.

FAITS DE L'ORDRE MORAL.

Criminalité. Dans le département de la Haute-Saône, sur 4,642 habitants, il y a un accusé de crime; le département moyen en fournit un sur 4,552. *Cinquante* départements ont une meilleure moralité.

Bâtards. Pour 1,000 naissances de toute nature, on compte 119 bâtards; le département moyen en a 72. *Quatre-vingt-deux* départements présentent une meilleure moralité.

Enfants trouvés. Pour 1,000 naissances de toute nature, on compte 1 enfant trouvé; le département moyen en a 35. *Aucun* département ne présente une meilleure moralité.

Insoumis au recrutement. Pour 1,000 recrues obtenues, on compte 1 insoumis; le département moyen en a 14. *Huit* départements comptent moins d'insoumis.

Frais de rentrée des impôts directs. Pour percevoir 1,000 fr. d'impôts directs de toute nature, on est obligé de faire 1 fr. 50 c. de frais; dans le département moyen, ces frais montent à 3 fr. 40 c. *Douze* départements ont plus de régularité pour le payement des impôts.

Paupérisme. Pour 1,000 habitants, on en compte 5 de secourus par les hôpitaux et hospices ou par les bureaux de bienfaisance; le département moyen en compte 34. *Six* départements ont un paupérisme moins considérable.

Esprit de chicane. Pour une affaire inscrite devant les tribunaux de première instance, on compte 293 habitants; le département moyen en compte 261. *Trente-cinq* départements ont un esprit de chicane moins développé.

Catholicisme. Pour 1,000 fr. d'impôts directs de toute nature, on a fourni, en neuf années, 10 fr. 0 c. de souscriptions pour la propagation de la foi catholique; le département moyen en a payé 7 fr. 20 c. *Dix--neuf* départements ont produit des souscriptions plus considérables.

Instruction primaire. Sur 1,000 recrues, on en compte 247 ne sachant ni lire ni écrire; le département moyen en a 486 dans ce cas. *Onze* départements ont une instruction primaire plus répandue.

Négligence pour l'instruction primaire. Sur 100 écoles primaires qui manquent, 44 sont dans ce cas par suite de la négligence des autorités locales; le département moyen en compte 34. *Soixante-un* départements montrent plus de zèle pour l'exécution de la loi du 28 juin 1833.

Elections. Sur 100 électeurs, 64 usent de leurs droits; le département moyen en compte 66. *Soixante-un* départements ont plus de zèle électoral.

FAITS DE L'ORDRE PHYSIQUE.

La taille moyenne des recrues est de 1 m. 664 mil. ; c'est plus que celle du département moyen, qui est de 1 m. 655 mil. Les habitants de *vingt* départements ont une plus grande taille. Taille.

Pour 1,000 recrues obtenues, on a 128 exemptions pour défaut de taille; le département moyen en compte 260. *Cinq* départements ont moins d'exemptions de cette nature. Exemptions pour défaut de taille.

Pour 1,000 recrues obtenues, on a 478 exemptions pour causes physiques autres que pour défaut de taille ; le département moyen en compte 667. *Quatorze* départements ont moins d'exemptions de cette nature. Exemptions pour autres causes physiques.

Pour 100 hectolitres de froment et de méteil consommés, 80 hectolitres de grains inférieurs entrent dans l'alimentation des habitants ; le département moyen en consomme 82. *Quarante* départements sont dans une condition de nourriture plus favorable. Nourriture des habitants.

La vie moyenne des habitants est de 37 ans 10 mois ; celle du département moyen est de 36 ans 7 mois. *Trente-huit* départements ont une vie moyenne plus longue. Vie moyenne.

Pour fournir annuellement 100 hommes au recrutement, on compte 340 naissances des deux sexes; le département moyen en exige 336. *Cinquante-trois* départements perdent moins de jeunes gens avant leur 21me année. Individus qui arrivent à 21 ans.

Pour 100 enfants trouvés qui atteignent l'âge de *douze ans*, il en meurt 53; le département moyen en perd 159. *Quatre* départements présentent une mortalité moins considérable. Mortalité des enfants trouvés.

RÉSUMÉ.

Population relative..........	considérable.
Accroissement de la population.	très-rapide.
Sol forestier................	très-étendu.
Nombre des agriculteurs.....	considérable.
Industrie..................	moyenne.
Nombre des crimes.........	moyen.
Nombre des bâtards.........	très-considérable.
Nombre des enfants trouvés...	*minimum*.
Insoumis au recrutement.....	très-rares.
Rentrée des impôts.........	très-facile.
Nombre des procès civils.....	moyen.
Instruction primaire.........	très-répandue.
Zèle électoral..............	faible.
Taille.....................	élevée.
Vices de constitution	très-rares.
Nourriture (en céréales)......	moyenne.
Durée de la vie.............	moyenne.
Mortalité des enfants trouvés..	très-faible.

70. SAONE-ET-LOIRE. — Chef-lieu MACON.

Population. La France aurait 32,294,000 habitants, si elle était peuplée comme le département de *Saône-et-Loire*. *Trente-huit* départements ont plus de densité de population ; cette dernière s'accroît annuellement de 28 têtes par 10,000 habitants. —Sol forestier, 18 centièmes.

Agriculteurs. Sur 1,000 recrues, ce département en compte 628 occupées aux travaux de la campagne ; le département moyen en a 526. *Vingt-un* départements comptent plus d'agriculteurs.

Industrie. Sous le rapport de l'industrie, ce département est le 63e.

FAITS DE L'ORDRE MORAL.

Criminalité. Dans le département de Saône-et-Loire, sur 6,950 habitants, il y a un accusé de crime ; le département moyen en fournit un sur 4,552. *Cinq* départements ont une meilleure moralité.

Bâtards. Pour 1,000 naissances de toute nature, on compte 58 bâtards ; le département moyen en a 72. *Quarante* départements présentent une meilleure moralité.

Enfants trouvés. Pour 1,000 naissances de toute nature, on compte 14 enfants trouvés ; le département moyen en a 35. *Onze* départements présentent une meilleure moralité.

Insoumis au recrutement. Pour 1,000 recrues obtenues, on compte 8 insoumis ; le département moyen en a 14. *Quarante-neuf* départements comptent moins d'insoumis.

Frais de rentrée des impôts directs. Pour percevoir 1,000 francs d'impôts directs de toute nature, on est obligé de faire 2 fr. 80 c. de frais ; dans le département moyen, ces frais montent à 3 fr. 40 c. *Trente-cinq* départements ont plus de régularité pour le payement des impôts.

Paupérisme. Pour 1,000 habitants, on en compte 21 de secourus par les hôpitaux et hospices ou par les bureaux de bienfaisance ; le département moyen en compte 34. *Quarante-huit* départements ont un paupérisme moins considérable.

Esprit de chicane. Pour une affaire inscrite devant les tribunaux de première instance, on compte 245 habitants ; le département moyen en compte 261. *Cinquante-un* départements ont un esprit de chicane moins développé.

Catholicisme. Pour 1,000 fr. d'impôts directs de toute nature, on a fourni, en neuf années, 5 fr. 80 c. de souscriptions pour la propagation de la foi catholique ; le département moyen en a payé 7 fr. 20 c. *Trente-sept* départements ont produit des souscriptions plus considérables.

Instruction primaire. Sur 1,000 recrues, on en compte 546 ne sachant ni lire ni écrire ; le département moyen en a 486 dans ce cas. *Quarante-huit* départements ont une instruction primaire plus répandue.

Négligence pour l'instruction primaire. Sur 100 écoles primaires qui manquent, 33 sont dans ce cas par suite de la négligence des autorités locales ; le département moyen en compte 34. *Quarante-un* départements montrent plus de zèle pour l'exécution de la loi du 28 juin 1833.

Elections. Sur 100 électeurs, 69 usent de leurs droits ; le département moyen en compte 66. *Soixante-sept* départements ont plus de zèle électoral.

FAITS DE L'ORDRE PHYSIQUE.

La taille moyenne des recrues est de 1 m. 662 mil. ; c'est plus que celle du département moyen, qui est de 1 m. 655 mil. Les habitants de *vingt-trois* départements ont une plus grande taille. Taille.

Pour 1,000 recrues obtenues, on a 230 exemptions pour défaut de taille ; le département moyen en compte 260. *Trente-neuf* départements ont moins d'exemptions de cette nature. Exemptions pour défaut de taille.

Pour 1,000 recrues obtenues, on a 694 exemptions pour causes physiques autres que pour défaut de taille ; le département moyen en compte 667. *Quarante-neuf* départements ont moins d'exemptions de cette nature. Exemptions pour autres causes physiques.

Pour 100 hectolitres de froment et de méteil consommés, 200 hectolitres de grains inférieurs entrent dans l'alimentation des habitants ; le département moyen en consomme 82. *Soixante-sept* départements sont dans une condition de nourriture plus favorable. Nourriture des habitants.

La vie moyenne des habitants est de 32 ans 7 mois ; celle du département moyen est de 36 ans 7 mois. *Soixante-neuf* départements ont une vie moyenne plus longue. Vie moyenne.

Pour fournir annuellement 100 hommes au recrutement, on compte 340 naissances des deux sexes ; le département moyen en exige 336. *Cinquante-deux* départements perdent moins de jeunes gens avant leur 21e année. Individus qui arrivent à 21 ans.

Pour 100 enfants trouvés qui atteignent l'âge de *douze ans*, il en meurt 92 ; le département moyen en perd 159. *Vingt-sept* départements présentent une mortalité moins considérable. Mortalité des enfants trouvés.

RÉSUMÉ.

Population relative..........	moyenne.
Accroissement de la population.	lent.
Sol forestier...............	étendu.
Nombre des agriculteurs.....	considérable.
Industrie..................	peu développée.
Nombre des crimes..........	très-peu considérable.
Nombre des bâtards.........	moyen.
Nombre des enfants trouvés...	très-peu considérable.
Nombre des insoumis........	moyen.
Frais de rentrée des impôts....	moyens.
Nombre des procès civils.....	moyen.
Instruction primaire.........	moyenne.
Zèle électoral..............	faible.
Taille.....................	élevée.
Constitution...............	moyenne.
Nourriture (en céréales)......	mauvaise.
Durée de la vie.............	courte.

71. SARTHE. — Chef-lieu LE MANS.

Population. La France aurait 38,838,000 habitants, si elle était peuplée comme le département de la *Sarthe*. *Seize* départements ont plus de densité de population ; cette dernière s'accroît annuellement de 48 têtes par 10,000 habitants. — Sol forestier, 11 centièmes.

Agriculteurs. Sur 1,000 recrues, ce département en compte 479 occupées aux travaux de la campagne ; le département moyen en a 526. *Cinquante-six* départements comptent plus d'agriculteurs.

Industrie. Sous le rapport de l'industrie, ce département est le 54°.

FAITS DE L'ORDRE MORAL.

Criminalité. Dans le département de la Sarthe, sur 4,966 habitants, il y a un accusé de crime; le département moyen en fournit un sur 4,552. *Quarante-trois* départements ont une meilleure moralité.

Bâtards. Pour 1,000 naissances de toute nature, on compte 72 bâtards ; le département moyen en a 72. *Soixante-trois* départements présentent une meilleure moralité.

Enfants trouvés. Pour 1,000 naissances de toute nature, on compte 40 enfants trouvés ; le département moyen en a 35. *Soixante-un* départements présentent une meilleure moralité.

Insoumis au recrutement. Pour 1,000 recrues obtenues, on compte 3 insoumis ; le département moyen en a 14. *Vingt-quatre* départements comptent moins d'insoumis.

Frais de rentrée des impôts directs. Pour percevoir 1,000 fr. d'impôts directs de toute nature, on est obligé de faire 1 fr. 10 c. de frais; dans le département moyen, ces frais montent à 3 fr. 40 c. *Quatre* départements ont plus de régularité pour le payement des impôts.

Paupérisme. Pour 1,000 habitants, on en compte 29 de secourus par les hôpitaux et hospices ou par les bureaux de bienfaisance ; le département moyen en compte 34. *Cinquante-neuf* départements ont un paupérisme moins considérable.

Esprit de chicane. Pour une affaire inscrite devant les tribunaux de première instance, on compte 621 habitants ; le département moyen en compte 261. *Huit* départements ont un esprit de chicane moins développé.

Catholicisme. Pour 1,000 fr. d'impôts directs de toute nature, on a fourni en 9 années 10 fr. 30 c. de souscriptions pour la propagation de la foi catholique; le département moyen en a payé 7 fr. 20 c. *Seize* départements ont produit des souscriptions plus considérables.

Instruction primaire. Sur 1,000 recrues, on en compte 633 ne sachant ni lire ni écrire ; le département moyen en a 486 dans ce cas. *Soixante-deux* départements ont une instruction primaire plus répandue.

Négligence pour l'instruction primaire. Sur 100 écoles primaires qui manquent, 44 sont dans ce cas par suite de la négligence des autorités locales ; le département moyen en compte 34. *Soixante* départements montrent plus de zèle pour l'exécution de la loi du 28 juin 1833.

Élections. Sur 100 électeurs, 66 usent de leurs droits ; le département moyen en compte 66. *Quarante-neuf* départements ont plus de zèle électoral.

FAITS DE L'ORDRE PHYSIQUE.

La taille moyenne des recrues est de 1 m. 655 mil.; c'est la même que celle du département moyen. Les habitants de *quarante-trois* départements ont une plus grande taille. Taille.

Pour 1,000 recrues obtenues, on a 345 exemptions pour défaut de taille; le département moyen en compte 260. *Soixante-cinq* départements ont moins d'exemptions de cette nature. Exemptions pour défaut de taille.

Pour 1,000 recrues obtenues, on a 685 exemptions pour causes physiques autres que pour défaut de taille; le département moyen en compte 667. *Quarante-sept* départements ont moins d'exemptions de cette nature. Exemptions pour autres causes physiques.

Pour 100 hectolitres de froment et de méteil consommés, 130 hectolitres de grains inférieurs entrent dans l'alimentation des habitants; le département moyen en consomme 82. *Cinquante-huit* départements sont dans une condition de nourriture plus favorable. Nourriture des habitants.

La vie moyenne des habitants est de 40 ans 2 mois; celle du département moyen est de 36 ans 7 mois. *Dix-huit* départements ont une vie moyenne plus longue. Vie moyenne.

Pour fournir annuellement 100 hommes au recrutement, on compte 327 naissances des deux sexes; le département moyen en exige 336. *Quarante-trois* départements perdent moins de jeunes gens avant leur 21e année. Individus qui arrivent à 21 ans.

Pour 100 enfants trouvés qui atteignent l'âge de *douze ans*, il en meurt 161; le département moyen en perd 159. *Cinquante-six* départements présentent une mortalité moins considérable. Mortalité des enfants trouvés.

RÉSUMÉ.

Population relative	très-considérable.
Accroissement de la population.	moyen.
Sol forestier................	peu étendu.
Nombre des agriculteurs......	moyen.
Industrie..................	peu développée.
Nombre des crimes..........	moyen.
Nombre des bâtards.........	considérable.
Nombre des enfants trouvés..	considérable.
Insoumis au recrutement......	rares.
Rentrée des impôts..........	très-facile.
Nombre des procès civils.....	très-peu considérable.
Instruction primaire.........	peu répandue.
Zèle électoral..............	ordinaire.
Taille.....................	moyenne.
Constitution...............	moyenne.
Nourriture (en céréales)......	mauvaise.
Durée de la vie.............	longue.
Catholicisme...............	très-développé.
Salaires des ouvriers.........	très-bas.
Dents.....................	très-mauvaises.

72. SEINE. — Chef-lieu Paris.

Population. La France aurait 1,038,709,000 habitants, si elle était peuplée comme le département de la *Seine*. *Aucun* département n'a une population aussi dense ; cette population s'accroît annuellement de 35 têtes par 10,000 habitants. — Sol forestier, 5 centièmes.

Agriculteurs. Sur 1,000 recrues, ce département en compte 43 occupées aux travaux de la campagne ; le département moyen en a 526. *Tous* les départements comptent plus d'agriculteurs.

Industrie. Sous le rapport de l'industrie, ce département est le 1er.

FAITS DE L'ORDRE MORAL.

Criminalité. Dans le département de la Seine, sur 2,702 habitants, il y a un accusé de crime ; le département moyen en fournit un sur 4,552. *Tous* les départements ont une meilleure moralité.

Bâtards. Pour 1,000 naissances de toute nature, on compte 313 bâtards ; le département moyen en a 72. *Tous* les départements présentent une meilleure moralité.

Enfants trouvés. Pour 1,000 naissances de toute nature, on compte 159 enfants trouvés ; le département moyen en a 35. *Tous* les départements présentent une meilleure moralité.

Insoumis au recrutement. Pour 1,000 recrues obtenues, on compte 18 insoumis ; le département moyen en a 14. *Soixante-cinq* départements comptent moins d'insoumis.

Frais de rentrée des impôts directs. Pour percevoir 1,000 fr. d'impôts directs de toute nature, on est obligé de faire 4 fr. 40 c. de frais ; dans le département moyen, ces frais montent à 3 fr. 40 c. *Cinquante-trois* départements ont plus de régularité pour le payement des impôts.

Paupérisme. Pour 1,000 habitants, on en compte 166 de secourus par les hôpitaux et hospices ou par les bureaux de bienfaisance ; le département moyen en compte 34. *Quatre-vingt-trois* départements ont un paupérisme moins considérable.

Esprit de chicane. Pour une affaire inscrite devant les tribunaux de première instance, on compte 102 habitants ; le département moyen en compte 261. *Quatre-vingt-trois* départements ont un esprit de chicane moins développé.

Catholicisme. Pour 1,000 fr. d'impôts directs de toute nature, on a fourni, en neuf années, 3 fr. 60 c. de souscriptions pour la propagation de la foi catholique ; le département moyen en a payé 7 fr. 20 c. *Quarante-neuf* départements ont produit des souscriptions plus considérables.

Instruction primaire. Sur 1,000 recrues, on en compte 193 ne sachant ni lire ni écrire ; le département moyen en a 486 dans ce cas. *Cinq* départements ont une instruction primaire plus répandue.

Négligence pour l'instruction primaire. Sur 100 écoles primaires qui manquent, 46 sont dans ce cas par suite de la négligence des autorités locales ; le département moyen en compte 34. *Soixante-quatre* départements montrent plus de zèle pour l'exécution de la loi du 28 juin 1833.

Elections. Sur 100 électeurs, 67 usent de leurs droits ; le département moyen en compte 66. *Quarante-un* départements ont plus de zèle électoral.

FAITS DE L'ORDRE PHYSIQUE.

La taille moyenne des recrues est de 1 m. 673 mil. ; c'est plus que celle du département moyen, qui est de 1 m. 655 mil. Les habitants de *quatre* départements ont une plus grande taille. **Taille.**

Pour 1,000 recrues obtenues, on a 164 exemptions pour défaut de taille ; le département moyen en compte 260. *Dix-huit* départements ont moins d'exemptions de cette nature. **Exemptions pour défaut de taille.**

Pour 1,000 recrues obtenues, on a 649 exemptions pour causes physiques autres que pour défaut de taille ; le département moyen en compte 667. *Trente-huit* départements ont moins d'exemptions de cette nature. **Exemptions pour autres causes physiques.**

Pour 100 hectolitres de froment et de méteil consommés, 25 hectolitres de grains inférieurs entrent dans l'alimentation des habitants ; le département moyen en consomme 82. *Onze* départements sont dans une condition de nourriture plus favorable. **Nourriture des habitants.**

La vie moyenne des habitants est de 28 ans 8 mois ; celle du département moyen est de 36 ans 7 mois. *Tous* les départements ont une vie moyenne plus longue. **Vie moyenne.**

Pour fournir annuellement 100 hommes au recrutement, on compte 669 naissances des deux sexes ; le département moyen en exige 336. *Tous* les départements perdent moins de jeunes gens avant leur 21e année. **Individus qui arrivent à 21 ans.**

Pour 100 enfants trouvés qui atteignent l'âge de *douze ans*, il en meurt 340 ; le département moyen en perd 159. *Tous* les départements présentent une mortalité moins considérable. **Mortalité des enfants trouvés.**

RÉSUMÉ.

Population relative..........	*maximum* de densité.
Accroissement de la population.	moyen.
Sol forestier................	très-peu étendu.
Nombre des agriculteurs......	*minimum*.
Industrie..................	*maximum*.
Nombre des crimes..........	*maximum* (Corse exceptée).
Nombre des bâtards.........	*maximum*.
Nombre des enfants trouvés...	*maximum*.
Insoumis au recrutement.....	nombreux.
Rentrée des impôts.........	difficile.
Nombre des procès civils.....	très-considérable.
Instruction primaire.........	très-répandue.
Zèle électoral..............	ordinaire.
Taille.....................	très-élevée.
Constitution...............	moyenne.
Nourriture (en céréales)......	très-bonne.
Durée de la vie.............	*minimum*.
Crimes contre les choses.....	*maximum*.
Suicides..................	*maximum*.
Paupérisme................	*maximum* (après le dép. du Nord).
Population urbaine..........	*maximum*.
Mortalité des enfants trouvés...	*maximum*.
Individus qui arrivent à 21 ans.	*minimum*.
Nombre des propriétaires....	*minimum*.
Salaires des ouvriers.........	*maximum*.
Dents....................	très-mauvaises.

73. SEINE-ET-MARNE. — Chef-lieu Melun.

Population. La France aurait 30,341,000 habitants, si elle était peuplée comme le département de *Seine-et-Marne*. *Quarante-quatre* départements ont plus de densité de population; cette dernière s'accroît annuellement de 15 têtes par 10,000 habitants. —Sol forestier, 15 centièmes.

Agriculteurs. Sur 1,000 recrues, ce département en compte 586 occupées aux travaux de la campagne ; le département moyen en a 526. *Quarante* départements comptent plus d'agriculteurs.

Industrie. Sous le rapport de l'industrie, ce département est le 25ᵉ.

FAITS DE L'ORDRE MORAL.

Criminalité. Dans le département de Seine-et-Marne, sur 3,716 habitants, il y a un accusé de crime ; le département moyen en fournit un sur 4,552. *Soixante et dix* départements ont une meilleure moralité.

Bâtards. Pour 1,000 naissances de toute nature, on compte 46 bâtards ; le département moyen en a 72. *Dix-neuf* départements présentent une meilleure moralité.

Enfants trouvés. Pour 1,000 naissances de toute nature, on compte 14 enfants trouvés ; le département moyen en a 35. *Dix* départements présentent une meilleure moralité.

Insoumis au recrutement. Pour 1,000 recrues obtenues, on compte 5 insoumis ; le département moyen en a 14. *Trente-sept* départements comptent moins d'insoumis.

Frais de rentrée des impôts directs. Pour percevoir 1,000 fr. d'impôts directs de toute nature, on est obligé de faire 1 fr. 30 c. de frais ; dans le département moyen, ces frais montent à 3 fr. 40 c. *Onze* départements ont plus de régularité pour le payement des impôts.

Paupérisme. Pour 1,000 habitants, on en compte 28 de secourus par les hôpitaux et hospices ou par les bureaux de bienfaisance ; le département moyen en compte 34. *Cinquante-sept* départements ont un paupérisme moins considérable.

Esprit de chicane. Pour une affaire inscrite devant les tribunaux de première instance, on compte 216 habitants ; le département moyen en compte 261. *Soixante* départements ont un esprit de chicane moins développé.

Catholicisme. Pour 1,000 fr. d'impôts directs de toute nature, on a fourni, en neuf années, 0 fr. 60 c. de souscriptions pour la propagation de la foi catholique ; le département moyen en a payé 7 fr. 20 c. *Soixante et dix-huit* départements ont produit des souscriptions plus considérables.

Instruction primaire. Sur 1,000 recrues, on en compte 212 ne sachant ni lire ni écrire ; le département moyen en a 486 dans ce cas. *Neuf* départements ont une instruction primaire plus répandue.

Négligence pour l'instruction primaire. Sur 100 écoles primaires qui manquent, 42 sont dans ce cas par suite de la négligence des autorités locales ; le département moyen en compte 34. *Cinquante-huit* départements montrent plus de zèle pour l'exécution de la loi du 28 juin 1833.

Elections. Sur 100 électeurs, 69 usent de leurs droits ; le département moyen en compte 66. *Vingt-six* départements ont plus de zèle électoral.

FAITS DE L'ORDRE PHYSIQUE.

La taille moyenne des recrues est de 1 m. 669 mil.; c'est plus que celle du département moyen, qui est de 1 m. 655 mil. Les habitants de *six* départements ont une plus grande taille. Taille.

Pour 1,000 recrues obtenues, on a 198 exemptions pour défaut de taille; le département moyen en compte 260. *Vingt-neuf* départements ont moins d'exemptions de cette nature. Exemptions pour défaut de taille.

Pour 1,000 recrues obtenues, on a 1,031 exemptions pour causes physiques autres que pour défaut de taille; le département moyen en compte 667. *Quatre-vingt-trois* départements ont moins d'exemptions de cette nature. Exemptions pour autres causes physiques.

Pour 100 hectolitres de froment et de méteil consommés, 14 hectolitres de grains inférieurs entrent dans l'alimentation des habitants; le département moyen en consomme 82. *Trois* départements sont dans une condition de nourriture plus favorable. Nourriture des habitants.

La vie moyenne des habitants est de 35 ans 1 mois; celle du département moyen est de 36 ans 7 mois. *Cinquante-huit* départements ont une vie moyenne plus longue. Vie moyenne.

Pour fournir annuellement 100 hommes au recrutement, on compte 358 naissances des deux sexes; le département moyen en exige 336. *Soixante-trois* départements perdent moins de jeunes gens avant leur 21e année. Individus qui arrivent à 21 ans.

Pour 100 enfants trouvés qui atteignent l'âge de *douze ans*, il en meurt 212; le département moyen en perd 159. *Soixante-huit* départements présentent une mortalité moins considérable. Mortalité des enfants trouvés.

RÉSUMÉ.

Population relative..........	moyenne.
Accroissement de la population.	très-lent.
Sol forestier...............	moyen.
Nombre des agriculteurs.....	moyen.
Industrie..................	développée.
Nombre des crimes..........	très-considérable.
Nombre des bâtards.........	peu considérable.
Nombre des enfants trouvés...	très-peu considérable.
Nombre des insoumis........	moyen.
Rentrée des impôts.	très-facile.
Nombre des procès civils.....	considérable.
Instruction primaire.........	très-répandue.
Zèle électoral..............	actif.
Taille....................	élevée.
Vices de constitution.........	très-nombreux.
Nourriture (en céréales)......	très-bonne.
Durée de la vie.............	courte.
Suicides..................	très-nombreux.
Nombre des enfants trouvés..	*maximum* d'accroissement.
Propriétaires..............	nombreux.
Salaires..................	très-élevés.
Dents....................	très-mauvaises.
Teigneux et scrofuleux.......	nombreux.

74. SEINE-ET-OISE. — Chef-lieu VERSAILLES.

Population. La France aurait 42,162,000 habitants, si elle était peuplée comme le département de *Seine-et-Oise*. *Treize* départements ont plus de densité de population ; cette dernière s'accroît annuellement de 9 têtes par 10,000 habitants. — Sol forestier, 19 centièmes.

Agriculteurs. Sur 1,000 recrues, ce département en compte 330 occupées aux travaux de la campagne ; le département moyen en a 526. *Soixante et quatorze* départements comptent plus d'agriculteurs.

Industrie. Sous le rapport de l'industrie, ce département est le 4ᵉ.

FAITS DE L'ORDRE MORAL.

Criminalité. Dans le département de Seine-et-Oise, sur 2,814 habitants, il y a un accusé de crime ; le département moyen en fournit un sur 4,552. *Quatre-vingt-deux* départements ont une meilleure moralité.

Bâtards. Pour 1,000 naissances de toute nature, on compte 62 bâtards ; le département moyen en a 72. *Quarante-sept* départements présentent une meilleure moralité.

Enfants trouvés. Pour 1,000 naissances de toute nature, on compte 4 enfants trouvés ; le département moyen en a 35. *Trois* départements présentent une meilleure moralité.

Insoumis au recrutement. Pour 1,000 recrues obtenues, on compte 5 insoumis ; le département moyen en a 14. *Trente-huit* départements comptent moins d'insoumis.

Frais de rentrée des impôts directs. Pour percevoir 1,000 fr. d'impôts directs de toute nature, on est obligé de faire 2 fr. 20 c. de frais; dans le département moyen, ces frais montent à 3 fr. 40 c. *Vingt-trois* départements ont plus de régularité pour le payement des impôts.

Paupérisme. Pour 1,000 habitants, on en compte 36 de secourus par les hôpitaux et hospices ou par les bureaux de bienfaisance ; le département moyen en compte 34. *Soixante-neuf* départements ont un paupérisme moins considérable.

Esprit de chicane. Pour une affaire inscrite devant les tribunaux de première instance, on compte 244 habitants; le département moyen en compte 261. *Cinquante-deux* départements ont un esprit de chicane moins développé.

Catholicisme. Pour 1,000 fr. d'impôts directs de toute nature, on a fourni, en neuf années, 1 fr. 30 c. de souscriptions pour la propagation de la foi catholique ; le département moyen en a payé 7 fr. 20 c. *Soixante et dix* départements ont produit des souscriptions plus considérables.

Instruction primaire. Sur 1,000 recrues, on en compte 305 ne sachant ni lire ni écrire ; le département moyen en a 486 dans ce cas. *Dix-neuf* départements ont une instruction primaire plus répandue.

Négligence pour l'instruction primaire. Sur 100 écoles primaires qui manquent, 53 sont dans ce cas par suite de la négligence des autorités locales ; le département moyen en compte 34. *Soixante et douze* départements montrent plus de zèle pour l'exécution de la loi du 28 juin 1833.

Elections. Sur 100 électeurs, 69 usent de leurs droits ; le département moyen en compte 66. *Vingt-sept* départements ont plus de zèle électoral.

FAITS DE L'ORDRE PHYSIQUE.

La taille moyenne des recrues est de 1 m. 667 mil. ; c'est plus que celle du département moyen, qui est de 1 m. 655 mil. Les habitants de *douze* départements ont une plus grande taille. Taille.

Pour 1,000 recrues obtenues, on a 121 exemptions pour défaut de taille; le département moyen en compte 260. *Quatre* départements ont moins d'exemptions de cette nature. Exemptions pour défaut de taille.

Pour 1,000 recrues obtenues, on a 888 exemptions pour causes physiques autres que pour défaut de taille; le département moyen en compte 667. *Soixante et onze* départements ont moins d'exemptions de cette nature. Exemptions pour autres causes physiques.

Pour 100 hectolitres de froment et de méteil consommés, 32 hectolitres de grains inférieurs entrent dans l'alimentation des habitants ; le département moyen en consomme 82. *Quinze* départements sont dans une condition de nourriture plus favorable. Nourriture des habitants.

La vie moyenne des habitants est de 38 ans 4 mois; celle du département moyen est de 36 ans 7 mois. *Trente-quatre* départements ont une vie moyenne plus longue. Vie moyenne.

Pour fournir annuellement 100 hommes au recrutement, on compte 329 naissances des deux sexes ; le département moyen en exige 336. *Quarante-six* départements perdent moins de jeunes gens avant leur 21ᵉ année. Individus qui arrivent à 21 ans.

Pour 100 enfants trouvés qui atteignent l'âge de *douze ans*, il en meurt 75 ; le département moyen en perd 159. *Quatorze* départements présentent une mortalité moins considérable. Mortalité des enfants trouvés.

RÉSUMÉ.

Population relative..........	très-considérable.
Accroissement de la population.	très-lent.
Sol forestier................	étendu.
Nombre des agriculteurs......	très-peu considérable.
Industrie....................	très-développée.
Nombre des crimes............	des plus considérables.
Nombre des bâtards...........	moyen.
Nombre des enfants trouvés..	très-peu considérable.
Nombre des insoumis.........	moyen.
Rentrée des impôts...........	facile.
Nombre des procès civils.....	moyen.
Instruction primaire.........	répandue.
Zèle électoral..............	actif.
Taille......................	très-grande.
Vices de constitution........	très-nombreux.
Nourriture (en céréales)......	très-bonne.
Durée de la vie.............	longue.
Paupérisme.................	très-développé.
Suicides...................	très-nombreux.
Nombre des enfans trouvés....	très-progressif.
Propriétaires...............	très-nombreux.
Salaires...................	très-élevés.
Dents.....................	très-mauvaises.

75. SEINE-INFÉRIEURE. — Chef-lieu ROUEN.

Population. La France aurait 60,727,000 habitants, si elle était peuplée comme le département de la *Seine-Inférieure*. *Quatre* départements ont plus de densité de population; cette dernière s'accroît annuellement de 37 têtes par 10,000 habitants.—Sol forestier, 17 centièmes.

Agriculteurs. Sur 1,000 recrues, ce département en compte 109 occupées aux travaux de la campagne; le département moyen en a 526. *Quatre-vingt-trois* départements comptent plus d'agriculteurs.

Industrie. Sous le rapport de l'industrie, ce département est le 2ᵉ.

FAITS DE L'ORDRE MORAL.

Criminalité. Dans le département de la Seine-Inférieure, sur 2,782 habitants, il y a un accusé de crime; le département moyen en fournit un sur 4,552. *Quatre-vingt-trois* départements ont une meilleure moralité.

Bâtards. Pour 1,000 naissances de toute nature, on compte 105 bâtards; le département moyen en a 72. *Soixante et dix-huit* départements présentent une meilleure moralité.

Enfants trouvés. Pour 1,000 naissances de toute nature, on compte 47 enfants trouvés; le département moyen en a 35. *Soixante et onze* départements présentent une meilleure moralité.

Insoumis au recrutement. Pour 1,000 recrues obtenues, on compte 6 insoumis; le département moyen en a 14. *Quarante* départements comptent moins d'insoumis.

Frais de rentrée des impôts directs. Pour percevoir 1,000 fr. d'impôts directs de toute nature, on est obligé de faire 3 fr. 60 c. de frais; dans le département moyen, ces frais montent à 3 fr. 40 c. *Quarante-six* départements ont plus de régularité pour le payement des impôts.

Paupérisme. Pour 1,000 habitants, on en compte 44 de secourus par les hôpitaux et hospices ou par les bureaux de bienfaisance; le département moyen en compte 34. *Soixante et quatorze* départements ont un paupérisme moins considérable.

Esprit de chicane. Pour une affaire inscrite devant les tribunaux de première instance, on compte 217 habitants; le département moyen en compte 261. *Cinquante-neuf* départements ont un esprit de chicane moins développé.

Catholicisme. Pour 1,000 fr. d'impôts directs de toute nature, on a fourni, en neuf années, 2 fr. 70 c. de souscriptions pour la propagation de la foi catholique; le département moyen en a payé 7 fr. 20 c. *Soixante-un* départements ont produit des souscriptions plus considérables.

Instruction primaire. Sur 1,000 recrues, on en compte 331 ne sachant ni lire ni écrire; le département moyen en a 486 dans ce cas. *Vingt-deux* départements ont une instruction primaire plus répandue.

Négligence pour l'instruction primaire. Sur 100 écoles primaires qui manquent, 26 sont dans ce cas par suite de la négligence des autorités locales; le département moyen en compte 34. *Vingt-huit* départements montrent plus de zèle pour l'exécution de la loi du 28 juin 1833.

Elections. Sur 100 électeurs, 64 usent de leurs droits; le département moyen en compte 66. *Soixante-deux* départements ont plus de zèle électoral.

FAITS DE L'ORDRE PHYSIQUE.

La taille moyenne des recrues est de 1 m. 673 mil. ; c'est plus que celle du département moyen, qui est de 1 m. 655 mil. Les habitants de *cinq* départements ont une plus grande taille. Taille.

Pour 1,000 recrues obtenues, on a 184 exemptions pour défaut de taille ; le département moyen en compte 260. *Vingt-trois* départements ont moins d'exemptions de cette nature. Exemptions pour défaut de taille.

Pour 1,000 recrues obtenues, on a 1,028 exemptions pour causes physiques autres que pour défaut de taille; le département moyen en compte 667. *Quatre-vingt-deux* départements ont moins d'exemptions de cette nature. Exemptions pour autres causes physiques.

Pour 100 hectolitres de froment et de méteil consommés, 20 hectolitres de grains inférieurs entrent dans l'alimentation des habitants ; le département moyen en consomme 82. *Neuf* départements sont dans une condition de nourriture plus favorable. Nourriture des habitants.

La vie moyenne des habitants est de 36 ans 4 mois ; celle du département moyen est de 36 ans 7 mois. *Cinquante-trois* départements ont une vie moyenne plus longue. Vie moyenne.

Pour fournir annuellement 100 hommes au recrutement, on compte 378 naissances des deux sexes ; le département moyen en exige 336. *Soixante et quatorze* départements perdent moins de jeunes gens avant leur 21e année. Individus qui arrivent à 21 ans.

Pour 100 enfants trouvés qui atteignent l'âge de *douze ans*, il en meurt 271 ; le département moyen en perd 159. *Soixante et seize* départements présentent une mortalité moins considérable. Mortalité des enfants trouvés.

RÉSUMÉ.

Population relative..........	très-considérable.
Accroissement de la population.	moyen.
Sol forestier...............	étendu.
Nombre des agriculteurs......	des moins considérables.
Industrie..................	des plus développées.
Nombre des crimes..........	des plus considérables.
Nombre des bâtards.........	très-considérable.
Nombre des enfants trouvés..	très-considérable.
Nombre des insoumis........	moyen.
Frais de rentrée des impôts...	moyens.
Nombre des procès civils......	considérable.
Instruction primaire.........	répandue.
Zèle électoral...............	faible.
Taille....................	élevée.
Vices de constitution........	des plus nombreux.
Nourriture (en céréales)......	bonne.
Durée de la vie.............	moyenne.
Crimes contre les choses.....	très-nombreux.
Sévérité du jury............	*maximum.*
Suicides..................	très-nombreux.
Paupérisme................	très-développé.
Mortalité des enfants trouvés..	très-considérable.
Individus qui arrivent à 21 ans.	peu nombreux.
Propriétaires...............	très-peu nombreux.
Salaires..................	très-élevés.
Qualité des dents...........	*minimum.*
Teigneux et scrofuleux.......	nombreux.

76. DEUX-SÈVRES. — Chef-lieu NIORT.

Population. La France aurait 25,592,000 habitants, si elle était peuplée comme le département des *Deux-Sèvres*. *Soixante* départements ont plus de densité de population; cette dernière s'accroît annuellement de 39 têtes par 10,000 habitants. — Sol forestier, 7 centièmes.

Agriculteurs. Sur 1,000 recrues, ce département en compte 689 occupées aux travaux de la campagne; le département moyen en a 526. *Six* départements comptent plus d'agriculteurs.

Industrie. Sous le rapport de l'industrie, ce département est le 62ᵉ.

FAITS DE L'ORDRE MORAL.

Criminalité. Dans le département des Deux-Sèvres, sur 6,687 habitants, il y a un accusé de crime; le département moyen en fournit un sur 4,552. *Six* départements ont une meilleure moralité.

Bâtards. Pour 1,000 naissances de toute nature, on compte 44 bâtards; le département moyen en a 72. *Seize* départements présentent une meilleure moralité.

Enfants trouvés. Pour 1,000 naissances de toute nature, on compte 23 enfants trouvés; le département moyen en a 35. *Vingt-cinq* départements présentent une meilleure moralité.

Insoumis au recrutement. Pour 1,000 recrues obtenues, on compte 4 insoumis; le département moyen en a 14. *Trente-un* départements comptent moins d'insoumis.

Frais de rentrée des impôts directs. Pour percevoir 1,000 fr. d'impôts directs de toute nature, on est obligé de faire 2 fr. 40 c. de frais; dans le département moyen, ces frais montent à 3 fr. 40 c. *Trente* départements ont plus de régularité pour le payement des impôts.

Paupérisme. Pour 1,000 habitants, on en compte 29 de secourus par les hôpitaux et hospices ou par les bureaux de bienfaisance; le département moyen en compte 34. *Soixante* départements ont un paupérisme moins considérable.

Esprit de chicane. Pour une affaire inscrite devant les tribunaux de première instance, on compte 687 habitants; le département moyen en compte 261. *Sept* départements ont un esprit de chicane moins développé.

Catholicisme. Pour 1,000 fr. d'impôts directs de toute nature, on a fourni, en neuf années, 4 fr. 70 c. de souscriptions pour la propagation de la foi catholique; le département moyen en a payé 7 fr. 20 c. *Quarante-trois* départements ont produit des souscriptions plus considérables.

Instruction primaire. Sur 1,000 recrues, on en compte 502 ne sachant ni lire ni écrire; le département moyen en a 486 dans ce cas. *Quarante* départements ont une instruction primaire plus répandue.

Négligence pour l'instruction primaire. Sur 100 écoles primaires qui manquent, 60 sont dans ce cas par suite de la négligence des autorités locales; le département moyen en compte 34. *Quatre-vingts* départements montrent plus de zèle pour l'exécution de la loi du 28 juin 1833.

Elections. Sur 100 électeurs, 60 usent de leurs droits; le département moyen en compte 66. *Soixante et douze* départements ont plus de zèle électoral.

FAITS DE L'ORDRE PHYSIQUE.

La taille moyenne des recrues est de 1 m. 654 mil. ; c'est moins que celle du département moyen, qui est de 1 m. 655 mil. Les habitants de *quarante-cinq* départements ont une plus grande taille. **Taille.**

Pour 1,000 recrues obtenues, on a 280 exemptions pour défaut de taille ; le département moyen en compte 260. *Cinquante-trois* départements ont moins d'exemptions de cette nature. **Exemptions pour défaut de taille.**

Pour 1,000 recrues obtenues, on a 822 exemptions pour causes physiques autres que pour défaut de taille ; le département moyen en compte 667. *Soixante-sept* départements ont moins d'exemptions de cette nature. **Exemptions pour autres causes physiques.**

Pour 100 hectolitres de froment et de méteil consommés, 180 hectolitres de grains inférieurs entrent dans l'alimentation des habitants ; le département moyen en consomme 82. *Soixante-cinq* départements sont dans une condition de nourriture plus favorable. **Nourriture des habitants.**

La vie moyenne des habitants est de 42 ans 0 mois ; celle du département moyen est de 36 ans 7 mois. *Dix* départements ont une vie moyenne plus longue. **Vie moyenne.**

Pour fournir annuellement 100 hommes au recrutement, on compte 275 naissances des deux sexes ; le département moyen en exige 336. *Six* départements perdent moins de jeunes gens avant leur 21e année. **Individus qui arrivent à 21 ans.**

Pour 100 enfants trouvés qui atteignent l'âge de *douze ans*, il en meurt 73 ; le département moyen en perd 159. *Onze* départements présentent une mortalité moins considérable. **Mortalité des enfants trouvés.**

RÉSUMÉ.

Population relative..........	peu nombreuse.
Accroissement de la population.	moyen.
Sol forestier................	peu étendu.
Nombre des agriculteurs......	très-considérable.
Industrie..................	peu développée.
Nombre des crimes..........	très-peu considérable.
Nombre des bâtards.........	très-peu considérable.
Nombre des enfants trouvés...	peu considérable.
Insoumis au recrutement.....	rares.
Rentrée des impôts..........	facile.
Nombre des procès civils.....	très-peu considérable.
Instruction primaire.........	moyenne.
Zèle électoral...............	très-faible.
Taille.....................	moyenne.
Vices de constitution.........	nombreux.
Nourriture (en céréales)......	mauvaise.
Durée de la vie.............	très-longue.
Individus qui arrivent à 21 ans.	très-nombreux.

77. SOMME. — Chef-lieu Amiens.

Population. La France aurait 46,699,000 habitants, si elle était peuplée comme le département de la *Somme*. *Dix* départements ont plus de densité de population ; cette dernière s'accroît annuellement de 48 têtes par 10,000 habitants. — Sol forestier, 9 centièmes.

Agriculteurs. Sur 1,000 recrues, ce département en compte 180 occupées aux travaux de la campagne ; le département moyen en a 526. *Quatre-vingt-deux* départements comptent plus d'agriculteurs.

Industrie. Sous le rapport de l'industrie, ce département est le 17ᵉ.

FAITS DE L'ORDRE MORAL.

Criminalité. Dans le département de la Somme, sur 4,122 habitants, il y a un accusé de crime ; le département moyen en fournit un sur 4,552. *Soixante-quatre* départements ont une meilleure moralité.

Bâtards. Pour 1,000 naissances de toute nature, on compte 72 bâtards ; le département moyen en a 72. *Soixante-deux* départements présentent une meilleure moralité.

Enfants trouvés. Pour 1,000 naissances de toute nature, on compte 25 enfants trouvés ; le département moyen en a 35. *Trente-trois* départements présentent une meilleure moralité.

Insoumis au recrutement. Pour 1,000 recrues obtenues, on compte 1 insoumis ; le département moyen en a 14. *Trois* départements comptent moins d'insoumis.

Frais de rentrée des impôts directs. Pour percevoir 1,000 francs d'impôts directs de toute nature, on est obligé de faire 1 fr. 60 c. de frais ; dans le département moyen, ces frais montent à 3 fr. 40 c. *Seize* départements ont plus de régularité pour le payement des impôts.

Paupérisme. Pour 1,000 habitants, on en compte 24 de secourus par les hôpitaux et hospices ou par les bureaux de bienfaisance ; le département moyen en compte 34. *Cinquante-deux* départements ont un paupérisme moins considérable.

Esprit de chicane. Pour une affaire inscrite devant les tribunaux de première instance, on compte 462 habitants ; le département moyen en compte 261. *Treize* départements ont un esprit de chicane moins développé.

Catholicisme. Pour 1,000 francs d'impôts directs de toute nature, on a fourni, en neuf années, 4 fr. 40 c. de souscriptions pour la propagation de la foi catholique ; le département moyen en a payé 7 fr. 20 c. *Quarante-cinq* départements ont produit des souscriptions plus considérables.

Instruction primaire. Sur 1,000 recrues, on en compte 455 ne sachant ni lire ni écrire ; le département moyen en a 486 dans ce cas. *Trente-six* départements ont une instruction primaire plus répandue.

Négligence pour l'instruction primaire. Sur 100 écoles primaires qui manquent, 25 sont dans ce cas par suite de la négligence des autorités locales ; le département moyen en compte 34. *Vingt-cinq* départements montrent plus de zèle pour l'exécution de la loi du 28 juin 1833.

Elections. Sur 100 électeurs, 65 usent de leurs droits ; le département moyen en compte 66. *Cinquante-un* départements ont plus de zèle électoral.

FAITS DE L'ORDRE PHYSIQUE.

La taille moyenne des recrues est de 1 m. 660 mil. ; c'est plus que celle du département moyen, qui est de 1 m. 655 mil. Les habitants de *vingt-neuf* départements ont une plus grande taille. Taille.

Pour 1,000 recrues obtenues, on a 117 exemptions pour défaut de taille; le département moyen en compte 260. *Deux* départements ont moins d'exemptions de cette nature. Exemptions pour défaut de taille.

Pour 1,000 recrues obtenues, on a 479 exemptions pour causes physiques autres que pour défaut de taille; le département moyen en compte 667. *Quinze* départements ont moins d'exemptions de cette nature. Exemptions pour autres causes physiques.

Pour 100 hectolitres de froment et de méteil consommés, 34 hectolitres de grains inférieurs entrent dans l'alimentation des habitants; le département moyen en consomme 82. *Seize* départements sont dans une condition de nourriture plus favorable. Nourriture des habitants.

La vie moyenne des habitants est de 40 ans 6 mois; celle du département moyen est de 36 ans 7 mois. *Seize* départements ont une vie moyenne plus longue. Vie moyenne.

Pour fournir annuellement 100 hommes au recrutement, on compte 312 naissances des deux sexes; le département moyen en exige 336. *Vingt-cinq* départements perdent moins de jeunes gens avant leur 21me année. Individus qui arrivant à 21 ans.

Pour 100 enfants trouvés qui atteignent l'âge de *douze ans*, il en meurt 76; le département moyen en perd 159. *Seize* départements présentent une mortalité moins considérable. Mortalité des enfants trouvés.

RÉSUMÉ.

Population relative..........	très-considérable.
Accroissement de la population.	moyen.
Sol forestier...............	peu étendu.
Nombre des agriculteurs.....	très-peu considérable.
Industrie..................	très-développée.
Nombre des crimes........	considérable.
Nombre des bâtards.........	considérable.
Nombre des enfants trouvés...	peu considérable.
Insoumis au recrutement.....	très-rares.
Rentrée des impôts.........	très-facile.
Nombre des procès civils.....	très-peu considérable.
Instruction primaire.........	moyenne.
Zèle électoral.............	ordinaire.
Taille.....................	élevée.
Vices de constitution	très-rares.
Nourriture (en céréales)......	très-bonne.
Durée de la vie.............	très-longue.
Dents.....................	très-mauvaises.

78. TARN. — Chef-lieu ALBY.

Population. La France aurait 30,869,000 habitants, si elle était peuplée comme le département du *Tarn*. *Quarante-deux* départements ont plus de densité de population ; cette dernière s'accroît annuellement de 48 têtes par 10,000 habitants. — Sol forestier, 9 centièmes.

Agriculteurs. Sur 1,000 recrues, ce département en compte 597 occupées aux travaux de la campagne ; le département moyen en a 526. *Trente-quatre* départements comptent plus d'agriculteurs.

Industrie. Sous le rapport de l'industrie, ce département est le 53e.

FAITS DE L'ORDRE MORAL.

Criminalité. Dans le département du Tarn, sur 4,342 habitants, il y a un accusé de crime ; le département moyen en fournit un sur 4,552. *Cinquante-six* départements ont une meilleure moralité.

Bâtards. Pour 1,000 naissances de toute nature, on compte 38 bâtards ; le département moyen en a 72. *Dix* départements présentent une meilleure moralité.

Enfants trouvés. Pour 1,000 naissances de toute nature, on compte 25 enfants trouvés ; le département moyen en a 35. *Trente-cinq* départements présentent une meilleure moralité.

Insoumis au recrutement. Pour 1,000 recrues obtenues, on compte 23 insoumis ; le département moyen en a 14. *Soixante-dix* départements comptent moins d'insoumis.

Frais de rentrée des impôts directs. Pour percevoir 1,000 fr. d'impôts directs de toute nature, on est obligé de faire 2 fr. 90 c. de frais ; dans le département moyen, ces frais montent à 3 fr. 40 c. *Trente-sept* départements ont plus de régularité pour le payement des impôts.

Paupérisme. Pour 1,000 habitants, on en compte 16 de secourus par les hôpitaux et hospices ou par les bureaux de bienfaisance ; le département moyen en compte 34. *Trente-six* départements ont un paupérisme moins considérable.

Esprit de chicane. Pour une affaire inscrite devant les tribunaux de première instance, on compte 357 habitants ; le département moyen en compte 261. *Vingt* départements ont un esprit de chicane moins développé.

Catholicisme. Pour 1,000 fr. d'impôts directs de toute nature, on a fourni, en neuf années, 8 fr. 20 c. de souscriptions pour la propagation de la foi catholique ; le département moyen en a payé 7 fr. 20 c. *Vingt-quatre* départements ont produit des souscriptions plus considérables.

Instruction primaire. Sur 1,000 recrues, on en compte 659 ne sachant ni lire ni écrire ; le département moyen en a 486 dans ce cas. *Soixante-six* départements ont une instruction primaire plus répandue.

Négligence pour l'instruction primaire. Sur 100 écoles primaires qui manquent, 29 sont dans ce cas par suite de la négligence des autorités locales ; le département moyen en compte 34. *Trente-trois* départements montrent plus de zèle pour l'exécution de la loi du 28 juin 1833.

Elections. Sur 100 électeurs, 73 usent de leurs droits ; le département moyen en compte 66. *Onze* départements ont plus de zèle électoral.

FAITS DE L'ORDRE PHYSIQUE.

La taille moyenne des recrues est de 1 m. 645 mil. ; c'est moins que celle du département moyen, qui est de 1 m. 655 mil. Les habitants de *soixante-sept* départements ont une plus grande taille. — Taille.

Pour 1,000 recrues obtenues, on a 418 exemptions pour défaut de taille ; le département moyen en compte 260. *Soixante et seize* départements ont moins d'exemptions de cette nature. — Exemptions pour défaut de taille.

Pour 1,000 recrues obtenues, on a 650 exemptions pour causes physiques autres que pour défaut de taille ; le département moyen en compte 667. *Trente-neuf* départements ont moins d'exemptions de cette nature. — Exemptions pour autres causes physiques.

Pour 100 hectolitres de froment et de méteil consommés, 127 hectolitres de grains inférieurs entrent dans l'alimentation des habitants ; le département moyen en consomme 82. *Cinquante-sept* départements sont dans une condition de nourriture plus favorable. — Nourriture des habitants.

La vie moyenne des habitants est de 37 ans 2 mois ; celle du département moyen est de 36 ans 7 mois. *Quarante-huit* départements ont une vie moyenne plus longue. — Vie moyenne.

Pour fournir annuellement 100 hommes au recrutement, on compte 307 naissances des deux sexes ; le département moyen en exige 336. *Vingt-deux* départements perdent moins de jeunes gens avant leur 21e année. — Individus qui arrivent à 21 ans.

Pour 100 enfants trouvés qui atteignent l'âge de *douze ans*, il en meurt 152 ; le département moyen en perd 159. *Cinquante-un* départements présentent une mortalité moins considérable. — Mortalité des enfants trouvés.

RÉSUMÉ.

Population relative..........	moyenne.
Accroissement de la population.	moyen.
Sol forestier...............	peu étendu.
Nombre des agriculteurs.....	considérable.
Industrie.................	peu développée.
Nombre des crimes..........	considérable.
Nombre des bâtards.........	très-peu considérable.
Nombre des enfants trouvés...	moyen.
Insoumis au recrutement.....	très-nombreux.
Frais de rentrée des impôts....	moyens.
Nombre des procès civils.....	peu considérable.
Instruction primaire.........	peu répandue.
Zèle électoral..............	très-actif.
Taille....................	peu élevée.
Constitution...............	moyenne.
Nourriture (en céréales)......	médiocre.
Durée de la vie.............	moyenne.
Crimes contre les personnes...	très-nombreux.
Salaires des ouvriers.........	peu élevés.

79. TARN-ET-GARONNE.

CHEF-LIEU MONTAUBAN.

Population. La France aurait 34,880,000 habitants, si elle était peuplée comme le département de *Tarn-et-Garonne*. *Trente-un* départements ont plus de densité de population; cette dernière s'accroît annuellement de 17 têtes par 10,000 habitants. — Sol forestier, 5 centièmes.

Agriculteurs. Sur 1,000 recrues, ce département en compte 590 occupées aux travaux de la campagne; le département moyen en a 526. *Trente-six* départements comptent plus d'agriculteurs.

Industrie. Sous le rapport de l'industrie, ce département est le 60e.

FAITS DE L'ORDRE MORAL.

Criminalité. Dans le département de Tarn-et-Garonne, sur 4,880 habitants, il y a un accusé de crime; le département moyen en fournit un sur 4,552. *Quarante-six* départements ont une meilleure moralité.

Bâtards. Pour 1,000 naissances de toute nature, on compte 41 bâtards; le département moyen en a 72. *Quatorze* départements présentent une meilleure moralité.

Enfants trouvés. Pour 1,000 naissances de toute nature, on compte 25 enfants trouvés; le département moyen en a 35. *Trente-deux* départements présentent une meilleure moralité.

Insoumis au recrutement. Pour 1,000 recrues obtenues, on compte 4 insoumis; le département moyen en a 14. *Vingt-huit* départements comptent moins d'insoumis.

Frais de rentrée des impôts directs. Pour percevoir 1,000 francs d'impôts directs de toute nature, on est obligé de faire 6 fr. 40 c. de frais; dans le département moyen, ces frais montent à 3 fr. 40 c. *Soixante et onze* départements ont plus de régularité pour le payement des impôts.

Paupérisme. Pour 1,000 habitants, on en compte 17 de secourus par les hôpitaux et hospices ou par les bureaux de bienfaisance; le département moyen en compte 34. *Trente-huit* départements ont un paupérisme moins considérable.

Esprit de chicane. Pour une affaire inscrite devant les tribunaux de première instance, on compte 343 habitants; le département moyen en compte 261. *Vingt-deux* départements ont un esprit de chicane moins développé.

Catholicisme. Pour 1,000 fr. d'impôts directs de toute nature, on a fourni, en neuf années, 2 fr. 60 c. de souscriptions pour la propagation de la foi catholique; le département moyen en a payé 7 fr. 20 c. *Soixante-deux* départements ont produit des souscriptions plus considérables.

Instruction primaire. Sur 1,000 recrues, on en compte 613 ne sachant ni lire ni écrire; le département moyen en a 486 dans ce cas. *Cinquante-quatre* départements ont une instruction primaire plus répandue.

Négligence pour l'instruction primaire. Sur 100 écoles primaires qui manquent, 66 sont dans ce cas par suite de la négligence des autorités locales; le département moyen en compte 34. *Quatre-vingt-trois* départements montrent plus de zèle pour l'exécution de la loi du 28 juin 1833.

Elections. Sur 100 électeurs, 70 usent de leurs droits; le département moyen en compte 66. *Vingt-trois* départements ont plus de zèle électoral.

FAITS DE L'ORDRE PHYSIQUE.

La taille moyenne des recrues est de 1 m. 648 mil. ; c'est moins que celle du département moyen, qui est de 1 m. 655 mil. Les habitants de *cinquante-six* départements ont une plus grande taille. Taille.

Pour 1,000 recrues obtenues, on a 239 exemptions pour défaut de taille ; le département moyen en compte 260. *Quarante-trois* départements ont moins d'exemptions de cette nature. Exemptions pour défaut de taille.

Pour 1,000 recrues obtenues, on a 525 exemptions pour causes physiques autres que pour défaut de taille ; le département moyen en compte 667. *Vingt-un* départements ont moins d'exemptions de cette nature. Exemptions pour autres causes physiques.

Pour 100 hectolitres de froment et de méteil consommés, 26 hectolitres de grains inférieurs entrent dans l'alimentation des habitants ; le département moyen en consomme 82. *Douze* départements sont dans une condition de nourriture plus favorable. Nourriture des habitants.

La vie moyenne des habitants est de 41 ans 6 mois ; celle du département moyen est de 36 ans 7 mois. *Douze* départements ont une vie moyenne plus longue. Vie moyenne.

Pour fournir annuellement 100 hommes au recrutement, on compte 272 naissances des deux sexes ; le département moyen en exige 336. *Cinq* départements perdent moins de jeunes gens avant leur 21e année. Individus qui arrivent à 21 ans.

Pour 100 enfants trouvés qui atteignent l'âge de *douze ans*, il en meurt 181 ; le département moyen en perd 159. *Soixante-trois* départements présentent une mortalité moins considérable. Mortalité des enfants trouvés.

RÉSUMÉ.

Population relative..........	considérable.
Accroissement de la population.	très-faible.
Sol forestier...............	très-peu étendu.
Nombre des agriculteurs......	moyen.
Industrie..................	peu développée.
Nombre des crimes..........	moyen.
Nombre des bâtards.........	très-peu considérable.
Nombre des enfants trouvés...	peu considérable.
Insoumis au recrutement.....	rares.
Rentrée des impôts..........	très-difficile.
Nombre des procès civils.....	peu considérable.
Instruction primaire.........	peu répandue.
Zèle électoral..............	actif.
Taille.....................	moyenne.
Vices de constitution........	rares.
Nourriture (en céréales)......	très-bonne.
Durée de la vie.............	très-longue.
Individus qui arrivent à 21 ans.	très-nombreux.

80. VAR. — Chef-lieu DRAGUIGNAN.

Population. La France aurait 23,059,000 habitants, si elle était peuplée comme le département du *Var*. *Soixante-neuf* départements ont plus de densité de population ; cette dernière s'accroît annuellement de 14 têtes par 10,000 habitants. — Sol forestier, 18 centièmes.

Agriculteurs. Sur 1,000 recrues, ce département en compte 539 occupées aux travaux de la campagne ; le département moyen en a 526. *Quarante-neuf* départements comptent plus d'agriculteurs.

Industrie. Sous le rapport de l'industrie, ce département est le 29e.

FAITS DE L'ORDRE MORAL.

Criminalité. Dans le département du Var, sur 6,091 habitants, il y a un accusé de crime ; le département moyen en fournit un sur 4,552. *Quatorze* départements ont une meilleure moralité.

Bâtards. Pour 1,000 naissances de toute nature, on compte 66 bâtards ; le département moyen en a 72. *Cinquante-deux* départements présentent une meilleure moralité.

Enfants trouvés. Pour 1,000 naissances de toute nature, on compte 57 enfants trouvés ; le département moyen en a 35. *Soixante et dix-huit* départements présentent une meilleure moralité.

Insoumis au recrutement. Pour 1,000 recrues obtenues, on compte 9 insoumis ; le département moyen en a 14. *Cinquante-trois* départements comptent moins d'insoumis.

Frais de rentrée des impôts directs. Pour percevoir 1,000 fr. d'impôts directs de toute nature, on est obligé de faire 3 fr. 10 c. de frais ; dans le département moyen, ces frais montent à 3 fr. 40 c. *Trente-neuf* départements ont plus de régularité pour le payement des impôts.

Paupérisme. Pour 1,000 habitants, on en compte 29 de secourus par les hôpitaux et hospices ou par les bureaux de bienfaisance ; le département moyen en compte 34. *Cinquante-huit* départements ont un paupérisme moins considérable.

Esprit de chicane. Pour une affaire inscrite devant les tribunaux de première instance, on compte 304 habitants ; le département moyen en compte 261. *Trente-trois* départements ont un esprit de chicane moins développé.

Catholicisme. Pour 1,000 fr. d'impôts directs de toute nature, on a fourni en 9 années 8 fr. 50 c. de souscriptions pour la propagation de la foi catholique ; le département moyen en a payé 7 fr. 20 c. *Vingt-trois* départements ont produit des souscriptions plus considérables.

Instruction primaire. Sur 1,000 recrues, on en compte 633 ne sachant ni lire ni écrire ; le département moyen en a 486 dans ce cas. *Soixante-trois* départements ont une instruction primaire plus répandue.

Négligence pour l'instruction primaire. Sur 100 écoles primaires qui manquent, 24 sont dans ce cas par suite de la négligence des autorités locales ; le département moyen en compte 34. *Vingt-un* départements montrent plus de zèle pour l'exécution de la loi du 28 juin 1833.

Elections. Sur 100 électeurs, 67 usent de leurs droits ; le département moyen en compte 66. *Quarante-deux* départements ont plus de zèle électoral.

La taille moyenne des recrues est de 1 m. 653 mil. ; c'est moins que celle du département moyen, qui est de 1 m. 655 mil. Les habitants de *quarante-huit* départements ont une plus grande taille. Taille.

Pour 1,000 recrues obtenues, on a 174 exemptions pour défaut de taille ; le département moyen en compte 260. *Vingt-deux* départements ont moins d'exemptions de cette nature. Exemptions pour défaut de taille.

Pour 1,000 recrues obtenues, on a 496 exemptions pour causes physiques autres que pour défaut de taille ; le département moyen en compte 667. *Dix-huit* départements ont moins d'exemptions de cette nature. Exemptions pour autres causes physiques.

Pour 100 hectolitres de froment et de méteil consommés, 15 hectolitres de grains inférieurs entrent dans l'alimentation des habitants ; le département moyen en consomme 82. *Cinq* départements sont dans une condition de nourriture plus favorable. Nourriture des habitants.

La vie moyenne des habitants est de 35 ans 0 mois ; celle du département moyen est de 36 ans 7 mois. *Cinquante-neuf* départements ont une vie moyenne plus longue. Vie moyenne.

Pour fournir annuellement 100 hommes au recrutement, on compte 324 naissances des deux sexes ; le département moyen en exige 336. *Trente-sept* départements perdent moins de jeunes gens avant leur 21e année. Individus qui arrivent à 21 ans.

Pour 100 enfants trouvés qui atteignent l'âge de *douze ans*, il en meurt 103 ; le département moyen en perd 159. *Trente-trois* départements présentent une mortalité moins considérable. Mortalité des enfants trouvés.

RÉSUMÉ.

Population relative	peu nombreuse.
Accroissement de la population.	très-lent.
Sol forestier................	étendu.
Nombre des agriculteurs......	moyen.
Industrie..................	développée.
Nombre des crimes..........	très-peu considérable.
Nombre des bâtards.........	considérable.
Nombre des enfants trouvés..	très-considérable.
Insoumis au recrutement......	nombreux.
Frais de rentrée des impôts..	moyens.
Nombre des procès civils.....	peu considérable.
Instruction primaire.........	peu répandue.
Zèle électoral..............	ordinaire.
Taille....................	moyenne.
Vices de constitution........	rares.
Nourriture (en céréales)......	très-bonne.
Durée de la vie............	courte.
Population urbaine..........	nombreuse.

81. VAUCLUSE. — Chef-lieu AVIGNON.

Population. La France aurait 36,305,000 habitants, si elle était peuplée comme le département de *Vaucluse*. *Vingt-quatre* départements ont plus de densité de population ; cette dernière s'accroît annuellement de 57 têtes par 10,000 habitants. — Sol forestier, 18 centièmes.

Agriculteurs. Sur 1,000 recrues, ce département en compte 642 occupées aux travaux de la campagne ; le département moyen en a 526. *Dix-huit* départements comptent plus d'agriculteurs.

Industrie. Sous le rapport de l'industrie, ce département est le 30e.

FAITS DE L'ORDRE MORAL.

Criminalité. Dans le département de Vaucluse, sur 4,001 habitants, il y a un accusé de crime; le département moyen en fournit un sur 4,552. *Soixante-cinq* départements ont une meilleure moralité.

Bâtards. Pour 1,000 naissances de toute nature, on compte 61 bâtards ; le département moyen en a 72. *Quarante-quatre* départements présentent une meilleure moralité.

Enfants trouvés. Pour 1,000 naissances de toute nature, on compte 52 enfants trouvés ; le département moyen en a 35. *Soixante et seize* départements présentent une meilleure moralité.

Insoumis au recrutement. Pour 1,000 recrues obtenues, on compte 9 insoumis ; le département moyen en a 14. *Cinquante-deux* départements comptent moins d'insoumis.

Frais de rentrée des impôts directs. Pour percevoir 1,000 fr. d'impôts directs de toute nature, on est obligé de faire 5 fr. 20 c. de frais ; dans le département moyen, ces frais montent à 3 fr. 40 c. *Soixante-trois* départements ont plus de régularité pour le payement des impôts.

Paupérisme. Pour 1,000 habitants, on en compte 98 de secourus par les hôpitaux et hospices ou par les bureaux de bienfaisance ; le département moyen en compte 34. *Quatre-vingt-un* départements ont un paupérisme moins considérable.

Esprit de chicane. Pour une affaire inscrite devant les tribunaux de première instance, on compte 308 habitants ; le département moyen en compte 261. *Trente-un* départements ont un esprit de chicane moins développé.

Catholicisme. Pour 1,000 fr. d'impôts directs de toute nature, on a fourni, en neuf années, 21 fr. 0 c. de souscriptions pour la propagation de la foi catholique ; le département moyen en a payé 7 fr. 20 c. *Quatre* départements ont produit des souscriptions plus considérables.

Instruction primaire. Sur 1,000 recrues, on en compte 556 ne sachant ni lire ni écrire ; le département moyen en a 486 dans ce cas. *Cinquante-un* départements ont une instruction primaire plus répandue.

Négligence pour l'instruction primaire. Sur 100 écoles primaires qui manquent, 37 sont dans ce cas par suite de la négligence des autorités locales ; le département moyen en compte 34. *Cinquante* départements montrent plus de zèle pour l'exécution de la loi du 28 juin 1833.

Elections. Sur 100 électeurs, 70 usent de leurs droits ; le département moyen en compte 66. *Vingt-quatre* départements ont plus de zèle électoral.

FAITS DE L'ORDRE PHYSIQUE.

La taille moyenne des recrues est de 1 m. 655 mil.; c'est la même que celle du département moyen. Les habitants de *quarante-quatre* départements ont une plus grande taille. Taille.

Pour 1,000 recrues obtenues, on a 161 exemptions pour défaut de taille; le département moyen en compte 260. *Quinze* départements ont moins d'exemptions de cette nature. Exemptions pour défaut de taille.

Pour 1,000 recrues obtenues, on a 673 exemptions pour causes physiques autres que pour défaut de taille; le département moyen en compte 667. *Quarante-cinq* départements ont moins d'exemptions de cette nature. Exemptions pour autres causes physiques.

Pour 100 hectolitres de froment et de méteil consommés, 80 hectolitres de grains inférieurs entrent dans l'alimentation des habitants; le département moyen en consomme 82. *Trente-neuf* départements sont dans une condition de nourriture plus favorable. Nourriture des habitants.

La vie moyenne des habitants est de 31 ans 8 mois; celle du département moyen est de 36 ans 7 mois. *Soixante et seize* départements ont une vie moyenne plus longue. Vie moyenne.

Pour fournir annuellement 100 hommes au recrutement, on compte 392 naissances des deux sexes; le département moyen en exige 336. *Soixante et dix-neuf* départements perdent moins de jeunes gens avant leur 21e année. Individus qui arrivent à 21 ans.

Pour 100 enfants trouvés qui atteignent l'âge de *douze ans*, il en meurt 238; le département moyen en perd 159. *Soixante et dix* départements présentent une mortalité moins considérable. Mortalité des enfants trouvés.

RÉSUMÉ.

Population relative..........	considérable.
Accroissement de la population.	rapide.
Sol forestier...............	étendu.
Nombre des agriculteurs.....	considérable.
Industrie..................	développée.
Nombre des crimes..........	considérable.
Nombre des bâtards.........	moyen.
Nombre des enfants trouvés...	très-considérable.
Insoumis au recrutement.....	nombreux.
Rentrée des impôts........	difficile.
Nombre des procès civils.....	peu considérable.
Instruction primaire.........	moyenne.
Zèle électoral...............	actif.
Taille.....................	moyenne.
Constitution...............	moyenne.
Nourriture (en céréales)......	ordinaire.
Durée de la vie............	très-courte.
Catholicisme...............	très-développé.
Paupérisme................	très-développé.
Individus qui arrivent à 21 ans.	peu nombreux.
Population urbaine..........	très-nombreuse.
Salaires..................	très-élevés.

82. VENDÉE. — Chef-lieu BOURBON-VENDÉE.

Population. La France aurait 25,539,000 habitants, si elle était peuplée comme le département de la *Vendée*. *Soixante-deux* départements ont plus de densité de population ; cette dernière s'accroît annuellement de 15 têtes par 10,000 habitants. — Sol forestier, 3 centièmes.

Agriculteurs. Sur 1,000 recrues, ce département en compte 652 occupées aux travaux de la campagne ; le département moyen en a 526. *Quinze* départements comptent plus d'agriculteurs.

Industrie. Sous le rapport de l'industrie, ce département est le 76e.

FAITS DE L'ORDRE MORAL.

Criminalité. Dans le département de la Vendée, sur 6,506 habitants, il y a un accusé de crime ; le département moyen en fournit un sur 4,552. *Huit* départements ont une meilleure moralité.

Bâtards. Pour 1,000 naissances de toute nature, on compte 28 bâtards : le département moyen en a 72. *Quatre* départements présentent une meilleure moralité.

Enfants trouvés. Pour 1,000 naissances de toute nature, on compte 19 enfants trouvés ; le département moyen en a 35. *Vingt* départements présentent une meilleure moralité.

Insoumis au recrutement. Pour 1,000 recrues obtenues, on compte 7 insoumis; le département moyen en a 14. *Quarante-quatre* départements comptent moins d'insoumis.

Frais de rentrée des impôts directs. Pour percevoir 1,000 fr. d'impôts directs de toute nature, on est obligé de faire 1 fr. 60 c. de frais; dans le département moyen, ces frais montent à 3 fr. 40 c. *Quinze* départements ont plus de régularité pour le payement des impôts.

Paupérisme. Pour 1,000 habitants, on en compte 15 de secourus par les hôpitaux et hospices ou par les bureaux de bienfaisance ; le département moyen en compte 34. *Trente-quatre* départements ont un paupérisme moins considérable.

Esprit de chicane. Pour une affaire inscrite devant les tribunaux de première instance, on compte 910 habitants ; le département moyen en compte 261. *Trois* départements ont un esprit de chicane moins développé.

Catholicisme. Pour 1,000 fr. d'impôts directs de toute nature, on a fourni, en neuf années, 6 fr. 0 c. de souscriptions pour la propagation de la foi catholique ; le département moyen en a payé 7 fr. 20 c. *Trente-deux* départements ont produit des souscriptions plus considérables.

Instruction primaire. Sur 1,000 recrues, on en compte 665 ne sachant ni lire ni écrire; le département moyen en a 486 dans ce cas. *Soixante et dix* départements ont une instruction primaire plus répandue.

Négligence pour l'instruction primaire. Sur 100 écoles primaires qui manquent, 40 sont dans ce cas par suite de la négligence des autorités locales ; le département moyen en compte 34. *Cinquante-deux* départements montrent plus de zèle pour l'exécution de la loi du 28 juin 1833.

Elections. Sur 100 électeurs, 54 usent de leurs droits ; le département moyen en compte 66. *Quatre-vingts* départements ont plus de zèle électoral.

FAITS DE L'ORDRE PHYSIQUE.

La taille moyenne des recrues est de 1 m. 643 mil. ; c'est moins que celle du département moyen, qui est de 1 m. 655 mil. Les habitants de *soixante et treize* départements ont une plus grande taille. Taille.

Pour 1,000 recrues obtenues, on a 254 exemptions pour défaut de taille ; le département moyen en compte 260. *Quarante-six* départements ont moins d'exemptions de cette nature. Exemptions pour défaut de taille.

Pour 1,000 recrues obtenues, on a 446 exemptions pour causes physiques autres que pour défaut de taille ; le département moyen en compte 667. *Huit* départements ont moins d'exemptions de cette nature. Exemptions pour autres causes physiques.

Pour 100 hectolitres de froment et de méteil consommés, 61 hectolitres de grains inférieurs entrent dans l'alimentation des habitants ; le département moyen en consomme 82. *Trente-deux* départements sont dans une condition de nourriture plus favorable. Nourriture des habitants.

La vie moyenne des habitants est de 36 ans 7 mois ; celle du département moyen est de 36 ans 7 mois. *Cinquante* départements ont une vie moyenne plus longue. Vie moyenne.

Pour fournir annuellement 100 hommes au recrutement, on compte 270 naissances des deux sexes ; le département moyen en exige 336. *Trois* départements perdent moins de jeunes gens avant leur 21e année. Individus qui arrivent à 21 ans.

Pour 100 enfants trouvés qui atteignent l'âge de *douze ans*, il en meurt 108 ; le département moyen en perd 159. *Trente-sept* départements présentent une mortalité moins considérable. Mortalité des enfants trouvés.

RÉSUMÉ.

Population relative..........	peu nombreuse.
Accroissement de la population.	très-lent.
Sol forestier................	très-peu étendu.
Nombre des agriculteurs......	très-considérable.
Industrie..................	très-peu développée.
Nombre des crimes..........	très-peu considérable.
Nombre des bâtards.........	très-peu considérable.
Nombre des enfants trouvés...	peu considérable.
Nombre des insoumis.......	moyen.
Rentrée des impôts.........	très-facile.
Nombre des procès civils.....	très-peu considérable.
Instruction primaire.........	très-peu répandue.
Zèle électoral..............	très-faible.
Taille....................	petite.
Vices de constitution.........	très-rares.
Nourriture (en céréales)......	bonne
Durée de la vie............	moyenne.
Jury.....................	peu sévère.
Individus qui arrivent à 21 ans.	très-nombreux.
Logement des habitants......	très-mauvais.

83. VIENNE. — Chef-lieu Poitiers.

Population. La France aurait 22,157,000 habitants, si elle était peuplée comme le département de la *Vienne*. *Soixante et dix* départements ont plus de densité de population ; cette dernière s'accroît annuellement de 68 têtes par 10,000 habitants. —Sol forestier, 13 centièmes.

Agriculteurs. Sur 1,000 recrues, ce département en compte 613 occupées aux travaux de la campagne ; le département moyen en a 526. *Vingt-quatre* départements comptent plus d'agriculteurs.

Industrie. Sous le rapport de l'industrie, ce département est le 55e.

FAITS DE L'ORDRE MORAL.

Criminalité. Dans le département de la Vienne, sur 4,273 habitants, il y a un accusé de crime ; le département moyen en fournit un sur 4,552. *Cinquante-huit* départements ont une meilleure moralité.

Bâtards. Pour 1,000 naissances de toute nature, on compte 27 bâtards ; le département moyen en a 72. *Trois* départements présentent une meilleure moralité.

Enfants trouvés. Pour 1,000 naissances de toute nature, on compte 24 enfants trouvés ; le département moyen en a 35. *Vingt-six* départements présentent une meilleure moralité.

Insoumis au recrutement. Pour 1,000 recrues obtenues, on compte 6 insoumis ; le département moyen en a 14. *Trente-neuf* départements comptent moins d'insoumis.

Frais de rentrée des impôts directs. Pour percevoir 1,000 fr. d'impôts directs de toute nature, on est obligé de faire 5 fr. 50 c. de frais; dans le département moyen, ces frais montent à 3 fr. 40 c. *Soixante-cinq* départements ont plus de régularité pour le payement des impôts.

Paupérisme. Pour 1,000 habitants, on en compte 25 de secourus par les hôpitaux et hospices ou par les bureaux de bienfaisance ; le département moyen en compte 34. *Cinquante-trois* départements ont un paupérisme moins considérable.

Esprit de chicane. Pour une affaire inscrite devant les tribunaux de première instance, on compte 407 habitants; le département moyen en compte 261. *Dix-sept* départements ont un esprit de chicane moins développé.

Catholicisme. Pour 1,000 fr. d'impôts directs de toute nature, on a fourni, en neuf années, 4 fr. 70 c. de souscriptions pour la propagation de la foi catholique ; le département moyen en a payé 7 fr. 20 c. *Quarante-deux* départements ont produit des souscriptions plus considérables.

Instruction primaire. Sur 1,000 recrues, on en compte 635 ne sachant ni lire ni écrire ; le département moyen en a 486 dans ce cas. *Soixante-quatre* départements ont une instruction primaire plus répandue.

Négligence pour l'instruction primaire. Sur 100 écoles primaires qui manquent, 12 sont dans ce cas par suite de la négligence des autorités locales ; le département moyen en compte 34. *Trois* départements montrent plus de zèle pour l'exécution de la loi du 28 juin 1833.

Elections. Sur 100 électeurs, 63 usent de leurs droits ; le département moyen en compte 66. *Soixante-cinq* départements ont plus de zèle électoral.

FAITS DE L'ORDRE PHYSIQUE.

La taille moyenne des recrues est de 1 m. 654 mil.; c'est moins que celle du département moyen, qui est de 1 m. 655 mil. Les habitants de *quarante-six* départements ont une plus grande taille. Taille.

Pour 1,000 recrues obtenues, on a 284 exemptions pour défaut de taille; le département moyen en compte 260. *Cinquante-quatre* départements ont moins d'exemptions de cette nature. Exemptions pour défaut de taille.

Pour 1,000 recrues obtenues, on a 679 exemptions pour causes physiques autres que pour défaut de taille; le département moyen en compte 667. *Quarante-six* départements ont moins d'exemptions de cette nature. Exemptions pour autres causes physiques.

Pour 100 hectolitres de froment et de méteil consommés, 91 hectolitres de grains inférieurs entrent dans l'alimentation des habitants; le département moyen en consomme 82. *Quarante-cinq* départements sont dans une condition de nourriture plus favorable. Nourriture des habitants.

La vie moyenne des habitants est de 42 ans 2 mois; celle du département moyen est de 36 ans 7 mois. *Neuf* départements ont une vie moyenne plus longue. Vie moyenne.

Pour fournir annuellement 100 hommes au recrutement, on compte 310 naissances des deux sexes; le département moyen en exige 336. *Vingt-quatre* départements perdent moins de jeunes gens avant leur 21e année. Individus qui arrivent à 21 ans.

Pour 100 enfants trouvés qui atteignent l'âge de *douze ans*, il en meurt 131; le département moyen en perd 159. *Quarante-cinq* départements présentent une mortalité moins considérable. Mortalité des enfants trouvés.

RÉSUMÉ.

Population relative..........	très-peu nombreuse.
Accroissement de la population.	rapide.
Sol forestier................	moyen.
Nombre des agriculteurs......	considérable.
Industrie..................	peu développée.
Nombre des crimes..........	considérable.
Nombre des bâtards.........	très-peu considérable.
Nombre des enfants trouvés..	peu considérable.
Nombre des insoumis........	moyen.
Rentrée des impôts..........	difficile.
Nombre des procès civils.....	peu considérable.
Instruction primaire.........	peu développée.
Zèle électoral..............	faible.
Taille......................	moyenne.
Constitution	moyenne.
Nourriture (en céréales)......	moyenne.
Durée de la vie.............	très-longue.
Crimes contre les choses.....	très-nombreux.
Propriétaires...............	très-nombreux.
Logement des habitants......	mauvais.

84. HAUTE-VIENNE. — Chef-lieu Limoges.

Population. La France aurait 27,123,000 habitants, si elle était peuplée comme le département de la *Haute-Vienne*. *Cinquante-trois* départements ont plus de densité de population; cette dernière s'accroît annuellement de 22 têtes par 10,000 habitants. — Sol forestier, 7 centièmes.

Agriculteurs. Sur 1,000 recrues, ce département en compte 572 occupées aux travaux de la campagne; le département moyen en a 526. *Quarante-trois* départements comptent plus d'agriculteurs.

Industrie. Sous le rapport de l'industrie, ce département est le 70e.

FAITS DE L'ORDRE MORAL.

Criminalité. Dans le département de la Haute-Vienne, sur 4,414 habitants, il y a un accusé de crime; le département moyen en fournit un sur 4,552. *Cinquante-cinq* départements ont une meilleure moralité.

Bâtards. Pour 1,000 naissances de toute nature, on compte 57 bâtards; le département moyen en a 72. *Trente-cinq* départements présentent une meilleure moralité.

Enfants trouvés. Pour 1,000 naissances de toute nature, on compte 42 enfants trouvés; le département moyen en a 35. *Soixante-six* départements présentent une meilleure moralité.

Insoumis au recrutement. Pour 1,000 recrues obtenues, on compte 15 insoumis; le département moyen en a 14. *Soixante-un* départements comptent moins d'insoumis.

Frais de rentrée des impôts directs. Pour percevoir 1,000 fr. d'impôts directs de toute nature, on est obligé de faire 5 fr. 30 c. de frais; dans le département moyen, ces frais montent à 3 fr. 40 c. *Soixante-quatre* départements ont plus de régularité pour le payement des impôts.

Paupérisme. Pour 1,000 habitants, on en compte 30 de secourus par les hôpitaux et hospices ou par les bureaux de bienfaisance; le département moyen en compte 34. *Soixante-trois* départements ont un paupérisme moins considérable.

Esprit de chicane. Pour une affaire inscrite devant les tribunaux de première instance, on compte 228 habitants; le département moyen en compte 261. *Cinquante--sept* départements ont un esprit de chicane moins développé.

Catholicisme. Pour 1,000 fr. d'impôts directs de toute nature, on a fourni, en neuf années, 1 fr. 0 c. de souscriptions pour la propagation de la foi catholique; le département moyen en a payé 7 fr. 20 c. *Soixante et quatorze* départements ont produit des souscriptions plus considérables.

Instruction primaire. Sur 1,000 recrues, on en compte 762 ne sachant ni lire ni écrire; le département moyen en a 486 dans ce cas. *Quatre-vingts* départements ont une instruction primaire plus répandue.

Négligence pour l'instruction primaire. Sur 100 écoles primaires qui manquent, 41 sont dans ce cas par suite de la négligence des autorités locales; le département moyen en compte 34. *Cinquante-six* départements montrent plus de zèle pour l'exécution de la loi du 28 juin 1833.

Elections. Sur 100 électeurs, 68 usent de leurs droits; le département moyen en compte 66. *Trente-deux* départements ont plus de zèle électoral.

FAITS DE L'ORDRE PHYSIQUE.

La taille moyenne des recrues est de 1 m. 639 mil.; c'est moins que celle du département moyen, qui est de 1 m. 655 mil. Les habitants de *quatre-vingt-deux* départements ont une plus grande taille. Taille.

Pour 1,000 recrues obtenues, on a 818 exemptions pour défaut de taille; le département moyen en compte 260. *Tous* les départements ont moins d'exemptions de cette nature. Exemptions pour défaut de taille.

Pour 1,000 recrues obtenues, on a 921 exemptions pour causes physiques autres que pour défaut de taille; le département moyen en compte 667. *Soixante et quinze* départements ont moins d'exemptions de cette nature. Exemptions pour autres causes physiques.

Pour 100 hectolitres de froment et de méteil consommés, 400 hectolitres de grains inférieurs entrent dans l'alimentation des habitants; le département moyen en consomme 82. *Soixante et seize* départements sont dans une condition de nourriture plus favorable. Nourriture des habitants.

La vie moyenne des habitants est de 30 ans 6 mois; celle du département moyen est de 36 ans 7 mois. *Quatre-vingt-deux* départements ont une vie moyenne plus longue. Vie moyenne.

Pour fournir annuellement 100 hommes au recrutement, on compte 337 naissances des deux sexes; le département moyen en exige 336. *Quarante-huit* départements perdent moins de jeunes gens avant leur 21e année. Individus qui arrivent à 21 ans.

Pour 100 enfants trouvés qui atteignent l'âge de *douze ans*, il en meurt 272; le département moyen en perd 159. *Soixante et dix-sept* départements présentent une mortalité moins considérable. Mortalité des enfants trouvés.

RÉSUMÉ.

Population relative..........	peu nombreuse.
Accroissement de la population.	lent.
Sol forestier...............	peu étendu.
Nombre des agriculteurs......	moyen.
Industrie..................	très-peu développée.
Nombre des crimes..........	considérable.
Nombre des bâtards.........	peu considérable.
Nombre des enfants trouvés..	considérable.
Insoumis au recrutement.....	nombreux.
Rentrée des impôts..........	difficile.
Nombre des procès civils......	considérable.
Instruction primaire.........	des plus arriérées.
Zèle électoral..............	actif.
Taille.....................	des plus petites.
Vices de constitution........	très-nombreux.
Nourriture (en céréales)......	très-mauvaise.
Durée de la vie.............	des plus courtes.
Crimes contre les choses.....	très-nombreux.
Centenaires................	très-nombreux.
Propriétaires...............	peu nombreux.
Dents.....................	très-mauvaises.
Teigneux et scrofuleux.......	très-nombreux.

85. VOSGES. — Chef-lieu Épinal.

Population. La France aurait 35,830,000 habitants, si elle était peuplée comme le département des *Vosges*. *Vingt-neuf* départements ont plus de densité de population ; cette dernière s'accroît annuellement de 82 têtes par 10,000 habitants. —Sol forestier, 38 centièmes.

Agriculteurs. Sur 1,000 recrues, ce département en compte 377 occupées aux travaux de la campagne ; le département moyen en a 526. *Soixante et douze* départements comptent plus d'agriculteurs.

Industrie. Sous le rapport de l'industrie, ce département est le 31ᵉ.

FAITS DE L'ORDRE MORAL.

Criminalité. Dans le département des Vosges, sur 5,875 habitants, il y a un accusé de crime : le département moyen en fournit un sur 4,552. *Dix-huit* départements ont une meilleure moralité.

Bâtards. Pour 1,000 naissances de toute nature, on compte 62 bâtards ; le département moyen en a 72. *Quarante-cinq* départements présentent une meilleure moralité.

Enfants trouvés. Pour 1,000 naissances de toute nature, on compte 3 enfants trouvés ; le département moyen en a 35. *Un seul* département présente une meilleure moralité.

Insoumis au recrutement. Pour 1,000 recrues obtenues, on compte 1 insoumis ; le département moyen en a 14. *Sept* départements comptent moins d'insoumis.

Frais de rentrée des impôts directs. Pour percevoir 1,000 francs d'impôts directs de toute nature, on est obligé de faire 1 fr. 10 c. de frais ; dans le département moyen, ces frais montent à 3 fr. 40 c. *Trois* départements ont plus de régularité pour le payement des impôts.

Paupérisme. Pour 1,000 habitants, on en compte 15 de secourus par les hôpitaux et hospices ou par les bureaux de bienfaisance ; le département moyen en compte 34. *Trente-deux* départements ont un paupérisme moins considérable.

Esprit de chicane. Pour une affaire inscrite devant les tribunaux de première instance, on compte 340 habitants ; le département moyen en compte 261. *Vingt-quatre* départements ont un esprit de chicane moins développé.

Catholicisme. Pour 1,000 francs d'impôts directs de toute nature, on a fourni, en neuf années, 4 fr. 60 c. de souscriptions pour la propagation de la foi catholique ; le département moyen en a payé 7 fr. 20 c. *Quarante-quatre* départements ont produit des souscriptions plus considérables.

Instruction primaire. Sur 1,000 recrues, on en compte 283 ne sachant ni lire ni écrire ; le département moyen en a 486 dans ce cas. *Quinze* départements ont une instruction primaire plus répandue.

Négligence pour l'instruction primaire. Sur 100 écoles primaires qui manquent, 11 sont dans ce cas par suite de la négligence des autorités locales ; le département moyen en compte 34. *Deux* départements montrent plus de zèle pour l'exécution de la loi du 28 juin 1833.

Elections. Sur 100 électeurs, 68 usent de leurs droits ; le département moyen en compte 66. *Trente-trois* départements ont plus de zèle électoral.

FAITS DE L'ORDRE PHYSIQUE.

La taille moyenne des recrues est de 1 m. 667 mil.; c'est plus que celle du département moyen, qui est de 1 m. 655 mil. Les habitants de *onze* départements ont une plus grande taille. Taille.

Pour 1,000 recrues obtenues, on a 264 exemptions pour défaut de taille; le département moyen en compte 260. *Quarante-huit* départements ont moins d'exemptions de cette nature. Exemptions pour défaut de taille.

Pour 1,000 recrues obtenues, on a 915 exemptions pour causes physiques autres que pour défaut de taille; le département moyen en compte 667. *Soixante et quatorze* départements ont moins d'exemptions de cette nature. Exemptions pour autres causes physiques.

Pour 100 hectolitres de froment et de méteil consommés, 60 hectolitres de grains inférieurs entrent dans l'alimentation des habitants; le département moyen en consomme 82. *Trente* départements sont dans une condition de nourriture plus favorable. Nourriture des habitants.

La vie moyenne des habitants est de 38 ans 10 mois; celle du département moyen est de 36 ans 7 mois. *Vingt-sept* départements ont une vie moyenne plus longue. Vie moyenne.

Pour fournir annuellement 100 hommes au recrutement, on compte 327 naissances des deux sexes; le département moyen en exige 336. *Quarante-deux* départements perdent moins de jeunes gens avant leur 21ᵉ année. Individus qui arrivent à 21 ans.

Pour 100 enfants trouvés qui atteignent l'âge de *douze ans*, il en meurt 14; le département moyen en perd 159. *Aucun* département ne présente une mortalité moins considérable. Mortalité des enfants trouvés.

RÉSUMÉ.

Population relative..........	considérable.
Accroissement de la population.	très-rapide.
Sol forestier...............	*maximum* d'étendue.
Nombre des agriculteurs......	peu considérable.
Industrie..................	développée.
Nombre des crimes..........	peu considérable.
Nombre des bâtards.........	moyen.
Nombre des enfants trouvés..	des moins considérables.
Insoumis au recrutement......	très-rares.
Rentrée des impôts.........	très-facile.
Nombre des procès civils.....	peu considérable.
Instruction primaire.........	très-répandue.
Zèle électoral.............	actif.
Taille....................	moyenne.
Vices de constitution........	très-nombreux.
Nourriture (en céréales)......	bonne.
Durée de la vie............	longue.
Jury.....................	sévère.
Mortalité des enfants trouvés..	*minimum*.
Goîtres..................	très-nombreux.

86. YONNE. — Chef-lieu AUXERRE.

Population. La France aurait 25,539,000 habitants, si elle était peuplée comme le département de l'*Yonne*. *Soixante-un* départements ont plus de densité de population ; cette dernière s'accroît annuellement de 21 têtes par 10,000 habitants. — Sol forestier, 22 centièmes.

Agriculteurs. Sur 1,000 recrues, ce département en compte 552 occupées aux travaux de la campagne ; le département moyen en a 526. *Quarante-cinq* départements comptent plus d'agriculteurs.

Industrie. Sous le rapport de l'industrie, ce département est le 19e.

FAITS DE L'ORDRE MORAL.

Criminalité. Dans le département de l'Yonne, sur 3,850 habitants, il y a un accusé de crime; le département moyen en fournit un sur 4,552. *Soixante-huit* départements ont une meilleure moralité.

Bâtards. Pour 1,000 naissances de toute nature, on compte 49 bâtards ; le département moyen en a 72. *Vingt-quatre* départements présentent une meilleure moralité.

Enfants trouvés. Pour 1,000 naissances de toute nature, on compte 23 enfants trouvés ; le département moyen en a 35. *Vingt-quatre* départements présentent une meilleure moralité.

Insoumis au recrutement. Pour 1,000 recrues obtenues, on compte 1 insoumis ; le département moyen en a 14. *Six* départements comptent moins d'insoumis.

Frais de rentrée des impôts directs. Pour percevoir 1,000 fr. d'impôts directs de toute nature, on est obligé de faire 3 fr. 80 c. de frais ; dans le département moyen, ces frais montent à 3 fr. 40 c. *Quarante-huit* départements ont plus de régularité pour le payement des impôts.

Paupérisme. Pour 1,000 habitants, on en compte 14 de secourus par les hôpitaux et hospices ou par les bureaux de bienfaisance ; le département moyen en compte 34. *Trente-un* départements ont un paupérisme moins considérable.

Esprit de chicane. Pour une affaire inscrite devant les tribunaux de première instance, on compte 112 habitants; le département moyen en compte 261. *Quatre-vingt-deux* départements ont un esprit de chicane moins développé.

Catholicisme. Pour 1,000 fr. d'impôts directs de toute nature, on a fourni, en neuf années, 2 fr. 90 c. de souscriptions pour la propagation de la foi catholique ; le département moyen en a payé 7 fr. 20 c. *Cinquante-six* départements ont produit des souscriptions plus considérables.

Instruction primaire. Sur 1,000 recrues, on en compte 407 ne sachant ni lire ni écrire ; le département moyen en a 486 dans ce cas. *Vingt-neuf* départements ont une instruction primaire plus répandue.

Négligence pour l'instruction primaire. Sur 100 écoles primaires qui manquent, 53 sont dans ce cas par suite de la négligence des autorités locales; le département moyen en compte 34. *Soixante et onze* départements montrent plus de zèle pour l'exécution de la loi du 28 juin 1833.

Elections. Sur 100 électeurs, 72 usent de leurs droits; le département moyen en compte 66. *Quatorze* départements ont plus de zèle électoral.

FAITS DE L'ORDRE PHYSIQUE.

La taille moyenne des recrues est de 1 m. 659 mil. ; c'est plus que celle du département moyen, qui est de 1 m. 655 mil. Les habitants de *trente-un* départements ont une plus grande taille. — Taille.

Pour 1,000 recrues obtenues, on a 303 exemptions pour défaut de taille ; le département moyen en compte 260. *Cinquante-huit* départements ont moins d'exemptions de cette nature. — Exemptions pour défaut de taille.

Pour 1,000 recrues obtenues, on a 968 exemptions pour causes physiques autres que pour défaut de taille ; le département moyen en compte 667. *Soixante et dix-neuf* départements ont moins d'exemptions de cette nature. — Exemptions pour autres causes physiques.

Pour 100 hectolitres de froment et de méteil consommés, 46 hectolitres de grains inférieurs entrent dans l'alimentation des habitants ; le département moyen en consomme 82. *Vingt-deux* départements sont dans une condition de nourriture plus favorable. — Nourriture des habitants.

La vie moyenne des habitants est de 38 ans 2 mois ; celle du département moyen est de 36 ans 7 mois. *Trente-cinq* départements ont une vie moyenne plus longue. — Vie moyenne.

Pour fournir annuellement 100 hommes au recrutement, on compte 321 naissances des deux sexes ; le département moyen en exige 336. *Trente-cinq* départements perdent moins de jeunes gens avant leur 21e année. — Individus qui arrivent à 21 ans.

Pour 100 enfants trouvés qui atteignent l'âge de *douze ans*, il en meurt 103 ; le département moyen en perd 159. *Trente-cinq* départements présentent une mortalité moins considérable. — Mortalité des enfants trouvés.

RÉSUMÉ.

Population relative..........	peu nombreuse.
Accroissement de la population.	lent.
Sol forestier...............	étendu.
Nombre des agriculteurs.....	moyen.
Industrie..................	développée.
Nombre des crimes..........	considérable.
Nombre des bâtards.........	peu considérable.
Nombre des enfants trouvés...	peu considérable.
Insoumis au recrutement.....	très-rares.
Frais de rentrée des impôts....	moyens.
Nombre des procès civils.....	très-considérable.
Instruction primaire.........	répandue.
Zèle électoral...............	très-actif.
Taille.....................	moyenne.
Vices de constitution.........	très-nombreux.
Nourriture (en céréales)......	bonne.
Durée de la vie.............	moyenne.
Jury......................	peu sévère.
Nombre des enfans trouvés....	en décroissance.
Propriétaires...............	très-nombreux.

FIN DE LA DEUXIÈME PARTIE.

TROISIÈME PARTIE.

TABLEAUX

DES

CALCULS STATISTIQUES

QUI CONCERNENT CHAQUE DÉPARTEMENT.

TROISIÈME PARTIE.

TABLEAUX

DES

CALCULS QUI CONCERNENT

CHAQUE DÉPARTEMENT.

LA TROISIÈME PARTIE, dont nous avons à nous occuper, contient dans une série de *huit* tableaux tous les résultats de nos calculs sur la population. Nous répéterons ici que le lecteur pourrait avec cette partie composer presque tout notre ouvrage; car il n'a pas d'autre base.

En examinant ces divers tableaux, on remarquera que toutes les colonnes qui sont destinées à indiquer les numéros d'ordre des départements entr'eux sont en blanc pour le département de *la Corse*, dont les calculs ont pourtant été faits avec exactitude ; nous avons cru devoir ne lui donner aucun numéro d'ordre : car on sait que ce département, soit par sa position insulaire, soit par les mœurs de ses habitants, ne saurait être comparé au reste de la France.

Les cartes qui composent la QUATRIÈME PARTIE sont aussi basées sur les calculs des tableaux de la *troisième partie*, et tous les nombres portés sur ces cartes sont empruntés à l'une des colonnes de ces tableaux; l'ordre des départements est différent, il est vrai; mais les calculs sont identiquement les mêmes; et l'on peut s'en convaincre facilement, en comparant les calculs portés sur la 1re carte à ceux de la 2e colonne du 1er tableau, où ils ont été puisés.

Il paraît utile de lire de nouveau ce que nous avons dit à la page 14, afin de bien comprendre ce que nous entendons par le *Département moyen* que nous avons porté à la dernière ligne de chaque tableau.

NOTE SOMMAIRE

DES FAITS TRAITÉS DANS CHAQUE TABLEAU.

1e TABLEAU. — Population. — Vie moyenne. — Centenaires. — Mortalité avant 21 ans. — Mariages.

2e TABLEAU. — Naissances naturelles (soit Batards). — Enfants trouvés.

3e TABLEAU. — Recrutement. — Exemptions pour causes physiques.

4e TABLEAU. — Faits divers relatifs au recrutement. — Agriculteurs. — Etudiants ecclésiastiques.

5e TABLEAU. — Instruction primaire. — Loi du 28 juin 1833. — Portes et fenêtres de 1831.

6e TABLEAU. — Industrie relative des départements. — Paupérisme.

7e TABLEAU. — Acquittés devant le jury. — Criminalité. — Catholicisme. — Esprit de chicane.

8e TABLEAU. — Frais de rentrée des impôts. — Salaires. — Consommation des céréales. — Elections.

I.er TABLEAU. POPULATION, VIE MOYENNE,

N.° d'ordre des départements	NOM des DÉPARTEMENTS.	POPULATION.								VIE MOYENNE.			CENTENAIRES.		MORTALITÉ avant 21 ans.		MARIAGES.	
						En 1825, 1826, 1828, 1830 et 1832.		Sur 100 habitants recensés en 1831.		En 1825, 1826, 1828, 1830 et 1832			En 1825, 1826, 1828, 1830 et 1832.		En 1825, 1826, 1828, 1830 et 1832.		En 1825, 1826, 1828, 1830 et 1832	
		POPULATION d'après le recensement de 1831.	COMBIEN d'habitants par myriamètre carré.	POPULATION que la France aurait si elle était peuplée comme chaque département	N.° d'ord des dép.ts sur col. n.° 3	Sur dix mille habitants augmentation annuelle de population	N.° d'ord des dép.ts sur col. n.° 5.	Population agglomérée de 1,500 âmes et au-dessus	Population non agglomérée ou rurale	Durée de la vie moyenne calculée d'après les naissances et les décès		N.° d'ord. des dép.ts sur col. n.° 9	Pour dix millions d'habita.s combien de centenaires	N.° d'ord. des dép.ts sur col. n.° 11	Combien il a fallu de naissances des deux sexes p.r prod. 100 hommes âgés de 21 ans.	N.° d'ord. des dép.ts sur col. n.° 13.	Pour mille hommes âgés de 21 ans combien de mariages	N.° d'ord. des dép.ts sur col. n.° 15.
		1.	2.	3.	4.	5.	6.	7.	8.	9.		10.	11.	12.	13.	14.	15.	16.
		habitants.		habitants.		têtes.				ans.	mois							
1	Ain	346,030	5,840	30,816,000	44	33	56	9	91	34	11	61	17	46	326	42	873	34
2	Aisne	513,000	7,040	37,149,000	21	66	22	18	82	37	6	46	8	65	370	70	1,013	7
3	Allier	298,257	4,120	21,740,000	74	23	67	11	89	32	4	71	116	13	313	31	911	21
4	Alpes (Basses-)	155,896	2,280	12,029,000	85	46	44	14	86	31	11	73	»	74	352	62	816	53
5	Alpes (Hautes-)	129,102	2,330	12,294,000	84	45	45	5	95	31	8	78	15	53	376	74	844	41
6	Ardèche	340,734	6,320	33,350,000	36	84	6	10	90	36	5	32	119	12	338	51	799	57
7	Ardennes	289,622	5,590	29,497,000	48	81	10	17	83	38	11	27	14	54	362	68	986	10
8	Ariège	253,121	5,560	29,339,000	49	85	5	10	90	38	6	29	247	1	325	41	772	67
9	Aube	246,361	4,050	21,371,000	75	34	53	25	75	36	5	53	16	52	373	72	1,077	3
10	Aude	270,125	4,450	23,482,000	67	58	33	22	78	37	7	43	30	34	312	29	828	49
11	Aveyron	359,056	4,040	21,318,000	76	71	14	9	91	39	»	26	135	9	312	28	711	81
12	Bouches-du-Rhône	359,473	7,010	36,991,000	22	12	82	61	39	31	5	79	5	68	411	83	906	24
13	Calvados	494,702	8,880	46,857,000	10	6	84	20	80	45	11	2	44	27	275	8	917	20
14	Cantal	258,594	4,430	23,376,000	68	59	31	9	91	41	10	12	138	8	298	16	734	76
15	Charente	362,531	6,010	31,714,000	41	20	71	9	91	40	1	20	39	28	279	11	808	56
16	Charente-Inférieure	445,249	6,800	35,882,000	29	15	79	14	86	37	10	40	23	43	322	37	936	17
17	Cher	256,059	3,550	18,732,000	81	33	55	16	84	30	7	82	»	75	355	63	905	25
18	Corrèze	294,834	5,[illegible]60	26,701,000	58	65	23	10	90	34	5	63	124	11	317	35	822	51
19	Corse	195,407	2,230	11,767,000	»	99	»	18	82	37	5	»	10	»	340	»	880	»
20	Côte-d'Or	375,877	4,390	23,165,000	69	48	43	18	82	38	6	30	»	76	325	40	908	23
21	Côtes-du-Nord	598,872	8,910	47,016,000	9	57	36	8	92	33	6	65	37	30	372	71	786	62
22	Creuse	265,384	4,750	25,065,000	64	59	30	5	95	39	7	22	31	33	284	14	772	68
23	Dordogne	482,750	5,270	27,809,000	52	32	57	6	94	37	10	41	177	6	279	10	766	70
24	Doubs	265,535	5,060	26,701,000	57	59	29	8	92	38	5	34	38	29	313	30	715	79
25	Drôme	299,556	4,580	24,168,000	65	59	28	17	83	36	11	50	47	26	343	58	843	42
26	Eure	424,248	7,290	38,478,000	18	—2	85	10	90	43	5	8	14	55	302	19	1,042	5
27	Eure-et-Loir	278,820	5,080	26,806,000	55	30	59	13	87	38	»	37	14	56	358	65	986	11
28	Finistère	524,396	7,870	41,529,000	15	71	13	12	88	29	»	84	27	37	396	81	886	30
29	Gard	357,383	6,040	31,872,000	40	91	2	42	58	36	2	55	11	63	361	66	822	52
30	Garonne (Haute-)	427,856	6,920	36,416,000	23	66	21	21	79	39	2	24	86	16	304	21	838	44
31	Gers	312,160	4,980	26,278,000	59	27	63	8	92	45	5	5	206	3	251	1	776	66
32	Gironde	554,225	5,680	29,972,000	47	24	64	22	78	40	10	15	165	7	302	18	962	14
33	Hérault	346,207	5,540	29,233,000	50	63	25	48	52	35	2	57	29	35	345	59	860	36
34	Ille-et-Vilaine	547,052	8,180	43,164,000	13	18	74	12	88	33	1	67	29	36	351	61	809	55
35	Indre	245,289	3,560	18,785,000	80	52	38	18	82	34	7	62	16	50	328	46	881	31
36	Indre-et-Loire	297,016	4,860	25,645,000	60	15	78	17	83	39	11	21	6	67	315	34	982	12
37	Isère	550,258	6,640	35,038,000	31	66	20	13	87	35	2	58	22	44	342	56	833	47
38	Jura	312,504	6,290	33,191,000	37	30	58	14	86	37	7	44	12	61	304	20	760	74
39	Landes	281,504	3,080	16,252,000	82	69	18	6	94	37	2	48	132	10	325	39	835	46
40	Loir-et-Cher	235,750	3,770	19,893,000	79	19	72	15	85	32	8	69	»	77	364	69	1,007	8
41	Loire	391,216	8,240	43,480,000	12	80	11	20	80	31	11	74	37	31	382	76	836	45
42	Loire (Haute-)	292,078	5,860	30,922,000	42	70	15	12	88	38	6	31	»	78	312	27	712	80
43	Loire-Inférieure	470,093	6,890	36,357,000	24	33	54	20	80	38	6	32	60	22	315	33	790	39
44	Loiret	305,276	4,570	24,115,000	66	23	66	23	77	32	11	68	»	79	374	73	960	15
45	Lot	283,827	5,400	28,495,000	51	27	62	9	91	40	8	16	191	4	276	9	764	72

CENTENAIRES, MORTALITÉ AVANT 21 ANS, MARIAGES.

N.° d'ordre des départements.	NOM des DÉPARTEMENTS.	POPULATION. POPULATION d'après le recensement de 1831.	COMBIEN d'habitants par myriamètre carré.	POPULATION que la France aurait si elle était peuplée comme chaque département.	N.° d'ord des dép ts sur col. n.° 3.	En 1825, 1826, 1828, 1830 et 1832. Sur dix mille habitants augmentation annuelle de population.	N.° d'ord des dép ts sur col. n.° 5.	Sur 100 habitants recensés en 1831 Population agglomérée de 1 500 âmes et au-dessus	Population non agglomérée ou rurale	VIE MOYENNE. En 1825, 1826, 1828 1830 et 1832 Durée de la vie moyenne calculée d'après les naissances et les décès.		N.° d'ord des dép ts sur col. n.° 9.	CENTENAIRES. En 1825, 1826, 1828, 1830 et 1832. Pour dix millions d'habit s combien de centenaires.	N.° d'ord, des dép ts sur col n.° 11.	MORTALITÉ avant 21 ans. En 1825, 1826, 1828, 1830 et 1832. Combien il a fallu de naissances des deux sexes p r prod 100 hommes âgés de 21 ans.	N.° d'ord des dép ts sur col n.° 13.	MARIAGES. En 1825, 1826 1828, 1830 et 1832. Pour mille hommes âgés de 21 ans combien de mariages	N.° d'ord. des dép ts sur col. n.° 15
		1.	2.	3.	4.	5.	6.	7.	8.	9.		10.	11.	12.	13.	14.	15.	16.
		habitants		habitants.		têtes.				ans.	mois.							
46	Lot-et-Garonne...	346,885	6,540	34,510,000	33	20	70	12	88	45	8	4	64	20	257	2	923	19
47	Lozère..........	140,347	2,720	14,352,000	83	57	35	10	90	38	6	33	86	17	302	17	747	75
48	Maine-et-Loire....	467,871	6,480	34,193,000	34	14	81	13	87	41	4	14	4	70	283	13	842	43
49	Manche.........	591,284	9,960	52,557,000	8	18	73	13	87	44	»	6	26	38	271	5	729	78
50	Marne..........	337,076	4,130	21,793,000	73	34	52	26	74	35	11	56	»	80	386	79	1,094	2
51	Marne (Haute-)....	249,827	3,990	21,054,000	77	61	26	12	88	42	10	9	16	51	315	32	815	54
52	Mayenne.........	352,586	6,850	36,146,000	26	40	47	11	89	38	»	38	17	47	329	48	781	64
53	Meurthe.........	415,568	6,820	35,988,000	28	73	12	22	78	37	7	45	19	45	328	45	795	58
54	Meuse...........	314,538	5,070	26,753,000	56	60	27	17	83	39	7	23	25	39	339	52	769	69
55	Morbihan........	433,522	6,190	32,664,000	38	48	42	11	89	32	2	72	14	57	362	67	730	77
56	Moselle.........	417,003	7,830	41,318,000	16	96	1	20	80	39	2	25	67	18	3,3	57	765	71
57	Nièvre..........	282,521	4,150	21,898,000	72	28	61	15	85	31	8	76	101	15	338	50	896	27
58	Nord............	989,938	17,430	91,967,000	2	58	32	39	61	33	4	66	14	58	409	82	900	26
59	Oise............	397,725	6,830	36,040,000	27	23	65	14	86	40	5	18	»	81	305	22	965	13
60	Orne............	441,881	7,240	38,204,000	19	35	51	10	90	49	2	1	4	69	267	3	832	48
61	Pas-de-Calais......	655,215	9,990	52,715,000	7	48	41	27	73	37	4	47	24	42	349	60	847	39
62	Puy-de-Dôme.....	573,106	7,190	37,940,000	20	42	46	18	82	37	8	42	52	23	308	24	845	40
63	Pyrénées (Basses-).	428,401	5,720	30,183,000	46	64	24	12	88	43	6	7	247	2	294	15	650	84
64	Pyrénées (Hautes-).	233,031	5,150	27,175,000	53	85	4	15	85	45	8	3	184	5	282	12	584	85
65	Pyrénées-Orientales	157,052	3,810	20,104,000	78	82	9	32	68	31	»	81	13	60	386	78	828	50
66	Rhin (Bas-).......	540,213	11,620	61,308,000	4	86	3	37	63	33	7	64	3	72	340	55	700	82
67	Rhin (Haut-).....	424,258	10,450	55,135,000	6	83	7	31	69	31	2	80	»	82	386	77	778	65
68	Rhône...........	434,429	15,570	82,151,000	3	69	17	43	57	31	11	75	4	71	422	84	1,068	4
69	Saône (Haute-)....	338,910	6,380	33,666,000	35	69	16	11	89	37	10	39	12	62	340	54	784	63
70	Saône-et-Loire....	523,970	6,120	32,294,000	39	28	60	17	83	32	7	70	34	32	340	53	893	23
71	Sarthe..........	457,372	7,360	38,833,000	17	48	40	12	88	40	2	19	17	48	327	44	929	18
72	Seine...........	935,108	196860	1,038,709,000	1	35	50	93	7	28	8	85	8	66	669	85	1,741	1
73	Seine-et-Marne....	323,893	5,750	30,341,000	45	15	77	18	82	35	1	59	»	83	358	64	1,017	6
74	Seine-et-Oise....	448,180	7,990	42,162,000	14	9	83	26	74	38	4	35	»	84	329	47	910	22
75	Seine-Inférieure...	693,683	11,510	60,727,000	5	37	49	31	69	36	4	54	17	49	378	75	1,000	9
76	Sèvres (Deux-)....	294,850	4,850	25,592,000	61	39	48	12	88	42	»	11	62	21	275	7	764	73
77	Somme..........	543,704	8,850	46,699,000	11	48	39	22	78	40	6	17	3	73	312	26	876	33
78	Tarn............	335,844	5,850	30,869,000	43	56	37	15	85	37	2	49	48	25	307	23	790	60
79	Tarn-et-Garonne..	242,609	6,610	34,880,000	32	17	75	21	79	41	6	13	49	24	272	6	863	35
80	Var.............	317,501	4,370	23,059,000	70	14	80	48	52	35	»	60	25	40	324	38	880	32
81	Vaucluse........	239,113	6,880	36,305,000	25	57	34	38	62	31	8	77	»	85	392	80	849	38
82	Vendée..........	330,350	4,840	25,539,000	63	15	76	9	91	36	7	51	67	19	270	4	692	83
83	Vienne..........	282,731	4,180	22,157,000	71	68	19	16	84	42	2	10	14	59	310	25	859	37
84	Vienne (Haute-)...	285,130	5,140	27,123,000	54	22	68	14	86	30	6	83	107	14	337	49	833	29
85	Vosges..........	397,987	6,790	35,830,000	30	82	8	12	88	38	10	28	25	41	327	43	789	61
86	Yonne...........	352,487	4,840	25,539,000	62	21	69	15	85	38	2	36	11	64	321	36	956	16
	TOTAUX.........	32,560,934																
	Département moyen ou moyenne de la France.	378,615	6,171	32,560,934	39	46	42	21	79	36	7	51	43	28	336	49	867	35

EXPLICATIONS ET SOURCES DES NOMBRES DU I.er TABLEAU.

EXEMPLE DE TOUS LES CALCULS QUI Y SONT PORTÉS.

COLONNE n° 1. — Titre : *Population d'après le recensement de* 1831.

Les chiffres de cette colonne ont été pris dans le *Bulletin des Lois* de 1832, n° 163, page 686.

COLONNE n° 2. — Titre : *Combien d'habitants par myriamètre carré.*

Les chiffres de cette colonne ont été calculés ainsi : nous avons pris la surface de chaque département sur les *Documents statistiques* publiés en 1835 par le Ministre du commerce, page 10 (1) ; nous nous sommes servi de ce chiffre comme diviseur de la population multipliée par dix mille ; le quotient, qui est le chiffre porté à la 1re colonne, indique combien il y a d'habitants par myriamètre carré dans chaque département. *Exemple* : La population du département de l'Ain porté à la colonne n° 1 est de 346,030 habitants ; divisant donc 3,460,300,000 par 592,674, qui est le nombre d'hectares de surface de ce département, nous avons pour quotient 5,844 qui est le résultat cherché. Si nous n'avons porté que 5,840, c'est pour procéder par chiffres ronds toutes les fois que les éléments des calculs le permettent.

COLONNE n° 3. — Titre : *Population que la France aurait, si elle était peuplée comme chaque département.*

Les chiffres de cette colonne ont été ainsi calculés : nous avons pris le nombre de myriamètres carrés de toute la France dans le *Document statistique* publié en 1835 par le Ministre du commerce, et nous avons multiplié ce nombre par celui des habitants que chaque département compte par myriamètre carré ; le produit nous a indiqué quelle serait la population de toute la France, si elle était peuplée comme chacun des départements qui la composent. *Exemple* : Dans le département de l'Ain, il y a 5,840 habitants par myriamètre carré ; multipliant ce nombre par 5,276, qui est le nombre de myriamètres carrés de toute la France, le produit 30,812,000 nous a donné le résultat cherché.

COLONNE n° 4. — Titre : *N° d'ordre des départements sur colonne n° 3.*

Le n° 1 est affecté au département de la *Seine* qui est le plus populeux ; car il compte 196,860 habitants par myriamètre carré.

COLONNE n° 5. — Titre : *En* 1825, 1826, 1828, 1830 *et* 1832, *sur dix mille habitants, augmentation annuelle de population.*

Les chiffres de cette colonne ont été ainsi calculés : nous avons pris dans l'*Annuaire du bureau des longitudes* la totalité des naissances et celle des décès des années 1825, 1826, 1828, 1830 et 1832 (en exceptant toutefois les cholériques de 1832) ; nous avons déduit la moyenne annuelle en divisant par 5. La différence entre les naissances et les décès nous a donné un chiffre que nous avons multiplié par dix mille, et divisé par la population déduite des recensements de 1827 et 1831. Le quotient, qui est le chiffre de la colonne n° 4, indique l'augmentation annuelle de population pour dix mille habitants. *Exemple* : Dans le département de l'Ain, moyenne des naissances annuelles des années 1825, 1826, 1828, 1830 et 1832, 10,505 ; moyenne des décès, 9,368 : différence 1,137, qui multipliés par 10,000 donnent 11,370,000 ; et qui divisés par 343,829 donnent pour quotient 33 qui est le résultat cherché.

COLONNE n° 6. — Titre : *N° d'ordre des départements sur colonne n° 5.*

Le n° 1 est affecté au département de la *Moselle* où l'augmentation a été le plus rapide ; car elle est de 96 habitants pour 10,000 âmes de population.

COLONNE n° 7. — Titre : *Sur cent habitants recensés en* 1831, *populations agglomérées de* 1,500 *âmes et au-dessus.*

Les chiffres de cette colonne ont été ainsi calculés : le recensement de 1831 porté au *Bulletin des Lois* de 1832 donne, pages 734 et suivantes, les populations agglomérées de 1,500 âmes et au-dessus ; en les additionnant, les multipliant par 100 et les divisant par la population totale, le quotient nous a donné le nombre d'hommes agglomérés pour 100 habitants. *Exemple* : Le département de l'Ain compte 30,815 habitants agglomérés ; divisant 3,081,500 par 346,030, le quotient 9 est le résultat cherché.

---

(1) Le département du *Cher* est le seul pour lequel nous avons cru devoir admettre une différence de 8,320 hectares en plus ; c'est au bureau du cadastre du ministère des finances que les éléments de cette correction ont été puisés.

COLONNE n° 8. — Titre : *Sur cent habitants recensés en 1831, population non agglomérée ou rurale.*
Ce chiffre se déduit de la colonne précédente dont il est le complément.

COLONNE n° 9. — Titre : *En* 1825, 1826, 1828, 1830 *et* 1832, *longueur de la vie moyenne calculée d'après les naissances et les décès.*
Les chiffres de cette colonne ont été calculés ainsi : nous avons divisé la population du recensement de 1831 par la moyenne annuelle des naissances des années 1825, 1826, 1828, 1830 et 1832 ; nous avons opéré de la même manière pour les décès, en retranchant toutefois les cholériques de 1832, et nous avons pris la moyenne des deux quotients obtenus, qui nous a donné la longueur de la vie moyenne. *Exemple* : Dans le département de l'Ain, la population en 1831 était de 346,030 ; divisant ce nombre par 10,505, qui est le nombre des naissances de toute espèce, on a un premier quotient qui est de 32, 9 : en nous servant de 9,308 pour autre diviseur, qui est le nombre des décès annuels de cette même période, on a pour 2e quotient 36, 9 ; la moyenne entre ces deux quotients est 34, 9, ou 34 ans 11 mois, qui est le résultat cherché.

COLONNE n° 10. — Titre : *N° d'ordre des départements sur colonne n°* **9.**
Le n° **1** est affecté au département de l'*Orne* où la vie moyenne est la plus longue ; car elle est de 49 ans et 2 mois.

COLONNE n° 11. — Titre : *En* 1825, 1826, 1828, 1830 *et* 1832, *pour dix millions d'habitants, combien de centenaires.*
Les chiffres de cette colonne ont été calculés ainsi : nous avons pris, dans l'*Annuaire du bureau des longitudes*, la moyenne annuelle des centenaires des années 1825, 1826, 1828, 1830 et 1832 ; multipliant ce nombre par 10 millions, et divisant par le chiffre de la population moyenne des deux recensements de 1827 et 1831, le quotient nous a indiqué combien il y aurait de centenaires dans chaque département pour 10 millions d'habitants. *Exemple* : Dans le département de l'Ain, pendant les 5 années que nous examinons, il y a eu trois centenaires, c'est 0, 6 de moyenne annuelle ; ce chiffre multiplié par 10 millions étant divisé par 343,800, a donné pour quotient 17 qui est le résultat cherché.

COLONNE n° 12. — Titre : *N° d'ordre des départements sur colonne n°* **11.**
Le n° **1** est affecté au département de l'*Ariège* qui a le plus de centenaires ; car il en compterait 247 pour 10 millions d'habitants.

COLONNE n° 13. — Titre : *En* 1825, 1826, 1828, 1830 *et* 1832, *combien il a fallu de naissances des deux sexes pour produire* 100 *hommes âgés de* 21 *ans révolus.*
Les chiffres de cette colonne ont été calculés ainsi ; nous avons pris dans l'*Annuaire du bureau des longitudes* la moyenne annuelle des naissances des années 1825, 1826, 1828, 1830 et 1832. Cette moyenne, multipliée par 100, a été divisée par la moyenne annuelle des hommes inscrits pour le recrutement de 1825 à 1833, qui a été relevée sur l'annexe au n° 158 des distributions faites à la chambre des députés, à l'occasion de l'appel de la classe de 1834. Le quotient, qui est coté dans la colonne n° **12**, nous a indiqué combien il avait fallu de naissances pour produire 100 hommes âgés de 21 ans. *Exemple* : Dans le département de l'Ain, il y a 10,505 naissances pendant les 5 années dont il est question ; divisant 1,050,500 par 3,221 qui est le nombre moyen annuel des hommes qui ont atteint 21 ans, pendant la période qui a eu 10,505 naissances, nous avons eu pour quotient 326 qui est le résultat cherché.

COLONNE n° 14. — Titre : *N° d'ordre des départements sur colonne n°* **13.**
Le n° **1** est affecté au département du *Gers* qui a exigé le moins de naissances des deux sexes, pour produire 100 hommes âgés de 21 ans ; car il n'en a fallu que 251.

COLONNE n° 15. — Titre : *En* 1825, 1826, 1828, 1830 *et* 1832, *pour mille hommes âgés de* 21 *ans, combien de mariages.*
Les chiffres de cette colonne ont été calculés ainsi : nous avons pris dans l'*Annuaire du bureau des longitudes* la moyenne annuelle des mariages de 1825, 1826, 1828, 1830 et 1832 : ce chiffre, multiplié par 1,000, étant divisé par le nombre d'hommes qui, pendant les mêmes années, sont arrivés à 20 ans révolus, nous a donné pour quotient un chiffre qui indique combien, sur mille hommes qui arrivent à 21 ans, il y en a qui se marient. *Exemple* : Dans le département de l'Ain, il y a eu en moyenne annuelle des 5 années 2,812 mariages ; divisant 2,812,000 par 3,221 qui est le nombre moyen des hommes qui ont atteint 21 ans, pendant la période qui a eu 2,812 mariages, nous avons pour quotient 873 qui est le résultat cherché.

COLONNE n° 16. — Titre : *N° d'ordre des départements sur colonne n°* **15.**
Le n° **1** est affecté au département de la *Seine* qui a le plus de mariages par millier d'hommes qui arrivent à 21 ans ; car il en compte 1,741. Ce fait montre jusqu'à quel point les émigrations et les immigrations modifient les chiffres de la colonne n° **15**.

2e TABLEAU. NAISSANCES NATURELLES (SOIT BATARDS),

N.° d'ordre des départements.	NOM des DÉPARTEMENTS.	NAISSANCES NATURELLES (soit BATARDS). En 1824, 1826, 1828, 1830 et 1832,				ENFANTS TROUVÉS. En 1824, 1826, 1828, 1830 et 1832, moyenne annuelle			Tours.	Dépense.	MORTALITÉ DES ENFANTS TROUVÉS. Enfants trouvés à la charge des Hospices,		Nombre des enfants trouvés qui, de 1824 à 1833 et avant leur 13e année révolue,		Proportion.	
		Combien de naissances annuelles légitimes.	Combien de naissances annuelles naturelles soit bâtards.	Sur mille naissances tant légitimes que naturelles, combien de bâtards.	N.° d'ord. des dép.ts sur col. n.° 19.	Des enfants trouvés et abandonnés.	Sur mille naissances légitimes et naturelles, combien d'enfants trouvés.	N.° d'ord. des dép.ts sur col. n.° 22	Nombre des tours pour les enfants trouvés en 1834.	De 1824 à 1833, dépense moyenne annuelle pour chaque enfant trouvé.	Au 1er janvier 1824.	Au 31 décembre 1833.	Ont été sauvés ou sont présumés tels par suite de retrait.	Sont morts dans les hospices ou chez les nourrices.	Pour 100 enfants trouvés sauvés, combien il y en a eu de morts avant 12 ans.	N.° d'ord. des dép.ts sur col. n.° 30
		17.	18.	19.	20.	21.	22.	23.	24.	25.	26.	27.	28.	29.	30.	31.
										francs.						
1	Ain	10,107	342	33	77	159	15	71	3	62	410	632	486	926	190	18
2	Aisne	14,569	1,024	66	35	494	32	35	5	68	1,568	1,507	2,459	2,321	94	57
3	Allier	8,906	665	69	26	496	52	10	4	53	1,476	1,998	1,057	3,479	301	4
4	Alpes (Basses-)	5,002	309	58	44	293	55	8	5	73	1,079	1,155	1,030	1,761	170	26
5	Alpes (Hautes-)	4,207	200	45	68	111	25	51	3	97	502	434	635	471	74	72
6	Ardèche	10,710	294	27	83	106	10	77	3	80	453	524	608	434	71	76
7	Ardennes	8,388	417	47	63	133	15	72	3	89	475	626	621	532	86	65
8	Ariège	7,392	454	58	46	221	28	44	3	54	793	304	1,653	929	56	80
9	Aube	6,731	552	76	20	199	27	46	3	68	582	760	464	1,370	295	5
10	Aude	7,566	498	62	39	264	33	32	4	61	988	1,430	822	1,427	173	25
11	Aveyron	9,999	610	57	47	486	46	16	2	64	1,918	2,362	1,953	2,457	125	42
12	Bouches-du-Rhône	10,563	1,162	99	8	786	67	3	3	95	2,151	3,036	1,902	5,122	269	10
13	Calvados	9,741	1,243	113	5	548	50	11	6	94	2,197	2,005	2,159	3,485	161	28
14	Cantal	6,591	497	70	25	268	38	28	2	66	752	1,181	1,065	957	89	62
15	Charente	8,927	543	57	48	274	57	6	4	67	1,085	1,602	995	1,261	126	41
16	Charente Inférieure	11,452	555	46	65	484	40	23	5	86	1,460	1,729	2,457	2,012	82	68
17	Cher	7,932	974	109	6	283	32	34	3	86	1,007	1,125	1,377	2,488	180	23
18	Corrèze	9,167	528	54	53	279	29	40	1	51	1,025	335	1,995	1,317	66	79
19	Corse	5,970	255	41	»	174	28	»	6	129	598	482	879	1,109	126	»
20	Côte-d'Or	10,014	719	41	70	176	16	68	1	70	642	779	639	1,002	157	31
21	Côtes-du-Nord	19,105	503	26	84	145	7	81	7	65	753	559	810	742	91	59
22	Creuse	7,163	466	61	42	243	32	33	3	52	1,247	1,096	1,507	1,089	72	75
23	Dordogne	12,743	690	51	60	598	45	18	5	63	2,070	1,607	3,701	2,645	71	77
24	Doubs	7,293	515	66	32	123	17	67	1	111	585	654	483	658	136	39
25	Drôme	8,569	569	62	37	232	25	49	1	70	1,204	1,186	1,127	1,002	89	61
26	Eure	9,250	541	55	52	145	15	73	2	77	536	494	544	901	165	27
27	Eure-et-Loir	7,254	539	69	28	227	29	39	3	96	580	927	651	1,551	238	14
28	Finistère	19,346	654	33	78	352	18	66	4	74	1,630	1,475	1,768	1,918	108	49
29	Gard	11,294	406	35	76	261	22	63	4	89	918	1,084	849	1,609	189	19
30	Garonne (Haute-)	11,493	790	64	36	508	41	22	2	63	1,803	2,329	1,709	3,006	175	24
31	Gers	6,868	566	76	18	457	62	5	3	74	1,632	1,860	1,438	2,692	187	20
32	Gironde	12,582	1,624	114	4	937	66	4	1	95	3,410	4,147	2,289	6,259	273	7
33	Hérault	10,310	573	53	57	324	30	38	7	80	827	1,226	697	2,158	309	3
34	Ille-et-Vilaine	16,909	354	20	85	419	24	55	7	48	1,894	1,304	2,163	2,562	118	44
35	Indre	7,344	414	53	56	222	29	41	2	71	879	870	878	1,231	140	36
36	Indre-et-Loire	7,166	588	76	19	301	39	26	1	86	876	1,030	673	2,293	340	2
37	Isère	16,221	1,491	84	14	558	32	36	2	54	1,578	1,944	1,548	3,546	229	16
38	Jura	8,353	507	57	49	73	8	80	1	91	517	437	392	418	106	50
39	Landes	7,816	780	91	10	312	36	29	3	67	1,160	1,503	1,350	1,518	112	47
40	Loir-et-Cher	6,866	587	79	16	311	42	21	3	94	766	879	809	2,099	259	12
41	Loire	13,385	559	40	73	335	24	57	3	71	950	1,506	1,374	1,415	103	51
42	Loire (Haute-)	8,583	285	32	79	214	24	56	3	68	1,024	1,066	1,234	851	69	78
43	Loire-Inférieure	12,353	678	52	58	334	26	48	1	94	1,338	1,089	1,300	2,387	183	21
44	Loiret	8,922	831	85	12	459	47	15	3	109	1,148	1,524	1,090	3,116	286	6
45	Lot	7,059	346	47	64	116	16	70	1	62	1,013	568	871	641	74	73

ENFANTS TROUVÉS.

N.° d'ordre des départements.	NOM des DÉPARTEMENTS.	NAISSANCES NATURELLES (soit BATARDS). En 1824, 1826, 1828, 1830 et 1832. Combien de naissances annuelles légitimes. 17.	Combien de naissances naturelles soit bâtards. 18.	Sur mille naissances tant légitimes que naturelles, combien de bâtards. 19.	N.° d'ord. des dép.ts sur col. n.° 19. 20.	ENFANTS TROUVÉS. En 1824, 1826, 1828, 1830 et 1832, moyenne annuelle. Des enfants trouvés et abandonnés. 21.	Sur mille naissances légitimes et naturelles, combien d'enfants trouvés. 22.	N.° d'ord des dép.ts sur col. n.° 22. 23.	Tours. Nombre des tours pour les enfants trouvés en 1834. 24.	Dépense. De 1824 à 1833, dépense moyenne annuelle pour chaque enfant trouvé. 25.	MORTALITÉ DES ENFANTS TROUVÉS. Enfants trouvés à la charge des Hospices, Au 1er janvier 1824. 26.	Au 31 décembre 1833. 27.	Nombre des enfants trouvés qui, de 1824 à 1833 et avant leur 13e année révolue, Ont été sauvés ou sont présumés tels par suite de retrait. 28.	Sont morts dans les hospices ou chez les nourrices. 29.	Proportion. Pour 100 enfants trouvés sauvés, combien il y en a eu de morts avant 12 ans. 30.	N.° d'ord. des dép.ts sur col. n.° 30. 31.
										francs.						
46	Lot-et-Garonne...	7,477	525	66	34	337	42	20	4	85	1,027	1,435	1,267	1,736	137	37
47	Lozère...........	3,897	195	48	62	115	28	43	1	74	496	623	554	425	76	70
48	Maine-et-Loire....	10,916	782	67	31	565	48	12	4	84	2,024	2,289	2,417	2,765	114	45
49	Manche..........	13,258	825	59	43	534	38	27	6	74	2,156	1,591	3,017	2,730	90	60
50	Marne	9,269	769	75	21	399	40	25	3	95	1,250	1,456	1,548	2,233	144	35
51	Marne (Haute-)....	6,354	345	52	59	149	22	64	3	79	611	702	717	634	88	63
52	Mayenne.........	9,476	535	53	54	305	30	37	3	101	1,143	898	1,598	1,568	98	54
53	Meurthe..........	11,878	884	69	27	359	28	45	1	78	1,817	2,068	1,891	1,546	82	67
54	Meuse...........	8,554	482	53	55	144	16	69	4	77	526	683	536	734	137	38
55	Morbihan.........	14,091	414	29	80	200	14	76	5	74	1,306	1,292	1,023	962	94	56
56	Moselle	12,201	730	56	51	117	9	79	1	68	1,167	648	1,245	414	33	82
57	Nièvre	9,145	384	40	72	332	35	31	1	57	1,620	1,537	1,327	2,111	159	30
58	Nord.............	29,584	3,028	93	9	925	28	42	5	95	3,500	3,800	4,003	4,832	120	43
59	Oise	9,682	715	69	29	256	25	54	2	81	814	978	1,105	1,239	112	46
60	Orne.............	9,418	451	46	67	229	23	61	4	72	1,208	1,071	1,296	1,126	87	64
61	Pas-de-Calais......	17,634	1,700	88	11	461	24	58	6	112	1,344	1,715	1,626	2,526	155	32
62	Puy-de-Dôme	15,855	632	38	74	445	27	47	4	53	1,862	1,978	2,386	2,055	86	66
63	Pyrénées (Basses-).	10,365	950	84	15	507	45	17	5	61	1,698	2,050	2,366	2,324	98	55
64	Pyrénées (Hautes-).	5,733	529	84	13	219	35	30	1	58	647	878	767	1,186	154	33
65	Pyrénées Orientales	5,355	389	68	30	276	48	13	1	68	562	606	781	1,998	256	13
66	Rhin (Bas-).......	17,321	1,431	76	17	170	9	78	1	158	864	643	1,550	499	32	83
67	Rhin (Haut-)	14,427	1,108	71	24	49	3	83	5	92	234	258	363	101	27	84
68	Rhône	13,058	2,152	141	2	1,942	127	2	1	75	6,766	10,543	4,289	11,164	263	11
69	Saône (Haute-)....	9,054	1,221	119	3	11	1	85	1	156	66	58	84	45	53	81
70	Saône-et-Loire....	15,990	984	58	45	244	14	74	5	78	1,188	1,450	1,145	1,060	92	58
71	Sarthe	11,625	899	72	22	497	40	24	1	69	1,237	1,130	1,727	2,782	161	29
72	Seine............	23,506	10,721	313	1	5,432	159	1	1	110	13,778	16,408	11,783	40,111	340	1
73	Seine-et-Marne....	9,127	440	46	66	131	14	75	5	75	273	493	346	736	212	17
74	Seine-et-Oise.....	11,287	749	62	38	53	4	82	3.	99	96	163	262	198	75	71
75	Seine-Inférieure...	18,363	2,167	105	7	974	47	14	3	86	2,457	2,375	2,708	7,343	271	9
76	Sèvres (Deux-)....	7,346	341	44	69	170	23	60	3	81	670	685	892	654	73	74
77	Somme...........	13,848	1,070	72	23	371	26	52	3	111	1,408	1,142	2,236	1,702	76	69
78	Tarn............	9,701	385	38	75	255	25	50	4	57	1,119	1,320	932	1,417	152	34
79	Tarn-et-Garonne..	5,812	247	41	71	150	25	53	3	83	527	720	463	839	181	22
80	Var.............	8,606	606	66	33	521	57	7	3	73	2,253	1,957	2,630	2,715	103	52
81	Vaucluse	7,765	505	61	41	431	52	9	4	82	1,439	1,651	1,199	2,861	238	15
82	Vendée..........	9,071	261	28	81	179	19	65	3	80	648	885	722	785	108	48
83	Vienne..........	7,564	214	27	82	184	24	59	4	76	785	1,046	693	908	131	40
84	Vienne (Haute-)...	9,235	558	57	50	412	42	19	3	50	1,403	1,500	1,077	2,929	272	8
85	Vosges..........	11,444	752	62	40	33	3	84	5	90	101	95	267	38	14	85
86	Yonne	9,247	479	49	61	219	23	62	4	164	863	439	1,266	1,308	103	53
	TOTAUX.........	901,720	70,251			33,742			271		116,452	129,629	124,615	198,509		
	Département moyen ou moyenne de la France.	10,485	817	72	23	392	35	31	3	82	1,354	1,507	1,449	2,308	519	31

EXPLICATIONS ET SOURCES DES NOMBRES

DU 2e TABLEAU.

EXEMPLE DE TOUS LES CALCULS QUI Y SONT PORTÉS.

COLONNE n° 17. — Titre : *En* 1824, 1826, 1828, 1830 *et* 1832, *combien de naissances annuelles légitimes.*

Les chiffres de cette colonne ont été pris sur le volume des *Documents statistiques* publié en 1835 par le Ministre du commerce (pages 25 et suivantes).

COLONNE n° 18. — Titre : *En* 1824, 1826, 1828, 1830 *et* 1832, *combien de naissances annuelles naturelles (soit bâtards).*

Les chiffres de cette colonne ont été puisés à la même source que ceux de la colonne n° 17.

COLONNE n° 19. — Titre : *Sur mille naissances tant légitimes que naturelles, combien de bâtards pendant les mêmes années.*

Les chiffres de cette colonne ont été calculés ainsi : nous avons multiplié par 1,000 le nombre des naissances naturelles marqué à la colonne 18, et divisé le produit par la totalité des naissances légitimes et naturelles notées aux colonnes 17 et 18 ; le quotient nous a indiqué combien, sur mille naissances de toute espèce, il y en a de naturelles. *Exemple* : Dans le département de l'Ain, il y a 342 naissances naturelles ; divisant 342,000 par 10,449, somme des colonnes 17 et 18, le quotient 33 est le résultat cherché.

COLONNE n° 20. — Titre : *N° d'ordre des départements sur colonne n° 19.*

Le n° 1 est affecté au département de la *Seine* qui a le plus d'enfants naturels ; car il en compte 313 sur mille naissances.

COLONNE n° 21. — Titre : *En* 1824, 1826, 1828, 1830 *et* 1832, *moyenne annuelle des enfants trouvés et abandonnés.*

Les chiffres de cette colonne ont aussi été pris sur le volume des *Documents statistiques* publié en 1835 par le Ministre du commerce.

COLONNE n° 22. — Titre : *En* 1824, 1826, 1828, 1830 *et* 1832, *sur mille naissances légitimes et naturelles, combien d'enfants trouvés.*

Les chiffres de cette colonne ont été ainsi calculés : nous avons multiplié par 1,000 le nombre des enfants trouvés et abandonnés noté à la colonne n° 21, et divisé ce produit par la totalité des naissances légitimes et naturelles des colonnes 17 et 18 ; le quotient nous a donné le nombre d'enfants trouvés et abandonnés qui répond à 1,000 naissances soit légitimes soit naturelles. *Exemple* : Dans le département de l'Ain, il y a annuellement 159 enfants trouvés ; divisant 159,000 par 10,449, somme des colonnes 17 et 18, nous avons pour quotient 15 qui est le résultat cherché.

COLONNE n° 23. — Titre : *N° d'ordre des départements sur colonne n° 22.*

Le n° 1 est affecté au département de la *Seine* qui a le plus d'enfants trouvés et abandonnés ; car il en compte 159 par mille naissances.

COLONNE n° 24. — Titre : *Nombre des tours pour les enfants trouvés dans chaque département.*

Les chiffres de cette colonne ont été pris sur la brochure remarquable faite en 1835 par M. de Bondy, préfet de l'Yonne, intitulée : *Mémoire sur la nécessité de reviser la législation actuelle des enfants trouvés.*

COLONNE n° 25. — Titre : *De 1824 à 1833, dépense moyenne annuelle pour chaque enfant trouvé.*

Les chiffres de cette colonne ont été pris, pages 37 et suivantes, sur le volume des *Documents statistiques*, publié en 1835 par le Ministre du commerce.

COLONNE n° 26. — Titre : *Enfants trouvés à la charge des hospices, au 1er janvier 1824.*

Les chiffres de cette colonne ont été pris, pages 36 et suivantes, sur le même document que ceux de la colonne n° 25.

COLONNE n° 27. — Titre : *Enfants trouvés à la charge des hospices, au 31 décembre 1833.*

Les chiffres de cette colonne ont été pris, pages 36 et suivantes, sur le même document que ceux des deux colonnes précédentes.

COLONNE n° 28. — Titre : *Nombre des enfants trouvés qui, de 1824 à 1833, et avant leur 13e année révolue, ont été sauvés ou sont présumés tels par suite de retrait.*

Les chiffres de cette colonne ont été pris, pages 36 et suivantes, sur le même document que ceux des trois colonnes précédentes.

COLONNE n° 29. — Titre : *Nombre des enfants trouvés qui, de 1824 à 1833, et avant leur 13e année révolue, sont morts dans les hospices ou chez leurs nourrices.*

Les chiffres de cette colonne ont été pris, page 36 et suivantes, sur le même document que ceux des quatre colonnes précédentes.

COLONNE n° 30. — Titre : *Pour cent enfants trouvés sauvés, combien de morts avant 12 ans.*

Les chiffres de cette colonne ont été ainsi calculés : nous avons multiplié par 100 le nombre des enfants morts porté à la colonne n° 29, et divisé le produit par le nombre des enfants trouvés sauvés porté à la colonne n° 28 ; le quotient nous a indiqué combien, pour cent enfants sauvés dans les hospices ou chez les nourrices, il y en a eu de morts. *Exemple :* Dans le département de l'Ain, 926 enfants trouvés sont morts de 1824 à 1833 ; divisant 92,600 par 486, qui est le nombre des enfants trouvés sauvés, nous avons pour quotient 190 qui est le résultat cherché.

COLONNE n° 31. — Titre : *N° d'ordre des départements sur colonne n° 30.*

Le n° 1 est affecté au département de la *Seine* qui perd le plus d'enfants trouvés ; car, pour en sauver 100, il y en a 340 qui meurent.

3e TABLEAU. RECRUTEMENT, EXEMPTIONS

N.° d'ordre des départements.	NOM des DÉPARTEMENTS.	INSCRITS. Nombre moyen annuel des inscrits pour le recrutement de 1825 à 1833	INSCRITS. Combien d'habitants pr un inscrit d'après le recensement de 1831	INSCRITS. N.° d'ord. des dép.ts sur col n.° 33	CONTINGENT. Contingent moyen annuel demandé, De 1825 à 1829 inclus.	CONTINGENT. Contingent moyen annuel demandé, De 1830 à 1833 inclus.	TAILLE. Taille moyenne des contingents. De 1825 à 1829 inclus.	TAILLE. Taille moyenne des contingents. De 1830 à 1833 inclus	TAILLE. Sur 1,000 recrues, combien d'exemptées pour défaut de taille. De 1825 à 1829 inclus.	TAILLE. Sur 1,000 recrues, combien d'exemptées pour défaut de taille. De 1830 à 1833 inclus.	TAILLE. Sur 1,000 recrues, combien d'exemptées pour défaut de taille. De 1825 à 1833 inclus	TAILLE. N.° d'ord des dép.ts sur col. n.° 41	CONSTITUTION. Sur 1,000 recrues, combien d'exemptées pour toutes causes physiques [taille exceptée]. De 1825 à 1829 inclus.	CONSTITUTION. De 1830 à 1833 inclus.	CONSTITUTION. De 1825 à 1833 inclus.	CONSTITUTION. N.° d'ord. des dép.ts sur col. n.° 45.	TOTAL des exemptés. De 1825 à 1833, sur 1,000 recrues, nombre d'exemptés pr toutes causes physiques
		32.	33.	34.	35.	36.	37.	38.	39.	40.	41.	42.	43.	44.	45.	46.	47.
							mètres.	mètres.									
1	Ain	3,221	108	47	645	888	1,659	1,658	220	115	167	65	482	430	456	76	623
2	Aisne	4,196	124	10	920	1,127	1,656	1,664	256	134	195	59	1,139	557	848	16	1,043
3	Allier	3,062	98	83	541	847	1,640	1,636	750	336	543	3	928	395	661	45	1,204
4	Alpes (Basses-)	1,496	104	74	290	421	1,642	1,644	331	209	270	34	626	604	615	52	885
5	Alpes (Hautes-)	1,163	111	41	237	325	1,652	1,645	579	364	471	7	706	706	706	31	1,177
6	Ardèche	3,248	105	66	616	910	1,650	1,639	477	305	391	13	471	398	434	80	825
7	Ardennes	2,425	122	13	530	667	1,671	1,675	155	119	137	78	496	688	592	55	729
8	Ariège	2,404	107	53	467	675	1,649	1,647	368	206	287	30	694	646	670	41	957
9	Aube	1,935	127	7	456	545	1,666	1,665	289	150	219	49	1,204	1,015	1,109	1	1,329
10	Aude	2,578	106	60	501	725	1,651	1,666	401	213	307	26	758	639	698	34	1,005
11	Aveyron	3,409	106	61	662	957	1,655	1,652	436	219	327	22	878	626	752	26	1,079
12	Bouches-du-Rhône	2,833	127	6	617	799	1,661	1,652	186	104	145	75	1,060	804	932	9	1,072
13	Calvados	3,979	125	8	951	1,120	1,668	1,662	198	89	143	77	484	396	440	79	583
14	Cantal	2,365	108	48	495	666	1,668	1,642	386	233	309	24	741	590	665	43	975
15	Charente	3,368	107	54	671	944	1,645	1,635	640	330	485	6	601	544	572	59	1,057
16	Charente Inférieure	3,760	119	18	800	1,049	1,652	1,645	315	192	253	40	782	814	798	21	1,051
17	Cher	2,476	104	75	470	677	1,667	1,648	502	319	410	11	813	732	772	24	1,183
18	Corrèze	3,031	97	84	538	839	1,637	1,648	914	469	691	2	1,002	599	800	20	1,492
19	Corse	1,859	106	»	352	526	1,647	1,647	399	211	305	»	442	279	360	»	665
20	Côte-d'Or	3,307	115	33	701	902	1,671	1,663	241	84	162	69	994	539	766	25	929
21	Côtes-du-Nord	5,282	114	29	1,096	1,485	1,641	1,636	471	228	349	18	459	399	429	81	778
22	Creuse	2,654	99	79	480	715	1,657	1,635	497	325	411	10	553	467	510	66	921
23	Dordogne	4,854	99	80	879	1,391	1,647	1,641	658	380	519	4	1,000	799	900	12	1,418*
24	Doubs	2,481	108	49	479	692	1,657	1,662	88	58	73	85	511	374	442	78	515
25	Drôme	2,646	114	30	539	739	1,652	1,652	318	214	266	36	617	541	579	57	845
26	Eure	3,217	133	2	801	899	1,661	1,661	285	153	219	50	801	1,075	938	8	1,157
27	Eure-et-Loir	2,173	130	3	524	572	1,673	1,660	285	169	227	47	641	689	665	44	892
28	Finistère	5,062	104	76	949	1,382	1,629	1,653	676	297	486	5	559	357	458	75	945
29	Gard	3,252	110	42	656	929	1,654	1,656	207	122	164	66	555	466	510	65	675
30	Garonne (Haute-)	4,097	105	67	769	1,150	1,646	1,645	379	211	295	29	823	568	695	35	990
31	Gers	2,922	108	50	582	817	1,653	1,651	234	141	187	60	775	610	692	37	880
32	Gironde	4,728	116	26	1,019	1,341	1,646	1,645	331	136	233	44	719	548	633	50	867
33	Hérault	3,191	109	45	641	912	1,669	1,659	321	132	226	48	648	479	563	63	790
34	Ille-et-Vilaine	4,863	112	38	1,046	1,339	1,646	1,642	479	219	349	19	385	279	332	83	681
35	Indre	2,372	105	68	450	658	1,649	1,646	475	274	374	14	760	575	667	42	1,042
36	Indre-et-Loire	2,435	125	9	549	675	1,665	1,651	429	295	362	16	656	750	703	32	1,065
37	Isère	5,146	107	55	994	1,440	1,662	1,652	368	178	273	33	1,019	527	773	23	1,046
38	Jura	2,893	107	56	587	805	1,679	1,673	169	69	119	82	489	449	469	73	588
39	Landes	2,650	106	62	503	755	1,646	1,634	538	276	407	12	922	548	735	28	1,142
40	Loir-et-Cher	2,036	118	21	438	555	1,653	1,632	381	310	345	58	881	720	800	19	996
41	Loire	3,660	107	57	701	1,027	1,638	1,664	396	246	321	23	760	719	739	27	1,060
42	Loire (Haute-)	2,793	105	69	540	780	1,646	1,639	410	253	331	21	458	474	466	74	797
43	Loire-Inférieure	4,137	113	34	861	1,146	1,660	1,655	248	145	196	57	399	432	415	82	612
44	Loiret	2,578	120	17	574	688	1,638	1,653	389	205	297	28	701	571	636	48	933
45	Lot	2,675	106	63	532	755	1,646	1,633	491	255	373	15	707	419	573	58.	951

POUR CAUSES PHYSIQUES.

NOM des DÉPARTEMENTS.	INSCRITS.			CONTINGENT.		TAILLE.						CONSTITUTION.				TOTAL des exemptés.	
	Nombre moyen annuel des inscrits pour le recrutement de 1825 à 1833	Combien d'habit. tants p.r un inscrit d'après le recensement de 1831	N.° d'ord des dép.ts sur col. n.° 33.	Contingent moyen annuel demandé, De 1825 à 1829 inclus.	Contingent moyen annuel demandé, De 1830 à 1833 inclus.	Taille moyenne des contingents De 1825 à 1829 inclus	Taille moyenne des contingents De 1830 à 1833 inclus	Sur 1,000 recrues, combien d'exemptées pour défaut de taille De 1825 à 1829 inclus	De 1830 à 1833 inclus	De 1825 à 1833 inclus.	N.° d'ord. des dép.ts sur col n.° 41	Sur 1,000 recrues, combien d'exemptées pour toutes causes physiques (taille exceptée) De 1825 à 1829 inclus.	De 1830 à 1833 inclus.	De 1825 à 1833 inclus.	N.° d'ord. des dép.ts sur col. n.° 45.	De 1825 à 1833, sur 1,000 recrues, nombre d'exemptées pour toutes causes physiques	N.° d'ord. des dép.ts sur col. n.° 47
	32.	33.	34.	35.	36.	37.	38.	39.	40.	41.	42.	43.	44.	45.	46.	47.	48.
						mètres	mètres.										
Lot-et-Garonne...	3,101	113	35	640	887	1,651	1,641	280	197	238	43	828	629	728	29	967	40
Lozère..........	1,353	105	70	262	384	1,650	1,642	479	231	355	17	752	517	634	49	990	38
Maine-et-Loire....	4,120	114	31	867	1,133	1,658	1,643	253	147	200	54	616	529	572	60	772	64
Manche..........	5,163	114	32	1156	1,444	1,654	1,659	245	103	174	64	645	499	572	61	716	67
Marne	2,589	129	4	613	700	1,661	1,659	209	104	156	71	1,087	851	969	5	1,025	16
Marne (Haute-)....	2,120	117	25	462	576	1,671	1,664	217	108	162	68	1,158	782	970	4	1,132	15
Mayenne.........	3,055	116	27	670	847	1,639	1,644	422	192	307	25	559	413	486	69	793	61
Meurthe.........	3,882	107	58	757	1,064	1,671	1,665	262	136	199	55	1,326	579	952	7	1,151	13
Meuse...........	2,650	118	22	578	729	1,666	1,660	197	107	152	74	775	453	614	53	766	63
Morbihan........	4,018	109	46	809	1,117	1,627	1,638	329	166	247	41	278	208	243	85	490	85
Moselle..........	3,784	110	43	767	1,046	1,683	1,669	179	109	144	76	719	446	582	56	726	69
Nièvre..........	2,759	101	78	512	748	1,655	1,657	322	215	268	35	679	719	699	33	967	41
Nord............	8,013	124	11	1,810	2,239	1,681	1,684	194	113	153	72	1,011	673	842	17	995	35
Oise	3,384	118	23	729	921	1,658	1,671	153	56	104	84	1,046	741	893	13	992	36
Orne............	3,676	121	15	823	992	1,659	1,658	275	133	204	53	681	583	632	51	836	56
Pas-de-Calais......	5,515	119	19	1,211	1,530	1,663	1,663	196	74	135	79	756	384	570	62	705	70
Puy-de-Dôme.....	3,348	107	59	1,073	1,493	1,644	1,637	554	295	424	8	708	488	598	54	1,022	31
Pyrénées (Basses-).	5,872	110	44	781	1,081	1,652	1,640	279	151	215	51	501	476	488	68	703	71
Pyrénées (Hautes-).	2,210	105	71	419	613	1,668	1,654	329	189	259	38	838	718	778	22	1,037	29
Pyrénées Orientales	1,494	106	64	285	408	1,651	1,643	302	164	233	45	319	281	300	84	533	83
Rhin (Bas-).......	5,507	99	81	1,006	1,512	1,664	1,668	210	96	153	73	971	460	715	30	868	53
Rhin (Haut-)	4,028	106	65	763	1,107	1,659	1,669	228	145	186	61	570	369	469	72	656	76
Rhône...........	3,609	[illegible]	16	783	993	1,671	1,662	259	159	209	52	995	743	869	15	1,078	19
Saône (Haute-)....	3,019	112	39	616	826	1,668	1,659	159	98	128	80	492	465	478	71	607	79
Saône-et-Loire....	4,954	105	72	975	1,368	1,662	1,662	314	147	230	46	662	726	694	36	924	48
Sarthe..........	3,845	119	20	843	1,046	1,658	1,653	430	260	345	20	642	729	685	38	1,030	30
Seine...........	5,140	180	1	1,756	1,414	1,672	1,673	211	118	164	67	842	456	649	47	813	59
Seine-et-Marne....	2,642	122	14	600	704	1,668	1,669	281	116	198	56	1,367	696	1,031	2	1,230	6
Seine-et-Oise.. ...	3,616	123	12	833	992	1,667	1,666	159	84	121	81	1,067	709	888	14	1,009	32
Seine-Inférieure...	5,422	128	5	1,298	1,533	1,685	1,662	260	109	184	62	1,203	853	1,028	3	1,212	7
Sèvres (Deux-)....	2,776	105	73	546	777	1,655	1,653	373	188	280	32	958	687	822	18	1,100	17
Somme..........	4,748	115	28	995	1,321	1,628	1,669	155	80	117	83	460	499	479	70	597	80
Tarn............	3,271	103	77	618	923	1,645	1,644	634	202	418	9	786	515	650	46	1,068	21
Tarn-et-Garonne..	2,227	108	51	458	634	1,654	1,643	315	164	239	42	601	449	525	64	[illegible]	66
Var.............	2,872	112	40	590	800	1,655	1,651	205	144	174	63	456	537	496	67	671	75
Vaucluse........	2,109	113	36	440	599	1,660	1,650	211	111	161	70	834	513	673	40	831	57
Vendée..........	3,445	95	85	612	933	1,645	1,641	339	169	254	39	507	386	446	77	700	72
Vienne..........	2,504	113	37	507	702	1,656	1,651	337	231	284	31	713	646	679	39	963	42
Vienne (Haute-)...	2,867	99	82	525	793	1,641	1,636	1,011	626	818	1	1,013	830	921	10	1,740	1
Vosges..........	3,703	108	52	715	1,008	1,678	1,655	352	177	264	37	1,125	705	915	11	1,179	10
Yonne..........	2,994	118	24	648	807	1,654	1,664	387	220	303	27	992	945	968	6	1,272	3
TOTAUX.........	288,316			60,000	80,000												
Département moyen (moyenne de la France.	3,332	113	38	697	930	1,656	1,653	335	184	260	38	765	569	667	43	927	48

EXPLICATIONS ET SOURCES DES NOMBRES

DU 3e TABLEAU.

EXEMPLE DE TOUS LES CALCULS QUI Y SONT PORTÉS.

COLONNE n° 32. — Titre : *Nombre moyen annuel des inscrits pour le recrutement de* 1825 *à* 1833.

Les chiffres de cette colonne ont été pris sur l'*annexe* au n° 158 des distributions faites à la Chambre des députés, à l'occasion de l'appel de la classe de 1834.

COLONNE n° 33. — Titre : *Combien d'habitants pour un inscrit d'après le recensement de* 1831.

Les chiffres de cette colonne ont été calculés ainsi : nous avons divisé la population recensée en 1831 par le nombre des inscrits, et le quotient nous a indiqué combien il avait fallu d'habitants pour fournir un inscrit. *Exemple :* Dans le département de l'Ain, la population recensée en 1831 est de 346,030 habitants ; divisant ce nombre par celui de 3,221, qui est porté à la colonne n° 32 comme nombre des inscrits, nous avons pour quotient 108 qui est le résultat cherché.

COLONNE n° 34. — Titre : *N° d'ordre des départements sur colonne n° 33.*

Le n° 1 est affecté au département de la *Seine*, qui exige le plus d'habitants pour fournir un inscrit, car il en faut 180.

COLONNE n° 35. — Titre : *Contingent moyen annuel demandé de* 1825 *à* 1829 *inclus.*

Les chiffres de cette colonne nous ont été communiqués au ministère de la guerre ; ils ont été relevés sur les originaux des cahiers des classes des diverses années.

COLONNE n° 36. — Titre : *Contingent moyen annuel demandé de* 1830 *à* 1833 *inclus.*

Les chiffres de cette colonne ont la même origine que ceux de la colonne précédente.

COLONNE n° 37. — Titre : *Taille moyenne des contingents de* 1825 *à* 1829 *inclus.*

Les chiffres de cette colonne ont la même origine que ceux des deux colonnes précédentes.

COLONNE n° 38. — Titre : *Taille moyenne des contingents de* 1830 *à* 1833 *inclus.*

Les chiffres de cette colonne ont la même origine que ceux des trois colonnes précédentes.

COLONNE n° 39. — Titre : *Sur mille recrues, combien d'exemptées pour défaut de taille de* 1825 *à* 1829 *inclus.*

Les chiffres de cette colonne ont été calculés ainsi : le nombre moyen des exemptés annuels pour défaut de taille, relevé sur les originaux qui sont au ministère de la guerre, a été multiplié par 1,000, et le produit divisé par le nombre qui représente le contingent obtenu. *Exemple :* Dans le département de l'Ain, pour obtenir 645 recrues, il y a eu 142 exemptions pour défaut de taille ; divisant 142,000 par 645, nous avons eu pour quotient 220, qui est le résultat cherché.

COLONNE n° 40. — Titre : *Sur mille recrues, combien d'exemptées pour défaut de taille de* 1830 *à* 1833 *inclus.*

Même calcul et même origine de chiffres que pour la colonne n° 39. *Exemple :* Dans le département de l'Ain, pour obtenir 888 recrues, il a fallu 102 exemptions pour défaut de taille ; divisant 102,000 par 888, le quotient 115 est le résultat cherché.

COLONNE n° 41. — Titre : *Sur mille recrues, combien d'exemptées pour défaut de taille de* 1825 *à* 1833 *inclus.*

Les chiffres de cette colonne ont été calculés en prenant la moyenne de ceux des deux colonnes précédentes.

COLONNE n° 42. — Titre : *N° d'ordre des départements sur colonne n° 41.*

Le n° 1 est affecté au département de la *Haute-Vienne*, qui a le plus d'exemptions pour défaut de taille, puisqu'il en faut 818 pour obtenir 1,000 recrues. On voit d'après cela que ce numéro d'ordre est en raison inverse de la grandeur des hommes.

COLONNE n° 43. — Titre : *Sur mille recrues, combien d'exemptées pour toutes causes physiques (la taille étant exceptée), de* 1825 *à* 1829 *inclus.*

Les chiffres de cette colonne ont été calculés ainsi : le nombre moyen des exemptés pour causes physiques (la taille exceptée), relevé sur les originaux qui sont au ministère de la guerre, a été multiplié par 1,000, et le produit divisé par le contingent moyen annuel obtenu de 1825 à 1829 inclus. *Exemple :* Dans le département de l'Ain, pour obtenir 645 recrues, il a fallu 311 exemptions pour toutes causes physiques (la taille exceptée) ; divisant 311,000 par 645, le quotient 482 nous a donné le résultat cherché.

COLONNE n° 44. — Titre : *Sur mille recrues, combien d'exemptées pour toutes causes physiques (la taille exceptée), de* 1830 *à* 1833 *inclus.*

Même calcul et même origine de chiffres que pour la colonne n° 43. *Exemple :* Dans le département de l'Ain, pour obtenir 888 recrues, il a fallu 382 exemptions pour causes physiques autres que la taille ; divisant 382,000 par 888, le quotient 430 est le résultat cherché.

COLONNE n° 45. — Titre : *Sur mille recrues, combien d'exemptées pour toutes causes physiques (la taille exceptée), de* 1825 *à* 1833 *inclus.*

Les chiffres de cette colonne ont été calculés en prenant la moyenne de ceux des deux colonnes précédentes.

COLONNE n° 46. — Titre : *N° d'ordre des départements sur colonne n° 45.*

Le n° 1 est affecté au département de l'*Aube* qui compte le plus d'exemptions pour causes physiques autres que la taille ; car, pour obtenir mille recrues, on a pour ce département 1,109 exemptions de ce genre.

COLONNE n° 47. — Titre : *De* 1825 *à* 1833, *sur mille recrues, nombre d'exemptées pour toutes causes physiques.*

Les chiffres de cette colonne sont la somme de ceux des deux colonnes sous n°s 41 et 45.

COLONNE n° 48. — Titre : *N° d'ordre des départements sur colonne n° 47.*

Le n° 1 est affecté au département de la *Haute-Vienne* qui a le plus d'exemptions pour causes physiques de tous genres ; car on en compte 1,740 pour avoir 1,000 recrues. On voit, d'après cela, que la bonté relative de la population est en raison inverse des n°s d'ordre de la colonne n° 48.

4e TABLEAU. FAITS DIVERS RELATIFS AU RECRUTEMENT,

N.° d'ordre des départements	NOM des DÉPARTEMENTS.	RECRUTEMENT. De 1825 à 1833, total des recrues impossibles	Sur mille recrues combien d'impossibles de 1825 à 1833	Sur 1,000 recrues levées de 1825 à 1829 il y a, Exemptées pour faible constitution.	N.° d'ord. des dép.ts sur col. n.° 51.	Exemptées pour cause de teigne ou scrofules	Exemptées pour cause de goître.	Exemptées pour cause de perte de dents	Au 1er janvier 1833, total des insoumis des classes de 1825 à 1829 inclus.	Combien d'insoumis sur 1,000 recrues.	N.° d'ord des dép.ts sur col. n.° 57.	Total des prévenus de mutilation en 1831, 1832 et 1833.	Combien de prévenus de mutilation sur 1,000 recrues.	AGRICULTEURS. Sur 1,000 recrues, combien d'agriculteurs. De 1825 à 1829 inclus	De 1830 à 1833 inclus	Moyenne de 1825 à 1833 inclus	N.° d'ord. des dép.ts sur col n.° 63.	Nombre des agriculteurs lors du recensement de 1831, en se basant sur les nombres de la colonne n.° 63.	ecclésiastiques. Sur 1,… recru… comb… d'étu… ecclés… tiques 18… à 18… incl…
		49.	50.	51.	52.	53.	54.	55.	56.	57.	58.	59.	60.	61.	62.	63.	64.	65.	66
1	Ain	0	0	113	66	19	11	3	6	2	71	7	3	728	684	706	4	245,681	26
2	Aisne	8	1	332	9	52	35	44	3	1	80	5	1	264	312	288	79	148,770	26
3	Allier	2	0	274	15	55	7	6	51	19	19	4	2	551	651	601	32	178,954	11
4	Alpes (Basses-)	16	5	100	71	48	48	14	20	14	25	6	5	723	635	679	12	106,009	52
5	Alpes (Hautes-)	55	23	157	48	26	124	4	21	18	21	1	1	693	773	733	3	94,244	60
6	Ardèche	13	2	83	76	39	47	7	25	8	34	6	2	727	800	763	1	258,958	31
7	Ardennes	0	0	77	78	26	6	5	1	0	85	0	0	287	331	309	78	89,783	19
8	Ariège	0	0	152	50	39	83	21	38	16	26	4	2	675	695	685	10	172,122	26
9	Aube	37	8	405	2	44	4	6	1	1	83	4	3	438	378	408	67	101,008	39
10	Aude	14	3	196	37	60	10	4	10	4	53	4	2	591	611	601	33	162,075	44
11	Aveyron	9	1	309	11	65	26	12	91	28	11	5	2	665	743	704	5	251,339	75
12	Bouches-du-Rhône	12	2	250	19	109	2	12	75	24	14	0	0	443	482	463	60	165,357	40
13	Calvados	0	0	82	77	23	1	19	117	25	13	10	3	462	491	476	58	237,457	35
14	Cantal	0	0	174	44	107	18	4	322	130	1	9	5	610	652	631	21	162,914	59
15	Charente	15	2	152	51	31	4	4	8	2	66	17	6	629	674	651	17	235,645	7
16	Charente-Inférieure	10	1	237	28	45	1	13	6	2	75	5	2	628	646	637	20	284,959	11
17	Cher	21	4	245	24	23	2	31	10	4	50	7	3	577	667	622	23	158,756	13
18	Corrèze	10	2	261	17	65	45	9	188	70	6	14	6	679	710	694	6	203,435	39
19	Corse	98	25	113	»	20	3	3	21	12	»	0	0	437	498	468	»	90,360	87
20	Côte-d'Or	3	0	288	14	34	9	11	8	2	68	1	0	532	569	550	47	206,732	25
21	Côtes-du-Nord	5	0	75	79	29	0	3	12	2	69	2	1	641	674	658	14	395,255	28
22	Creuse	0	0	184	36	29	6	15	214	89	4	5	2	251	317	284	80	74,307	23
23	Dordogne	135	14	237	27	60	25	12	8	2	72	14	4	596	606	601	31	289,650	11
24	Doubs	0	0	90	74	31	10	8	1	1	84	2	1	559	616	587	40	156,665	36
25	Drôme	9	2	39	84	30	32	7	11	4	51	5	2	675	699	687	9	206,694	28
26	Eure	107	14	117	62	48	3	184	67	17	22	16	6	854	291	322	77	135,759	31
27	Eure-et-Loir	4	1	94	73	44	0	19	4	2	76	2	1	478	551	515	54	142,198	32
28	Finistère	8	1	63	80	39	0	4	9	2	70	12	3	592	584	588	39	309,394	27
29	Gard	1	0	108	70	38	5	11	25	8	37	9	3	611	601	606	27	218,004	24
30	Garonne (Haute-)	4	1	184	39	52	24	10	99	26	12	1	0	525	565	544	49	231,042	34
31	Gers	6	1	173	45	24	2	14	34	12	27	8	3	583	618	600	34	187,296	34
32	Gironde	7	1	128	58	28	1	52	108	21	17	10	3	453	470	461	61	254,943	16
33	Hérault	1	0	148	53	102	3	4	24	8	39	4	2	541	549	545	48	186,952	31
34	Ille-et-Vilaine	1	0	61	81	54	0	4	39	8	40	2	1	584	622	603	30	328,231	31
35	Indre	3	1	264	16	20	2	13	24	11	28	11	6	553	660	607	26	149,626	9
36	Indre-et-Loire	14	3	177	43	22	0	11	7	3	64	1	1	510	531	520	52	154,448	18
37	Isère	12	1	357	6	23	89	8	47	10	29	12	3	561	599	580	42	319,150	31
38	Jura	1	0	118	61	32	29	1	2	1	81	0	0	593	585	589	38	184,377	29
39	Landes	36	7	251	18	34	8	50	23	9	31	4	2	683	695	689	8	194,238	22
40	Loir-et-Cher	11	3	316	10	29	0	33	6	3	62	2	1	495	478	486	56	115,517	22
41	Loire	12	2	224	51	29	27	7	224	64	7	9	3	435	433	447	69	176,047	43
42	Loire (Haute-)	8	1	43	83	74	20	9	344	128	2	12	5	746	768	757	2	221,979	37
43	Loire-Inférieure	2	0	96	72	19	0	11	33	8	33	3	1	566	583	574	43	267,953	15
44	Loiret	34	6	159	46	60	0	13	10	4	56	2	1	463	480	471	59	143,479	21
45	Lot	0	0	134	54	62	21	15	21	8	33	6	3	628	673	650	18	184,487	34

AGRICULTEURS, ÉTUDIANTS ECCLÉSIASTIQUES.

N° d'ordre des départements.	NOM des DÉPARTEMENTS.	RECRUTEMENT. De 1825 à 1833, total des recrues impossibles.	Sur mille recrues combien d'impossibles de 1825 à 1833	Sur 1,000 recrues levées de 1825 à 1829 il y a, Exemptées pour faible constitution	N.° d'ord. des dép.ts sur col. n.° 51.	Exemptées pour cause de teigne ou scrofules	Exemptées pour cause de goitre.	Exemptées pour cause de perte de dents.	Au 1er janvier 1835, total des insoumis des classes de 1825 à 1829 inclus.	Combien d'insoumis sur 1,000 recrues.	N.° d'ord des dép.ts sur col. n.° 57.	Total des prévenus de mutilation en 1831, 1832 et 1833.	Combien de prévenus de mutilation sur 1,000 recrues.	AGRICULTEURS. Sur 1,000 recrues, combien d'agriculteurs. De 1825 à 1829 inclus	De 1830 à 1833 inclus	Moyenne de 1825 à 1833 inclus.	N.° d'ord des dép.ts sur col. n.° 63.	Nombre des agriculteurs lors du recensement de 1831, en se basant sur les nombres de la colonne n° 63	ÉTUDIANTS ecclésiastiques. Sur 1,000 recrues, combien d'étud.ts ecclésiastiques de 1825 à 1829 inclus.
		49.	50.	51.	52.	53.	54.	55.	56.	57.	58.	59.	60.	61.	62.	63.	64.	65.	66.
46	Lot-et-Garonne...	13	2	127	59	45	0	25	21	7	42	3	1	527	536	531	51	183,849	17
47	Lozère..........	22	8	181	41	46	19	7	100	77	5	2	2	652	688	670	13	94,032	81
48	Maine-et-Loire....	1	0	152	52	17	1	19	28	6	44	3	1	486	504	495	55	229,257	27
49	Manche..........	3	0	182	40	29	0	5	131	23	16	16	4	539	578	558	45	331,119	44
50	Marne	35	6	342	8	54	8	10	7	2	67	3	1	325	213	269	81	91,010	23
51	Marne (Haute-)....	7	2	395	4	50	11	16	4	2	74	1	1	364	396	380	72	94,934	41
52	Mayenne.........	6	1	112	68	21	2	3	12	4	55	0	0	492	538	515	53	179,819	39
53	Meurthe..........	19	2	505	1	34	107	3	17	5	49	2	1	424	443	433	63	178,694	33
54	Meuse...........	1	0	240	26	35	9	13	5	2	73	0	0	239	262	250	82	78,647	24
55	Morbihan.........	0	0	60	82	21	10	4	38	9	30	4	1	660	647	654	15	281,789	19
56	Moselle..........	1	0	216	35	31	44	4	13	3	58	1	0	520	331	425	65	175,141	19
57	Nièvre..........	0	0	158	47	33	4	17	7	3	63	2	1	527	295	411	66	115,834	15
58	Nord............	26	2	226	30	76	14	16	29	3	59	5	1	424	442	433	64	425,673	23
59	Oise............	2	0	248	21	145	18	95	15	4	52	2	1	395	396	395	69	155,113	26
60	Orne............	14	2	134	55	17	3	17	55	13	26	6	2	306	446	376	74	167,915	30
61	Pas-de-Calais......	0	0	155	49	59	3	20	17	3	60	2	0	246	402	324	76	209,669	32
62	Puy-de-Dôme......	1	0	223	32	45	41	3	217	40	9	9	2	677	686	682	11	389,712	33
63	Pyrénées (Basses-).	11	1	133	56	36	20	25	358	92	3	11	3	618	624	621	24	265,609	31
64	Pyrénées (Hautes-).	4	1	112	67	50	81	34	40	19	18	7	4	604	604	604	28	139,819	45
65	Pyrénées Orientales	0	0	35	85	18	18	8	70	49	8	0	0	596	594	595	36	94,231	32
66	Rhin (Bas-).......	0	0	399	3	39	77	10	33	7	43	3	1	377	395	386	71	210,683	30
67	Rhin (Haut-)......	0	0	115	64	26	52	3	10	3	65	1	0	388	416	402	68	169,703	24
68	Rhône...........	2	0	241	25	32	69	5	129	33	10	0	0	342	449	395	70	169,427	37
69	Saône (Haute-)....	0	0	90	75	28	13	3	4	1	77	3	1	552	656	604	29	203,346	27
70	Saône-et-Loire....	44	4	247	22	21	14	3	38	8	36	4	1	634	623	628	22	330,101	28
71	Sarthe..........	1	0	130	57	26	2	23	12	3	61	3	1	473	486	479	57	219,539	27
72	Seine...........	635	46	248	20	43	2	24	150	18	20	0	0	37	49	43	85	37,404	6
73	Seine-et-Marne....	82	14	297	12	91	3	85	14	5	48	5	2	638	534	586	41	191,097	14
74	Seine-et-Oise.....	5	1	289	13	35	2	80	22	5	47	2	1	310	351	330	75	147,899	9
75	Seine-Inférieure...	30	2	230	29	89	5	104	41	6	45	1	0	138	79	109	84	76,305	29
76	Sèvres (Deux-)....	0	0	359	5	33	9	6	11	4	54	1	0	650	729	689	7	203,446	24
77	Somme..........	4	0	111	69	30	4	26	3	1	82	5	1	147	213	180	83	97,867	22
78	Tarn............	6	1	212	36	37	5	9	71	23	15	19	7	581	614	597	35	201,506	45
79	Tarn-et-Garonne..	0	0	114	65	37	4	14	8	4	57	7	4	574	606	590	37	143,080	24
80	Var.............	5	1	119	60	27	3	4	27	9	32	8	3	554	525	539	50	171,450	20
81	Vaucluse........	7	2	219	33	20	10	6	16	9	33	4	2	650	635	642	19	153,032	28
82	Vendée..........	0	0	116	63	30	0	10	21	7	41	4	1	652	653	652	16	214,727	19
83	Vienne..........	9	2	180	42	38	0	9	16	6	46	0	0	580	646	613	25	172,466	32
84	Vienne (Haute-)...	100	18	245	23	63	10	34	40	15	24	18	8	544	601	572	44	162,524	13
85	Vosges..........	20	3	217	34	55	91	23	3	1	78	0	0	394	361	377	73	151,235	29
86	Yonne...........	41	6	346	7	48	2	21	3	1	79	6	3	542	563	552	46	193,868	14
	TOTAUX........	1,901							4274			436						17,127,000	
	Département moyen ou moyenne de la France.	22	31	192	38	42	18	20	49	14	23	5	2	516	536	526	52	199,151	28

EXPLICATIONS ET SOURCES DES NOMBRES

DU 4e TABLEAU.

EXEMPLE DE TOUS LES CALCULS QUI Y SONT PORTÉS.

COLONNE n° 49. — Titre : *De 1825 à 1833, total des recrues impossibles.*

Les chiffres de cette colonne nous ont été communiqués au ministère de la guerre ; ils sont relevés sur les originaux.

COLONNE n° 50. — Titre : *Sur mille recrues, combien d'impossibles de 1825 à 1833.*

Les chiffres de cette colonne ont été calculés ainsi : nous avons multiplié les recrues impossibles de la colonne n° 49 par 1,000, et divisé par le nombre des recrues de toute la période de 1825 à 1833; le quotient nous a donné le nombre des recrues impossibles sur 1,000 recrues. *Exemple :* Dans le département de l'Aisne, il y a eu 8 recrues impossibles de 1825 à 1833 ; divisant 8,000 par 9,102, qui est le nombre des recrues de toute cette période, nous avons 1 qui est le résultat cherché.

COLONNE n° 51. — Titre : *Sur mille recrues levées de 1825 à 1829 inclus, combien d'exemptées pour faible constitution.*

Les chiffres de cette colonne ont été calculés ainsi : nous avons multiplié par 1,000 le nombre des exemptions qui sont la moyenne annuelle des cinq années de la période, et ce produit a été divisé par le nombre moyen des recrues obtenues ; le quotient nous a donné le nombre d'exemptées pour faible constitution sur 1,000 recrues. *Exemple :* Dans le département de l'Ain, moyenne des exemptions annuelles pour faible constitution, 73; divisant 73,000 par 645, nombre des recrues obtenues annuellement, on trouve le quotient 113 qui est le résultat cherché.

COLONNE n° 52. — Titre : *Sur mille recrues levées de 1825 à 1829 inclus, n° d'ordre des départements sur colonne n° 51.*

Le n° 1 est affecté au département de la *Meurthe* qui a le plus d'exemptions pour faible constitution ; car il en compte 505 pour 1,000 recrues.

COLONNE n° 53. — Titre : *Sur mille recrues levées de 1825 à 1829 inclus, combien d'exemptées pour cause de teigne ou scrofules.*

Les chiffres de cette colonne ont été calculés ainsi : nous avons pris sur les originaux du ministère de la guerre le nombre d'exemptions pour teigne et scrofules qui, multiplié par 1,000, et divisé par le nombre de recrues, nous a donné pour quotient le nombre d'exemptions pour teigne et scrofules sur 1,000 recrues. *Exemple :* Dans le département de l'Ain, la moyenne annuelle des exemptions a été 12 ; divisant 12,000 par 645 qui est le nombre moyen des recrues, on a pour quotient 19, résultat cherché.

COLONNE n° 54. — Titre : *Sur mille recrues levées de 1825 à 1829 inclus, combien d'exemptées pour cause de goître.*

Les chiffres de cette colonne ont été calculés d'une manière analogue à ceux de la colonne n° 53 ; ils ont été aussi relevés sur les originaux du ministère de la guerre. *Exemple :* Dans le département de l'Ain, la moyenne annuelle des exemptions pour goître a été de 7 ; divisant 7,000 par 645, nous avons pour quotient 11 qui est le résultat cherché.

COLONNE n° 55. — Titre : *Sur mille recrues levées de 1825 à 1829 inclus, combien d'exemptées pour cause de perte de dents.*

Les chiffres de cette colonne ont été calculés d'une manière analogue à ceux des deux colonnes précédentes ; ils ont aussi été relevés sur les originaux du ministère de la guerre. *Exemple :* Dans le département de l'Ain, la moyenne annuelle des exemptions pour perte de dents a été de 2 ; divisant 2,000 par 645, nous avons pour quotient 3 qui est le résultat cherché.

COLONNE n° 56. — Titre : *Sur mille recrues levées de 1825 à 1829 inclus, combien, au 1er janvier 1835, d'insoumis provenant des classes de 1825 à 1829 inclus.*

Les chiffres de cette colonne ont été pris à la page 158 du Compte rendu au Roi sur le recrutement de l'armée, distribué aux Chambres pendant la session de 1835.

COLONNE n° 57. — Titre : *Sur mille recrues levées de 1825 à 1829 inclus, combien d'insoumis sur 1,000 recrues.*

Les chiffres de cette colonne ont été calculés ainsi : le nombre des insoumis de la colonne n° 56 étant multiplié par 1,000, et divisé par la totalité des recrues levées de 1825 à 1829, le quotient a donné le nombre d'insoumis pour 1,000 recrues. *Exemple* : Dans le département de l'Ain, il y avait, au 1er janvier 1835, 6 insoumis des classes comprises de 1825 à 1829; divisant 6,000 par 3,227, nombre des recrues des 5 années, le quotient 2 est le résultat cherché.

LONNE n° 58. — Titre : *N° d'ordre des départements sur colonne n° 57.*

Le n° 1 est affecté au département du *Cantal* qui comptait le plus d'insoumis au 1er janvier 1835; car il en avait 130 pour 1,000 recrues.

LONNE n° 59. — Titre : *Total des prévenus de mutilation pendant les années* 1831, 1832 *et* 1833.

Les chiffres de cette colonne ont été pris à la page 162 du Compte rendu au Roi sur le recrutement de l'armée, distribué aux Chambres pendant la session de 1835.

LONNE n° 60. — Titre : *Combien de prévenus de mutilation sur* 1,000 *recrues en* 1831, 1832 *et* 1833.

Les chiffres de cette colonne ont été calculés ainsi : le nombre des prévenus de mutilation de la colonne n° 59 étant multiplié par 1,000, a été divisé par le total du nombre des recrues des 3 années ; le quotient nous a donné le nombre des prévenus de mutilation sur 1,000 recrues. *Exemple :* Dans le département de l'Ain, il y a eu pour les 3 années 7 prévenus ; divisant 7,000 par 2,658, qui est le nombre des recrues de ces 3 ans, le quotient 3 est le résultat cherché.

LONNE n° 61. — Titre : *Sur mille recrues, combien d'agriculteurs de* 1825 *à* 1829 *inclus.*

Les chiffres de cette colonne ont été calculés ainsi : on a pris le nombre moyen d'agriculteurs des classes comprises de 1825 à 1829 inclus, sur les originaux qui sont au ministère de la guerre; ce nombre étant multiplié par 1,000, et divisé par le nombre moyen des recrues demandées annuellement, nous a donné pour quotient le nombre d'agriculteurs que l'on a sur 1,000 recrues. *Exemple :* Dans le département de l'Ain, sur un recrutement moyen de 645 hommes, l'on a 470 recrues s'occupant des travaux de l'agriculture ; divisant 470,000 par 645, le quotient 728 est le résultat cherché.

LONNE n° 62. — Titre : *Sur mille recrues, combien d'agriculteurs de* 1830 *à* 1833 *inclus.*

Les chiffres de cette colonne ont été puisés aux mêmes sources, et calculés de la même manière que ceux de la colonne n° 61. *Exemple* : Dans le département de l'Ain, sur un recrutement moyen de 888 hommes, l'on a 609 recrues agricoles ; divisant 609,000 par 888, le quotient 684 est le résultat cherché.

LONNE n° 63. — Titre : *Sur mille recrues, combien d'agriculteurs, moyenne des années de* 1825 *à* 1833.

Les chiffres de cette colonne sont la moyenne des nombres trouvés pour les colonnes nos 61 et 62.

LONNE n° 64. — Titre : *N° d'ordre des départements sur colonne n° 63.*

Le n° 1 est affecté au département de l'*Ardèche* qui est le département où il y a le plus de recrues agricoles ; car il y en a 763 par 1,000.

LONNE n° 65. — Titre : *Nombre des agriculteurs lors du recensement de* 1831, *en se basant sur les nombres de la colonne n° 63.*

Les chiffres de cette colonne ont été calculés au moyen d'une règle de trois fort simple : il est évident que, connaissant le nombre d'agriculteurs sur 1,000 recrues, il a été facile d'en déduire celui de toute la population de chaque département. *Exemple :* Dans le département de l'Ain, la population de 1831 est de 346,030 ; puisque l'on a 706 agriculteurs sur 1,000 habitants, il y a 244,297 agriculteurs dans ce département ; s'il y a 245,681 portés à la colonne n° 66, c'est que nous avons compté en chiffres ronds 71 pour 100 agriculteurs, au lieu de 706 pour 1,000. (*)

LONNE n° 66. — Titre : *Sur mille recrues, combien d'étudiants ecclésiastiques de* 1825 *à* 1829 *inclus.*

Les chiffres de cette colonne ont été calculés ainsi : le nombre moyen des étudiants ecclésiastiques a été multiplié par 1,000 et divisé par le nombre moyen des recrues de 1825 à 1829 ; le quotient nous a donné le nombre de ces étudiants pour 1,000 recrues. *Exemple :* Dans le département de l'Ain, il y a eu en moyenne annuelle 17 étudiants ecclésiastiques, de 1825 à 1829 ; divisant 17,000 par 645, nombre moyen du recrutement, le quotient 26 nous a donné le résultat cherché.

(*) En additionnant les nombres de la colonne 65, on trouve moins des 17,127,000 agriculteurs portés à la ligne des totaux, parce que, pour chaque département, nous avons compté en nombres ronds, et que le résultat total, au contraire, a été calculé exactement et en se servant du chiffre 526, qui est la moyenne portée au bas de la 63e colonne.

5e TABLEAU. INSTRUCTION PRIMAIRE, LOI DU 28 JUIN 183

N.° d'ordre des départements.	NOM des DÉPARTEMENTS.	INSTRUCTION PRIMAIRE. Sur le contingent moyen annuel de 1830 à 1833, porté à la colonne n° 36,				Hiver de 1833 à 1833.	PORTES et FENÊTRES en 1831.		LOI SUR L'INSTRUCTION PRIMAIRE DU 28 JUIN 1833.				Charges que l'execution de la loi du 28 juin 1833 imposera à chaque département		Sur le princi… des impôts f… c.r per.l et m…	
		Nombre de recrues ne sachant ni lire ni écrire	Nombre de recrues d'une instruction inconnue	Combien d'ignorants sur mille recrues de 1830 à 1833	N.° d'ord des dép.ts sur col n.° 69	Moyenne annuelle des écoliers sur mille habitants	En 1831, combien d'ouvertures aux maisons pour cent habitans.	N.° d'ord des dép.ts sur col n.° 72	Nombre d'écoles voulues par la loi du 28 juin.	Combien il manque d'écoles pour arriver aux nombres de la colonne n° 74.	Combien sur col n° 75, il manque d'écoles par suite de négligence	Sur 100 écoles qui manquent, combien sont dans ce cas par suite de négligence	Total des dépenses pour écoles communales, normales et pour les comités supérieurs.	Partie des sommes de la colonne n° 78 qui reste à la charge des communes ou des départements	Combien il faut de centimes pour obtenir les sommes de la col. n° 79	N… d'o… de… dép… su… co… n… 80
		67.	68.	69.	70.	71.	72.	73.	74.	75.	76.	77.	78.	79.	80.	81
1	Ain	348	30	426	33	39	104	39	411	342	139	41	143,374	73,971	5,0	79
2	Aisne	412	24	387	25	78	155	6	853	480	287	60	303,277	249,516	7,9	85
3	Allier	658	7	785	83	12	84	67	242	211	82	39	114,417	83,344	5,4	78
4	Alpes (Basses-)	189	2	458	38	45	94	58	248	156	45	29	79,489	29,772	4,1	45
5	Alpes (Hautes-)	62	4	211	9	76	99	44	195	104	14	13	59,143	26,895	4,6	69
6	Ardèche	548	51	660	68	31	68	81	325	235	71	30	105,101	63,318	5,8	81
7	Ardennes	126	18	216	11	94	126	21	497	236	99	42	172,873	68,909	4,5	60
8	Ariège	437	6	656	66	26	82	71	184	159	27	17	67,158	44,290	5,8	89
9	Aube	95	51	270	14	91	127	19	429	110	40	36	130,606	63,344	3,8	37
10	Aude	364	16	526	46	32	97	51	412	309	109	35	141,838	93,218	4,6	63
11	Aveyron	458	46	527	47	23	97	52	297	183	96	52	95,799	70,699	4,1	49
12	Bouches-du-Rhône.	360	133	619	59	32	141	12	120	80	47	59	112,070	31,655	1,5	3
13	Calvados	326	15	305	21	46	150	9	553	437	130	30	208,306	171,860	3,9	39
14	Cantal	293	18	467	39	15	67	82	216	190	35	18	82,996	62,665	4,8	67
15	Charente	535	17	588	54	41	99	46	364	344	82	24	135,096	96,285	4,5	61
16	Charente Inférieure	511	20	507	42	36	118	26	413	371	115	31	143,233	116,333	4,1	43
17	Cher	498	0	737	76	18	79	74	194	159	7	4	90,084	64,448	5,3	76
18	Corrèze	617	70	819	85	12	73	79	225	206	121	59	86,397	58,528	5,7	80
19	Corse	202	21	439	-	50	76	-	340	326	9	3	124,300	22,910	10,1	-
20	Côte-d'Or	252	21	303	19	82	126	20	661	336	81	24	201,273	75,084	2,5	10
21	Côtes-du-Nord	1,089	12	742	77	12	61	85	318	249	114	46	120,445	91,204	4,4	56
22	Creuse	465	7	660	69	21	63	84	242	233	65	28	86,469	59,879	6.8	83
23	Dordogne	1,001	14	746	79	16	80	72	523	507	113	22	174,384	122,536	5,0	71
24	Doubs	84	57	175	2	87	124	22	533	106	60	57	165,105	21,339	1,4	2
25	Drôme	400	5	549	50	51	103	40	360	258	76	29	118,237	61,241	4,2	50
26	Eure	318	18	415	33	49	197	1	504	379	150	40	171,217	119.653	3,3	30
27	Eure-et-Loir	177	2	312	22	66	132	16	395	248	136	55	125,431	72,696	2,9	22
28	Finistère	1,010	52	768	82	9	79	73	272	241	48	20	110,562	63,578	3,5	33
29	Gard	379	6	414	32	45	97	50	359	222	113	51	137,590	68,617	3,2	28
30	Garonne (Haute-).	631	75	614	57	31	100	43	504	405	164	40	164,069	91.101	3,4	31
31	Gers	406	11	511	43	28	99	45	350	235	79	34	102,700	79,108	4,1	46
32	Gironde	578	162	552	51	29	119	24	423	371	173	47	149,301	130,750	3,6	35
33	Hérault	352	24	412	31	43	101	42	312	213	120	56	133,122	70,409	2,6	14
34	Ille-et-Vilaine	680	142	614	56	13	76	78	284	192	91	47	102,136	67,713	2.9	20
35	Indre	498	2	761	80	15	79	75	200	170	44	26	86,561	54,107	4,5	58
36	Indre-et-Loire	399	25	631	62	17	117	27	202	164	89	54	107,559	77,770	4.1	48
37	Isère	622	117	514	44	28	95	57	519	386	90	23	176,257	139,589	4,9	69
38	Jura	121	16	170	1	71	99	47	516	221	79	36	150,591	43.322	2,7	18
39	Landes	460	10	630	61	29	95	55	329	260	32	12	104,199	39,140	4,3	55
40	Loir-et-Cher	283	17	541	48	34	104	38	256	233	106	45	89,838	61,717	4,0	42
41	Loire	452	47	487	40	27	103	41	308	245	37	15	139,845	85,151	4,8	66
42	Loire (Haute-)	470	76	701	73	13	76	77	233	177	22	12	85,210	66,751	5,5	79
43	Loire-Inférieure	659	100	663	70	9	82	70	209	175	43	25	84,424	65,152	3,1	27
44	Loiret	294	16	451	36	42	131	17	331	255	35	14	116,484	75,228	3,4	32
45	Lot	527	4	702	74	24	92	61	271	241	109	45	87,468	77,100	5,1	74

'ORTES ET FENÊTRES EN 1831.

	NOM des DÉPARTEMENTS.	INSTRUCTION PRIMAIRE. Sur le contingent moyen annuel de 1830 à 1833, porté à la colonne n° 36, Nombre de recrues ne sachant ni lire ni écrire.	Nombre de recrues d'une instruction inconnue.	Combien d'ignorants sur mille recrues de 1830 à 1833.	N.° d'ord. des dép.ts sur col. n° 69.	Hiver de 1832 à 1833 — Moyenne annuelle des écoliers sur mille habitants.	PORTES et FENÊTRES en 1831. En 1831, combien d'ouvertures aux maisons pour cent habitants	N° d'ord des dép ts sur col. n° 72.	LOI SUR L'INSTRUCTION PRIMAIRE DU 28 JUIN 1833. Nombre d'écoles voulues par la loi du 28 juin.	Combien il manque d'écoles pour arriver aux nombres de la colonne n° 74	Combien sur col. n° 75, il manque d'écoles par suite de négligence.	Sur 100 écoles qui manquent, combien sont dans ce cas par suite de négligence	Charges que l'exécution de la loi du 28 juin 1833 imposera à chaque département: Total des dépenses pour écoles communales, normales et pour les comités supérieurs.	Partie des sommes de la colonne n° 78 qui reste à la charge des communes ou des départements	Sur le principal des impôts fon.c.r per.l et mo.r: Combien il faut de centimes pour obtenir les sommes de la col n° 79	N.° d'ord des dép ts sur col. n° 80
		67.	68.	69.	70.	71.	72.	73.	74.	75.	76.	77.	78.	79.	80.	81.
6	Lot-et-Garonne...	512	4	584	53	25	94	60	295	256	166	65	107,326	72,072	2,9	23
7	Lozère..........	189	11	525	45	32	87	62	198	143	40	28	62,756	36,211	5,4	77
8	Maine-et-Loire....	673	25	618	58	21	106	37	355	285	102	36	136,597	101,958	3,5	34
9	Manche..........	331	69	278	15	43	117	28	549	347	105	30	181,655	112,958	2,9	21
0	Marne	131	12	204	8	91	148	11	638	395	156	40	234,302	99,967	4,5	59
1	Marne (Haute-)....	88	17	183	3	104	119	25	529	72	13	18	173,465	40,724	2,5	9
2	Mayenne.........	525	3	622	60	22	72	80	283	251	87	35	99,123	84,104	4,6	64
3	Meurthe.........	195	108	285	17	87	107	35	698	210	50	24	217,227	53,219	2,5	11
4	Meuse...........	102	32	184	4	94	109	32	569	175	59	34	170,733	39,978	2,2	7
5	Morbihan.........	652	237	796	84	9	66	83	213	175	53	30	104,672	73,560	4,2	51
6	Moselle..........	190	10	191	5	82	116	29	668	203	39	19	179,785	48,906	2,4	8
7	Nièvre..........	549	9	746	78	24	83	68	291	241	82	34	101,687	63,900	4,2	52
8	Nord............	788	94	392	27	61	141	13	669	459	71	15	249,939	88,949	1,7	5
9	Oise............	230	8	291	18	88	171	4	679	245	54	22	223,004	149,887	4,8	65
0	Orne............	364	24	391	26	34	109	34	422	340	188	55	146,508	107,910	3,9	40
1	Pas-de-Calais......	518	84	393	28	82	135	15	893	496	228	46	275,881	133,928	3,7	36
2	Puy-de-Dôme.....	980	62	698	72	15	82	69	440	396	35	9	147,166	121,456	4,3	54
3	Pyrénées (Basses-).	449	8	423	34	67	97	49	588	397	113	28	174.216	46,346	4,0	41
4	Pyrénées (Hautes-).	202	32	382	24	60	85	66	407	248	61	25	109,460	56,175	7,8	84
5	Pyrénées-Orientales	260	27	702	75	25	85	65	146	106	16	15	73,856	33,653	4,1	47
6	Rhin (Bas-).......	170	124	194	7	96	154	8	704	40	6	15	246,424	73,236	3,0	26
7	Rhin (Haut-).....	221	55	249	13	79	131	18	483	108	22	20	213,378	34,777	1,8	6
8	Rhône...........	338	58	398	29	32	136	14	274	171	137	80	144,327	76,087	2,7	16
9	Saône (Haute-)....	172	32	247	12	82	109	33	504	125	55	44	166,448	28,310	1 6	4
0	Saône-et-Loire....	723	18	546	49	34	94	59	538	363	120	33	187,353	107,990	3,3	29
1	Sarthe...........	604	58	633	63	24	96	53	378	322	141	44	135,570	114,447	4,5	57
2	Seine...........	212	60	193	6	28	172	3	131	41	19	46	241,217	17,428	0,2	1
3	Seine-et-Marne....	118	31	212	10	74	148	10	490	221	92	42	181,607	132,204	4,0	43
4	Seine-et-Oise.....	271	31	305	20	61	186	2	642	325	171	53	217,522	106,477	2,6	15
5	Seine-Inférieure...	436	70	331	25	46	155	7	664	499	131	26	278,155	171,965	3,0	24
6	Sèvres (Deux-)....	350	40	502	41	44	87	63	298	278	166	60	114.216	87,545	5,1	75
7	Somme..........	568	33	455	37	85	158	5	852	328	83	25	255,299	176,255	4.9	68
8	Tarn............	598	10	659	67	23	95	56	289	254	75	29	117,033	81,020	4,2	53
9	Tarn-et-Garonne..	380	9	613	55	26	98	48	198	133	88	66	75,012	43,589	2.6	13
0	Var.............	443	63	633	64	27	114	30	205	148	36	21	93,780	43,875	2,5	12
1	Vaucluse........	304	28	556	52	38	124	23	153	78	29	37	81,754	34,044	3,0	25
2	Vendée.........	612	8	665	71	27	78	76	268	196	78	40	93,144	68,936	3,8	38
3	Vienne..........	439	6	635	65	25	107	36	293	261	31	12	105,183	73,001	5,1	73
4	Vienne (Haute-)...	586	2	762	81	13	85	64	187	164	68	41	75.945	55,329	4,9	70
5	Vosges..........	252	33	283	16	65	96	54	540	76	8	11	156,291	40,483	2,8	19
6	Yonne..........	315	12	407	30	69	112	31	448	158	81	53	144,526	56,962	2,7	17
	TOTAUX.........	35,688	3,284						34,001	21,089	7,182		12,179,576	6,666,748		
	Département moyen ou moyenne de la France.	415	38	486	40	44	112	32	395	245	84	34	141,623	77,520	3,5	35

EXPLICATIONS ET SOURCES DES NOMBRES

DU 5ᵉ TABLEAU.

EXEMPLE DE TOUS LES CALCULS QUI Y SONT PORTÉS.

COLONNE n° 67. — Titre : *Sur le contingent moyen annuel de 1830 à 1833, porté à la colonne n° 36, nombre de recrues ne sachant ni lire ni écrire.*

Les chiffres de cette colonne ont été copiés sur les originaux qui sont déposés au ministère de la guerre.

COLONNE n° 68. — Titre : *Sur le contingent moyen annuel de 1830 à 1833, porté à la colonne n° 36, nombre des recrues d'une instruction inconnue.*

Les chiffres de cette colonne ont la même origine que ceux de la colonne n° 67.

COLONNE n° 69. — Titre : *Combien d'ignorants sur mille recrues, de 1830 à 1833 ?*

Les chiffres de cette colonne ont été calculés ainsi : nous avons multiplié par 1,000 le nombre des ignorants, que nous avons supposé égal à la somme des doux colonnes 67 et 68, et divisé ce produit par le nombre des recrues ; le quotient nous a donné le nombre d'ignorants par 1,000 recrues. *Exemple* : Dans le département de l'Ain, il y a 348 recrues ne sachant ni lire ni écrire et 30 d'une instruction inconnue ; divisant 378,000 par 888 qui est le nombre moyen annuel des recrues de 1830 à 1833, nous avons pour quotient 426 qui est le résultat cherché.

COLONNE n° 70. — Titre : *N° d'ordre des départements sur colonne n° 69.*

Le n° 1 est affecté au département de la *Corrèze* qui a le plus d'ignorants ; car il y en a 819 sur 1,000 recrues.

COLONNE n° 71. — Titre : *Hivers de 1832 et 1833 ; moyenne annuelle des écoliers sur 1,000 habitants.*

Les chiffres de cette colonne ont été pris à la page 428 du Rapport au Roi sur l'exécution de la loi sur l'instruction primaire du 28 juin 1833. Ce rapport fait par le ministre de l'instruction publique a été publié en avril 1834.

COLONNE n° 72. — Titre : *En 1831, combien d'ouvertures aux maisons par 100 habitants ?*

Les chiffres de cette colonne ont été calculés ainsi : nous nous sommes procuré au ministère des finances le recensement des portes et fenêtres opéré en 1831 ; ce nombre multiplié par 100 et divisé par la population du recensement de 1831, nous a donné pour quotient le nombre d'ouvertures que l'on a pour 100 habitants. *Exemple* : Dans le département de l'Ain, il y avait, en 1831, 359,774 ouvertures aux maisons ; divisant 35,977,400 par 346,030, le quotient 104 nous a donné le résultat cherché.

COLONNE n° 73. — Titre : *N° d'ordre des départements sur la colonne n° 72.*

Le n° 1 est affecté au département de l'*Eure* qui a le plus d'ouvertures pour 100 habitants, car il en compte 197.

COLONNE n° 74. — Titre : *Loi sur l'instruction primaire du 28 juin 1833. — Nombre d'écoles voulues par la loi du 28 juin.*

Les chiffres de cette colonne ont été pris à la page 274 du Rapport au Roi sur l'exécution de la loi sur l'instruction primaire du 28 juin 1833 ; ce rapport fait par le ministre de l'instruction publique a été publié en avril 1834.

COLONNE n° 75. — Titre : *Loi sur l'instruction primaire du 28 juin 1833. — Combien il manque d'écoles pour arriver aux nombres de la colonne n° 74.*

Les chiffres de cette colonne ont été pris sur le même ouvrage et aux mêmes pages que ceux de la colonne n° 74.

COLONNE n° 76. — Titre : *Loi sur l'instruction primaire du 28 juin 1833. — Combien, sur colonne n° 75, il manque d'écoles par suite de négligence.*

Les chiffres de cette colonne ont été pris sur le même ouvrage et aux mêmes pages que ceux des deux colonnes qui précèdent.

COLONNE n° 77. — Titre : *Sur cent écoles qui manquent combien sont dans ce cas par suite de négligence?*

Les chiffres de cette colonne ont été calculés ainsi : nous avons multiplié par 100 le nombre des écoles qui n'étaient pas établies par suite de négligence, et divisé ce produit par le nombre total des écoles qui manquent ; le quotient nous a donné, sur 100 écoles, le nombre de celles qui manquent par négligence. *Exemple* : Dans le département de l'Ain, il manque 139 écoles, par suite de négligence des autorités locales ; divisant 13,900 par 342 qui est le nombre total des écoles qui manquent pour tous les motifs, nous avons pour quotient 41 qui est le résultat cherché.

COLONNE n° 78. — Titre : *Charges que l'exécution de la loi du 28 juin 1833 imposera à chaque département. — Total des dépenses pour écoles communales, normales et pour les comités supérieurs.*

Les chiffres de cette colonne ont été pris page 332 du Rapport au Roi sur l'exécution de la loi du 28 juin 1833 ; ce rapport fait par le ministre de l'instruction publique a été publié en avril 1834.

COLONNE n° 79. — Titre : *Charges que l'exécution de la loi du 28 juin 1833 imposera à chaque département. — Partie des sommes de la colonne n° 78 qui reste à la charge des communes ou des départements.*

Les chiffres de cette colonne ont été pris même page du rapport cité pour la colonne n° 78.

COLONNE n° 80. — Titre : *Sur le payement des impôts foncier, personnel et mobilier, combien il faut de centimes pour obtenir les sommes de la colonne n° 79.*

Les chiffres de cette colonne ont été pris même page du rapport cité pour les colonnes 78 et 79.

COLONNE n° 81. — Titre : *N° d'ordre des départements sur colonne n° 80.*

Le n° 1 est affecté au département de la *Seine* qui exige le moins de sacrifices pour l'exécution de la loi du 28 juin 1833 ; car il ne lui faut pour cela que 1/5 de centime sur le principal des impôts foncier, personnel et mobilier, pour obtenir les sommes portées à la colonne n° 79.

6e TABLEAU. INDUSTRIE RELATIVE DES DÉPARTEMENTS,

N.° d'ordre des départements.	NOM des DÉPARTEMENTS.	INDUSTRIE. Nombre de forges, fabriques et usines	Combien de forges fabriques et usines par myriamètre carré.	Sur 1,000 recrues de 1825 à 1829, combien d'industriels.	Sur 1,000 habitants en 1829: Combien de patentables.	Sur 1,000 habitants en 1829: Montant des patentes.	N.° d'ord des dép.ts sur les col. n.os 83. 84 85 et 86.	PAUPÉRISME EN 1833 ET EN 1827. Nombre des hôpitaux et hospices.	Nombre d'individus admis en 1833 dans les hôpitaux et hospices.	Nombre des bureaux de bienfaisance.	Nombre des individus secourus à domicile par les bureaux de bienfaisance	Sur 1,000 habitants combien de secourus de ces deux manières	N.° d'ord des dép.ts sur col. n.° 92	Combien d'indigents et de mendiants en 1827, d'après M. de Villeneuve-Bargemont.	Sur 1,000 habitants combien d'indigents et de mendians en 1827	N.° d'o…
		82.	83.	84.	85.	86.	87.	88.	89.	90.	91.	92.	93.	94.	95.	96
						francs										
1	Ain	317	5,3	99	28	365	69	13	1,311	19	1,459	8	72	18,410	53	[illegible]
2	Aisne	531	7,3	495	52	709	11	18	6,871	260	11,167	35	19	35,500	73	[illegible]
3	Allier	474	6,5	179	25	366	56	15	668	8	124	3	84	13,760	48	[illegible]
4	Alpes (Basses-)	350	5,1	159	30	334	66	13	1,141	93	585	11	64	7,734	50	[illegible]
5	Alpes (Hautes-)	163	3,0	81	25	339	79	3	664	15	406	8	71	6,697	53	[illegible]
6	Ardèche	507	9,4	126	24	427	64	10	870	190	3,779	14	56	16,134	49	[illegible]
7	Ardennes	545	10,5	337	63	999	5	7	367	83	3,410	13	57	15,042	53	[illegible]
8	Ariège	309	6,8	163	27	359	61	8	1,251	87	2,901	16	50	11,427	46	[illegible]
9	Aube	289	4,7	309	63	845	18	14	702	25	787	6	76	10,800	44	[illegible]
10	Aude	569	9,4	204	36	579	32	7	2,027	139	2,615	17	48	10,299	38	[illegible]
11	Aveyron	185	2,1	99	23	269	81	10	2,080	65	1,563	10	67	14,632	41	[illegible]
12	Bouches-du-Rhône	678	13,2	315	40	2,192	6	38	21,337	41	23,565	125	3	22,085	67	[illegible]
13	Calvados	296	5,3	269	31	633	33	13	5,548	186	5,938	23	36	23,887	47	[illegible]
14	Cantal	56	1,0	182	21	282	77	12	474	18	1,911	9	68	10,940	42	[illegible]
15	Charente	392	6,5	166	31	519	45	10	3,054	16	1,403	12	60	15,246	43	[illegible]
16	Charente-Inférieure	757	11,6	125	61	792	23	7	2,752	38	1,825	10	66	17,859	42	[illegible]
17	Cher	60	0,8	225	29	579	51	18	2,810	7	753	14	55	7,000	28	[illegible]
18	Corrèze	95	1,6	102	19	217	83	12	894	8	196	3	81	8,000	28	83
19	Corse	29	0,3	254	18	251	»	3	510	2	150	3	»	4.800	»	»
20	Côte-d'Or	380	4,4	124	51	928	35	16	5,531	63	8,500	37	14	15,000	40	54
21	Côtes-du-Nord	480	7,1	139	15	243	74	9	1,713	8	1,942	6	77	44,893	77	7
22	Creuse	58	1,0	102	18	212	85	7	519	4	203	3	83	6,326	24	85
23	Dordogne	489	5,3	139	22	323	73	20	101	26	659	2	85	16,580	35	79
24	Doubs	191	3,6	169	26	630	59	7	3,286	75	4.700	30	23	10,347	40	55
25	Drôme	716	10,9	109	33	443	49	19	3,969	117	5,744	32	21	10,608	37	66
26	Eure	752	12,9	369	41	737	10	17	2,559	41	2,683	12	61	19,042	45	43
27	Eure-et-Loir	531	10,0	235	43	661	21	24	3,369	37	2,372	21	41	10,100	36	70
28	Finistère	91	1,4	142	17	402	80	18	4,028	10	9,062	25	31	47,940	95	3
29	Gard	661	11,2	189	38	863	22	16	7,579	109	10,847	52	8	18,638	53	25
30	Garonne (Haute-)	409	6,6	219	33	753	28	12	3,365	191	11,920	36	17	21,783	53	26
31	Gers	194	3,1	206	38	433	46	7	2,283	112	942	10	65	14,000	45	42
32	Gironde	393	4,0	173	43	1.930	26	16	12,374	87	11,062	42	12	27,820	51	30
33	Hérault	861	13,8	186	37	984	20	27	8,511	101	5,811	41	13	14,459	42	51
34	Ille-et-Vilaine	70	1,0	259	20	356	68	18	6,214	45	5,479	21	39	50,812	91	4
35	Indre	234	3,4	211	29	511	52	9	801	20	2,207	12	62	8,031	33	75
36	Indre-et-Loire	245	4,0	198	42	698	34	8	600	41	2,889	12	63	9,031	31	79
37	Isère	1,088	13,1	189	32	572	37	16	7,676	138	3,000	19	43	20,200	38	62
38	Jura	446	9,0	92	29	394	65	13	2,375	84	3,161	18	46	9,543	30	80
39	Landes	382	4,2	127	24	373	75	12	1,694	24	786	9	69	15,000	50	21
40	Loir-et-Cher	255	4,1	259	42	677	27	12	4,360	71	4,015	36	18	12,033	52	27
41	Loire	808	17,0	279	19	547	41	20	6,449	7	1,279	20	42	19,785	52	28
42	Loire (Haute-)	186	3,7	89	15	222	82	15	1,109	6	300	5	78	15,027	52	29
43	Loire-Inférieure	128	1,9	196	25	967	44	12	9,273	43	8,162	37	15	27,500	60	18
44	Loiret	217	3,2	262	42	975	24	24	5,414	59	9.956	50	9	20,014	65	15
45	Lot	493	9,4	137	24	274	71	7	1,023	34	1,086	7	73	14,500	51	31

UPÉRISME EN 1833 ET EN 1827.

NOM des DÉPARTEMENTS.	INDUSTRIE.						PAUPÉRISME EN 1833 ET EN 1827.									
	Nombre de forges, fabriques et usines.	Combien de forges fabriques et usines par myriamètre carré.	Sur 1,000 recrues de 1825 à 1829, combien d'industriels.	Sur 1,000 habitants en 1829 — Combien de patentables.	Sur 1,000 habitants en 1829 — Montant des patentes.	N.° d'ord des dép.ts sur les col. n.os 83, 84, 85 et 86	Nombre des hôpitaux et hospices.	Nombre d'individus admis en 1833 dans les hôpitaux et hospices.	Nombre des bureaux de bienfaisance.	Nombre des individus secourus à domicile par les bureaux de bienfaisance	Sur 1,000 habitants combien de secourus de ces deux manières	N.° d'ord. des dép.ts sur col. n.° 92	Combien d'indigents et de mendiants en 1827, d'après M. de Villeneuve-Bargemont.	Sur 1,000 habitants combien d'indigents et de mendiants en 1827.	N.° d'ord des dép.ts sur col. n.° 95.
	82.	83.	84.	85.	86.	87.	88.	89.	90.	91.	92.	93.	94.	95.	96.
					francs										
Lot-et-Garonne...	248	4,7	233	29	409	50	17	1,859	125	2,526	13	59	15,500	46	41
Lozère..........	1	0,0	224	23	288	72	6	772	83	2,791	25	30	4,647	33	76
Maine-et-Loire....	251	3,5	295	29	471	47	23	8,628	68	16,592	54	7	21,500	47	38
Manche..........	668	11,2	208	21	303	57	18	2,681	45	13,439	27	29	24.921	40	56
Marne	622	7,6	292	60	1,280	9	10	7,686	26	8,065	47	10	12,162	37	69
Marne (Haute-)....	1,019	5,7	293	56	923	15	11	897	9	780	7	74	8,763	35	73
Mayenne.........	250	4,9	319	20	322	58	11	3,080	36	4.442	21	38	23,500	66	13
Meurthe..........	169	2,8	174	51	689	38	15	6,553	21	7,870	35	20	15,000	37	67
Meuse...........	419	6,8	412	67	808	7	16	4,721	36	1,226	19	45	12,000	37	68
Morbihan.........	131	1,9	84	18	319	84	12	165	8	1,846	5	80	28,130	65	14
Moselle..........	228	4,3	186	43	583	39	9	1,670	35	4,684	15	52	15,500	38	60
Nièvre...........	332	4,9	172	37	599	43	13	1,848	10	538	8	70	10,700	38	61
Nord............	2,376	41,8	254	34	839	13	49	8,450	618	171,621	182	1	179,751	186	1
Oise............	949	10,6	288	50	634	14	14	3,370	172	6,022	24	35	23,256	60	17
Orne....	362	5,9	449	26	413	42	11	2,065	43	849	7	75	25 718	59	19
Pas-de-Calais......	1,940	-9,6	315	33	689	16	15	8,079	396	49,528	88	6	88,000	130	2
Puy-de-Dôme.....	1,035	13,0	147	19	288	67	16	7,105	46	3,796	19	44	22,000	38	63
Pyrénées (Basses-).	134	1,8	145	22	351	78	7	1,542	242	8,713	24	34	19,623	47	39
Pyrénées (Hautes-).	252	5,6	224	29	396	48	4	124	55	585	3	82	10,602	47	40
Pyrénées-Orientales	259	6,3	218	34	531	40	14	1,844	3	1,453	21	40	6,000	39	58
Rhin (Bas-).......	718	15,4	237	44	669	12	19	6,792	11	9.084	29	24	13,961	26	84
Rhin (Haut-).....	961	23,7	389	38	746	8	26	2,150	17	3,239	13	58	11,783	28	81
Rhône...........	621	22,2	370	43	2,472	3	10	23,646	55	17,100	94	5	33,554	80	5
Saône (Haute-)....	228	4,3	222	39	598	36	6	958	21	646	5	79	11,853	36	74
Saône-et-Loire....	442	5,2	142	26	455	63	25	7,082	119	4.188	21	37	20,753	40	57
Sarthe..........	193	3,1	191	32	480	54	19	3,222	117	10,129	29	26	27.092	58	20
Seine...........	450	94,6	507	52	6,476	1	22	84.957	92	70,753	166	2	70,542	69	11
Seine-et-Marne....	1,711	30,4	123	50	753	25	23	4,341	126	4,637	28	28	16,164	50	33
Seine-et-Oise.. ...	572	10,2	407	55	1,206	4	28	4.779	200	11,423	36	16	22,000	49	34
Seine-Inférieure...	1,451	24,1	582	42	1,598	2	21	11,293	54	19,130	44	11	46,218	67	10
Sèvres (Deux-)....	292	4,8	141	27	461	62	12	4.049	26	4,564	29	25	18,000	62	16
Somme..........	610	10,0	677	35	658	17	23	4,582	25	8,730	24	33	42,030	79	6
Tarn............	310	5,4	155	32	485	53	6	1,510	75	4,024	16	49	14,072	42	52
Tarn-et-Garonne..	157	4,3	190	29	450	60	9	2,500	36	1,696	17	47	18,080	74	8
Var.............	1,210	16,6	141	37	862	29	53	5,469	103	3.910	29	27	10,577	33	77
Vaucluse.........	338	9.7	161	38	802	30	70	7,383	74	16,009	98	4	9,020	38	64
Vendée..........	124	1,8	163	25	336	76	7	3,855	8	1,264	15	51	14,000	43	47
Vienne..........	320	4.7	172	32	472	55	9	4,205	6	2,829	25	32	9,692	36	71
Vienne (Haute-)...	230	4,1	102	25	509	70	10	2,702	2	6,015	30	22	10,587	38	65
Vosges..........	789	13,5	323	32	395	31	13	1,924	129	3.953	15	53	12,196	32	78
Yonne..........	1,710	23.4	184	46	741	19	15	3,005	49	2,029	14	54	14.762	43	46
TOTAUX.........	42,442						1,329	425,049	6,275	695,932			1,783,673		
Département moyen moyenne de la France.	493	8,0	222	34	845		15	4.942	73	8,092	34	21	20,710	56	22

EXPLICATIONS ET SOURCES DES NOMBRES

DU 6e TABLEAU.

EXEMPLE DE TOUS LES CALCULS QUI Y SONT PORTÉS.

COLONNE n° 82. — Titre : *Nombre de forges, fabriques et usines?*

Les chiffres de cette colonne ont été pris page 10 du Document statistique publié en 1835 par le ministre du commerce.

COLONNE n° 83. — Titre : *Combien de forges, fabriques et usines par myriamètre carré.*

Les chiffres de cette colonne ont été calculés ainsi : nous avons multiplié par 10,000 le nombre de ces établissements cotés à la colonne n° 82 ; et ce produit, divisé par la surface totale, nous a donné pour quotient le nombre de ceux que l'on a dans chaque département par myriamètre carré. *Exemple* : Dans le département de l'Ain, il y a 317 forges, fabriques et usines ; divisant 3,170,000 par 592,674, qui est le nombre d'hectares de superficie de ce département, le quotient 5,3 nous a donné le résultat cherché.

COLONNE n° 84. — Titre : *Sur mille recrues de 1825 à 1829, combien d'industriels.*

Les chiffres de cette colonne ont été calculés ainsi : nous avons multiplié par 1,000 le nombre des industriels du recrutement, en considérant comme tels ceux portés à la colonne 29 de la récapitulation des différentes professions des jeunes gens des classes de 1825 à 1829 ; ce produit, divisé par le nombre des recrues, nous a donné le nombre d'industriels sur 1,000 recrues. *Exemple* : Dans le département de l'Ain, la moyenne annuelle des industriels du recrutement de 1825 à 1829 a été de 64 ; divisant 64,000 par 645, nombre des recrues, le quotient 99 est le résultat cherché.

[Les éléments de cette colonne n'ont pas une exactitude satisfaisante ; mais ils n'entrent que pour 1/4 dans la fixation des n.os d'ordre de la colonne 88.]

COLONNE n° 85. — Titre : *Sur mille habitants en 1829, combien de patentables.*

Les chiffres de cette colonne ont été pris sur l'état n° 10 du Rapport au Roi sur l'administration des finances, publié en 1830 par M. le comte de Chabrol.

COLONNE n° 86. — Titre : *Sur mille habitants en 1829, montant des patentes.*

Les chiffres de cette colonne ont été calculés ainsi : nous avons multiplié par 1,000 le montant total des patentes de l'année 1829, pris à la même source que les chiffres de la colonne 85 ; ce produit, divisé par le nombre d'habitants du recensement de 1827, nous a donné pour quotient la somme des patentes payées par 1,000 habitants de chacun des départements. *Exemple* : Dans le département de l'Ain, le montant total des patentes était de 124,807 ; divisant 124,807,000 par 341,628, le quotient 365 nous a donné le résultat cherché.

COLONNE n° 87. — Titre : *N° d'ordre moyen des départements sur les colonnes n°s* 83, 84, 85 *et* 86.

Le n° 1 est pour le département de la *Seine* qui est le plus industriel ; car il est le 1er pour la colonne n° 83, le 3e pour la colonne 84, le 9e pour la colonne 85, et le 1er encore pour la colonne 86.

COLONNE n° 88. — Titre : *Paupérisme en 1833. — Nombre des hôpitaux et hospices.*

Les chiffres de cette colonne ont été pris à la page 88 du Document statistique publié en 1835 par M. Duchâtel, ministre du commerce.

COLONNE n° 89. — Titre : *Paupérisme en 1833. — Nombre d'individus admis en 1833 dans les hôpitaux et hospices.*

Les chiffres de cette colonne ont été pris à la même page du même ouvrage que pour la colonne n° 88.

OLONNE n° 90. — Titre : *Paupérisme en 1833. — Nombre des bureaux de bienfaisance.*

Les chiffres de cette colonne ont été pris page 94 du même ouvrage que pour les colonnes 88 et 89.

OLONNE n° 91. — Titre : *Paupérisme en 1833. — Nombre d'individus secourus à domicile par les bureaux de bienfaisance.*

Les chiffres de cette colonne ont été pris page 94 du même ouvrage que pour les colonnes 88, 89 et 90.

OLONNE n° 92. — Titre : *Paupérisme en 1833. — Sur mille habitants, combien de secourus de ces deux manières.*

Les chiffres de cette colonne ont été calculés ainsi : nous avons additionné le nombre d'individus secourus dans les hôpitaux et hospices (colonne n° 89), avec ceux secourus à domicile par les bureaux de bienfaisance (colonne n° 91), et multiplié par 1,000 cette somme ; divisant alors par le nombre d'habitants trouvés au recensement de 1831, nous avons eu pour quotient le nombre d'hommes secourus sur 1,000 habitants. *Exemple* : Dans le département de l'Ain, il y a eu 1,311 individus admis dans les hôpitaux, et 1,459 secourus à domicile ; divisant 2,770,000 par 346,030, nombre d'habitants, nous avons pour quotient 8 qui est le résultat cherché.

OLONNE n° 93. — Titre : *N° d'ordre des départements sur colonne n° 92.*

Le n° 1 est affecté au département du *Nord* qui a le plus d'hommes secourus ; car il en compte 182 par 1,000 habitants.

OLONNE n° 94. — Titre : *Combien d'indigents et de mendiants en 1827, d'après M. de Villeneuve-Bargemont.*

Les chiffres de cette colonne ont été pris à la page 637 du 2ᵉ volume de l'ouvrage publié par M. le vicomte de Villeneuve-Bargemont, sous le titre d'*Economie politique chrétienne*.

OLONNE n° 95. — Titre : *Sur mille habitants, combien d'indigents et de mendiants en 1827.*

Les chiffres de cette colonne ont été calculés ainsi : nous avons multiplié par 1,000 le nombre d'indigents et de mendiants porté à la colonne n° 94 ; ce produit, divisé par le nombre d'habitants trouvé au recensement de 1827, nous a donné pour quotient le nombre d'indigents et de mendiants sur 1,000 habitants. *Exemple* : Dans le département de l'Ain, il y avait 18,410 indigents ou mendiants en 1827 ; divisant 18,410,000 par 341,628, nombre d'habitants, nous avons pour quotient 53 qui est le résultat cherché.

COLONNE n° 96. — Titre : *N° d'ordre des départements sur colonne n° 95.*

Le n° 1 est affecté au département du *Nord* qui compte le plus d'indigents et de mendiants ; car il y en a 186 par 1,000 habitants.

7e TABLEAU. ACQUITTÉS DEVANT LE JURY, CRIMINALITÉ

N° d'ordre des départements.	NOM des DÉPARTEMENTS.	CRIMINALITÉ. Accusés de crimes contre les personnes et les propriétés, pendant les années 1828, 1829, 1830, 1831 et 1832. Sur 100 accusés de crime combien d'acquittés en 1829 et en 1833	Accusés jugés dans chaque départem t pendant les cinq années.	Accusés étrangers au département compris dans la colonne n° 98.	Accusés nés dans le départem t jugés hors du département pendant les cinq années.	Total des accusés nés dans le départem t pendant les cinq années.	Moyenne des accusés pour une année.	Nombre d'habitants qu'il a fallu pour fournir un accusé de crime.	N.° d'ord. des dép.ts sur col n° 103	BALANCE entre l'émigration et l'immigration de cent criminels. Balance en faveur de l'émigration	Balance en faveur de l'immigration	CATHOLICISME. Total des souscriptions pour la propagation de la foi catholique faites de 1827 à 1834 inclus.	Pour mille francs d'impôts directs combien de souscriptions.	N° d'ord des dép.ts sur col. n° 108	ESPRIT de CHICANE. Combien d'habit.s pour une affaire inscrite devant les tribunaux de 1re instance en 1832 et 1833	N° d'ord des dép sur col. n° 110
		97.	98.	99.	100.	101.	102.	103.	104.	105.	106.	107.	108.	109.	110.	111.
												francs.	fr. cent.			
1	Ain	45	155	36	64	183	37	9,394	1	18		23,500	9,20	23	195	21
2	Aisne	42	554	100	174	628	126	3,991	67	13		9,800	1,90	69	411	69
3	Allier	28	234	64	57	227	45	6,427	10		3	10,800	4,80	42	327	58
4	Alpes (Basses-)	38	164	28	47	183	37	4,221	61	12		3,800	3,20	54	254	36
5	Alpes (Hautes-)	35	93	11	38	120	24	5,301	34	29		2,200	2,60	64	169	13
6	Ardèche	57	358	44	64	378	76	4,426	55	6		35,800	16,80	8	155	9
7	Ardennes	54	221	59	88	250	50	5,712	25	13		6,000	1,60	70	236	31
8	Ariège	63	365	22	58	401	80	3,124	78	10		1,000	0,60	80	276	43
9	Aube	40	368	121	70	317	63	3,849	70		14	9,400	3,40	51	261	38
10	Aude	43	263	24	63	302	60	4,438	54	15		6,700	2,40	66	327	59
11	Aveyron	41	471	57	91	505	101	3,510	74	7		8,300	3,10	55	118	4
12	Bouches-du-Rhône	42	398	191	67	274	55	6,257	11		31	103,000	16,00	9	247	35
13	Calvados	32	666	153	190	703	141	3,541	73	5		52,900	8,10	26	151	11
14	Cantal	40	205	44	154	315	63	4,132	63	54		32,200	17,40	7	143	6
15	Charente	41	289	35	84	338	68	5,297	35	17		2,800	0,90	78	306	53
16	Charente Inférieure	41	455	120	53	388	78	5,602	28		15	17,900	3,80	49	401	66
17	Cher	39	202	42	42	202	40	6,245	13			1,700	0,40	84	286	47
18	Corrèze	37	233	22	83	294	59	4.929	45	26		900	0,50	82	190	19
19	Corse	38	561	15	17	563	113	1,690	-					-	362	-
20	Côte-d'Or	31	243	65	119	297	59	6,254	12	22		26,100	5,90	37	229	29
21	Côtes-du-Nord	32	488	58	124	554	111	5,327	32	13		11,900	3,20	53	887	81
22	Creuse	47	108	20	122	210	42	6,170	14	94			1,00	77	184	17
23	Dordogne	37	369	48	93	414	83	5,718	24	12		1,800	0,50	81	337	60
24	Doubs	36	299	86	91	304	61	4,275	58	2		55,300	10,00	21	172	14
25	Drôme	45	296	68	60	288	58	5,081	41		3	7,600	2,90	59	163	12
26	Eure	28	578	127	212	663	132	3,199	77	15		12,100	2,50	65	188	18
27	Eure-et-Loir	44	359	75	124	408	82	3,411	75	14		12,700	3,80	48	267	39
28	Finistère	44	454	92	60	422	84	6,086	16		7	24.700	6,00	35	1547	85
29	Gard	47	390	86	82	386	77	4,566	52		1	12,400	3,20	52	201	23
30	Garonne (Haute-)	45	399	112	93	380	76	5,492	29		5	34.100	7,40	30	227	27
31	Gers	41	270	53	58	275	55	5,634	26	2		36,400	12,70	13	342	62
32	Gironde	49	603	269	55	389	78	7,020	5		35	58,400	7,70	28	194	90
33	Hérault	50	332	72	57	317	63	5,408	30		5	26,700	6,00	34	274	42
34	Ille-et-Vilaine	40	508	99	118	527	105	5,221	39	4		106,400	23,70	4	741	79
35	Indre	42	218	30	41	229	46	5,272	38	5			0,40	83	232	30
36	Indre-et-Loire	40	294	80	64	278	56	5.280	37		5	9.000	3,00	56	319	56
37	Isère	42	356	83	129	402	80	6,679	8	13		46,400	10,50	15	157	10
38	Jura	33	234	31	121	324	65	4,805	49	38		24,300	9,30	22	240	32
39	Landes	45	250	55	43	238	48	5,744	23		5	17,800	11,10	14	530	74
40	Loir-et-Cher	44	256	71	42	227	45	5,137	40		11	11,600	5,00	41	441	70
41	Loire	38	256	85	92	263	53	7,229	4	3			33,40	2	178	15
42	Loire (Haute-)	48	219	14	96	301	60	4,798	50	37		27,400	14,90	10	137	5
43	Loire-Inférieure	47	349	124	65	290	58	7,993	2		17	148,900	29,20	3	611	76
44	Loiret	27	367	137	80	310	62	4,915	46		15	10,600	2,80	61	288	49
45	Lot	17	347	48	59	358	72	3.941	63	3		2,600	1,00	76	279	46

CATHOLICISME, ESPRIT DE CHICANE.

NOM des DÉPARTEMENTS.	CRIMINALITÉ. Accusés de crimes contre les personnes et les propriétés, pendant les années 1828, 1829, 1830, 1831 et 1832.								BALANCE entre l'émigration et l'immigration de cent criminels.		CATHOLICISME.			ESPRIT de CHICANE.	
	Sur 100 accusés de crime combien d'acquittés en 1829 et en 1833	Accusés jugés dans chaque département pendant les cinq années.	Accusés étrangers au département compris dans la colonne n° 98	Accusés nés dans le département jugés hors du département pendant les cinq années.	Total des accusés nés dans le département pendant les cinq années	Moyenne des accusés pour une année.	Nombre d'habitants qu'il a fallu pour fournir un accusé de crime	N.° d'ord des dép.ts sur col n.° 103.	Balance en faveur de l'émigration.	Balance en faveur de l'immigration.	Total des souscriptions pour la propagation de la foi catholique faites de 1827 à 1834 inclus	Pour mille francs d'impôts directs combien de souscriptions.	N.° d'ord. des dép.ts sur col. n.° 108.	Combien d'habitants pour une affaire inscrite devant les tribunaux de 1re instance en 1832 et 1833	N.° d'ord des dép.ts sur col n.° 110.
	97.	98.	99.	100.	101.	102.	103.	104.	105.	106.	107.	108.	109.	110.	111.
											francs	fr. cent.			
Lot-et-Garonne	34	302	80	73	295	59	5,795	20		2	23,900	6,90	31	402	67
Lozère	57	206	33	44	217	43	3,216	76	5		10,800	12,70	12	69	1
Maine-et-Loire	36	322	109	96	309	62	7,496	3		4	31,600	7,60	29	587	75
Manche	42	486	63	169	592	118	5,078	42	22		34,000	5,90	36	254	37
Marne	30	470	180	109	399	80	4,148	62		15	18,400	6,10	32	270	41
Marne (Haute-)	32	210	56	102	256	51	4,831	48	22		48,700	18,70	6	296	51
Mayenne	32	260	51	96	305	61	5,793	21	17			10,30	16	1037	83
Meurthe	25	284	75	138	347	69	5,898	18	22		30,500	7,90	27	312	55
Meuse	28	212	64	144	292	58	5,316	33	38		15,700	5,30	39	288	48
Morbihan	41	363	65	104	402	80	5,354	31	11		32,300	10,20	19	1495	84
Moselle	42	663	168	185	680	136	3,037	80	3		16,100	4,30	47	344	64
Nièvre	34	208	41	64	231	46	5,999	17	11		3,000	1,20	72	145	7
Nord	38	895	188	160	867	173	5,630	27		3	27,500	2,80	60	756	30
Oise	33	358	83	187	462	92	4,236	60	29		8,700	1,90	68	281	46
Orne	30	465	92	158	531	106	4,125	64	14		7,800	1,90	67	321	57
Pas-de-Calais	36	850	125	160	885	177	3,667	72	4		30,300	5,00	40	485	73
Puy-de-Dôme	42	505	43	178	640	128	4,452	53	27		50,500	10,30	18	199	22
Pyrénées (Basses-)	48	383	55	92	420	84	5,005	43	10		40,200	13,90	11	278	44
Pyrénées (Hautes-)	59	194	35	56	215	43	5,292	36	11		100	0,10	85	149	8
Pyrénées-Orientales	62	302	41	10	271	54	2,845	82		10	3,400	2,90	58	446	71
Rhin (Bas-)	41	1009	241	99	867	173	3,102	79		14	10,600	1,10	74	267	40
Rhin (Haut-)	45	829	182	72	719	144	2,896	81		13		1,10	73	216	21
Rhône	36	600	331	101	370	74	5,750	22		38	363,600	33,40	1	179	16
Saône (Haute-)	38	322	65	102	359	72	4,642	51	11			10,00	20	293	50
Saône-et-Loire	36	334	73	113	374	75	6,950	6	12		26,500	5,80	38	245	34
Sarthe	36	372	71	154	455	91	4,966	44	22		67,600	10,30	17	621	77
Seine	36	4301	2,786	288	1,803	361	2,702	85		58	131,700	3,60	50	102	2
Seine-et-Marne	43	357	113	188	432	86	3,716	71	21		2,700	0,60	79	216	25
Seine-et-Oise	40	751	278	317	790	158	2,814	83	5		8,500	1,30	71	244	33
Seine-Inférieure	23	1,412	363	193	1,242	248	2,782	84		12	30,900	2,70	62	217	26
Sèvres (Deux-)	47	216	46	48	218	44	6,687	7	1			4,70	44	687	78
Somme	37	542	77	184	649	130	4,122	65	20		25,000	4,40	46	462	72
Tarn	40	370	30	42	382	76	4,342	57	3		24,100	8,20	25	357	65
Tarn-et-Garonne	45	229	25	44	248	50	4,880	47	8		6,500	2,60	63	343	63
Var	45	265	74	67	258	52	6,091	15		3	27,900	8,50	24	304	52
Vaucluse	48	318	71	48	295	59	4,001	66		7	53,400	21,00	5	308	54
Vendée	51	277	50	24	251	50	6,506	9		9	15,000	6,00	33	910	82
Vienne	49	360	73	35	322	64	4,273	59		11	22,300	4,70	43	407	68
Vienne (Haute-)	41	338	60	40	318	64	4,414	56		6	3,600	1,00	75	228	28
Vosges	32	302	52	81	331	66	5,875	19	10		12,600	4,60	45	340	61
Yonne	51	363	87	170	451	90	3,850	69	21		10,300	2,90	57	112	3
TOTAUX		36,902	10,066	8,539	35,375	7,074					2,330,200				
Département moyen moyenne de la France.	40	429	117	99	411	82	4,552	53		4	27,095	7,20	31	261	39

EXPLICATIONS ET SOURCES DES NOMBRES DU 7e TABLEAU.

EXEMPLE DE TOUS LES CALCULS QUI Y SONT PORTÉS.

COLONNE n° 97. — Titre : *Sur cent accusés de crime, combien d'acquittés en 1829 et 1833.*

Les chiffres de cette colonne ont été pris sur le Compte général de l'administration de la justice criminelle, publié annuellement par le ministre de la justice.

COLONNE n° 98. — Titre : *Crimes contre les personnes et contre les propriétés, pendant les années 1828, 1829, 1830, 1831 et 1832. — Accusés jugés dans chaque département, pendant les cinq années.*

Les chiffres de cette colonne ont été composés en additionnant le nombre des accusés de crime de chacune des années précitées, relevé sur le IIIe tableau des Comptes généraux de la justice criminelle, publiés chaque année par le ministre de la justice. *Exemple* : Dans le département de l'Ain, on a jugé 41 accusés en 1828, 22 en 1829, 20 en 1830, 37 en 1831, 35 en 1832 ; total 155 qui est le nombre porté à la colonne n° 98.

COLONNE n° 99. — Titre : *Crimes contre les personnes et contre les propriétés, pendant les années 1828, 1829, 1830, 1831 et 1832. — Accusés étrangers au département, compris dans la colonne n° 98.*

Les chiffres de cette colonne ont été composés en additionnant sur le tableau n° XIV du même ouvrage que pour la colonne précédente, et pour les mêmes années, le nombre des accusés qui, quoique jugés dans le département, n'y étaient pas nés. *Exemple* : Dans le département de l'Ain, on a jugé en 1828 12 accusés qui étaient dans ce cas, 3 en 1829, 5 en 1830, 8 en 1831 et 8 en 1832 ; total 36 qui est le nombre porté à la colonne n° 99.

COLONNE n° 100. — Titre : *Crimes contre les personnes et contre les propriétés, pendant les années 1828, 1829, 1830, 1831 et 1832. — Accusés nés dans le département, jugés hors du département, pendant cinq années.*

Les chiffres de cette colonne ont été composés sur les mêmes tableaux du même ouvrage que pour la colonne n° 99. *Exemple* : Pour le département de l'Ain, il y a eu de jugés en 1828, dans les autres départements, 10 habitants nés dans celui de l'Ain, 9 en 1829, 13 en 1830, 11 en 1831, 21 en 1832 ; total 64 qui est le chiffre porté à la colonne n° 100.

COLONNE n° 101. — Titre : *Crimes contre les personnes et contre les propriétés, pendant les années 1828, 1829, 1830, 1831 et 1832. — Total des accusés nés dans le département, pendant les cinq années.*

Ce chiffre a été composé en combinant ceux des trois colonnes précédentes de cette manière : il faut ajouter la différence des colonnes 99 et 100 à la colonne 98, quand la colonne 100 est plus forte que la précédente, et faire l'inverse dans le cas contraire. *Exemple* : Dans le département de l'Ain, il y a eu pendant les 5 années 64 accusés nés dans le département et jugés ailleurs ; mais il n'y en a eu que 36 jugés dans le département, quoique nés ailleurs. La différence 28 doit donc être ajoutée au nombre 155 de la colonne n° 98, pour avoir le nombre exact des accusés de crime appartenant à ce département ; c'est ainsi que le chiffre 183 de la colonne 101 a été formé.

COLONNE n° 102. — Titre : *Crimes contre les personnes et contre les propriétés, pendant les années 1828, 1829, 1830, 1831 et 1832. — Moyenne des accusés pour une année.*

Ce chiffre a été composé en prenant le cinquième de celui de la colonne précédente.

COLONNE n° 103. — Titre : *Crimes contre les personnes et contre les propriétés, pendant les années 1828, 1829, 1830, 1831 et 1832. — Nombre d'habitants qu'il a fallu pour fournir un accusé de crime.*

Les chiffres de cette colonne ont été calculés ainsi : nous avons divisé la population moyenne des recensements de 1827 et 1831 par le nombre des accusés annuels, et le quotient nous a indiqué combien il a fallu d'habitants pour fournir un accusé de crime. *Exemple* : Dans le département de l'Ain, la moyenne des deux recensements de 1827 et 1831 est de 343,829 habitants ; ce chiffre divisé par 37, nombre moyen annuel des accusés, donne pour quotient 9,394 qui est le résultat cherché.

COLONNE n° 104. — Titre : *N° d'ordre des départements sur colonne n° 103.*

Le n° 1 est affecté au département de l'*Ain* qui a le moins d'accusés de crime en proportion de sa population ; car on y compte 9,394 habitants pour un accusé.

COLONNE n° 105. — Titre : *Balance entre l'émigration et l'immigration des criminels. — Balance en faveur de l'émigration.*

Les chiffres de cette colonne ont été calculés ainsi : nous avons pris la différence entre le nombre des accusés nés dans chaque département, qui ont été jugés hors de son territoire (colonne n° 100), et le nombre des accusés qui, quoique nés hors de chaque département, y ont pourtant subi leur jugement (colonne n° **99**); cette différence multipliée par 100, et divisée par le nombre total des accusés de crime jugés dans chaque département, nous a donné pour quotient un chiffre qui indique que ce département est dans la catégorie de ceux qui fournissent aux autres plus d'accusés de crime qu'ils n'en reçoivent d'eux, si les chiffres appartenant à la colonne n° **100** sont plus forts que ceux de la colonne n° **99**; et l'inverse a lieu dans le cas contraire. *Exemple*: Dans le département de l'Ain, on a eu, pendant les cinq ans de 1828 à 1832, 64 accusés de crime nés dans le département mais qui ont été jugés ailleurs (*voir* colonne n° **100**); il n'y en a eu que 34 de jugés dans ce département qui provinssent des autres (*voir* colonne n° **99**). La différence 28 multipliée par 100 et divisée par 155 (*voir* colonne n° **98**), qui est le nombre total des prévenus de crime de ces cinq années, donne pour quotient 18 qui indique que, dans le département de l'Ain, il faut ajouter 18 pour 100 au nombre des accusés de crime jugés dans le département, pour avoir le nombre réel des individus nés dans son sein qui ont été jugés dans toute la France.

COLONNE n° **106**. — Titre : *Balance entre l'émigration et l'immigration des criminels. — Balance en faveur de l'immigration.*

Ce qui vient d'être dit pour la colonne précédente rend une explication pour la colonne **106** inutile; car c'est le cas inverse. Je passe donc à l'*exemple*: Dans le département des *Bouches-du-Rhône*, 67 prévenus de crime de 1828 à 1832, quoique nés dans ce département, ont été jugés ailleurs (*voir* la colonne n° **100**); mais 191 provenant des autres départements sont venus s'y faire juger (*voir* colonne n° **99**). La différence 124 étant multipliée par 100 et divisée par 398, nombre total des accusés jugés pendant les cinq ans dans ce département (*voir* colonne n° **98**), donne pour quotient 31 (*voir* colonne n° **106**), qui indique que, dans le département des *Bouches-du-Rhône*, sur 100 accusés qui passent aux assises, 31 doivent être retranchés, pour indiquer le nombre réel des individus qui sont nés dans son sein et ont été jugés dans toute la France.

COLONNE n° **107**. — Titre : *Catholicisme. — Total des souscriptions pour la propagation de la foi catholique faites de 1827 à 1834 inclus.*

Les chiffres de cette colonne ont été pris sur les comptes même de l'Association (1).

COLONNE n° **108**. — Titre : *Catholicisme. — Pour mille fr. d'impôts directs, combien de souscriptions.*

Les chiffres de cette colonne ont été calculés ainsi : nous avons multiplié par 1,000 le montant total de la souscription, et divisé le produit par la somme de tous les impôts directs; le quotient nous a donné pour chaque département le nombre de francs souscrits par mille francs d'impôts directs. *Exemple*: Dans le département de l'Ain, on a souscrit de 1827 à 1834 pour 23,500 fr. (*voir* colonne n° **107**); divisant 23,500,000 par 2,558,000, le quotient 9,20 nous a donné le résultat cherché.

COLONNE n° **109**. — Titre : *N° d'ordre des départements sur colonne n°* **108**.

Le n° **1** est affecté au département du *Rhône* qui a le plus de souscriptions; car il a fourni en huit ans 33,40 pour mille francs d'impôts directs.

[CO]LONNE n° **110**. — Titre : *Esprit de chicane. — Combien d'habitants pour une affaire inscrite devant les tribunaux de première instance en 1832 et 1833.*

Les chiffres de cette colonne ont été calculés ainsi : nous avons pris aux pages 61 et 145 du Compte général de l'administration de la justice civile, publié en 1835 par le ministre de la justice, et distribué aux chambres pendant la session de 1836, le nombre moyen des affaires civiles inscrites par-devant les tribunaux de première instance pendant les années 1832 et 1833. La population du recensement de 1831, divisée par ce nombre, nous a indiqué combien il fallait d'habitants pour une affaire inscrite devant les tribunaux de première instance. *Exemple*: Dans le département de l'Ain, il y a eu en 1832 1,842 affaires, et en 1833, 1,695 affaires inscrites devant les tribunaux de première instance; la moyenne 1,768 nous a servi comme diviseur de la population de 1831, qui est de 346,030 habitants; et le quotient 195 porté à la colonne **110** est le résultat cherché.

COLONNE n° **111**. — Titre : *N° d'ordre des départements sur colonne n°* **110**.

Le n° **1** est affecté au département de la *Lozère* qui a le plus de procès; car on y compte une affaire inscrite devant les tribunaux de première instance pour 69 habitants.

---

(1) Les départements qui sont en blanc dans cette colonne ont cependant contribué à la souscription; mais comme ils forment un diocèse avec les départements voisins, il a été impossible de connaître la part de souscription qui les concerne, cette réflexion s'applique aux départements de la *Creuse*, de l'*Indre*, de la *Loire*, de la *Mayenne*, du *Haut-Rhin*, de la *Haute-Saône* et des *Deux-Sèvres*, qui sont réunis aux départements de la *Haute-Vienne*, du *Cher*, du *Rhône*, de la *Sarthe*, du *Bas-Rhin*, du *Doubs* et de la *Vienne*.

8e TABLEAU. FRAIS DE RENTRÉE DES IMPOTS, SALAIRES

N.° d'ordre des départements.	NOM des DÉPARTEMENTS.	PROPRIÉTAIRES. COMBIEN de propriétaires dans chaque département en 1834. 112.	PROPRIÉTAIRES. Pour 100 propriétaires, combien d'habitants sur le recensement de 1831. 113.	PROPRIÉTAIRES. N° d'ord. des dép.ts sur col. n° 113. 114.	RENTRÉE des IMPOTS. Frais de poursuites en 1834 pour percevoir mille francs de contributions directes. 115.	RENTRÉE des IMPOTS. N° d'ord. des dép.ts sur col. n° 115. 116.	SALAIRES. Salaire annuel des cantonniers des routes royales pour 1835. 117.	SALAIRES. N° d'ord. des dép.ts sur col. n° 117. 118.	CONSOMMATION ANNUELLE DES CÉRÉALES. Consommation annuelle des céréales pour 100 habitants; moyenne des années 1825, 1826, 1827 et 1828. Hectolitres de froment et méteil. 119.	Hectolitres de seigle, d'orge, d'avoine, de sarrasin, de maïs, etc. 120.	Total des hectolitres consommés. 121.	Pour un hectolitre de froment ou méteil consommé, combien d'hectolitres d'autres grains; moyenne de 1825 à 1828. 122.	N° d'ord. des dép.ts sur col. n° 122. 123.	ÉLECTIONS. Sur 100 électeurs combien de votants, En 1834 pour la chambre des députés. 124.	En 1833 pour les conseils généraux et d'arrondissem.ts 125.	Moyenne des deux élections de 1834 et de 1833. 126.	N° d'o[…] 12[…]
					fr cent.		francs.					hect.					
1	Ain	137,619	252	22	4,90	23	452	48	79	265	344	3,40	76	68	60	64	[illegible]
2	Aisne	209,256	245	18	1,20	76	468	58	264	92	356	0,31	15	81	59	70	[illegible]
3	Allier	66,829	451	75	4,10	34	449	39	99	222	321	2,24	69	65	49	57	[illegible]
4	Alpes (Basses-)	53,858	292	41	3,30	44	495	70	217	91	308	0,42	22	78	55	66	[illegible]
5	Alpes (Hautes-)	44.471	293	42	3,40	41	453	47	219	131	350	0,60	32	93	60	76	[illegible]
6	Ardèche	94,398	361	66	2,80	49	480	64	54	161	215	3,00	73	70	51	60	[illegible]
7	Ardennes	115,752	251	21	1,20	77	439	35	219	104	323	0,47	25	82	69	75	[illegible]
8	Ariège	83,766	305	48	7,70	5	402	15	106	151	257	1,42	62	86	60	73	[illegible]
9	Aube	184.680	133	1	1,90	65	412	18	147	233	380	1,58	63	86	68	77	[illegible]
10	Aude	80,845	337	60	3,60	40	442	37	205	122	327	0,59	30	84	65	74	[illegible]
11	Aveyron	122,660	294	44	6,70	12	433	28	107	267	374	2,50	71	77	68	73	[illegible]
12	Bouches-du-Rhône	91,232	394	72	6,20	15	562	83	286	39	325	0,14	5	85	55	70	[illegible]
13	Calvados	167,605	296	45	2,50	54	453	46	283	168	451	0,59	29	73	51	62	[illegible]
14	Cantal	58,793	444	74	4,80	25	497	71	28	298	326	10,64	83	76	49	63	[illegible]
15	Charente	153,064	236	16	4,00	35	450	43	148	167	315	1,13	54	76	56	66	[illegible]
16	Charente-Inférieure	229,638	194	7	9,00	1	485	66	207	205	412	0,99	47	74	57	66	[illegible]
17	Cher	83,827	308	52	3,70	38	400	14	145	176	321	1,21	56	79	55	67	[illegible]
18	Corrèze	58,130	507	79	7,00	10	433	27	22	283	305	13,00	84	81	52	67	[illegible]
19	Corse	69,122	284	»	18,60	»	503	»	99	93	192	0,94	»	65	84	75	[illegible]
20	Côte-d'Or	161,326	233	14	1,60	67	379	4	215	91	306	0,42	21	75	60	66	[illegible]
21	Côtes-du-Nord	158,114	378	70	2,30	56	369	2	59	238	297	4,04	78	72	57	64	[illegible]
22	Creuse	68,443	389	71	4,90	24	413	19	25	381	406	15,24	85	75	53	64	[illegible]
23	Dordogne	153,133	315	57	7,70	6	441	36	118	83	201	0,70	38	80	53	66	[illegible]
24	Doubs	98,606	270	31	2,20	59	460	53	138	196	334	1,42	61	81	63	72	[illegible]
25	Drôme	91,364	328	58	4,80	26	4[illegible]3	60	152	61	213	0,40	19	79	61	70	21
26	Eure	181,670	234	15	1,60	68	400	13	370	36	406	0,09	2	74	63	68	30
27	Eure-et-Loir	144,494	193	6	1,70	66	450	42	281	97	378	0,35	18	72	56	64	56
28	Finistère	95,356	551	82	2,00	63	471	59	88	412	500	4,68	80	78	51	64	57
29	Gard	114,874	313	56	3,40	42	488	68	236	127	363	0,54	27	81	62	71	16
30	Garonne (Haute-)	129.754	331	59	4,70	28	423	24	235	195	430	0,83	44	74	61	67	37
31	Gers	102,145	305	47	7,10	9	413	20	281	33	314	0,12	3	75	61	68	31
32	Gironde	179.260	309	53	7,50	7	509	74	115	123	238	1,07	49	68	51	60	71
33	Hérault	120.616	288	37	4,20	33	468	57	252	38	290	0,15	8	76	57	67	38
34	Ille-et-Vilaine	151.64[illegible]	362	67	2,20	60	381	5	117	194	311	1,66	64	58	36	47	85
35	Indre	86.977	284	34	8,40	3	391	7	145	174	319	1,20	55	74	51	63	65
36	Indre-et-Loire	111,984	267	29	4,70	29	422	22	194	121	315	0,62	34	71	61	66	48
37	Isère	179.575	307	51	4,80	27	519	77	126	136	262	1,08	51	71	60	66	49
38	Jura	123,064	253	24	2,30	57	393	8	182	116	298	0,64	36	78	64	71	17
39	Landes	40,549	702	84	6,40	13	466	56	80	248	328	3,10	74	61	47	54	80
40	Loir-et-Cher	93,727	252	23	2,70	51	527	79	232	150	382	0,64	35	81	63	72	14
41	Loire	93,367	420	73	4,00	36	445	38	49	254	303	5,20	82	68	52	60	72
42	Loire (Haute-)	93.181	313	55	6,90	11	453	49	51	242	293	4,74	81	88	52	70	22
43	Loire-Inférieure	132,534	356	65	3,40	43	500	72	149	152	301	1,02	48	68	31	49	84
44	Loiret	115,370	266	28	2,70	52	539	82	248	188	436	0,76	39	72	56	64	58
45	Lot	107,886	264	26	5,90	18	418	21	168	180	348	1,08	50	74	62	68	32

CONSOMMATION DES CÉRÉALES, ÉLECTIONS.

N.° d'ordre des départements	NOM des DÉPARTEMENTS.	PROPRIÉTAIRES. COMBIEN de propriétaires dans chaque département en 1834	Pour 100 propriétaires, combien d'habitants sur le recensement de 1831.	N° d'ord. des dép.ts sur col. n° 113.	RENTRÉE des IMPOTS. Frais de poursuites en 1834 pour percevoir mille francs de contributions directes.	N° d'ord. des dép.ts sur col. n° 115.	SALAIRES. Salaire annuel des cantonniers des routes royales pour 1835.	N° d'ord. des dép.ts sur col. n° 117.	CONSOMMATION ANNUELLE DES CÉRÉALES. Consommation annuelle des céréales pour 100 habitants; moyenne des années 1825, 1826, 1827 et 1828. Hectolitres de froment et méteil	Hectolitres de seigle, d'orge, d'avoine, de sarrasin, de maïs, etc	Total des hectolitres consommés.	Pour un hectolitre de froment ou méteil consommé, combien d'hectolitres d'autres grains, moyenne de 1825 à 1828	N° d'ord. des dép.ts sur col. n° 122.	ÉLECTIONS. Sur 100 électeurs combien de votants, En 1834 pour la chambre des députés.	En 1833 pour les conseils généraux et d'arrondissem.ts	Moyenne des deux élections de 1834 et de 1833.	N° d'ord. des dép.ts sur col. n° 126
		112.	113.	114.	115.	116.	117.	118.	119.	120.	121.	122.	123.	124.	125.	126.	127.
					fr cent		francs					hect.					
46	Lot-et-Garonne...	122,965	283	33	5,50	19	454	50	270	129	399	0,48	26	65	47	56	78
47	Lozère...........	45,227	311	54	7.90	4	437	33	109	190	299	1,74	65	88	65	76	4
48	Maine-et-Loire....	138,819	338	61	0.90	85	533	80	167	204	371	1,22	57	63	37	50	83
49	Manche...........	193,057	306	49	2.90	47	374	3	143	268	411	1,87	67	76	52	64	59
50	Marne	176,402	191	5	2,00	64	487	67	145	202	347	1,40	60	76	59	67	39
51	Marne (Haute-)....	110,292	226	13	1,00	83	450	41	160	75	235	0,47	24	76	35	56	79
52	Mayenne.........	74.916	475	77	1,00	84	411	17	114	356	470	3,12	75	66	35	51	82
53	Meurthe..........	165,382	251	20	1,50	72	438	34	228	35	263	0,15	7	79	62	71	18
54	Meuse............	158,965	198	9	1,30	75	424	23	265	57	322	0,22	11	71	58	65	51
55	Morbihan.........	123,917	352	64	2,30	58	360	1	52	238	290	4.60	79	73	42	58	75
56	Moselle	146,552	285	35	1,60	71	462	54	190	80	270	0.42	20	81	68	75	6
57	Nièvre	80,535	352	63	4,60	30	400	12	151	171	322	1,13	53	69	59	64	60
58	Nord.............	218,202	453	76	1,10	79	398	9	256	15	271	0,06	1	74	47	61	69
59	Oise	208,923	190	4	1.10	80	435	30	296	84	380	0,28	14	72	61	67	40
60	Orne.............	150 582	294	43	2,20	61	400	11	185	158	343	0,85	45	75	53	64	61
61	Pas-de-Calais......	229,514	285	36	1,20	78	466	55	277	43	320	0,16	9	77	73	75	7
62	Puy-de-Dôme	223,866	256	25	5,90	16	458	52	100	254	354	2,54	72	80	54	67	41
63	Pyrénées (Basses-).	88,786	485	78	5 90	17	434	29	123	289	412	2,35	70	75	63	69	26
64	Pyrénées (Hautes-).	77,234	302	46	7,50	8	456	51	197	216	413	1,10	52	85	61	73	11
65	Pyrénées-Orientales	54,310	290	39	8,90	2	489	69	182	149	331	0,82	43	69	47	58	76
66	Rhin (Bas-).......	223,019	242	17	4,60	31	450	40	153	86	239	0,56	28	84	70	77	2
67	Rhin (Haut-)	171,751	247	19	3,30	45	483	65	120	96	216	0,80	42	79	61	70	23
68	Rhône	84.060	516	80	2.60	53	524	78	132	91	223	0,70	37	71	47	59	74
69	Saône (Haute-)....	127,038	266	27	1.50	73	452	45	146	116	262	0,80	41	74	55	64	62
70	Saône-et-Loire....	153,266	342	62	2,80	50	480	63	97	190	287	2,00	68	76	49	62	68
71	Sarthe	124,588	368	69	1,10	81	400	10	147	190	337	1,30	59	79	52	66	50
72	Seine	67,913	1395	85	4,40	32	781	83	181	45	226	0,25	12	79	54	67	42
73	Seine-et-Marne....	173,556	186	3	1.30	74	533	81	313	45	358	0.14	4	76	62	69	27
74	Seine-et-Oise......	229.623	195	8	2.20	62	577	84	246	78	324	0.32	16	76	62	69	28
75	Seine-Inférieure...	134,043	517	81	3,60	39	518	76	267	53	320	0,20	10	75	52	64	63
76	Sèvres (Deux-)....	132,018	222	12	2,40	55	429	26	132	238	370	1,80	66	76	44	60	73
77	Somme...........	249.963	218	11	1,60	69	427	25	197	66	263	0,34	17	73	56	65	52
78	Tarn.............	92,265	364	68	2.90	48	391	6	174	220	394	1.27	58	81	64	73	12
79	Tarn-et-Garonne..	83,824	291	40	6.40	14	434	32	315	81	396	0.26	13	76	63	70	24
80	Var..............	103.825	307	50	3.10	46	477	62	254	37	291	0,15	6	80	53	67	43
81	Vaucluse	87,579	274	32	5,20	22	516	75	223	173	396	0,80	49	83	57	70	25
82	Vendée...........	123,540	268	30	1,60	70	477	61	238	145	383	0,61	33	67	41	54	81
83	Vienne...........	130,062	216	10	5,50	20	404	16	186	170	356	0,91	46	76	50	63	66
84	Vienne (Haute-)...	50,748	570	83	5,30	21	507	73	63	251	314	4,00	77	85	52	68	33
85	Vosges...........	137,870	289	38	1,10	82	434	31	154	93	247	0,60	31	79	57	68	34
86	Yonne	193.124	182	2	3,80	37	450	44	261	121	382	0,46	23	84	60	72	15
	TOTAUX.........	10,896,682					39,223										
	Département moyen a moyenne de la France.	126,705	298	46	3,40	44	456	51	181	148	329	0,82	43	75	56	66	44

EXPLICATIONS ET SOURCES DES NOMBRES

DU 8e TABLEAU.

EXEMPLE DE TOUS LES CALCULS QUI Y SONT PORTÉS.

COLONNE n° **112.** — Titre : *Combien de propriétaires dans chaque département en 1834.*

Les chiffres de cette colonne ont été pris page 11 du Document statistique publié en 1835 par le ministre du commerce.

COLONNE n° **113.** — Titre : *Pour 100 propriétaires, combien d'habitants sur le recensement de 1831.*

Les chiffres de cette colonne ont été calculés ainsi : la population recensée en 1831 a été multipliée par 100, et le produit divisé par le nombre de propriétaires ; le quotient nous a donné le nombre d'habitants qui répond à 100 propriétaires. *Exemple :* Dans le département de l'Ain, il y a 346,030 habitants ; divisant 34,603,000 par 137,619 qui est le nombre des propriétaires, nous avons pour quotient 252 qui est le résultat cherché.

COLONNE n° **114.** — Titre : *N° d'ordre des départements sur colonne n°* **113.**

Le n° **1** est affecté au département de l'*Aube* qui a le plus de propriétaires ; car il en compte 100 pour 133 habitants seulement.

COLONNE n° **115.** — Titre : *Frais de poursuites en 1834, pour percevoir mille francs de contributions directes.*

Les chiffres de cette colonne ont été calculés ainsi : nous avons pris, page 531 des Comptes de 1834 distribués à la chambre des députés, le montant des frais de poursuites de tous genres qu'a exigés la rentrée des impôts directs ; cette somme étant multipliée par 1,000, et le produit divisé par la totalité des impôts directs perçus en 1834, le quotient a donné le montant des frais de poursuites qui ont été nécessaires pour percevoir 1,000 francs de contributions directes. *Exemple :* Dans le département de l'Ain, il a fallu, en 1834, 12,517 fr. de frais de poursuites pour percevoir 2,573,000 fr. ; divisant 12,517,000 par ce dernier nombre, le quotient 4,90 nous a donné le résultat cherché.

COLONNE n° **116.** — Titre : *N° d'ordre des départements sur colonne n°* **115.**

Le n° **1** est affecté au département de la *Charente-Inférieure* qui occasionne le plus de frais de poursuites pour la rentrée des contributions directes ; car ils se montent à 9 fr. par 1,000 fr. perçus.

COLONNE n° **117.** — Titre : *Salaire annuel des cantonniers des routes royales pour 1835.*

Les chiffres de cette colonne ont été pris sur un Etat qui nous a été communiqué par la direction générale des ponts et chaussées.

COLONNE n° **118.** — Titre : *N° d'ordre des départements sur colonne n°* **117.**

Le n° **1** est affecté au département du *Morbihan* où le salaire des cantonniers est le plus faible, car il n'est que de 360 fr. par année.

COLONNE n° **119.** — Titre : *Consommation annuelle des céréales pour 100 habitants ; moyenne des années 1825, 1826, 1827 et 1828 ; hectolitre de froment et méteil.*

Les chiffres de cette colonne ont été calculés ainsi : nous avons pris, sur un Etat qui nous a été fourni par le bureau des subsistances du ministère du commerce, le nombre d'hectolitres de froment et de méteil qui ont été consommés moyennement dans chaque département, pendant chacune des années dont il est question ; ce nombre, multiplié par 100 et divisé par la population recensée de 1827, nous a donné pour quotient la quantité d'hectolitres de froment et méteil consommés annuellement par 100 habitants de chaque département. *Exemple :* Dans le département de l'Ain, la consommation annuelle moyenne a été de 201,000 hectolitres de froment, et de 67,000 hectolitres de méteil ; divisant 26,800,000 par 341,628 qui est la population recensée en 1827, le quotient 79 nous a donné le résultat cherché.

Colonne n° **120.** — Titre : *Consommation annuelle des céréales pour* 100 *habitants* ; *moyenne des années* 1825, 1826, 1827 *et* 1828 ; *hectolitres de seigle, d'orge, d'avoine, de sarrasin, de maïs, etc.*

Les chiffres de cette colonne ont été calculés de la même manière que ceux de la colonne n° **119**. *Exemple* : Dans le département de l'Ain, la consommation moyenne annuelle a été de 201,000 hectolitres de seigle, 201,000 d'orge, 185,000 de sarrasin, 184,000 de maïs, 67,000 d'avoine, 67,000 de légumes secs, total 905,000 ; nous avons donc divisé 90,500,000 par 341,628, et le quotient 265 nous a donné le résultat cherché.

Colonne n° **121.** — Titre : *Consommation annuelle des céréales pour* 100 *habitants* : *moyenne des années* 1825, 1826, 1827 *et* 1828 ; *total des hectolitres consommés.*

Les chiffres de cette colonne sont la somme de ceux portés aux deux colonnes précédentes.

Colonne n° **122.** — Titre : *Pour un hectolitre de froment ou méteil consommé, combien d'hectolitres d'autres grains, moyenne de* 1825 *à* 1828.

Les chiffres de cette colonne ont été calculés ainsi : nous avons divisé le nombre d'hectolitres porté à la colonne n° **120** par le nombre d'hectolitres de froment et méteil consommés, portés à la colonne n° **119** ; et le quotient nous a indiqué combien, dans chaque département, on consomme d'hectolitres de seigle, orge, avoine, sarrasin et maïs, pour un hectolitre de froment ou méteil. *Exemple* : Dans le département de l'Ain, on consomme pour 100 habitants 79 hectolitres de froment et méteil, et 265 hectolitres d'autres grains ; divisant 265 par 79, le quotient 3,40 hectolitres nous a donné le résultat cherché.

Colonne n° **123.** — Titre : *N° d'ordre des départements sur colonne n°* **122.**

Le n° **1** est affecté au département du *Nord* où l'on consomme le plus de froment et méteil ; car, pour un hectolitre de cette nature, l'on ne consomme que 6 centièmes d'hectolitre d'autres grains.

Colonne n° **124.** — Titre : *Elections. — Sur* 100 *électeurs, combien de votants pour la chambre des députés de* 1834.

Les chiffres de cette colonne ont été calculés ainsi : nous avons pris au ministère de l'intérieur le nombre des électeurs et celui des votants ; ce dernier nombre multiplié par 100, et divisé par le premier, nous a donné pour quotient le nombre de votants sur 100 électeurs. *Exemple* : Dans le département de l'Ain, il y avait pour les élections de 1834 1,040 électeurs ; mais le nombre des votants n'a été que de 708 ; divisant 70,800 par 1,040, nous avons pour quotient 68 qui est le résultat cherché.

Colonne n° **125.** — Titre : *Elections. — Sur* 100 *électeurs, combien de votants en* 1833 *pour les conseils généraux et d'arrondissements.*

Ces chiffres ont été pris page 28 du Rapport fait au Roi par le ministre de l'intérieur, sur les élections de 1833 ; ce rapport a été distribué à la chambre.

Colonne n° **126.** — Titre : *Elections. — Sur* 100 *électeurs, combien de votants ; moyenne des deux élections de* 1834 *et* 1833.

Ce chiffre est la moyenne entre ceux portés aux deux colonnes précédentes sous les n°s **124** et **125.**

Colonne n° **127.** — Titre : *N° d'ordre des départements sur colonne n°* **126.**

Le n° **1** est affecté au département de l'*Aube* qui compte le plus de votants ; car il en compte 77 pour 100.

FIN DE LA TROISIÈME PARTIE.

QUATRIEME PARTIE.

CARTES GRAPHIQUES

POUR

LES ÉTUDES STATISTIQUES.

QUATRIÈME PARTIE.

CARTES GRAPHIQUES

POUR

LES ÉTUDES STATISTIQUES.

Nous avons déjà dit, dans le cours de cet ouvrage (page 15), que les cartes nuancées sont un moyen graphique qui supplée à l'aridité des chiffres, et que l'on peut ainsi, sans contention d'esprit, fixer l'attention sur beaucoup de points qui sans cela échapperaient à l'investigation. Tel est le motif qui nous a décidé à faire cette *Quatrième Partie*, pour laquelle nous avons admis cinq séries de départements, ainsi que nous l'avions fait dans le cours des trois premières. Il y a donc *cinq* teintes sur chaque carte, et chacune comprend 17 départements. Admettre plus de nuances, c'eût été rendre notre travail moins facile à saisir.

Parmi les *seize* cartes qui composent la quatrième partie, il en est plusieurs dont les départements prennent des numéros d'ordre en sens inverse de ceux admis dans les trois premières parties : ce défaut d'unité provient du besoin que nous avons éprouvé, pour les cartes nuancées, de nous conformer aux usages reçus, qui veulent, par exemple, que les teintes claires (1re série) répondent aux départements qui ont le *moins* de bâtards, le moins d'enfants trouvés ou le moins de procès (11e, 12e et 14e carte). Il suffit d'ailleurs de signaler cette différence pour rendre toute confusion impossible.

L'observation que nous venons de faire s'applique à sept cartes, savoir :

CARTES où les départements prennent des numéros d'ordre différents de ceux du reste de l'ouvrage.

5e CARTE. — *Taille*. Dans le cours des trois premières parties, c'est le département de la *Haute-Vienne* qui prend le n° 1 ; sur la carte, ce département prend le n° 85.

6e CARTE.— *Constitution physique*. Dans le cours des trois premières parties, c'est le département de l'*Aube* qui prend le n° 1; sur la carte, ce département prend le n° 85.

11e CARTE. — *Bâtards*. Dans le cours des trois premières parties, c'est le département de la *Seine* qui prend le n° 1 ; sur la carte, ce département prend le n° 85.

12e CARTE. — *Enfants trouvés*. Dans le cours des trois premières parties, c'est le département de la *Seine* qui prend le n° 1 ; sur la carte, ce département prend le n° 85.

14e CARTE. — *Esprit de chicane*. Dans le cours des trois premières parties, c'est le département de la *Lozère* qui prend le n° 1 ; sur la carte, ce département prend le n° 85.

15e CARTE. — *Insoumis au recrutement*. Dans le cours des trois premières parties, c'est le département du *Cantal* qui prend le n° 1 ; sur la carte, ce département prend le n° 85.

16e CARTE. — *Impôts indirects*. Dans le cours des trois premières parties, c'est le département de la *Charente-Inférieure* qui prend le n° 1 ; sur la carte, ce département prend le n° 85.

Chacune des cartes nuancées de la quatrième partie a pour base l'un des calculs portés sur les tableaux de la troisième ; et les réflexions qui concernent ces calculs sont développées à l'une des sections de la première partie. (*Voir le tableau ci-au revers.*)

TABLEAU INDICATIF des pages où il est parlé des cartes de la 4e partie.

NUMÉRO des CARTES.	SUJET de la CARTE.	NUMÉRO de la COLONNE qui est la base de la carte. 1.	NUMÉRO du TABLEAU qui renferme cette colonne. 2.	PAGE où est ce TABLEAU. 3.	PAGE où l'on trouve un exemple de l'un des calculs bases de la carte 4.	PAGES DE LA 1re PARTIE où l'on traite des faits qui se rapportent à chaque carte. 5.
1re Carte....	Population..............	2e.	1er.	314.	316.	19 et 23.
2e Carte....	Population (accroissement).	5e.	1er.	314.	316.	20 et 23.
3e Carte....	Agriculteurs............	63e.	4e.	326.	329.	53 et 57.
4e Carte....	Industrie...............	87e.	6e.	334.	336.	77, 80 et 123.
5e Carte....	Taille..................	41e.	3e.	322.	324.	39 et 47.
6e Carte....	Constitution physique.....	45e.	3e.	322.	325.	40 et 49.
7e Carte....	Vie moyenne.............	9e.	1er.	314.	317.	21, 24 et 121.
8e Carte....	Nourriture..............	122e.	8e.	342.	345.	110 et 113.
9e Carte....	Instruction primaire.......	69e.	5e.	330.	332.	65 et 68.
10e Carte....	Portes et fenêtres........	72e.	5e.	330.	332.	66 et 76.
11e Carte....	Bâtards.................	19e.	2e.	318.	320.	28 et 31.
12e Carte....	Enfants trouvés..........	22e.	2e.	318.	320.	29 et 32.
13e Carte....	Crimes..................	103e.	7e.	338.	340.	91 et 93.
14e Carte....	Esprit de chicane.........	110e.	7e.	338.	341.	92 et 105.
15e Carte....	Insoumis................	57e.	4e.	326.	328.	52 et 56.
16e Carte....	Impôts directs...........	115e.	8e.	342.	344.	108 et 112.

Avec le petit tableau que nous venons de donner, on trouvera tous les faits et tous les calculs qui se rattachent, dans le cours de l'ouvrage, à chacune des cartes de la quatrième partie. Pour nous faire mieux comprendre, prenons une de ces cartes, la 9e par exemple, qui traite de l'*Instruction primaire*, et recherchons toutes les indications qui s'y rapportent. Nous voyons : 1° que c'est à la 69e colonne que l'on trouve les calculs qui ont servi de base à cette carte ; — 2° que cette colonne est placée sur le 5e tableau ; — 3° que c'est à la page 330 que l'on trouve ce 5e tableau ; — 4° que l'exemple de l'un des calculs de la 69e colonne (base de la carte) est donné à la page 332 ; — 5° enfin, qu'aux pages 65 et 68 on parle des faits généraux ou particuliers qui se rapportent à cette carte. Ainsi, en ouvrant l'ouvrage aux pages 330, 332, 65 et 68, on est certain d'y trouver toutes les indications qui concernent la 9e carte. Nous ajouterons toutefois qu'aux pages 125, 126, 127, 128, 129, 130 et 131, on trouvera des explications générales qui se rapportent en masse aux 16 cartes de la quatrième partie ; et nous pensons qu'il est nécessaire de lire ces pages, si l'on veut avoir une idée complète des faits.

Faisons quelques courtes réflexions sur chacune des cartes, pour compléter ce que nous avons dit dans le cours de l'ouvrage.

1re CARTE. — POPULATION. *La teinte sombre est celle qui indique la population la moins nombreuse.*

1re CARTE. DENSITÉ de la population.

Le département des *Basses-Alpes* ayant 2,280 habitants par myriamètre carré, et celui du *Nord* 17,430, ce dernier est 8 fois plus peuplé que le premier. — La Bretagne et toutes les côtes de la Manche sont très-peuplées ; mais cette partie du royaume est en général peu boisée. — Les cinq départements du *Haut* et du *Bas-Rhin*, des *Vosges*, de la *Meurthe* et de la *Moselle* sont aussi très-peuplés ; car on y compte en moyenne 8,720 habitants par myriamètre carré, et pourtant un tiers de la surface de ces départements est occupé par des forêts. — Le Berry et le centre de la France, la Champagne, les régions alpines et une partie des départements du Languedoc sont au contraire peu peuplés. La moyenne de la population pour toute la France était, en 1831, de 6,171 habitants par myriamètre carré.

2e CARTE. — POPULATION (son accroissement). *La teinte sombre répond à l'accroissement de population le plus lent.*

2e CARTE. ACCROISSEMENT de la population.

Le département de l'*Eure* est le seul où la population ait décru (2 têtes par 10,000 habitants). La *Corse* au contraire présente l'accroissement le plus rapide, car il est presque de 1 pour cent annuellement (99 têtes par 10,000 habitants). — Les départements montueux ont une tendance bien plus grande à accroître leur population que les pays de plaine. La population d'une grande partie de la Normandie paraît être stationnaire.

Si nous comparons la 2e carte à la 1re, nous voyons que les départements de la Lorraine et de l'Alsace, ceux du *Rhône*, de la *Loire* et du *Finistère*, qui déjà ont une population très-nombreuse, ont pourtant un accroissement bien plus rapide que les départements du centre ou des Alpes, qui ont si peu de population. Ce fait est doublement fâcheux ; il prouve que les populations, en France, ne se déplacent pas aussi facilement qu'on le pense. — L'accroissement moyen annuel pour toute la France étant de 46 têtes par 10,000 habitants, c'est un peu moins de demi pour cent.

3e CARTE. — AGRICULTEURS (leur nombre). *La teinte sombre répond au plus grand nombre d'agriculteurs.*

3e CARTE. NOMBRE des agriculteurs.

Le département de la *Seine-Inférieure* n'ayant que 108 agriculteurs sur 1,000 habitants, tandis que celui de l'*Ardèche* en compte 768, on voit qu'il y a dans ce dernier département 7 fois plus d'habitants occupés aux travaux de la campagne que dans le premier. — Le midi de la France, sur une population donnée, renferme beaucoup plus d'agriculteurs que le nord. — Les départements du *Rhône*, de la *Loire*, des *Bouches-du-Rhône*, de la *Gironde* et de la *Creuse*, font pourtant exception à cette règle, les quatre premiers comme industriels, et le dernier, à cause des émigrations périodiques de ses habitants qui, comme maçons, se répandent dans toute la France. — Beaucoup d'auteurs admettent que nous avons en France 25 millions d'agriculteurs ; nos calculs prouvent qu'il ne devait y en avoir que 17 millions en 1831 ; car la moyenne générale est de 52 et 1/2 agriculteurs pour cent habitants.

4ᵉ CARTE. INDUSTRIE relative des départements.

4ᵉ CARTE. — INDUSTRIE. *La teinte sombre est celle qui indique le plus de développement industriel.*

Pour classer les départements, nous nous sommes servi : 1° du nombre relatif des forges et usines ; 2° de celui des industriels ; 3° de celui des patentables ; 4° du montant des patentes. On doit comprendre, d'après ce qui précède, que nous avons de grandes chances d'exactitude dans la détermination du degré relatif de l'industrie de chaque partie du royaume. — Le département de la *Loire* pourtant fait exception et doit être beaucoup plus industriel que notre carte ne l'indique : dans ce département, l'industrie est, pour ainsi dire, insaisissable ; elle est répandue dans la campagne et chaque cultivateur est plus ou moins industriel.

Le plus simple examen de la 4ᵉ carte indique que presque tous les départements industriels sont dans le nord de la France ; et si nous comparons cette carte à la 3ᵉ, nous voyons que, pour les questions agricoles ou industrielles, les intérêts du nord et du midi du royaume sont et doivent être souvent en opposition.

5ᵉ CARTE. Exemptions pour défaut de taille.

5ᵉ CARTE. — TAILLE. *La teinte sombre répond au plus grand nombre d'exemptions pour défaut de taille.* (1)

Pour obtenir 1,000 recrues dans le département de la *Haute-Vienne*, il faut prononcer 818 exemptions pour défaut de taille, tandis que, dans celui du *Doubs*, 73 suffisent ; on a donc dans ce dernier département onze fois moins d'exemptions que dans le premier. — Il ressort évidemment de l'examen de cette carte que les habitants du midi et surtout du centre sont en général de très-petite taille — Dans le nord et surtout dans la Franche-Comté, on trouve au contraire de très-grandes tailles. — On compte en moyenne, dans toute la France, 260 exemptions pour défaut de taille, pour obtenir 1,000 recrues.

6ᵉ CARTE. Exemptions pour causes physiques autres que pour défaut de taille.

6ᵉ CARTE. — CONSTITUTION PHYSIQUE DES HABITANTS. *La teinte sombre répond aux plus mauvaises constitutions.*

Pour obtenir 1,000 recrues, dans le département de l'*Aube*, il faut prononcer 1,109 exemptions pour causes physiques autres que pour défaut de taille, tandis que dans celui du *Morbihan* 243 seulement sont nécessaires ; le premier département a donc 4 fois et demi plus de vices de constitution que le second. — La Bretagne et nos

---

(1) La taille moyenne constatée aux recrutements de 1825 à 1833 donne, pour les 10 départements où la taille est la plus grande, 1 m. 672 mil., et seulement 1 m. 639 mil. pour les 10 départements où la taille est la plus petite. Le département du *Nord*, dont les recrues ont 1 m. 682 mil., et celui du *Morbihan*, dont les recrues n'ont que 1 m. 633 mil., sont les deux termes extrêmes de ces 20 départements.

frontières suisses paraissent être les parties les plus favorisées du royaume sous le rapport de la bonté de la constitution.

Si nous comparons les 5e et 6e cartes, nous voyons que les habitants du midi de la France sont de petite taille ; mais ils sont en général bien plus robustes que ceux du nord dont la constitution est mauvaise. — On compte en moyenne, pour toute la France, 667 exemptions pour causes physiques autres que pour défaut de taille, pour obtenir 1,000 recrues. Nous avons vu à la carte précédente que les exemptions de cette dernière nature montent à 260. Il y a donc 927 exemptions pour causes physiques de toute nature, pour obtenir 1,000 recrues ; c'est 48 pour cent des jeunes gens examinés sous le rapport physique.

7e CARTE. — DURÉE DE LA VIE MOYENNE. *La teinte sombre répond à la moindre durée de la vie.*

7e CARTE. Durée de la vie humaine.

Dans le département de la *Seine*, la vie moyenne n'est que de 28 ans 8 mois ; elle est de 49 ans 2 mois dans celui de l'*Orne* ; on voit par là quelle énorme différence il existe entre les chances de longévité pour les diverses parties du royaume.

Nous ne savons comment expliquer plusieurs anomalies qui se rapportent à la vie humaine ; ainsi les habitants de la Bretagne (comme on peut le voir en jetant un coup-d'œil sur la 6e carte) sont de très-robuste constitution ; et pourtant nous voyons par la 7e carte qu'ils ont une vie fort courte. Ainsi encore la vie des habitants des montagnes est plus longue que celle des habitants des plaines, si nous en jugeons par le département du *Cantal* et par la plupart de ceux qui bordent les Pyrénées, tandis que si nous considérons ceux qui bordent les Alpes, dont la vie est fort courte, nous arrivons à un résultat contraire. Ainsi enfin la durée de la vie est remarquablement longue dans le bassin de la Garonne, tandis qu'elle est fort courte dans l'autre bassin du midi (celui du Rhône), qui est soumis aux mêmes influences de température. — Les habitants des départements de l'*Orne*, du *Calvados*, de la *Manche*, de l'*Eure*, de *Maine-et-Loire*, d'*Indre-et-Loire*, de *Lot-et-Garonne* et de *Tarn-et-Garonne*, ont une vie moyenne fort longue (43 ans 10 mois) ; et pourtant si l'on examine la 2e carte, on voit que l'accroissement de la population est très-lent dans ces huit départements. La population y est considérable, car on y compte 7,232 habitants par myriamètre carré. Tout nous porte à croire que le nombre des habitants de ces départements est à peu près fixé ou variera peu. — La durée de la vie moyenne pour toute la France est de 36 ans 7 mois.

8e CARTE. — NOURRITURE (en céréales). *Les parties du royaume où l'on se nourrit le plus mal sont celles où, proportion gardée, l'on consomme le plus de grains autres que le froment et le méteil. La teinte sombre répond à ces départements.*

8e CARTE. Nourriture en céréales.

Lorsqu'on consomme un hectolitre de froment ou méteil dans les départements du *Nord* ou de la *Creuse*, on ne consomme que 6 centièmes d'hectolitre d'autres grains dans le premier de ces départements, tandis que, dans la *Creuse*, on en consomme plus de 15 hectolitres! Ce fait montre combien les diverses parties du royaume sont peu homogènes. — L'Auvergne paraît être le centre de la partie de la France où l'on se nourrit le plus mal. Les habitants de la Bretagne et ceux des Pyrénées ne se nourrissent guères mieux.

Si nous comparons la 8ᵉ carte à la précédente, nous voyons que la bonne ou la mauvaise nourriture en céréales n'a pas d'influence sur la durée de la vie. — La 5ᵉ carte, qui indique les petites tailles, a beaucoup d'analogie avec celle que nous examinons; mais cette dernière en a fort peu avec la 6ᵉ, qui nous donne les mauvaises constitutions: d'où il semblerait ressortir que, *dans les pays où l'on consomme peu de froment, les hommes sont plus petits, mais beaucoup plus robustes. Ce fait nous paraît assez général; mais nous ne le comprenons pas.* —On consomme en France, en moyenne, pour un hectolitre de froment et méteil, 82 centièmes d'hectolitre de grains inférieurs.

9ᵉ CARTE. Instruction primaire.

9ᵉ CARTE. — INSTRUCTION PRIMAIRE. *La teinte sombre répond au plus haut degré d'ignorance.*

Le département de la *Corrèze* ayant 82 ignorants sur 100 habitants, tandis que celui du *Jura* n'en compte que 17, on voit que, dans le premier département, il y a cinq fois plus d'ignorance que dans le deuxième.—Le degré d'ignorance d'une grande partie des habitants de la France a quelque chose de vraiment incroyable; car encore actuellement, puisqu'il n'y a en moyenne que 49 recrues sachant écrire ou lire sur cent, on doit croire que plus de la moitié de la population ne possède pas les premiers éléments de l'instruction primaire.

Si nous comparons la carte de l'instruction primaire à la 3ᵉ et à la 8ᵉ, nous trouvons beaucoup de rapports entre les départements les plus ignorants, ceux où l'on compte le plus d'agriculteurs et ceux où l'on se nourrit le plus mal.

10ᵉ CARTE. Combien de portes et fenêtres imposables en 1831 pour 100 habitants.

10ᵉ CARTE. — PORTES ET FENÊTRES, EN 1831. *La teinte sombre répond aux départements où, sur 100 habitants, l'on compte le moins d'ouvertures aux maisons.*

Dans le département de l'*Eure*, pour 100 habitants, on compte 197 portes ou fenêtres imposables, tandis que, dans celui des *Côtes-du-Nord*, il n'y en a que 61; on voit donc que les maisons de ce premier département sont trois fois mieux éclairées que celles du second.

En comparant les 9ᵉ et 10ᵉ cartes, on voit une analogie frappante entre les départements où il y a le plus d'ignorance et ceux où les maisons sont le plus mal éclairées.— D'après ce que nous avons dit sur la 9ᵉ carte et ce que la 10ᵉ nous apprend, il paraît que l'ignorance, le plus grand nombre d'agriculteurs, la mauvaise qualité des aliments et le mauvais état des logements marchent ordinairement ensemble et se rencontrent au midi de la France. — Pour chaque centaine d'habitants, on comptait en 1831, en moyenne dans toute la France, 112 portes ou fenêtres imposables.

11ᵉ CARTE. Bâtards ou naissances naturelles.

11ᵉ CARTE. — BATARDS OU NAISSANCES NATURELLES. *La teinte sombre répond au plus grand nombre de bâtards.*

Le département d'*Ille-et-Vilaine* n'ayant que 20 bâtards sur 1,000 naissances de toute nature, tandis que celui du *Rhône* en a 142, on voit que, même en excluant le département de la *Seine*, il y a des parties du territoire qui ont sept fois plus de bâtards que d'autres : c'est le cas du département du *Rhône*. — L'examen de cette carte prouve combien il est difficile d'assigner des causes générales aux faits qui se rattachent à la production des bâtards. On en compte en moyenne 7 pour cent dans tout le royaume, et 31 pour cent à Paris.

12e CARTE. — ENFANTS TROUVÉS. *La teinte sombre répond au plus grand nombre d'enfants trouvés.*

12 CARTE. Enfants trouvés et abandonnés.

On ne peut comparer les départements que par masses, lorsqu'il s'agit des enfants trouvés ; car souvent ceux d'un département sont portés à l'hospice du département voisin. — L'examen de la 12e carte prouve que le nord de la France compte beaucoup moins d'enfants trouvés que le midi ; et pourtant si l'on compare les 11e et 12e cartes, on voit que c'est en général le nord qui compte le plus de bâtards. Il est donc évident que les habitants du midi ont beaucoup plus de tendance que ceux du nord à abandonner leurs enfants ; nous citerons, comme preuve à l'appui de cette opinion, les départements du *Bas-Rhin*, du *Pas-de-Calais* et de la *Haute-Saône*, qui, pour 1,000 naissances de toute nature, comptent en moyenne 94 bâtards et seulement 11 enfants trouvés, tandis que, sur ce même nombre de naissances, la moyenne des départements de la *Charente*, de l'*Aveyron*, de *Vaucluse* et des *Basses-Alpes*, est de 58 bâtards pour lesquels on compte 53 enfants trouvés. Ainsi, dans les trois premiers départements, pour 100 bâtards on ne compte que 12 enfants trouvés, tandis que, dans les quatre départements méridionaux, pour ce même nombre de bâtards, on compte plus de 91 abandons. Cette tendance est générale ; nous venons d'en indiquer les termes extrêmes. — Sur 100 naissances de toute espèce, on compte en moyenne 3 et 1/2 enfants trouvés ; à Paris, cette proportion est de 16 pour cent.

13e CARTE. — ACCUSÉS DE CRIME. *La teinte sombre est affectée aux départements qui comptent le plus d'accusés de crime.*

13e CARTE. Accusés de crime, de 1828 à 1832.

Le département de la *Seine* comptant un accusé de crime pour 2,702 habitants, tandis que celui de l'*Ain* n'en compte qu'un pour 9,394 habitants, on voit que, dans le premier département, il y a près de quatre fois plus d'accusés de crime que dans le dernier. Le nord de la France et le Languedoc sont les parties du royaume où la moralité, sous le rapport des crimes, est la moins bonne.

Si l'on compare cette carte à la 9e qui indique le degré de l'instruction primaire de chaque département, on voit que les pays où les habitants sont le plus éclairés sont en général ceux qui produisent le plus d'accusés de crime. — On peut aussi voir, en examinant la 8e carte, que les pays pauvres, où la nourriture des habitants est mauvaise, ont moins de criminels que les pays où l'aisance est plus répandue. — Cette même réflexion s'applique, mais à un moindre degré, aux pays industriels, ainsi qu'on peut le voir en examinant la 4ᵉ carte qui a rapport à l'industrie. — On compte en moyenne, pour toute la France, un accusé de crime pour 4,552 habitants.

14ᵉ CARTE.
Esprit de chicane déduit du nombre des procès civils de 1832 à 1833.

14ᵉ CARTE. — ESPRIT DE CHICANE. *La teinte sombre est affectée aux départements où les procès civils sont le plus nombreux.*

Le département de la *Lozère* comptant un procès civil par 69 habitants, tandis que, dans le département du *Finistère*, il y en a un par 1547 habitants, on voit qu'à population égale le premier département compte 22 fois plus de procès que le dernier. — Dans le midi, l'Auvergne et les Cévennes paraissent être le centre du plus grand développement de l'esprit de chicane ; dans le nord, c'est la Normandie. — Il résulte de l'examen de la 14ᵉ carte que les habitants des pays montueux et pauvres ont une tendance plus prononcée que les autres à faire valoir leurs droits judiciairement.

En comparant les 13ᵉ et 14ᵉ cartes, on voit que la Bretagne et l'ouest de la France ont un esprit de chicane peu développé et que les crimes y sont rares. —En moyenne, on compte dans toute la France un procès civil par 261 habitants.

15ᵉ CARTE.
Insoumis au recrutement de l'armée.

15ᵉ CARTE. — INSOUMIS AU RECRUTEMENT. *La teinte sombre répond aux départements qui comptent le plus d'insoumis.*

Le midi de la France, nos frontières des Pyrénées et des Alpes, et particulièrement l'Auvergne sont les pays où il y a le plus de répugnance à se soumettre à la loi du recrutement ; la Normandie, dans le nord, est dans le même cas.

En comparant cette carte à la 14ᵉ, on voit une grande analogie entre les départements pour le développement de l'esprit de chicane et de celui de la résistance à la loi du recrutement : cette analogie s'observe entre les parties les plus dissemblables du royaume, telles que l'Auvergne et la Normandie ; nous nous expliquons difficilement les rapports moraux qui existent entre ces deux anciennes provinces.

16ᵉ CARTE.
Frais de poursuite pour la rentrée des impôts directs.

16ᵉ CARTE. — FRAIS DE POURSUITE POUR LA RENTRÉE DES IMPÔTS DIRECTS. *La teinte sombre répond aux départements où il faut faire le plus de frais.*

Dans le département de *Maine-et-Loire*, pour percevoir 1,000 fr. d'impôts directs, on ne fait que 0 fr. 90 cent. de frais ; on en fait au contraire pour 9 fr. dans le département de la *Charente-Inférieure* ; la perception des impôts est donc dix fois plus difficile dans ce dernier département que dans le premier.

La carte dont nous nous occupons, comparée à la 14ᵉ et à la 15ᵉ, prouve que les habitants du midi du royaume sont plus difficiles à gouverner que ceux du nord, où pourtant il se commet plus de crimes. — On compte en moyenne pour toute la France 3 fr. 40 cent. de frais de poursuites pour 1,000 fr. d'impôts directs à percevoir.

Nous venons de faire connaître brièvement le but de chaque carte. Nous avons placé en regard celles qui ont entre elles des rapports plus spéciaux, afin que l'œil pût mieux comparer les faits qui s'y rapportent. Passons à l'examen de ces cartes.

STATISTIQUE
de la Population Française.

1re CARTE.

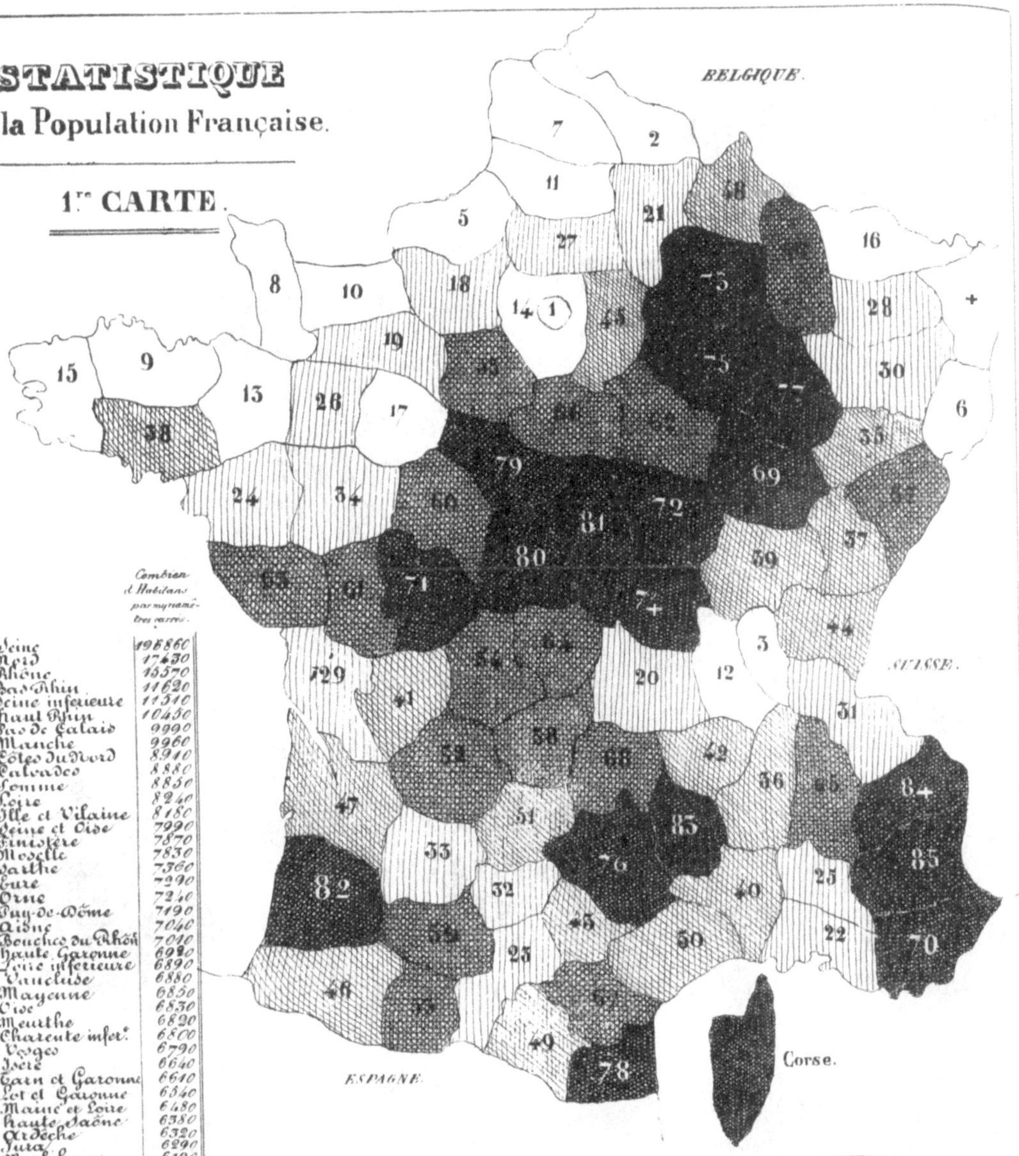

Série			Combien d'Habitans par myriamètres carrés.
1re Série	1	Seine	196860
	2	Nord	17430
	3	Rhône	15570
	4	Bas Rhin	11620
	5	Seine inferieure	11510
	6	Haut Rhin	10450
	7	Pas de Calais	9990
	8	Manche	9960
	9	Côtes du Nord	8910
	10	Calvados	8880
	11	Somme	8850
	12	Loire	8240
	13	Ille et Vilaine	8180
	14	Seine et Oise	7990
	15	Finistère	7870
	16	Moselle	7830
	17	Sarthe	7360
2e Série	18	Eure	7290
	19	Orne	7240
	20	Puy-de-Dôme	7190
	21	Aisne	7040
	22	Bouches du Rhône	7010
	23	Haute Garonne	6980
	24	Loire inferieure	6890
	25	Vaucluse	6880
	26	Mayenne	6850
	27	Oise	6830
	28	Meurthe	6820
	29	Charente infer.e	6800
	30	Vosges	6790
	31	Isère	6640
	32	Tarn et Garonne	6610
	33	Lot et Garonne	6540
	34	Maine et Loire	6480
3e Série	35	Haute Saône	6380
	36	Ardèche	6320
	37	Jura	6290
	38	Morbihan	6190
	39	Saône et Loire	6120
	40	Gard	6040
	41	Charente	6010
	42	Haute Loire	5860
	43	Tarn	5850
	44	Ain	5840
	45	Seine et Marne	5730
	46	Basses Pyrenées	5720
	47	Gironde	5680
	48	Ardennes	5590
	49	Ariège	5560
	50	Herault	5540
	51	Lot	5400
4e Série	52	Dordogne	5270
	53	Hautes Pyrenées	5150
	54	Haute Vienne	5140
	55	Eure et Loir	5080
	56	Meuse	5070
	57	Doubs	[illegible]
	58	Corrèze	5060
	59	Gers	4980
	60	Indre et Loire	4860
	61	Deux Sèvres	4850
	62	Yonne	4840
	63	Vendée	4840
	64	Creuse	4750
	65	Drôme	4580
	66	Loiret	4570
	67	Aude	4430
	68	Cantal	4430
5e Série	69	Côte d'or	4390
	70	Var	4370
	71	Vienne	4180
	72	[illegible]	4130
	73	Marne	4130
	74	Allier	4190
	75	Aube	4050
	76	Aveyron	4040
	77	Haute Marne	3990
	78	Pyrenées Orient.	3810
	79	Loir et Cher	3770
	80	Indre	3560
	81	Cher	3550
	82	Landes	3080
	83	Lozère	2720
	84	Hautes Alpes	2330
	85	Basses Alpes	2280
		Corse	2230
		Départem.t moyen	6171

POPULATION.

Habitans par myriamètres carrés en 1831.

Il y a cinq teintes chaque teinte comprend 17 département la teinte sombre repond au minimum de population.

STATISTIQUE
de la Population Française.

2e CARTE.

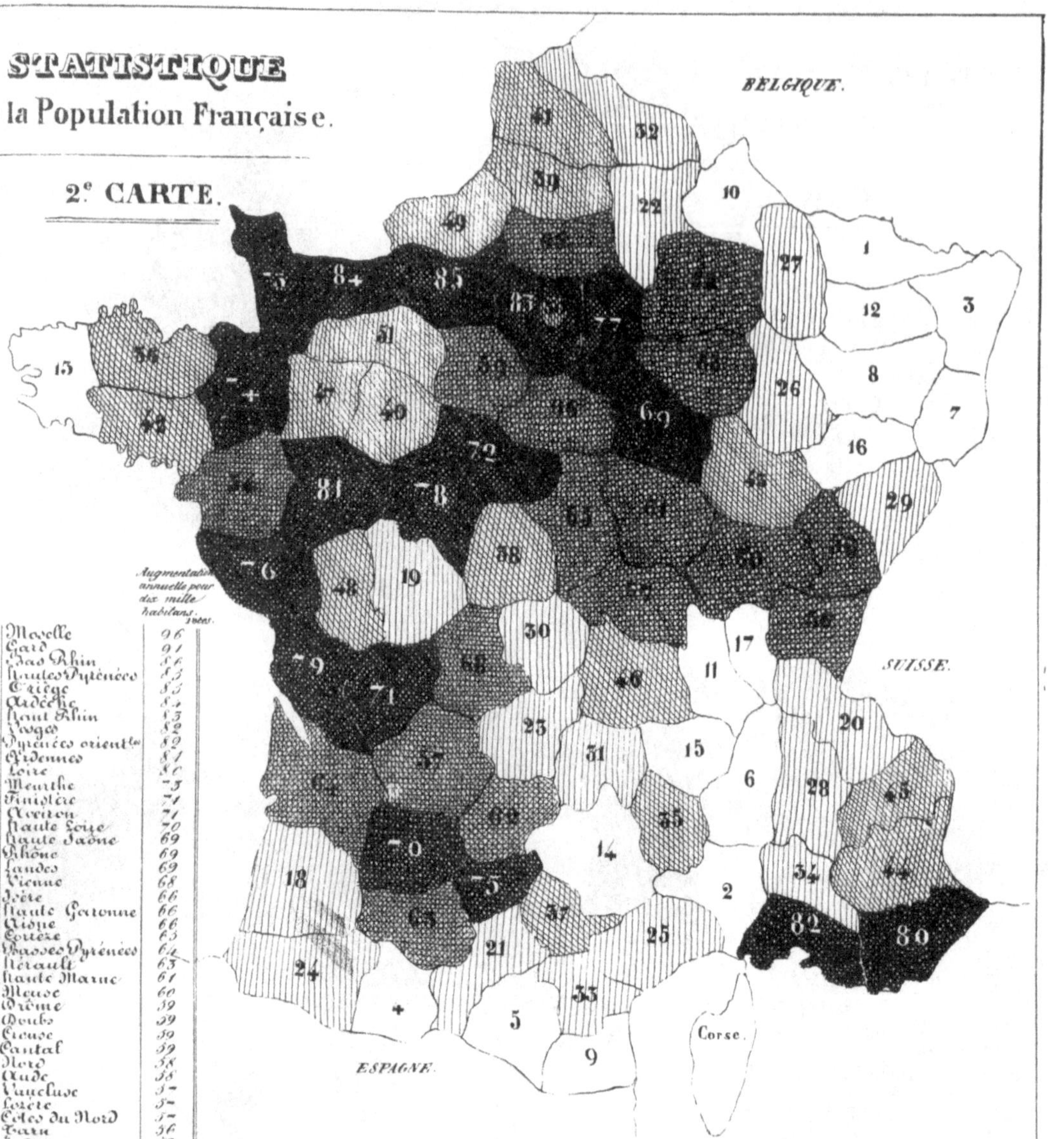

		Augmentation annuelle pour dix mille habitans. têtes.
1	Moselle	96
2	Gard	91
3	Bas Rhin	86
4	Hautes Pyrénées	85
5	Ariège	85
6	Ardèche	84
7	Haut Rhin	83
8	Vosges	82
9	Pyrénées orientles	82
10	Ardennes	81
11	Loire	80
12	Meurthe	73
13	Finistère	71
14	Aveiron	71
15	Haute Loire	70
16	Haute Saône	69
17	Rhône	69
18	Landes	69
19	Vienne	68
20	Isère	66
21	Haute Garonne	66
22	Aisne	66
23	Corrèze	65
24	Basses Pyrénées	64
25	Hérault	63
26	Haute Marne	61
27	Meuse	60
28	Drôme	59
29	Doubs	59
30	Creuse	59
31	Cantal	59
32	Nord	58
33	Aude	58
34	Vaucluse	57
35	Lozère	57
36	Côtes du Nord	57
37	Tarn	56
38	Indre	52
39	Somme	48
40	Sarthe	48
41	Pas de Calais	48
42	Morbihan	48
43	Côte d'or	48
44	Basses Alpes	46
45	Hautes Alpes	45
46	Puy-de-Dome	42
47	Mayenne	40
48	Deux Sèvres	39
49	Seine inferieure	37
50	Seine	35
51	Orne	35
52	Marne	34
53	Aube	34
54	Loire inferieure	33
55	Cher	33
56	Ain	33
57	Dordogne	32

		Têtes
58	Jura	30
59	Eure et Loir	30
60	Saône et Loire	28
61	Nièvre	28
62	Lot	27
63	Gers	27
64	Gironde	24
65	Oise	23
66	Loiret	23
67	Allier	23
68	Haute Vienne	22
69	Yonne	21
70	Lot et Garonne	21
71	Charente	20
72	Loir et Cher	19
73	Manche	18

		Têtes
74	Ille et Vilaine	18
75	Tarn et Garonne	17
76	Vendée	15
77	Seine et Marne	15
78	Indre et Loire	15
79	Charente infer.	15
80	Var	14
81	Maine et Loire	14
82	Bouches du Rhône	12
83	Seine et Oise	9
84	Calvados	6
85	Eure	2
	Corse	39
	Départemt moyen	40

POPULATION

Augmentation annuelle de la population de 1825 a 1832 pour dix mille habitans.

Il y a cinq teintes chaque teinte comprend 17 departemt la teinte sombre repond au minimum d'augmentation

STATISTIQUE
de la Population Française.

3.e CARTE

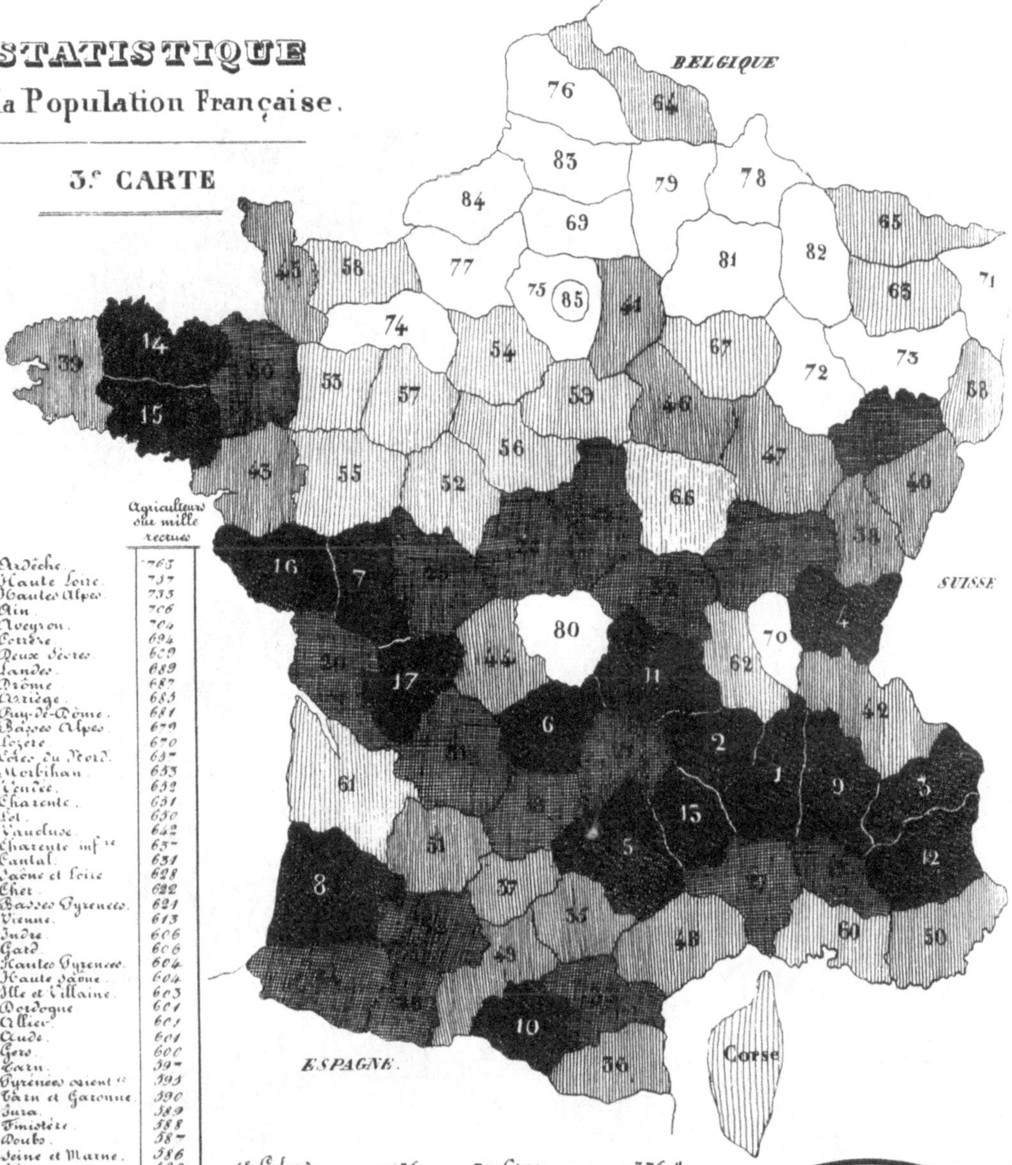

Série	N°	Département	Agriculteurs sur mille recrues
1re Série	1	Ardèche.	763
	2	Haute Loire.	737
	3	Hautes Alpes.	733
	4	Ain.	706
	5	Aveyron.	704
	6	Corrèze.	694
	7	Deux Sèvres.	689
	8	Landes.	689
	9	Drôme.	687
	10	Arriège.	683
	11	Puy-de-Dôme.	681
	12	Basses Alpes.	679
	13	Lozère.	670
	14	Côtes du Nord.	657
	15	Morbihan.	653
	16	Vendée.	652
	17	Charente.	651
2me Série	18	Lot.	650
	19	Vaucluse.	642
	20	Charente infre.	637
	21	Cantal.	631
	22	Saône et Loire.	628
	23	Cher.	622
	24	Basses Pyrenées.	621
	25	Vienne.	613
	26	Indre.	606
	27	Gard.	606
	28	Hautes Pyrenées.	604
	29	Haute Saône.	604
	30	Ille et Villaine.	603
	31	Dordogne.	601
	32	Allier.	601
	33	Aude.	601
	34	Gers.	600
3me Série	35	Tarn.	597
	36	Pyrénées orientles.	595
	37	Tarn et Garonne.	590
	38	Jura.	589
	39	Finistère.	588
	40	Doubs.	587
	41	Seine et Marne.	586
	42	Isère.	580
	43	Loire infre.	574
	44	Haute Vienne.	572
	45	Manche.	558
	46	Yonne.	552
	47	Côte d'or.	550
	48	Hérault.	545
	49	Haute Garonne.	544
	50	Var.	539
	51	Lot et Garonne.	531
	52	Indre et Loire.	520
4me Série	53	Mayenne.	515
	54	Eure et Loir.	514
	55	Maine et Loire.	495
	56	Loir et Cher.	486
	57	Sarthe.	479
	58	Calvados.	476
	59	Loiret.	471
	60	Bouches du Rhône.	462
	61	Gironde.	461
	62	Loire.	446
	63	Meurthe.	433
	64	Nord.	433
	65	Moselle.	425
	66	Nièvre.	411
	67	Aube.	408
	68	Haut Rhin.	402
5me Série	69	Oise.	395
	70	Rhône.	395
	71	Bas Rhin.	386
	72	Haute Marne.	380
	73	Vosges.	377
	74	Orne.	376
	75	Seine et Oise.	330
	76	Pas de Calais.	324
	77	Eure.	322
	78	Ardennes.	289
	79	Aisne.	288
	80	Creuse.	284
	81	Marne.	269
	82	Meuse.	250
	83	Somme.	180
	84	Seine infre.	108
	85	Seine.	43
		Corse.	468
		Départemt moyen	526

AGRICULTEURS.

Combien d'Agriculteurs sur mille recrues des classes de 1825 à 1833.

Il y a cinq teintes, chaque teinte comprend 17 départements: la teinte sombre répond au maximum d'agriculteurs.

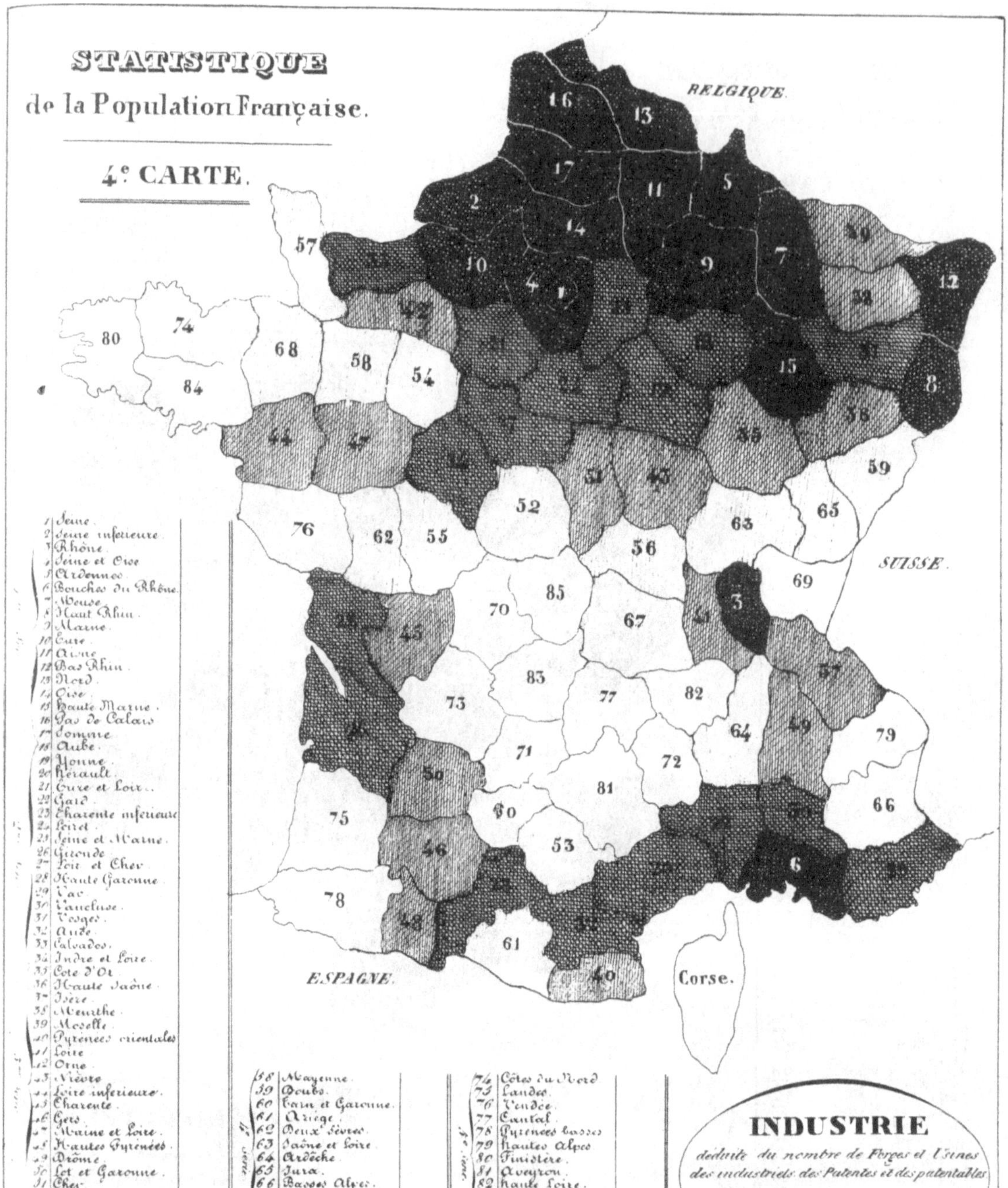
STATISTIQUE
de la Population Française.
4e CARTE.
BELGIQUE.
SUISSE.
ESPAGNE.
Corse.
1 Seine.
2 Seine inferieure.
3 Rhône.
4 Seine et Oise
5 Ardennes.
6 Bouches du Rhône.
7 Meuse.
8 Haut Rhin.
9 Marne.
10 Eure.
11 Aisne.
12 Bas Rhin.
13 Nord.
14 Oise.
15 Haute Marne.
16 Pas de Calais
17 Somme.
18 Aube.
19 Yonne.
20 Hérault.
21 Eure et Loir..
22 Gard.
23 Charente inferieure
24 Loiret.
25 Seine et Marne.
26 Gironde
27 Loir et Cher
28 Haute Garonne.
29 Var.
30 Vaucluse.
31 Vosges.
32 Aude.
33 Calvados.
34 Indre et Loire.
35 Cote d'Or.
36 Haute Saône.
37 Isère.
38 Meurthe.
39 Moselle.
40 Pyrénées orientales
41 Loire
42 Orne.
43 Nièvre.
44 Loire inferieure.
45 Charente.
46 Gers.
47 Maine et Loire.
48 Hautes Pyrénées.
49 Drôme.
50 Lot et Garonne.
51 Cher.
52 Indre
53 Tarn
54 Sarthe
55 Vienne
56 Allier
57 Manche.
58 Mayenne.
59 Doubs.
60 Tarn et Garonne.
61 Ariège.
62 Deux Sèvres.
63 Saône et Loire.
64 Ardèche.
65 Jura.
66 Basses Alpes.
67 Puy de Dôme.
68 Ille et Vilaine.
69 Ain.
70 Haute Vienne.
71 Lot.
72 Lozère.
73 Dordogne.
74 Côtes du Nord.
75 Landes.
76 Vendée.
77 Cantal.
78 Pyrénées basses.
79 Hautes Alpes.
80 Finistère.
81 Aveyron.
82 Haute Loire.
83 Corrèze.
84 Morbihan.
85 Creuse.
Corse.
Départemt. moyen.
INDUSTRIE
déduite du nombre de Forges et Usines des industriels des Patentes et des patentables.
Il y a cinq teintes chaque teinte comprend 17 départemts. la teinte sombre repond au maximum d'industrie.

STATISTIQUE
de la Population Française

5e CARTE.

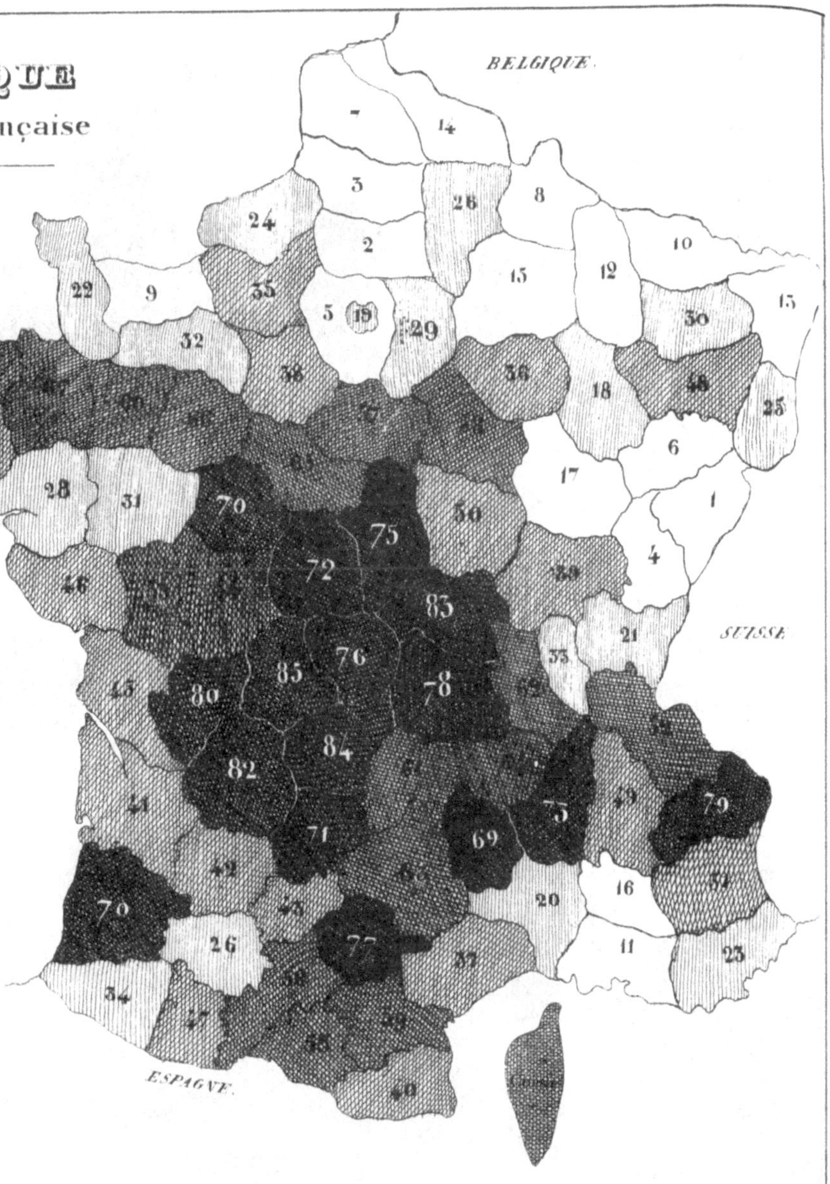

Série	N°	Département	Nombre des Exempts pour mille recrues
1re Série	1	Doubs (1)	73
	2	Oise	104
	3	Somme	117
	4	Jura	119
	5	Seine et Oise	121
	6	haute Saône	125
	7	Pas de Calais	135
	8	Ardennes	137
	9	Calvados	143
	10	Moselle	144
	11	Bouches du Rhône	145
	12	Meuse	152
	13	Bas Rhin	153
	14	Nord	153
	15	Marne	156
	16	Vaucluse	161
	17	Côte d'Or	162
2me Série	18	haute Marne	162
	19	Seine	164
	20	Gard	164
	21	Ain	167
	22	Manche	174
	23	Var	174
	24	Seine inferieure	184
	25	haut Rhin	186
	26	Gers	15[illegible]
	27	Aisne	195
	28	Loire inferieure	196
	29	Seine et Marne	198
	30	Meurthe	199
	31	Maine et Loire	200
	32	Orne	204
	33	Rhone	209
	34	Basses Pyrénées	213
3me Série	35	Eure	219
	36	Aube	219
	37	herault	226
	38	Eure et Loir	227
	39	Saone et Loire	230
	40	Pyrenees orientales	233
	41	Gironde	233
	42	Lot et Garonne	235
	43	Tarn et Garonne	239
	44	Morbihan	24[illegible]
	45	Charente inferieure	253
	46	Vendee	254
	47	hautes Pyrenées	259
	48	Vosges	264
	49	Drôme	266
	50	Nievre	268
	51	Basses Alpes	270
4me Série	52	Isère	273
	53	Deux Sevres	280
	54	Vienne	284
	55	Arriège	287
	56	haute Garonne	293
	57	Loiret	297
	58	Yonne	303
	59	Aude	307
	60	Mayenne	307
	61	Cantal	309
	62	Loire	321
	63	Aveiron	327
	64	haute Loire	331
	65	Loir et Cher	345
	66	Sarthe	345
	67	Ille et Vilaine	349
	68	Côtes du Nord	349
	69	Lozère	355
5e Série	70	Indre et Loire	362
	71	Lot	373
	72	Indre	374
	73	Ardèche	391
	74	Landes	407
	75	Cher	410
	76	Creuse	411
	77	Tarn	418
	78	Puy de Dôme	424
	79	hautes Alpes	471
	80	Charente	485
	81	Finistère	486
	82	Dordogne	519
	83	Allier	543
	84	Corrèze	691
	85	Vienne haute	818
		Corse	305
		Départemt moyen	260

TAILLE.

Combien d'exemptés pour défaut de taille pour mille recrues des classes de 1825 à 1833.

Il y a cinq teinte, chaque teinte comprend 17 Départements, la teinte sombre répond au maximun des exemptions.

(1) Dans le corps de l'ouvrage les Nos sont renversés la haute Vienne prend le No 1.

STATISTIQUE
de la Population Française

6e CARTE.

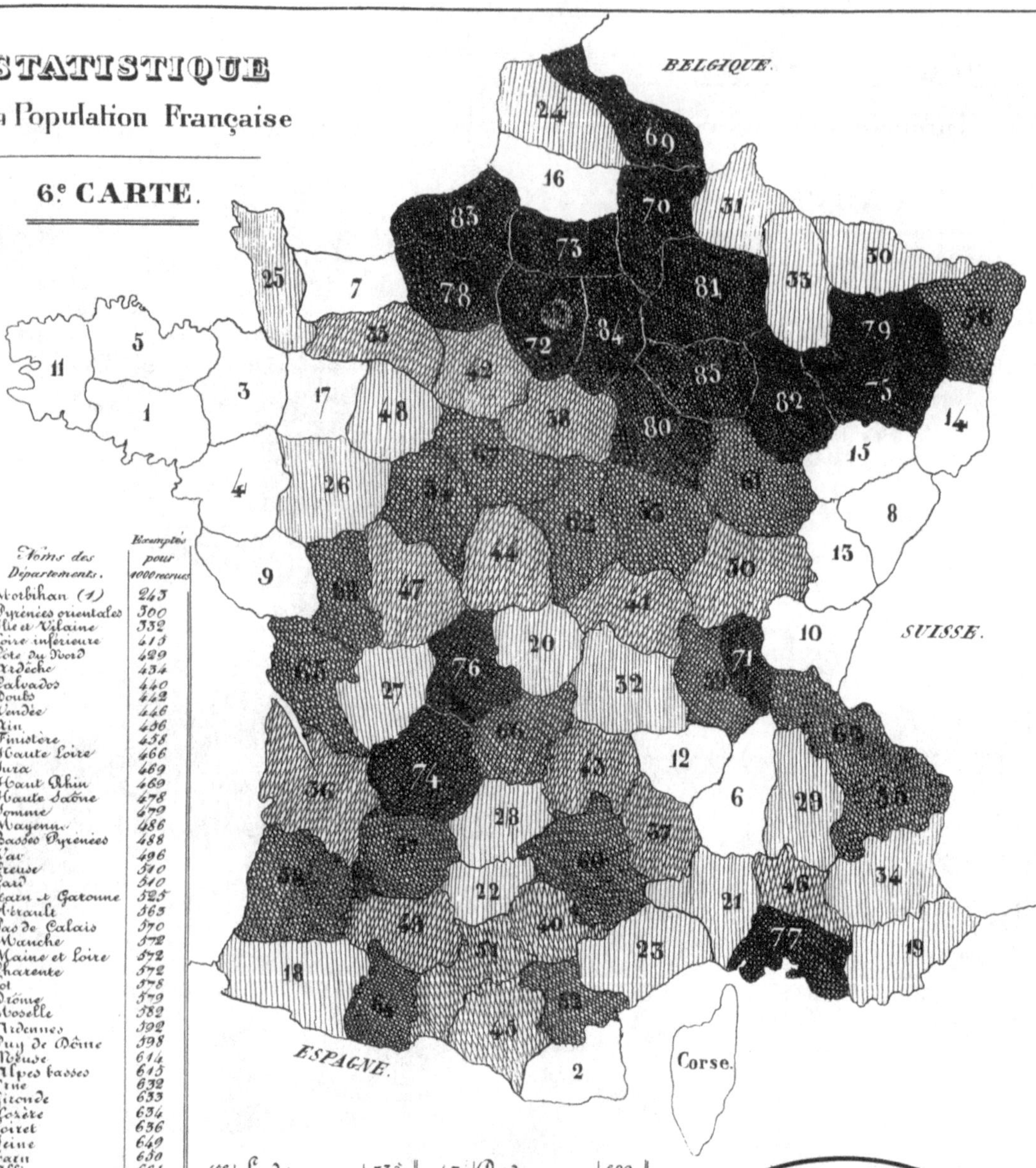

Série	Ordre	Noms des Départements.	Exemptés pour 1000 recrues
	1	Morbihan (1)	243
	2	Pyrénées orientales	300
	3	Ile et Vilaine	332
	4	Loire inférieure	413
	5	Côte du Nord	429
	6	Ardèche	434
	7	Calvados	440
	8	Doubs	442
	9	Vendée	446
	10	Ain	456
	11	Finistère	458
	12	Haute Loire	466
	13	Jura	469
	14	Haut Rhin	469
	15	Haute Saône	478
	16	Somme	479
	17	Mayenne	486
	18	Basses Pyrénées	488
	19	Var	496
	20	Creuse	510
	21	Gard	510
	22	Tarn et Garonne	525
	23	Hérault	563
	24	Pas de Calais	570
	25	Manche	572
	26	Maine et Loire	572
	27	Charente	572
	28	Lot	578
	29	Drôme	579
	30	Moselle	582
	31	Ardennes	592
	32	Puy de Dôme	598
	33	Meuse	614
	34	Alpes basses	615
	35	Orne	632
	36	Gironde	633
	37	Lozère	634
	38	Loiret	636
	39	Seine	649
	40	Tarn	650
	41	Allier	661
	42	Eure et Loir	663
	43	Cantal	665
	44	Indre	667
	45	Ariège	670
	46	Vaucluse	673
	47	Vienne	679
	48	Sarthe	685
	49	Gers	692
	50	Saône et Loire	694
	51	haute Garonne	695
	52	Aude	698
	53	Nièvre	699
	54	Indre et Loire	703
	55	hautes Alpes	706
	56	Bas Rhin	715
	57	Lot et Garonne	728
4e Série	58	Landes	733
	59	Loire	739
	60	Aveiron	752
	61	Cote d'or	766
	62	Cher	772
	63	Isère	773
	64	Hautes Pyrénées	778
	65	Charente infer.e	798
	66	Corèze	800
	67	Loir et Cher	800
	68	Deux Sèvres	822
5e Série	69	Nord	842
	70	Aisne	848
	71	Rhône	869
	72	Seine et Oise	888
	73	Oise	893
	74	Dordogne	899
	75	Vosges	915
	76	Haute Vienne	921
	77	Bouches du Rhône	932
	78	Eure	938
	79	Meurthe	952
	80	Yonne	968
	81	Marne	969
	82	Haute Marne	970
	83	Seine inferieure	1028
	84	Seine et Marne	1031
	85	Aube	1109
		Corse	360
		Départem.t moyen	667

(1) Dans le corps de l'ouvrage les N.os sont renversés l'Aube prend le N.o 1.

CONSTITUTION

Combien d'exemtés pour cause physique (taille exceptée) pour mille recrues des Classes de 1825 à 1833.

Il y a cinq teintes chaque teinte comprend 17 département la teinte sombre répond au maximum des exemptions.

STATISTIQUE
de la Population Française

7e CARTE.

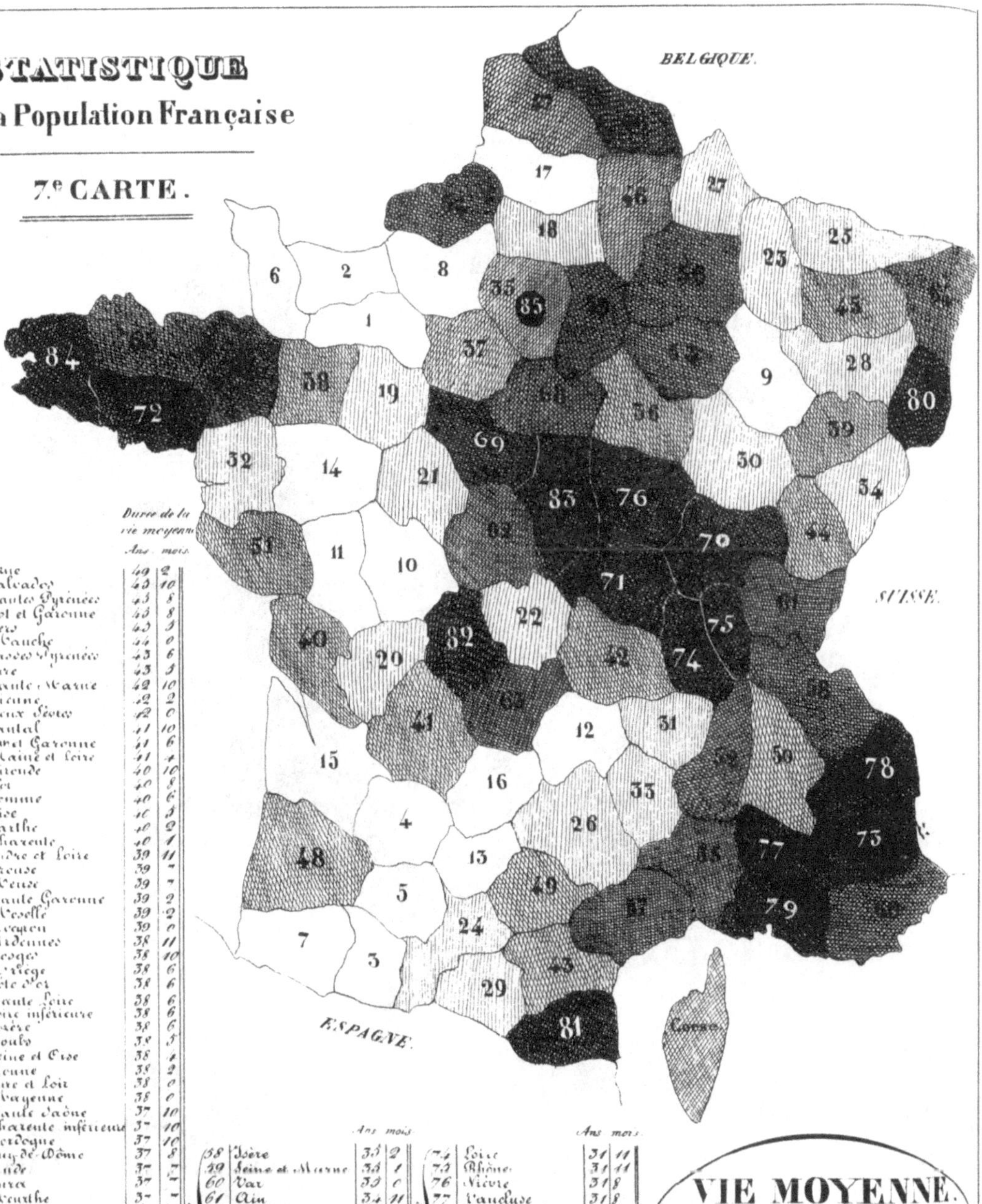

		Durée de la vie moyenne Ans	mois
1re Série	1 Orne	49	2
	2 Calvados	43	10
	3 Hautes Pyrénées	43	8
	4 Lot et Garonne	43	8
	5 Gers	43	5
	6 Manche	44	0
	7 Basses Pyrénées	43	6
	8 Eure	43	5
	9 Haute Marne	42	10
	10 Vienne	42	2
	11 Deux Sèvres	42	0
	12 Cantal	41	10
	13 Tarn et Garonne	41	6
	14 Maine et Loire	41	4
	15 Gironde	40	10
	16 Lot	40	8
	17 Somme	40	6
2e Série	18 Oise	40	5
	19 Sarthe	40	2
	20 Charente	40	1
	21 Indre et Loire	39	11
	22 Creuse	39	7
	23 Meuse	39	7
	24 Haute Garonne	39	2
	25 Moselle	39	2
	26 Aveyron	39	0
	27 Ardennes	38	11
	28 Vosges	38	10
	29 Ariège	38	6
	30 Côte d'or	38	6
	31 Haute Loire	38	6
	32 Loire inférieure	38	6
	33 Lozère	38	6
	34 Doubs	38	5
3e Série	35 Seine et Oise	38	4
	36 Yonne	38	2
	37 Eure et Loir	38	0
	38 Mayenne	38	0
	39 Haute Saône	37	10
	40 Charente inférieure	37	10
	41 Dordogne	37	10
	42 Puy-de-Dôme	37	8
	43 Aude	37	7
	44 Jura	37	7
	45 Meurthe	37	7
	46 Aisne	37	6
	47 Pas de Calais	37	4
	48 Landes	37	2
	49 Tarn	37	2
	50 Drôme	36	11
	51 Vendée	36	7
4e Série	52 Ardèche	36	5
	53 Aube	36	5
	54 Seine inférieure	36	4
	55 Gard	36	2
	56 Marne	35	11
	57 Hérault	35	2

		Ans	mois
4e Série	58 Isère	35	2
	59 Seine et Marne	35	1
	60 Var	35	0
	61 Ain	34	11
	62 Indre	34	7
	63 Corrèze	34	5
	64 Bas Rhin	33	7
	65 Côtes du Nord	33	6
	66 Nord	33	4
	67 Ille et Vilaine	33	1
	68 Loiret	32	11
5e Série	69 Loir et Cher	32	8
	70 Saône et Loire	32	7
	71 Allier	32	4
	72 Morbihan	32	2
	73 Basses Alpes	31	11

		Ans	mois
5e Série	74 Loire	31	11
	75 Rhône	31	11
	76 Nièvre	31	8
	77 Vaucluse	31	8
	78 Hautes Alpes	31	8
	79 Bouches du Rhône	31	5
	80 Haut Rhin	31	2
	81 Pyrénées orientales	31	0
	82 Haute Vienne	30	6
	83 Cher	30	
	84 Finistère	29	6
	85 Seine	28	8
	Corse	37	5
	Départemt. moyen	36	7

VIE MOYENNE.

Durée de la vie moyenne déduite des naissances et des décès des années 1823, 1826, 1828, 1830 et 1832.

Il y a 5 teintes; chaque teinte comprend 17 Départements: la teinte sombre répond au minimum de la vie.

STATISTIQUE de la Population Française.

8e CARTE.

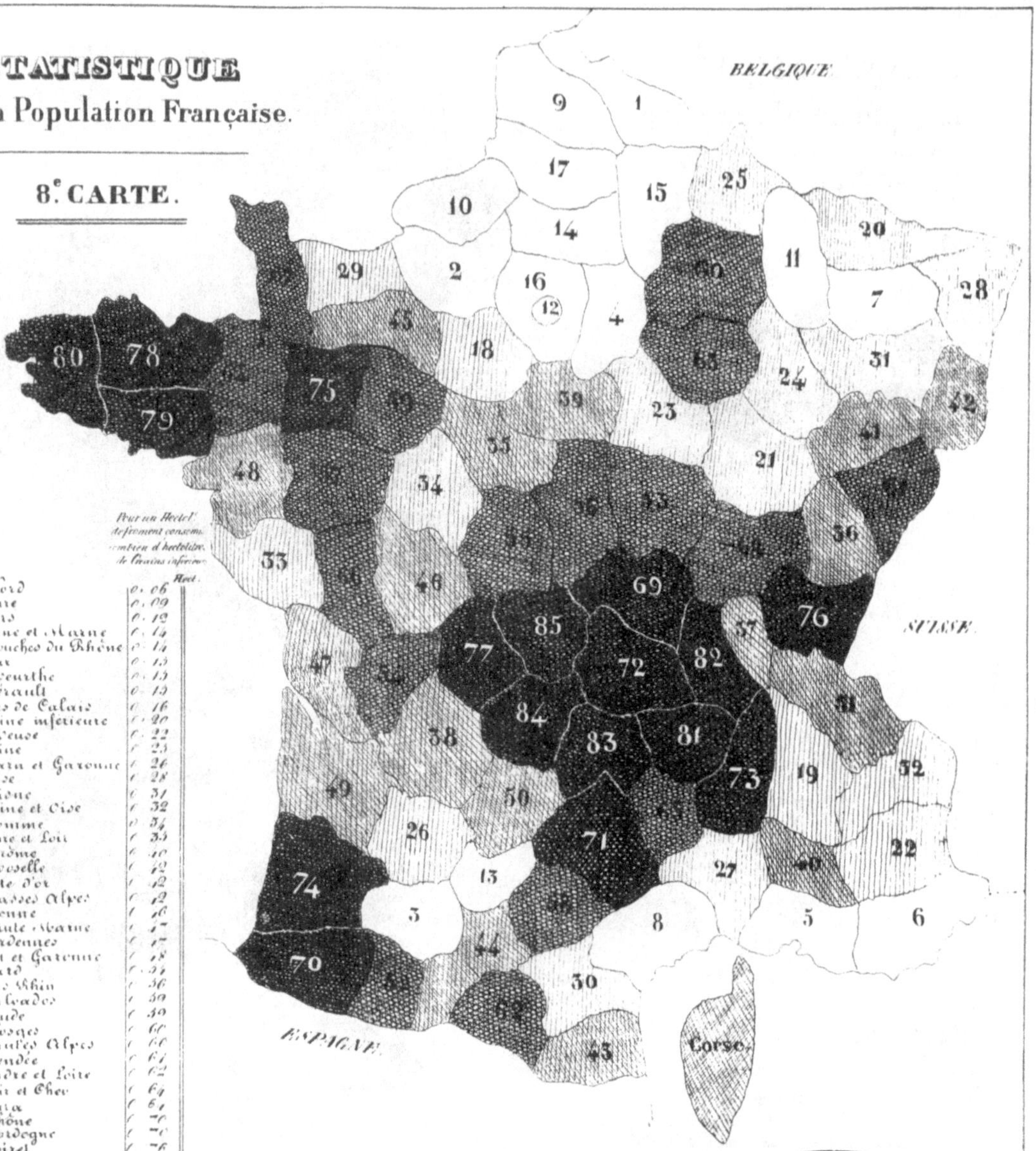

Pour un Hectol. de froment consomm. combien d'hectolitre de Grains inférieurs

		Hect.
1	Nord	0. 06
2	Eure	0. 09
3	Gers	0. 12
4	Seine et Marne	0. 14
5	Bouches du Rhône	0. 14
6	Var	0. 15
7	Meurthe	0. 15
8	Hérault	0. 15
9	Pas de Calais	0. 16
10	Seine inferieure	0. 20
11	Meuse	0. 22
12	Seine	0. 23
13	Tarn et Garonne	0. 26
14	Oise	0. 28
15	Aisne	0. 31
16	Seine et Oise	0. 32
17	Somme	0. 34
18	Eure et Loir	0. 35
19	Drôme	0. 40
20	Moselle	0. 42
21	Côte d'or	0. 42
22	Basses Alpes	0. 42
23	Yonne	0. 46
24	Haute Marne	0. 47
25	Ardennes	0. 47
26	Lot et Garonne	0. 48
27	Gard	0. 54
28	Bas Rhin	0. 56
29	Calvados	0. 59
30	Aude	0. 59
31	Vosges	0. 60
32	Hautes Alpes	0. 60
33	Vendée	0. 61
34	Indre et Loire	0. 62
35	Loir et Cher	0. 64
36	Jura	0. 64
37	Rhône	0. 70
38	Dordogne	0. 70
39	Loiret	0. 76
40	Vaucluse	0. 80
41	Haute Saône	0. 80
42	Haut Rhin	0. 80
43	Pyrénées orientales	0. 82
44	Haute Garonne	0. 83
45	Orne	0. 85
46	Vienne	0. 91
47	Charente inférieure	0. 99
48	Loire inferieure	1. 02
49	Gironde	1. 07
50	Lot	1. 08
51	Isère	1. 08
52	Hautes Pyrénées	1. 10
53	Nièvre	1. 13
54	Charente	1. 13
55	Indre	1. 20
56	Cher	1. 21
57	Maine et Loire	1. 22

Série			Hect.
4e Série	58	Tarn	1. 27
	59	Sarthe	1. 30
	60	Marne	1. 40
	61	Doubs	1. 42
	62	Ariège	1. 42
	63	Aube	1. 38
	64	Ille et Vilaine	1. 66
	65	Lozère	1. 74
	66	Deux Sèvres	1. 80
	67	Manche	1. 87
	68	Saône et Loire	2. 00
5e Série	69	Allier	2. 24
	70	Basses Pyrénées	2. 33
	71	Aveyron	2. 30
	72	Puy-de-Dôme	2. 54
	73	Ardèche	3. 60
5e Série	74	Landes	3. 10
	75	Mayenne	3. 12
	76	Ain	3. 40
	77	Haute Vienne	4. 00
	78	Côtes du Nord	4. 04
	79	Morbihan	4. 60
	80	Finistère	4. 68
	81	Haute Loire	4. 74
	82	Loire	5. 20
	83	Cantal	10. 64
	84	Corrèze	13. 00
	85	Creuse	13. 24
		Corse	1. 94
		Départem.t moyen	1. 82

NOURRITURE.

Combien les habitans ont consommé d'hectolitres de grains inférieurs pour un hectolitre de froment et métel

Il y a cinq teintes, chaque teinte comprend 17 départements, la teinte sombre répond à la plus mauvaise nourriture.

STATISTIQUE de la Population Française.

9e CARTE.

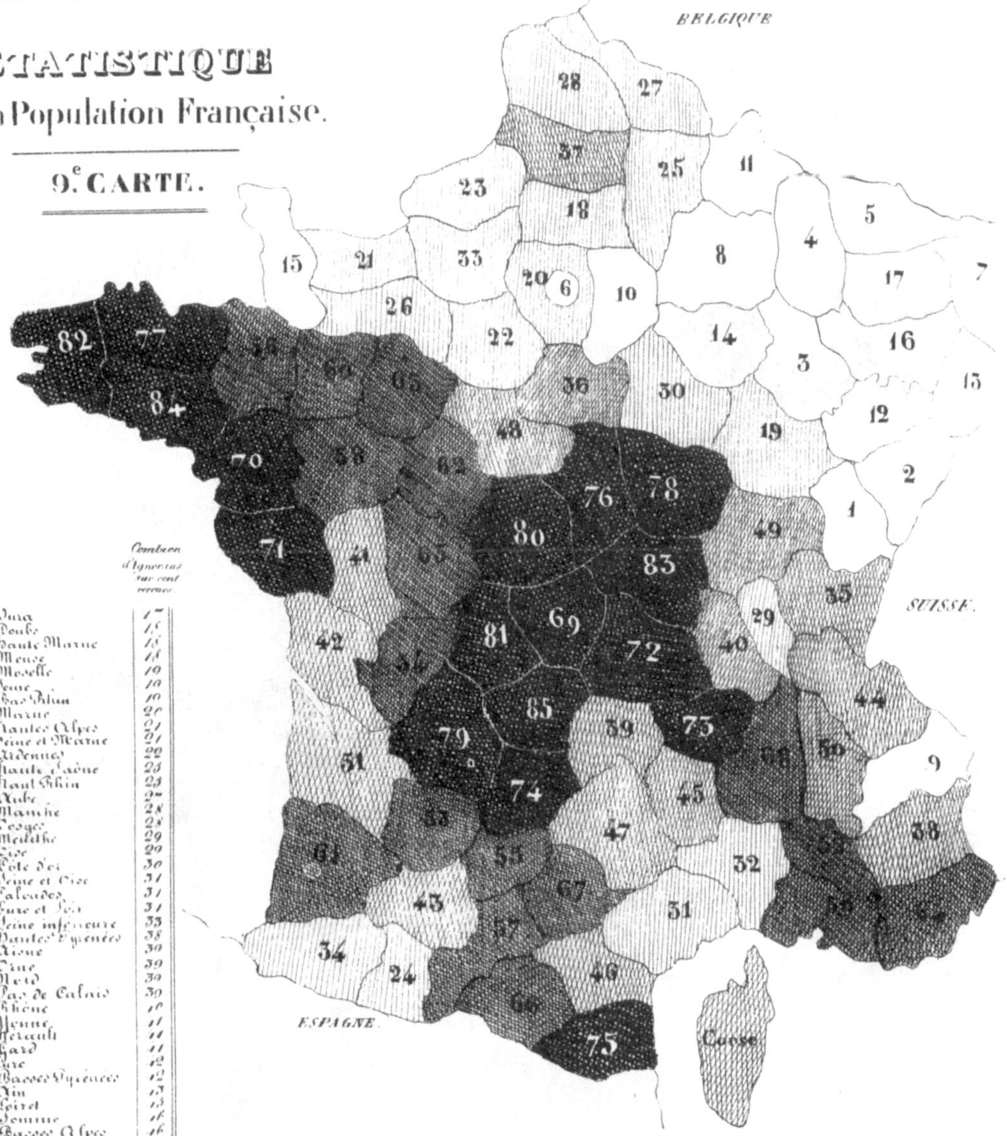

Série	N°	Département	Combien d'ignorans sur cent recrues
1re Série	1	Jura	17
	2	Doubs	18
	3	Haute Marne	18
	4	Meuse	18
	5	Moselle	19
	6	Seine	19
	7	Bas Rhin	19
	8	Marne	20
	9	Hautes Alpes	21
	10	Seine et Marne	21
	11	Ardennes	22
	12	Haute Saône	23
	13	Haut Rhin	23
	14	Aube	27
	15	Manche	28
	16	Vosges	28
	17	Meurthe	29
2me Série	18	Oise	29
	19	Côte d'or	30
	20	Seine et Oise	31
	21	Calvados	31
	22	Eure et Loir	31
	23	Seine inférieure	33
	24	Hautes Pyrénées	38
	25	Aisne	39
	26	Orne	39
	27	Nord	39
	28	Pas de Calais	39
	29	Rhône	40
	30	Yonne	41
	31	Hérault	41
	32	Gard	41
	33	Eure	42
	34	Basses Pyrénées	42
3me Série	35	Ain	43
	36	Loiret	43
	37	Somme	46
	38	Basses Alpes	46
	39	Cantal	47
	40	Loire	49
	41	Deux Sèvres	50
	42	Charente inférieure	51
	43	Gers	51
	44	Isère	51
	45	Lozère	53
	46	Aude	53
	47	Aveyron	53
	48	Loir et Cher	54
	49	Saône et Loire	55
	50	Drôme	55
	51	Gironde	55
4e Série	52	Vaucluse	56
	53	Lot et Garonne	58
	54	Charente	59
	55	Tarn et Garonne	61
	56	Ille et Vilaine	61
	57	Haute Garonne	61
	58	Maine et Loire	62
	59	Bouches du Rhône	62
	60	Mayenne	62
	61	Landes	63
	62	Indre et Loire	63
	63	Sarthe	63
	64	Var	63
	65	Vienne	64
	66	Arriège	66
	67	Tarn	66
	68	Ardèche	66
5e Série	69	Creuse	66
	70	Loire inférieure	66
	71	Vendée	67
	72	Puy de Dôme	70
	73	Haute Loire	70
	74	Lot	70
	75	Pyrénées orient.	70
	76	Cher	74
	77	Côtes du Nord	74
	78	Nièvre	75
	79	Dordogne	75
	80	Indre	76
	81	Haute Vienne	76
	82	Finistère	77
	83	Allier	79
	84	Morbihan	80
	85	Corrèze	82
		Corse	44
		Départem. moyen	49

INSTRUCTION Primaire.

Combien on compte d'ignorans sur 100 recrues des classes de 1830 à 1833

Il y a cinq teintes chaque teinte comprend 17 départements: la teinte sombre répond au maximum d'ignorance.

STATISTIQUE
de la Population Française.

10.e CARTE.

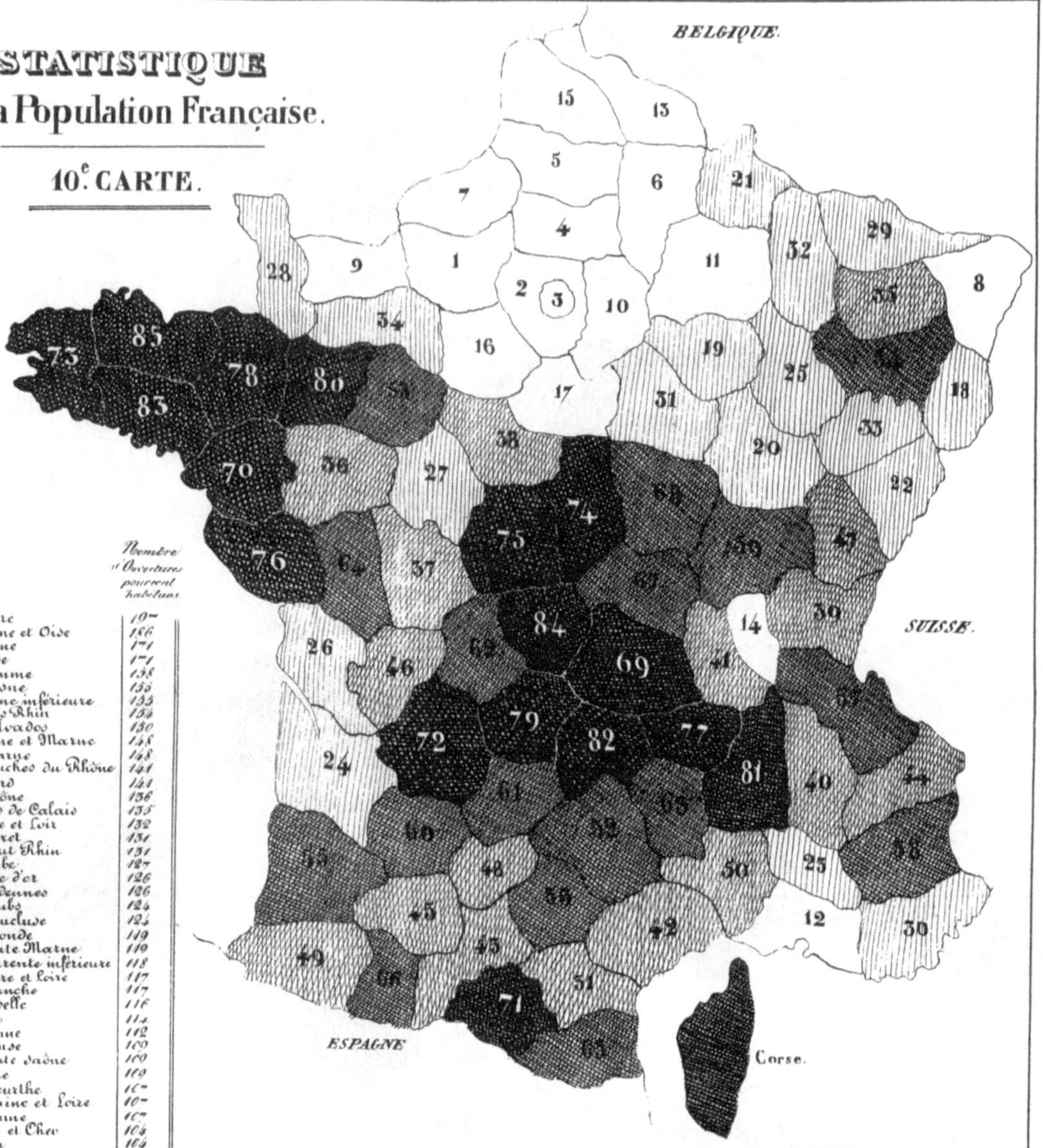

	Départements	Nombre d'Ouvertures pour cent habitans
1	Eure	197
2	Seine et Oise	186
3	Seine	171
4	Oise	171
5	Somme	158
6	Aisne	155
7	Seine inférieure	155
8	Bas Rhin	154
9	Calvados	150
10	Seine et Marne	148
11	Marne	148
12	Bouches du Rhône	141
13	Nord	141
14	Rhône	136
15	Pas de Calais	135
16	Eure et Loir	132
17	Loiret	131
18	Haut Rhin	131
19	Aube	127
20	Côte d'or	126
21	Ardennes	126
22	Doubs	124
23	Vaucluse	124
24	Gironde	119
25	Haute Marne	119
26	Charente inférieure	118
27	Indre et Loire	117
28	Manche	117
29	Moselle	116
30	Var	114
31	Yonne	112
32	Meuse	109
33	Haute Saône	109
34	Orne	109
35	Meurthe	107
36	Maine et Loire	107
37	Vienne	107
38	Loir et Cher	104
39	Ain	104
40	Drôme	103
41	Loire	103
42	Hérault	101
43	Haute Garonne	100
44	Hautes Alpes	99
45	Gers	99
46	Charente	99
47	Jura	99
48	Tarn et Garonne	98
49	Basses Pyrénées	97
50	Gard	97
51	Aude	97
52	Aveyron	97
53	Sarthe	96
54	Vosges	96
55	Landes	95
56	Tarn	95
57	Isère	95
58	Basses Alpes	94
59	Saône et Loire	94
60	Lot et Garonne	94
61	Lot	92
62	Haute Vienne	87
63	Lozère	87
64	Deux Sèvres	87
65	Pyrénées orientales	85
66	Hautes Pyrénées	85
67	Allier	84
68	Nièvre	83
69	Puy-de-Dôme	82
70	Loire inférieure	82
71	Ariège	82
72	Dordogne	80
73	Finistère	79
74	Cher	79
75	Indre	79
76	Vendée	78
77	Haute Loire	76
78	Ille et Vilaine	76
79	Corrèze	73
80	Mayenne	72
81	Ardèche	68
82	Cantal	67
83	Morbihan	66
84	Creuse	63
85	Cotes du Nord	61
	Corse	76
	Départemt. moyen	112

4.me Série. 5.me Série.

PORTES ET FENÊTRES.

Combien de portes et fenêtres en 1831, pour cent habitans.

Il y a cinq teintes; chaque teinte comprend 17 départements; la teinte sombre répond au minimum d'ouvertures.

STATISTIQUE
de la Population Française.

11.e CARTE

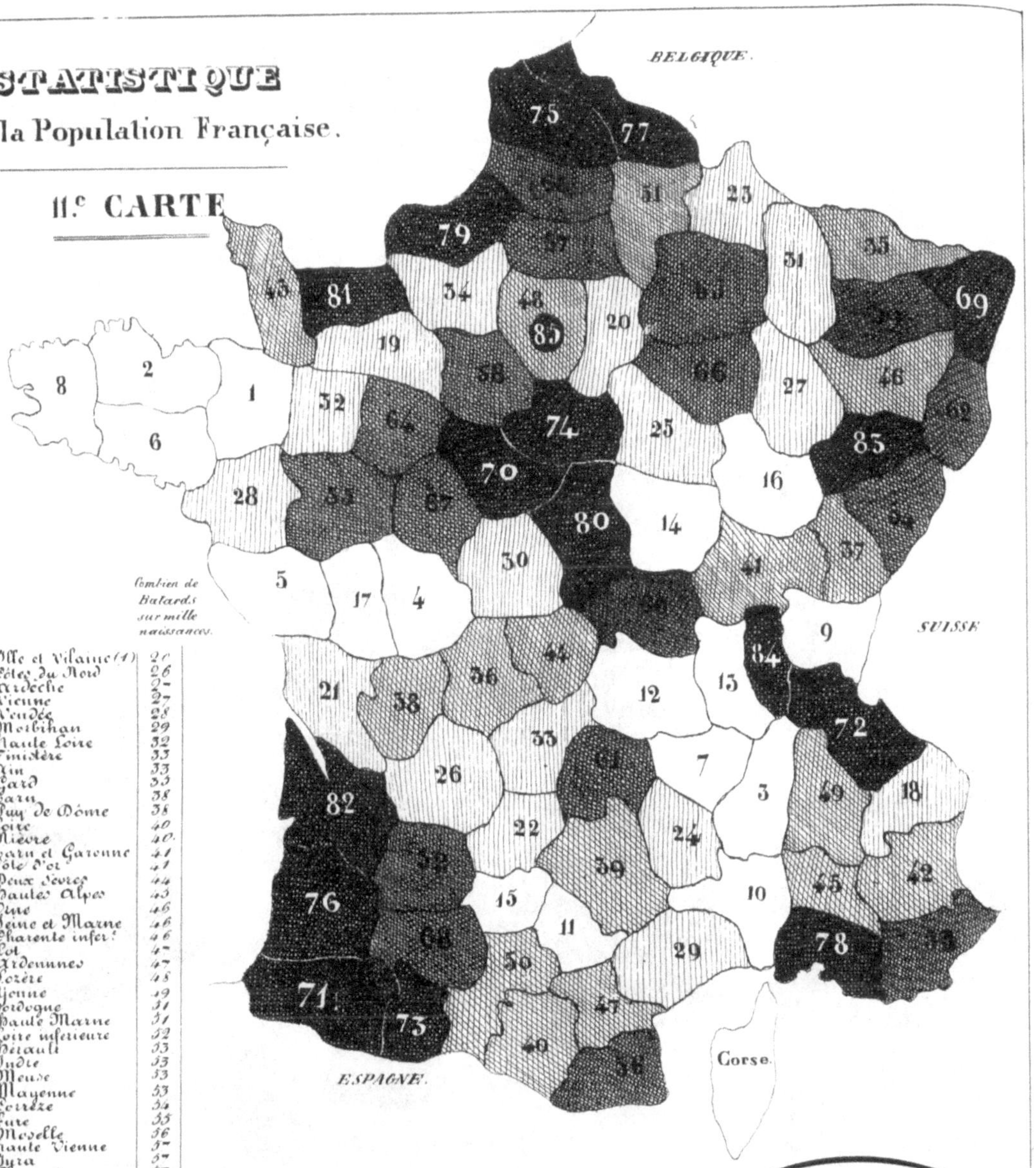

Combien de Batards sur mille naissances.

N°	Département	Batards	Série
1	Ille et Vilaine (1)	26	1re Série
2	Côtes du Nord	26	
3	Ardèche	27	
4	Vienne	27	
5	Vendée	28	
6	Morbihan	29	
7	Haute Loire	32	
8	Finistère	33	
9	Ain	33	
10	Gard	35	
11	Tarn	38	
12	Puy de Dôme	38	
13	Loire	40	
14	Nièvre	40.	
15	Tarn et Garonne	41	
16	Côte d'or	41	
17	Deux Sèvres	44	
18	Hautes Alpes	45	2e Série
19	Orne	46	
20	Seine et Marne	46	
21	Charente infer.e	46	
22	Lot	47	
23	Ardennes	47	
24	Lozère	48	
25	Yonne	49	
26	Dordogne	51	
27	Haute Marne	51	
28	Loire inferieure	52	
29	Hérault	53	
30	Indre	53	
31	Meuse	53	
32	Mayenne	53	
33	Correze	54	
34	Eure	55	
35	Moselle	56	3e Série
36	haute Vienne	57	
37	Jura	57	
38	Charente	57	
39	Aveiron	57	
40	Ariège	58	
41	Saône et Loire	58	
42	Basses Alpes	58	
43	Manche	59	
44	Creuse	61	
45	Vaucluse	61	
46	Vosges	62	
47	Aude	62	
48	Seine et Oise	62	
49	Drôme	62	
50	Haute Garonne	64	
51	Aisne	66	
52	Lot et Garonne	66	4e Série
53	Var	66	
54	Doubs	66	
55	Maine et Loire	67	
56	Pyrénées orient.les	67	
57	Oise	69	
58	Eure et Loir	69	
59	Meurthe	69	
60	Allier	69	
61	Cantal	70	
62	haut Rhin	71	
63	Somme	72	
64	Sarthe	72	
65	Marne	75	
66	Aube	76	
67	Indre et Loire	76	
68	Gers	76	
69	Bas Rhin	76	5e Série
70	Loir et Cher	79	
71	Pyrénées Basses	84	
72	Isère	84	
73	hautes Pyrénées	84	
74	Loiret	85	
75	Pas de Calais	88	
76	Landes	91	
77	Nord	93	
78	Bouches du Rhône	99	
79	Seine inferieure	106	
80	Cher	109	
81	Calvados	113	
82	Gironde	114	
83	Haute Saône	119	
84	Rhône	142	
85	Seine	313	
	Corse	41	
	Départem.t moyen	72	

(1) Dans le corps de l'ouvrage les N.os sont renversés la Seine prend le N.o 1.

BATARDS.

Sur mille naissances de toute nature combien de batards de 1824 à 1832.

Il y a cinq teintes, chaque teinte comprend 17 départem.ts; la teinte sombre répond au maximum des batards.

STATISTIQUE
de la Population Française.

12.e CARTE.

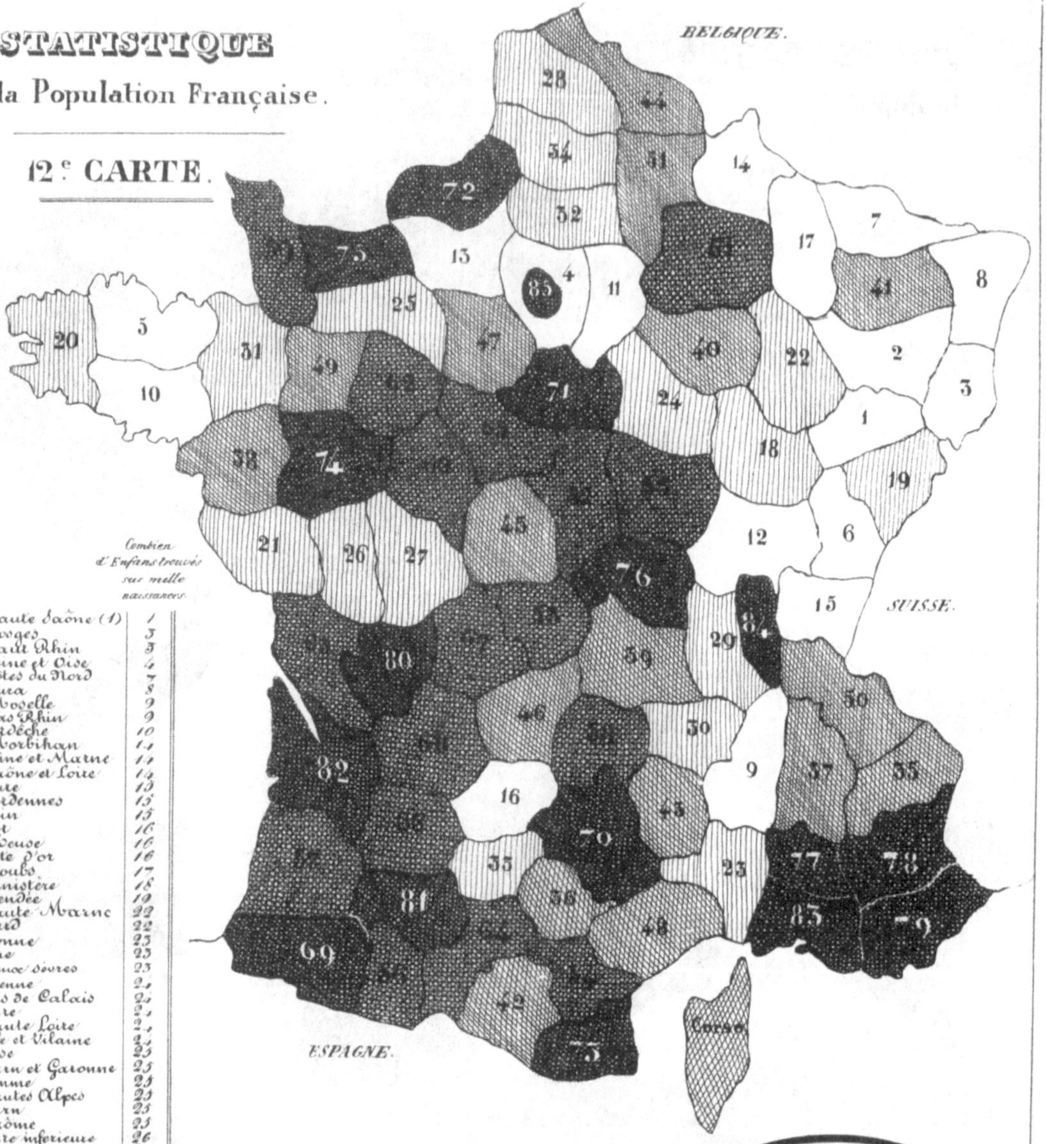

	Combien d'Enfans trouvés sur mille naissances.
1 Haute Saône (1)	1
2 Vosges	3
3 haut Rhin	3
4 Seine et Oise	4
5 Côtes du Nord	7
6 Jura	8
7 Moselle	9
8 Bas Rhin	9
9 Ardèche	10
10 Morbihan	14
11 Seine et Marne	14
12 Saône et Loire	14
13 Eure	15
14 Ardennes	15
15 Ain	15
16 Lot	16
17 Meuse	16
18 Côte d'or	16
19 Doubs	17
20 Finistère	18
21 Vendée	19
22 haute Marne	22
23 Gard	22
24 Yonne	23
25 Orne	23
26 Deux sèvres	23
27 Vienne	24
28 Pas de Calais	24
29 Loire	24
30 Haute Loire	24
31 Ille et Vilaine	24
32 Oise	25
33 Tarn et Garonne	25
34 Somme	25
35 hautes Alpes	25
36 Tarn	25
37 Drôme	25
38 Loire inferieure	26
39 Puy-de-Dôme	27
40 Aube	27
41 Meurthe	28
42 Ariège	28
43 Lozère	28
44 Nord	28
45 Indre	28
46 Corrèze	29
47 Eure et Loir	29
48 Hérault	30
49 Mayenne	30
50 Isère	31
51 Aisne	32
52 Cher	32
53 Creuse	32
54 Aude	33
55 Nièvre	35
56 hautes Pyrénées	35
57 Landes	36
58 Cantal	38
59 Manche	38
60 Indre et Loire	39
61 Marne	40
62 Sarthe	40
63 Charente inf.re	40
64 haute Garonne	41
65 Loir et Cher	42
66 Lot et Garonne	42
67 haute Vienne	42
68 Dordogne	45
69 Basses Pyrénées	45
70 Aveiron	46
71 Loiret	47
72 Seine inferieure	47
73 Pyrénées orient.les	48
74 Maine et Loire	48
75 Calvados	50
76 Allier	52
77 Vaucluse	52
78 Basses Alpes	55
79 Var	57
80 Charente	57
81 Gers	61
82 Gironde	66
83 Bouches du Rhôn	67
84 Rhône	127
85 Seine	158
Corse	28
Departem.t moyen	35

4.e Série. (58–68) — 5.e Série. (69–85)

(1) Dans le corps de l'ouvrage les N.os sont renversés la Seine prend le N.o 1.

ENFANS TROUVÉS.

Sur mille naissances de toute nature combien d'enfants trouvés de 1824 à 1832.

Il y a cinq teintes, chaque teinte comprend 17 départements. La teinte sombre répond au maximum des enfans trouvés

STATISTIQUE
de la Population Française

13e CARTE.

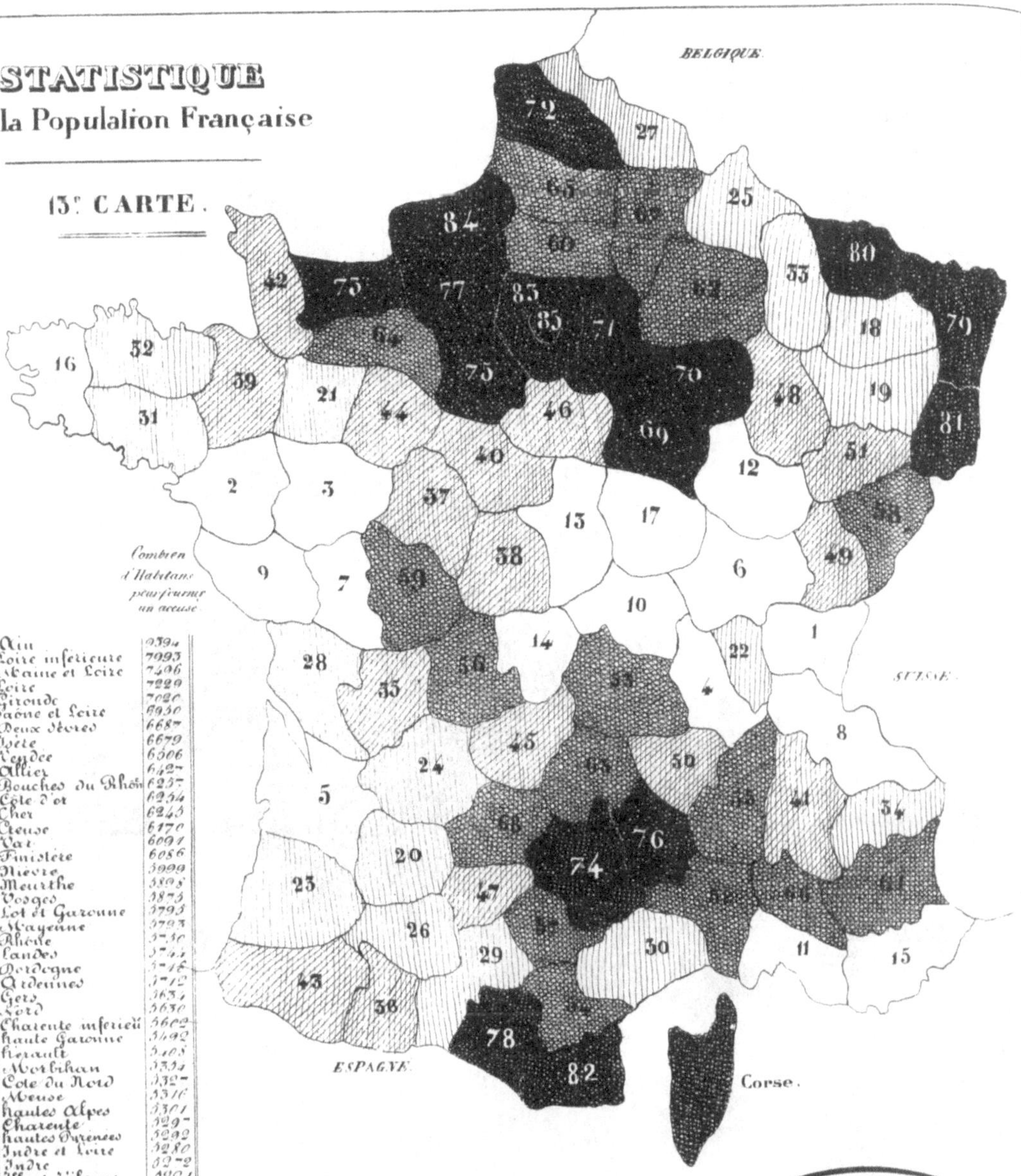

CRIMES.

Combien d'habitans pour fournir un accusé de crimes pendant les années 1829. 1830. 1831. 1832

Il y a cinq teintes, chaque teinte comprend 17 Departements, la teinte sombre repond au maximum des accusés.

Combien d'Habitans pour fournir un accusé

1	Ain	9394
2	Loire inferieure	7993
3	Maine et Loire	7496
4	Loire	7229
5	Gironde	7020
6	Saône et Loire	6950
7	Deux Sèvres	6687
8	Isère	6679
9	Vendée	6506
10	Allier	6427
11	Bouches du Rhône	6257
12	Côte d'or	6254
13	Cher	6243
14	Creuse	6170
15	Var	6091
16	Finistère	6086
17	Nièvre	5999
18	Meurthe	5898
19	Vosges	5873
20	Lot et Garonne	5795
21	Mayenne	5793
22	Rhône	5730
23	Landes	5744
24	Dordogne	5716
25	Ardennes	5712
26	Gers	5634
27	Nord	5630
28	Charente inferieure	5602
29	Haute Garonne	5492
30	Herault	5403
31	Morbihan	5334
32	Cote du Nord	5327
33	Meuse	5310
34	Hautes Alpes	5301
35	Charente	5297
36	Hautes Pyrenées	5292
37	Indre et Loire	5280
38	Indre	5272
39	Ille et Vilaine	5221
40	Loir et Cher	5137
41	Drôme	5081
42	Manche	5078
43	Basses Pyrénées	5005
44	Sarthe	4966
45	Correze	4929
46	Loiret	4915
47	Tarn et Garonne	4880
48	Haute Marne	4831
49	Jura	4805
50	Haute Loire	4798
51	Haute Saône	4642
52	Gard	4566
53	Puy de Dôme	4452
54	Aude	4438
55	Ardèche	4426
56	Haute Vienne	4414
57	Tarn	4342
58	Doubs	4275
59	Vienne	4273
60	Oise	4236
61	Basses Alpes	4221
62	Marne	4148
63	Cantal	4132
64	Orne	4125
65	Somme	4122
66	Vaucluse	4001
67	Aisne	3991
68	Lot	3941
69	Yonne	3850
70	Aube	3849
71	Seine et Marne	3716
72	Pas de Calais	3667
73	Calvados	3541
74	Aveyron	3310
75	Eure et Loir	3411
76	Lozère	3216
77	Eure	3199
78	Ariège	3124
79	Bas Rhin	3102
80	Moselle	3037
81	Haut Rhin	2896
82	Pyrénées Orientales	2845
83	Seine et Oise	2814
84	Seine inférieure	2782
85	Seine	2702
	Corse	1690
	Departement moyen	4552

STATISTIQUE
de la Population Française

14.e CARTE.

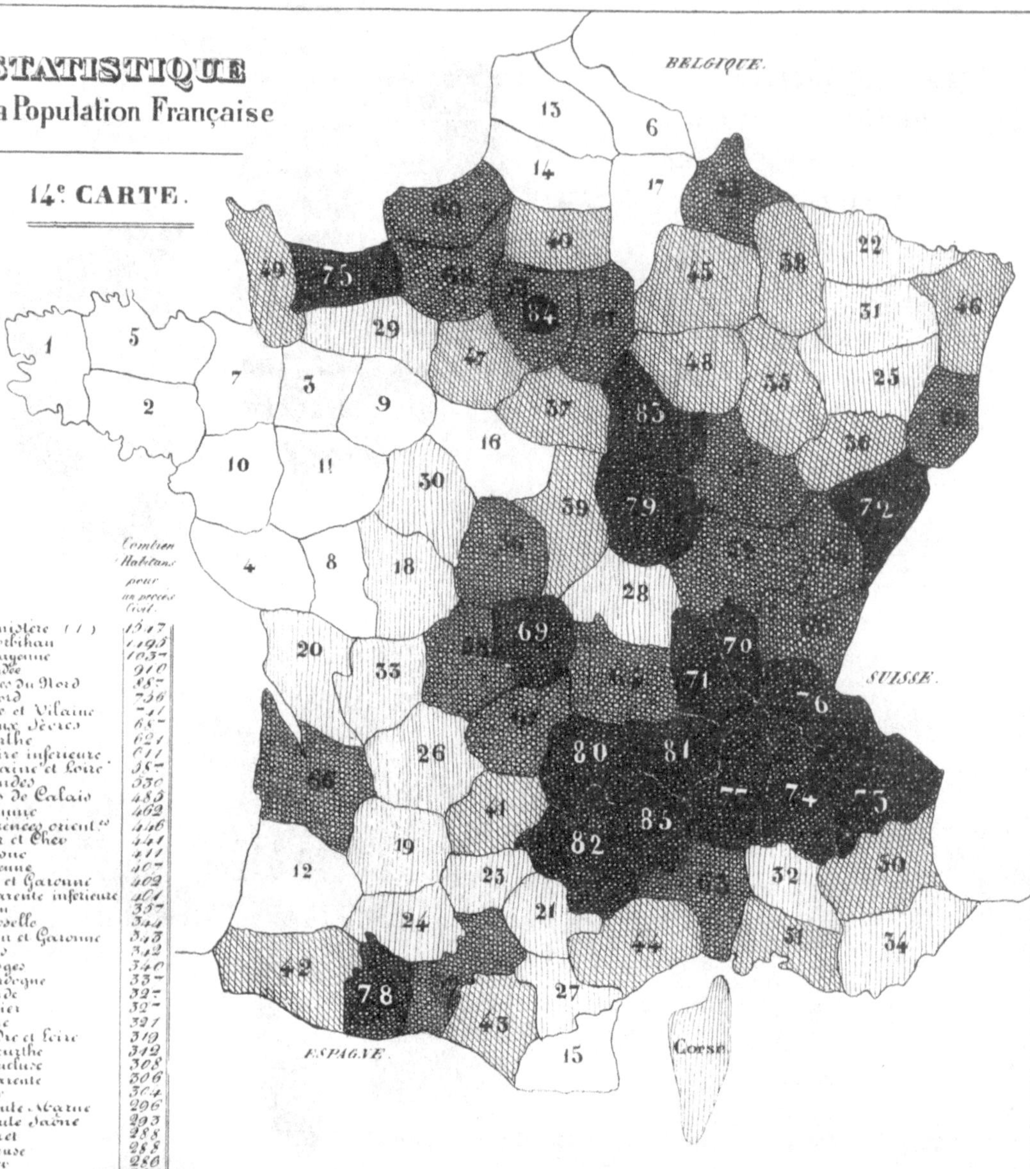

		Combien Habitans pour un procès civil.
1	Finistère (1)	1547
2	Morbihan	1195
3	Mayenne	1037
4	Vendée	910
5	Côtes du Nord	857
6	Nord	736
7	Ille et Vilaine	711
8	Deux Sèvres	687
9	Sarthe	621
10	Loire inférieure	611
11	Maine et Loire	557
12	Landes	530
13	Pas de Calais	485
14	Somme	462
15	Pyrénées orient.les	446
16	Loir et Cher	441
17	Aisne	411
18	Vienne	407
19	Lot et Garonne	402
20	Charente inférieure	401
21	Tarn	357
22	Moselle	344
23	Tarn et Garonne	343
24	Gers	342
25	Vosges	340
26	Dordogne	337
27	Aude	327
28	Allier	327
29	Orne	321
30	Indre et Loire	319
31	Meurthe	312
32	Vaucluse	308
33	Charente	306
34	Var	304
35	Haute Marne	296
36	Haute Saône	293
37	Loiret	288
38	Meuse	288
39	Cher	286
40	Oise	281
41	Lot	279
42	Basses Pyrénées	278
43	Ariège	276
44	Hérault	274
45	Marne	270
46	Bas Rhin	267
47	Eure et Loir	267
48	Aube	261
49	Manche	254
50	Basses Alpes	254
51	Bouches du Rhône	247
52	Saône et Loire	245
53	Seine et Oise	244
54	Jura	240
55	Ardennes	236
56	Indre	232
57	Côte d'or	229
58	Haute Vienne	228
59	Haute Garonne	227
60	Seine inférieure	217
61	Seine et Marne	216
62	Haut Rhin	216
63	Gard	201
64	Puy de Dôme	199
65	Ain	195
66	Gironde	194
67	Corrèze	190
68	Eure	188
69	Creuse	184
70	Rhône	179
71	Loire	178
72	Doubs	172
73	Hautes Alpes	169
74	Drôme	163
75	Calvados	158
76	Isère	157
77	Ardèche	155
78	Hautes Pyrénées	149
79	Nièvre	145
80	Cantal	143
81	Haute Loire	137
82	Aveyron	118
83	Yonne	112
84	Seine	102
85	Lozère	69
	Corse	362
	Départem.t moyen	261

(1) Dans le cours de l'ouvrage les N.os sont renversés la Lozère prend le N.o 1

ESPRIT DE CHICANE.

Combien d'habitans pour un procès civil moyenne des années 1832 et 1833.

Il y a cinq teintes chaque teinte comprend 17 Départements la teinte sombre répond au maximum des procès.

STATISTIQUE de la Population Française.

15e CARTE.

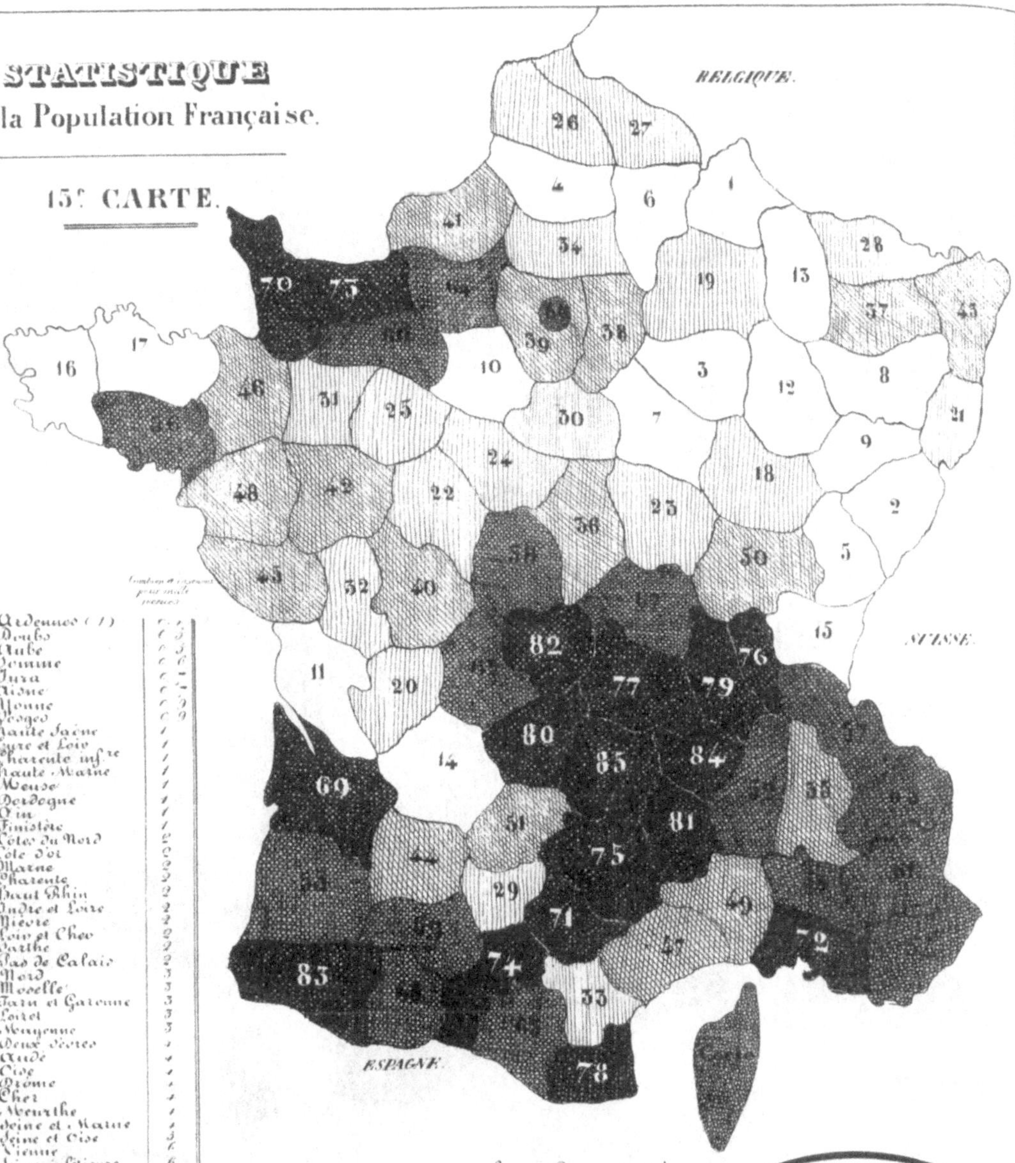

Combien d'insoumis pour mille conscrits

Série	N°	Département	Insoumis
1re Série	1	Ardennes (1)	0,4
	2	Doubs	0,5
	3	Aube	0,5
	4	Somme	0,6
	5	Jura	0,7
	6	Aisne	0,7
	7	Yonne	0,9
	8	Vosges	0,9
	9	Haute Saône	1
	10	Eure et Loir	1
	11	Charente infre	1
	12	Haute Marne	1
	13	Meuse	1
	14	Dordogne	1
	15	Ain	1
	16	Finistère	1
2e Série	17	Côtes du Nord	2
	18	Côte d'or	2
	19	Marne	2
	20	Charente	2
	21	Haut Rhin	2
	22	Indre et Loire	2
	23	Nièvre	2
	24	Loir et Cher	2
	25	Sarthe	2
	26	Pas de Calais	2
	27	Nord	3
	28	Moselle	3
	29	Tarn et Garonne	3
	30	Loiret	3
	31	Mayenne	3
3e Série	32	Deux Sèvres	4
	33	Aude	4
	34	Oise	4
	35	Drôme	4
	36	Cher	4
	37	Meurthe	4
	38	Seine et Marne	4
	39	Seine et Oise	5
	40	Vienne	6
	41	Seine inférieure	6
	42	Maine et Loire	6
	43	Bas Rhin	6
	44	Lot et Garonne	7
	45	Vendée	7
	46	Ille et Vilaine	7
	47	Herault	7
	48	Loire inférieure	7
4e Série	49	Gard	7
	50	Saône et Loire	7
	51	Lot	8
	52	Ardeche	9
	53	Vaucluse	9
	54	Var	9
	55	Landes	9
	56	Morbihan	9
	57	Isère	9
	58	Indre	10
	59	Gers	11
	60	Eure	13
	61	Basses Alpes	13
	62	Haute Vienne	15
	63	Ariège	16
	64	Eure	16
	65	Hautes Alpes	17
5e Série	66	Seine	18
	67	Allier	18
	68	Hautes Pyrénées	19
	69	Gironde	21
	70	Manche	22
	71	Tarn	22
	72	Bouches du Rhône	24
	73	Calvados	24
	74	Haute Garonne	25
	75	Aveyron	27
	76	Rhône	32
	77	Puy de Dôme	40
	78	Pyrénées orientles	49
	79	Loire	64
	80	Corrèze	70
	81	Lozère	76
	82	Creuse	89
	83	Basses Pyrénées	91
	84	Haute Loire	127
	85	Cantal	130
		Corse	12
		Départemt moyen	14

(1) Dans le corps de l'ouvrage les Nos sont renversés le Cantal prend le No 1.

INSOUMIS.

Au premier Janvier 1835, combien d'insoumis au recrutement pour mille hommes des Classes de 1825 à 1829.

Il y a cinq teintes chaque teinte comprend 17 départements la teinte sombre répond au maximum d'insoumis.

STATISTIQUE
de la Population Française.

16e CARTE

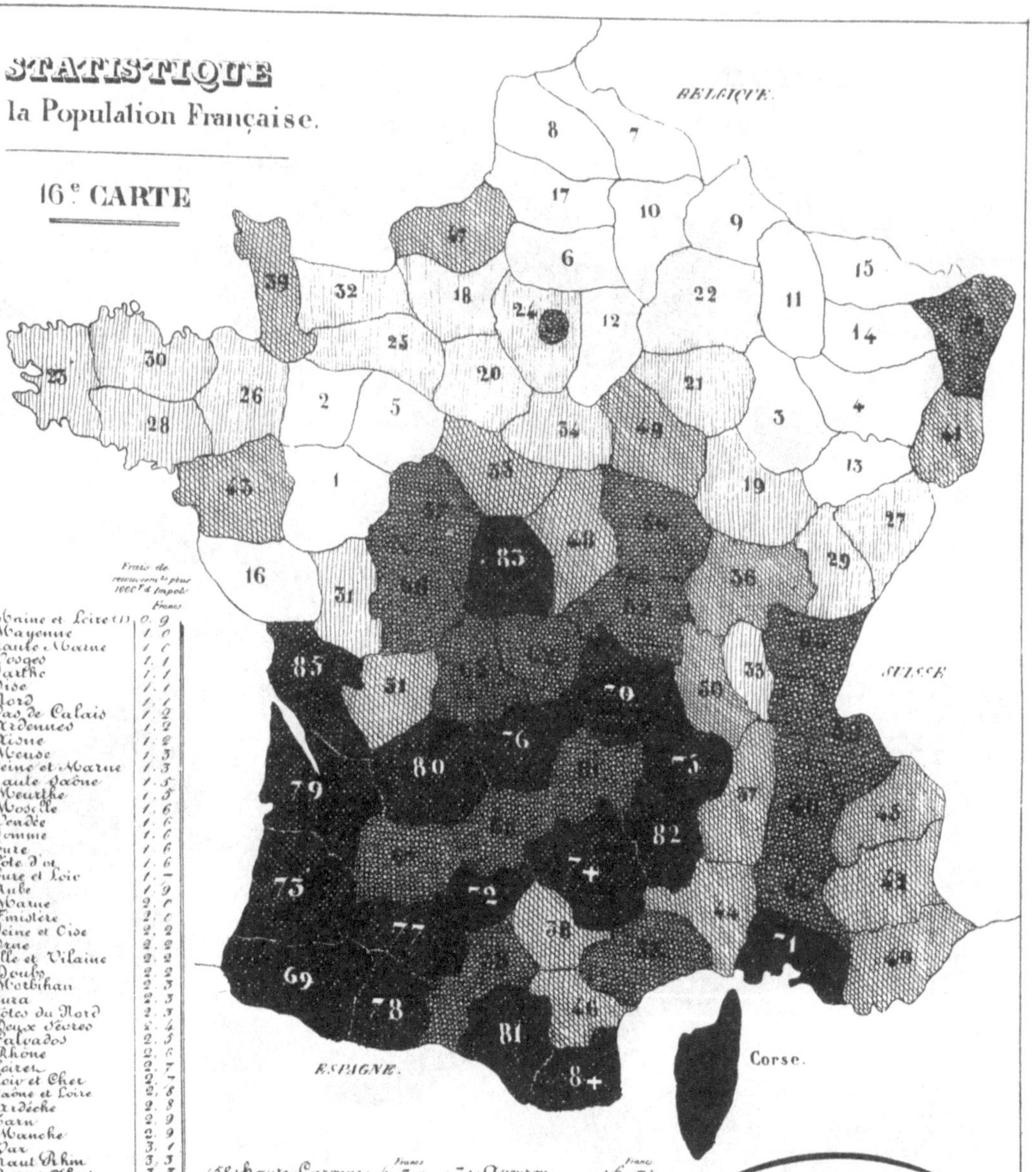

IMPOTS DIRECTS.

Combien il a fallu faire de frais de poursuites pour obtenir mille francs d'impots directs en 1834.

Il y a cinq teintes, chaque teinte comprend 17 départements, la teinte sombre répond au maximum des Frais.

Série	N°	Département	Frais de recouvrem.ts pour 1000f d'Impots (Francs)
1re Série	1	Maine et Loire (1)	0. 9
	2	Mayenne	1. 0
	3	Haute Marne	1. 0
	4	Vosges	1. 1
	5	Sarthe	1. 1
	6	Oise	1. 1
	7	Nord	1. 1
	8	Pas de Calais	1. 2
	9	Ardennes	1. 2
	10	Aisne	1. 2
	11	Meuse	1. 3
	12	Seine et Marne	1. 3
	13	Haute Saône	1. 5
	14	Meurthe	1. 5
	15	Moselle	1. 6
	16	Vendée	1. 6
	17	Somme	1. 6
2e Série	18	Eure	1. 6
	19	Côte d'or	1. 6
	20	Eure et Loir	1. 7
	21	Aube	1. 9
	22	Marne	2. 0
	23	Finistère	2. 0
	24	Seine et Oise	2. 2
	25	Orne	2. 2
	26	Ille et Vilaine	2. 2
	27	Doubs	2. 2
	28	Morbihan	2. 3
	29	Jura	2. 3
	30	Côtes du Nord	2. 3
	31	Deux Sèvres	2. 4
	32	Calvados	2. 5
	33	Rhône	2. 6
	34	Loiret	2. 7
3e Série	35	Loir et Cher	2. 7
	36	Saône et Loire	2. 8
	37	Ardèche	2. 8
	38	Tarn	2. 9
	39	Manche	2. 9
	40	Var	3. 1
	41	Haut Rhin	3. 3
	42	Basses Alpes	3. 3
	43	Loire inférieure	3. 4
	44	Gard	3. 4
	45	Hautes Alpes	3. 4
	46	Aude	3. 6
	47	Seine inférieure	3. 6
	48	Cher	3. 7
	49	Yonne	3. 8
	50	Loire	4. 0
	51	Charente	4. 0
4e Série	52	Allier	4. 1
	53	Hérault	4. 2
	54	Seine	4. 4
	55	Bas Rhin	4. 6
	56	Nièvre	4. 6
	57	Indre et Loire	4. 7
	58	Haute Garonne	4. 7
	59	Isère	4. 8
	60	Drôme	4. 8
	61	Cantal	4. 8
	62	Creuse	4. 9
	63	Ain	4. 9
	64	Vaucluse	5. 2
	65	Haute Vienne	5. 3
	66	Vienne	5. 5
	67	Lot et Garonne	5. 5
	68	Lot	5. 9
5e Série	69	Basses Pyrénées	5. 9
	70	Puy de Dôme	5. 9
	71	Bouches du Rhône	6. 2
	72	Tarn et Garonne	6. 4
	73	Landes	6. 4
	74	Aveyron	6. 7
	75	Haute Loire	6. 9
	76	Corrèze	7. 0
	77	Gers	7. 1
	78	Hautes Pyrénées	7. 5
	79	Gironde	7. 5
	80	Dordogne	7. 7
	81	Ariège	7. 7
	82	Lozère	7. 9
	83	Indre	8. 4
	84	Pyrénées orient.les	8. 9
	85	Charente infer.re	9. 0
		Corse	18. 6
		Départem.t moyen	3. 1

(1) Dans le corps de l'ouvrage les N.os sont renversés la Charente inf.re prend le N.o 1.

LÉGENDES DES CARTES

Sauf cas particulier, l'orthographe, même vieillie, et les dispositions des légendes ci-dessous, attenantes aux cartes elles-mêmes, ont été respectées dans le texte ci-après (E.L.R.L.)

1re CARTE : COMBIEN D'HABITANTS PAR MYRIAMÈTRES CARRÉS

1re Série

1.	Seine	196 860
2.	Nord	17 430
3.	Rhône	15 570
4.	Bas Rhin	11 620
5.	Seine inferieure	11 510
6.	Haut Rhin	10 450
7.	Pas de Calais	9 990
8.	Manche	9 960
9.	Côtes du Nord	8 910
10.	Calvados	8 880
11.	Somme	8 850
12.	Loire	8 240
13.	Ille et Vilaine	8 180
14.	Seine et Oise	7 990
15.	Finistère	7 870
16.	Moselle	7 830
17.	Sarthe	7 360

2e Série

18.	Eure	7 290
19.	Orne	7 240
20.	Puy-de-Dôme	7 190
21.	Aisne	7 040
22.	Bouches du Rhône	7 010
23.	Haute Garonne	6 920
24.	Loire inférieure	6 890
25.	Vaucluse	6 880
26.	Mayenne	6 850
27.	Oise	6 830
28.	Meurthe inférᵉ	6 820
29.	Charente	6 800
30.	Vosges	6 790
31.	Isère	6 640
32.	Tarn et Garonne	6 610
33.	Lot et Garonne	6 540
34.	Maine et Loire	6 480

3e Série

35.	Haute Saône	6 380
36.	Ardèche	6 320
37.	Jura	6 290
38.	Morbihan	6 190
39.	Saône et Loire	6 120
40.	Gard	6 040
41.	Charente	6 010
42.	Haute Loire	5 860
43.	Tarn	5 850
44.	Ain	5 840
45.	Seine et Marne	5 750
46.	Basses Pyrenées	5 720
47.	Gironde	5 680
48.	Ardennes	5 590
49.	Ariège	5 560
50.	Hérault	5 540
51.	Lot	5 400

4e Série

52.	Dordogne	5 270
53.	Hautes Pyrénées	5 150
54.	Haute Vienne	5 140
55.	Eure et Loir	5 080
56.	Meuse	5 070
57.	Doubs	5 060
58.	Corrèze	5 060
59.	Gers	4 980
60.	Indre et Loire	4 860
61.	Deux Sèvres	4 850
62.	Yonne	4 840
63.	Vendée	4 840
64.	Creuse	4 750
65.	Drôme	4 580
66.	Loiret	4 570
67.	Aude	4 450
68.	Cantal	4 430

5e Série

69.	Côte d'or	4 390
70.	Var	4 370
71.	Vienne	4 180
72.	Nièvre	4 150
73.	Marne	4 130
74.	Allier	4 120
75.	Aube	4 050
76.	Aveyron	4 040
77.	Haute Marne	3 990
78.	Pyrénées Orient.	3 810
79.	Loir et Cher	3 770
80.	Indre	3 560
81.	Cher	3 550
82.	Landes	3 080
83.	Lozère	2 720
84.	Hautes Alpes	2 330
85.	Basses Alpes	2 280
—	Corse	2 230
—	Département moyen	6 171

2e CARTE : AUGMENTATION ANNUELLE POUR DIX MILLE HABITANTS

1re Série

1.	Moselle	96
2.	Gard	91
3.	Bas Rhin	86
4.	Hautes Pyrénées	85
5.	Ariège	85
6.	Ardèche	84
7.	Haut Rhin	83
8.	Vosges	82
9.	Pyrenées orient.	82
10.	Ardennes	81
11.	Loire	80
12.	Meurthe	73
13.	Finistère	71
14.	Aveyron	71
15.	Haute Loire	70
16.	Haute Saône	69
17.	Rhône	69

2e Série [1]

18.	Landes	69
19.	Vienne	68
20.	Isère	66
21.	Haute Garonne	66
22.	Aisne	66
23.	Corrèze	65
24.	Basses Pyrénées	64
25.	Hérault	63
26.	Haute Marne	61
27.	Meuse	60
28.	Drôme	59
29.	Doubs	59
30.	Creuse	59
31.	Cantal	59
32.	Nord	58
33.	Aude	58
34.	Vaucluse	57

3e Série

35.	Lozère	57
36.	Côtes du Nord	57
37.	Tarn	56
38.	Indre	52
39.	Somme	48
40.	Sarthe	48
41.	Pas de Calais	48
42.	Morbihan	48
43.	Côte d'or	48
44.	Basses Alpes	46
45.	Hautes Alpes	45
46.	Puy-de-Dôme	42
47.	Mayenne	40
48.	Deux Sèvres	39
49.	Seine inferieure	37
50.	Seine	35
51.	Orne	35

4e Série

52.	Marne	34
53.	Aube	34
54.	Loire inferieure	33
55.	Cher	33
56.	Ain	33
57.	Dordogne	32
58.	Jura	30
59.	Eure et Loir	30
60.	Saône et Loire	28
61.	Nièvre	28
62.	Lot	27
63.	Gers	27
64.	Gironde	24
65.	Oise	23
66.	Loiret	23
67.	Allier	23
68.	Haute Vienne	22

5e Série

69.	Yonne	21
70.	Lot et Garonne	20
71.	Charente	20
72.	Loir et Cher	19
73.	Manche	18
74.	Ille et Vilaine	18
75.	Tarn et Garonne	17
76.	Vendée	15
77.	Seine et Marne	15
78.	Indre et Loire	15
79.	Charente infere	15
80.	Var	14
81.	Maine et Loire	14
82.	Bouches du Rhône	12
83.	Seine et Oise	9
84.	Calvados	6
85.	Eure *(en moins)*	2
—	Corse	99
—	Département moyen	46

3e CARTE : AGRICULTEURS SUR MILLE RECRUES

1re Série

1.	Ardèche	763
2.	Haute Loire	757
3.	Hautes Alpes	733
4.	Ain	706
5.	Aveyron	704
6.	Corrèze	694
7.	Deux Sèvres	689
8.	Landes	689
9.	Drôme	687
10.	Ariège	685
11.	Puy-de-Dôme	681
12.	Basses Alpes	679
13.	Lozère	670
14.	Côtes du Nord	657
15.	Morbihan	653
16.	Vendée	652
17.	Charente	651

2e Série

18.	Lot	650
19.	Vaucluse	642
20.	Charente infere	637
21.	Cantal	631
22.	Saône et Loire	628
23.	Cher	622
24.	Basses Pyrénées	621
25.	Vienne	613
26.	Indre	606
27.	Gard	606
28.	Hautes Pyrénées	604
29.	Haute Saône	604
30.	Ille et Vilaine	603
31.	Dordogne	601
32.	Allier	601
33.	Aude	601
34.	Gers	600

3e Série

35.	Tarn	597
36.	Pyrénées orient.	595
37.	Tarn et Garonne	590
38.	Jura	589
39.	Finistère	588
40.	Doubs	587
41.	Seine et Marne	586
42.	Isère	580
43.	Loire inferieure	574
44.	Haute Vienne	572
45.	Manche	558
46.	Yonne	552
47.	Côte d'or	550
48.	Hérault	545
49.	Haute Garonne	544
50.	Var	539
51.	Lot et Garonne	531

(1) On notera l'un des défauts de base des cartes de D'Angeville : ses tableaux de chiffres étant partagés arbitrairement en cinq séries d'égale importance, certains départements qui présentent une valeur identique pour la variable considérée (exemple : 17. Rhône, 69 ; 18. Landes, 69) sont rejetés l'un (Rhône) en queue de la 1ère série, l'autre (Landes), en tête de la 2ème série.

4e Série

52.	Indre et Loire	520
53.	Mayenne	515
54.	Eure et Loir	514
55.	Maine et Loire	495
56.	Loir et Cher	486
57.	Sarthe	479
58.	Calvados	476
59.	Loiret	471
60.	Bouches du Rhône	462
61.	Gironde	461
62.	Loire	446
63.	Meurthe	433
64.	Nord	433
65.	Moselle	425
66.	Nièvre	411
67.	Aube	408
68.	Haut Rhin	402

5e Série

69.	Oise	395
70.	Rhône	395
71.	Bas Rhin	386
72.	Haute Marne	380
73.	Vosges	377
74.	Orne	376
75.	Seine et Oise	330
76.	Pas de Calais	234
77.	Eure	322
78.	Ardennes	389
79.	Aisne	288
80.	Creuse	284
81.	Marne	269
82.	Meuse	250
83.	Somme	180
84.	Seine infere	108
85.	Seine	43
—	Corse	468
—	Département moyen	526

4e CARTE : INDUSTRIE

1re Série

1. Seine
2. Seine inferieure
3. Rhône
4. Seine et Oise
5. Ardennes
6. Bouches du Rhône
7. Meuse
8. Haut Rhin
9. Marne
10. Eure
11. Aisne
12. Bas Rhin
13. Nord
14. Oise
15. Haute Marne
16. Pas de Calais
17. Somme

2e Série

18. Aube
19. Yonne
20. Hérault
21. Eure et Loir
22. Gard
23. Charente infere
24. Loiret
25. Seine et Marne
26. Gironde
27. Loir et Cher
28. Haute Garonne
29. Var
30. Vaucluse
31. Vosges
32. Aude
33. Calvados
34. Indre et Loire

3e Série

35. Côte d'or
36. Haute Saône
37. Isère
38. Meurthe
39. Moselle
40. Pyrénées orientales
41. Loire
42. Orne
43. Nièvre
44. Loire inferieure
45. Charente
46. Gers
47. Maine et Loire
48. Hautes Pyrénées
49. Drôme
50. Lot et Garonne
51. Cher

4e Série

52. Indre
53. Tarn
54. Sarthe
55. Vienne
56. Allier
57. Manche
58. Mayenne
59. Doubs
60. Tarn et Garonne
61. Ariège
62. Deux Sèvres
63. Saône et Loire
64. Ardèche
65. Jura
66. Basses Alpes
67. Puy de Dôme
68. Ille et Vilaine

5e Série

69. Ain
70. Haute Vienne
71. Lot
72. Lozère
73. Dordogne
74. Côtes du Nord
75. Landes
76. Vendée
77. Cantal
78. Basses Pyrénées
79. Hautes Alpes
80. Finistère
81. Aveyron
82. Haute Loire
83. Corrèze
84. Morbihan
85. Creuse

— Corse

— Département moyen

5e CARTE : TAILLE, NOMBRE D'EXEMPTÉS POUR MILLE RECRUES

1re Série

1.	Doubs	73
2.	Oise	104
3.	Somme	117
4.	Jura	119
5.	Seine et Oise	121

6. Haute Saône 128
7. Pas de Calais 135
8. Ardennes 137
9. Calvados 143
10. Moselle 144
11. Bouches du Rhône 145
12. Meuse 152
13. Bas Rhin 153
14. Nord 153
15. Marne 156
16. Vaucluse 161
17. Côte d'Or 162

2e Série

18. Haute Marne 162
19. Seine 164
20. Gard 164
21. Ain 167
22. Manche 174
23. Var 174
24. Seine inferieure 184
25. Haut Rhin 186
26. Gers 187
27. Aisne 195
28. Loire inferieure 196
29. Seine et Marne 198
30. Meurthe 199
31. Maine et Loire 200
32. Orne 204
33. Rhône 209
34. Basses Pyrénées 215

3e Série

35. Eure 219
36. Aube 219
37. Hérault 226
38. Eure et Loir 227
39. Saône et Loire 230
40. Pyrénées orientales 233
41. Gironde 233
42. Lot et Garonne 238
43. Tarn et Garonne 239
44. Morbihan 248
45. Charente inférieure 253
46. Vendée 254
47. Hautes Pyrénées 259
48. Vosges 264
49. Drôme 266
50. Nièvre 268
51. Basses Alpes 270

4e Série

52. Isère 273
53. Deux Sèvres 280
54. Vienne 284
55. Ariège 287
56. Haute Garonne 295
57. Loiret 297
58. Yonne 303
59. Aude 307
60. Mayenne 307
61. Cantal 309
62. Loire 321
63. Aveyron 327
64. Haute Loire 331
65. Loir et Cher 345
66. Sarthe 345
67. Ille et Vilaine 349
68. Côtes du Nord 349

5e Série

69. Lozère 355
70. Indre et Loire 362
71. Lot 373
72. Indre 374
73. Ardèche 391
74. Landes 407
75. Cher 410
76. Creuse 411
77. Tarn 418
78. Puy de Dôme 424
79. Hautes Alpes 471
80. Charente 485
81. Finistère 486
82. Dordogne 519
83. Allier 543
84. Corrèze 691
85. Haute Vienne 818

— Corse 305

— Département moyen 260

6e CARTE : « CONSTITUTION » NOMBRE D'EXEMPTÉS POUR MILLE RECRUES

1re Série

1. Morbihan 243
2. Pyrénées orientales 300
3. Ille et Vilaine 332
4. Loire inférieure 415
5. Côte du Nord 429
6. Ardèche 434
7. Calvados 440
8. Doubs 442
9. Vendée 446
10. Ain 456
11. Finistère 458
12. Haute Loire 466
13. Jura 469
14. Haut Rhin 469
15. Haute Saône 478
16. Somme 479
17. Mayenne 486

2e Série

18. Basses Pyrénées 488
19. Var 496
20. Creuse 510
21. Gard 510
22. Tarn et Garonne 525
23. Hérault 563
24. Pas de Calais 570
25. Manche 572
26. Maine et Loire 572
27. Charente 572
28. Lot 578
29. Drôme 579
30. Moselle 582
31. Ardennes 592
32. Puy de Dôme 598
33. Meuse 614
34. Alpes basses 615

3e Série

35. Orne 632
36. Gironde 633
37. Lozère 634
38. Loiret 636
39. Seine 649
40. Tarn 650
41. Allier 661
42. Eure et Loir 665
43. Cantal 665
44. Indre 667
45. Ariège 670
46. Vaucluse 673
47. Vienne 679
48. Sarthe 685
49. Gers 692
50. Saône et Loire 694
51. Haute Garonne 695

4e Série

52. Aude 698
53. Nièvre 699
54. Indre et Loire 703
55. Hautes Alpes 706
56. Bas Rhin 715

57. Lot et Garonne	728
58. Landes	735
59. Loire	739
60. Aveyron	752
61. Côte d'or	766
62. Cher	772
63. Isère	773
64. Hautes Pyrénées	778
65. Charente infere	798
66. Corrèze	800
67. Loir et Cher	800
68. Deux Sèvres	822
5e Série	
69. Nord	842
70. Aisne	848
71. Rhône	869
72. Seine et Oise	888
73. Oise	893
74. Dordogne	899
75. Vosges	915
76. Haute Vienne	921
77. Bouches du Rhône	932
78. Eure	938
79. Meurthe	952
80. Yonne	968
81. Marne	969
82. Haute Marne	970
83. Seine inférieure	1 028
84. Seine et Marne	1 031
85. Aube	1 109
— Corse	360
— Département moyen	667

7e CARTE: DURÉE DE LA VIE MOYENNE

	An	Mois
1re Série		
1. Orne	49	2
2. Calvados	45	10
3. Hautes Pyrénées	45	8
4. Lot et Garonne	45	8
5. Gers	45	5
6. Manche	44	0
7. Basses Pyrénées	43	6
8. Eure	43	5
9. Haute Marne	42	10
10. Vienne	42	2
11. Deux Sèvres	42	0
12. Cantal	41	10
13. Tarn et Garonne	41	6
14. Maine et Loire	41	4
15. Gironde	40	10
16. Lot	40	8
17. Somme	40	6
2e Série		
18. Oise	40	5
19. Sarthe	40	2
20. Charente	40	1
21. Indre et Loire	39	11
22. Creuse	39	7
23. Meuse	39	7
24. Haute Garonne	39	2
25. Moselle	39	2
26. Aveyron	39	0
27. Ardennes	38	11
28. Vosges	38	10
29. Ariège	38	6
30. Côte d'or	38	6
31. Haute Loire	38	6
32. Loire inférieure	38	6
33. Lozère	38	6
34. Doubs	38	5
3e Série		
35. Seine et Oise	38	4
36. Yonne	38	2
37. Eure et Loir	38	0
38. Mayenne	38	0
39. Haute Saône	37	10
40. Charente inféré	37	10
41. Dordogne	37	10
42. Puy-de-Dôme	37	8
43. Aude	37	7
44. Jura	37	7
45. Meurthe	37	7
46. Aisne	37	6
47. Pas de Calais	37	4
48. Landes	37	2
49. Tarn	37	2
50. Drôme	36	11
51. Vendée	36	7
4e Série		
52. Ardèche	36	5
53. Aube	36	5
54. Seine inférieure	36	4
55. Gard	36	2
56. Marne	35	11
57. Hérault	35	2
58. Isère	35	2
59. Seine et Marne	35	1
60. Var	35	0
61. Ain	34	11
62. Indre	34	7
63. Corrèze	34	5
64. Bas Rhin	33	7
65. Côtes du Nord	33	6
66. Nord	35	4
67. Ille et Vilaine	33	1
68. Loiret	32	11
5e Série		
69. Loir et Cher	32	8
70. Saône et Loire	32	7
71. Allier	32	4
72. Morbihan	32	2
73. Basses Alpes	31	11
74. Loire	31	11
75. Rhône	31	11
76. Nièvre	31	8
77. Vaucluse	31	8
78. Hautes Alpes	31	8
79. Bouches du Rhône	31	5
80. Haut Rhin	31	2
81. Pyrénées orient.	31	0
82. Haute Vienne	30	6
85. Cher	30	6
84. Finistère	29	0
85. Seine	28	8
— Corse	37	5
— Département moyen	36	7

8e CARTE: POUR UN HECTOLITRE DE FROMENT ET MÉTEIL CONSOMMÉ, COMBIEN D'HECTOLITRES DE GRAINS INFÉRIEURS

1re Série	
1. Nord	0,06
2. Eure	0,09
3. Gers	0,12
4. Seine et Marne	0,14
5. Bouches du Rhône	0,14

6. Var 0,15
7. Meurthe 0,15
8. Hérault 0,15
9. Pas de Calais 0,16
10. Seine inférieure 0,20
11. Meuse 0,22
12. Seine 0,25
13. Tarn et Garonne 0,26
14. Oise 0,28
15. Aisne 0,31
16. Seine et Oise 0,32
17. Somme 0,34

2e Série

18. Eure et Loir 0,35
19. Drôme 0,40
20. Moselle 0,42
21. Côte d'or 0,42
22. Basses Alpes 0,42
23. Yonne 0,46
24. Haute Marne 0,47
25. Ardennes 0,47
26. Lot et Garonne 0,48
27. Gard 0,54
28. Bas Rhin 0,56
29. Calvados 0,59
30. Aude 0,59
31. Vosges 0,60
32. Hautes Alpes 0,60
33. Vendée 0,61
34. Indre et Loire 0,62

3e Série

35. Loir et Cher 0,64
36. Jura 0,64
37. Rhône 0,70
38. Dordogne 0,70
39. Loiret 0,76
40. Vaucluse 0,80
41. Haute Saône 0,80
42. Haut Rhin 0,80
43. Pyrénées orientales 0,82
44. Haute Garonne 0,83
45. Orne 0,85
46. Vienne 0,91
47. Charente inférieure 0,99
48. Loire inférieure 1,02
49. Gironde 1,07
50. Lot 1,08
51. Isère 1,08

4e Série

52. Hautes Pyrénées 1,10
53. Nièvre 1,13
54. Charente 1,13
55. Indre 1,20
56. Cher 1,21
57. Maine et Loire 1,22
58. Tarn 1,27
59. Sarthe 1,30
60. Marne 1,40
61. Doubs 1,42
62. Ariège 1,42
63. Aube 1,58
64. Ille et Vilaine 1,66
65. Lozère 1,74
66. Deux Sèvres 1.80
67. Manche 1,87
68. Saône et Loire 2,00

5e Série

69. Allier 2,24
70. Basses Pyrénées 2,35
71. Aveyron 2,50
72. Puy-de-Dôme 2,54
73. Ardèche 3,00
74. Landes 3,10
75. Mayenne 3,12
76. Ain 3,40
77. Haute Vienne 4,00
78. Côtes du Nord 4,04
79. Morbihan 4,60
80. Finistère 4,68
81. Haute Loire 4,74
82. Loire 5,20
83. Cantal 10,64
84. Corrèze 13,00
85. Creuse 15,24

— Corse 0,94

— Département moyen 0,82

9e CARTE: INSTRUCTION PRIMAIRE (COMBIEN D'IGNORANTS SUR CENT RECRUES)

1re Série

1. Jura 17
2. Doubs 18
3. Haute Marne 18
4. Meuse 18
5. Moselle 19
6. Seine 19
7. Bas Rhin 19
8. Marne 20
9. Hautes Alpes 21
10. Seine et Marne 21
11. Ardennes 22
12. Haute Saône 25
13. Haut Rhin 25
14. Aube 27
15. Manche 28
16. Vosges 28
17. Meurthe 29

2e Série

18. Oise 29
19. Côte d'or 30
20. Seine et Oise 31
21. Calvados 31
22. Eure et Loir 31
23. Seine inférieure 33
24. Hautes Pyrénées 38
25. Aisne 39
26. Orne 39
27. Nord 39
28. Pas de Calais 39
29. Rhône 40
30. Yonne 41
31. Hérault 41
32. Gard 41
33. Eure 42
34. Basses Pyrénées 42

3e Série

35. Ain 43
36. Loiret 45
37. Somme 46
38. Basses Alpes 46
39. Cantal 47
40. Loire 49
41. Deux Sèvres 50
42. Charente infere 51
43. Gers 51
44. Isère 51
45. Lozère 53
46. Aude 53
47. Aveyron 53
48. Loir et Cher 54
49. Saône et Loire 55
50. Drôme 55
51. Gironde 55

4e Série

52. Vaucluse 56
53. Lot et Garonne 58
54. Charente 59
55. Tarn et Garonne 61
56. Ille et Vilaine 61

57. Haute Garonne 61
58. Maine et Loire 62
59. Bouches du Rhône 62
60. Mayenne 62
61. Landes 63
62. Indre et Loire 63
63. Sarthe 63
64. Var 63
65. Vienne 64
66. Ariège 66
67. Tarn 66
68. Ardèche 66

5e Série

69. Creuse 66
70. Loire inférieure 66
71. Vendée 67
72. Puy de Dôme 70
73. Haute Loire 70
74. Lot 70
75. Pyrénées orientales 70
76. Cher 74
77. Côtes du Nord 74
78. Nièvre 75
79. Dordogne 75
80. Indre 76
81. Haute Vienne 76
82. Finistère 77
83. Allier 79
84. Morhiban 80
85. Corrèze 82

— Corse 44

— Département moyen 49

10e CARTE : PORTES ET FENÊTRES; NOMBRE D'OUVERTURES POUR CENT HABITANTS

1re Série

1. Eure 197
2. Seine et Oise 186
3. Seine 171
4. Oise 171
5. Somme 158
6. Aisne 155
7. Seine inférieure 155
8. Bas Rhin 154
9. Calvados 150
10. Seine et Marne 148
11. Marne 148
12. Bouches du Rhône 141
13. Nord 141
14. Rhône 136
15. Pas de Calais 135
16. Eure et Loir 132
17. Loiret 131

2e Série

18. Haut Rhin 131
19. Aube 127
20. Côte d'or 126
21. Ardennes 126
22. Doubs 124
23. Vaucluse 124
24. Gironde 119
25. Haute Marne 119
26. Charente inférieure 118
27. Indre et Loire 117
28. Manche 117
29. Moselle 116
30. Var 114
31. Yonne 112
32. Meuse 109
33. Haute Saône 109
34. Orne 109

3e Série

35. Meurthe 107
36. Maine et Loire 107
37. Vienne 107
38. Loir et Cher 104
39. Ain 104
40. Drôme 103
41. Loire 103
42. Hérault 101
43. Hauté Garonne 100
44. Hautes Alpes 99
45. Gers 99
46. Charente 99
47. Jura 99
48. Tarn et Garonne 98
49. Basses Pyrénées 97
50. Gard 97
51. Aude 97

4e Série

52. Aveyron 97
53. Sarthe 96
54. Vosges 96
55. Landes 95
56. Tarn 95
57. Isère 95
58. Basses Alpes 94
59. Saône et Loire 94
60. Lot et Garonne 94
61. Lot 92
62. Haute Vienne 87
63. Lozère 87
64. Deux Sèvres 87
65. Pyrénées orientales 85
66. Hautes Pyrénées 85
67. Allier 84
68. Nièvre 83

5e Série

69. Puy-de-Dôme 82
70. Loire inférieure 82
71. Ariège 82
72. Dordogne 80
73. Finistère 72
74. Cher 79
75. Indre 79
76. Vendée 78
77. Haute Loire 76
78. Ille et Vilaine 76
79. Corrèze 73
80. Mayenne 72
81. Ardèche 68
82. Cantal 67
83. Morbihan 66
84. Creuse 63
85. Côtes du Nord 61

— Corse 76

— Département moyen 112

11e CARTE : COMBIEN DE BÂTARDS SUR MILLE NAISSANCES

1re Série

1. Ille et Vilaine 20
2. Côtes du Nord 26
3. Ardèche 27
4. Vienne 27
5. Vendée 28

6.	Morbihan	29
7.	Haute Loire	32
8.	Finistère	33
9.	Ain	33
10.	Gard	35
11.	Tarn	38
12.	Puy de Dôme	38
13.	Loire	40
14.	Nièvre	40
15.	Tarn et Garonne	41
16.	Côte d'or	41
17.	Deux Sèvres	44
2e Série		
18.	Hautes Alpes	45
19.	Orne	46
20.	Seine et Marne	46
21.	Charente infere	46
22.	Lot	47
23.	Ardennes	47
24.	Lozère	48
25.	Yonne	49
26.	Dordogne	51
27.	Haute Marne	51
28.	Loire inférieure	52
29.	Hérault	53
30.	Indre	53
31.	Meuse	53
32.	Mayenne	53
33.	Corrèze	54
34.	Eure	55
3e Série		
35.	Moselle	56
36.	Haute Vienne	57
37.	Jura	57
38.	Charente	57
39.	Aveyron	57
40.	Ariège	58
41.	Saône et Loire	58
42.	Basses Alpes	58
43.	Manche	59
44.	Creuse	61
45.	Vaucluse	61
46.	Vosges	62
47.	Aude	62
48.	Seine et Oise	62
49.	Drôme	62
50.	Haute Garonne	64
51.	Aisne	66
4e Série		
52.	Lot et Garonne	66
53.	Var	66
54.	Doubs	66
55.	Maine et Loire	67
56.	Pyrénées orientales	67
57.	Oise	69
58.	Eure et Loir	69
59.	Meurthe	69
60.	Allier	69
61.	Cantal	70
62.	Haut Rhin	71
63.	Somme	72
64.	Sarthe	72
65.	Marne	75
66.	Aube	76
67.	Indre et Loire	76
68.	Gers	76
5e Série		
69.	Bas Rhin	76
70.	Loir et Cher	79
71.	Pyrénées Basses	84
72.	Isère	84
73.	Hautes Pyrénées	84
74.	Loiret	85
75.	Pas de Calais	88
76.	Landes	91
77.	Nord	93
78.	Bouches du Rhône	99
79.	Seine inférieure	106
80.	Cher	109
81.	Calvados	113
82.	Gironde	114
83.	Haute Saône	119
84.	Rhône	142
85.	Seine	313
—	Corse	41
—	Département moyen	72

12e CARTE : COMBIEN D'ENFANTS TROUVÉS SUR MILLE NAISSANCES

1re Série		
1.	Haute Saône	1
2.	Vosges	3
3.	Haut Rhin	3
4.	Seine et Oise	4
5.	Côtes du Nord	7
6.	Jura	8
7.	Moselle	9
8.	Bas Rhin	9
9.	Ardèche	10
10.	Morbihan	14
11.	Seine et Marne	14
12.	Saône et Loire	14
13.	Eure	15
14.	Ardennes	15
15.	Ain	15
16.	Lot	16
17.	Meuse	16
2e Série		
18.	Côte d'or	16
19.	Doubs	17
20.	Finistère	18
21.	Vendée	19
22.	Haute Marne	22
23.	Gard	22
24.	Yonne	23
25.	Orne	23
26.	Deux Sèvres	23
27.	Vienne	24
28.	Pas de Calais	24
29.	Loire	24
30.	Haute Loire	24
31.	Ille et Vilaine	24
32.	Oise	25
33.	Tarn et Garonne	25
34.	Somme	25
3e Série		
35.	Hautes Alpes	25
36.	Tarn	25
37.	Drôme	25
38.	Loire inférieure	26
39.	Puy-de-Dôme	27
40.	Aube	27
41.	Meurthe	28
42.	Ariège	28
43.	Lozère	28
44.	Nord	28
45.	Indre	28
46.	Corrèze	29
47.	Eure et Loir	29
48.	Hérault	30
49.	Mayenne	30
50.	Isère	31
51.	Aisne	32
4e Série		
52.	Cher	32
53.	Creuse	32
54.	Aude	33
55.	Nièvre	35
56.	Hautes Pyrénées	35

57.	Landes	36
58.	Cantal	38
59.	Manche	38
60.	Indre et Loire	39
61.	Marne	40
62.	Sarthe	40
63.	Charente inférieure	40
64.	Haute Garonne	41
65.	Loir et Cher	42
66.	Lot et Garonne	42
67.	Haute Vienne	42
68.	Dordogne	45
5e Série		
69.	Basses Pyrénées	45
70.	Aveyron	46
71.	Loiret	47
72.	Seine inférieure	47
73.	Pyrénées orientales	48
74.	Maine et Loire	48
75.	Calvados	50
76.	Allier	52
77.	Vaucluse	52
78.	Basses Alpes	55
79.	Var	57
80.	Charente	57
81.	Gers	61
82.	Gironde	66
83.	Bouches du Rhône	67
84.	Rhône	127
85.	Seine	158
—	Corse	28
—	Département moyen	35

13e CARTE : CRIMES COMBIEN D'HABITANTS POUR FOURNIR UN ACCUSÉ

1re Série		
1.	Ain	9 394
2.	Loire inférieure	7 993
3.	Maine et Loire	7 496
4.	Loire	7 229
5.	Gironde	7 020
6.	Saône et Loire	6 950
7.	Deux Sèvres	6 687
8.	Isère	6 679
9.	Vendée	6 506
10.	Allier	6 427
11.	Bouches du Rhône	6 257
12.	Côte d'or	6 254
13.	Cher	6 245
14.	Creuse	6 170
15.	Var	6 091
16.	Finistère	6 086
17.	Nièvre	5 999
2e Série		
18.	Meurthe	5 898
19.	Vosges	5 875
20.	Lot et Garonne	5 795
21.	Mayenne	5 793
22.	Rhône	5 750
23.	Landes	5 744
24.	Dordogne	5 718
25.	Ardennes	5 712
26.	Gers	5 634
27.	Nord	5 630
28.	Charente infere	5 602
29.	Haute Garonne	5 492
30.	Hérault	5 408
31.	Morbihan	5 354
32.	Côte du Nord	5 327
33.	Meuse	5 316
34.	Hautes Alpes	5 301
3e Série		
35.	Charente	5 297
36.	Hautes Pyrénées	5 292
37.	Indre et Loire	5 280
38.	Indre	5 272
39.	Ille et Vilaine	5 221
40.	Loir et Cher	5 137
41.	Drôme	5 081
42.	Manche	5 078
43.	Basses Pyrénées	5 005
44.	Sarthe	4 966
45.	Corrèze	4 929
46.	Loiret	4 915
47.	Tarn et Garonne	4 880
48.	Haute Marne	4 851
49.	Jura	4 805
50.	Haute Loire	4 798
51.	Haute Saône	4 642
4e Série		
52.	Gard	4 566
53.	Puy-de-Dôme	4 452
54.	Aude	4 438
55.	Ardèche	4 426
56.	Haute Vienne	4 414
57.	Tarn	4 342
58.	Doubs	4 275
59.	Vienne	4 273
60.	Oise	4 236
61.	Basses Alpes	4 221
62.	Marne	4 148
63.	Cantal	4 152
64.	Orne	4 125
65.	Somme	4 122
66.	Vaucluse	4 001
67.	Aisne	3 991
68.	Lot	3 941
5e Série		
69.	Yonne	3 850
70.	Aube	3 849
71.	Seine et Marne	3 716
72.	Pas de Calais	3 667
73.	Calvados	3 541
74.	Aveyron	3 510
75.	Eure et Loir	3 411
76.	Lozère	3 216
77.	Eure	3 199
78.	Ariège	3 124
79.	Bas Rhin	3 102
80.	Moselle	3 037
81.	Haut Rhin	2 896
82.	Pyrénées Orientales	2 845
83.	Seine et Oise	2 814
84.	Seine inférieure	2 789
85.	Seine	2 702
—	Corse	1 690
—	Département moyen	4 552

14e CARTE : COMBIEN D'HABITANTS POUR UN PROCÈS CIVIL

1re Série		
1.	Finistère	1 547
2.	Morbihan	1 495
3.	Mayenne	1 037
4.	Vendée	910
5.	Côtes du Nord	887

6. Nord	756
7. Ille et Vilaine	741
8. Deux Sèvres	687
9. Sarthe	621
10. Loire inferieure	611
11. Maine et Loire	587
12. Landes	530
13. Pas de Calais	485
14. Somme	462
15. Pyrénées orientales	446
16. Loir et Cher	441
17. Aisne	411

2e Série

18. Vienne	407
19. Lot et Garonne	402
20. Charente infere	401
21. Tarn	357
22. Moselle	344
23. Tarn et Garonne	343
24. Gers	342
25. Vosges	340
26. Dordogne	337
27. Aude	327
28. Allier	327
29. Orne	321
30. Indre et Loire	319
31. Meurthe	312
32. Vaucluse	308
33. Charente	306
34. Var	304

3e Série

35. Haute Marne	296
36. Haute Saône	293
37. Loiret	288
38. Meuse	288
39. Cher	286
40. Oise	281
41. Lot	279
42. Basses Pyrénées	278
43. Ariège	276
44. Hérault	274
45. Marne	270
46. Bas Rhin	267
47. Eure et Loir	267
48. Aube	261
49. Manche	254
50. Basses Alpes	254
51. Bouches du Rhône	247

4e Série

52. Saône et Loire	245
53. Seine et Oise	244
54. Jura	240
55. Ardennes	236
56. Indre	232
57. Côte d'or	229
58. Haute Vienne	228
59. Haute Garonne	227
60. Seine inférieure	217
61. Seine et Marne	216
62. Haut Rhin	216
63. Gard	201
64. Puy de Dôme	199
65. Ain	195
66. Gironde	194
67. Corrèze	190
68. Eure	188

5e Série

69. Creuse	184
70. Rhône	179
71. Loire	178
72. Doubs	172
73. Hautes Alpes	169
74. Drôme	163
75. Calvados	158
76. Isère	157
77. Ardèche	155
78. Hautes Pyrénées	149
79. Nièvre	145
80. Cantal	143
81. Haute Loire	137
82. Aveyron	118
83. Yonne	112
84. Seine	102
85. Lozère	69
— Corse	362
— Département moyen	261

15e CARTE : COMBIEN D'INSOUMIS POUR MILLE RECRUES

1re Série

1. Ardennes	0,4
2. Doubs	0,5
3. Aube	0,5
4. Somme	0,6
5. Jura	0,7
6. Aisne	0,7
7. Yonne	0,9
8. Vosges	0,9
9. Haute Saône	1
10. Eure et Loir	1
11. Charente infere	1
12. Haute Marne	1
13. Meuse	1
14. Dordogne	1
15. Ain	1
16. Finistère	1
17. Côtes du Nord	2

2e Série

18. Côte d'Or	2
19. Marne	2
20. Charente	2
21. Haut Rhin	2
22. Indre et Loire	2
23. Nièvre	2
24. Loir et Cher	2
25. Sarthe	2
26. Pas de Calais	2
27. Nord	3
28. Moselle	3
29. Tarn et Garonne	3
30. Loiret	3
31. Mayenne	3
32. Deux Sèvres	4
33. Aude	4
34. Oise	4

3e Série

35. Drôme	4
36. Cher	4
37. Meurthe	4
38. Seine et Marne	4
39. Seine et Oise	5
40. Vienne	6
41. Seine inférieure	6
42. Maine et Loire	6
43. Bas Rhin	6
44. Lot et Garonne	6
45. Vendée	7
46. Ille et Vilaine	7
47. Hérault	7
48. Loire inférieure	7
49. Gard	7
50. Saône et Loire	7
51. Lot	8

4e Série
52. Ardèche 8
53. Vaucluse 9
54. Var 9
55. Landes 9
56. Morbihan 9
57. Isère 9
58. Indre 10
59. Gers 11
60. Orne 13
61. Basses Alpes 13
62. Haute Vienne 15
63. Ariège 16
64. Eure 16
65. Hautes Alpes 17
66. Seine 18
67. Allier 18
68. Hautes Pyrénées 19

5e Série
69. Gironde 21
70. Manche 22
71. Tarn 22
72. Bouches du Rhône 24
73. Calvados 24
74. Haute Garonne 25
75. Aveyron 27
76. Rhône 32
77. Puy de Dôme 40
78. Pyrénées orientales 49
79. Loire 64
80. Corrèze 70
81. Lozère 76
82. Creuse 89
83. Basses Pyrénées 91
84. Haute Loire 127
85. Cantal 130

— Corse 12

— Département moyen 14

16e CARTE : FRAIS DE RECOUVREMENTS POUR 1000 F. D'IMPÔTS

1re Série
1. Maine et Loire 0,9
2. Mayenne 1,0
3. Haute Marne 1,0
4. Vosges 1,1
5. Sarthe 1,1
6. Oise 1,1
7. Nord 1,1
8. Pas de Calais 1,2
9. Ardennes 1,2
10. Aisne 1,2
11. Meuse 1,3
12. Seine et Marne 1,3
13. Haute Saône 1,5
14. Meurthe 1,5
15. Moselle 1,6
16. Vendée 1,6
17. Somme 1,6

2e Série
18. Eure 1,6
19. Côte d'Or 1,6
20. Eure et Loir 1,7
21. Aube 1,9
22. Marne 2,0
23. Finistère 2,0
24. Seine et Oise 2,2
25. Orne 2,2
26. Ille et Vilaine 2,2
27. Doubs 2,2
28. Morbihan 2,3
29. Jura 2,3
30. Côtes du Nord 2,3
31. Deux Sèvres 2,4
32. Calvados 2,5
33. Rhône 2,6
34. Loiret 2,7

3e Série
35. Loir et Cher 2,7
36. Saône et Loiret 2,8
37. Ardèche 2,8
38. Tarn 2,9
39. Manche 2,9
40. Var 3,1
41. Haut Rhin 3,3
42. Basses Alpes 3,3
43. Loire inférieure 3,4
44. Gard 3,4
45. Hautes Alpes 3,4
46. Aude 3,6
47. Seine inférieure 3,6
48. Cher 3,7
49. Yonne 3,8
50. Loire 4,0
51. Charente 4,0

4e Série
52. Allier 4,1
53. Hérault 4,2
54. Seine 4,4
55. Bas Rhin 4,6
56. Nièvre 4,6
57. Indre et Loire 4,7
58. Haute Garonne 4,7
59. Isère 4,8
60. Drôme 4,8
61. Cantal 4,8
62. Creuse 4,9
63. Ain 4,9
64. Vaucluse 5,2
65. Haute Vienne 5,3
66. Vienne 5,5
67. Lot et Garonne 5,5
68. Lot 5,9

5e Série
69. Basses Pyrénées 5,9
70. Puy de Dôme 5,9
71. Bouches du Rhône 6,2
72. Tarn et Garonne 6,4
73. Landes 6,4
74. Aveyron 6,7
75. Haute Loire 6,9
76. Corrèze 7,0
77. Gers 7,1
78. Hautes Pyrénées 7,5
79. Gironde 7,5
80. Dordogne 7,7
81. Ariège 7,7
82. Lozère 7,9
83. Indre 8,4
84. Pyrénées orientales 8,9
85. Charente infere 9,0

— Corse 18,6

— Département moyen 3,4

APPENDICE.

(JUIN 1837.)

Nous espérions pouvoir livrer notre ouvrage à la publicité à la fin de 1836 ; mais la réunion des chambres ayant eu lieu avant que l'impression fût terminée, il nous a fallu suivre de Paris un travail qui se faisait dans le département de l'Ain ; de là des retards qui nous permettent de faire connaître le recensement de 1836, et quelques autres faits d'une moindre importance, qui se sont produits pendant les cinq premiers mois de 1837.

§ Ier.

§ Ier. Du Recensement de 1836.

Nous avons parlé (*page* 9) du recensement ordonné par M. le Ministre de l'intérieur, et nous avons donné un juste éloge à la détermination qu'il a prise de faire faire ce recensement *nominativement* et par famille avec les indications de *parenté*, d'*âge* et de *profession*. Cette grande innovation dans nos habitudes de recensement nous faisait espérer quelque publication sur la population du royaume, dans le genre de celle qui a été faite en Angleterre pour le recensement de 1831 : on sait et nous répétons que ce document a été publié par les ordres de la Chambre des communes, et les détails en sont si nombreux qu'il n'a pas fallu moins de trois volumes in-folio pour les contenir ; nous ne pouvons croire qu'on veuille se contenter en France d'un relevé sur le *Bulletin des lois* aussi insignifiant que celui qu'on a fait pour le recensement de 1831 ; rien n'indique pourtant jusqu'à présent qu'aucune mesure ait été prise pour qu'il en fût autrement ; le recensement de 1836 n'est donc encore que la doublure de celui que nous venons de citer.

Voici ce recensement. Nous y avons annexé un état des aliénés par département, qui nous a été communiqué au ministère du commerce ; la loi sur les aliénés, votée en 1837, donne un intérêt tout particulier à ce dernier document.

50

NOM des DÉPARTEMENTS.	POPULATION d'après le recensement de 1836. 1.	AUGMENTATION de population depuis le recensement de 1831. 2.	Augmentation annuelle pour 10,000 habitants. 3.	Nombre des aliénés en 1836. 4.	Combien d'aliénés pour 100,000 habitants. 5.
Ain	346,188	158	1	125	36
Aisne	527,095	14,095	55	321	61
Allier	309,270	11,013	74	156	51
Alpes (Basses-)	159,045	3,149	40	65	41
Alpes (Hautes-)	131,162	2,060	32	9	7
Ardèche	353,752	13,018	76	139	39
Ardennes	306,861	17,239	119	21	7
Ariège	260,536	7,415	59	91	35
Aube	253,870	7,509	61	56	22
Aude	281,088	10,963	81	46	16
Aveyron	370,951	11,895	66	46	12
Bouches-du-Rhône	362,325	2,852	16	712	197
Calvados	501,775	7,073	29	421	84
Cantal	262,117	3,523	27	38	15
Charente	365,126	2,595	14	50	14
Charente-Infér.re	449,649	4,400	20	263	59
Cher	276,853	20,794	162	59	21
Corrèze	302,433	7,599	52	157	52
Corse	207,889	12,482	128	156	75
Côte-d'Or	385,624	9,747	52	141	37
Côtes-du-Nord	605,563	6,691	22	149	25
Creuse	276,234	10,850	82	15	5
Dordogne	487,502	4,752	20	38	8
Doubs	276,274	10,739	81	198	72
Drôme	305,499	5,943	40	30	10
Eure	424,762	514	2	50	12
Eure-et-Loir	285,058	6,238	45	48	17
Finistère	546,955	22,559	86	130	24
Gard	366,259	8,876	50	84	23
Garonne (Haute-)	454,727	26,871	126	48	11
Gers	312,882	722	5	57	18
Gironde	555,809	1,584	6	385	69
Hérault	357,846	11,639	67	154	43
Ille-et-Vilaine	547,249	197	1	531	97
Indre	257,350	12,061	98	176	68
Indre-et-Loire	304,271	7,255	49	87	28
Isère	573,643	23,385	85	43	7
Jura	315,355	2,851	18	346	110
Landes	284,918	3,414	24	22	8
Loir-et-Cher	244,043	8,293	71	44	18
Loire	412,497	21,281	109	53	13
Loire (Haute-)	295,384	3,306	23	65	22
Loire-Inférieure	470,768	675	3	106	22
Loiret	316,189	10,913	72	58	18
Lot	287,003	3,176	22	35	12
Lot-et-Garonne	346,400		—3	187	54
Lozère	141,733	1,386	20	68	48
Maine-et-Loire	477,270	9,399	40	842	176
Manche	594,382	3,098	10	613	103
Marne	345,245	8,169	48	177	51
Marne (Haute-)	255,969	6,142	49	128	50
Mayenne	361,765	9,179	52	189	52
Meurthe	424,366	8,798	42	641	151
Meuse	317,701	3,113	20	121	38
Morbihan	449,743	16,221	75	34	8
Moselle	427,250	10,247	49	342	80
Nièvre	297,550	15,029	107	170	57
Nord	1,026,417	36,479	74	794	77
Oise	398,641	916	5	452	113
Orne	443,688	1,807	8	100	22
Pas-de-Calais	664,654	9,439	29	189	28
Puy-de-Dôme	589,438	16,332	57	98	17
Pyrénées (Basses-)	446,398	17,997	84	68	15
Pyrénées (Hautes-)	244,170	11,139	95	14	6
Pyrénées-Orient.es	164,325	7,273	93	25	15
Rhin (Bas)	561,859	21,646	80	338	60
Rhin (Haut)	447,019	22,761	107	285	64
Rhône	482,024	47,595	219	596	123
Saône (Haute)	343,298	4,388	26	32	9
Saône-et-Loire	538,507	14,537	55	369	69
Sarthe	466,888	9,516	42	250	54
Seine	1,106,891	171,783	367	3,438	312
Seine-et-Marne	325,881	1,988	12	49	15
Seine-et-Oise	449,582	1,402	6	103	23
Seine-Inférieure	720,525	26,842	78	833	115
Sèvres (Deux)	304,105	9,255	63	51	17
Somme	552,706	9,002	33	113	20
Tarn	346,614	10,770	65	219	63
Tarn-et-Garonne	242,184		—3	81	33
Var	323,404	5,903	37	171	53
Vaucluse	246,071	6,958	41	103	42
Vendée	341,312	10,962	66	109	32
Vienne	288,002	5,261	37	59	20
Vienne (Haute)	293,011	7,881	55	147	50
Vosges	411,034	13,047	66	61	15
Yonne	355,237	2,750	16	74	21
TOTAUX	33,540,910	980,784	60	18,757	56
Diminution		810			
Augmentation réelle		979,974			

Les deux départements de *Lot-et-Garonne* et de *Tarn-et-Garonne*, dont le chiffre est en blanc dans la 2e colonne, ayant diminué de population, le premier de 485, et le second de 325 habitants, c'est 810 à retrancher de 980,784. D'où il résulte que, de 1831 à 1836, la différence des recensements n'a été réellement que de 979,974 habitants : ce qui suppose une augmentation annuelle de 60 têtes par 10,000 habitants sur le recensement de 1831.

Les calculs de la 5e colonne du 1er tableau (*page* 314) prouvent que cette augmentation n'était, pour la période qui a précédé 1832, que de 46 têtes. Tout nous porte à croire que cette appréciation est bien plus exacte que la précédente ; car les registres de l'état civil des années 1832, 1833, 1834 et 1835 ne donnent qu'une augmentation de population de 407,216 habitants, pour ces quatre années ; et il reste ainsi une bien large proportion pour arriver avec la cinquième aux 749,000 (*) habitants d'augmentation, que l'on aurait eus avec la proportion de 46 têtes par 10,000 habitants, que nous avons trouvée pour la période de 1824 à 1832.

Période de doublement de la population.

Quoi qu'il en soit, la population étant, en 1836, de 33,540,910 habitants, chaque myriamètre carré en contient 6,357. Si nous admettons un accroissement moyen annuel de population de *demi pour cent*, ce qui paraît beaucoup s'approcher de la vérité, nous voyons que la période de doublement s'opérerait en 139 années. La France aurait ainsi plus de 67 millions d'habitants en 1975.

Peut-on comparer les recensements de 1831 et de 1836?

Nous avons eu, comme maire, à faire exécuter les trois recensements de 1826, 1831 et 1836. Le premier a été fait avec si peu de soin que nous croyons devoir le négliger ; nous ne parlerons donc que des deux derniers : voyons s'ils peuvent être comparés entr'eux, autrement que dans leurs résultats généraux.

Nous n'hésitons pas un instant à dire que non; et la meilleure manière de le prouver est de copier textuellement une partie de la circulaire du 10 avril 1836, qui a servi de base à ce recensement.

Extrait de la circulaire ministérielle du 10 avril 1836.

Après avoir dit que les militaires, les individus en voyage, ou ceux qui seraient détenus pour une cause quelconque, devaient être recensés au lieu de leur domicile ordinaire, on ajoute :

« Les domestiques à gages, ayant le même domicile que leurs maîtres, doivent » être comptés à ce domicile, lors même qu'ils seraient étrangers à la commune et » qu'ils auraient leurs parents dans une autre commune. Par la même raison, ils ne » doivent pas être comptés dans la commune où réside leur famille, puisqu'il y aurait » double emploi. Cette règle ne s'applique pas aux ouvriers travaillant à la journée ;

(*) Ce résultat comparé à la différence numérique des deux recensements de 1831 et de 1836 (979,974) prouve que le recensement de 1831 était trop faible de 2 à 3 cent mille âmes, à moins qu'on ne veuille supposer que celui de 1836 (qui a été fait nominativement) indique plus de population qu'il n'y en a réellement : cette dernière supposition est invraisemblable.

» alors même qu'ils passeraient une grande partie de la semaine chez ceux qui les » emploient, ils n'en ont pas moins leur domicile chez leurs parents ou dans le lieu » de leur habitation personnelle.

» *Les enfants trouvés et abandonnés, placés en nourrice ou en pension à la cam-» pagne, ne doivent pas être compris sur les états de la population des communes où » ils sont en nourrice ou en pension; leur domicile est à l'hospice dont ils dépendent, » et c'est dans la commune de la situation de cet hospice qu'ils doivent être recensés.*

» Cette règle cesse de recevoir son application, s'il s'agit d'individus ayant atteint » leur majorité, à l'égard desquels a cessé par conséquent la tutelle des administra-» tions d'hospices, et qui ont un domicile qui leur est propre; ceux-là doivent être » recensés au lieu de leur domicile.

» Les enfants des particuliers, placés en nourrice ou en pension, ou dans quelque » établissement d'instruction publique, ne doivent pas être comptés au tableau de la » commune où ils se trouvent momentanément; ils doivent figurer sur celui de » la commune où leurs parents ont leur domicile.

» Les individus nouvellement établis dans une commune et qui n'ont pas encore » fait la déclaration de changement de domicile mentionnée à l'article 104 du Code » civil, doivent néanmoins être compris au tableau de la commune où ils résident. »

Il nous sera facile de prouver que le recensement fait sous l'influence de cette instruction ne doit être comparé à celui de 1831 qu'avec la plus grande circonspection.

Et d'abord, pour les militaires en activité de service, il y avait, en 1831, comme pour tous les recensements postérieurs à celui de 1801, une colonne séparée qui n'existe pas pour celui de 1836, où ces derniers sont classés avec les *garçons*, *hommes mariés* ou *veufs*, suivant qu'ils sont dans l'une de ces trois positions. Il y a, dans ce cas, différence de classement, et conséquemment de rapport entre les diverses parties de la population d'une même commune.

Mais passons sur ce premier point qui n'est important que sous le rapport de la classification, et examinons le motif principal qui, suivant nous, rend toute comparaison très-difficile entre ces deux recensements.

Comment les enfants trouvés ont été recensés en 1831 et en 1836.

Nous avons vu, par l'extrait de la circulaire du 10 avril 1836 qui précède, que, jusqu'à 21 ans, les enfants trouvés et abandonnés ne doivent pas être recensés à leur domicile réel, mais bien à leur domicile légal qui est l'hospice. De cette manière, certaines villes peuvent avoir et ont en effet leur population de 1836 plus nombreuse que celle de 1831, sans que pour cela il s'y trouve un seul habitant de plus; et cet effet a lieu en sens inverse dans les communes rurales qui, de temps immémorial, comptent dans leur population un nombre plus ou moins considérable d'enfants trouvés.

Voyons, au moyen de quelques exemples, dans quelles limites ces faits sont renfermés.

La ville de Paris est comptée sur le recensement de 1836 pour 909,126 habitants. D'après le système adopté en 1831, qui comptait les enfants trouvés à leur domicile réel, on n'aurait eu que 886,706 habitants ; car 22,420 de ces enfants trouvés ont été portés comme étant à Paris, quoiqu'ils fussent dans les communes ou départements environnants. C'est ainsi que s'explique l'incroyable augmentation de population du IXe arrondissement, lieu du domicile légal des enfants trouvés. On n'y comptait en effet, en 1831, que 42,718 habitants, et ce nombre est porté à 71,750, pour 1836. PARIS.

Les mêmes faits s'observent pour la ville de Lyon. LYON.

Cette ville est portée sur le recensement de 1836 pour 147,223 habitants agglomérés. Elle n'aurait eu réellement que 133,500 habitants, si l'on eût opéré comme en 1831 ; car 13,723 enfants trouvés (*), répartis dans les départements qui entourent cette ville, ont été portés, en 1836, sur la population de son premier canton, lieu de leur domicile légal. Ainsi, la population de Lyon, qui était, en 1831, de 133,715 habitants, *a un peu diminué* pendant les cinq années suivantes ; et pourtant, en comparant les deux recensements, *on croirait qu'elle s'est accrue de près de* 10 *p.* %. Les rapports de population de département à département sont même sensiblement modifiés, autour de certaines grandes villes, par le fait que nous étudions. C'est ainsi, par exemple, que le département de l'Ain avait 6,390 enfants de l'hospice de Lyon, en 1836, qui ont été soustraits de sa population réelle, pour être portés sur celle de cette dernière ville et conséquemment sur le département du Rhône (**).

Si des grandes villes que nous venons de signaler, nous passons à celles d'une moindre population, nous voyons des résultats à peu près semblables. C'est ainsi que Bourg, chef-lieu du département de l'Ain, porté en 1836 pour 8,818 âmes de population agglomérée, n'aurait dû en compter réellement que 8,108 ; car, sur les 775 enfants trouvés de l'hospice de cette ville, 710 étaient placés, en 1836, dans les autres communes de ce département, et n'auraient conséquemment pas fait partie de sa population, si le système de 1831 eût été suivi. BOURG.

Si des villes qui possèdent des hospices, nous passons aux cantons et communes rurales qui renferment les enfants, nous voyons que les résultats sont inverses: Cantons et communes rurales.

(*) La municipalité de Lyon n'a compté que 13,723 enfants trouvés ; et pourtant les renseignements que nous avons reçus directement de l'hospice, nous ont convaincu que le chiffre exact était de 14,240 ; nous ne savons à quoi attribuer cette différence.

(**) On doit comprendre, d'après ce que nous venons de dire, que les calculs des 2me et 3me colonnes du recensement de 1836, que nous avons donnés à la deuxième page de l'*Appendice*, ne sont pas rigoureusement exacts pour tous les départements.

ainsi, dans le canton d'Hauteville (Ain), que nous connaissons d'une manière toute particulière, la population a été stationnaire de 1831 à 1836; et nous avons pourtant, pour le recensement de la première année, 5,590 habitants, tandis qu'il n'y en a que 5,008 de comptés sur le recensement de 1836. Enfin, la commune de Lompnès, qui est celle que nous habitons dans le canton d'Hauteville, n'est portée, en 1836, que pour 406 habitants; et pourtant elle en a en réalité 438, car 32 enfants trouvés ont été soustraits de sa population par la circulaire ministérielle du 10 avril, pour être reportés sur celle de la ville de Lyon.

D'après les faits que nous venons de signaler, nous croyons que toute comparaison de détail entre les recensements de 1831 et de 1836 est impossible. Les villes qui ont des hospices d'enfants trouvés sont portées sur ce dernier recensement pour une population qu'elles n'ont réellement pas. Les cantons ou communes rurales, au contraire, ont plus de population que celle qui est indiquée par ce recensement.

Résultats différents suivant qu'on procède par la méthode de 1831 ou par celle de 1836.

On a vu, par les exemples que nous venons de citer, que ces différences sont quelquefois de 10 p. % en plus dans les villes, et de 10 p. % en moins dans les campagnes.

En lisant l'extrait de la circulaire du 10 avril 1836, que nous avons précédemment donné, on peut voir que les faits que nous venons de signaler ne sont pas les seuls qui tendent à établir une différence entre les recensements de 1831 et de 1836. Nous devons même dire que, pour ce dernier recensement, on n'a pas procédé de la même manière dans toutes les villes, sous le rapport des enfants trouvés; c'est ainsi que plusieurs de ces dernières, dans la crainte de quelque aggravation ou changement d'impôts, n'ont pas compté, comme faisant partie de leur population, les enfants trouvés placés en nourrice ou en pension dans les communes rurales; nous pourrions citer plus d'un fait de ce genre.

La manière dont le recensement de 1836 a été fait est cependant une heureuse innovation.

Quoi qu'il en soit, et malgré tout ce que nous venons de dire, la manière dont le recensement de 1836 a été fait est une grande et heureuse innovation; car toutes les fois qu'on procède nominativement pour une pareille opération, on peut ensuite modifier les résultats obtenus, dans un travail de détail subséquent. Ce travail n'a pas encore été fait; mais on peut l'ordonner, car tous les éléments en sont prêts; espérons qu'on y pourvoira et qu'enfin nous aurons une classification de la population française par *famille*, *âge* et *profession*.

Des recensements qui ont précédé celui de 1836.

Puisque nous avons parlé des deux derniers recensements, disons quelques mots de ceux qui les ont précédés.

En 1700 (*), d'après les dénombrements des intendants, on comptait, sans la Lorraine et la Corse, 19,669,320 habitants.

(*) Tout ce qui suit jusqu'à l'article des aliénés est pris sur le volume de la *Statistique de la France*, qui vient d'être publié (juin 1837) par les soins de M. le Ministre du commerce.

En 1762, d'après les dénombrements individuels et ceux des feux, on comptait 21,769,163 habitants.

En 1784, d'après le nombre moyen des naissances annuelles, on calculait (Necker) 24,800,000 habitants.

Le 16 mai 1800, une première circulaire ministérielle ordonna un recensement dont le résultat a été, pour 1801, 27,349,003 habitants.

En 1806, nouveau recensement de 29,107,425 habitants.

En 1821, nouveau recensement de 30,461,875 habitants.

En 1826, nouveau recensement de 31,858,937 habitants.

En 1831, nouveau recensement de 32,560,934 habitants.

Et enfin, le dernier recensement de 1836 a donné 33,540,910 habitants.

Ainsi, l'on voit que, d'après ces divers documents, la population du royaume s'est augmentée, de 1801 à 1836, c'est-à-dire en 36 ans, de 6,191,907 habitants : ce qui nous donne une augmentation annuelle de 171,997 individus.

Si nous examinons les registres de l'état civil, nous arrivons à un résultat un peu moins élevé ; car la différence entre les naissances et les décès des 36 années que nous considérons, n'a été que de 5,325,060 habitants. L'augmentation annuelle de population n'aurait donc été, dans cette hypothèse, que de 147,918 habitants.

D'après ce rapprochement, on voit que les recensements successifs dont nous avons parlé sont loin d'être aussi inexacts que certaines personnes (nous étions de ce nombre) le supposaient. Tout nous porte à croire que, depuis 1784, on a toujours connu le total de la population française, à 4 ou 5 cent mille habitants près ; et nous pensons que maintenant on est arrivé, par le recensement de 1836, à une appréciation beaucoup plus rigoureuse.

On peut, avec le nombre des naissances et des décès constatés par les registres de l'état civil, étudier quelles sont les années où l'accroissement de la population a été le plus rapide. Dans cette recherche, nous avons été fort surpris de reconnaître que, pendant les dix années de 1806 à 1815, époque des grandes guerres de l'empire, la population a augmenté moyennement par année de 148,860 habitants. C'est plus que la moyenne générale des 36 années, qui n'a été, ainsi que nous l'avons dit plus haut, que de 147,918 habitants. Si nous recherchons, pendant cette période, les cinq années où l'accroissement de la population a été le plus et le moins rapide, nous voyons que les registres de l'état civil donnent :

Années du plus grand accroissement.			Années du plus faible accroissement.		
1816 ———	245,235	habitants.	1832 (choléra)	3,634	habitants.
1821 ———	224,062	*Idem.*	1804	9,571	*Idem.*
1824 ———	220,020	*Idem.*	1803	37,128	*Idem.*
1823 ———	219,860	*Idem.*	1834	68,462	*Idem.*
1819 ———	201,571	*Idem.*	1805	79,177	*Idem.*

Les recherches qui précèdent nous ont fait trouver une nouvelle preuve de ce que nous avons dit (*page* 121) sur l'augmentation remarquable de la durée de la vie.

Nouvelle preuve que la durée de la vie a augmenté d'un quart depuis la révolution de 1789.

Nous avons dit, à la page que nous venons de citer, que l'on comptait annuellement moins de naissances, de 1824 à 1832, qu'il n'y en avait de 1777 à 1780 ; nous pouvons maintenant ajouter, grâce aux nouveaux documents qui nous ont été communiqués, qu'il en est de même pour les décès. On comptait, en effet, pour les années 1781, 1782, 1783 et 1784, une moyenne annuelle de 917,250 décès, tandis que la moyenne des années 1824, 1826, 1828, 1830 et 1832, que nous avons plus particulièrement étudiées, n'en donne que 839,291.

D'où l'on voit qu'une population de 32 millions d'habitants donnait, en 1831, moins de décès que celle de 25 millions, que nous comptions en 1784. Nous croyons donc pouvoir conclure de nouveau que tous les faits, tous les documents s'accordent à prouver que la durée de la vie, depuis un demi-siècle, a augmenté d'un quart.

Population urbaine et rurale.

La population totale des chefs-lieux de préfecture et de sous-préfecture, en 1801, était de 3,854,202 habitants ; elle est portée sur le recensement de 1836 pour 4,951,684 habitants ; l'augmentation, pendant les 36 ans, a donc été de 29 *pour cent*. Les recensements de 1801 et de 1836, étant diminués de la population des villes dont nous venons de parler, ne donnent plus que 23,494,801 habitants, pour 1801, et 28,589,226, pour 1836; l'augmentation de cette partie de la population a donc été de 21 *pour cent* seulement. Il ressort de ces calculs que la propension des populations rurales à se jeter dans les villes tend tous les jours à rompre de plus en plus la proportion qui existait, au commencement de ce siècle, entre les populations urbaines et les populations rurales. Ce fait est fâcheux sous plus d'un rapport.

§ II.

§ II. Des Aliénés en 1836.

Nous avons donné à la deuxième page de cet appendice, à côté du recensement de 1836, un état des aliénés de chaque département. Cet état laisse encore à désirer sous le rapport de l'exactitude ; mais il est cependant assez précis pour que la question des aliénés puisse être traitée d'une manière générale.

Dans le courant de la session de 1837, la Chambre des députés a voté une loi sur les aliénés, qui, suivant nous, est un grand bienfait : à l'avenir, ces malheureux ne seront plus enfermés dans les mêmes prisons que les criminels, et chaque département sera tenu d'avoir un asile public ou privé pour les recevoir et *les traiter*. Il est, en effet, généralement reconnu actuellement que la folie est un mal qui peut se guérir comme plusieurs autres maladies ; (*) et chose étonnante, dans tous les pays où l'on s'est occupé de ce sujet, il a été reconnu que la méthode curative la plus efficace est, pour les *aliénés* comme pour les *criminels*, l'isolement le plus complet.

Nous ne comptons traiter la question des aliénés que sous le rapport statistique ; toutefois, pour donner une idée de la loi dont nous venons de parler, nous citerons un passage de l'exposé des motifs qui l'accompagnait : « C'est une loi de police et de » sûreté à l'égard de tous les citoyens, une loi de bienfaisance et de tutelle à l'égard » des aliénés, et une loi de charité publique à l'égard de ceux de ces infortunés qui » sont sans ressources. »

On ne compte encore en France qu'une soixantaine d'établissements pour les aliénés ; plusieurs, et nous citerons entr'autres ceux de Bourg (Ain), sont tenus avec succès et une très-grande économie *par les Sœurs de St.-Joseph;* ce n'est pas la première fois que nous avons remarqué combien les associations religieuses sont utiles pour le soulagement des souffrances de l'humanité, et nous pensons qu'on ne saurait trop en propager l'emploi dans les hôpitaux et établissements de charité de tous genres, dans les prisons et dans les maisons d'aliénés. (**)

(*) On regarde comme démontré que, dans les deux premières années, un tiers des aliénés guérit, un tiers meurt et un tiers reste en état d'aliénation ; ce dernier tiers peut être considéré comme incurable.

(**) Les faits nouveaux que nous avons été à même de connaître pendant la session de 1837, et particulièrement l'excellent ouvrage de M. Lorrain, nous ont donné la conviction qu'il serait aussi à désirer que les congrégations religieuses prissent plus de part à l'enseignement. La lecture de ce dernier ouvrage est indispensable pour tous ceux qui veulent avoir une idée de l'état déplorable de l'instruction primaire, avant la loi de 1833. Il a été, en effet, constaté par l'inspection générale (490 inspecteurs) de toutes les écoles, que l'on fit à la fin de 1833, que très-ordinairement les maîtres d'école étaient dans un état presque complet de misère et d'abjection, et que même *des forçats libérés* et des *épileptiques* étaient depuis longtemps préposés à l'instruction dans plusieurs communes.

Nous croyons devoir répéter dans cette note ce que nous avons dit aux pages 70 et suivantes: *Point de bonne instruction primaire sans éducation morale.* Il nous sera facile de prouver que cette dernière condition est plus nécessaire en France que partout ailleurs. Que se passe-t-il en effet chez les peuples où l'instruction primaire est le plus répandue, en Autriche, par exemple ? dans ce pays, point de liberté de la presse ; on ne peut y imprimer que des ouvrages bons ou au moins sans danger ; aussi ne voit-on dans les mains du peuple que des livres religieux ou moraux ; chez nous, au contraire, ceux qui savent lire se jettent avec avidité et presque exclusivement sur les plus détestables ouvrages de morale ou de politique, qui s'impriment et se vendent publiquement; et l'on doit se regarder comme fort heureux, lorsqu'on ne trouve sous le chaume que d'absurdes romans ou des traités de sorcellerie. Il est évident dès-lors que la liberté de la presse, conquête si précieuse sous tant d'autres rapports, nous donne un désavantage marqué sous le point de vue que nous traitons; et l'on doit comprendre que c'est une grande erreur de vouloir conclure, de l'ordre et de l'amour de la paix des populations si éclairées de l'empire d'Autriche, à un état semblable pour notre pays, si l'on développait au même degré son instruction. La liberté de la presse d'un côté et la

Statistique de l'aliénation mentale.

On peut, en examinant le petit tableau de la deuxième page de l'*Appendice*, voir à la 4ᵉ colonne quel est le nombre d'aliénés que l'on comptait, en 1836, dans chaque département; et la colonne suivante indique le nombre de ces aliénés par centaine de mille habitants. Il ressort de ces deux colonnes que la France comptait, en 1836, 18,757 aliénés : c'est un peu moins de 56 par cent mille habitants. Plusieurs raisons nous font croire que ce nombre doit être plus considérable; car les recherches faites en 1833 avaient donné pour quelques départements plus d'aliénés qu'il n'y en a de portés sur notre tableau de 1836; quoi qu'il en soit, nous avons été obligé, pour six départements qui sont en retard de production de renseignements, de prendre les nombres de 1833 : ces départements sont l'*Isère*, la *Loire*, la *Marne*, la *Somme*, *Vaucluse* et les *Vosges*.

---

censure de l'autre modifient tellement les résultats probables que, même avec une éducation morale aussi forte que chez nos voisins, le désavantage resterait de notre côté.

Quoi qu'il en soit et malgré tout ce que nous venons de dire, nous sommes cependant fort éloigné de prétendre que l'instruction primaire devrait passer en totalité aux congrégations religieuses : ce serait une haute imprudence; mais nous croyons qu'il est à désirer qu'une large part de cette instruction leur soit dévolue. On doit comprendre, en effet, que les deux genres d'instruction primaire ne peuvent que gagner à se faire concurrence. Sans les frères des écoles chrétiennes, l'instruction se matérialiserait trop dans les mains des laïcs; et sans les écoles laïques, il serait à craindre que les frères n'instruisissent que très-imparfaitement leurs écoliers.

Puisque nous avons parlé des frères des écoles chrétiennes, disons quelques mots de leur position actuelle sous le rapport statistique.

On sait qu'un décret impérial du 17 mai 1808 les rappela en France; ils ont pris peu de développement sous l'empire, quoique des fonds fussent affectés à la création de plusieurs maisons de noviciat et que les novices fussent *exempts de la conscription*. En 1819, les frères comptaient 132 établissements; en 1824, 210; et en 1830, ils en avaient 245; abandonnés alors par un grand nombre de municipalités, ils furent soutenus par des souscriptions particulières; et, chose étonnante, ils ont pris depuis la révolution de juillet un nouvel essor, car maintenant ils possèdent 295 établissements divisés en 556 études et en 1318 classes; plus de 120 mille enfants fréquentent ces classes. On s'accorde en général à reconnaître que les frères des écoles chrétiennes sont amis d'un progrès sagement entendu, ou que du moins, dans la pratique et dans le but de faire concurrence aux autres écoles, ils agissent comme si réellement ils en étaient les amis. Il est évident que, depuis 1830, une véritable révolution s'est opérée dans leur enseignement, car les livres qu'ils ont successivement composés *pour la grammaire, l'arithmétique, la géométrie, le dessin linéaire* et *la géographie, viennent récemment d'être adoptés comme classiques par le Conseil royal de l'instruction publique*. Nous avons recueilli à des sources que nous croyons bonnes que les frères des écoles chrétiennes sont actuellement en dehors de la politique; toutes les fois qu'à cette occasion une plainte fondée a été signalée au ministre de l'instruction publique, le supérieur résidant à Paris (le père Anaclet) s'est empressé d'y faire droit. Espérons que tous les membres du haut clergé se conduiront ainsi à l'avenir, et que, dans l'intérêt même de la religion, ils s'abstiendront des déplorables tentatives qui ont marqué les dernières années du règne de Charles X. Alors, mais seulement alors, ils trouveront sympathie et impartialité, et l'on verra que l'opposition des quinze années de la restauration n'avait rien d'hostile à l'esprit religieux.

Voici les noms et l'ordre des 17 départements où, sur cent mille habitants, il y a le plus et le moins d'aliénations mentales.

MINIMUM.	Combien d'aliénés sur cent mille habitants.	MAXIMUM.	Combien d'aliénés sur cent mille habitants.
Creuse	5	Seine	312
Hautes-Pyrénées	6	Bouches-du-Rhône	197
Hautes-Alpes	7	Maine-et-Loire	176
Ardennes	7	Meurthe	151
Isère	7	Rhône	123
Dordogne	8	Seine-Inférieure	115
Landes	8	Oise	113
Morbihan	8	Jura	110
Haute-Saône	9	Manche	103
Drôme	10	Ille-et-Vilaine	97
Haute-Garonne	11	Calvados	84
Aveyron	12	Moselle	80
Eure	12	Nord	77
Lot	12	Doubs	72
Loire	13	Saône-et-Loire	69
Charente	14	Gironde	69
Cantal	15	Indre	68
MOYENNE	10	MOYENNE	119

Cette double nomenclature nous dispense de longs commentaires. On voit que les départements qui ont pour chef-lieu Paris, Marseille, Lyon, Rouen (le Hâvre) et Bordeaux sont de la série où il y a *douze fois plus d'aliénations mentales* que dans celle où l'on voit les montagnards des Pyrénées, de l'Auvergne et d'une partie des Alpes et des Vosges. Il resterait à examiner jusqu'à quel point les émigrations et immigrations de populations peuvent modifier ce résultat; mais nous ne connaissons aucun document qui se rapporte à cette question.

§ III.

Le progrès incessant, qui est particulier à notre époque, a fait déjà vieillir quelques unes des parties de notre ouvrage, pendant le temps nécessaire à son impression; d'autres parties ont été modifiées ou confirmées par des faits récemment intervenus que nous croyons utile de faire connaître.

§ III. PUBLICATIONS faites par l'administration.

On peut voir, à la page 11, que nous éprouvions quelques craintes au sujet de la continuation des *Documents statistiques*, dont la publication avait été commencée en 1835 par M. Duchâtel. Nous sommes heureux d'annoncer que nos craintes étaient mal fondées; car deux volumes nouveaux d'un haut intérêt viennent d'être publiés par le ministre du commerce. On trouve dans l'un de ces volumes les faits qui se rapportent au *territoire* et à la *population*. — Nous avons remarqué, dans la partie qui traite du territoire, une série de tableaux qui indiquent, par département, la totalité de nos voies de communication par terre, par eau et par les chemins de fer : depuis longtemps ce document était désiré. — Tous les faits qui se rapportent au recensement et aux registres de l'état civil sont compris dans la partie qui traite de la population. Nous avons remarqué avec plaisir dans cette partie un tableau, par départements, des mouvements de la population des villes chefs-lieux de département et d'arrondissement, de 1825 à 1835 ; ce seul tableau occupe 90 pages.

L'autre volume, qui traite plus particulièrement des subsistances et des produits du sol, sera d'une utilité incontestable pour la solution des questions si compliquées qui se rattachent à nos lois des céréales ; nous y avons remarqué aussi un travail fort intéressant sur les bestiaux et sur la consommation de la viande. Il serait à désirer qu'un état de la production des pailles des diverses céréales vînt compléter ce volume : ce renseignement agricole serait du plus haut intérêt.

Le ministère de l'intérieur et surtout la direction générale des ponts et chaussées ont aussi fourni plusieurs publications fort utiles. Il ne nous reste donc plus à témoigner qu'un regret : pourquoi les volumes des tableaux statistiques de la Grande-Bretagne, dont le premier volume a été traduit en 1833, n'ont-ils pas aussi été traduits ?

§ IV.

§ II.
ENFANTS TROUVÉS.

Nous avons dit et prouvé, à la page 32, qu'il y a accroissement incessant dans le nombre des enfants trouvés; les faits prouvent que, depuis 1833, l'administration n'a cessé de porter la sollicitude la plus active sur ce point. Nous lisons, en effet, dans un Rapport au Roi sur les hôpitaux, hospices et les services de bienfaisance, publié en avril 1837 par M. le ministre de l'intérieur, que, de 1833 à 1837, *soixante-sept tours* d'enfants trouvés ont été supprimés dans *trente* départements (ceux du *Calvados*, des *Basses-Alpes*, de la *Dordogne*, du *Gard* et de *Saône-et-Loire*, entr'autres, en ont supprimé *dix-sept*), et que 33,456 enfants ont été retirés par suite de cette suppression, ou pour cause de déplacement d'enfants d'hospice à hospice; enfin, en 1837, le budget de ces hospices fait espérer une réduction de 2,224,738 fr. sur les sommes qui ont été dépensées en 1833. Voici le nom et l'ordre des dix départements où cette diminution est le plus remarquable : *Yonne*, *Meurthe*, *Charente*, *Somme*, *Gironde*, *Marne*, *Pas-de-Calais*, *Lozère*, *Charente-inférieure*, *Lot-et-Garonne*. Au lieu de 1,378,000 fr., dépensés en 1833 dans ces dix départements, 652,000 fr. suffiront pour 1837 : ce qui constitue une diminution de dépense de plus de 50 p. %. Puissent le gouvernement et l'administration départementale persévérer dans cette voie, que nous regardons comme l'acheminement le plus rationnel vers la suppression graduelle de la plupart des hospices d'enfants trouvés! L'arrêté ministériel du 25 décembre 1833, qui a créé quatre inspecteurs pour les hospices et services de bienfaisance, a puissamment contribué aux diverses améliorations que nous venons de signaler (voir les pages 69, 87, 88, 89 et 90 du Rapport précité).

§ V.

§ V. Répartition du recrutement entre les départements.

Depuis deux ans, le recrutement de l'armée est certainement le sujet que nous avons le plus sérieusement étudié ; pendant plusieurs mois, nous avons interrogé avec le plus grand soin les cahiers du recrutement des neuf années écoulées de 1825 à 1833. Ce travail nous a donné la conviction que, pour la répartition du contingent, on devait appliquer au département la mesure adoptée en 1835 pour le canton : on sait que cette mesure consiste à ne demander à chaque canton que le nombre d'hommes proportionnel à celui des inscrits véritables de chaque classe, tandis qu'auparavant ce nombre était déterminé par une moyenne des inscrits des années antérieures.

Ce que nous avons dit à ce sujet à la page 43 n'a plus d'opportunité ; car cet heureux changement vient d'être proposé par le gouvernement, et il a été adopté par les chambres, pendant la session de 1837 : *à l'avenir les départements n'auront à fournir pour le recrutement que le nombre d'hommes proportionnel à celui des inscrits réels qui, chaque année, concourront au tirage*.

Nous sentons le besoin de faire ici une réflexion qui nous est suggérée par les § IV et V et par d'autres faits du même genre. Beaucoup de personnes de très-bonne foi croient et affirment que, tandis que l'Europe marche, nous sommes stationnaires, et que tout se fait presque comme sous la restauration. C'est une grave erreur. Toutes les années on fait *sans bruit*, dans la plupart des branches du service public, des améliorations *de détail* qui, en somme, constituent un progrès tellement rapide que l'esprit ne peut le suivre sans un travail soutenu de tous les jours.

§ VI.

§ VI. Les Émigrations et Immigrations des indigents sont proportionnelles à celles des accusés de crime.

Nous avons cité, à la page 82, un document qui prouve que les émigrations des pauvres sont proportionnelles à celles des criminels ; un nouveau document vient appuyer cette opinion.

Nous devons à l'obligeance de M. Benjamin Delessert un état des indigents de la ville de Paris, dressé en l'an XII, sur lequel les lieux de naissance sont indiqués. (*) Nous avons trouvé dans cet état, ainsi que dans celui qui nous a été envoyé de Marseille (voir page 82), la preuve du fait que nous avons avancé dans le cours de cet ouvrage, sur les émigrations et les immigrations des indigents ; et nous sommes entièrement convaincu que les déplacements de population de cette nature sont proportionnels à ceux qu'on observe pour les accusés de crime, dont nous avons donné les résultats par département aux 105e et 106e colonnes du 7e tableau.

Recensement des indigents de Paris en l'an XII.

Nous voyons, en effet, dans l'état dont il est question, que la ville de Paris comptait, en l'an XII, 86,936 indigents, savoir :

1° 12,505 indigents nés dans le département de la *Seine*.
2° 13,293 *idem* nés dans les autres départements.
3° 403 *idem* nés à l'étranger.
4° 18,424 inconnus ou sans désignation de lieux de naissance.
5° 42,311 enfants chez leurs parents.

86,936, total égal.

Il est évident que les 42,311 enfants de l'article 5 ne peuvent entrer dans nos calculs, car ils suivent la condition de leurs parents.

Si nous ne considérons que les trois premiers articles, nous avons alors d'un côté 12,505 indigents nés dans le département de la *Seine*, contre 13,696 indigents nés hors de ce département, ce qui n'établit qu'une proportion de 52 p. % d'étrangers ; mais on ne saurait mettre en doute que, sur les 18,424 indigents de l'article 4, le plus grand nombre est étranger à la ville de Paris : les pauvres cherchent en effet, autant qu'ils le peuvent, à se rattacher, au moins par le lien de la naissance, à la ville qui leur donne des secours. Admettons cependant qu'il n'y ait que les trois quarts de ces 18,424 indigents étrangers à la ville de Paris ; eh bien ! ce nombre même serait suffisant 1° pour faire compensation aux indigents nés à Paris, qui vont mendier dans les autres parties du royaume ; 2° pour faire monter le rapport de 52 p. %, trouvé ci-dessus, à 58, taux que nous avons indiqué à la 106e colonne du 7e tableau, comme étant l'excédant des immigrations sur les émigrations des accusés de crime du département de la *Seine*.

(*) Nous ne pouvons résister au désir de faire connaître quelques lignes qui précèdent l'imprimé dont nous parlons; elles feront comprendre pourquoi nous sommes encore si peu éclairés sur les faits statistiques, et combien les administrations qui, sous l'empire, ne dépendaient même qu'indirectement du gouvernement, étaient soigneuses de tenir cachés les faits qui, par leur nature, admettaient le mieux la publicité. Voici ce qui se trouve en tête de l'état des indigents de Paris:

« En imprimant cet état, le Conseil général des hospices et secours n'a pas voulu qu'il fût public ; il en a seulement imprimé cent exemplaires, afin que les personnes dont le devoir est de veiller à l'administration des secours publics connussent bien les faits : cet état a été fait avec le plus grand soin ; il a été arrêté à la fin de l'année : le nombre des pauvres augmente pendant l'hiver. »

Le 19 frimaire an XIII.

Nous croyons donc, d'après le nouvel exemple que nous venons de citer, pouvoir conclure, comme nous l'avons fait dans le cours de notre ouvrage, *que les déplacements de pauvres de département à département sont proportionnels à ceux qu'on observe pour les accusés de crime ;* et comme ces derniers sont très-bien connus par les tables de la justice criminelle, publiées annuellement par M. le Garde des sceaux, nous pensons que l'on peut en déduire très-approximativement les premiers.

D'après ce qui précède, toutes les fois que l'on fait une aumône à Paris, il y a plus d'un contre un à parier que cette charité s'applique à un homme étranger à cette ville. Les départements du nord de la France, ceux de la Bourgogne, de la Champagne et de l'Auvergne, fournissent le plus de pauvres à la capitale ; le département du *Cantal* à lui seul en comptait 463 en l'an XII.

Quand on fait une aumône à Paris, il est probable qu'on ne secourt pas un Parisien.

§ VII.

§ VII. Taxe des pauvres en Angleterre.

Quelque actif et accéléré que soit le progrès en France, il est encore bien plus extraordinaire en Angleterre; nous allons produire un exemple remarquable à l'appui de cette opinion.

Nous avons parlé, à la page 85, de la taxe des pauvres et de la loi que le parlement anglais a rendue en 1835, pour modifier cette taxe. Les discussions qui ont eu lieu dans ce parlement pendant la session de 1837, à l'occasion de quelques modifications de détail que l'on voulait introduire dans cette loi, nous révèlent un fait de la plus haute importance (voir le *Times* du 25 février 1837, page 3). On voit, en effet, que lord Russel, défendant la loi dont il est question, annonçait au parlement que la taxe des pauvres était tombée, de 1835 à 1837, de 167 millions à 107 millions, et qu'ainsi il y avait eu en *deux ans* une diminution de taxe de 60 millions. Dans ce même discours, lord Russel annonçait que ce résultat avait été obtenu *sans résistance sérieuse* de la part des hommes secourus, et il espérait encore arriver à une réduction plus considérable. Les graves et longues discussions qui ont eu lieu à cette époque sont d'un haut intérêt (voir le *Times* des 25, 27 et 28 février 1837); et nous regrettons vivement que la presse française ne nous tienne pas mieux au courant des choses importantes qui se font chez nos voisins d'outre-Manche.

Les faits qui se rapportent à la taxe des pauvres montrent à quel point *les idées d'ordre et de respect à la loi sont dans les mœurs de la nation anglaise;* nous voyons, en effet, par ce qui précède, qu'un acte du parlement a bouleversé en 1835 une des lois les plus délicates de l'organisation sociale de ce pays, et qu'une taxe destinée non seulement au soulagement des pauvres, mais aussi à fournir un supplément de salaire à la classe ouvrière, a été diminuée en *deux ans* de 60 millions sur 167 (35 pour cent)! Et pourtant aucune résistance sérieuse n'a été opposée à ce bill !

En vérité nous sommes mal placés en France (*) pour juger ce qui se fait en Angleterre et pour prévoir quel avenir politique est réservé à ce pays ; nous désirons de toute la force de notre âme qu'il donne au monde l'exemple unique d'un peuple qui parviendra à se réformer radicalement, sans pour cela éprouver de révolution violente ; et nous avons même cette espérance.

§ VIII.

§ VIII. Des colonies agricoles pour les pauvres.

Nous ne reviendrions pas sur les colonies agricoles pour les pauvres, si nous ne trouvions encore des préjugés enracinés en leur faveur. Des ouvrages nouveaux d'auteurs très-estimés (**) continuent à louer ce genre d'établissements ; nous le croyons mauvais et surtout inapplicable à la France. Tel est le motif qui nous fait revenir sur ce sujet, que déjà nous avons traité à la page 87 ; on va voir combien les calculs que nous avons donnés à cette page, pour l'année 1832, sont conformes à la vérité.

Voici comment s'exprime M. J. R. Porter, chef du Bureau de statistique commerciale de Londres (traduction de M. Dupontès, page 119):

« M. Ducpétiaux, inspecteur général des prisons belges, constate que, de 1822 à » 1831, les recettes pour les colonies libres belges n'ont été que de 943,000 francs, » tandis que la dépense a été, pour le même nombre d'années, *trois fois plus forte.* Au » 1.er juillet 1834, le passif de la société était de 1,639,000 francs, tandisque que son » actif, c'est-à-dire la valeur de la propriété, ne s'élevait pas au-delà de 1,127,000, » présentant ainsi un déficit de 503,000 francs. » (***)

(*) La capitale a été témoin en 1832 de la plus curieuse révolte de l'intérêt individuel contre l'intérêt social ; nous voulons parler de l'*émeute des chiffonniers* : ils essayèrent à cette époque de s'opposer violemment au nettoyage des rues à d'autres heures qu'aux heures habituelles, prétendant qu'en agir autrement c'était *violer leurs droits acquis.*

(**) M. de Tocqueville, page 162 de son ouvrage sur le système pénitentiaire; M. Bérenger, pages 88 et suivantes de son *Système pénitentiaire.*

M. Aylies, conseiller à la cour royale de Paris, dans son ouvrage sur le système pénitentiaire, dit positivement (page 225) en parlant des colonies agricoles de Hollande: « *Le succès de l'entreprise a dépassé toutes les espérances.*

(***) Il devrait y avoir ici 512,000 francs; mais nous avons dû copier textuellement l'ouvrage cité. Cette erreur nous a donné l'idée de rechercher si, dans le petit nombre de calculs que nous avons pris tout faits, il n'y avait pas des fautes semblables. Nous en avons découvert deux : l'une s'applique au coût de la prison pénitentiaire de Genève (page 100); nous en parlerons page XXIII ; l'autre, par une fatalité bizarre, tombe sur des calculs semblables à ceux qui nous occupent. Nous voyons, en effet, page 88 où nous traitons précisément la question du déficit des colonies agricoles belges, que ce déficit était de 539,000 fr. en 1832 ; au lieu de ce nombre, il doit y avoir 486,000 fr. C'est à la page 301 du 1.er volume de la *Charité légale* que nous avions pourtant pris notre chiffre de 539,000 fr.

Sous les autres rapports, les résultats ne sont pas moins déplorables. Voici les lignes qui suivent celles que nous venons de citer :

« Quelque désavantageux qu'aient été les résultats, on les signalerait cependant » sans trop de regret, s'il en avait pu jaillir quelque bien moral pour le pays; *mais là* » *encore tout constate qu'il y a eu déception.*

» M. Ducpétiaux, dans son rapport de 1832 (page 118), dit en effet que, depuis » 1828, époque où l'on a retiré aux colons le bétail, l'habitant de ces prétendues *colo-* » *nies libres* ressemble singulièrement au serf du moyen âge ou au paysan russe » de nos jours; moins heureux que le paysan Irlandais qui, comme lui, n'a pour » apaiser sa faim qu'un pain noir et quelques pommes de terres, il n'a pas, comme » ce dernier, la liberté d'aller où bon lui semble et de disposer du moins librement » de sa personne. »

Sous le point de vue moral, le résultat est encore moins satisfaisant ; les colons ont malheureusement conservé tous les vices qui, déjà une première fois sans doute, les avaient plongés dans la misère ; et pour leur fermer l'accès des cabarets et des débits de boissons dans le voisinage, on a été réduit à frapper pour eux une monnaie particulière qui n'a cours que dans la colonie.

« *On peut donc considérer ces colonies belges, dont on attendait tant de bien,* » *comme une entreprise décidément avortée.* (J. R. PORTER.) »

Nous avons vu, à la page 88, que les colonies agricoles hollandaises n'ont pas été plus heureuses ; voici comment s'exprime à ce sujet M. Sénior, auteur de la préface de l'enquête de 1834 sur l'état du paupérisme en Angleterre :

« Assurément une pareille entreprise, exploitée d'ailleurs par 20,000 actionnaires, » ne pouvait être qu'une spéculation ruineuse; et il faut reconnaître qu'au lieu de » cicatriser la plaie du paupérisme, elle n'a eu pour résultat final que de *l'aviver.* »

Quelques calculs prouvent en effet, dans l'ouvrage de M. Porter, que, de 1820 à 1830, époque du plus grand progrès des colonies agricoles hollandaises (puisque, de 1475 habitants en 1820, elles sont montées à 7,491, en 1830), le paupérisme s'est accru dans la proportion énorme *d'un cinquième* (*).

Nous ne saurions donc trop répéter ce que nous avons dit dans le cours de cet ouvrage : Défions-nous d'une innovation qui se présente de prime abord à l'esprit avec une apparence si séduisante, et concluons avec M. Porter :

« Si nous nous sommes assez longuement étendu sur les colonies hollandaises, » c'est afin surtout d'éclairer sur ce point ceux qui paraissaient en attendre de magni- » fiques résultats, et qui, aujourd'hui encore, en conseilleraient volontiers l'essai. »

(*) Page 110, J. R. Porter. « De 1820 à 1825 on comptait par an plus de 218,000 indigents en » Hollande; pour les 6 années suivantes, 265,000 : accroissement de plus de 20 p. cent. » Ces divers chiffres prouvent que les colonies agricoles de Hollande, même pendant leur époque la plus brillante, n'ont jamais renfermé que 3 p. cent de la population indigente.

§ IX.

§ IX.
CONSOMMATION de la viande dans les villes.

Nous avons fait d'inutiles efforts pour connaître la consommation en viande de toute la population du royaume ; rien de satisfaisant n'existe sur cette matière. Cependant, au moyen des registres d'abattoirs et d'octrois, on est parvenu à fixer cette consommation d'une manière assez approximative pour les villes chefs-lieux de départements et d'arrondissements, et pour celles qui ont dix mille âmes de population et au-dessus ; c'est de celles-là seulement que nous voulons parler.

D'après un document qui nous a été communiqué au ministère du commerce, nous voyons qu'en 1816, 3,954,632 habitants, agglomérés dans 368 villes, ont consommé 199,885,653 kilog. de viande : ce qui répond à 53 kilog. par habitant ; qu'en 1833, 4,803,415 habitants, répartis dans 376 villes, en ont consommé 242,231,830 kilog. : ce qui ne donne plus que 50 kilog. par tête. Il y a donc eu diminution, de 1816 à 1833, dans la consommation de la viande ; plusieurs raisons trop longues à développer tendent à nous faire croire que cette différence provient de causes exceptionnelles. Quoi qu'il en soit, voici les deux séries des 17 départements qui ont le plus et le moins consommé de viande pendant l'année 1833.

Départements où les habitants des villes font la plus grande consommation annuelle de viande.	Par tête d'habitant.	Départements où les habitants des villes font la plus petite consommation annuelle de viande.	Par tête d'habitant.
Loire	102 kil.	Basses-Alpes	26 kil.
Allier	80	Mayenne	28
Gironde	73	Tarn-et-Garonne	29
Finistère	72	Vienne	30
Seine-et-Oise	72	Bouches-du-Rhône	31
Haut-Rhin	70	Indre	31
Bas-Rhin	67	Tarn	31
Rhône	67	Var	31
Seine-et-Marne	66	Loire-Inférieure	32
Meuse	64	Lot	32
Oise	62	Aude	33
Seine	61	Gers	34
Haute-Marne	61	Aveyron	34
Gard	61	Ardèche	35
Eure	61	Ariège	35
Saône-et-Loire	59	Deux-Sèvres	35
Meurthe	58	Haute-Vienne	35
MOYENNE	68	MOYENNE	32

D'après ce qui précède, la différence entre les deux séries de départements est de plus du simple au double ; on doit voir, d'après les noms que nous avons cités, que les départements du Languedoc et de la Provence sont ceux où les populations urbaines consomment le moins de viande. Les départements qui environnent Paris et Lyon, ceux de la Lorraine, de l'Alsace et en général du Nord de la France, en consomment au contraire beaucoup.

§ X.

DU SYSTÈME PÉNITENTIAIRE

ET

DES COLONIES PÉNALES.

Nous faisons les vœux les plus sincères pour que le système pénitentiaire s'établisse en France le plus promptement possible. La réforme des prisons est en effet l'un des besoins sociaux le plus vivement sentis ; mais, dans cette grave réforme, nous ne saurions trop recommander à l'administration d'agir avec prudence et avec réserve. La question du système pénitentiaire, en effet, est encore bien peu étudiée et bien peu connue ; et si nous voulons faire vite, nous ferons probablement mal. Alors cette question reculerait au lieu d'avancer. § X. Du Système pénitentiaire.

MM. *Beaumont* et *de Tocqueville*, pour la France, *Crawford*, pour l'Angleterre, *Julius*, pour la Prusse, et récemment M. *Demetz* encore pour la France (*), ont été successivement chargés par leur gouvernement d'étudier la grave question du système pénitentiaire. Ce que nous avons dit, à la page 101 de notre ouvrage, sur ce système, nous paraît devoir subir quelques modifications ; nous ne connaissions alors (été de 1836) que les travaux de MM. Beaumont et Tocqueville, et ces auteurs laissaient la question indécise entre le système d'Auburn et celui de Philadelphie. Tous les auteurs français que nous avions lus sur la matière concluaient en faveur du système d'Auburn ; il n'est dès lors pas étonnant que nous ayons donné la préférence à ce système. Depuis notre arrivée à Paris, nous avons lu les ouvrages de M. Crawford et de M. Julius ; nous nous sommes entretenu avec des personnes qui ont vu et étudié sur place le système pénitentiaire, et notre opinion s'est modifiée.

Les esprits sont fort divisés aux Etats-Unis entre le système d'Auburn et celui de Philadelphie : ce dernier est un terme moyen entre *l'isolement continu sans travail*, que l'on avait adopté dans l'origine à Pittsburg, et la réclusion cellulaire la nuit, *mais avec travail silencieux et en commun* pour le jour, qui est la base du système d'Auburn : c'est dire que, dans le système de Philadelphie, il y a réclusion cellulaire con- Des systèmes d'Auburn et de Philadelphie.

(*) Le rapporteur du budget de l'intérieur pour l'année 1838 s'exprime ainsi (page 22) :
« Un magistrat distingué de la cour royale de Paris et un habile architecte, MM. Demetz et » Blouet, ont reçu du gouvernement la mission d'étudier dans tous leurs détails la discipline et » la distribution des prisons américaines : les renseignements recueillis dans cette mission vont » être incessament publiés ; ils serviront de base aux propositions du gouvernement. »
C'est une heureuse idée de l'administration que ce concours d'un ingénieur pour une mission de ce genre ; le prix de revient de la construction des cellules, dans chaque système, pourra ainsi être établi d'une manière très-approximative.

tinue, mais avec travail dans la cellule ; toutefois, nous nous hâtons de faire observer que la réclusion continue est modifiée dans ce système par des visites du chapelain et du directeur.

La séparation morale et physique des prisonniers est, comme on le voit, le but du système pénitentiaire ; on l'obtient dans le système d'Auburn par la cellule pour la nuit, et par le silence lorsqu'on est réuni en commun pendant le jour ; et dans le système de Philadelphie, par la réclusion cellulaire continue.

Nous allons voir combien ce dernier système convient mieux à notre pays.

Discipline du fouet nécessaire pour le système d'Auburn.

Si l'on veut établir en France le système d'Auburn, il faut absolument qu'on admette le *fouet* qui est une condition de ce système ; tous les esprits sont, en effet, d'accord en Amérique sur ce point que la discipline et surtout le *silence* (sans lequel il n'y a aucun système pénitentiaire possible) ne peuvent se maintenir que par ce moyen.

Voici comment M. de Tocqueville s'exprime à ce sujet (page 253) :

» On pense en général, dans toutes les maisons pénitentiaires, que leur administration serait impossible sans l'auxiliaire du fouet; c'est l'opinion de *tous* les hommes » pratiques que nous avons vus aux États-Unis et notamment de M. Lynds.......

» Le nombre plus ou moins considérable des détenus rend le pénitencier plus ou » moins facile à gouverner : *Sinsing* a plus de 900 prisonniers ; il lui faut et il a une » discipline très-sévère ; on n'y tient pas compte des peines disciplinaires. *Auburn* en » contient 650 ; il a une discipline moins sévère, mais dans le début elle le fut » beaucoup (un surveillant y a vu fouetter 19 individus en une heure). *Wethersfield*, » qui contient moins de 200 condamnés, a des peines moins sévères ; cependant les » directeurs de ce dernier établissement regretteraient vivement de ne pas être » investis par la loi du droit d'infliger les peines corporelles. »

Quand on pense que plusieurs prisons n'ont pas même de *règlement écrit*, et que la plupart des directeurs ont délégué au dernier *porte-clés* le droit de frapper et de fouetter immédiatement les prisonniers, pour la plus légère infraction, on ne peut s'empêcher de reconnaître que des facultés aussi exorbitantes sont incompatibles avec nos mœurs et notre esprit national.

Comment, d'après ce que nous venons de dire, pourra-t-on obtenir un silence réel et efficace dans nos prisons centrales qui, la plupart du temps, contiennent plus de prisonniers qu'*Auburn* et *Sinsing* ?

Nous croyons donc pouvoir conclure de ce qui précède que le système d'Auburn ne saurait convenir à notre pays. Avec ce système, les prisonniers peuvent encore se corrompre, et dans tous les cas ils se connaissent et peuvent se donner des rendez-vous pour le temps de leur libération. Comment pourrait-on, en effet, même avec la discipline la plus impitoyable, empêcher les communications par signes, tels que les muets les pratiquent ? Nous lisons à ce sujet, dans l'ouvrage de M. Julius, le passage suivant :

« Déjà même les voleurs de Londres, qui ont entendu parler des difficultés que la » règle du silence, qui se répand dans les meilleures prisons d'Angleterre, doit apporter à leurs communications, s'exercent, d'après le témoignage de M. Mackmurdo, » chirurgien de la prison de New-Gate, dans le langage des doigts, afin d'avoir » ensuite un moyen d'annihiler l'effet de la règle du silence. »

Du système de Philadelphie.

Voyons maintenant si le système de Philadelphie offre plus de chances de réussite que le système d'Auburn.

Le docteur Julius, de Berlin, dont nous avons déjà parlé, a visité l'Amérique quatre ans après M. de Tocqueville, et deux ans après M. Crawford; il a donc rapporté les derniers faits qui ont trait à cette question. Voici comment il s'exprime page 12:

« Huit maisons sont aujourd'hui construites ou en construction sur le modèle de » la maison pénitentiaire de Philadelphie; une d'elles est destinée pour le Canada. » Il y en a quinze qui suivent le système d'Auburn; mais il ne faut pas perdre de vue » que la prison-modèle de Philadelphie n'a été terminée qu'en 1829 et ne s'est peuplée » de prisonniers que peu à peu, tandis que le système d'Auburn était en pleine activité en 1823, et recommandé à toute l'Amérique depuis 1825 par les rapports de » la société des prisons de Boston; qu'ainsi le dernier a maintenant près de 14 ans » d'existence, lorsque le premier n'est que dans sa huitième année........

» Ce système (Philadelphie) a été préféré dans les deux plus grands comme dans » les deux plus petits états d'Amérique. Franchissant la limite de l'Union, il s'est introduit dans la prison anglaise du Bas-Canada; il a été, depuis quatre ans, exclusivement suivi pour les prisons construites dans le nord de l'Amérique; et enfin, après » un concours public, il vient d'être adopté à New-York, cette mère du système rival, » pour la construction d'une maison d'arrêt. »

L'opinion de l'auteur que nous venons de citer est d'autant plus remarquable qu'il était arrivé aux États-Unis avec des idées toutes différentes; voici comment il s'exprime lui-même:

Opinion du docteur Julius.

« J'avais d'abord pensé que les conséquences inévitables de l'emprisonnement » solitaire étaient l'altération de la santé, l'abrutissement, puis peu à peu une crainte » dégradante, le marasme et un désespoir effrayant...... Je voyais avec tant de » peine l'édification des bâtiments de la prison (pour le système de Philadelphie) que » j'aurais cru faire une bonne action en les détruisant de mes mains et en les renversant pierre par pierre......... Aujourd'hui, je considère cette règle comme » l'exécution d'une pensée qui, pratiquée par une philanthropie saine et opiniâtre, » deviendra une mesure dont l'heureuse influence se fera sentir sur le caractère » moral et l'état général de la société civile. »

Les conclusions du docteur Julius, que nous venons de citer, ne font que confirmer celles que M. Crawford avait prises deux ans plus tôt. (*)

Lorsqu'on pense que le Canada et l'état de New-York viennent récemment de donner une preuve de la réaction qui s'opère en Amérique en faveur du système de Philadelphie, y aurait-il prudence à nous lancer dans les essais coûteux et probablement inefficaces du système d'Auburn ? nous ne le pensons pas. Il faut, en effet, que les avantages soient bien évidents pour décider un peuple aussi positif que celui des États-Unis à sacrifier un système (Auburn) où le travail des prisonniers est très-productif, puisqu'il se fait dans des ateliers communs et avec les machines perfectionnées de l'industrie, pour un autre système (Philadelphie) où le travail est isolé et ne peut donner que des résultats pécuniaires beaucoup moins satisfaisants.

Nous avons dit que sans le fouet le silence est impossible à maintenir dans les prisons qui sont tenues d'après le système d'Auburn; nous ajouterons que, même avec ce puissant auxiliaire, le succès est impossible, si les directeurs de ces établissements ne sont pas des hommes du plus haut mérite.

Le système de Philadelphie est-il applicable à la France ? oui.

Pour le système de Philadelphie, les murailles de la prison suppléent à l'habileté du directeur; le silence et la discipline n'ont plus besoin du secours des peines corporelles, et toutes les infractions possibles peuvent être réprimées par le séjour dans la cellule ténébreuse. Il est évident, d'après ce double rapprochement, que ce dernier système s'accommode mieux à nos mœurs; nous dirons même à ce sujet que les directeurs des maisons américaines s'accordent, en général, à reconnaître que les détenus d'origine française sont ceux qui se font le mieux et le plus vite au régime de Philadelphie; ce fait nous a paru si extraordinaire que nous n'aurions osé le produire, s'il ne nous avait été rapporté par des témoins oculaires.

Objections contre le système de Philadelphie.

Deux objections fort sérieuses sont pourtant faites contre le système de Philadelphie : la pénalité de nos codes est aggravée, dit-on, par l'adoption de ce système, et la proportion entre le crime et sa punition est tout à fait rompue. Nous ne nous dissimulons pas la force de cet argument; mais il serait possible d'y remédier législativement, en adoptant, par exemple, qu'une année d'emprisonnement pénitentiaire compterait pour deux années de prison. Nous sommes peu compétent sur cette matière et nous n'essaierons pas de la traiter à fond ; mais nous croyons que, par ce moyen ou tout autre, on parviendrait à surmonter cette grave difficulté.

La deuxième objection que l'on fait contre le système qui nous occupe est aussi

---

(*) MM. Demets et Blouet, que nous avons vus depuis leur retour, sont sur le point de publier un document de la plus haute importance sur le système pénitentiaire; nous n'anticiperons pas sur leur travail qui, nous l'espérons, donnera gain de cause au système de Philadelphie. Il paraît qu'on songe déjà très-sérieusement, en Angleterre, à adopter ce système, quoique d'énormes dépenses aient été faites pour celui d'Auburn qui, dit-on, compte plus de 12 milles cellules de construites.

d'un grand poids : on est effrayé des énormes dépenses qu'entraînerait l'établissement, pour toute la France, des prisons pénitentiaires. Nous sommes le premier à reconnaître toute la force de cet argument ; car, dans le système de Philadelphie, l'homme qui entre dans une cellule ne doit plus la quitter que pour sa libération. Dès lors on comprend que cette cellule, qui sert même d'hôpital au prisonnier s'il est malade, doit être spacieuse, bien aérée, chauffée, garnie de latrines inodores ; et ce n'est qu'à prix d'argent que ces dispositions peuvent être obtenues. Sous ce rapport, nous convenons donc que le système d'Auburn (*) a un grand avantage sur celui de Philadelphie ; nous allons pourtant voir que cet avantage n'est pas aussi grand qu'on le suppose.

Nous avons admis (page 99) qu'il faudrait 60 mille cellules pour établir le système pénitentiaire d'Auburn dans toute la France; les derniers auteurs qui ont traité cette question supposent que 50 mille suffiraient ; admettons ce dernier nombre, en faisant observer, toutefois, qu'il ne saurait être moindre ; car la population moyenne de nos prisons de tous genres, y compris les bagnes, varie entre 40 et 50 mille âmes Nous croyons fermement que, au lieu de ces 50 mille cellules, 30 mille suffiraient, si l'on admettait le système de Philadelphie. Nous ne comprenons, en effet, ce dernier système qu'avec une diminution de moitié dans la durée de la peine ; à ce compte 25 mille cellules suffiraient ; si nous en comptons 30 mille, c'est à cause des longueurs de la prévention et de l'accusation qui sont les mêmes pour les deux systèmes. On voit donc que sur ce point l'économie est toute en faveur du système de Philadelphie.

Quelle que soit la valeur de l'observation que nous venons de faire, nous persistons à penser qu'il vaut mieux ne rien faire actuellement que d'entreprendre une demi-réforme. Il faut au moins attendre que l'essai tenté en Angleterre, pour l'éta-

---

(*) Nous avons dit, à la page 100 de cet ouvrage, que la prison pénitentiaire de Genève (système d'Auburn bâtard) avait coûté plus de 12 mille fr. par tête de détenu ; certes, aucune erreur n'est plus grossière ; mais comment n'aurions nous pas été trompé ? chacun peut lire, en effet, sur le *Moniteur* du 20 janvier 1829 (page 80), que M. le ministre de l'intérieur (vicomte de Martignac), faisant un rapport au conseil général des prisons, disait : « La maison pénitentiaire de » Genève a coûté 13,575 fr. 50 cent. par individu renfermé. » Ce même chiffre avec ces mêmes centimes est reproduit au *Moniteur* du 2 août 1829 (page 1370), et il passe encore pour officiel auprès des personnes qui n'ont pas spécialement étudié la matière. La marge que nous avions laissée entre 12,000 fr. et 13,575 fr. 50 c. nous semblait asses large pour ne pas craindre d'erreurs. Voici pourtant les chiffres véritables: la première somme votée, en 1822, pour l'érection du pénitentiaire de Genève, était de 207,700 francs ; 78,460 fr. furent encore accordés en 1824 ; total 286,160 : c'est 5,100 par tête de détenu, car il y avait 56 cellules. Quoique cette somme ait été de 6000 francs pour la prison de la Roquette, et qu'en Amérique on puisse citer plusieurs exemples d'une aussi forte dépense, nous devons pourtant dire que, dans notre opinion, cette dépense serait beaucoup moins considérable; mais elle dépasserait certainement celle de 650 francs par cellule, dont on parle dans plusieurs ouvrages justement estimés : les prisons qui ont été faites aux États-Unis, il y a moins de dix ans, avec un aussi faible capital, sont déjà dans un état pitoyable et exigent de grandes réparations ; nous tenons ce fait d'un témoin oculaire.

blissement du système d'Auburn, ait porté ses fruits. S'ils sont bons, nous aurons perdu peu de temps ; mais si les faits condamnent ce système chez nos voisins et que le système d'Auburn, avec ses petites cellules de six pieds de long sur quatre de large, dût être abandonné (*) après avoir été établi dans notre pays, oh ! alors, nous aurions fait reculer la réforme au lieu de la faire avancer : la même génération ne consentirait jamais à faire les dépenses d'un nouvel essai en bouleversant de nouveau toutes nos prisons. Il n'y a rien d'exagéré dans cette dernière assertion ; car les dépenses de construction, pour passer du système d'Auburn à celui de Philadelphie, sont au moins aussi considérables que ceux qu'entraîne le passage du système actuel à celui d'Auburn. Au lieu des petites cellules en briquetage de ce dernier système, il faut, comme nous l'avons dit, pour celui de Philadelphie, des cellules voûtées, à murailles épaisses et dont les dimensions varient de 9 à 12 mètres carrés; et il faut en outre qu'elles soient pourvues de tous les agencements intérieurs que comporte le séjour continu de chaque prisonnier dans sa cellule.

Quelques extraits du rapport au Roi sur les prisons départementales, publié en mars 1837, prouvent que le gouvernement est fort éloigné des opinions que nous venons d'émettre sur la préférence à donner au système de Philadelphie. Nous lisons, en effet, page 57 de ce rapport (**):

« L'expérience de l'Amérique et de la Suisse vous présentait deux tentatives de » solution : 1° *l'emprisonnement solitaire absolu avec travail solitaire ; 2° l'emprisonnement solitaire avec travail en commun*. Les inconvénients de la séquestration » absolue avaient déjà été signalés chez les peuples qui l'avaient essayée. Abandonné » à lui-même, tournant dans le cercle de ses idées, on voyait souvent le prisonnier » désespéré tomber dans la démence ; en voulant réformer cette intelligence déchue,

---

(*) Tel est le motif qui nous fait désapprouver la partie de la circulaire du 2 octobre 1836, du Ministre de l'intérieur, où nous lisons : « C'est assez vous dire, monsieur le préfet, que désormais » je n'approuverai les plans d'une maison d'arrêt qu'autant qu'ils seront dressés d'après le » système cellulaire. » — Nous ferons observer à cette occasion que les dortoirs cellulaires en briquetage, construits à Lyon dans la prison de Perrache, sont devenus inhabitables : il paraît impossible d'y détruire les punaises qui littéralement les ont envahis : lorsque nous avons visité cette prison, une partie des cellules étaient en effet inoccupées pour ce motif ; et si nous sommes bien renseigné, on en serait à délibérer sur leur démolition.

La partie de la circulaire du 2 octobre, dont nous avons donné un extrait, nous paraît donc tout à fait intempestive.

(**) On voit dans ce rapport que les prisons départementales, sous les divers noms de maison d'arrêt, maison d'arrêt et de justice, maison de justice, maison de correction, sont au nombre de 406, et qu'elles contenaient, au 1er octobre 1836, 16,278 individus, dont environ un tiers n'étaient que prévenus ou accusés. Les cinq départements de la *Seine*, du *Rhône*, du *Nord*, du *Bas-Rhin*, de la *Seine-Inférieure*, contenaient 5,381 détenus; les 81 départements restant, 10,897 : c'est-à-dire, 135 par département. Nous croyons fermement que, dans ces derniers départements, une moyenne de 140 cellules suffirait à tous les besoins.

» la société n'avait pas prétendu la tuer. Ces effets, observés chez des nations moins » communicatives que la nôtre, se seraient aggravés chez nous de toute l'activité » d'esprit, de toute la sociabilité qui sont le caractère de notre population. Un tel » moyen ne pouvait être adopté; il ne restait plus que le second. Le travail en » commun, quoiqu'il fût accompagné du silence, venait rompre l'uniformité de la » vie solitaire; il mettait sous les yeux des détenus l'exemple d'une activité utile et » résignée, et l'expérience avait démontré que ce mode d'emprisonnement n'en- » traînait aucun des inconvénients reconnus de la séquestration absolue. »

» C'est à ce plan que vous vous êtes arrêté (le système cellulaire d'Auburn); si » le système des cellules est combiné de telle sorte qu'à l'exception des heures » nécessaires *à la promenade et au travail*, les condamnés puissent, etc.

« Les achats de vin et de comestibles à la cantine n'auront plus lieu dans la forme » accoutumée; et si l'on croit encore devoir les tolérer, comme encouragement » actuel au travail, au moins les consommations n'auront lieu qu'au réfectoire et » pendant l'heure des repas. »

Il résulte de ce rapport 1° que les préjugés qui ont retardé et retardent encore, aux États-Unis, le triomphe du système de Philadelphie sur celui d'Auburn, sont présentés comme réels et se résument par cette phrase : « *En voulant réformer cette intelligence déchue, la société n'avait pas prétendu la tuer;* » — 2° que les prisonniers, outre l'atelier commun, auront des heures de promenade ; — 3° enfin que le gouvernement n'est pas même encore décidé *à la suppression des cantines de vin dans les prisons !*

Les extraits que nous venons de donner font partie d'un rapport particulier, du 6 septembre 1836, de M. de Gasparin, sous-secrétaire d'état; et il est approuvé par M. de Montalivet, ministre de l'intérieur. Nous ne saurions donner une preuve plus évidente que la pensée actuelle du gouvernement est pour l'adoption d'un système mixte, qui ne sera ni le système actuel, qui du moins a le mérite de l'économie, ni le système d'Auburn : car nous avons prouvé que ce dernier ne peut être établi d'une manière complète que par la discipline du fouet. Espérons que l'administration mieux avisée renoncera à ce projet, ou que du moins elle ajournera tout changement.

Il y a moins de mortalité dans les prisons pénitentiaires que dans les prisons ordinaires.

Nous aurions fait passer la question de salubrité avant toutes les autres, si cette question nous eût paru douteuse; mais, sur ce point, les chiffres sont tellement éloquents qu'il nous suffira de les citer pour rassurer les personnes les plus scrupuleuses.

Dans les maisons centrales de France et dans les prisons des États-Unis, qui sont tenues d'après l'ancienne méthode, pendant la période des dix années qui viennent de s'écouler, la mortalité annuelle a varié de 1 détenu sur 12 à 1 détenu sur 18. Dans les prisons pénitentiaires des États-Unis, cette mortalité a varié de 1 sur 36 à

1 sur 58 détenus !... Il est juste de dire pourtant que la proportion est plus favorable pour le système d'Auburn que pour celui de Philadelphie ; pourtant ces derniers pénitenciers sont encore tellement supérieurs, sous le rapport de la salubrité, à nos prisons actuelles, qu'aucune comparaison ne saurait être établie. M. Ducpétiaux, auteur belge, atteste que, sur 320 prisonniers qui se trouvaient dans la prison de Glascow (Angleterre), lorsqu'il la visita, il n'y avait pas un seul malade ; on sait cependant que le système de cette prison est à peu près le même que celui de Philadelphie.

Nous voyons même (page 45 de l'ouvrage du docteur Julius) « qu'il a été constaté » qu'aux Etats-Unis, les prisonniers (système de Philadelphie) étaient sortis du pénitencier, en général, en meilleur état de santé que lorsqu'ils y étaient entrés, et » que même ceux qui y avaient passé de trois à six ans étaient dans ce cas. »

Nous nous sommes bien longuement étendu sur le système pénitentiaire, et pourtant nous n'avons pas encore fini. Jamais moment ne fut plus opportun pour traiter cette question. Le gouvernement, le pays, les publicistes de toutes les opinions sont également préoccupés de l'incroyable nombre de récidives qui viennent encombrer nos prisons : on sait en effet que, sur 15,870 détenus de nos prisons centrales, on en comptait, au 1er janvier 1836, 6,115 en état de récidive, savoir : 4,695 récidives judiciairement constatées et 1,420 administrativement reconnues. (*)

On se préoccupe avec raison d'un résultat aussi déplorable ; mais au milieu du travail intellectuel qui s'opère, il ne saurait nous échapper que presque tout ce qu'on imprime prouve que cette question n'est pas encore arrivée à son point de maturité. Il est facile de le démontrer.

On a distribué à la Chambre, pendant la session de 1837, un mémoire qui a paru sous les auspices de l'Académie des sciences morales et politiques, et dont l'impression avait été ordonnée, en 1836, par M. le Ministre de l'intérieur. Ce mémoire (**) contient les faits les plus intéressants et les plus instructifs ; l'autorité du nom de l'auteur et le double patronage de l'Institut et du gouvernement nous ont fait hésiter à critiquer un ouvrage remarquable sous tant de rapports. Mais comment rester impassible et muet, lorsqu'on voit le plan de maison pénitentiaire qui accompagne cette brochure, et qui, dit-on page 131, est dressé « d'après les » vues consignées dans ce mémoire » ? On fait figurer sur ce plan des cours pour les prisonniers, *et des promenoirs couverts de 200 mètres de long sur 10 mètres de large!*

(*) Les maisons de Poissy et de Melun comptent 57 et 58 p. cent de leurs détenus en état de récidive ; et les autres en comptent, en moyenne, 36 p. cent. (*Du système pénitentiaire*, par M. Aylies, conseiller à la cour royale de Paris, page 26.)

(**) *Des moyens propres à généraliser en France le système pénitentiaire en l'appliquant à tous les lieux de répression du royaume*, par M. Bérenger, membre de l'institut.

Nous comprenons que le silence puisse s'obtenir dans un atelier bien surveillé ; mais nous croyons qu'on ne saurait y parvenir avec des cours et des promenoirs, même en empruntant *à la discipline du fouet* les rigueurs les plus impitoyables. On ne saurait donc mettre en doute que le système d'Auburn le plus adouci soit celui que l'on se propose d'établir en France, à moins de supposer que, dans les hautes régions de l'administration, il se soit opéré, de 1836 à 1837, la même conversion que dans notre esprit.

Dans cet état, nous répéterons ce que nous avons déjà dit deux fois: *Il faut attendre* ; les faits ne tarderont pas à prononcer ; et plus tard nous ferons bien ce que probablement on ferait très-mal actuellement.

§ XI.

§ XI. De la déportation des criminels.

A l'occasion du système pénitentiaire, nous dirons quelques mots de la déportation des criminels. Le temps n'est pas encore fort éloigné où la plupart des conseils généraux de département sollicitaient un système de pénalité analogue à celui que les Anglais ont adopté pour *Botany-Bay*. Il n'est plus permis de conserver cette opinion, depuis l'enquête de la chambre des communes de 1832. A cette époque, l'Angleterre proclama l'*insuffisance des colonies pénales* et fut sur le point d'abandonner ce système, malgré les énormes sacrifices qu'il avait déjà coûtés. Il fut reconnu alors que la déportation n inspirait plus aucun effroi aux criminels et que, depuis le commencement de ce siècle, époque où cette peine avait pris un grand développement, jusqu'à ces dernières années, le nombre des crimes n'avait cessé de s'accroître dans une proportion telle qu'il était de nature à épouvanter la société.

Son peu d'efficacité en Angleterre.

M. Crawford prouve en effet que, de 1810 à 1823 seulement, les crimes contre les personnes avaient plus que *doublé* et ceux contre les choses *sextuplé*.

A la suite de cette enquête, le gouvernement anglais écrivait à ses agents de *Botany-Bay* « que le seul moyen de sauver la colonie pénale et de la défendre « contre les attaques de ses détracteurs était d'y établir une discipline impitoyable » qui pût agir par intimidation sur les malfaiteurs d'Europe, qui, à tort ou à raison, » regardaient sans effroi et souvent même désiraient la peine de la déportation. » (Tocqueville, page 39.)

Rigueur du système de Botany-Bay.

La réponse du gouverneur fut telle qu'elle devait complétement rassurer sur ce point; il prouva par des procès-verbaux que des fautes même légères, telles que *l'ivrognerie*, *l'absence sans permission, la négligence*, étaient punies de 25 à 50 coups de fouet. Pour ces motifs et d'autres plus graves, sur trois catégories de condamnés, *les deux plus dociles* reçurent 9,934 coups de fouet pendant le seul mois de septembre 1833 (ce mois a été pris au hasard) ; quant à la catégorie des indociles, on les frappe sans compter. Enfin les mêmes procès-verbaux ne laissaient aucun doute sur la manière énergique dont le châtiment était infligé : car souvent le sang jaillissait, et presque toujours le dos était noir après l'exécution.

Plus de 120 mille coups de fouet et 56 exécutions capitales paraissent être le régime annuel des 40 mille déportés que l'Angleterre compte maintenant dans ses colonies pénales ; et pourtant ce système est déclaré inefficace !

Nous demandons maintenant s'il est possible, en présence d'un pareil fait, de songer à établir des colonies pénales pour la France ? Eussions-nous une colonie analogue à celle de Botany-Bay, et fussions-nous les plus forts sur mer, il nous faudrait renoncer à ce genre de répression. Cependant il compte encore bien des partisans parmi les personnes les plus éclairées.

FIN.

TABLE DES MATIÈRES.

IIᴱ PARTIE.

IIIE PARTIE.

IVE PARTIE.